本卷撰稿：

朱季康　冯春龙

陆和健　王　蒙

国家出版基金项目
NATIONAL PUBLICATION FOUNDATION

"十四五"时期国家重点出版物出版专项规划项目

扬州通史

《扬州通史》编纂委员会 编

王永平 总主编

中华民国卷

朱季康 主编

广陵书社

图书在版编目（ＣＩＰ）数据

扬州通史. 中华民国卷 / 《扬州通史》编纂委员会
编；王永平总主编；朱季康主编. -- 扬州：广陵书社，
2023.3
ISBN 978-7-5554-1961-7

Ⅰ．①扬… Ⅱ．①扬… ②王… ③朱… Ⅲ．①扬州－
地方史－民国 Ⅳ．①K295.33

中国国家版本馆CIP数据核字(2023)第030668号

书　　名	扬州通史：中华民国卷
编　　者	《扬州通史》编纂委员会
总 主 编	王永平
本卷主编	朱季康
出 版 人	曾学文
责任编辑	金　晶
出版发行	广陵书社
	扬州市四望亭路 2-4 号　　　邮编　225001
	(0514)85228081(总编办)　　85228088(发行部)
	http://www.yzglpub.com　　E-mail:yzglss@163.com
印　　刷	常州市金坛古籍印刷厂有限公司
开　　本	720 毫米 × 1020 毫米　1/16
印　　张	36.75
字　　数	580 千字
版　　次	2023 年 3 月第 1 版
印　　次	2023 年 3 月第 1 次印刷
标准书号	ISBN 978-7-5554-1961-7
定　　价	160.00 元

《冶春后社记》拓片

20世纪20年代的扬州天宁寺

1921 年秋，朱自清（二排右一）在扬州江苏省立第八中学任教务主任时与友人合影

1926 年 4 月 10 日，郑振铎、叶圣陶、王伯祥等同游扬州绿杨邨

1928 年 4 月 4 日，第 448 号《图画时报》刊登扬州万福桥照片

20 世纪 30 年代福运门摆渡

1935 年扬州中学越野赛跑,摄于福运门外扬州车站

1937年，美国欧内斯特·福斯
特拍摄的扬州汶河及文昌阁

1939年2月17日，扬州街道灯市

20世纪30年代瘦西湖

20世纪30年代末扬州繁华十字街

1940年，八路军第五纵队挺进苏北平原

在苏中战役中，某部战士们正在观看缴获来的美制卡宾枪

1949 年初,苏皖二分区部分党政军领导合影

1949 年 1 月 25 日扬州解放,图为庆祝扬州解放大会主席台

1949年4月，中国人民解放军召开渡江前誓师大会

　　1949年4月，中国人民解放军百万雄师陈兵于1800公里的长江沿线，扬州人民承担起了光荣的渡江支前任务。图为1949年4月22日，新华社随军记者邹健东在长江北岸拍摄的《我送亲人过大江》照片，图中正在奋力摇橹的长辫子姑娘为宝应人颜红英。

坚持历史自信　拥抱辉煌未来

——《扬州通史》序

　　《扬州通史》正式出版,这是扬州人民在推进中国式现代化征途上文化建设中的一件大事。可喜可贺!

　　2020年11月,习近平总书记视察扬州时称赞:"扬州是个好地方,依水而建、缘水而兴、因水而美,是国家重要历史文化名城。""特别是文明、文化、历史古城,在全国都很有分量。"

　　扬州有着悠久而深厚的历史文化。早在距今约7000—5000年间,就有土著先民繁衍生息于其间,新石器时代的龙虬庄文化成为江淮大地的文明之光。夏商周时期,扬州先是作为南北文化交流的走廊和过渡地带,继有干(邗)国活跃于此,虽然至今尚缺少充分的干(邗)国考古资料,但历朝历代众多的遗存器物、制度无不打上"邗"的印记,可见影响之巨。而公元前486年"吴城邗,沟通江淮",则成为扬州有文字记载的历史的开篇。由此至中华人民共和国成立前的2400余年,综合政治、经济、社会、文化诸因素,扬州历史发展的脉络大致可以分为几个阶段:先秦起步发展期——汉代初步兴盛期——魏晋南北朝融合发展期——隋唐鼎盛发展期——宋元明起伏发展期——清代前中期全面繁盛发展期——晚清民国转型发展期。

　　扬州的历史命运从来都是与国家、民族的命运紧密相联的,正如钱穆《中国近三百年学术史》所言:"扬州一地之盛衰,可以觇国运。"扬州对于中国政治、经济、社会、文化等许多方面都有过特殊贡献。

　　以政治而言，广陵人召平矫诏命项梁渡江，为亡秦立下首功；董仲舒为江都相十年，提倡"正谊明道"，政风影响后世；谢安以广陵为基地，命谢玄训练北府兵，与苻坚决战于淝水，大获全胜，后移镇广陵，治水安民，筹备北伐，遗爱千秋；杨广经营江都，为隋唐扬州的繁盛奠定了基础；康、乾二帝南巡，推动了扬州经济文化的发达和政治地位的提升。

　　以经济而言，播在人口的是汉代广陵"才力雄富"，唐代扬州"扬一益二"，清代两淮盐业"动关国计"。特别是大运河的开通，使扬州成为东南财赋重地；邗沟第一锹的意义，经济大于军事。

　　以社会而言，"江都俗好商贾"，渔盐之利、商贸之利，造就了城市，更造就了人。扬州较早出现商人和士民两大阶层，率先突破坊市分区制度，为其他城市起到了示范作用。

　　以文化而言，从古到今，从官到民，扬州士农工商各阶层对文化都有着特殊的敬畏与爱好；在学术、艺术、技术的各个领域、各个门类多能自成一派，独树一帜，都有在全国堪称一流的代表人物，有些技艺"扬州工"成为公认的标识。中国文化史上，不少大事都发生在扬州。扬州虽然地处江北，却被视为江南文化的代表性城市之一。更重要的是，两汉、隋唐、清代在扬州周边地区客观存在着一个以河、漕、盐、学为纽带的扬州文化圈。

　　以对外交往而言，汉唐以来，扬州曾经是陆上丝绸之路和海上丝绸之路的连接点，成为对外交往最广泛、最频繁的地区之一，以波斯、大食人为主的"胡商"，日本遣唐使和留学人员，朝鲜半岛在华的文化名人，欧洲传教士、一赐乐业犹太人的定居者及有关活动家，都在扬州留下了历史的印迹。扬州本地人也不畏艰险地走向国外，传播中华文化。扬州无愧为中外交流、文明互鉴的窗口。

　　以城池而言，扬州城遗址大体分为蜀冈古代城址和蜀冈下城址两部分。扬州虽迭经兴衰成败，但历代城池都未偏离过这块土地。蜀冈古代城址始于春秋，历经两汉、六朝、隋唐至南宋晚期；蜀冈下城池始于唐代，沿用至明、清,这两部分构成了一部完整的扬州城遗址的通史。正因其特有的价值,故被国家列入大遗址保护名录。

在漫长的历史岁月中,扬州涌现出众多彪炳千秋的仁人志士、英雄豪杰,大量脍炙人口的名篇佳作、诗文著述,不少惊心动魄的军事、政治、文化大事与盛事,无数巧夺天工的工艺制品。这些可观、可触、可闻、可用的载体背后,折射出来的是一个城市的深沉的文化力量,是一个城市得以绵延发展、永葆生机活力的遗传基因。特别是鉴真东渡传法的献身精神、史可法舍身护城的浩然正气、朱自清宁可饿死不领美国救济粮的爱国气节等,已成为炎黄子孙民族精神的代表,被列入中华民族的精神谱系,万世景仰。

清代思想家龚自珍在《尊史》一文中说:"出乎史,入乎道。欲知大道,必先为史。"扬州一直有着尊史的传统,官员、学者都力求为扬州一地留下信史。远在汉代,即有王逸撰《广陵郡图经》,三国两晋时有华融的《广陵烈士传》、逸名的《广陵耆旧传》《江都图经》等,可惜多已不存。唐宋时期崔致远的《桂苑笔耕集》、王观的《扬州赋》、陈洪范的《续扬州赋》等,虽以诗文名,而其史料价值更为重要。李善《文选注》征引经史子集图书一千余种,保存了众多已亡佚古籍的重要资料。明代方志勃兴,扬州府及所属州县修成志书三十多种,宋代扬州诸多志书如《扬州图经》《广陵志》《仪征志》《高邮志》等也赖以留下蛛丝马迹。《两淮运司志》是最早的区域性盐业史专著。清代扬州学人以朴学为标识,把清代学术推向高峰,如张舜徽《清代扬州学记》所云:"无扬州之通学,则清学不能大。"他们研究的重点是经学,但"辨章学术,考镜源流",同样体现出他们自觉的史学意识。阮元的《儒林传稿》、江藩的《汉学师承记》《宋学渊源记》等其实皆为学术史专著。他们最值得称道的是对方志学的贡献。乾嘉道时期,扬州学派的一些著名人物,如王念孙、汪中、刘台拱、朱彬、江藩、焦循、阮元、王引之、刘文淇、刘宝楠等,直至刘师培,大多直接从事过地方志书的编修。王念孙的《〔乾隆〕高邮州志》,江藩、焦循等参与的《〔嘉庆〕重修扬州府志》,刘文淇、刘毓崧父子重修《〔道光〕仪征县志》,刘寿曾纂修《〔光绪〕江都县续志》等,都被视为名志。焦循的《北湖小志》、董恂的《甘棠小志》影响也很大。

虽然说,方志可称为"一方之史",但毕竟不同于史。前人有所谓"县志盖一国之书,其视史差易者三",曰"书约则易殚,地狭则易稽,人近则易辩"(清施闰章《安福县志序》)。或曰:"志与史不同,史兼褒诛,重垂戒也;志则志其佳景奇迹、名人胜事,以彰一邑之盛。"(程大夏《〔康熙〕黎城县志叙例》)故相较而言,历代扬州学人编著地方通史者不多。清代仅汪中一人有《广陵对》,以文学笔调简述扬州贤杰对国家的贡献以及扬州之精神。朱珪称赞:"善乎,子之张广陵也! 辞富而事核,可谓有征矣。"江藩云:"《广陵对》三千余言,博征载籍,贯穿史事,天地间有数之文也。"汪中更有《广陵通典》,以编年形式概述扬州史之大纲,始于吴王夫差城邗沟,止于唐昭宗乾宁元年杨行密割据扬州。梁启超《中国近三百年学术史》评价:"此书极佳,实一部有断制之扬州史。"惜其未能完稿。后之人虽欲续之,但有心无力。新中国成立后,百业待举,百废待兴,间有此议,亦终未果。

进入新时期,国力日强,文化日盛,撰修《扬州通史》的条件渐次成熟:《扬州地方文献丛刊》《清宫扬州御档》《扬州文库》等文献资料整理出版,提供了良好的文献基础;考古事业的发展,大量遗址文物的出土,提供了有力的历史实物证据;《唐代扬州史考》《扬州八怪人物传记丛书》《扬州学派人物评传》《扬州文化丛书》《扬州史话丛书》《江苏地方文化史·扬州卷》等成果的涌现,作了较好的前期铺垫;扬州文化研究会和扬州大学中国史学科聚集了一批有志于扬州历史文化研究的学者,实现了扬州地方和高校力量的有效整合,培育了一批专业化的研究骨干力量;更重要的是,党和国家重视弘扬中华优秀传统文化,盛世修典的大气候、大环境已经形成,为区域历史文化研究提供了最可靠的政治保障和学术支撑。可以说,市委、市政府作出编撰《扬州通史》的决定是顺应形势、水到渠成的。

为此,扬州市成立了由市委、市政府主要负责同志为主任、各有关部门和扬州大学负责同志组成的《扬州通史》编委会,聘请了学术顾问和总主编,采用市、校合作形式,编委会负责内容把关和总体把握,委托扬州大学社会发展学院负责项目实施,市委宣传部负责协调,广陵书社负责出版。明确分工,各负其责。经过五年努力,各位学者精心结撰,反复打磨,终于向世人捧出了扬州历史上第一部真正意义上的通史著作《扬州通史》。

《扬州通史》大致以扬州现辖行政区划为地理范围,根据扬州历史特点,分为《先秦秦汉魏晋南北朝卷》《隋唐五代卷(上下册)》《宋代卷》《元明卷》《清代卷(上下册)》《中华民国卷》等六卷八册,总计 400 余万字。此书以时代为经,以城池、事件、人物为纬,勾勒扬州自先秦至民国两千多年的历史演进脉络,综合政治、军事、经济、社会、文化等诸多内容,兼及自然地理条件变化,突出扬州各个历史时期的主要特点,努力探求历代治乱兴衰之由,以为镜鉴。总体上看,《扬州通史》体例完整,写作规范,资料丰富,史论结合,编校精严,印制精美,是一部具有一定学术水准与可读性,能够站得住、留得下的史学著作。

《扬州通史》的编辑出版告一段落,如何运用这一部新的史著,充分发挥其应有的作用,为当代的中国式现代化事业服务,是摆在我们面前的一项重要任务。

我们党历来十分重视历史,重视鉴古知今,征往训来。对于历史的学习和认知,有种种态度,我们坚决反对怀疑和否定流传几千年的中华优秀传统文化、否定中国历史发展创造的文明成果、否定中国共产党领导人民取得的丰功伟绩,反对迎合"西方中心论"的历史虚无主义;坚决纠正言必称古、似是而非,甚至错把糟粕当精华的厚古薄今的不良倾向;坚决反对在区域历史文化研究中,束书不观,游谈无根,罔顾历史事实,牵强附会、任意拔高的乡土自恋情结;也注意克服以搜集历史上一鳞半爪的奇闻逸事,以供茶余饭后谈资为旨趣的浅表式、碎片化的史学态度。我们大力提倡立足客观事实,对历史过程、历史事件、历史人物进行"原始察终""由表及里""由浅入深",

把感性认识上升到理性高度,把历史认识变为历史真知,从而增强历史自信。我们之所以强调历史自信,因为它来自于历史,植根于历史,又映照现实,指引未来,对于道路自信、理论自信、制度自信和文化自信,具有历史支撑和精神滋养作用。

在学习中,要通过阅读《扬州通史》,分析扬州在中华文明史上的地位和作用,加深对习近平新时代中国特色社会主义思想和习近平总书记视察扬州重要讲话指示精神的全面、系统、深刻的理解,增强爱国、爱乡的家国情怀;通过对中华文明的突出特征(连续性、创新性、统一性、包容性、和平性)在扬州历史上体现的分析研究,加深对"两个结合",即把马克思主义基本原理同中国具体实际相结合、同中华优秀传统文化相结合重大意义的理解,增强建设中华民族现代文明的强大动力;通过对扬州历史治乱兴衰,特别是对汉、唐、清三度辉煌史实的剖析,加深对社会发展规律的认识,增强在国家治理大框架下发挥敢于作为的积极性和主动性;通过对在重大历史转折点上扬州种种表现的考察,加深对当前正面临百年未有之大变局的认识,增强危机意识和抗击风险的能力。

总之,要学习历史,尊重历史,总结历史,敬畏历史,树立历史自信,把握历史主动,担负起时代赋予我们的历史使命,运用历史智慧,去创造新的历史,实现中华民族伟大复兴,构建人类文明新形态。我们有理由相信,扬州的明天一定更加灿烂辉煌!

《扬州通史》编纂委员会

2023 年 3 月

导　言

　　"扬州"之名称，最早见于先秦时期的《尚书·禹贡》："淮、海惟扬州……沿于江、海，达于淮、泗。"传说大禹治水后，按山川形变与土地物产，将天下划分为九州以定贡赋，扬州则居其一。这里的"扬州"，所指为北达淮河，东南抵海，涵盖长江下游的广大地区，大体与今江苏、安徽两省淮水以南及浙江、江西、福建三省相当。汉武帝以先秦九州为基础设十三刺史部，以为监察区，汉灵帝增刺史权重，改监察区为高层行政区，迄至南北朝，皆设"扬州"。但无论从地理方位、地域广狭，抑或区域性质等角度而言，隋代以前的"扬州"与当今的扬州都不能简单地直接对应。

　　今扬州得名始于隋代。春秋以来，该地域曾相继附属吴、越；战国一度属楚国；秦统一后，先后属薛郡、东海郡。西汉初先后属荆国、吴国，汉景帝时更名江都国，汉武帝时更名广陵国。东汉以后称广陵郡，隶属徐州。南朝刘宋元嘉中侨置南兖州于广陵郡，北齐改为东广州，后周称吴州。隋开皇九年（589）平陈，改为扬州，作为一级统县政区，自此扬州遂为本地专名——虽然隋炀帝大业年间与唐玄宗天宝年间一度称广陵郡，唐高祖武德年间一度称兖州、邗州，五代杨吴时期一度称江都府，明代初期称为淮海府、维扬府，但千余年来，则以称扬州为常态；除元代置扬州路外，隋以后的扬州皆为统县政区。历代扬州辖境盈缩不定，区划沿革变动较为频繁，但历代幅员基本处于长江北岸、江淮平原南端。今扬州辖广陵、邗江、江都3个区与宝应县，代管仪征、高邮2个县级市。

　　就地形地貌而言，扬州地处江淮下游平原，是长江下游北岸的三角洲区与宁镇扬丘陵区的交接地带，地势西北高、东南低。除了今仪征市的大部分地区为丘冈、丘陵地貌，其余皆为江淮冲积平原，地势平坦。千百年来，扬州地区的地质地貌没有发生实质性的变化,值得留意的局部变化有两个方面:(一)约距今 7500 年以前,由于海面的上升,今扬州、镇江为长江入海口处,随着长江泥沙的堆积,长江三角洲逐步向东发育,扬州东境不断拓展,江口东移,扬州经历了由滨海转为内陆地区的过程。(二)扬州地域江中沙洲的积长,蜀冈以南滩涂地的发育,导致扬州南境的拓展,江面渐狭。

就气候而言,扬州地处北亚热带气候向温带季风性气候的过渡区,东受海洋气候、西受内陆气候交错影响,温和湿润,四季分明,雨量充沛,光照充足,雨热同季。盛行风向随季节有明显变化,夏季多为从海洋吹来的湿热东南风和东风,冬季盛行干冷的偏北风。历史上扬州的气候经历过阶段性的冷暖交替,与中国历史上的气候变迁基本同步。气候变化,对人类最直接的影响是农业生产和生活方式的变动。就历史的宏观走向来看,全域性的气候变化造成社会局势变动,扬州区域历史面貌与进程亦深受影响。

地形地貌的沧海桑田,气候的冷暖升降,短时间内也许难以察觉,但其社会影响确实潜移默化地发生着。正是在这样的地理环境所提供的空间舞台上,一代又一代的扬州先民生生不息,不断推衍其人文历史的兴替变革,上演了丰富多彩的历史话剧,绘就了灿烂辉煌的历史画卷。

一、先秦至魏晋南北朝时期的扬州

至今可以证实扬州地区已有先民聚集、生活的历史始于新石器时代中期。龙虬庄遗址的发现,表明当时形成了面积广阔、覆盖江淮东部的"龙虬庄文化",距今约 7000—5000 年,具有南北过渡地带的文化特征。当时江淮东部的人类生活,在采集与渔猎经济、原始农业和畜牧业、原始手工业和商业等方面都有所表现。从社会形态看,"龙虬庄文化"的第二期大约处于母系氏族社会的繁荣阶段,第三期则处于母系氏族社会的衰落阶段,缓慢地向父系氏族社会过渡。新石器时代晚期,当各地逐渐步入父系氏族社会时,江淮东部因海侵处于千年之久的空白期,出现了父系氏族社会的缺环,此后受到王油坊类型的龙山文化影响,氏族社会逐渐解体,从而跨越文明时代的门槛。

大约距今 4000 年前后至西周时期,原居于山东一带的"东夷"不断南下,占据了江淮东部地区,史称"九夷"。夏朝末年,在江淮东部出现了一个"干辛邦"的方国,与后来的"干国"可能有名号继承的关系。商朝时期,江淮东部形成了"夷方"联合体,周初太伯、仲雍奔吴,在宁镇地区建立吴国,"夷方"二十六邦建立夷系"干国",以对抗西周的"大吴"战略。夏商西周时期,居住在江淮东部的"九夷""夷方""干国"及"徐国",都是独立于中原王朝的"外服"邦国,所呈现的地域特色是夷文化。干国的核心区域当在江淮之间。公元前584年前后,吴(邗)王寿梦占据江淮东部。公元前486年,吴(邗)王夫差"城邗,沟通江、淮",北上争霸。战国初,越灭吴,江淮东部属越国。战国后期,楚败越国,占领江淮东部。秦统一前,江淮东部处于各国相争的前沿地带,受到诸国政策的影响,其社会风尚在保持"东夷"旧习的基础上,呈现出多元杂糅的特点。

秦汉时期是中国历史上社会发展的一个高峰期,扬州地区随之进入第一个兴盛时期。

在区域政治地位与影响方面,秦朝末年,陈胜、吴广领导的第一次全国性大规模民变在大泽乡(今属安徽宿州)暴发,东楚刘邦、项羽和召平、陈婴等纷起响应。陈婴等于盱眙立楚怀王孙心,项羽一度打算建都于江都,凸显扬州南达吴会、北通淮河的地理区位优势,可谓东楚的核心区域。西汉建立后,先后设置荆国、吴国,管控大江南北的3郡53县。"吴楚七国之乱"后,汉景帝采用削藩之策,设江都国,其后该地区或为广陵郡,或为广陵国,至东汉明帝废除广陵王刘荆,改国为郡,直到东汉末年未再变更。两汉时期,扬州始终是郡、国的政治、经济、文化中心。西汉初期,对诸侯国实行相对宽松的政策,吴王刘濞扩张军政势力,开创其"全盛之时";后朝廷对江都国和广陵国加强控制,迭经废立,辖域日蹙,西汉后期的广陵郡仅辖4县。东汉中后期,在广陵太守马棱、张纲、陈登等人治理下,江淮东部呈现出持续发展的态势。整体而言,两汉时期扬州地区政治、社会秩序较为稳定。

秦汉时期扬州经济显著发展。吴王刘濞在位四十余年,充分利用"海盐之饶,章山之铜"等资源优势和王国特权,冶铜煮盐,开运盐河,颁行钱币,国用富饶,百姓无赋,区域经济得到了前所未有的发展,一度成为全国翘楚。汉武帝时强化中央集权,盐铁官营,对扬州经济有所影响。东汉章帝时推行官营政策，广陵太守马棱"奏罢盐官，以利百姓"，促使朝廷调整政策，官营、民营并行。铁器、牛耕逐渐推广，农业技术日益更新，水利事业成就卓著，对农业生产与交通运输具有促进作用。当时扬州的冶铁、铸铜、煮盐和漆器、玉器业等都得到了空前的发展；城市商业繁荣，吴王刘濞时的广陵城，"城周十四里半"，所属各县城也在汉初"县邑城"的基础上逐渐形成规模。

秦汉时期扬州文化卓有建树。作为汉代新儒学开创者之一的董仲舒曾任江都王国相，传播儒学，推行教化。为维护"大一统"，董仲舒倡导"独尊儒术"，对中国历史影响深远。董仲舒主张"立学校之官"，倡导文化教育，"正谊明道"，任江都相期间当有所实践，故扬州"绩传董相"。吴王刘濞招揽文士宾客，枚乘创作《七发》，标志着汉代大赋的正式形成，邹阳、庄忌等也声名远播。江都公主刘细君善诗文，"和亲"乌孙，促进民族文化交流与融合。东汉时，佛教传入江淮东部，楚王刘英"学为浮屠斋戒祭祀"，东汉末笮融督广陵、彭城运漕，"大起浮屠祠"，民众"来观及就食且万人"。在社会风俗方面，汉宣帝时，朝廷将江水祠徙至江都，使"岳镇海渎"的国家祠祀理念在扬州得以具体落实；"观涛广陵"及其文学佳作应运而生，区域影响不断扩大；当时扬州的社会风俗，既显现出浓郁的楚文化色彩，又融合了新时代的因子，呈现出"大一统"与地域性不断交融的时代特点。

魏晋南北朝时期，扬州地区陷入衰落状态，主要原因在于南北分裂。当时南北诸政权在此不断争夺，本土人口外迁，外来流民聚集，战争与流民成为这一时期扬州历史的显著特征。

东汉末魏、吴隔江对峙，曹操废弃江北，坚壁清野以待孙吴，广陵成为弃地，急遽衰败。虽然魏、吴曾多次想打破南北对峙的僵局而经略广陵，但没有取得实质性的效果。地处南北夹缝之间的广陵无法获得长期的稳定，经济社会也不可能恢复两汉的繁盛局面。由于战乱的波及，大量广陵人士播迁离乡，或仕于孙吴，或仕于曹魏。西晋的短暂统一，没有完成对南北社会的有效整合，在政治取向上，曾仕于孙吴的广陵人士及其子弟与三吴世族趋同，皆被西晋视为吴人，受到晋廷的歧视，广陵华谭为此建言晋武帝，力求打破南北畛域之见，表明自汉末以来侨寓并出仕孙吴的广陵人士及其后裔，其政治境遇和取向与江东本土人士呈现出一体化的倾向。自永嘉南渡至隋灭陈，长期南北分裂,广陵大体归属东晋南朝,当时大批流民沿邗沟南下,集聚在广陵及其周边地域,东晋南朝无法在地处江北的广陵建立起完备的行政体系,形同羁縻,遍置侨州郡县。

广陵地处邗沟与长江交汇处,与京口隔江对峙,当地又多流民武装,这使得东晋南朝时期的广陵逐渐与京口呈现出一体化的格局,维持现状则镇京口,图谋北进则镇广陵。广陵与建康在地理空间上相距不远,然有大江之隔,这就使得广陵成为独立于建康之外,又可就近制衡建康的具有特殊意义的战略要地。谢安在淝水之战后,受晋廷排挤,于是统军于广陵以自保,并图谋北伐;宋武帝临终,以宿将檀道济统军于广陵以备建康缓急之需。北朝南下,常沿邗沟至广陵。南朝北上,渡江至广陵后再沿邗沟入淮水也是常态。因此,广陵实际上是建康的东部门户。由此东晋南朝常以广陵为北伐基地,桓温、谢安、宋武帝、宋文帝北伐皆沿此路线北进。北方政权一旦兵至广陵,建康必定惊惧。萧梁后期,淮南江北被北齐占领,北齐置东广州于广陵,北周又改称吴州,南北隔江对峙。自此广陵非但不能遮蔽京口,拱卫建康,反而成为北朝南伐的前沿基地。隋灭陈之役,晋王杨广坐镇广陵,隋将贺若弼自广陵渡江至京口,进而入建康,正是南北朝后期广陵军事地位最典型的体现。

当时扬州地区屡遭战乱,缺乏发展经济所必需的安定环境。官方主导的诸如疏浚邗沟、兴修水利等工程,主要出于征战运输之需,少有发展经济与保障民生的考虑。持续的战争状态深刻地影响着扬州地区的文化生态与社会结构。魏晋时期的广陵士人,大多尚存汉末士人风习,汉晋之际肇始于洛阳的玄学风尚,对广陵人士影响甚微,广陵学人多恪守汉儒旧学,儒法兼综,尚忠节孝义,其言行与魏晋玄学名士差异明显。永嘉乱后,江淮之间战乱频仍,文化世族难以立足,次等士族、寒族成为广陵社会的上层,统领乡党、囷聚坞壁的豪强则成为地方上具有一定独立性的武装势力。

汉晋之际,出于军政需要,以邗沟为中心的江淮漕运体系,在客观上成为南北文化交流的通道。广陵不仅曾是北方佛教流传至南方的前沿,南北朝至隋唐之际又成为南方佛教传入北方的基地,东晋南北朝时期广陵地域能融通南北,义学、律学兼而有之,成为江淮间弘扬佛法的重镇。

二、隋唐五代时期的扬州

在中国古代历史发展高峰期的隋唐时期,扬州的区域经济、社会发展也臻于全面兴盛状态。

隋文帝开皇九年(589)平陈而统一南北,改吴州为扬州,扬州从此成为本地域的专有名称。隋朝设置扬州大总管府,扬州成为东南地区的军政中心。隋炀帝在江都境内置江都宫,具有陪都性质;唐朝在扬州设置大都督府。安史之乱后,在扬州置淮南节度使,总揽治下诸州的军、政、民、财大权,为当时唐廷最为倚重的方镇。五代十国时,杨吴政权曾定都扬州;南唐迁都金陵,以扬州为东都。后周世宗于显德年间南征,扬州成为北方王朝经略江南的基地。

隋唐五代时期,扬州城市建筑规模宏大。隋炀帝三下江都并长时间留居,扬州一度作为"帝都"加以经营,兴建了包括江都宫、临江宫、成象殿、流珠堂等著名宫殿在内的庞大建筑群,为扬州城建史上的极盛时期。唐代扬州城由子城和罗城两部分构成,衙署区和居民区分设。唐中期以前,沿袭传统的坊市分离制,随着工商业经济的发展与市民生活的变化,唐代后期扬州突破了旧有的坊市制度,城内出现了市井相连的开放性商业街区。

隋唐时期,扬州作为江淮地区的中心城市,经济持续发展,成为带动长江中下游乃至江淮地区经济、社会发展的引擎。尤其是安史之乱以后,随着黄河流域动乱与藩镇割据不断恶化,江淮地区成为维系唐朝经济命脉的核心经济区。当时以扬州为中心的长江下游经济区的农业发展在全国处于领先地位,成为唐朝廷财赋的保障。扬州手工业发达,其中造船业、冶炼铸造业、纺织业等生产规模大,从业人员多,组织化程度高,经济影响显著。扬州也是全国性的商品贸易集散地,商品贸易以盐、茶、药、瓷器等为大宗;淮南地区是全国最重要的海盐产区,扬州则是江淮食盐的集散地和转运中心。安史之乱后,唐朝"盐铁重务,根本在于江淮",朝廷在扬州设置盐铁转运使,负责食盐的专卖事宜,同时兼营铜、铁的开采与冶炼,且多由淮南节度使兼任。唐代扬州商业发达,出现了经营"飞钱""便换"的金融机构,显现出商业发展、变革的信息。

隋唐时期扬州居于交通枢纽地位。当时随着政治统一与经济发展,全国性的航运交通网络逐步形成,长江的内河航运成为商业流通的主干道,大运河的全面通航沟通了全国主要大河流域。以扬州为中心而形成的交通网络,密集程度不亚于长安、洛阳。扬州发展成为汇聚多元文化的国际化大都市,成为中外文化交流的基地或中转站,对东亚的日本以及今朝鲜半岛诸国的影响尤为显著。以鉴真东渡日本传法为代表,中国文化对日本古代文化的发展产生了深刻影响;日本使节来中国,多从扬州登陆,再前往洛阳、长安等地。此外,海外民间人士亦多由扬州入境开展经商交流,扬州成为当时东南地区最为重要的国际交流与贸易中心之一。

　　隋唐五代时期,扬州人文荟萃,学术兴盛。就文学而言,"《文选》学"诞生于扬州,江都学者曹宪肇其端,其后如李善、许淹、魏模、公孙罗等皆出其门下;原籍江夏而著籍江都的李善构建了"《文选》学"的基本框架。唐诗作为唐代社会文化的灵魂,多有以扬州为吟诵对象的篇什,唐代诗人或游历或仕宦于此,七十余人有吟咏扬州的作品;张若虚的《春江花月夜》,有"孤篇压全唐"之美誉。在史学领域,杜佑在扬州任职淮南节度使期间撰著《通典》,开创了典制史的新体裁。当时扬州是区域性的佛教中心。扬州佛教发展与隋炀帝杨广关系密切,杨广在扬州担任大总管期间,大兴道场,延揽高僧,极力推动南北佛教融合,为唐代扬州佛学的进一步发展奠定了基础。唐代扬州地区佛教宗派众多,主要的佛教宗派如天台宗(法华宗)、真言宗(又称密宗)、唯识宗(法相宗)、禅宗、律宗等,在扬州都有传法布道的寺院,其中影响最大的是律宗,其代表性人物为大明寺僧鉴真。

三、两宋时期的扬州

　　北宋统一江南后,扬州的转运地位日益凸显。宋室南渡,扬州一度成为宋高宗赵构行在之所。宋高宗后以临安为行在,宋金(蒙)对峙格局成为常态,扬州作为边郡,被视为南宋"国之门户"。两宋时期的地方高层行政机构淮东提刑司、提举常平司、安抚司等常设于扬州;南宋时期,扬州的战略地位更加突出,不但是重兵屯驻之地,而且扬州守臣多带有军衔。

　　宋代扬州政区多有变动,主要特点是幅员缩小、属县减少,这与唐末以来扬州地区经济实力上升、运河航道变化、南北军事态势等因素密切相关。就区域经济社会发展而言,高邮、真州的分置,表明区域内总体经济实力不断增强,推动了以扬州为中心的区域城市群的兴起。

两宋时期扬州地区经济持续发展。在农业方面,耕作技术有所进步,农作物分布区域不断拓展。在商业方面,北宋时期扬州持续稳定近170年,为商业繁荣创造了良好的环境。真宗天禧年间(1017—1021)重开扬州古运河,为商业发展提供了交通保障,沿水陆交通要道的市镇经济日渐繁荣,乡村与城市的经济互动频繁。宋代扬州有固定的交易琼花、芍药的花市,颇具地方特色。南宋时,扬州由腹地城市转变为边防重镇,对商业经济产生了负面影响。

作为运河沿线的重要城市,扬州的水运交通受到中央和地方的重视。两宋时期,官方十分重视扬州运河的畅通以确保漕运。就两宋食盐的运销来看,无论是专卖制下的"官般官卖",还是钞引盐制下的"官般商卖""商般商卖",都需经由真州转般仓。宋代真州的逐步崛起,分割了扬州的漕运功能,这是宋代扬州经济逊于唐代的一个重要原因。

在城市建设与布局方面,宋朝廷放弃蜀冈旧城,以蜀冈之下的周小城为基础,将其修缮为扬州州城,顺应了中晚唐以降扬州城市经济发展的趋势。北宋时期扬州城池建设变化不大;南宋时期鉴于扬州长期作为淮东制置司治所,不断修缮、扩建城池,尤以孝宗朝最突出,除修缮州城外,另创堡寨城与夹城,宋代扬州的"三城"格局,或称"复式城市",便是出现在这一阶段。

两宋时期扬州知州254名,其中北宋151名,平均任期一年有余,任职三年者甚少,任期一年左右者居多,最短者仅有数月。南宋扬州地方官守总计103名,平均任期一年半,相较北宋略长,这当与战争因素有关。依照宋代地方官员选任制度,一般不选用本籍人士,不少非扬州籍的守臣为两宋时期扬州经济社会发展贡献颇多,如欧阳修、苏轼、韩琦、崔与之、李庭芝等。

两宋时期扬州文化成就卓著。地方官员普遍重视文化事业,一些著名文士参与扬州文化建设,欧阳修创建平山堂,苏轼等人对扬州花卉的文学书写等,对扬州文化名胜的打造与地方风物的宣传,皆具典范意义。当时与扬州关系密切的非本籍文人众多,他们借助扬州的意象与情境,或抒怀,或咏史,或纪实。宋代诗词中多有描述扬州商业经济与市井生活的作品,从中可见扬州经济社会的风貌。在文学创作方面,秦观、孙觉、王令等知名文士,为一代诗词风尚的代表。在学术方面,除众多学人致力于经史著述外,还出现了一些实用技艺方面的著述,如陈旉所撰《农书》等。在社会风尚与信仰等方面,扬州诸多旧俗逐渐完成转型,由"野"入"文",出现了"率渐于礼""好学而文""好谈儒学"等崇文重教的社会风尚。

四、元明时期的扬州

元世祖至元十三年(1276),元军占领扬州后,设江淮行省为一级行政区,管控两淮、江东地区。此后十数年,江淮行省治所在扬州和杭州之间往复迁移,表明元朝在统管南宋故地与保障东南漕运之间反复权衡,直到海运相对完善,江淮行省的治所才固定在杭州,并改称江浙行省。至元二十八年(1291),扬州划入河南江北行省,成为元代的常态。元代设扬州路,上属河南江北行省淮东道宣慰司,下辖高邮府、真州、滁州、通州、泰州、崇明州6个州府,州府各辖属县,较前代扬州辖境为大。元朝统一后,始终在扬州屯驻重兵。及至元末,江淮间民变迭起,元顺帝至正十二年(1352)置淮南江北行中书省,以扬州为治所。至正十三年,张士诚占领泰州、高邮等地,围攻扬州。至正十五年,元朝廷于扬州设淮南江北等处行枢密院,镇遏江北。至正十七年,朱元璋军攻克扬州。

元朝统一后,扬州的经济有所恢复,造船业发达,促进了漕运、海运的发展。元代前期扬州运河不畅,元仁宗时疏浚运河,漕运大都(今北京)的粮食远超宋代。海运逐步兴盛以后,设置两淮都转盐运使司,运河仍然承担着运送食盐、茶叶、各地土产、手工业品、海外贡品及使客往来的功能。

元代"羁留"、寓居扬州及本土文士、学者数量不少,郝经、吴澄和张翥被称为"三贤"。剧作家睢景臣、小说家施耐庵、数学家朱世杰等,都在中国文化史上留下了不朽印记。元代扬州是中西文化交流史上的重要城市,意大利人马可·波罗、鄂多立克都曾到过扬州;马可·波罗在扬州生活三年,《马可·波罗行纪》记录了扬州的风土人情。

明代扬州府承元末朱元璋所置淮海府、维扬府格局,成为统县政区,以辖3州7县为常态,相当于现扬州、泰州、南通3市的地域,还曾管辖今南京市六合区与上海市崇明区。元明鼎革之际，扬州遭受摧残，经过明前期的休养生息，逐步恢复繁华。明中后期，明武宗南巡至扬州，扰乱地方，民不堪命。嘉靖中叶后，内忧外患频仍，万历之后，政局昏暗，扬州受到影响。明末史可法督师扬州，抗击清军，城破人亡。有明一代的重大事件，如洪武开国、靖难之役、武宗亲征、大礼仪之争、严嵩专权、抗击倭寇、输饷辽东、矿使四出、魏阉乱政、抵御清军等，无不关涉扬州。明代扬州属军事重镇，为维护地方稳定和国家安全，扬州府构建了相对完备的水陆防御网络。嘉靖年间，倭患骤剧，扬州抗倭取得了"淮扬大捷"等一系列胜利，成为明朝抗倭战争的典范。

在经济方面，明代扬州在全国地位相对重要。扬州府人口从洪武至嘉靖的百余年间持续增长。扬州官绅注重兴修水利。在交通方面，运河、长江与漫长的海岸线构成了扬州四通八达的水上交通网，大量驿站、铺舍、递运所的建设，保障了陆路交通的顺畅。明代扬州手工业、商业繁盛，漆器制作技艺不断提升，出现了雕漆、百宝嵌、螺钿镶嵌等新工艺。明廷在扬州设有牙行、税课司、河泊所、钞关等税务部门，其中扬州钞关为全国七大钞关之一。

明代两淮盐场产量巨大，两淮盐课在国家财政中的地位举足轻重，明廷在此设置盐法察院、都转运盐使司，并派员巡查，定御史巡盐制度，形成规模庞大、组织严密的管理体系。为保证国家对盐业经营的垄断，明朝制定了繁复的交易程序。盐业蕴含巨大财富，上自王公贵戚，下至盐官胥吏，无不试图从中渔利。明朝中央与扬州地方皆重视对盐业经营的管理。在食盐流通中，明初以来实施的"开中制"，催生出盐商群体。他们交粮报中，边地积储因而丰盈；行销食盐，保证百姓生活所需。明朝对食盐生产者灶户有所赈恤与安抚，注重改善其生产、生活条件。

明代扬州的城市建设，在加强军事防御的功能外，城内行政、生活设施较前代有相当进步。乡村地区也有规划，出现了一些或以军事地位显要，或以工商业繁盛著称的不同类型的名镇。当时扬州园林众多，形成园林鉴赏与品评的风气。在社会生活方面，明代扬州形成了较为完善的地方仓储设施和赈恤制度，地方官员救灾赈济颇为得力。

在教育方面，明代扬州的学校以社学、儒学为主体，以书院为补充。社学属于启蒙教育。儒学以经史、律诰等为主要教学内容，以学田收入为主要运行经费,以培养科举应试生员为目的。分布较广的书院,或由官设,或由民间倡立而官方主导,在教学内容上与儒学基本一致。当时科举是最重要的人才选拔方式,数量众多的扬州生员通过科举步入仕途。此外,地方官学定期向国子监选送优秀生员,有援例入监、纳粟入监、恩贡等不同形式。

明代扬州学术文化颇有建树。经学方面,理学、心学相竞的新学风引人关注,王艮创立的泰州学派影响甚著。史学方面,扬州学人著作颇丰,类型多样,方志编撰成就突出,盐法志尤具特色。文学方面,涌现出如宝应朱氏、如皋冒氏、兴化李氏等文学家族,柳敬亭说书家喻户晓。书画方面,周嘉胄总结中国古代书画装裱技艺,所著《装潢志》别具一格。就技艺实学而言,扬州学人在天文、术数、医学、法律、军事、农业、建筑、园林等领域皆有建树,计成所著《园冶》全面系统地总结造园法则与技艺,开中国古代园林艺术理论之先河;王磐《野菜谱》、王徵《诸器图说》等备受称道,体现了扬州学人重视技艺实学的新学风。

五、清代的扬州

清代是扬州又一次全面兴盛发展的辉煌时期。

清代扬州行政区划间有更易,顺治时扬州府辖泰州、通州、高邮 3 州及江都、仪真、泰兴、兴化、宝应、如皋、海门 7 县;康熙中,海门县废;雍正时通州及泰兴、如皋 2 县析出,新置甘泉县,仪真改称仪征;乾隆时置东台县;宣统中,改仪征县为扬子县,清末扬州实辖 2 州 6 县。

清廷注重两淮盐业的经营管理,扬州倍受重视。清廷多选用具备管理经验、熟悉南方社会的降清汉人充任扬州地方官长。此后扬州知府及其属县主要官员、两淮巡盐御史、两淮盐运使等,大多为来自奉天、直隶等地的汉人,他们与清廷关系较为密切,有助于落实清廷的政策,以致扬州日趋安定,盐商回流,经济复苏。清代前期,两淮盐政、盐运使等盐务官员积极参与扬州城市的基础设施、涉盐公共工程、地方赈灾等事务,影响力远超扬州知府等地方官。

随着政局稳定,特别是盐业的复兴和漕运的发展,皖、晋、陕等多地商人来扬贸易,盐业经济成为扬州发展的核心动力。至康熙中期,扬州显现繁华之势,成为全国重要的商业城市。清前期的两淮盐课收入占全国盐税收入的

40%以上,对清廷的财政收入与军费贡献甚巨。康雍乾时期,扬州凭借产业优势和地理区位优势,社会经济发展再次实现飞跃。康、乾二帝南巡,极大地促进了扬州的城市建设和水利工程修筑。清廷或派亲信掌管盐务,或命地方高官兼管相关事务,可见清廷对扬州的倚重。康乾时期的两淮盐务管理存在一些难以根治的弊端,如私盐贩运和官吏贪赃枉法,乾隆三十三年(1768)的两淮预提盐引案暴露了两淮盐官和两淮盐商之间的利益关联,这也是乾隆朝以后两淮盐业逐渐转衰的重要诱因之一。

鸦片战争后,反帝反封建成为新的历史主题。1851年太平军起义,1853年太平天国定都天京后,天京、镇江、扬州三地呈犄角之势,扬州成为军事争夺的关键,太平军与清军在此长期拉锯。太平军曾三进扬州城,1853年4月1日,太平军首占扬州,于12月26日撤出;1856年和1858年,太平军又两度攻入扬州城。清军与太平军在扬州长达八年的争夺,对地方经济、文化等方面自然造成严重的损害。

清代扬州经济经历了恢复、繁荣与衰落的复杂进程。明清之际扬州人口锐减,经济凋敝。随着统治的逐渐稳定,清廷与地方官府着力加强治理,对运河沿岸水利建设尤为重视,这为漕运与农田灌溉提供了基本保障。康熙年间以来,推动"导淮入江"工程,对解决扬州地域水患影响尤著。漕运对扬州社会经济影响甚著,就关税征收而言,仅乾隆七年(1742)免征米谷麦豆税银即达6万余两。扬州下属诸沿河州县市镇,如高邮、仪征、瓜洲等,皆随漕运而兴。盐商将淮盐行销本盐区各口岸,回程又装载湖广之粮食、木材等分销江南,以盐业行销为中心,形成了相关转运销售的商业链。在扬州城内及周边市镇,由于盐业与诸商业活动繁盛,衍生出一系列休闲消费的社会服务行业。盐商对扬州城市建设和环境治理功不可没,诸如修桥铺路、治理街肆、疏浚水道等,皆有建树。清代扬州的造园理法和技艺臻于完善,公共风景园林和私家园林繁盛,扬州园林臻于成熟。工艺方面,清代扬州官营工艺制造发达,其中最显著的雕版印刷业、玉雕业皆由两淮盐政承办。

清代扬州的教育体系以地方官学和书院为主体。地方官学以扬州府儒学与各县儒学最为重要。晚清以前,扬州构建起官学与私学相互结合、组织完备、分布广泛的教育体系,教育、科举在国内均处于领先地位。安定、梅花书院等名师聚集,成为国内重要的人才培养基地与学术研究重镇。扬州崇文重教,涌现出一些绵延数代的学术世家,其中以高邮王氏、宝应刘氏和仪征刘氏最为著名。鸦片战争后,西方传教士开始在扬州创办新式学校,传授西学。20世纪初,废除科举,扬州原有的教育体系随之发生根本变革,传统教育体系被新式学堂体系所取代。

清初以来,扬州本籍与侨寓学人交流融通,造就了学术文化繁荣的局面,出现了扬州学派、扬州画派、广陵琴派等既融汇多元又具有鲜明地域印记的学术、艺术群体。清代扬州学术成就卓著,清前期学者在经学考订、舆地之学、"江左"文学等研究方面颇有建树;清代中期,扬州学术臻于繁盛,涌现出汪中、焦循、阮元、王念孙等学术巨匠,还有刘台拱、李惇、任大椿、朱彬、王引之、凌廷堪、江藩、刘文淇、刘寿曾、刘宝楠、刘恭冕、刘毓崧、成蓉镜等,可谓群星璀璨,诸人贯通古今,涉猎广泛,形成博通的学风。清代后期,扬州学术继承传统,汲取西学,如太谷学派代表张积中糅合古今,李光炘融佛、道以释儒经,刘岳云、徐凤诰汲取西学以探究传统实学。在文学方面,形成了具有广陵特色的文学流派,文人结社雅集蔚然成风;曲艺方面,扬州汇集了南腔北调和优秀的梨园艺人,成为南方的戏曲中心;书画方面,以石涛和"扬州八怪"为代表的扬州画派,开启了清代绘画新风;广陵琴派名家辈出,乐谱纷呈,尤以"广陵琴派五谱"为著。

清代扬州社会生活受徽商及其文化影响颇深。两淮盐商将"徽派"文化风俗带入扬州。乾嘉时期,扬州一度引领世风,形成所谓的"扬气"。随着时局变动,扬州城市经济过度依赖盐业与盐商的内在缺陷日益彰显,两淮盐业的衰落,扬州民众生活显现出一些"苏式"风采,隐含着苏州风尚渗透的印迹。鸦片战争后,在欧风美雨的侵蚀下,扬州社会生活明显地体现出"洋气"。

六、民国时期的扬州

民国时期扬州军政局势经历了激烈的变革。1911年10月10日,武昌起义结束了清朝的统治。此后,具有革命党背景的孙天生宣布扬州光复,成立军政府,自任都督;徐宝山率军自镇江入扬州,成立扬州军政分府。1912年1月1日,中华民国成立,废除扬州府,设民政长公署,扬州民政长改称江都县民政长,后相继改称县知事、县长。地方自治过程中,扬州各县的县议会为议事机关。1928年,废除淮扬道,江都县直属江苏省。1927年至1931年间,扬州成为拱卫民国首都南京的江北重镇。1933年,江苏省行政区划调整,于省之下、县之上增设行政督察区,第9行政督察区(即江都区)下辖江都、高邮、宝应、仪征、六合、江浦等县;1935年,省府将第9区(江都区)改名为第5区。

　　1937年7月7日,抗日战争全面爆发,扬州地区商民团体积极支持全国抗战,成立抗日救亡团体,一些扬州籍青年奔赴各地参加抗日部队。扬州沦陷前夕,各政府部门、银行、学校等机构撤退。12月14日,扬州沦陷。日军在攻占扬州各地及统治过程中,制造了无数惨案,其中较为重大的惨案发生在天宁寺、万福桥、仙女庙等地。在日伪政权统治下,扬州的经济、社会、教育、文化事业等遭受到严重摧残。1939年4月,新四军挺进纵队渡江北上至江都。1941年4月,苏中军区成立,下辖6个军分区和兴化、东台、泰县特区"联抗"司令部。扬州地区划入苏中一分区范围内。1944年3月5日,新四军发动的车桥战役是苏中战略反攻的重大转折,增强了苏中与苏北、淮南、淮北抗日根据地的联系,揭开了华中地区战略反攻的序幕,宝应由此逐渐成为苏中抗日斗争的政治、军事中心和指挥中枢。扬州地区建有苏北抗战桥头阵地、仪扬抗日根据地、江高宝抗日根据地、江镇抗日根据地等中国共产党领导的根据地。1945年12月,日本宣布无条件投降后数月,占据高邮的日军拒绝向新四军投降。19日,粟裕指挥华中野战军主力第7、第8纵队及地方武装共15个团,向盘踞高邮、邵伯的日军发动进攻,经过一周的战斗,迫使日军投降,收复高邮城,被称为"中国抗日战争的最后一役"。1945年,国民政府陆续恢复对扬州部分城镇的统治。1946年6月全面内战爆发后,国民党军于7月下旬至8月下旬,集结约12万兵力进攻苏中解放区。中共华中野战军奋起迎战,苏中七战七捷后,国民党军再次集结优势兵力反攻,华中野战军于1946年9月主动撤出了苏中解放地区。1949年1月25日,扬州城解放,成立中共扬州市委会、军管会与市政府;1949年4月20日,扬州全境解放。

　　民国时期,扬州经济与社会出现新变化。自1912年恢复两淮盐运使建置始,扬州仍为两淮盐务中心,至1931年2月,两淮盐运使移驻连云港板浦镇,扬州失去了两淮盐务的中心地位。1931年5月,国民政府颁布新盐法,实行自由贸易,十二圩淮盐总栈的作用逐渐式微。1937年11月,日军占领十二圩,淮盐总栈彻底消亡。扬州经济领域出现的新行业和组织主要有新式垦殖业、蚕桑业、近代化的工厂和银行业。北京国民政府时期,扬州境内先后有交通银行、中国银行、江苏省银行、盐业银行、淮海银行、中国实业银行、天津中孚银行7家银行入驻。南京国民政府时期,"四行二局"均在扬州设立分支机构。扬州农业有所发展,各县设立农场、农业改良场、农业推广所等。20世纪二三十年代,扬州境内由政府主导的水利工程建设主要集中在淮河入江水道及圩堤建设、京杭运河扬州段与长江下游扬州段的建设。1947年,国民政府导淮委员会、江北运河工程局、行总苏宁分署三方联合对运河部分堵口实施复堤工程。1949年1月,人民军队军管会接管国民政府的运河工程处,第二行政区专员公署成立苏北运河南段工程处,在江都、高邮、宝应等县成立运河工程事务所。民国时期扬州初步形成了公路网,出现轮船与汽车运输,开通一些市际、县际公路,组建民营汽车长途客运公司。

　　民国时期扬州城基本延续了以往的城厢格局,城内埂子街、多子街经教场至彩衣街一带为商业区,各类学校多在西部旧城区域,官署区位于两者之间。钞关至东关街一线为商贾居住区,北门外西北方向为蜀冈－瘦西湖风景区。南京国民政府建立后,地方政府规划拓宽城市道路,但阻力重重;沦陷时期,城市遭受破坏。抗战胜利后,1945年11月,江都县政府拟定了《江都县城营建计划大纲》,拆除城墙,建设道路、桥梁,城市照明、用水、清洁卫生等公共设施有所改善。扬州新式学校数量大增,1927年正式成立的江苏省立扬州中学,办学成效卓著。在学术与文化方面,刘师培、朱自清等在各自研究领域取得了一定的成就;以李涵秋为代表的鸳鸯蝴蝶派扬州作家群体,大多旅居上海,从事新闻报刊、编辑出版行业,创作诸多反映社会生活的通俗文学作品。

　　通过概略梳理自上古至中华人民共和国成立前扬州地域历史演进的大体脉络,可见距今7000—5000年的龙虬庄文化时期,扬州的先民已经生活于江淮东部大地,开启了地域社会历史的进程,奠定了地域文明的基石。自春秋战国以来,扬州逐渐步入地域社会快速发展的历史时期。此后的各个历史阶段,扬州作为区域社会中心在关乎全国的军政格局、国家财政、文脉传承等方面扮演着不可替代的重要角色,发挥了独特的作用,经历了数度盛衰起伏的演变历程。

作为中国历史的一个有机组成部分,要准确把握扬州区域历史发展的特征、规律与贡献,必须将其放置于中华历史的整体格局之中予以观照与体察,其中两方面的感悟尤为深切:

其一,作为一座具有"通史性"特征的历史文化名城,扬州地域历史发展与中国整体历史进程基本同频共振。

众所周知,扬州的文明历史持续发展,春秋战国以降,先后出现了汉代初盛、唐代鼎盛、清代繁盛三个世所公认的"兴盛期",其间地域社会政治昌明,经济繁荣,文教发达,学术卓越,为全国之翘楚,地位显著。而这三个历史时期,正是中华历史上三个大一统王朝,国势鼎盛。显而易见,扬州地域社会的繁荣发展,可谓国家整体兴盛的局部缩影与生动侧面。

在汉、唐、清三个鼎盛期前后的诸间隔历史时段,国家整体处于历史演进的变动更替期,大多表现为分裂动荡状态,如秦汉之前的春秋战国时期,汉唐之间的魏晋南北朝时期,即中国历史上历时长久、程度深重的分裂时期。唐末至清代,其间经历了两宋元明诸朝。在这一历史时段,北宋、明代国势有所局限;至于五代十国、南宋时期,则处于大分裂状态。在这一格局下,扬州或为地域纷争的"中心",或处于南北对抗的"沿边",在经济、社会等方面,或相对"衰落""停滞",或相对"平静""沉寂"。

当然,从长时段或整体性的历史与文化发展的视角看,这些"分裂期"与"衰落期",实际上是中国整体历史发展进程中的积蕴、变革与转型阶段,诸多的社会制度变革与思想文化更替,正是在这些阶段逐步孕育生发而来的,为此后的"兴盛期"聚积了足够催生转型与变革的历史资源,准备了充分发展的历史条件。就扬州地域历史而言,以上诸历史阶段,在或"衰滞"或"沉寂"的表象下,往往积极应对,顺势而为,特别在北宋、明代等国祚较长的王朝统治时期,扬州地方积极作为,储备能量,奠定未来再现辉煌的社会基础。

由此可以说,扬州历史上的数度盛衰兴替,与整个国家的历史发展轨迹基本同频共振,进而言之,在中华历史与文化演进的诸多历史关头,不难感受到来自扬州地域社会的具体作用与影响。

其二,特定的地理区位与交通地位,对扬州历史、文化之衍生与发展影响至深,赋予其鲜明的地域社会特征。

作为区域社会中心,扬州地处江淮之间,临江濒海,特别是凿通运河,其连接南北、沟通东西的地理区位优势日益彰显。早在新石器时期,扬州地域便表现出"南北文化走廊"或"南北文化通道"的区域性特征,这不仅是南北文化的"传输"或"中转",也在此进行南北风尚、异质文化的汇聚、融通与糅合、再造,进而形成具有本地域特征的新文化因素。春秋战国以来特别是隋唐以来,贯通南北的大运河对国家整体的军事、政治、经济与文化发展意义重大,扬州处于运河的中枢区位,在大一统国家中自然成为南北交通的中心与关键;在开放的唐代,扬州一度还成为国际化都市。

扬州地域经济社会繁荣,必然显现"虹吸效应",导致人才聚集,引发文化交融与新变,进而催生学术文化创新——扬州的每一个"兴盛期",都是地域社会文化的高峰期——这是扬州有别于其他偏重政治、军事、经济的地域性中心的鲜明特征——扬州的兴盛,往往具有社会综合性或整体性,尤其学术文化要素凸显。扬州地域的学术文化,包括地域社会生活习尚,具有与生俱来的开放性、包容性、融通性——这正是扬州文化突出的地域性特征。不仅如此,各历史时期,融汇东西南北的扬州文化往往凭借其交通与物流优势而转输各地,对各时代的学术文化与社会风尚产生或轻或重、或显或隐的影响,引领时代风尚。如果用最简洁的词语概括扬州历史文化的特征,那么"融通""汇通""会通""联通""变通"等词语应当是妥帖恰当的。

与此相应,在中国历史上的"分裂动荡"或"变革更替"时期,扬州的地理与交通区位则往往使其处于南北对抗的"前沿",或为南北政权的"过渡地带",有时成为"羁縻"之地,甚至成为"弃地"。随着统一战争的来临,扬州自是南北政权激烈争夺的所在。可见这一地理区位也决定着扬州屡遭兵燹与劫难的历史命运,赋予其悲壮的历史色彩和英雄的历史气息。

因此,准确地把握扬州地域历史文化的特质,应当具备通达的"大历史"眼光,注重强化扬州与中国历史乃至世界历史的关联与"互动"意识,以明其"通",以知其"变"。

扬州历史绵延厚重,扬州文化博大精深。对扬州历史与文化的宏观性论述与规律性阐发,是一个无止境的话题,期待博雅有识之士的真切感悟与深刻思考。

"雄关漫道真如铁,而今迈步从头越。"1949 年 10 月 1 日中华人民共和国的建立,掀开了中华民族历史的崭新篇章,历史文化名城扬州也焕发出新的生机,迈进了新的历史时期。回顾历史,是为了正视现实,展望未来。在经历了新中国的政治、经济、文化与社会的诸多深刻变革,特别是经过了改革开放的砥砺磨炼,扬州的经济社会步入了高速发展阶段,取得了前所未有的辉煌成就,达到了前所未有的文明高度,这是历史上任何一个"兴盛期"都无可比拟的。我们坚信,在全面建设社会主义现代化国家、全面推进中华民族伟大复兴的新时代征程中,扬州人民一定会用自己辛劳的汗水与无穷的智慧,谱写出无愧于先民的更加波澜壮阔的历史新篇章!

目　录

第一章 北京政府时期的扬州

扬州的光复过程颇费周折,在经历了初期的动荡后,扬州城复归表面的平静,而政治上的斗争却波诡云谲,风波不断。

第一节 辛亥扬州光复

扬州地处江苏中部,也是沟通南北的重要枢纽。扬州的辛亥光复对整个江北地区都有着重要的影响。

一、扬城剧变

1911年10月10日,武昌起义炮响之后,全国各地纷纷呼应。江苏各地也随之掀起光复浪潮。11月3日,同盟会、光复会在松江府起义,进攻江南制造局。次日,成立军政府。5日,江苏巡抚程德全在苏州当地士绅的劝说下,权衡利弊,决定反正,宣布独立。6日,无锡实现了武装光复。7日,镇江新军开始集结,准备进攻府城。"扬州在江北,闻江南乱也,人心大震。"[1]扬州知府嵩峋知民心所向,势已难为,早已作有安排。在将府务委托江都、甘泉两县自治所所长、扬州商会会长周树年负责之后,嵩峋心有不甘,仍徘徊于扬州,留驻府署,希望在未来的新政权中能谋得一席之位。其时驻于扬州的清廷大小官员还有两淮盐运使增厚、淮南总局汪铭恩、江都县知县桂聚庆、甘泉县知县禹嵩龄、盐捕营都司彭春尔、扬州营参将刘永兴、扬州城守营守备夏松年等人,驻军除以上诸营外,还有缉私营定字营等。但这些驻扬的

---

[1] 尚秉和:《辛壬春秋·江苏篇》,祁龙威、周新国主编:《辛亥革命江苏地区史料》,江苏人民出版社2011年版,第41页。

清廷官员大多心不在焉,无心政事。"豪绅富商们已经把扬州分成二十五(或作二十四)区,组织'自卫团',昼夜巡防。"[1]准备于革命来临之际坚决抵抗者,则寥寥无几。

11月7日,以工匠身份为掩护,且具有某种革命党特殊背景的孙天生[2],来到扬州静慧寺,这里是清军定字营的驻地。在此之前,他曾在这里秘密进行了大量的串联与鼓动工作,该营士兵们也同情支持革命运动,具有良好的起义基础。当天晚上,在孙天生的带领下,该营官兵树立起"光复大汉""还我河山"的旗帜,发动了起义。起义过程十分顺利,几乎没有遇见有组织的抵抗。"军警机关均避不闻问,似成无政府状态"。[3]那些平日里口口声声乃心王室、大法小廉的清朝官吏们纷纷逃窜或投降,可谓兵不血刃。淮扬道奭良弃城逃匿;两淮盐运使增厚从衙门逾墙而逃;扬州知府嵩峋躲入天宁寺躲藏,把官印扔入瘦西湖,旋即遁逃高邮;同城的江都、甘泉两知县禹松龄、桂聚庆立刻投降,跟随孙天生马前鞍后。其余三班六房者亦多逃遁,少数服从。扬州老百姓对光复有所期待,也不希望以生灵涂炭的方式迎来政权更迭,所以听闻军兴,异常配合,"扬民素憾清初屠杀十日之惨,乃争欢迎之"[4]。孙天生占领府衙后,宣布释放全部在押犯人,将盐运使署银库中的钱财散给起义士兵及贫苦百姓,传闻其也乘机中饱私囊。第二天,孙天生在甘泉县署召开大会,宣布扬州光复[5],成立扬州军政府,自任都督。扬州民众本对孙天生抱有期望,"然孙素无学术,误解自由。纵狱囚,劫运库。任兵骚扰,居民不堪"[6]。他对扬州无任何施政表现,"地方群众发觉其言行举止不类党

---

[1] 祁龙威:《孙天生起义调查记》,祁龙威、周新国主编:《辛亥革命江苏地区史料》,江苏人民出版社2011年版,第236页。

[2] 孙天生是不是革命党,史学界至今仍有争议。综合多方面史料,我们认为不能完全排除孙天生的革命党身份,或者说至少革命党与孙天生有着某种程度的联系。

[3] 吴佩江:《扬州光复事略》,祁龙威、周新国主编:《辛亥革命江苏地区史料》,江苏人民出版社2011年版,第221页。

[4] 周钰:《江都县乡土史》,《江苏(省立)第四师范学校校友会杂志》1916年第1期,第116页。

[5] 学界对孙天生所提的光复,颇有质疑,很多人不认可这次光复行动,而以徐宝山执掌扬州作为光复之举。

[6] 周钰:《江都县乡土史》,第116页。

人,疑惑不安"[1]。

孙天生并不信任清廷旧官僚,也不打算利用他们组建新政府。在与其他革命政权的联络方面,他也没有及时行动。他希望获得扬州士绅的认可与支持,专门邀请了扬州绅商领袖方尔咸、周树年等人,要求他们协助稳定市面,服从管理。但方尔咸等人从内心看不上孙天生,始终怀疑或故意歪曲其革命党身份,并没有诚心与孙天生合作,他们一方面虚与委蛇,另一方面积极与外地力量联系,图谋反抗孙天生。

因镇江与扬州一江之隔,时在镇江驻防,且在江北一代已有威名的徐宝山成为他们的主要联系对象。"时孙天生既不能驭下,又无威望,扬城绅商乃公请徐宝山入城"。[2]扬州士绅推举邑人阮薪传、戴友士等代表过江请徐。[3]他们声称孙天生并非革命党,是无赖游民,要求徐宝山等人率军入扬,挽救扬州局势。徐宝山者,字怀礼,丹徒人,"膂力过人,方颐巨额,性伉爽,喜结交闾左豪杰,群以其勇悍魁伟也。"[4]他早年加入青帮,有说为马贼、枭匪,"为人精警勇悍,人皆称之曰'徐老虎'"[5]。光绪二十五年(1899),徐宝山与泰州洪门武装首领任春山结为金兰,合开"春宝山堂"。二十六年(1900),自立军起义之初,唐才常曾有意拉拢徐宝山,得其正面回应。梁启超曾曰:"老虎来归,尤为可喜。"[6]徐宝山随后以"两江两湖兵马大元帅"的身份,给江苏巡抚鹿传霖写信,要求其参与自立军起义,"以清君侧,而枭奸宄"[7]。但徐宝山并未真正参与自立军事。同年,在张謇等人的谋划下,两江总督刘坤一招安了徐宝山,以其为长江新胜水师及新胜虎字陆营管带。数年后,徐宝山因捉拿水匪,尤以镇压革命党人有功,深得清廷信任。两江总督张人骏提拔他为巡防营统领,驻防镇江。"虽阳受官法之羁勒,而暗中其徒众仍隶部

[1] 吴佩江:《扬州光复事略》,祁龙威、周新国主编:《辛亥革命江苏地区史料》,第222页。

[2] 周钰:《江都县乡土史》,第116页。

[3] 一说过江请徐,在孙天生起事之前。

[4] 冯叔鸾:《徐宝山传》,载霜民《徐宝山》,普及书局1913年版,第4页。

[5] 印水心:《近代史读本》(卷下),世界书局1925年版,第49页。

[6] 丁文江、赵丰田编:《梁启超年谱长编》,上海人民出版社1983年版,第208页。

[7]《徐怀礼致鹿传霖函》,杜迈之等编:《自立会史料集》,岳麓书社1983年版,第50页。

曲"。[1]徐宝山也因此在江北一带拥有较大的影响力,"有党羽数千人,潜势力不在小处"[2]。

在镇江光复时,徐宝山审时度势,判断利弊,加入了起义一方,他的队伍对推进镇江光复进程有一定的作用。但在林述庆主政镇江的格局下,徐宝山无处自立,正踌躇进退之际,接到扬州方尔咸等人的联络信息,如逢甘霖,大喜过望。早就觊觎扬州盐业之利的徐宝山、李竟成等人率领部队即刻渡江北上,于11月9日进入扬州城。

听闻消息的孙天生率领一队士兵前去交涉。孙天生向徐宝山等人解释自己就是革命党,但此论不为徐宝山等人接受。徐宝山下令枪击孙天生,孙天生寡不敌众,乘乱逃跑,藏匿于多宝巷一户唐姓居民家中,"其附从士兵有卸装潜逃者,有被捕获者,余者皆闻风星散"[3]。第二天,孙天生被人告密被捕,为徐宝山关押。"徐继令部属携孙至广储门樊家园菜田内,挖出所劫之盐课。"[4]徐宝山后来押着孙天生去泰州等地,希望通过孙天生,以收编流散各地的定字营散勇,但没有得逞,返扬途中,徐宝山将孙天生杀害。

二、扬城政局初定

1911年11月10日,徐宝山在左卫街淮南总局宣布成立军政分府,自任军政长,民政长由李石泉担任。设立淮盐科,以方尔咸任之。徐宝山以原虎字营为基干扩编军队,改编定字营、城防营,设立了北伐先锋队、宪兵部队、军政分府卫队营等部队。"出示安民,人心稍定。"[5]扬城形势复归平静。"部署三日,市曹静谧,鸡犬无惊,四民往来,各安其业"。[6]随后,徐宝山马不停蹄地向扬州所属里下河各县腹地进发。虽然他的军队当时军械不完,教练无法。然以徐宝山江湖之资历与威望,扬州各属县皆闻风而降。"老虎之威名颇著,绿林宵小,闻而远遁。缘是光复以来,淮扬一带,赖以雍容坐镇,阖

---

[1] 陈适吾:《徐宝山遇害记》,《神州》1913年第1期,"记载"第8页。

[2] 张孝若:《南通张季直先生传记》,中华书局1931年版,第89页。

[3] 吴佩江:《扬州光复事略》,第223页。

[4] 吴佩江:《扬州光复事略》,第297页。

[5] 周钰:《江都县乡土史》,第116页。

[6] 一士:《徐宝山论》,《新闻报》1913年5月26日,第1版。

间无惊焉。"[1]11月13日,宝应县知县易焕鼎逃离任所。宝应军政府成立。11月15日,徐宝山到达泰州,次日宣布泰州光复,并招降了刘凤朝部的一些哗变士兵。至20日,徐宝山先后到达兴化、盐城等地,宣布兴化、盐城、东台、阜宁等地光复。在这些地区,徐宝山建立起地方政权,委任官吏,稳定了社会秩序。在一些地区,徐宝山以武力胁迫当地改变民选官员,指派其势力人选,也不无霸道之举。以高邮为例,听闻扬州光复,高邮士民自发组织了县临时自治会。同时派人前往扬州,以示响应。高邮士绅随后组织士民大会于官立高等小学堂,清政府高邮知州姚纪衡到会,在徐宝山的电召下,姚承诺改行共和制度。民众为其所惑,仍推其为该县民政长,宣布光复。但后来姚又反悔,拒绝向县自治会让渡县司法权限,并集兵向自治会示威。高邮县自治会不得不请求镇江都督府发兵,驱逐姚纪衡。"自治会员以镇江军至,组织本邑司法机关。"[2]在镇江军的压迫下,姚纪衡只得脱身遁去。1912年1月,高邮组织了临时县议会,公举吴辅勋为民政长。徐宝山派遣旅长马玉仁率军至高邮,驱逐了镇江军,取消该县司法独立。吴辅勋愤然辞职,县政暂以总务课长袁良干代理。2月,江苏都督委任前知州姚崇义为高邮县民政长,高邮方始安定。

徐宝山一边进军扬州各属县及周边地区,一边开始招兵买马,增强兵力。短短数日,即募得不少青壮,编入行伍。"所部诸将,虽于形式上稍欠研求,然于服从命令、保守军纪,能得地方之感情。"[3]徐宝山聘请毕业于德国陆军学校的李鼐对其士兵进行训练,效果明显。其治军严厉,在随后的江浦作战时,徐部有一名士兵叫张德胜,去百姓家强行取衣一袭。徐宝山得知后,立正军法。其"恶军士之乱秩序如此"[4]。

1911年11月26日,江浙联军开始进攻南京。27日,徐宝山、李竟成等人开始组织江北支队支援江浙联军。11月30日—12月4日,徐宝山等部

[1]　陈适吾:《徐宝山遇害记》,"记载"第9页。

[2]　胡为和、卢鸿钧修,高树敏纂:《〔民国〕三续高邮州志》卷八《县附录》,《扬州文库》第1辑第23册,广陵书社2015年版,第334页。

[3]　中国第二历史档案馆编:《中华民国史档案资料汇编》(第二辑),江苏古籍出版社1991年版,第155页。

[4]　《邘军光复大事实录》,《时报》1912年1月3日,第2版。

与张勋部在江浦一带鏖战。此役中,徐部作战勇猛,官兵用命,桴鼓相应,克复浦口。"浦口张兵皆被徐宝山兵击散。"[1]徐宝山部将领董开基等30余人阵亡,50余人负伤。徐宝山部在浦口之战中展现出来的战斗力,也给张勋留下了深刻印象,张勋语人曰:"江南各军,皆不足惧。独徐宝山,乃劲敌耳"[2]。

当徐宝山部从南京凯旋回扬之时,扬州全城官厅、民军各营、商团、各区自卫团等在徐凝门护城河边列队恭迎,"军队各持陆军旗,其余各界皆执国旗。爆竹声如联珠,一时观者塞途,欢声雷动云"[3]。杀敌致果,徐宝山在扬州的声望也随着这场战斗的结束而达到了顶峰。

三、徐宝山被杀

江浙联军占领南京后,各路军以黄兴为大元帅,打算继续北伐。徐宝山加入了北伐联军,并自立一军,为江北北伐军总司令,以华彦云为参谋长。徐宝山积极筹划军事,派朱占元、李霈等部在窑湾、皂河一带布防,预防张勋部。12月13日,徐宝山还专程前往上海,与沪军都督陈其美商议北伐军情。

至1912年初,本无多少坚甲利兵的徐宝山麾下已有一支兵力多达数千人的军队。2月7日,张勋部进犯,时为扬州军政分府司令长的徐宝山率军北伐,所调派的部队番号为新军二营、民兵四营、广军、十三协炮队等,在临淮关、靖江、盐阜等地对抗张勋部。

徐宝山的政治立场是反复无常,屡有变动的,在不同的历史时期表现出大相径庭的面貌。曾经遵从清廷旨意,对革命党人严加缉拿的徐宝山,在辛亥革命后尽管积极地作出了一些与革命党一致行动的表现,但他与同盟会一直保持着若即若离的状态。与袁世凯的拔来报往之间,他对袁世凯的态度却也出现了从初期的痛斥转而"暧昧",乃至拥戴的转折。

革命党人多次邀徐加入同盟会,但都为其敷衍了之。扬州光复后,黄兴曾邀请徐宝山加入同盟会,为之所拒。但这种与革命党人保持距离的做法并不妨碍他去争取革命党势力所带来的政治利益。孙中山刚回国时,徐宝山专程派副司令李竟成去上海迎接,就是他进行政治投机的一种表现。徐宝

[1]《中国革命消息》,《时报》1911年12月5日,第2版。

[2] 印水心:《近代史读本》(卷下),第49页。

[3]《欢迎扬军凯旋》,《新闻报》1911年12月16日,第5版。

山曾这样形容自己对孙中山、黄兴等革命党人领袖的推崇："初景仰孙中山、黄克强二氏,惊为天人。"[1]1912年1月,徐宝山发布致各报馆各都督分府书,通电反对南北议和,在通电中,徐宝山对袁世凯大加鞭笞,斥其为贼:"清廷利用袁贼,予以高位,实行灭汉政策。益以袁贼阴鸷险诈。"[2]他自称江北北伐军司令,要求北伐。"唯立候中央政府宣示方略,即率部众前驱而北,直捣贼巢。"[3]徐宝山的举动也获得了孙中山等人的肯定,被授上将军衔,其部被扩编为国民革命军第二军。[4]

1912年3月,南北议和成功,袁世凯当选大总统。徐宝山当即致电表述拥护。袁世凯曾派亲信携带巨款,去南方收买地方实力派。徐宝山欣然笑纳了袁世凯馈赠的25万元,并发表通电,以示立场:"鉴满清倾覆,共和告成,南北一家,举国同意。"[5]为表忠心,徐宝山还将次子送往北京,在袁世凯身边任职。这种纳子为质的做法,无疑是为博取袁的信任。徐宝山还给袁世凯、黎元洪及各省发电,以"共和精神在服从多数,重要问题尤非少数所能偏私"[6]为理由,支持袁世凯不南下就任,而是在北京组织中央政府。所谓"当世宏达君子及我政府诸巨公,自必能曲谅项城化除民国投降之私见"[7]。甚至暗以谈判破裂的责任、革命失败的前景威胁南方革命党人,要求他们放弃让袁世凯南下的决定。"宝山偷活于专制时代已数十年,何能于共和初成便见亡国之惨。"[8]这无疑是徐宝山立场的重大转折。但徐宝山也没有与南方革命党"翻脸",仍维持着场面上的协作。4月,革命党人赵声的遗体从香港运回镇江,进行公祭。徐宝山亲送挽联:"四海几人,可当宝山一哭;万方多难,为期伯先再世。"这也可以视作徐宝山对革命党方面的一种姿态。

南北议和后,徐宝山迫于形势,主动请求取消军政分府:"扬州军政分府

[1] 冯叔鸾:《徐宝山传》,第9页。

[2] 新黄氓编辑:《文牍初编二册》,广益书局1911年版,卷二,第5页。

[3]《南京新政府近事》,《申报》1912年1月12日,第3版。

[4] "第二军"一说有称"北伐军第二军"。

[5]《公电》《申报》1912年3月25日,第2版。

[6]《扬州来电》,《浙江军政府公报》1912年第32期,第10页。

[7]《扬州来电》,第10页。

[8]《扬州来电》,第10页。

于上年九月间经商会、自治会公举宝山担任。嗣以豫备北伐,复由商民公推宝山之弟宝珍接充。及和议告成,而两师一旅需饷甚亟,腾挪接济,端赖分府筹维。是以遽难裁撤。现值大局渐定,全国统一。已将此意,明白晓谕。内外均无间言,自应电请取销,以资统一。"[1]4月18日,扬州军政分府被北京政府改为扬州卫戍留守司令长,徐宝山被任长江水师新胜营营带。[2]在这之前,听闻风声的扬州各界还组织了一次挽留徐宝山留扬的运动,在《时报》等报纸上发布了挽留电。

5月,刚刚加入同盟会的第三军军长王芝祥来到扬州,与徐宝山谈及政党问题。徐宝山称:"吾对于各党,不赞成,亦不反对,且静观其后。"[3]王芝祥本有邀请徐宝山加入同盟会之意,闻其此言,遂不再提。6月,在袁世凯意图向列强举借外债的争论中,徐宝山是坚定地站在袁世凯一边的。他在给袁世凯暨国务院的专电中说:"南北交困,变乱将兴",不但为袁世凯举借外债之议辩护,更是毫不掩饰这些外债的用途,"为今而求救急之法,舍借外债不足以救一时,舍募内债不足以为后盾。……大总统饬下国务院一意实行,不必畏首畏尾,致误全局。"徐宝山建议袁世凯当机立断去举借外债。"当断不断,其事必乱。"[4]这些言论表明徐明显偏袒袁世凯一方,且对南方持有戒心。7月6日,发生了原立宪派报纸《国民公报》以时评为载体,攻击同盟会"误国殃民",并污蔑孙中山领导的临时政府为"伪政府"的事件。引发北京同盟会派系报业人士的反击。同盟会会员、《国光新闻》主笔田桐等人持械冲击该报报馆,损毁报馆器物。7月25日,本置身事外的徐宝山通电全国,以同盟会等党派议员"竟敢联挟私见,反对联合内阁",批判这些议员"只知有党不知有国,直与毫无心肝者无异"[5],要求解散参议院。12月7日,徐宝山在《新闻报》发表所谓"党外之言",要求司法部严惩田桐等人,称不如此,则"群情所激,将以其人之道还治其人之身。中土虽广,必无该党立足之

[1]《徐宝山自请取销军政分府电》,《革命文牍类编》(第十册),上海自由社1911年版,第18页。
[2]徐宝山其时仍为第二军军长。
[3]《徐宝山对于政党之伟论》,《时报》1912年5月22日,第5版。
[4]《扬州徐军长等致大总统暨国务院等电》,《政府公报分类汇编》1915年第30期,第10页。
[5]《徐宝山请解散参议院电》,《时报》1912年7月25日,第4版。

地"[1]。徐宝山的这些言论与作为引发了同盟会的不满,广东同盟会直接发文对其进行批判。该年10月,徐宝山还在扬州举办了革命军攻克浦口阵亡将士周年追悼会,并发表祭文。这些表现,似乎可以作为徐宝山两面下注,谨慎应对的注脚。11月3日,俄罗斯帝国与外蒙古傀儡政府签订了《俄蒙协约》,声称中断外蒙古与中国中央政府的关系,俄罗斯帝国扶助其自治。7日,北京政府声明不承认该协议。徐宝山旋即致电北京政府,不但表示支持政府,并请命出征:"昔日旧部敢死之士,散出江淮。一经征集,可得十万精兵。……如蒙中央允许,当即厉兵秣马,即日出发,移师关外,以备前趋。"[2]徐宝山的这次请战,也是在向北京政府展示其立场。在这样的情况下,1913年春,宋教仁被刺案发生后,国民党人联络徐宝山,邀其一起反袁,徐宝山自然予以了拒绝。

徐宝山喜欢古董珍玩,"好骨董,凡书、画、瓷器等物,靡不爱。"[3]他曾委托古董商人吴慕贤、艾玉才二人去上海,代购古玩。5月21日,他收到一个古瓶已购妥,即将带回的信息。5月23日深夜,一名禹姓青年来到引市街徐宝山公馆,携带着吴、艾两位古董商的信件及一个匣子,称匣子里装有古瓶,价值五千金,需要当面亲交与徐宝山。因徐宝山已经入寝,门人遂先收下匣子,答应次日一早便交与徐宝山。差弁高镇清将此匣子放置于徐宝山书房。次晨8时,徐宝山起床后,听闻此事,迫不及待亲自开匣,触发匣内炸弹,被当场炸死,"穿肠洞腹,肉薄血飞,燎及头面,轰去手腕,随时殒命"[4]。

徐宝山被炸之后,"扬州市面极为恐慌"[5],一时波动,徐部下属共推其胞弟徐宝珍暂行接任其职,并电告中央。北京政府以其弟继承其职,安抚军心。江都县知事、江都地方检察厅亦悬赏缉凶。徐宝山事件引发全国舆论,各方政治力量纷纷自择清白,攻讦对手为凶杀主谋。袁世凯、张勋、冯国璋、张作霖、国民党及其余仇家,都有嫌疑,至今没有定论。在其追悼会上,有人

---

[1]《徐宝山党外之言》,《新闻报》1912年7月12日,第3版。

[2]《徐宝山征库伦之雄心》,《新闻报》1912年11月24日,第2版。

[3] 汤公亮:《徐宝山》,《时报》1922年11月7日,第4版。

[4]《徐宝珍报告徐宝山被炸详情》,《新闻报》1913年5月27日,第3版。

[5]《时报》1913年5月26日,第3版。

作挽联曰:"雄才酷似杨行密,惨剧悲同宋教仁。"[1]因辛亥之际,徐宝山安定地方有功,扬州人对其颇有褒赞。

第二节　北京政府时期的扬州政治与行政

光复后的江都县有人口 100 多万,其余扬州所属各县也各有数十万人,如高邮县 58 万多人,宝应县 41 万多人。1915 年,江都县被列为一等县,为繁巨之区。"有清之季,民权渐张"。[2]扬州各县光复之后,实现由封建专制社会向民国共和民主社会生态的转变,有一个过程。

一、光复后的扬州

民国初肇,在共和潮流的推动下,扬州城也出现了一些具有新鲜气息的变化。1912 年 1 月,在扬州旧城大同戏院内,成立了扬州共和建设会,与会者三四千人。参府街学塾公会向该会赠送了一面写有"共和万岁"的旗帜。虽然扬州普通民众还不尽知共和之意,但潮流已不可阻挡。14 日,扬州首任民政长李石泉下令扬州百姓须在 7 日限期内,剪发除辫,以示革新。为不被人所诟病,曾坚持留辫的他还将自己的辫子剪下,放在玻璃盒内,悬于教场旗杆上,"任人观望"。在宝应等地,因为官府强制剪辫而引发民众恐慌,"各乡民从此不敢进城,商市大受影响"。[3]后经民政长晓谕,虽仍令民众速将发辫剪除,但也不再强制执行,而由民众自发实施。

蒿目时艰,民初扬州的形势也不是完全的平静,除了张勋等部的骚扰外,驻扬军队也曾因为种种原因而发生哗变,影响到地方的稳定。1912 年 2 月 23 日,驻扎在扬州城西北五台山的士兵因为不满该营标统姚炳南克扣军政分府庆祝新年所发的双饷,集体进城请愿,惊动百姓。政府为安定军心,将姚正法,事件才得以平息。在扬州府署驻扎的辎重营也曾因粮饷问题而数次起哄。一日,该营士兵要挟营长周某于 6 小时内发饷。该营长一面关

---

[1]　汤公亮:《徐宝山》,《时报》1922 年 11 月 7 日,第 4 版。

[2]　陈肇燊、马镇邦等修,陈懋森纂:《[民国]江都县新志》卷一《职官表》,《扬州文库》第 1 辑第 13 册,第 493 页。

[3]　《宝应通信》,《申报》1912 年 7 月第 7 版。

闭营门,一面向上级报告。"军司令部旋即调宪兵将府署包围,通宵戒严,全城震动"[1]。次日凌晨,徐宝山亲自带队前来,将此营周营长看管起来,并为该营士兵发放全饷后,市面遂恢复平静。9月5日,在地藏寺驻扎的义勇军也因为军饷问题发生了哗变。1914年,张勋的军队还在宝应抢掠宝康钱庄。此类事件爆发的频率随着地方秩序的恢复而逐渐减少。

1912年9月4日,熊成基烈士的灵柩到达扬州。扬州同盟会支部及扬州政界、军界、学界等联合在大舞台举行了隆重的追悼活动。5日,由同盟会专门追悼。6日至8日,由军界、行政司法各署及学界、各党各会按序单独追悼。8日午后,在大舞台另开追悼大会,高邮同盟会追悼团、邵伯追悼团、安徽同乡团、自由党、大同民党、工党、统一共和党、学塾公会等17个团体进行了联合追悼。9日,在平山堂万松岭举行了安葬仪式。

光复后的短期内,扬州各县有民政长之设,这是配合当时军兴状态的一种官制,是特殊时期的权宜。其时县政府人员配置并不复杂,甚至有些简陋。扬州民政长以下分设民事、警政、财政、教育、劝业、庶务六课。每课设正副课长各一人,课员则视事之繁简而定其多寡,没有定额。1912年1月1日,原扬州府废除,附郭同城的甘泉县被并入江都县,设民政长公署,扬州民政长改称为江都县民政长。原高邮州也被改为高邮县,扬州府所辖各县直属于江苏省政府。当晚扬州各县民众纷纷上街提灯游行,庆祝民国成立。不久,民国政府命令将民政长一职改为县知事。4月18日,扬州军政分府被取消,改为卫戍留守司令长。11月,江都县民政长改称为江都县知事。此前9月,宝应县民政长已改称县知事。

民国初期政治势力的激烈博弈与官员人选的动荡反复,在扬州各县知事一职上即有反映。旧扬州府内的首任民政长中,有3名知县留任,1名县署旧官留任,3名本地有名望的绅商,没有革命派人士。北京政府时期,江都县知事人均任事不足一年。"民国后才逾二十年,而官凡二十七易。在任满三年者,仅一人。满二年者,仅二人。"[2]不独江都,扬州其余各县概莫能外。

［1］《扬州兵队闹饷之危机》,《大同报(上海)》1912年第17期,第38页。

［2］　陈肇桑、马镇邦等修,陈懋森纂:《〔民国〕江都县新志》卷一《职官表》,《扬州文库》第1辑第13册,第493页。

高邮县在民国成立后的 11 年间,民政长、县知事先后换了 13 任,每任在岗同样不足一年。1927 年春,扬州各县又遵令将县知事名称改为县长。

表 1-1　北京政府时期江都县(扬州)民政长、县知事、县长任职情况[1]

官　名	姓　名	上任日	官　名	姓　名	上任日
民政长	李　坚	1911 年 11 月 11 日	民政长 县知事	汪秉忠	1912 年 2 月 21 日
县知事	郑雅南	1912 年 11 月 21 日	县知事	李鸿扶	1913 年 1 月 16 日
县知事	温尚桢	1913 年 9 月 21 日	县知事	谢元洪	1914 年 3 月 6 日
县知事	周光熊	1914 年 12 月 6 日	县知事	张恭彝	1917 年 11 月 12 日
县知事	赵邦彦	1917 年 12 月 20 日	县知事	佟英霖	1918 年 12 月 15 日
县知事	王闻长	1920 年 12 月 16 日	县知事	江慕洵	1922 年 5 月 21 日
县知事	曹元鼎	1923 年 6 月 12 日	县知事	赵邦彦	1925 年 4 月 2 日再任
县知事	张　晋	1926 年 6 月 8 日	县知事	曹元鼎	1926 年 12 月 1 日
县　长	首东甫	1927 年 4 月 3 日			

二、行政机构的设立与调整

民国初期,扬州各县行政机构也不断地进行着调整,以适应县情发展的需要。1913 年 3 月 19 日,江都县知事李鸿扶精简县署机构,将署内机构分为内务、赋税、教育、实业四课。1914 年,高邮县公署改五课为三科,第一科负责总务、警察事务;第二科负责主计;第三科负责学务与实业事宜。不仅是县级行政机构有变化,江苏省政府也在尝试全省行政区划的改革。1914年,江苏省新设金陵、沪海、苏常、淮扬、徐海等 5 个道级行政机构,扬州的江都、仪征、高邮、宝应等县隶属于淮扬道。1927 年 4 月,又再次废道,扬州各县复直属省政府。扬州各县还按照江苏省临时议会通过的《江苏暂行市乡制》,将清政府时期的县治所在地、村庄屯积人口在 5 万以上的镇改称为市,其余保留乡的设置,"城镇统名为市,而以城厢市居首"[2]。统计当时扬州全

---

[1] 陈肇燊、马镇邦等修,陈懋森纂:《〔民国〕江都县新志》卷一《职官表》,《扬州文库》第 1 辑第 13 册,第 493 页。

[2] 陈肇燊、马镇邦等修,陈懋森纂:《〔民国〕江都县新志》卷五《自治》,《扬州文库》第 1 辑第 13 册,第 517 页。

域计有市 25 个,乡 61 个。其中,江都县有市 15 个,乡 35 个;高邮县有市 5 个,乡 12 个;宝应县有市 3 个,乡 11 个;仪征县有市 2 个,乡 3 个。

这段时期内,扬州籍人士积极参加国会、省议会选举,收获不少。在首届国会议员选举中,扬州有汪秉忠等数人当选参、众议员。1916 年 6 月袁世凯死后,6 月 29 日继任总统黎元洪申令恢复《民国元年约法》和恢复国会。此届国会江都县无人当选。1921 年众议院选举,江都复有 4 人当选。在省级议会议员层面,扬州亦获得不少名额。江苏省议会在 1912 年 9 月进行了初选。次年 2 月举行复选。在首届江苏省议会中,扬州当选者为江都的姜克岐、任桂森、王仕良、朱嘉桢、沈延铭、丁文莹等 10 人,宝应的朱百通、沈熙照等 2 人,高邮的吴辅勋、吴濬等 2 人。1918 年 6 月、1921 年 4 月,省议会再经两次选举,江都县当选者分别为任桂森等 7 人、束曰瑁等 8 人。

在民国地方自治的过程中,县议会为一县之议事机关,议员由普通公民选举产生。1912 年 1 月上旬,高邮县临时议会在民众的支持下成立,以谭庆棠为会长,陈捷为副会长,但"两会皆未久,即罢"[1]。江都县首届县议会选举议员名额达到 65 人。计划从这些议员中选出 13 人为参事。县议会中所空出来的这 13 个名额再由候补参选人升补。议、参两会共有 78 人。议会推议长 1 人、副议长 1 人。县参会以县知事为会长。县议会主建议,县参会主执行。1912 年 11 月 5 日,定址于旧城图书馆的江都县参议会举行选举,江都县首届县议会成立,"全县之人才,悉萃于是矣"。[2]以凌鸿寿为议长、萧淞为副议长,但 1913 年即在袁世凯的强令下而奉令解散。1916 年,江都县再度筹备举办县议会,其间派出两名代表赴上海,参加江苏省县议会联合会。

在县议会以下的议事机关为各市乡议事会、董事会。市乡议事会为议政机构,是各个市乡的自治机关,同时选举总董董事及名誉董事,为董事会,董事会为行政机构。市乡议员按照人口比例产生,选举分为甲、乙两级,甲级以财产为资格;乙级为普通公民资格。并由议员推举正、副议长各一人。

---

[1] 胡为和、卢鸿钧修,高树敏纂:《〔民国〕三续高邮州志》卷八《县附录》,《扬州文库》第 1 辑第 23 册,第 363 页。

[2] 陈肇燊、马镇邦等修,陈懋森纂:《〔民国〕江都县新志》卷五《自治》,《扬州文库》第 1 辑第 13 册,第 517 页。

表1-2　　　　　　　江都县各市乡议事会及选举日期汇总[1]

名　称	选举日期	名　称	选举日期	名　称	选举日期
城厢市	1912年10月	邘阳市	1912年1月	善里市	1912年1月
兴丰市	1912年10月	曹王庙市	1912年11月	仙女市	1912年10月
大桥市	1912年11月	宜陵市	1912年11月	延黄市	1912年7月
邵水周市	1912年7月	邵伯市	1912年11月	杨顾陆市	1912年7月
南六集市	1912年11月	北六集市	1912年11月	上水市	1912年3月
永镇乡	1912年8月	新集乡	1912年12月	新洲乡	1912年10月
虹桥乡	1912年10月	新桥乡	1912年10月	天伏洲乡	1912年11月
四境仙女乡	1912年10月	中洲乡	1912年9月	九洲乡	1912年11月
永镇一三乡	1912年5月	张纲镇乡	1912年11月	嘶马乡	1912年10月
进化乡	1912年11月	中闸乡	1912年11月	三墩桥乡	1912年11月
高汊庄乡	1912年11月	浦头乡	1912年7月	常家巷乡	1912年10月
三江营乡	1912年10月	杨湾乡	1912年11月	知斯乡	1912年11月
杨桥乡	1912年11月	协和乡	1912年11月	其进乡	1912年1月
东郭乡	1912年9月	野田乡	1912年9月	塘头乡	1912年7月
万寿乡	1912年8月	永和乡	1912年8月	白塔乡	1912年11月
周家楼乡	1912年1月	韩家塘乡	1912年1月	下水乡	1912年10月
大仪乡	1912年10月	北善应乡	1912年11月	头桥乡	1912年10月

　　江都等县县议会解散的同时，所有各县市乡议事会也随之取消活动。直至1922年，经北京政府批准，江苏省议会宣布恢复各级地方自治组织。1921年，扬州还设有自治讲习所，培养自治人才。其学习内容包括现行地方自治法令、各国地方自治纲要、地方财政学要义、卫生行政、教育行政、户籍法要义、道路水利及土木行政、劝业及公共营业、慈善行政等。1923年1月1日，江都县议会再度成立，各市乡议事会、董事会也再度组成。这些地方自治组织一直存续至1927年南京国民政府变更旧制，施行"训政"，方才停止。在当时的民众认知情况下，地方自治并非万能良药，更何况制度设计也有很

----

[1]　陈肇燊、马镇邦等修，陈懋森纂：《〔民国〕江都县新志》卷一《职官表》，《扬州文库》第1辑第13册，第518—526页。

多不足,于是在扬州的很多地区,为了个人政治利益或政治势力之间的斗争,非但没有多少崇议阂论,却在自治选举的过程中出现了不少舞弊闹剧。如1913年4月,宝应县议员徐金镕、公民卢寿炽向省政府投诉宝应县议员选举中存在着舞弊行为,一时沸沸扬扬,满城风雨。

1917年2月18日,在扬州北柳巷董子祠成立了江苏自治促进会江都分会,以杨正香为会长,许庆会、王仕良为副会长。在地方上具有重要影响力的商会组织,在民国成立后继续被保留下来。1912年后,扬州沿用前清旧制,称扬州商会,会长仍为周树年,副会长王辅。1920年,取消扬州商会名称,以县为标准,改称为江都县商会。会长朱竹轩,副会长戴静山。1925年改选,以王敬庭为会长,高甸丞为副会长。商会虽然不是一级行政机构,但在扬州光复、政权稳定、社会治理、赈灾救济、社会福利等方面一直发挥着巨大的作用,也是民国扬州的一个重要的社会机构。

1913、1914年,袁世凯先后颁发了《尊崇孔圣文》《祭孔令》,恢复前清的祀孔规定,让扬城的遗老遗少兴奋起来。扬州各地也拼凑出了尊孔崇道会组织。他们打着尊重孔子,传继道统的幌子,提出“惧宗教之将湮,维斯文于未坠,发起斯会”[1],并以袁世凯的这些行为作为尊孔的辩护:“今日维新,实则反古。孔子述明古道,非尊君而抑臣也。君以礼待臣,犹今总统尊崇部院也。若不以礼则众必解体矣。臣以忠报君,犹今部院谋益民国也。”[2]宝应孔教分会的胡金淦等人还发起请愿,希望政府定孔教为国教。这场闹剧是民国成立后扬州复古势力的一次挣扎。1917年6月,张勋复辟。所幸扬州未受较大影响。7月,扬州城内驻扎的定武军一营,由地方设法资遣离境。故市面尚称安静,只是“各地商业停顿,各项生意均极清淡耳”[3]。

三、声援政治运动

在政权更迭及民国风气的熏陶下,扬州普通民众也对政治运动有了更多的热情。在自治运动之外,扬州民众对于当时的一些政治事件都有积极的反应。

---

[1]《江都尊孔崇道会启》,《宗圣汇志》1913年第3期,第28页。

[2]《江都尊孔崇道会会员徐天璋演说》,《宗圣汇志》1913年第4期,第2页。

[3]《扬州》,《银行周报》1917年第8期,第7页。

1919 年五四新文化运动期间,扬州开展了很多有组织性的活动。5 月,最初是江都、宝应、高邮、仪征各县的学生上街游行,很快就发展到社会各界都关注及参与的局面,一批爱国运动团体相续成立。如 5 月 18 日扬州女界救国演讲团成立。当日下午,扬州商界、学界发出倡议,邀请其他各界人士联合召开会议,商议了扬州各界抵制日货的四条办法。一些地方组织也举行了有较大规模与影响力的全民性大会,表达民众的政治立场。25 日,江都县大桥市组织了全市民众参加的国民大会,并以 1500 多人的名义,致函《申报》,发布宣言。

> 自巴黎和会上中国外交失败,全国人心一致激动,风起云涌,不可遏抑。本市于 25 日召开国民大会。商界一致赞成,誓不再进日货。学界如县立第六高小、第一第二国民及私立循序小学、改良孙氏书塾、莫氏书塾等学生五百余人合组游行队游街。各学生人手小旗一面,上书"文明抵制""天下兴亡,匹夫有责"等字样。游行后齐集循序小学内讲演。当场听讲者,掌声雷动,义愤填膺。旋由各界集议公电北京(文曰:大总统国务院钧鉴:外交失败,举国同愤。人民共筹抵制之方。政府尤应力筹挽回之策,坚持到底。请电欧洲专使不达目的,切勿签字。并续组十人团,提倡国货,稳健进行,以表决心而卫家国。事机急迫,谨快邮代电闻。)[1]

这种以一个市镇全体民众大会的形式表达政治意愿的形式在当时中国并不多见,在扬州历史上也十分罕见。可见扬州民众对于五四运动的热情以及民众动员的积极性。

29 日早 7 时,在扬城教场举行了大会,到会者有省立第八中学、省立第五师范学校、女子公学等校学生及各界人士万余人。教场内设有六处讲台,各由学生维持秩序,讲演员分组演讲,"其要旨大率关于提倡国货及亡国痛

---

[1]《国民大会后之宣言》,《申报》1919 年 5 月 28 日,第 8 版。

苦之类。听者涕泗交流,莫不振臂奋呼"[1]。至十点钟,全场高呼"民国国民学生联合会万岁"而罢。会后,扬州学生联合会等 11 个扬城的主要民众团体在公共体育场集合,出发游行。下午三时,在城外徐公祠上演"亡国影"戏剧,鼓舞民众。在这场活动的宣言中,明确提出了四个诉求:一是要求政府不要在青岛问题上签字;二是请南北续开和议;三是不买日货;四是要求政府不要再苛待学生,阻抑民气。1920 年 2 月 13 日,扬州国民大会成立。参会的扬州各县代表上街游行,于稠人广众之处积极宣传,要求北京政府铲除内奸,取缔耻辱外交。

此外,这一时期规模较大的扬州民众政治运动还有庆祝孙中山就任非常大总统活动。1921 年 5 月 5 日,孙中山在广州开展"护法运动"时就任非常大总统,扬州举行全城集会,热烈庆祝,也表达了扬州人民对于孙中山及"护法运动"的支持。

1925 年"五卅"惨案的相关抗议与纪念活动是北京政府时期扬州城的又一次全民爱国运动的高潮。惨案发生后,扬州各界悲痛异常,纷纷采取行动,支援上海工人。6 月 4 日,扬州城内的 15 所公私立学校举行集会与大游行,对上海进行声援。6 月 25 日,扬州学界举行第二次大游行。扬州振扬电气公司职工加入游行。30 日,扬州商会会长朱竹轩策划领导了全城商铺罢市一天,并组织了全城各界大募捐活动,将善款汇寄上海总商会,救济事件中受难的工人家庭。扬州各界也纷纷行动起来抵制日货,购买国货。7 月 13 日,江都县商会在沪案后援组织了英、日货物调查团,在钞关、东关设立了两处检查所,一经发现英、日货物,即刻登记封存。15 日,扬州学界募得3148.39 元大洋,全部汇往上海。30 日,扬州美汉中学学生集体登报脱离该校,随后该校学生家长集资兴办"乙丑公学",自主办学。扬州其他县也有相关行动。如高邮县立初级师范学校、县立初级中学、界首小学等都纷纷发出通电,谴责帝国主义暴行,并举行示威游行。宝应县全城罢工、罢课、罢市三日,万人上街游行。因痛感"五卅"之悲,为唤起国人惊醒,7 月 20 日,寓居扬州的国民革命军第一军先遣第三队军需吕绍谦愤然写下绝命书,服毒

---

[1]《举行国民大会》,《申报》1919 年 5 月 31 日,第 8 版。

自尽。江都人、南京第一女子师范学校学生符国贤也在8月11日自尽。他们的行为表明了扬州人的血性和激情。

此外，每年的中华民国国庆日，只要没有重大天灾或军事行动，扬城各地也会举办各种纪念活动。国庆日当日，城内的各官署、机关、学校、银行全部休假一日。各单位门前搭有松柏牌楼、悬灯结彩，还有奏国乐、唱国歌的仪式。社会上也会举办各种类型的庆祝娱乐活动。

1925年5月22日，著名中共政治活动家、时为国民党上海执行部秘书恽代英同志来到扬州，在省立第五师范学校、省立第八中学进行了演讲，宣传了马列主义，为扬州城带来了一股清新的空气。

北京政府执政末期，军阀混战加剧，扬州也再度受到冲击。1925年，有人如此形容扬州城外的治安环境："扬州出城十里，亦成荆棘。乡人入城，囊有二三元，便为匪掠去。"[1]一日，陆军二旅从扬州调离前夕，在扬州城内强行抓丁壮充军。"全城扰攘，一夕数惊。"[2]为了将这些被抓壮丁的市民救回，扬州商会等团体打算假旌忠寺开会商议。消息传出后，被抓壮丁的人家纷纷围拢而至，探听情况。一时城内人声鼎沸，势如潮涌。城外的一些民众也借机进城，集聚起哄。见此情形，原拟开会者以为筑室道谋，不此之图，遂取消了会议，纷纷离去。聚集起来的民众知晓会议取消，讨人无望后，情绪激化，蜂拥至柳巷扬州商会朱会长住宅，向其质问。"至则大门紧闭，外有警察荷枪守护。来者并不畏怯，先与警察冲突。警逃后，以巨木冲开大门，一哄而入，室内陈物捣毁一空。"[3]1927年南京国民政府建立前，扬州没能逃脱兵灾之厄，城市几度沦为战场，动荡不已。"寻廿四桥之遗迹，只留败瓦颓垣。凄凉景象，目击心伤。"[4]

---

[1]《绿杨城郭匪扬州》，《上海画报》1925年第38期，第1版。

[2]《扬州拉夫后之余波》，《浙江战事画报》1924年交锋号，第28页。

[3]《扬州拉夫后之余波》，第28页。

[4] 陈振之：《同学吴君旅行扬州日记序》，《学生文艺丛刊》1932年第3期，第17页。

第二章　南京国民政府时期的扬州（1927—1937）

　　1927 年,国共合作的北伐战争迅速由湖广而江西,再波及江浙。扬州曾经是北伐军与孙传芳激烈争夺的江北城市,双方在此数度进退,城区也遭受一定破坏。很短时间内,南京国民政府在军事、党务、政权等方面,实现了对扬州的全面控制,并先后推行地方自治、保甲制及新生活运动。中国共产党从建立扬州县独立支部开始,展开了在扬州的革命斗争,取得了成绩。由于受到"左倾"的思想的影响,以及其他一些原因,中共扬州地方组织曾一度遭受严重挫折。

第一节　国民党政权在扬州的建立

　　1927 年至 1931 年,扬州经历了国民革命军北伐、南京国民政府建立等重要历史事件,在国民党党政军力量的投射下,从一个军阀割据下的江北城市成为民国首都的卫星城。

一、北伐中国民革命军军事力量的投射

　　1927 年上半年,北伐中的国民革命军与孙传芳所率领的五省联军（下称"联军"）在扬州进行了反复拉锯战,扬州城经历了数次兵祸。

　　扬州为江北要冲,民国初期,常年驻有重兵。此时,因孙传芳与张宗昌达成协议,暂以直鲁军充当前卫对抗国民革命军,孙传芳指挥的五省联军则转入江北各地休养。扬州以其控扼江淮、邻近南京的地利,成为五省联军驻屯的重镇。在扬州城内,一度设有联军训练部、联军司令部、联军保安队、临时警备司令稽查处、联军全军营务执法处及联军第 5 师、第 7 师、第 10 师、各混成旅等部。这一时期,为阻止国民革命军北上,联军在扬州一带调动频

繁,积极备战。此时的扬州城也是国民革命军北伐棋局中的必由之地。

早在 1927 年 1 月 25 日,蒋介石在南昌召开军事会议时,就开始谋划攻取包括扬州在内的长江中下游地区。不久,国民革命军先后将浙江、安徽等地收入囊中,兵锋直指苏中地区。迫于国民革命军的军事压力,3 月 18 日晚 9 时,孙传芳率其幕僚离开南京,经镇江前往扬州,将指挥部设于扬城长生寺内。23 日起,联军陆续离开扬州向北开拔,以张国威之第 12 混成旅(人数不足编)、卢香亭第 2 师一部共万余人留驻扬城。27 日,国民革命军强行渡江,直扑扬州城。次日,联军第 12 混成旅旅长张国威、16 旅张中立等率部临阵倒戈,向国民革命军投诚。"孙传芳军被缴械者甚多"[1],青天白日旗首进扬城。但北撤的联军主力未尽离扬州之境,仍盘踞于高邮、宝应等地,图谋再举。

虽然蒋介石决定肃清江北,也一再电令江北的国民革命军进击高邮、宝应等地。但未逾廿日,在鲁军的策应下,联军即多路联动,反攻扬城。在仙女庙、万福桥、十二圩、城厢、蜀冈等处,国民革命军皆设置防御阵地,奋起应战,两军交战激烈,双方伤亡都较为惨重。4 月 8 日拂晓,联军第 3 旅对扬州仙女庙、黄珏桥、观音山麓等地发起攻击。国民革命军第 17 军两师分头前往仙女庙、邵伯等地迎敌。时驻江南的国民革命军第 1 军第 3 师、独立第 15 师等部也兼程北渡增援。一番激战后,国民革命军退守扬州城垣,虽"闭城坚守,复经炮火猛击"[2]。联军占领蜀冈高地后,依据地利,架设大炮,居高临下轰击扬州城厢。激战正酣,国民革命军中有两营北洋旧部阵前变节。国民革命军全阵动摇,只得撤离。联军遂复夺扬州,扫荡城南一线,"进逼江岸"[3]。国民革命军此次守城作战失利,因其在扬州立足未稳,战垒不固,且防卫偏重水道较多的东南区域,而疏忽了扬城西北丘地方向,以致联军由该处包抄进城。

扬州得而复失,国民革命军遭受重大挫折。三日后,"四·一二"事件爆发,宁汉分裂。4 月 18 日,南京国民政府成立。在与武汉国民政府博弈的大形势下,为在南京北面树立安全屏障,肃清津浦路南段及江北之敌,蒋介石

　[1]《最后消息》,《大公报》(天津版),1927 年 3 月 29 日,第 2 版。

　[2]《镇威军司令部关于孙传芳攻占苏北扬州泰兴与瓜州等地通知》,《中华民国史档案资料汇编:军事(三)》,凤凰出版社 1991 年版,第 799 页。此"瓜州"应为"瓜洲"。

　[3]《兴华》1927 年第 24 卷第 14 期,第 29 页。

迅速制定了收复扬州的军事部署。以何应钦为首,辖国民革命军第1、第6、第14、第17军,于沪宁线一带向扬州、靖江、通州等地进攻。蒋介石严令参战各军:"肃清浦口,限期克复扬州"[1]。5月初,战斗在扬州城外围地区打响。14日起,战局进入白热化状态。国民革命军第17军第2师一部占领世业洲、十二圩。22日,国民革命军第1路军20师58团占领泗源沟、仪征,向仪征溃退之敌追击前进,"孙逆第八师崔锦桂部向扬州方面退却,情形狼狈"[2]。得悉战况后的孙传芳情见势屈,无心坚守,从扬州缺口城门仓促离城,乘轮船沿运河北上,撤往清江浦。随后数日间,联军总部八大处、两淮缉私统领唐庆珊、第10师师长郑俊彦、宪兵司令王珍、扬州警察所所长纪清华等联军驻扬机构及主要军政长官纷纷由东关、便益门等地出城,向北撤退。[3]国民革命军第14师随之占领六合等地,第17军则"进克扬州"[4],"死守江北之孙军,受津浦路张宗昌匪军败溃之影响,军心涣散,望风溃退,扬州已于二十三日为我第一军所克"[5]。下午,国民革命军长驱直入,"大队入扬"[6],各部批亢捣虚,摧枯拉朽,乘胜追击。28日,克复邵伯等地。6月2日、4日,分别占领高邮、宝应,"敌向北溃"[7],扬州全境为国民革命军占领。

不过,此番国民革命军在扬州亦未能久持。1927年8月12日,蒋介石宣布下野,南京城内军政动荡,留驻江北的国民革命军各部军事长官无心戎务,纷纷撤回江南,"渡过江北的何、白、李三路大军都撤回了江南,在江岸对敌警戒。军以下的指挥官一般都不很明瞭当时的情况,这样就给了孙传芳卷土重来、偷渡长江的良机。"[8]李宗仁、何应钦召集在宁各军队将领,会商

---

[1]《中外大事记》,《泗华月刊》1927年第1卷第3期,第88—90页。

[2]《国民政府公报》宁字第4号,1927年6月1日出版。

[3]《中外大事记》,《兴华》1927年第24卷第20期,第33页。

[4]《国民革命军第一路军（总指挥为何应钦）关于第一次渡江攻克苏北仪征至海州等地电》,第383页。

[5]《第一路军已克扬州》,《指导（南京）》1927年第1期,第11页。

[6]《中外大事记》,第33页。

[7]《国民革命军第一路军（总指挥为何应钦）关于第一次渡江攻克苏北仪征至海州等地电》,第383页。

[8] 阮镇秋:《我在国民革命军第十七军第二师的见闻》,政协福建省委员会文史资料编辑室编:《福建文史资料选辑（第7辑）》,1985年版,第174页。

军事仍应积极进行,先后调陈调元、赖世璜、曹万顺等部开往前方设防。何应钦亦赶赴扬州,集合本部军队,积极备战。已取消"五省联军"番号的孙传芳部乘宁汉对峙,集中兵力大举反攻,再夺扬州并觊觎南京。29 日,双方为夺南京,精锐尽出,在南京城郊龙潭一带爆发激战。"是役战事之烈,为近时所仅见,据从战场归来者所云,子弹既竭,全用冲锋肉搏。真属尸横遍野、血流成渠。战士生还者,遍身血污,盖卧地作战,地血沾衣。孙军被杀死者固极众,党军伤亡亦极可惊骇也。"[1] 31 日,孙军惨败,溃不成军。孙传芳假扮成普通士兵,杂于乱军中,逃回扬州。

9 月初,国民革命军乘龙潭大捷,乘势北上,扼亢拊背,"前锋已抵扬州"[2]。5 日下午,国民革命军第 14 军占领扬州城后,即向高邮、邵伯北进。9 月 7 日,克复扬州全境。此役,国民革命军徐海游击队将士三军用命,大寒敌胆,共俘虏五百余人,缴获武器辎重无数。孙传芳部自此远遁,其在扬州的势力被摧陷廓清,扬州终获和平。

扬州夺城之战不仅是一城一池之得失,更是关系国民革命军北伐的关键之战。夺取扬州后,国民革命军在江北获得了立足点,由此北上,一路凯歌。

国民革命军北伐,几进扬州城。他们倡导三民主义,宣传北伐意义,在城内与扬州民众互动紧密,呼吁民众起来参与国民革命,一定程度上调动了群众的情绪,推动了国民革命运动在扬州的发展。

国民革命军首进扬州,逗留不过十日左右。其间,除了找向导准备北上外,还召开民众大会,宣传三民主义,讲"平均地权,节制资本""耕者有其田"的道理。他们"散发传单书刊,内容主要是孙中山的著作。物色知识青年,投笔从戎,到部队担任文职人员"[3]。这支军队与当时的其他军阀部队不一样,在扬州时,匕鬯不惊,"部队中政治气氛很浓,有党代表、指导员等政工人员编制。"[4]总体上,国民革命军给扬州民众留下了较好的印象。1927 年 3 月 29 日午后,在省立第五师范学校召开了国民革命军与扬州各界群众的联

[1]《江战回顾,双方牺牲之巨,为从来所未有》,《大公报》1927 年 9 月 17 日,第 6 版。

[2]《一、七军进抵扬州》,《申报》1927 年 9 月 5 日,第 4 版。

[3] 扬州师范学院历史科编:《扬州史志资料(第一辑)》,1981 年版,第 60 页。

[4] 扬州师范学院历史科编:《扬州史志资料(第一辑)》,第 60 页。

合庆祝大会。大会直开至晚间,随后举行提灯游行会,热闹非凡。

扬州第二次被国民革命军克复后,于 1927 年 5 月 27 日,在省立第五师范学校大操场,召开了由国民革命军第 17 军政治部、第 17 军第 12 师政治部等组织发起的军民联欢大会。国民革命军第一路军总指挥何应钦、在扬各军军长、政治部主任等主要军事长官参会。何应钦在大会上发表演说,呼吁扬州民众拥护国民革命军,支持北伐。国民革命军第 17 军政治部主任袁冠新、妇女协会代表郭坚忍、第 1 军第 58 团团长桂永清等先后演说。

为恢复扬州城市发展动力、推动扬州社会经济进步,军地两方还联合就扬州的未来发展进行了规划。5 月底,国民革命军第一路总指挥部政治部与扬州地方各界团体进行联席会议,共同讨论建设"新扬州计划"。该计划拟组织交通委员会、宣传委员会、布置委员会等 3 个专门委员会承担具体建设责任,这是一次国民革命军与扬州地方各界合作共建的美好创举。遗憾的是,阪上走丸,这项工作由于战争形势的突变而夭折。

国民革命军二次收复扬州时,孙传芳部投诚较多。为收复人心,并对驻扬高级军官密授机宜,时为国民革命军总司令的蒋介石首度前往扬州。1927年 6 月 1 日下午 3 时[1],蒋介石偕随员乘金陵轮由瓜洲抵达扬州。2 日上午 10 时,扬州市民欢迎蒋总司令大会于第五师范学校大操场举行,此次大会约有一百余社会团体参加。蒋介石即兴发表了长篇讲话。1928 年 6 月 14 日 8 时,刚刚卸任的蒋介石由镇江启程过江来扬,至王柏龄家,祝其寿辰。随后再度游玩平山堂、小金山、徐园等地。回城后,蒋介石到中学校发表演讲,主旨大意以三民主义为中心思想统一中国。傍晚离开扬州,返回镇江。蒋介石数度来扬,既有为军务操忙之戎行,也有在野赋闲之旅行。虽多行踪匆匆,未在扬州久待,但作为国民革命军总司令和南京国民政府领导人,他数度亲往巡察的城市,全国也不多见。

此后,国民革命军设立苏省卫戍区,由五区方鼎英的第 10 师负责卫戍江都、高邮、仪征等地,担负扬州的防卫责任。

---

[1] 黄埔中央军事政治学校特别党部编:《蒋胡最近言论集》,第 173 页,称蒋介石扬州此行为 5月 1—2 日,显为错误。

二、北伐中国民党组织力量的立足

1927年3月,北伐军克复扬州,国民党江苏省党部随即派员赴扬,组织地方党组织。3月31日,国民党江都县临时支部正式成立。该支部顺利地接收了县、参两会的文件及器具,积极整顿党务,下设农工、组织、宣传、妇女、商民、青年等部,负责人为李诚、曹起潜、王寿荃、潘元弼、江一水、邱正钧、胡佩珠、马国良,其中李诚为常委。

国民党江都县临时党支部成立后,为呼应北伐军事,举办了庆祝国民革命军克复扬州的系列活动,其中以与国民革命军第2师联合发起的军民联欢会最为轰动。扬州城内的省县所立各校、银行业、职工会、商团等78个团体机关,共数万人响应参与,盛况空前。但江都县临时党支部存续极短,孙传芳部重新占领扬州后,李诚等支部领导人遁逃而去,该支部活动遂趋于无形。扬州境内其他各县国民党组织也纷纷停止公开活动,江都、仪征等部分县级国民党党部组织渡江南撤至镇江,接受了国民党镇江市党部的资助,并与同样南迁镇江的国民党兴化县党支部共建了联合办事处,继续开展组织活动。蒋介石发动"四·一二"政变后,该联合办事处召开了"拥蒋迎汪排共联席会议",发布联电拥蒋,表明其政治立场。4月22日,在润的国民党江都县党部还组织党员40余人前往南京国民党中央党部,接洽确认政治身份及获得组织认可等事宜。

1927年5月,孙传芳部撤离扬州。5月24日,新任初中校长郎奎第等人自发成立了国民党江都县临时党部。次日,国民党江苏省党部委派特派员房坚来扬州筹备组建新的江都县党部,认定郎奎第等人所组织的县党部为非法组织而宣告将其取缔。5月26日,江都县清党委员会成立。5月29日上午12时,在贤良街耶稣堂旧址成立清党会,选出董光孚等9名委员。6月,国民党江都县党部特别委员会成立,设秘书处及组织、宣传、工人、妇女青年等4部。同时撤销清党委员会。此后,江都县各地国民党基层党支部组织陆续成立。如该年7月30日,国民党仙女镇区党部成立仙女镇第三区党部。江都县党部逐渐发展至下辖7个区党部及37个区分部的规模,党员人数约500人。11月,国民党江苏省党部将包括江都在内的上海、松江、苏州、无锡、常州、镇江等7县原有县市党部一律取消,改设县党部临时执行委员会。1928 年 1 月,撤销临时执监委,恢复特别委员会。6 月,国民党江都县特别委员会停止了活动,成立国民党江都县党部指导委员会,下设秘书处与组织、宣传、训练 3 部及民众训练委员会。至该年 3 月,江都全县共有国民党区党部 6 个,区分部 31 个。12 月,区分部增加至 34 个,党员 447 人。在此期间,高邮、宝应、仪征等地的国民党各级基层组织也纷纷建立,但也经历了诸多波折。如国民党宝应县第一区党部成立时受战争环境的影响,其成员组成未经合法组织程序。1927 年 6 月 13 日,遂重新选举,选出监察委员吉世隆,执行委员曹甲五等五人及候补委员朱诚鸾、王承露二人。这种情况在扬州境内的其他国民党基层组织初建时颇为常见,体现出当时国民党在扬州的基层建设工作匆忙紊乱,监管缺位,以致矛盾频发,常有反复。

扬州各地的国民党基层组织成立后,在起初一两年内,围绕着反日爱国、北伐纪念、讨伐唐生智、清党反共等主题,开展了一系列活动。

1927 年 5 月,日本出兵我国山东,干涉中国内政,制造济南惨案。6 月 27 日,日本田中义一内阁召开"东方会议",制定对华侵略总政策。中日关系日趋紧张,中国人民的反日爱国情绪也日益高涨。7 月 1 日,为抗议日本"南阳丸""瑞阳丸"等商船在下关、镇江等地的非法行径,国民党江都县党部特委会致电全国各大报馆,呼吁"速起一致申讨、厉行对日经济绝交"[1]。7 月 6 日与 10 日,国民党江都县党部特别委员会先后组织召开反对日本出兵大会筹备会及江都县市民大会,强烈抗议日军暴行。7 月中旬,国民党江都县党部组织了江都民众庆祝国民政府出师北伐一周年纪念提灯大会,参会者提灯绕城,场面热烈。扬州地区的国民党组织所举办的其他一些较重大的纪念活动还有:1927 年 6 月 13 日晚 7 时,国民党江都县党部在省立第五师范学校内举行庆祝北伐胜利大会。各家商铺皆挂灯结彩,燃放爆竹,庆祝活动持续了两日。同时,该党部兼办了扬州民众反对日本增兵山东大会。时天不作美,细雨绵绵,"然民众鼓舞精神依然不减"[2]。会后,复开游艺会,任民众参观。6 月 16 日下午,在国民党江都县特别委员会内,举行了"总理蒙难五周年纪念

[1]《申报》1927 年 7 月 1 日,第 8 版。
[2]《申报》1927 年 6 月 16 日,第 10 版。

会","参加者甚众,后至几无立足地"[1]。1928 年 8 月 1 日,国民党宝应县党部召开追悼国民革命军阵亡将士大会,到会者万余人。1929 年 5 月 5 日,国民党江都县党部组织了"五五"八周年纪念会。8 月,国民党江都县党部召集各机关团体,举行廖仲恺殉国四周年纪念会。1930 年,国民党宝应县党部在县党部大礼堂组织了黄花岗七十二烈士殉国十九周年纪念大会,各局职员、各民众团体委员、学校代表等三百人以上参加了大会,午后,组织演讲队,"分赴各热闹场所演讲七十二烈士殉国史略,听者无不动容。"[2]这些活动的举办既是国民党政府巩固政权的需要,也客观上在一定程度上激发了扬州人民的爱国热情,鼓舞了扬州人民,为长期沉闷、封闭的扬州城开了风气。

1927 年 10 月 15 日,南京国民政府决定讨伐唐生智。29 日,扬州民众开第一次讨唐会议。11 月 4 日晚,讨唐战况正酣之际,扬州再次召开讨唐大会。数万民众在公共体育场集结,通电表示江都人民讨唐立场,请国民政府派兵北伐西征,消灭唐生智。1928 年,江都县政府还专门发布《讨唐宣言》,以示与南京政府步伐一致。

由于组织工作失当及派系斗争,1929 年至 1930 年间,国民党江都、高邮等县党部皆发生了夺权闹剧。1929 年 1 月,国民党江都县第一次党员代表大会召开前夕,部分党员向省党部呈控一些指导委员会委员暗箱操作,控制选举。后经国民党省党部调解,始平息纠纷。大会决定设立组织、宣传、训练 3 部及民众训练委员会。选举产生了执行委员会与监察委员会。1929 年 8 月间,因对改组派的立场分歧,高邮县长与县党部发生纠纷,数名执监委员潜至南京,四处控诉,以县长摧残党部为名,要求撤职县长。而县长则称这些委员涉及改组派,应撤职查办。双方互相攻讦,一时舆论哗然。1930 年 1 月,因国民党江都县党部组织不健全及纠纷不断,国民党省党部党务整理委员会要求其停止活动,并派员保管。3 月,国民党江都县党务整理委员会成立,设组织、宣传、训练 3 部及财务委员会。1932 年 1 月,召开了国民党江都县第二次党员代表大会,成立了新的执行委员会与监察委员会,党务整理委员会随之停止工作。

[1]《申报》1927 年 6 月 19 日,第 10 版。

[2]《党务消息:宝应县七十二烈士殉国十九周年纪念大会纪》,《江苏党务周刊》1930 年第 14 期,第 113 页。

清党与反共作为扬州各地国民党基层组织的一项重点工作而长期存在。1928年，国民党江都县党部在元旦通告中庆祝称："红旗报捷，赤化潜消"[1]。至迟至1929年，扬州地区国民党内部的清党运动才稍有缓解。事实上，清党工作也给国民党自身基层干部建设造成了困扰。1929年4月19日，国民党省部执委会还专门发函要求宝应县党部安抚各执监委员，"前因举发共党，致该县各执监委员不能安心工作"[2]，以缓解清党运动给基层组织带来的压力。1933年春，国民党江都县党部设立了江都县肃反室（又名特务室），强化反共工作，其主任（又称肃反专员）由县党部首领兼任，下设特务员（省特务室委任）、文书、助理员、通讯员等。江都县肃反室的任务主要是在江都县境内调查共产党与国民党不同政见者的组织与活动情况，该室一直活动至抗战扬州沦陷前夕，才撤出扬州。该室不但侦查监视、逮捕迫害共产党人，并组织"自新小组"对进步人士进行所谓的"教育"、"感化"、肃反等工作。

经过十年的持续发展，至1937年1月，扬州地区国民党组织已有县级党部4个（江都、高邮、宝应、仪征），区分部（含直属区分部）57个，党员达到1152人。[3]县均党员288人，略高于当时全省县均党员数。[4]这股政治力量成为南京国民政府统治扬州的助手，但直至抗战前，这些基层组织的活动能量大多仅局限于县级层面，"县以下乡村社会几乎不见国民党的组织踪影。国民党的组织触角尚未深入到区、乡层级"[5]。

三、北伐中国民党政府行政力量的组织

1927年4月26日，国民政府江苏省政务委员会在南京成立。5月2日，何应钦主持召开了第一届江苏省政务委员会会议，宣布江苏省政府正式成立。次日，发布《江苏省政府宣言》，下属各地各级政府机关的组建工作也

---

[1]　张士仁：《庆祝十七年元旦之通告》，《江都县政治月刊》1928年第1期，第96页。

[2]　《党务：令宝应县切实保护党部人员》，《江苏省政府公报》1929年第126期，第15页。

[3]　参考《民国24、25、26扬州各县国民党组织情况表》，见江苏省扬州市地方志编纂委员会编：《扬州市志（中册）》，中国大百科全书出版社上海分社1997年版，第2009页。其中各县党部人数中仅仪征为直属区执监委员会，其余为县执监委员会。

[4]　据王奇生的统计，当时江苏省县均国民党员270多人。见王奇生：《战前中国的区乡行政：以江苏省为中心》，《民国档案》2006年第1期，第67页。

[5]　王奇生：《战前中国的区乡行政：以江苏省为中心》，第68页。

迅速开展起来。

国民革命军占领扬州后的一段时间内,在不涉及政治利益冲突的情况下,扬州的重要职官大部分由国民政府高层直接委任,如何应钦委任徐柽宇为缉私统领;蒋介石委任丁乃扬为运使等,其余多为原职留用。这样的做法是为了稳定扬州政局,维持行政执行力。一些下属的事务局也陆续成立,后略有变动,如 1927 年 8 月,考虑到江都路政局"按其实际,殊鲜成绩"[1],经江都县政府训令而将其裁撤。

这一时期,江都县长一任变动频繁,仅在 1927 年 4 月至 1932 年 11 月间,县长一职即经历了 11 任,平均每任仅半年。无论是比照清末,还是民初,这种变动状况在扬州历史上"前此所未有也"[2]。其中最短者首东甫任期仅 6天,最长者为陈肇燊,任期接近 4 年。

在 1927 年国民革命军与孙传芳的争夺中,对扬城基层行政机构及人员的影响并不显著,大多数中下级职员得以在扬城得失之间,保留岗位,继续供职。如 1927 年 9 月,孙部从扬城退却后,国民革命军第 18 军即委李寔接任江都县长一职。9 月 10 日,李寔赴署接事后,立刻召见所部职员及县警备队、警察各部长官,宣布"照旧供职,概不更动"[3]。如此,则保障了扬城秩序的稳定,减少了军事行动对扬城社会的冲击。

在国民政府废除道级行政编制的大背景下,1928 年 1 月,设立 14 年之久的淮扬道被废除,江都县被直属于江苏省,县政亦为之一新。同年,《江都县政治月刊》出版。江都县商民协会筹备委员会特在该刊发文祝贺:"惟我令尹,德政时闻。为民造福,为国建勋。凌云千仞,占月二分。彩笔生花,翰墨流芬。吸新吐旧,卓哉斯文。"[4]省内各地同僚也纷纷撰文祝贺。如皋县长王浩然称:"《江都县政治月刊》万岁!"[5]南通县长宋涤尘则云该刊:"民具

[1]《路政局之裁撤》,《申报》1927 年 8 月 7 日,第 10 版。

[2] 陈肇燊、马镇邦等修,陈懋森纂:《[民国]江都县新志》卷一《职官表》,《扬州文库》第 1 辑第 13 册,第 493 页。

[3]《江都县长易人》,《申报》1927 年 9 月 13 日,第 10 版。

[4]《江都县政治月刊》1928 年第 1 期,第 39 页。

[5]《江都县政治月刊》1928 年第 1 期,第 33 页。

尔瞻"[1]。这份刊物的创设表明江都县政府在近代行政制度建设上的进步，也为民众了解县政提供了直接渠道，成为扬州近代行政史上的一个亮点。

1928年10月，国民党中央政治会议通过了《县组织法》，这是民国政府第一部规范县级行政组织的法规。该法确立了省以下设立县、区、村三级行政机关的制度规范。根据《县组织法》的规定，扬州各地所属县行政机关由县长、秘书、县政府总务科、县行政议会等组成。设有县长一人，由省政府任命。县长以县民选举之议员组织之，任期三年。负责综理全县行政事务，任命行政职员，可兼任军事法官。县政府下设公安、财务、建设与教育等局。县政会议负责议决预决算、募债；议定县的单行规程；建议县兴废事项；审议县长交议事项。县行政会议组成人员为县长、各科科长、各局局长、各区区长、地方团体首领以及县长聘请的地方士绅。主要负责县长交议的事项、各方议案等。但江都县于上述三科外，另设司法、统计与收发三处，"实因江都县政府系合前清江都、甘泉两属政务于一县，非仅设三科所能兼筹并顾也"[2]。而司法尚未独立，特设一处，寓司法独立之意。统计处之责任在整顿财政，精密统计；收发处实为政府之咽喉，亦为政府之耳目，皆有独设一处之必要。

1929年7月16日，江都县行政会议召开了第一次会议。按照《县组织法》规定的参会者及来宾共40余名。主持会议的县长报告了开会宗旨，继由县监察委员会常务委员张同庆、商会主席王敬庭、报联会代表张少斋先后演说。委员们参政积极，会议共收到议案90件，分为民政27件，财政19件，农工商13件，教育8件，建设20件，地方自治3件。

1930年代，江都县政府编制大致如下：县政府有县长1人，秘书1人，下设两科，11股，各科各置科长1人。辖有公安局[3]、建设局[4]、财政局、农场等机构，各局设局长一人，农场设主任一人。江都县公安局"由省政府委

---

[1]　《江都县政治月刊》1928年第1期，第31页。

[2]　《会议录：第一次至第七次府务会议情形（十六年十一月五日至十二月十七日）》，《江都县政治月刊》1928年第1期，第156页。

[3]　1927年改警察局为公安局。

[4]　1937年7月，江都保留建设局，其余各县一律改为建设科。各县原设置农业推广所，一律裁撤。

任专员为局长而受县政府监督"[1]。公安局有三科及督察长、消防组、侦缉队,另有第一至第十分局。[2]县建设局有技术科(下设市政工程股)、事务科、三桥事务所、人力车捐事务员等设置。县财政局下设总务课、经征课(设田赋及杂税主任两职)、会计课、公款公产管理处[3]等。[4]同期,江都县境内还设有江北运河工程处、两淮盐运署[5]、扬州盐务稽核分所、绥靖督办公署[6]、监狱署等官方机构。

扬州其他县政府的设置也大同小异。如仪征县政府设县长1人,秘书1人,有两科,各设科长1人。属有公安、教育两局。不同于江都县,仪征县财政局已改局为科级编制。建设局业务则由江都县建设局兼管,仅于该县设一建设事务所。另设农场及警察队,任农学及剿匪事务。高邮县政府设秘书及第1、第2两科,科员编制8人,设公安、财政、教育、建设4局,分设局长1人。宝应县政府则依三等县组织,设秘书、科长各1人,科员6人,属公安、财政、教育、建设各局,各设局长1人。[7]

从军事,到党务,再到行政,短短数年间,国民党党政军力量三管齐下,荡涤了扬州地区原有的北洋军阀政治、军事、行政体系,建构了听命于国民革命军总司令的驻军系统、服从于国民党中央的党务系统、统一于国民政府的行政系统,三位一体,打造出一个基本合格的"京畿"重镇。

---

[1] 陈肇燊、马镇邦等修,陈懋森纂:《〔民国〕江都县新志》卷一《职官表》,《扬州文库》第1辑第13册,第494页。

[2] 各分局所在分别为:第一分局(丁家湾三元宫)、第二分局(瓜洲镇)、第三分局(李典镇)、第四分局(仙女庙镇)、第五分局(大桥镇)、第六分局(宜陵镇)、第七分局(桥墅镇)、第八分局(邵伯镇)、第九分局(大仪镇)、第十分局(黄珏桥镇)。

[3] 时各县该机构归财政局监督管理。

[4] 陈肇燊、马镇邦等修,陈懋森纂:《〔民国〕江都县新志》卷一《职官表》,《扬州文库》第1辑第13册,第496页。

[5] 1931年,两淮盐运使署北迁,淮北运副移驻淮南。

[6] 1930年12月18日,张之江到达扬州,绥靖督办公署开始办公。1931年1月10日,在扬州召开江苏绥靖会议,苏北各县县长皆赴扬出席。

[7] 江苏省民政厅编:《江苏省各县概况一览》,上海商务印书馆1931年版,第411页。

第二节　地方统治的强化与民众运动

南京国民政府时期,扬州地方政府遵从上级政府指令,推行了地方自治、保甲,把新生活运动也引入了扬州社会。这些举措一方面强化了政府对地方的控制,引起民众不满与排斥,激发若干抵制活动。另一方面也对扬州民众的公共卫生等素养有一定程度上的提升作用,在南京国民政府的地方治理体系中有着一定的价值。

一、地方自治

19 世纪末 20 世纪初,地方自治思想从西方传入中国,在内忧外患、民智未开的社会现实与呼吁富国强民、学习西方的社会舆论下,不少国人以其为理想治国之策中的一部分。孙中山先生就将地方自治的措施作为其治国策略的核心内容之一。他认为:"地方自治者,国之础石也。础不坚,则国不固。"[1]南京国民政府在成立初期,于国家治理方针上奉行了孙中山先生的地方自治理念。蒋介石声称追随孙中山先生治国理念,也一度明言:"建国工作,以地方自治为根本。"[2]1928 年 8 月,国民党二届五中全会召开,宣布全国进入训政阶段,开始在全国推行地方自治工作。次年 3 月,在国民党第三次全国代表大会上正式通过了实施地方自治的相关决定。

从 20 世纪 20 年代末期至 30 年代初期,南京国民政府陆续颁布了一批涉及地方自治的法令,这些法令规定全国县及县以下各级组织均为自治单位,拟逐步实现县、区、乡镇、闾、邻各级负责人的民选化与地方的高度自治化。根据 1929 年制定的《训政时期完成县自治实施方案分年进行程序表》中所列要求,南京国民政府内政部限定全国地方自治的推行工作应在 6 年内完成。具体内容包括厘定自治系统、储备自治人才、确定自治经费、肃清盗匪、整顿警政、调查户口、完成县市组织、训练人民、初步清丈土地、举办救济事业等工作。

1929 年,扬州地区开始推行地方自治工作。当年,扬州各县重新进行了

---

[1]《孙中山全集》第 3 卷,中华书局 1984 年版,第 327 页。

[2] 秦孝仪主编:《先总统蒋介公思想言论总集（第 10 卷）》,中国国民党中央党史委员会 1984 年版,第 468 页。

自治区的划分。江都县为 10 个自治区,选举胡敏、陶鸿儒、汪注、张鲁、张宝珩、葛天相、朱选熙、杨国香、臧六奇、王寿山等人赴省参加了区长训练。仪征全县分为 5 个自治区,高邮划分全县为 12 个自治区,宝应县划为 7 区,各区区长就职前大多经过了江苏省区长训练所的培训。

　　1929 年 6 月 5 日,为配合地方自治工作的进行,南京国民政府重订了《县组织法》,编有乡、镇公所的设置。扬州各县随之相应进行了调整。但出于多种原因,扬州各县区、乡、镇公所的成立过程多大费周折。工作伊始,在各级自治组织负责人的选拔任命上即矛盾不断。以江都县绿杨区为例,两名区长候选人汪注、胡敏都对这一职位志在必得,各自公关。经过区长评选的考核,两人所获成绩分数、等级品次不相上下,一时争执不决。为解决问题,县长陈肇燊采取以掣签的方式判定汪注得到此职。胡敏因而忿然不服,在与县府交涉无果后,径往省府申诉。省民政厅原本限令江都县各区区公所需在 1929 年 8 月 15 日前成立,但因此番纠纷,江都县各区公所直拖延至十余日后方成立。8 月 28 日,江都县各区首任区长[1]同在县府礼堂宣誓就职,随后各自赴各区组织公所。

　　各级城乡自治治理领导与管理人才的缺乏一直制约着地方自治工作的开展,不惟扬州,全国各省皆是如此,“一省之中,省政府主席及民政厅厅长常觉到县长人选困难,能够一肩担起筹备一县地方自治的人才,极难物色。一县之中,县长又感觉到区长人选困难。……至一区之中,乡镇长人选亦复困难。”[2]既然没有所需的成熟人才,只能大搞培训。1929 年,江苏省政府举办了两期区长训练所,培训了 700 余名学员。第二年,省府又设立了区长补习班,将能力薄弱的区长,调集补习培训。各乡、镇长的培训主要由各县负责。但临阵磨枪,这种临时性的短期培训效果并不理想。事实上,区、乡镇等级别的行政职务并不受当时进步人士或智识群体的青睐,故入选者中称职者甚少。“区乡镇之组织,然系自治机关,组织不健全,人选亦复杂,区乡镇长之地位,率皆土劣把持,以之推行政令则不足,压迫民众则有余。”[3]1933

---

[1]　其中唯有第 7 区区长候选人包燧力辞不就,由省厅另行委派。

[2]　徐德嶙:《地方自治之理论与实施》,上海法学编译社 1933 年版,第 131—133 页。

[3]　程方:《中国县政概论:上册》,上海商务印书馆 1939 年版,第 59 页。

年,行政院对江苏地区的相关调查显示:"乡辖闾,闾辖邻,乡闾邻长由农民公选,当选人以人格、知识和做事能力为标准,而且全为义务职,很多人都不愿干。"[1]区、乡、镇长之外的保甲长培训则多由各县自行组织。扬州各地也有行动。如1935年10月,江都县在天宁寺开办了保长训练所,提出保甲精神重在"厉行规约和连坐切结方面"[2],对这些保长进行业务训练。

由于频经战乱,百业不振,税源不足,而扬州各县地方自治事业既经纬万端,又缺少经费,屡受掣肘,推进不畅。1929年8月30日,甫就职两日的江都县各区区长们联袂过江,赴省民政厅寻求舒缓地方自治经费困难之术。省厅派员予以接待,答以自治虽为地方要政,但区公所经费困难情形不独江都一县,全省皆然。统计全省地方自治经费共缺款约一百数十万元,省厅正积极筹划中。望各位少安勿躁,返扬耐心等待。各区长无可奈何,遂唯唯而退。但省厅此言仅是托词,除江都县政府训令为每区月拨百余元经费外,别无其他款项可以挹注。后经江都县政府通盘筹划,规定县内7个甲等区每月每区可支194元;3个乙等区每月每区可支175元。江都县罗雀掘鼠之下,各区地方自治经费拨款数额亦明显相形见绌。即以扬州所属拨款相对较高的高邮县而论,其区公所每月定额250元或300元不等的标准,也难敷支用。

由于省区广大,南京国民政府在现实治理中颇感不便,频有脱节之虞。时人所谓:"承上接下之机关,究不可少也。"[3]1933年,江苏省行政区划再行调整,于省之下、县之上,增设行政督察区。全省共分为13个行政督察区,其中第9督察行政区(即江都区)下辖江都、高邮、宝应、仪征、六合、江浦等县,办公场所位于扬州城内小秦淮河公园桥西,首任督查专员为马镇邦。不久,江苏省将原先13个行政督察区缩改为9个。江都区下辖江都、仪征、高邮、泰兴、泰县等县[4],宝应县划归于淮阴区管辖。1935年,省府又将第9区(江都区)改名为第5区。

1934年,南京国民政府自定的全国地方自治达成期限逼近,大吹法螺,

---

[1]　行政院农村复兴委员会编:《江苏省农村调查》,第72页。

[2]　《江都县保长训练开始》,《江苏保甲》1935年第20期,第18页。

[3]　李长傅编:《分省地志·江苏》,中华书局1936年版,第197页。

[4]　次年,该行政区增辖泰兴、泰县两县。

高楼无基,现实远不如理想之丰满,各地自治进展不及预期。扬州的江都县地处京畿,位于南北交通要道,"接壤江淮,素称大邑,因而该县之政务,异常繁剧"[1]。加上城乡社会治理人才匮乏与自治经费欠缺等因素的制约,"一切政令逮县之后,即等于具文,无法推进"[2]。其时,扬州的地方自治工作即是一面镜子,印照出南京国民政府推行地方自治的无力。

宕至 4 月,迫于现实,南京国民政府内政部调整了地方自治工作完成的时限规定,改将地方自治工作分以三期进行,分别为"扶植自治时期""自治开始时期"与"自治完成时期"。自找台阶而下,明示:"以上三期之进行程序,由各省市政府决定"[3]。取消了对各地地方自治完成时间的硬性要求,同意各地自主决定完成自治之期限,"就酌量各地情形,变通办理,不必强行划一"[4]。虽已疲态尽显,但仍未放弃。1935 年,国民党中央将推行地方自治工作列为各省市党部的主要工作之一,要求各地方党部须在党员训练与工作考核中列入地方自治的内容要求。同时命求各基层党部对地方上的民众团体活动有更多的介入与指导,以加强对民众思想与活动的控制。扬州各国民党县党部也遵照省党部安排,一体执行。一些国民党党员被指派担任所在各地民众团体的指导员,宝应县党部就委派张盛明为该县茶食业工会组织指导员、蔡松培为香业工会指导员、孟庆璜为浴业工会组织指导员、杨贞庆为烟业工会组织指导员、梁肇俊为县中学生自治会组织指导员、罗中枢为改组医学会指导员等。[5]这些指导员的任务表面上是"指导各民众团体实际活动之方法,并促进其联络"[6],实际上是指令这些团体配合国民政府的地方自治工作,强化对这些团体成员的意识形态的控制。

二、保甲纳入自治

保甲之制肇始于周代,保甲之名源于王安石倡保甲之法。作为一种地

---

[1]《会议录:第一次至第七次府务会议情形(十六年十一月五日至十二月十七日)》,《江都县政治月刊》1928 年第 1 期,第 154 页。

[2] 高亨庸:《县政机构之改造》,正中书局 1941 年版,第 42—43 页。

[3]《改进地方自治原则》,《县政资料汇编(上册)》,中央政治学校 1939 年版,第 169 页。

[4]《厘订地方自治法规原则》,《县政资料汇编(上册)》,中央政治学校 1939 年版,第 170 页。

[5]《宝应县党务消息种种》,《江苏党务》1931 年第 45 期,第 9—10 页。

[6] 胡凤翰:《宝应党务概况》,《江苏党声》1928 年第 18 期,第 19 页。

方治理的制度设计，保甲在中国历史上曾数度登场。虽然形式不尽全然复制，其宗旨则大同小异。南京国民政府建立之初，领导层中也早有人对实施保甲制的方案情有独钟。1928 年 5 月，为了加强统治与训练民众，蒋介石就曾构思过在部分地区推行保甲制度的设想。1931 年，出于围剿工农红军、强化地方控制的现实需要，国民政府将保甲制度首行于江西。此后，陆续在各地有所试验。1934 年，国民政府下令全国统一皆办保甲。国民党中央常务会议亦决定将保甲列入基层党组织的工作纲领之中，称其具有捍卫地方、杜绝奸宄、配合征兵制及维持地方秩序的作用。

1934—1935 年间，尽管全国各地的自治成绩并不理想，"可以说十之七八都是有名无实"[1]，且已开始兴办保甲，但国民政府出于政治声誉等方面的考量，仍勉力坚持对地方自治工作的开展。1935 年 12 月 22 日，国民党第五次全国代表大会发表宣言，声称不放弃地方自治工作："必须修明内政，遵依建国大纲之规定，加紧督促地方自治之早日完成，培植民权健实之基础。"[2]但客观来看，推行保甲制度必然要妨碍地方自治工作的基础与进步。"保甲制度之本身，与现行自治制度，不无抵触。"[3]为了解决冲突，实现地方自治与保甲两者在制度设计上的融合，1935 至 1936 年间，国民政府先后出台了《厘订地方自治法规原则》等一系列政策法规，通过对这些政策的文字改动，移宫换羽，"将保甲容纳于自治组织之中"[4]。原本根据《县组织法》的规定，基层组织为村（乡）、闾、邻等。但该套体系尚未成型，大辂椎轮之间，即被保甲制度替代。以乡镇编制设立保甲，使保甲组织与自治组织实现了体制衔接，提出以保甲为主要内容推进地方自治，称"保甲属于自治范围""保甲组织是实行农村自治的基础"[5]。

从 1934 年开始，国民政府将政权建设的重点由县级向乡镇下沉，以基层

[1]　蒋介石：《养教卫管四政为建国基本要务》，《总裁地方自治言论》，第 46 页。

[2]　刘振东、焦如桥：《开宪治修内政以立民国确实之基础》，《县政资料汇编：上册》，中央政治学校 1939 年版，第 70 页。

[3]　中国国民党中央委员会党史委员会：《革命文献》（第 71 辑），第 263 页。

[4]　陈之迈：《中国政府》（三），上海商务印书馆 1946 年版，第 77 页。

[5]　龙发甲：《乡村教育概论》，商务印书馆 1937 年版，第 101 页。

乡村为自治单位,改变了孙中山先生所主张的以县为自治单位、地方中央分权的地方自治职能分配的制度设计。在"纳保甲于自治内"这场30年代中期国民政府地方治理制度的重大调整中,政府对地方的控制欲望压制了地方民众自治的诉求,"意味着那些原应是'自治'载体的单位变成了使官僚政治更深地渗透地方社会的单位"[1]。这可以视作地方自治工作中的一种倒退。

在省府的指令下,宝应县先于扬州地区的其他县,与苏北地区的一些县同步先行启动筹办保甲制度。大致以500—1000户为一乡镇为标准,重新划分乡镇,又尤以谋自卫工作为保甲第一任务。1935年,根据省府第682次会议的决议:"江南各县以及江北江都区所属各县,一律于本年十一月一日起,依照省颁保甲规程,同时举办保甲。"但因赶办土地陈报,无法抽调行政资源如期兴办保甲,江都县府曾上呈省民政厅,请求暂时"缓办保甲"[2],获得批准。其后江都县的保甲工作一直拖沓不前。屡经省府催促,"乃竟有少数区长,及编查委员,迄未能依期办竣。"[3]江都县长不得不对这些责任人予以记过处分,可见扬州地区的保甲工作起步并不顺利。

兴办保甲之初,扬州各县都事先进行了相关的宣传造势,制定出了具体的保甲实施方案。如1934年最早启动的宝应县,为了确保省府要求当年完成保甲、训练完备乡镇长及保甲长的任务,根据省厅的要求与规范,翻印制作了石印白话布告1400张、《保甲规程》2000本、《保甲宣传要点》2000张,还准备了户口调查表、户口异动报告书、壮丁名册、普字调查表、各保略图、连保切结、纸质门牌、木质门牌、保甲图记、枪支清册、保甲户长清册等多种配套材料,用于支撑保甲工作的进行。1935年5月26日至6月1日,江都县府仿南通县的做法,举行了保甲宣传周,发动全县各小学教职员及社会教育机关的工作人员参加,同时还制定了各项保甲宣传工作办法的计划教材、表格等,分发下属各机关执行。如江都县教育局编发了《江都县社教机关宣传保甲办法大纲》,要求江都县各社教机关定期就所在地召集民众,举行演讲等活动,宣

---

[1]〔美〕费正清:《剑桥中华民国史:下卷》,中国社会科学出版社1994年版,第408页。

[2]《江都县开始编查保甲》,《保甲半月刊》1935年第4期,第17页。

[3]《江都办理保甲不力人员,马县长分别记过停薪》,《江苏保甲》1935年第11期,第18页。

传保甲工作的意义，"各民众学校应将保甲事项，编为教材，切实教学"[1]。该局机关工作人员还分赴全县四乡，流动宣传保甲知识。6月16日—17日，江都县教育局又假县民教馆，举行了江都县社教机关办理保甲周成绩展览会。[2]这些机构的努力为保甲制在扬州的实施营造出一定的舆论氛围。

由于省情差异，当时全国各地基层政权的组织形态并不统一。与江西、河南、湖北等省不一样，江苏等省所兴办的保甲制度是与原有的自治组织相衔接的，仍保留区乡（镇）两级的自治组织，取消其下的闾邻两级，代以保甲两级。这种设置兼顾了自治与保甲，"可以说是纳保甲于自治组织之中"[3]的一种形式。扬州各县兴办保甲后，形成了县、区、乡（镇）、保、甲、户的城乡组织形态。以户为单位，每户设户长，一般由家长充任户长。每10户为1甲，设甲长。每10甲为1保，设保长。相邻各保设保长联合办公处，有联保主任一职。

国民政府的相关法律规定乡镇长、保甲长都应该由民众选举产生，但在实际运作中，大多实行着由少数人推举或由官员指派担任这些职务的方法。甲长由本甲内户长公推，保长由本保内各甲长公推后，并需经县、区长委任，才得以就职。由政府对这些人员实施训练、考察和监管，使之保持对政府的忠诚、勤勉与尽责。1936年5月，蒋介石强调了对保甲长的任命与培训、监督工作的重要性，提出："尤其对于保甲长之人选应慎重选择，委任之后，须随时考察，加以黜陟。更要随时注意训练，使能不断进步。"[4]按照规定，扬州所属各县的乡镇长训练大多集中于省会统一进行，各县保、甲长训练则由各县单独完成。但受制于培训资源及时间不足，这些人员并没有经过充分而成熟的培训，且"经数次办理，实难足额"[5]。

为了配合保甲制度的实施，减少以前划区过多的弊处，江苏省对区的设置进行了新的调整。经省府第634次会议通过，划区以面积大小、户口多寡、

［1］《江都县社教机关宣传保甲办法大纲》，《江都教育》1935年第7期，第2页。

［2］《江都县社教机关办理保甲周成绩展览会办法》，《江都教育》1935年第7期，第5页。

［3］程方：《中国县政概论：下册》，第298页。

［4］蒋介石：《养教卫管四政为建国基本要务》，《总裁地方自治言论》，第46页。

［5］《政治（一）》中国第二历史档案馆编：《中华民国史档案资料汇编：第五辑第二编》，江苏古籍出版社1998年版，第112页。

经济状况、交通情形以及人民习惯等 5 项因素为主要考量。原则上规定地方面积在一万方里以下，人口不满百万者的县，不得超过 12 个区的设置。人口在五十万以下、地方面积不满五千方里的县，不得超过 8 个区的设置。按照新的标准，至 1935 年，扬州各县设区情况如下表：

表 2-1   扬州各县设区情况表（1935 年）[1]

县名	1934 年		1935 年				减少数	
	区	乡镇	区	乡镇数			区	乡镇
				合计	乡	镇		
总计	34	1154	29	556	418	138	5	598
江都	10	404	9	244	191	53	1	160
仪征	5	141	5	64	42	22		77
高邮	12	370	8	105	81	24	4	265
宝应	7	239	7	143	104	39		96

表 2-2   扬州各县各区驻地表（1935 年）[2]

县名（区数）	区名（驻地）
江都县（9 区）	第 1 区（扬州城厢）、第 2 区（瓜洲）、第 3 区（李典）、第 4 区（仙女庙）、第 5 区（大桥）、第 6 区（宜陵）、第 7 区（邵伯）、第 8 区（大仪）、第 9 区（黄珏）
仪征县（5 区）	第 1 区（县城）、第 2 区（朴树湾）、第 3 区（十二圩）、第 4 区（东沟·黄家坟）、第 5 区（十二里岔）
高邮县（8 区）	第 1 区（县城）、第 2 区（车逻·公田张家庄）、第 3 区（三垛）、第 4 区（三郎庙·老人桥）、第 5 区（临泽）、第 6 区（界首）、第 7 区（送驾桥）、第 8 区（塔儿集）
宝应县（7 区）[3]	第 1 区（县城）、第 2 区（氾水）、第 3 区（仁和镇）、第 4 区（黄埔·十方庵）、第 5 区（刘堡）、第 6 区（射阳）、第 7 区（黎城）

　　为了掌握全国人口基本情况，早在 1928 年南京国民政府成立不久后，内政部就要求各省开展人口普查工作。由于各地条件不一，这项工作一直

　　[1]　参考《民国 24 年各县改划区乡镇概况表》，见《扬州市志（上册）》，第 179 页。
　　[2]　扬州市档案局、扬州市地方办公室编，吴子辉著：《扬州建置笔谈》，江苏古籍出版社 2002 年版，第 174—175 页。
　　[3]　时宝应县隶属于淮阴区。

拖延不前。推行保甲制度后，清查户口及实施联保连坐便首当其冲，进入工作日程的首要安排。保甲兴办伊始，扬州各县纷纷清查户口并更换门牌，详填户口调查表，逐级上报。江都县在每区委任调查长1人及调查员十数人，各按区域入户进行相关调查。宝应县要求各保保长召集甲长们议定《保甲规约》，"保长、甲长、户长，一律加盟签字，……共具联保连坐切结。"[1]1937年4月12日，江都第一区区长汪注召集全区240余名保长，举行谈话会。指示他们在进行户口调查时，尤其要注意下列几点：造具田赋粮串清单；造具已领漏领烟民执照名册；造具适龄壮丁名册；调查退伍在乡军人；注意不识字民众及学龄儿童，列表统计；注意壮丁年龄、依照表册统计。从政府地方控制与治理的角度来看，这时的户口清查工作与禁烟、国防、教育、税收等工作相联系，涵盖的范围比较广泛，对南京国民政府了解国情有极大的裨益。

南京国民政府对各地兴办保甲的经费来源有明确规定。在其制定的《保甲经费收支暂行规程》中有如此明文："原有地方公款或公产收益，保内殷实绅商特别捐助。如无上项收入，或不足额定数时，得就住户中有力担负者分别征收。"江苏省政府还专门出台了补充规定，要求各县保甲经费循用自治经费的来源。"以原有自治经费及地方总预算划用为主，必要时得由省政府酌量补助之。"[2]事实上，江苏各地保甲经费的实际来源与以前的自治经费几无区别。"从前自治经费多与地方经费混合支用，界限不清，多所移挪，以致每有自治事宜，辄叹无款。"[3]江苏各县兴办保甲后，在经费筹措上向无统一的方法，有按户摊派、按亩抽收、绅富特捐、地方公产公款拨助等多种形式。但除少数县尚可勉强支撑、维持兴办保甲经费外，大部分县都感到困难，有的甚至"任由各区公所自己捐派，弊端百出，怨声载道"[4]。民众产生了一些抵制情绪与行为。"盖以无薪给的保甲长，而予以摊派之权，强征勒索，自所

---

[1]　周敦礼增纂：〔民国二十三年〕《宝应县志》卷卅三《宝应县县政概况》，《扬州文库》第1辑26册，第537页。

[2]　《江苏及江都区各县定于本年十一月一日举办保甲令》，《无锡县政公报》1934年第121期，第25页。

[3]　陈肇燊：《江都县县政概况》，《江苏》1929年第34期，第55页。

[4]　《苏省保甲制度实施二年全部编竣办理联保肃清匪患》，《大公报》（天津版）1935年11月26日，第10版。

难免也。"[1]扬州各县的情况也与此大同小异。

将保甲纳入扬州地方自治工作,不但因为自治经费匮乏、行政人员素质不高、民众意识缺乏等地方具体因素,也因为中央权威不够、相关法规政策不合理等宏观因素,更受限于国力、国情,乃至于国家现实安全形势,远没有实现预期的目标。

三、新生活运动

在推行地方自治、兴办保甲的同时,为了提升国民素质、促进社会进步及一些政治目的,南京国民政府开展了新生活运动。其中的强迫识字教育、清洁卫生运动、禁烟运动等具体工作也与地方自治、施行保甲有一定的联系,可视为这一时期国民政府地方治理系统化工程中的重要环节。在这些方面,扬州各县都有一些积极的行动。

以江都县为例,该县的政府机构与各学校都开展了轰轰烈烈的新生活运动宣传与教育工作。1935年11月,江都县公安局新生活劳动服务团成立,有成员533名,其中女团员13名。该团每周都举行集会,进行新生活运动的宣讲。"以期各团员之能身体力行,为民倡导。"[2]在《标准小学新生活训练实施方案》的指导下,江都城区各个小学都在一定程度上开展了与新生活运动相关的教育学习。很多学校专门安排时间给学生们讲授新生活运动的内容,要求教师们在各科教学中尽量采用与新生活有关的材料;指导学生们去阅读与新生活有关的书籍;以培养学生们养成各类新生活所要求的生活、学习习惯等等。

（一）"强迫识字"教育运动

扬州各地在强迫识字运动开展前也有相关宣传。1931年4月15日,江都县政府成立了识字运动宣传委员会,以县政府担任该委员会总务部,县党部担任该委员会宣传部,教育局担任委员会编撰部,拨付专门经费,并在公共体育场召开了江都县识字运动宣传大会。这场大会有县政府、县党部、省督署等机关及省扬中、县初中、私立扬中等学校的五千余人参加。会后第二天,举行了全县各机关、团体、学校的大游行,"藉以唤起民众,提倡识字运

---

[1]　程方:《中国县政概论:下册》,第330页。

[2]　《江都县公安局新生活劳动服务团》,《妇女新生活月刊》1937年第6期,第43页。

动"[1]。同期,还举办了江都县识字宣传周。4月26日晚,仪征县立民众教育馆在公共体育场举行识字运动化装宣传活动,两千余人观看了表演,收到了很好的宣传效果。

1935年,江苏省政府通过了《各县实行强迫识字办法》,计划分3期推进这一工作,要求省县政府机关及中小学社教机关、各同业行会都应办理识字班,师资及经费由各单位负责。以识字班学习的形式,强迫全省不识字男女接受识字教育,那些不接受强迫识字教育的对象应接受惩罚,在极端情况下甚至可能会被判服劳役。按照省府的统一要求,扬州各县都成立了普及识字教育委员会,并将实施强迫识字教育作为保甲制度的一项基本工作进行推广。如江都县普及识字教育委员会要求各个乡镇都要设立识字班,在各机关、团体中也要举办各类识字学校。根据1935年10月28日江都县出台的规定,凡是非县属各公共机关,应酌情办识字班一所。县属各公共机关必须设立民众学校一所或识字班一处。各省县私立中等学校、六间教室以上的完全小学,也必须设立民众学校或识字班。有四至五间教室的小学,必须设立民众学校一所或识字班一处。有二至三间教室的小学,应该设立民众学校一所或识字班一处。单级小学除在各区公所所在地者,应设立民众学校一所。这些民众学校或识字班的负责人或由教育局委任,或由各机关主管充任。教学任务则由各校教员、各机关职员分任,以《三民主义千字课》为教学课本。由这些主办人员,会通保长、警士,一起挨家挨户督查、抽调所负责区域内不识字的民众,入班上课。各乡镇所办的识字班由各区公所负责督查;各机关的识字班（学校）由县教育局负责督查;各团体所办的识字班由县党部负责督查。[2]1935年11月,江都县第一届识字班开学,共计布点63处,经过学习,参加毕业测验的742人中,有610人合格,准予毕业。[3]除了官方行为,扬州地区亦有民间自发组织识字学习的。如1936年10月,江都县民吕秋江就自己筹办了劳工识字班,地址设于沙锅井13号,报名的男女学生达到了50

---

[1]《各县识字运动周之概况》,《民众教育通讯》1931年第2期,第109页。

[2]《江都识字班毕业测验之进行》,《民众教育通讯》1936年第2期,第85页。

[3]《江都第一届识字班毕业人数统计》,《民众教育通讯》1936年第3期,第81页。

人。[1]但因为民众温饱问题还未解决,家无儋石者众,广大不识字群众主观学习意愿淡薄,加上各地保甲长文化素质参差不齐,对该项工作缺乏热情,投入的精力不足,强迫识字运动在扬州并没有收到很明显的效果。

(二)清洁卫生运动

1929年5月15日,江都县政府在扬州中学操场举办了有四千人参加的卫生运动大会。设卫生运动演讲场于实验小学,引导社会舆论;设卫生运动展览场于通俗教育馆,以供民众参观。卫生运动大会散会后,参会者沿街游行,散发传单,呼喊口号,以唤起大众讲求卫生之心。其后几乎每年江都县都举办类似活动。如1933年,在江都县立公共体育场举办了全城清洁运动大会。

新生活运动发起前,同全国大部分地区一样,扬州各县普遍缺乏公共卫生设施,城乡防疫力量薄弱,公共卫生状况不堪。城厢的卫生环境,"时为各方人士所指责"[2]。当时有人形容:"整个江都城厢除着几条大街较为清洁外,其余所有街巷则满铺垃圾,污秽不堪,大有不能插足之概,臭气四溢,令人厌恼,城区中心地点垃圾堆如山者不下数十余座,且竟有猫狗尸体横卧巷道。"[3]其时国民党中央委员会委员王柏龄、洪兰友、叶秀峰及省府若干厅长的家都在江都,以致江都城厢卫生状况的恶劣影响直达省垣。扬州其他县的卫生状况也同样糟糕。如高邮城内,"卫生一项,向为居民所忽视,垃圾等任意抛掷,鸡鸭散放市河之中,清洁极难维持。"[4]

新生活运动开展后,在每年的2月19日,扬州各县都会组织各种各样的清洁卫生宣传活动。1934年10月21日上午10时,宝应县政府在射圃体育场举行纪念新生活运动大会,倡导全县民众行动起来,展开大扫除活动。县长亲自登台发表演讲,勉励大家:"将一切腻垢满身之衣服,腐败臭恶之食物,尘秽高积之居室,以及垃圾堆塞之街道等怪象,经此次大扫除、大宣传后,不再遗留,不再发现,以造成一'整洁'之模范县。"[5]1937年2月19日,

---

[1] 《劳工识字班定期上课》,《民众教育通讯》1936年第8期,第65页。

[2] 袁才海、高于一:《江都县城厢卫生实验区成立经过》,《医事公论》1937年第18期,第10页。

[3] 袁才海、高于一:《江都县城厢卫生实验区成立经过》,第14页。

[4] 江苏省民政厅编:《江苏省各县概况一览》,第407页。

[5] 周敦礼增纂:〔民国二十三年〕《宝应县志》卷卅三《宝应县县政概括》,《扬州文库》第1辑第26册,第86页。

江都县政府举办了新生活周年纪念大会,各界人士发表了各种关于卫生主题的演讲。组织者在全城遍贴内容与全民卫生有关的标语,劝勉民众。如"实行新生活先要革除不卫生的恶习惯""整齐清洁是新生活的要素""身体强健精神活泼,是实行新生活的表现""实行新生活要注意个人家庭公共的卫生""随地小便是坏习惯""整齐清洁的人才能受人敬爱"等[1]。

在新生活运动中,扬州各县政府都有意识地提升了对公共场所卫生清洁标准的要求,普遍增加了城区清道夫的数量,在城厢街道僻巷分置垃圾箱,逐日轮流扫除,一些县并筹备或建立了公共厕所及便池等设施。

1936年夏,天气酷热。考虑到城区缺乏公共卫生防疫机关及施药处所,江都县政府、县党部、公安局、建设局、教育局、戒烟所、清道队、医师公会、国医学会等机构联合成立了城区夏季清洁防疫委员会。按地段在城区设立了4所防疫分所,帮助提高公共防疫能力,"每分驻所指定西医三人、中医六人,就地施诊"[2]。各防疫分所准备了大批十滴水、卧龙丹、藿香正气丸等夏季防疫药品,便于施治。其余各县也有类似的机构与举动。如仪征组织种痘委员会布种牛痘,组织医士检定委员会检定医士,"现均陆续推行,颇著成效"[3]。

当年,江都县政府主动呈请省政府在扬州设立了卫生试验区。试验区办公场所设于南柳巷公园内,承担原由县公安局所负责的城区卫生工作。省府委派公共卫生领域的专家前来主持该试验区,以促进扬州公共卫生事业的进步。[4]扬州卫生试验区提出了"用卫生教育的力量唤起大众自动整洁,用卫生行政的力量督促大众实施卫生"[5]的口号。这个试验区负责城区环境卫生、妇婴卫生、学校卫生、民众卫生教育、培训卫生行业相关人士、地方医护人员登记管理、娼妓检查、发展防疫事业等事项。扬州城厢被划分为8个卫生区,设置了30多名清道夫轮流打扫卫生。试验区还普及施种牛痘,举办各类卫生演讲及论文比赛,并和江都县立医院合组诊疗所,为民众服务。

---

[1]　袁才海、高于一:《江都县城厢卫生实验区成立经过》,第12—13页。

[2]　《江都夏季清洁防疫委员会成立》,《中医科学》1936年第3期,第201页。

[3]　江苏省民政厅编:《江苏省各县概况一览》,第369页。

[4]　《医学消息》,《新医药杂志》1937年第1期,第101页。

[5]　袁才海、高于一:《江都县城厢卫生实验区成立经过》,第14页。

卫生试验区为当时扬州公共卫生事业的进步、民众公共卫生素养的提升,作出了不少贡献。

（三）禁烟运动

晚清以降,各类烟土毒品一直祸害着扬州人民的身心健康,消耗着扬州人民的财富积累。"江邑地处冲要,水陆交错,四通八达"[1],烟土毒品"尤易偷运入境"[2],因此,扬州各县吸食鸦片等毒品者甚众。20年代30年代初,仅宝应县内主动向政府申请登记吸食鸦片者,即有2000余人,未登记者尚不知多少。由吸食毒品而引发的人间惨剧时有发生。《宝应县志》曾如此评价道:"以个己言,日沉湎于吞云吐雾之中,既丧元气,又耗钱财,终至流为黑籍,而不克自拔;以国家民族言,必至日就衰弱,罹亡国灭种之惨祸!"[3]

表2-3 宝应县各区烟民登记统计表（1934年6月—12月）[4]

区　别		1	2	3	4	5	6	7	合计
登记人数		854	467	277	94	271	233	387	2583
登记烟民每日吸量（两）		137.86	49.17	23.45	7.31	40.61	15.05	21.02	294.47
执照种类	甲	112	44	30	8	6	24	46	270
	乙	742	423	247	86	265	209	341	2313

推行新生活运动期间,扬州各地都开展了系列的禁烟运动。1936年6月3—9日,江都县举行"六三"禁烟宣传周。在宣传周的最后一日,县党政机关团体及学校、商业各公会组织数千人参加了禁烟宣传提灯游行。他们在公共体育场绕场一周后,提灯在城厢主要街市巡游,轰动全城。"观者万人空巷,途为之塞云"。[5]

遵照省府要求,扬州各县成立了禁烟委员会,各以县长兼禁烟委员会委

[1]　陈肇燊:《江都县县政概况》,第45页。
[2]　陈肇燊:《江都县县政概况》,第45页。
[3]　周敦礼增纂:〔民国二十三年〕《宝应县志》卷卅三《宝应县县政概括》,《扬州文库》第1辑26册,第602页。
[4]　周敦礼增纂:〔民国二十三年〕《宝应县志》卷卅三《宝应县县政概括》,《扬州文库》第1辑26册,第601页。
[5]　《扬州提灯大会,宣传禁烟,万人空巷》,《大公报》(上海版)1936年6月11日,第10版。

员长。禁烟委员会主要实施了五方面的工作。

一是在各车站、港口等交通要道实施监管，防范外地烟土入境。各县都派出了秘密稽查，分别拿办。"并照履勘烟苗办法，分别查勘取结报由县长复勘核办，以期来源断绝。"[1]二是严密查拿，依法惩办烟贩。新生活运动开展前，扬州各地就已经严行查拿烟贩。仅江都县在1929年短期内就拿获烟贩204名，"分别法办，以示惩儆"[2]。1934年8月11日，宝应县县长亲自带队查拿烟犯，仅十天内即"缉获烟犯五十八名，烟具烟泡二百余件"[3]。新生活运动期间，这项工作继续进行，亦有收效。三是对所有的公务人员进行吸食烟土方面的调查验证。公务人员只要是被民众举报并查实吸食鸦片的，依据《江苏省党政军服务人员及学校员生限期戒烟办法规定》，严肃处理。"所属职员，均随时察看，不稍瞻徇。"[4]一些机关还自行制定了相关的处罚规定，如高邮县教育局出台了《县教育局公务人员及各教育机关职教员生连带互保戒烟细则》，一旦发现有相关人员继续吸食鸦片，"除依法办理外，保证人应负连带责任"[5]。四是在各地陆续筹备设立戒烟所或戒烟医院，将吸食者及查获的烟贩一律送进去，实施强制戒烟。五是将查获的烟土进行公开焚毁。这项工作一般由各县法院负责完成。每次都在公共场所，如法院门口的敞地上，将查获的烟土灌以煤油，并用食盐加入煤油之中，举火焚烧，使烟质毁灭净尽。同时邀请各机关、团体群众观看烟土销毁的过程，以扩大禁烟影响。仅江都县法院就举行了多次公开销毁烟土的活动，产生了较大的震慑力。

新文化运动推广期间，在扬州各县兴办的强迫识字、清洁卫生与禁烟运动等在一定程度上对扬州民众的卫生意识、文明修养都有所促进，也对社会风气有部分的净化作用，值得肯定。

[1]　陈肇燊：《江都县县政概况》，第45页。

[2]　陈肇燊：《江都县县政概况》，第45页。

[3]　周敦礼增纂：〔民国二十三年〕《宝应县志》卷卅三《宝应县县政概括》，《扬州文库》第1辑26册，第600页。

[4]　陈肇燊：《江都县县政概况》，第45页。

[5]　《高邮县教育局公务人员及各教育机关职教员生连带互保戒烟细则》，《高邮教育》1935年第4期，第156页。

第三节　中国共产党在扬州的早期活动

1927 年 9 月，中共扬州县独立支部的建立标志着扬州地区地方党组织活动的开始。随后的六七年间，扬州地方党组织在自身组织建设及领导工人运动、学生运动、农民运动等方面都取得了一定的成绩。但由于受到"左"倾思想的影响，以及敌我力量对比悬殊，扬州地区的党组织建设工作遭受到严重的挫折，至迟在 1934 年间，组织活动全部暂停。

一、早期组织沿革与建设

1927 年 8、9 月间，原江都县国民党党部负责人王寿荃经原国民党江苏省党部特派员、中共党员陈勃的介绍，加入了中国共产党。王寿荃在扬州与曹起潘（原国民党左派江都县党部组织部长）等人联系，在他们的支持和配合下，筹建中国共产党的支部组织。9 月，中共扬州县独立支部在中共江苏省委的批准下建立，有党员 7 名，以王寿荃为独立支部书记。12 月，该支部改名为中共扬州县特别支部（下称特支），王寿荃为特支书记，曹起潘为组织干事，两人共同负责特支工作。特支下设有扬州耀扬火柴厂、扬州中学两个支部，党员发展至 11 人。这些党员主要来自工人、学生与城市贫民，其中大部分原来是国民党左派党员。该月，中共江苏省委还派员到高邮开拓工作，建立了一个支部，有 3 名党员。1928 年 5 月，王寿荃因工作需要，被组织调往江阴工作，曹起潘成为支部代理书记，撑门挂户。6 月，中共扬州特支发展至城区 3 个支部、党员 30 名，东乡党员 40—50 名，西北乡党员 4 名，南乡党员 3 名的规模。

1928 年，如皋、泰兴等地的"五一"农民暴动失败后，在当地活动的一批共产党员转移到宝应，在氾水等地发展组织，开展活动。3—4 月间，他们建立了中共宝应氾水小组。1928 年上半年，直属于中共江苏省委的中共宝应特别支部成立了。至 1928 年 6 月，扬州地区已经有扬州、高邮、宝应、仪征等 4 个特别支部的组织。[1]

---

[1]　据 1986 年《党史研究》第 3 期《第六次代表大会（三）》，转引自中共扬州市委党史办公室编：《中国共产党扬州史（第一卷）》，中共党史出版社 2001 年版，第 38 页。

1928年7月,中共江苏省委派巡视员孙豫真(一说孙予真)到扬州指导视察扬州地方党组织工作。决定进行整顿,由郭成昌、曹起潘、蔡兴三人组成扬州特支干事会,以省委派来的郭成昌任书记,曹起潘为组织干事并负责青运、侦探反动团体等工作;蔡兴为宣传干事并负责工运等工作。同时决定由扬州特支负责发展仪征、六合两县的地方党组织,以及联系泰州地区的地方党组织。扬州特支下辖农运、工运、学运、军运、特种任务等5个组,在扬州城区有6个支部8个组,下辖的西区特委会有3个支部7个组,在东南区有郭村支部,党员增至70名。

随着党员人数的增加,以及整个扬州特支组织能力的加强,为更好地开展工作,中共江苏省委决定将中共扬州特支改为中共扬州县临时委员会,随即于该年9月6日召开了中共扬州临时县委第一次全体委员会议,由曹起潘任书记。宝应、高邮、泰州等地地方党组织也统一由中共扬州临时县委负责。同月,临时县委撤去"临时"二字,成为正式的中共扬州县委,有7名县委委员,其中常委5名,曹起潘仍任书记。该委员会在城区、西乡建立了两个区委组织,有18个支部,党员人数接近150人。[1]

为了加强秋收工作,并遵照中共六大关于争取群众、准备新的革命高潮的策略要求,中共江苏省委在《江苏农民秋收斗争决议案》中提出建立扬州、徐海、沪宁、南通、淮盐、淞浦等6个特别区委员会(下称特委),省委拟直接通过这些特委来联系与领导各县的县委。中共扬州区特别委员会作为全省6个特委之一,于9月成立,机关驻扬州城区。特委书记为夏采晞(夏采曦,化名李斐),后增加刘济平(化名赵亚)为负责人。中共扬州县委员会随即解散,由特委兼扬州县委。该特委负责扬州、泰州、宝应、高邮、东台、兴化、六合、天长等地的中共组织工作。其中,扬州特委直接领导扬州城区区委、西乡区委。城区党支部有耀扬火柴厂、典业、香业、扬州中学、旧城、新城、黄包车夫、洗玉器、茶食业等9个支部,党员57人。西区党支部有双栗树、曹家坝、张庄、常庄、裔家集、甘泉山、杨兽坝、十五里塘等8个支部,党员54人。南乡有汤汪、新桥两个

---

[1] 中共扬州特支、中共扬州临时县委、中共扬州县委机关驻地都在扬州城内,先后为板桥7号、29号。

支部,党员 20 余人;东乡有李家桥、孙家墩、郭村等 3 个支部,党员 10 余人。

中共江苏省委对扬州特委的工作指示为:"借秋收斗争高潮去发展各自组织,建立无组织区域的工作,用减租口号发动群众组织。"[1]扬州特委将组织工作作为中心任务,有计划地在所负责区域内扩充了组织队伍,注重对新党员的质量要求,努力强化各个组织的制度建设,取得了一定的成绩。9 月,扬州特委派郑洪到高邮开展工作。次月,高邮党员数已增至 7 名。11 月,在临泽建立了支部,发展党员至 20 多人,郑洪为负责人。在三垛建立支部,党员 48 人,负责人为姚建忠。1928 年 11 月,仪征全县党员有 200 多人,负责人为刘志沧,设有十二圩特别支部等组织。1928 年 12 月,中共扬州区代表大会召开。大会继续强调组织工作的重要,通过了《扬州区工作计划》,提出:"发展组织的路线必须向着工人、店员,以及乡村中的雇农、贫农。要加强支部建设,健全特委组织。"[2]还要求"建立各级宣传和发行组织,依据党的政纲,建立经常的政治宣传"[3]。次年 2 月,高邮全县党员发展至百人以上。不久,中共高邮县委员会成立,书记郑洪,归属扬州特委领导。

1929 年 2 月,孙家墩、李家桥、高汉庄等地的党支部负责人景子英等人被捕。景子英在拷打下变节,导致扬州特委执行委员郭成昌、联络员周长庚被抓。在郭、周的交代下,邵伯特支委员许开甲、扬州耀扬火柴厂党支部书记李前康、香业支部书记张学义、青年团特支负责人骆家骝(骆何民)、旧城支书林曦等 12 人先后入狱,还有很多的党组织负责人被国民党当局列入逮捕名单。曹起潛、蔡兴、李济平、夏采曦、许佛心等人的家都被查抄。扬州地方党组织的骨干成员全部离扬暂避,组织活动几乎彻底停顿。这一事件在中共扬州地方党史上又称"正月事变"。4 月,扬州特委以扬州县委名义恢复组织活动,继续负责领导扬州、高邮、泰州以及安徽天长等地的党组织。6月,扬州特委书记夏采曦和李济平回到扬州,开始恢复扬州临时县委的工作。扬州临时县委严肃了组织纪律,开除了 20 余名意志不坚定的党员,逐步恢复基层支部,共有党员 67 人。7 月,中共扬州特委被撤销,其所负责的

[1] 中共扬州市委党史办公室编:《中国共产党扬州史(第一卷)》,第 39 页。

[2] 中共扬州市委党史办公室编:《中国共产党扬州史(第一卷)》,第 42 页。

[3] 中共扬州市委党史办公室编:《中国共产党扬州史(第一卷)》,第 42 页。

各县组织由中共江苏省委直接领导。中共扬州县委主要活动区域被划定为扬州城区及周围农村。其时，中共扬州县委书记为李济平，夏采曦同志被调任中共南京市委书记。中共扬州县委另有组织委员、通信及交通委员、宣传委员、农民运动委员等设置。下有 8 个支部，有 45 名党员。8 月，中共扬州地方党组织的创始人、领导人之一曹起潘被捕，历经考验，不忘沟壑，于 1931 年 2 月 14 日被国民党当局杀害于镇江北固山下。9 月，扬州临时县委再次进行组织调整，李济平仍为书记，蔡兴负责农运，陈明负责通讯。

1929 年春，中共高邮县委成立，书记郑洪，有常委 3 人，县委机关驻于临泽。1929 年 9 月，扬州特委撤销后，高邮县委直接与省委进行工作联系，下辖临泽、界首、姚庄、贾家 4 个区委，27 个党支部和共青团支部。经过改组后，成立了新的高邮县委员会。

1928 年至 1929 年上半年，由于中共江苏省委正确执行了中共六大路线，江苏党的组织建设有了明显的发展，但 1929 年下半年开始，受到"左"倾路线的干扰，江苏党的各级组织工作受到了一定影响。尤其是 1929 年 11 月中共江苏省第二次代表大会后，中共江苏省委接受了李立三的"左"倾观点，"从而使江苏成为较早推行'左'倾冒险主义错误和受害较深的地区"[1]。1929 年 12 月 6 日，中共扬州县委召开扩大会议，产生新的领导班子。会议传达了中共江苏省委"二大"所确定的路线和策略，并结合扬州党组织的实际，对下一步工作进行了讨论与部署。大会选举蔡兴为县委书记，因其在省委训练班学习，暂由陈洪进（一说陈洪缙）代理。会议决定在扬州东乡成立两个区委。第一区委以高汉庄为中心，含郭村、宜陵、广福桥等地，有 6 个支部，70 余名党员。第二区委以曹王寺为中心，含头桥等处，有 10 名党员，另有共青团员 2 名。1930 年 9 月，中共六届三中全会上停止了"立三路线"。随后，王明的"左"倾教条主义又在中央盛行。江苏及扬州地区的党组织也因为错误路线的影响，加上自身斗争策略的偏差，而遭受重大打击，大量共产党员被捕、牺牲或叛变。宜陵支部等支部自行解体。

1931 年 4 月，上海大夏大学学生、共产党员王为雄（徐平羽）回到高邮，

---

[1]　中共扬州市委党史办公室编：《中国共产党扬州史（第一卷）》，第 51 页。

他在中共江苏省委苏北巡视员陈伯阳（当时叫何伯阳）的联络与协助下，团结了夏普天、钱薇阁、华士林等人，共同开展党的秘密工作，在菱塘、城厢、界首等地建立了党支部。

1931年5月，中共江苏省委派来扬州县委指导工作的刘海（一说刘海珊）重建了中共扬州县委，并担任书记。当月，扬州县委军事委员周德（一说周道生）离扬回省被捕，审讯不久，即招供了扬州地方党组织的情况。9月14日，国民党当局在扬州进行全城大搜捕。县委组织委员老徐、妇委田金钿夫妇、梅春芝夫妇、周云、陈辛樵、陈起鹏、吴治平、陈明之女等十余人被抓。国民党江都绥靖督办公署、镇江军法会审处等机构对他们进行了严刑讯问，他们都经受住了考验，无人叛变。经叛徒指认，他们皆被判刑，刑期二至十年不等。扬州县委遭此打击后，几陷于瘫痪。

1931年7月，中共江苏省委决定由淮盐特委负责领导宝应县的中共地方组织，成立了中共宝应县委，以钱薇阁为负责人，次年由李铁民接任。宝应县委先后建立了县城、氾水、夷家沟（瓦甸）、刘堡等4个支部。1932年5月，宝应县委复又划归江苏省委领导。

1932年4月，王为雄、钱薇阁、华士林、丁祝平等人曾尝试再组高邮县委，但因省委遭受破坏而未获批准。1930年2月，高邮县委常委夏凤山暴露身份，转移至上海。1933年4月，高邮县委书记郑洪自首叛变，并于该年冬成为国民党高邮县党部特务室干事，专事破坏高邮的中共组织。1933年4月，江苏省委苏北巡视员陈伯阳、淮盐特委书记王伯谦被捕后叛变。6月，宝应县委书记李德才叛变，使高邮、宝应党组织成员钱薇阁、丁祝平、夏普天等人先后被捕，两地党组织全被破坏。该年，原扬州县委书记蔡兴、扬州城区区委书记林棲等人相继叛变。至年底，扬州地区的中共党组织大部分被破坏，被迫停止活动，"到1933年底，扬州各级党、团有组织的活动全部被迫停止"[1]。虽然也有一些支部的领导者有坚忍之志，继续坚持活动，如曹王支部直至1935年被叛徒李珩出卖才瓦解；1930年成立的广福桥支部在1934年

---

[1] 中共扬州市委组织部等编：《中国共产党江苏省扬州市组织史资料（1926—1987）》，第2页。

还有活动，但影响日渐式微。

表2-4　　　　　该时期扬州地区县级党组织发展情况表[1]

党组织名称	时间	下属组织	党员数
扬州独支	1927.9	—	7
扬州特支	1927.12	支部2	11
扬州特支	1928.6	支部4	142
扬州特支	1928.7	支部10	70
扬州县委	1928.9	区委2、支部18	150
扬州县委	1928.10	区委2、支部10	128
扬州县委	1929.6	支部10	67
扬州县委	1929.9	支部8	45

表2-5　　　　　　　　扬州特委组织情况表[2]

时间	下属组织	党员数
1928.10	区委2、支部15	111 高邮7
1928.11	城区区委、支部10 临泽支部1 高邮三垛支部1 安徽天长县支部2 东台县溱潼特支1	70 扬州西北乡80 高邮城厢临泽界首20多 48 7 12 仪征全县200多
1929.2	扬州城区区委1 江都县邵伯特支1 仪征十二圩特支1 仪征 高邮 东台溱潼区委1 泰县西乡区委1 泰县城厢支部1	80多 10 10 全县200多 全县100多 60多 60多 7

---

[1]　参考《扬州市志（中册）》，第1936页。
[2]　参考《扬州市志（中册）》，第1937页。《中国共产党扬州史（第一卷）》，第40—41页。

扬州地区的共青团组织也在这一时期有发奋展布之景。但因风雨飘摇，组织活动极不稳定。1926年6月，扬州已经有共青团员4人。不久，共青团扬州特支成立。10月间，团员发展至8名。[1]最初的共青团成员主要来自扬州中学的青年学生。1927年，重新建立了中国共青团扬州特别支部，张燮堂（张一萍）为书记。1928年7月，就在中共扬州特支进行整顿的同时，共青团扬州特支也同步进行了组织整顿，书记为陈海石（陈洪进）。1929年2月，扬州共青团组织受到破坏。至4月，仅余团员4人。9月，又发展至140名，并重建委员会。同期，在高邮县也建立了共青团支部。1929年12月6日，在中共扬州县委扩大会议上，决议重建共青团扬州特别支部委员会，书记周承苍，有12名团员。

表2-6　　　　　　部分扬州地区党组织主要成员表[2]：

组织名称	职　务	姓　名	时　间
中共扬州县独立支部、特别支部干事会（1927.9—1928.5）	书记	王寿荃	1927.9—1928.5
		曹起潜	代理，1928.5—1928.7
		郭成昌	1928.5—1928.7
	组织干事	曹起潜	1927.9—1928.8
	宣传干事	蔡　兴	兼，1928.7—1928.8
	工运干事	蔡　兴	1928.7—1928.8
	农运干事	郭成昌	兼，1928.7—1928.8
	青运干事	曹起潜	兼，1928.7—1928.8
中共扬州临时县委、扬州县委员会（1928.8底—1928.10）	书记	陈××	曹起潜，1928.9—1928.10
	秘书长	陈××	曹起潜，兼，1928.9—1928.10
	组织委员	吴××	1928.9—1928.10
	宣传委员	陈××	曹起潜，兼，1928.9—1928.10

[1]　中共扬州市委组织部等编：《中国共产党江苏省扬州市组织史资料（1926—1987）》，第3页。

[2]　中共扬州市委组织部等编：《中国共产党江苏省扬州市组织史资料（1926—1987）》，第9—11页。

续表 2-6

组织名称	职务	姓名	时间
中共扬州临时县委、扬州县委员会（1928.8底—1928.10）	工运委员	张国×	女，1928.9—1928.10
	农运委员	杨××	1928.9—1928.10
		张正×	1928.9—1928.10
	兵运委员	刘贵	1928.9—1928.10
	委员兼共青团书记	杨中	1928.9—1928.10
中共扬州城区委员会（1928.8—1929.2）	书记	臧大书	臧寿葆，臧季陶，1928.9—1928.10
		曹起潘	1928.10—1928.11
		林楼	1928.11—1929.2
	常委	曹起潘	1928.10—1928.11
		蔡兴	1928.10—1929.2
		林楼	1928.10—1929.2
	委员	禹××	1928.10—1928.11
		"张大姑娘"	1928.10—1928.11
		李新康	1928.11—1929.2
		赵立荣	1928.11—1929.2
		杭学文	1928.11—1929.2
中共扬州西乡（西北乡）委员会（1928.9—1928.11）	书记	郭成昌	1928.10—1928.11
	委员	张德旺	1928.10—1928.11
		顾××	1928.10—1928.11
		孙玉喜[1]	1928.10—1928.11
		胡文德	1928.10—1928.11
	扬州特委西北乡特派员	郭成昌	1928.11—1929.2
		臧大书	1928.11—1929.2
中共邵伯特别支部委员会（1928底—1929.2）	书记	许佛心	1928底—1929.2
	委员	许开甲	1928底—1929.2
		宋文莹	1928底—1929.2

[1] 一说孙玉善。

续表 2-6

组织名称	职务	姓名	时间
中共扬州县委员会 （1924.4—1931.9）	书记	李济平	1929.9—1929.12
		王洪	陈洪进，代理， 1929.12—1929.12
		蔡兴	蔡新，蔡鑫，蔡雨田 1929.12—1931.4
		刘海	一说刘海珊，1931.5— 1931.9
	委员	刘贵	1929.4—1929.6
		陈宏复	1929.6—
		周承苍	1929.12—
		臧寿葆	1930.5—1931.4
	农运委员	蔡兴	1929.9—1929.12
	青年委员	徐开林	1931.6—1931.9
	妇女委员	田景田	女，田凤舞，徐田氏 1931.6—1931.9
	宣传委员	李亚庚	1931.5—1931.9
	军事委员	周德	一说周道生，1931.5— 1931.9

二、活动与影响

（一）党领导的城区工人运动

因为扬州早期党的组织驻地位于城厢，较早就在耀扬火柴厂、香业、车夫业等企业和行业中建立了党的组织，城区工人运动在地方党的工作中受到重视，有一定的发展。在特支时期，就设置有专门的工运组，制订有详细的工人运动大纲和工作计划。工运组领导着耀扬火柴厂工会、典当业工会、香业工会、扬中校仆工会等20多个团体的进步运动。中共扬州特委时期，由城区区委负责指导煤炭业、茶食业、电灯厂、火柴厂等行业与一些企业中的党组织，进行斗争。为了反击国民党江都县政府组织的"工整会"，特委还积极组织工人建立自己的工会组织。除了城区之内，特委还在仪征十二圩盐工、滂潼窑工等群体中发展了党的组织。

1927年11月，中共耀扬火柴厂党支部成立。不久后，厂党支部组织建立了该厂工会，工会的5名委员中有4名是共产党员。在他们的努力下，通过谈判斗争，迫使该厂老板答应为工会提供活动津贴与活动场所。1928年9月，厂党支部负责人张国耀因为长期为工人争取利益，为厂方记恨，受到厂方所勾结的国民党军人的蓄意殴打而受伤。这一事件引起全厂工人共怒。该厂党支部顺势而为，引导工人举行罢工，要求厂方采取措施，维护工人基本权益，严惩行凶者。并要求厂方在张国耀伤愈归厂时，放鞭炮以示欢迎。最终罢工获得了成功，工人们的诉求得到了满足。11月，因为工人的工作强度太大，薪金微薄，该厂党支部再次发动全厂工人奋起抗争，向厂方提出减少劳动时间、增加劳动工资的诉求，持续了1个多月的罢工。最终，以厂方同意给工人加薪一成及每天减少两小时劳动时间而胜利结束。1929年2月，因为厂方任意殴打工人，党支部领导工人再次罢工斗争。这次罢工声势及于厂外，获得了同城香业、煤炭业工会云集响应，迫使厂方答应处罚打人者。

香业在扬州是一个较为兴盛的行业，但这个行业的生产经营具有季节性，每当淡季闲月，香业老板们就大量解雇工人，造成很多香业工人缺乏保障、谋生困难。中共香业党支部就领导香业工会举行罢工，要求"闲月打折扣发工资"。资方答应不在淡季解雇工人。但是不久后，资方又增加了工人工作时间，加大了对工人的剥削。香业党支部再次以工会名义与之进行斗争，在减少工作时间、增加工资、介绍和开除工人须得到工会同意等条件上迫使资方让步。

城北瘦西湖景区一带，有很多船民以为游客撑船为生计之业。为拓展税源，国民党县政府突然宣布要对游船船民征税，这一政策明显增加了游船船民负担，船民们反应强烈。共产党员、船员杭学文受组织委派，率领了二三百名船民前往县政府进行请愿，要求取消船捐。党组织发动了扬州中学的学生们积极声援船民，广泛散发传单，引起社会关注。请愿活动最终实现了目标。

1929年9月，中共扬州县委主导成立了各界反帝同盟，继续强化工人运动。次年，中共扬州县委在中共江苏省委"二大"决议的影响下，坚持"进攻"

路线,实施"走向地方暴动",决定由中共扬州县委书记蔡兴和省委特派员刘海珊领导,在 10 月 10 日"双十节"当日举行暴动。当晚,当由 1000 余名学生、各界代表组成的游行队伍到达小东门时,共产党员与共青团员们从城墙及建筑物顶撒下传单,并燃放鞭炮,干扰游行。当游行队伍到达辕门桥时,共产党员与共青团员们再次抛撒传单,迫使游行终止。国民党地方当局极度震惊。这次行动"给扬州人民留下了深刻印象,但也造成了一些损失"[1]。一些共产党员因此暴露被捕,甚至献出生命。如地下党员、扬州县委互济会负责人陈明被捕后,在江苏省保安处关押受审,因受刑太重而牺牲。

除了江都城区,宝应、高邮、仪征等地的工人运动也在中共地方党组织的领导下有很多推动,如 1932 年,为抗议国民党官员贪污治理运河经费、搬运工人工资较低,中共宝应县委发动了氾水的搬运工人进行罢工,积极抗争等。

(二)党领导的学生运动

1925 年 5 月,恽代英同志来到扬州,在江苏省立第五师范、省立第八中学进行了《师范生与饭碗问题》等题目的演讲。在这些演讲中,他积极宣传了马克思主义,介绍了苏联十月革命的经验,鼓励扬州的广大青年起来打倒军阀,打倒帝国主义。6 月初,"五卅"运动兴起,省立第八中学的青年学生曹起潘等人组织了扬州"五卅"后援会,以集会、游行、发表通电等方式,表达他们的立场。他们还创办了《卧薪尝胆》周刊,努力将进步思想广而告之。

大革命失败后,一批外地共产党员来到高邮,以个人身份继续坚持共产主义的革命宣传。共产党员王士林从海州师范来到高邮界首第三小学任教,在学生中开展共产主义理想宣传,他的宣传活动越出了学堂,还包括界首镇的下河边一带。但因其活动被国民党当局关注,当年王士林被迫离开高邮。有些外地的高邮籍共产党员也借返乡探亲、沐日邀游之机,回到高邮宣传革命,如在上海中学当教师的临泽人车载,上海大夏大学读书的学生、界首人张铁生,南通师范的学生、郑家垛人郑洪等。

1927 年年底,曾任中共湖南省委委员的共产党员姚舜生、中共湖南省南

---

[1] 中共扬州市委党史办公室编:《中国共产党扬州史(第一卷)》,第 54 页。

县县委委员兼农民协会负责人秦达真，先后来到高邮界首乡村师范工作，姚舜生担任主事（校长）一职，秦达真为图书管理员。他们以教师职业为掩护，潜移默化，向师生进行进步宣传，"还购进很多进步书刊，如《论唯物主义》《共产党宣言》和普希金、高尔基等人的译著，鲁迅、郭沫若等人的作品。这些进步书刊使师生耳目一新，受到革命理论和新思想、新文化的熏陶"[1]。次年，共产党员萧长迈、傅田柱也来到界首乡村师范任教，他们同心协契，使这里成为共产主义宣传的一个阵地。

1927年11月，中共扬州中学党支部成立，共青团扬州独立支部也在同时建立，两者皆以扬州中学学生为主体。他们陆续出版了《南风》《火炬》《自鸣》《自由谈》《地硫》等进步刊物，在师生中播种进步种子。他们也组织了一些学术团体，时常进行活动，促进师生的思想进步。扬州中学党支部还利用一些合法的手段，维护、争取学生的合理权益，如提出学生会代表应列席校务会议的建议等。党支部还经常组织青年进步学生在校园内外散发反帝爱国、宣传共产党思想的传单，在课堂中与保守分子进行辩论斗争。该校国民党员教师周绍成一次在"公民"课课堂上说共产主义不适应中国国情，理由是共产主义走得"太快了"。有名进步学生立刻站起来问："周老师从镇江[2]到扬州是坐车还是步行？"周答以坐车。学生随即追问道："为什么不步行呢？坐车不是太快了吗？"[3]周张口结舌，无话以答。"这一类的'智斗'在很多班级都有发生。"[4]他们的活动运动影响日增，受到了国民党地方当局的注意与压制。1928年上半年，一些经常参加进步活动的学生被学校开除，其中还有两名是中国共产党党员。为了保护青年进步教师、学生的学习权利与人身安全，中共扬州中学支部迅速发起了复学运动，要求学校收回开除决定，运动取得了胜利。其他地区的中共地方党组织也在学校师生中开展了多种形式的工作，如1929年，为了提高教师待遇，中共高邮县委发动了持续一个多月的五区小学教师索薪罢工，获得成功。学校中也有进步学生组

---

［1］ 中共扬州市委党史办公室编：《中国共产党扬州史（第一卷）》，第38页。
［2］ 周系镇江人。
［3］ 中共扬州市委党史办公室编：《中国共产党扬州史（第一卷）》，第47页。
［4］ 中共扬州市委党史办公室编：《中国共产党扬州史（第一卷）》，第47页。

织的进步团体。1931年暑期,王为雄将他们团结起来,成立了"劲草社",出版进步刊物《劲草》。

（三）党领导的农民运动

这一时期,中国共产党人已经意识到中国农民在革命运动中的重要地位,开始注重农村工作,有意识地将工作重心从城市向农村转移,积极推动农民运动。扬州地区的党组织从建立开始就一直努力发动农民参与革命斗争。

1927年9月,中共扬州独立支部建立后不久,就展开了对周边农村的调查研究。当月,颜孟平受中共江苏省委委派,来到高邮五区郑渡、周庄等地区,扎根渔民群体,开展工作。至1930年,中共扬州县委的工作重心已经从城市转移到了农村。在城区仅有8名党员,而在农村有3个区委,17个支部,170多名党员。扬州城区周围的农村工作主要分东乡、西北乡、西乡等三个区域进行。

（1）东乡

1927年冬,中共扬州特支在省委要求下,派曹起潜、骆孟开等人到扬州东乡开展农村调查工作,初步确定以江都、泰兴、泰州等县的交界地区作为活动的根据地,建立党的组织。经过半年的努力,到1928年6月,在该地区已经发展了四五十名党员,成效初显。扬州特支还在此成立了肥田粉销售处,以此平台积极与农民产生联系,了解农情。10月,曹起潜在东乡成立了"穷人会",创建孙家墩、李家桥等党支部,提出了"欠债不还钱,欠租不还租""穷人要吃饭,穷人要翻身"等口号,将农民团结起来。当地党组织发动了3000多农户,朋心合力,抗租抗债。1929年除夕,中共扬州县委还根据省委关于发动"地方暴动"的指示,准备发动武装暴动。但由于组织不力,机事不密。国民党当局接到密报,抓捕了当地党组织的负责人,扬州东乡的党组织遭受严重破坏,联络地点全部暴露,暴动流产,当地农民运动陷入低谷。

1930年春,从省委训练班学习归来的县委书记蔡兴在东乡建立了曹王寺支部,有10余名党员。支部组织了抗麦租斗争,还召开了三次当地农民大会,对拥有几百亩土地的曹王寺大地主、国民党省参议员朱子贞进行了斗争。省委派至扬州县委工作的刘海珊（一说刘海）到达曹王寺后,由于受"左"倾路线的影响,不顾基层党组织的反对,"公开散发署名共产党的传单,引起了当地军警和地方豪绅的惊恐"[1]。在国民党地方当局的强力镇压下,当地农民运动逐渐消沉下去。同期,因为粮食歉收,农民生活困难,郭村党支部发动群众向地主借粮,数百农民参与借粮度荒运动,地主们被形势所迫,不得不拿出部分粮食,放在粮行平价出售。

（2）西北乡

1928年2月,在中共江苏省委的指派下,中共党员郭成昌、施道泉、张学之来到扬州西北乡。在张营等地,他们借助肥田粉推销员的身份,采取各种方式开展组织建设与农民工作。当地一些农民迫于经济压力与互助互保的需求,以及各种传统因素的影响,风行草行,加入了各种秘密或半秘密的帮会及民间信仰组织。这些组织,尤其是各种帮会组织,在农民中有较强的影响力,其组织成员也是当地党组织争取的对象。郭成昌等人对于当地帮会势力的团结极大地便利了党的工作的推进。他们先后争取了张德湖、张德旺、孙玉喜、胡文德等帮会成员,很快就在张庄、双栗树等地建立起了党支部,在"东抵槐泗桥,西至陈家集（现属仪征）,南接甘泉乡,北达黄珏桥方圆90里",形成了"具有一定群众基础的活动基地"[2]。8月,中共扬州西区特委会成立,9月,改名为中共扬州西乡（西北乡）委员会,郭成昌兼任书记。该委员会先后接受扬州特支、临时县委、县委、特委的领导,下辖有张庄、常庄、曹家坝、裔家集、双栗树、杨兽坝、甘泉山、信义庄等党支部。还在张营一带成立了农民协进会,开设晚间学习班,主要讲解中国共产党的主张、介绍苏联的情况以及井冈山会师等内容。有400多农民陆续在此得到了教育。11月,西乡委员会解散,改为特派员制。1929年2月,郭成昌被捕叛变,西乡党组织活动暂时息鼓。

（3）南乡

1928年,最早活跃在此的中共组织是吴凤池负责的汤汪支部。两年间,

---

[1]　中共扬州市委党史办公室编:《中国共产党扬州史（第一卷）》,第53页。

[2]　中共扬州市委党史办公室编:《中国共产党扬州史（第一卷）》,第49页。原文为"方园",疑误。

该支部曾在积极宣传共产主义思想、开展群众活动等方面做了一些工作,组织了当地农民的减租、抗租、抗陈租等斗争,一度迫使地主减租一半。1930年吴凤池病逝,支部活动陷入停顿,逐渐停止活动。同期,中共江苏省委还将原属镇江党组织领导的新桥[1]支部划归扬州党组织领导。该支部活动范围直至沙头、新桥一带,有党员19人。他们开展了与当地地主豪绅争夺熟滩地的斗争,取得了胜利。

此外,在高邮东乡、北乡及天长南乡等地,中共党组织领导的农民运动此起彼伏,星火不断。1929年春,高邮发生旱灾,中共高邮县委领导临泽夏家集的农民进行了抗租抗捐抗债斗争。1931年夏秋交替间,高邮遭受严重洪灾,中共高邮县委发动群众抢米,抗议国民党政府赈灾不力。1932年,中共宝应县委在瓦甸领导农民开展抗租斗争。

早期扬州党的各级组织所领导的工人运动、学生运动、农民运动一般均围绕着经济利益和个人权益展开,斗争也有反复,并且发展不平衡。但这些共产党人在扬州的艰苦创业具有极高的价值。"党在群众斗争中的政治影响与领导作用日渐显现,广大基本群众在斗争实践中得到了锻炼,革命真理被越来越多的人所接受,这些都是具有奠基性意义的。"[2]

---

[1]　新桥,原属镇江,现属于扬州市邗江区。
[2]　中共扬州市委党史办公室编:《中国共产党扬州史(第一卷)》,第50页。

第三章　全面抗战时期的扬州（1937—1945）

　　1937年12月14日，扬州城沦陷。日军随后在扬州制造了无数惨案，犯下了不可饶恕的罪行。但扬州人民并未屈服于暴力，而是奋力抵抗侵略。1938年5月，新四军北渡长江，揭开了扬州抗战新的一页，同时也使敌后的抗战局面愈加复杂，国军、地方实力派武装、民间抗日武装、新四军之间既有合作，又有冲突。黄桥决战胜利后，新四军改变了苏北的政治形势和力量对比，为进一步开展华中敌后抗日斗争，巩固、发展苏北抗日民主根据地奠定了扎实的基础。

　　1944年，世界反法西斯战争的形势发生根本性转变，新四军也于该年春季揭开反攻的序幕。经过车桥战役、高邮战役、江高战役等一系列的军事斗争，日伪在扬州的存在力量终于被彻底清除。

第一节　扬州沦陷

一、全面抗战爆发后扬州的沦陷过程

　　1937年7月7日，卢沟桥事变爆发，抗日战争全面打响。8月13日，日本进一步将战火烧到上海等地，直接威胁国民政府的首都南京。至此，中国已经无路可退，必须全力奋战。国民政府调动了70万大军与30万装备精良的日军鏖战三月，然而终究没能抵挡住日军的攻势。[1]11月12日，上海沦陷，日军分三路直扑南京而来。

---

　　[1]　戴逸、孙景锋主编：《中国近代史通鉴（1840—1949）》（抗日战争），红旗出版社1997年版，第50—53页。

当此国家民族生死存亡之际,扬州地区的商民团体积极组织起来,踊跃支持全国抗战。7月28日,江都县商会执监委举行联席会议,组织抗战后援会,通电慰劳二十九军;限制粮食出口;煤炭燃料多量存储;函告各业征集药物用品交会转寄前方抗日将士。8月12日,为应付非常局势,扬州各县成立抗战后援会,民众及政府皆积极准备,扬州晨鸣社组设战时服务委员会,办理情报与宣传工作;妇女会开办妇女救护训练班;商会、米业成立统制食粮委员会。同时做好严查户口异动、防空、消防、治安等项事宜。[1]

淞沪会战爆发后,扬州地区也积极行动起来。8月29日,随着时局的日趋紧张,扬州市面极需维持。江都商会召集各业会及商店会议,做出了以下决议:

1.实行粮食、燃料管制;

2.限制日用必需品售价,通知市民以安市面;

3.不准议价或囤积居奇,查出以扰乱市面论,呈县惩治。[2]

此外,扬州各地的群众也纷纷行动起来,建立了各种抗日群众组织,支援前线,安定后方,做到有钱出钱、有力出力。城乡各地普遍建立抗敌后援会,组织群众上前线,赶挖战壕,抢修公路、桥梁,筹集军用物资,等等。其中,人数最多、影响最大的,首推苏北抗日同盟会。

1937年11月,宋振鼎、谢冰岩、吴觉、夏如爱等在淮阴召开各界代表会议,讨论成立苏北抗日同盟会之事,产生了筹备委员会,草拟了《苏北抗日同盟会章程》和《告苏北人民书》,寄往苏北各地。通过争取,该会得到了第五战区总司令李宗仁的批准。1938年2月19日,苏北抗日同盟会正式成立,通过相关文件,主张举国一致,团结对敌,放弃一党一派执政的企图,发动全民抗战;苏北应在统一组织、统一号召下坚持抗战;苏北抗盟必须广泛动员与组织群众,积极组织抗日武装力量。随后,宝应、高邮、泰州、泰兴等县的分会也纷纷成立。在苏北抗盟的主持下,各地的学生运动、妇女运动、文化运动蓬勃兴起。从城市到乡村,到处都可以听到抗日救亡的歌曲。这些宣传

---

[1]　江苏省扬州市地方志编纂委员会编:《扬州市志》,第63页。

[2]　江苏省扬州市地方志编纂委员会编:《扬州市志》,第63页。

运动,振奋了民心,激励了群众的抗日热情。1938年5月的徐州会战结束后,苏北多地沦陷于日军之手。与此同时,消极抗日、积极反共的韩德勤也加快了破坏苏北抗盟的活动。他密令特务逮捕抗盟骨干,胁迫参加抗盟活动的国民党员声明退出抗盟,并捏造种种罪名通缉抗盟负责人。最后,韩德勤以苏北抗盟不符合他炮制的《江苏省民众组织条例》为借口,公开宣布取缔苏北抗盟。在国民党的高压之下,苏北抗盟被迫停止活动。其中的许多成员则加入了中国共产党,参加了八路军和新四军,不少人成为坚持苏北抗战的中坚。[1]

在扬州地区面临沦陷危机的时刻,扬州各机关团体不得不忍痛作出撤退的决定。除政府部门外,银行、学校等也纷纷筹备撤退至未被日军侵占的地区。例如,扬州的中国银行便迁移到上海。为节省开支,只得与已经先期迁来的南京的中国银行所设的联合通讯处联合办公,负责接洽事宜。[2]此外,扬州的中央银行也在沦陷前筹备好撤退工作,并颁布三项简要办法:"(一)凡不愿随同撤退行员,一律发给本薪三个月,停薪留资,嗣后遇缺尽先任用。(二)主管人员随带出纳会计人员,撤退至指定地点办理善后者,至多不得逾十人,达到安全地点两个月内,办理结束。(三)其余非办理行务善后,而愿随行撤退之人员,酌派新设行处服务。"[3]

教育机关也不甘沦于敌手,扬州中学便是其中的代表。扬州沦陷时,虽然校舍为日军所破坏,但学校师生却已经大部分迁移出去。校长周星北在战争发生之际便率领学校多数师生迁往安全区域,正常上课。江都县沦陷后复迁往泰县,后迁至上海继续教学。[4]未及远迁的职员与学生则迁往泰州,继续上课。另外,还有一部分师生则避难到上海租界。他们在南京路慈淑大楼租用10间写字间为教室和办公室,开始招收学生,发展教育。1941年底太平洋战争爆发,日军进入上海租界,汪伪也逼迫扬州中学向伪政府登记,

---

［1］江苏省中共党史学会:《江苏抗日战争史》,中共党史出版社2007年版,第44—46页。

［2］《扬州中国银行移沪》,载《银行周报》1938年第22卷第9期,第4页。

［3］《奉谕规定撤退行处行员处置办法三项通函查照由》(1937年11月27日),扬州市档案馆藏,全宗号:0104,案卷号:15。

［4］《扬州市志》,第64页。

否则便须关闭。面对民族大义的是非抉择,扬州中学决定结束教务,拒不低头。1942 年夏,扬州中学沪校忍痛中缀。[1]

在各机关团体准备撤退的过程中,日军的侵略步伐也在一步步逼近。上海沦陷后,日军左翼为上海派遣军所辖之第九、第十六,以及第三、第十一、第十三师团,他们沿京沪线及其两侧公路,从东北方向向南京进击。中路为第十军所属之第六、第一一四师团,从太湖以南地区出发,绕经太湖背面,沿京杭国道及其附近公路,与右翼平行前进,从正面攻击南京。左翼则为第十军所属之第十八师团和国崎支队,沿太湖南岸一直向西,占领芜湖,切断长江航道,并派出一部渡江,沿江北岸直趋浦口,完成从江北对南京城的包围。在此过程中,江南各地相继沦陷,江北各地也岌岌可危。

扬州地区位于长江北岸,在浦口的东北方向。1937 年 12 月为完成对南京的合围,日军分兵进犯扬州地区。当时,国民革命军第一一一师常恩多部曾在扬州城郊阻击敌人。由于敌我战力悬殊,常恩多部难以抵抗,只得退守昭关坝、高邮一带。12 月 8 日,靖江沦陷。12 日,进攻南京的日军以军舰炮击和飞机轰炸等强大火力攻打仪征十二圩,国民党驻军溃逃,仪征县长葛克信出逃。13 日,南京沦陷。紧接着,日军第十一师团浦区右翼先遣队少将司令天谷直次郎率部侵犯扬州。12 月 14 日,扬州沦陷。[2]

1937 年 12 月 15 日,日军十三师团主力自镇江渡江经扬六公路去往安徽方向。同日,日军侵占十二圩。16 日,来自扬州的日军天谷支队一部侵占仪征县城,仪征沦陷。同日,日军侵占江都镇仙女庙,驻仙女庙的国民党军逃亡邵伯。19 日,邵伯镇沦陷。

位于扬州东北部的高邮和宝应沦陷于 1939 年 10 月 2 日。国民党军之所以能在这两地坚持近两年之久,主要是因为扬州和高邮之间的军事要地昭关坝一直由国民党军驻守。昭关坝位于高邮南面,而高邮湖西面则有陈文的义勇军作抗日斗争,加之兵力不足,因而日军在占领扬州后未能立即北

---

　　[1]　李仲南:《抗日初期省扬中在沪办学的颠末》,载中国人民政治协商会议江苏省扬州市委员会文史资料研究委员会:《扬州史志资料》第 5 辑(纪念抗日战争胜利 40 周年专辑),1985 年,第 137—138 页。

　　[2]　《扬州市志》,第 63 页。

犯高邮。1938 年 6 月 3 日，驻扬州日军川井部队纠合驻邵伯镇日伪军 500 余人向昭关坝进犯。守军顽强阻击，进行多次抵抗，终于击退日军。1939 年 3 月，日军再次对昭关坝发动进攻，10 日昭关坝被日军侵占。此后，陈文部队由于其并非隶属国民党军而招致猜忌，以致国民党军于 1939 年 9 月将陈文杀害，可谓自毁长城。失去陈文部队掩护的国民党军，给了日军可乘之机。1939 年 10 月 2 日，日军华中派遣军一股由高邮乘汽艇北犯宝应县城，县城当日沦陷。同日，日军侵占高邮城。高邮湖西第七区同时沦陷，第八区则由国民党军韩德勤部继续控制。

二、日军在扬州的主要暴行

日军在攻占扬州各地的过程中，制造了无数的惨案，犯下了不可饶恕的滔滔罪行。其中，较为重大的惨案发生在天宁寺、万福桥、仙女庙等地。

血染天宁寺　天宁寺位于扬州城天宁门外护城河北岸，为扬州八大古刹之首，距今有 1600 余年历史。天宁寺规模宏大，建有山门、天王殿、大雄宝殿、万佛楼，寺内界台、方丈室、厨房、禅房、两殿十廊等，建筑装饰极其宽敞考究，有"一寺五门天下少，两殿十廊世间稀"之说。[1]

1937 年 8 月 13 日后，淞沪会战战况惨烈，伤员颇多，其中部分伤员被送到临时设在天宁寺的国民党伤兵医院。11 月 12 日上海沦陷后，出于对形势的分析和伤兵众多的实际，当时就有人曾建议江都县县长马镇邦将天宁寺的伤兵迅速转移，但意见没有被采纳。直至沪宁沿线的城镇相继失陷，国民政府才将伤兵医院和能够行动的伤员撤离扬州，但仍有 59 名行动不便的重伤员留在寺里，分住在地藏殿和观音殿内。天宁寺原有的 100 余名僧人也撤走了大部分，只留下监院宏度和 11 名僧人（其中俗名仇雪明的能忍是从镇江逃难投靠过来的）、3 个香火道人照料留下的重伤员。宏度为掩护这些伤兵，给他们换上了僧衣。

1937 年 12 月 14 日中午，日军侵占扬州城。当得知天宁寺藏有国民党伤兵时，日军杀机顿起。16 日清晨，约七八十名日军包围天宁寺，关闭天宁寺的各道门并派兵把守。随后日军又分几路，逐房逐屋地搜查中国伤兵。

---

[1]　王虎华主编：《扬州运河世界遗产》，南京师范大学出版社 2016 年版，第 253 页。

当搜到地藏殿和观音殿时,日本士兵发现不少身穿僧衣的可疑人员,举枪就打。会说几句日语的宏度和尚赶忙跑来应付,说这些人都是和尚。日军不信,扒开伤兵的衣服,发现一些伤兵穿在里面的军装以及他们肩上的老茧和身上的枪伤,便认定他们是中国伤兵。于是,日军先用枪托和皮鞭暴打伤员,又用机枪扫射,没被打死的,日军又残忍地用刺刀一个个补杀。当时有一名伤兵在日军屠杀前爬离天宁寺,躲入寺后乱葬岗的一个空棺内。但是这一消息被家住附近的伪警察徐振友发现,于是他向日军告密,日军搜查出这名伤员后即以刺刀活活捅死。[1]

在残杀中国伤兵的同时,日军并没有放过中国的和尚与道人。烧火的小和尚李小癞子被日军当作射击的靶子,头被打得粉碎。撞钟的老和尚悟民被日军用刀砍死在钟楼房,身首异处。弘元和尚被日军刺穿喉咙,尸体倒在门槛上。南禅和尚刚从藏经楼出来就被日军一枪打死。日军残杀完中国伤兵和僧人后,还大肆掠夺,将天宁寺的珍贵字画、古董等贵重物品洗劫一空。日本侵略者在天宁寺制造的屠杀和抢劫对天宁寺造成了灭顶之灾。

万福桥惨案　万福桥位于扬州城东北 9 公里处,始建于 1849 年,是跨越廖家沟的人行木桥,长 152 丈。1927 年,该桥毁于孙传芳攻打扬州的战火中。1931 年,重建不久的万福桥又被大水冲毁。1934 年,为新建浦启国道,于原桥址新建一座钢筋混凝土桥,即本次日军制造惨案的万福桥,桥长 455米。

1937 年 12 月 14 日日军攻占扬州城后,为巩固其对扬州城的占领和对中国军队展开报复,急于进攻临近扬州城的仙女庙和邵伯,然而补充前线的大量军需物资需要大量人力来运输。日军侵占扬州后,在城内大肆奸淫烧杀,抢劫财物,吓得百姓纷纷紧闭门户,不敢外出。日军很难抓到大批民夫。狡猾的日军在 12 月 16 日火烧世界书局、敦吉当铺、邮政局的同时,抓了 80多名前来救火的百姓。日军强迫被抓的民夫将弹药以及一些抢来的物资运往仙女庙,后又在城中抓了 200 多名青壮年。当运送队伍走到五里庙和万

---

[1]《日军屠杀驻天宁寺伤兵和僧人暴行》,《扬州史志资料》第 5 辑,《纪念抗日战争胜利四十周年专辑》,1985 年 8 月,第 164—165 页。

福桥附近时,伪乡长石汉章、汉奸陈学顺又诱骗一批群众"欢迎"日军。日军逮住"欢迎"的百姓,加上在太平、万福、联合、韩庄、贾庄、蔡吴等村庄被抓的民夫,又抓了100多名青壮年。这支运送物资的民夫队伍共有400多人,在日军押送下向仙女庙开进。

1937年12月17日（农历冬月十五）下午2点多钟,运送物资的队伍抵达仙女庙的顺允银楼,日军让民夫将物资卸下,然后发放路单把百姓释放。急于回家的百姓一路西行,后面的人不知前方被阻拦,齐拥上桥。其间每过一道桥,桥两头都有日本兵把守。就在大家心惊胆战地上了万福桥的时候,日军突然不让过桥。这时日本兵逐个检查,有的还要脱了衣服看看肩膀有没有老茧。如果年轻力壮又有老茧,日本兵就都认定是中国军人。桥上的民夫焦躁不安,急着回家,有的壮起胆子朝桥两头冲,想冲出日军的封锁。忽然响起一阵急促的哨声,接着东西两头的机枪便开始扫射。桥上的民夫成排地倒下,鲜血从桥上流到桥下,河水也被染成了血红色。半个多小时的屠杀,桥上的400多名民夫除家住吉家庄的卞长福跳水逃生外,全部被日军杀害。这就是日军制造的万福桥惨案。[1]

火烧仙女庙　仙女庙地处苏北要冲,江淮汇流,水陆交通便利。明清以至民国初期,仙女庙一直是长江沿岸重要的米市,木业也很发达。产自东海之滨的海盐经运盐河（即今天的老通扬运河）水运至扬州,再分销至大江南北。运盐河由西向东将仙女庙一分为二,南岸称为河南,北岸称为河北,河南和河北各有一条繁华的街道。

1937年12月16日,侵占扬州城的日军第11师团第10旅团一部由扬州出发东犯仙女庙,侵占运盐河南岸地区。日军一进仙女庙就在都天庙、玉带桥附近屠杀逃难的百姓近百人。国民党第57军缪澄流部为阻止日军北进,烧毁镇东通向河北的三元桥,撤走运盐河上的所有船只,并留下一营兵力据守河北,与日军隔河对峙。日军初到仙女庙,对地形不甚熟悉,不时遭到我国军队的射击。几个没有撤离的中国士兵隐伏在三板桥南高少华父子开设

---

[1] 中国人民政治协商会议扬州市郊区委员会文史资料委员会编:《扬州郊区文史》第1辑,1994年,第145—147页。

的益勤典当铺内,将两个由河南而来的日本兵击毙,后泅渡运盐河北撤。随后冲入典当铺内的日军没有搜到中国士兵,将当铺老板高少华一家全部砍头。

次日,日军的增援部队到达。在猛烈炮火的掩护下,乘船向北岸进攻。北岸的中国部队无力抵抗而撤退。占领北岸后,日军疯狂报复,见人就杀,逢屋就烧。从三元桥到塘子湾,长达一公里的300多家民房、店铺,顿成一片火海。毫无人性的日军将遇难百姓尸体或投烈火、或抛河水,运盐河河水尽赤,漂浮的尸体惨不忍睹。河北边的6个保,300多户人家,1000多口人,除500余人在惨案发生前逃亡乡间外,留下的近500人,绝大多数死在日军的屠刀之下。

姜家巷西首的小商人王德章一家6口,夫妇2人和3个孩子都被日军杀死,只有一个不满周岁的婴儿昏厥在母亲的尸身之下,才得以幸免于难。姚海记牙刷厂的工人曹丙义、尹老大走到广大兴烟店门口时看见了日军,当即逃至蒋裕太南货店内,日军跟踪而至,将曹、尹二人杀害。吴长兴旱烟店经理夫妇被日军追杀,其妻被日军持刀逼至房内遭强奸,丈夫听到哀号求救之声,撕心裂肺。萧老太年过花甲,日军也不放过,被奸污后悲愤交加,悬梁自尽。东街同源永酱坊的王昆仲被日军抓去抬东西,因体力不支到三元桥时稍微休息一下,日军不问缘由,拔刀就砍并弃尸河中。中大街德昌南货店遭日军洗劫一空,西街荣昌布店也多次遭日军抢劫,最后还被日军焚毁。昔日繁荣的仙女庙遭此浩劫,断壁残垣上到处都是残肢断臂、血迹斑斑,废墟里烟雾弥漫,尸骸枕藉。路无行人,河断舟楫,一片死寂……劫后多日,尸无人收。直到5日后,才由家住仙女庙河南的关立庭等人出面掩埋,400多具尸体被葬于三元庵以东的旷野之中。[1]

除扬州城郊的周边地区外,日军在扬州各属县也制造了大量惨案。

日军在仪征的暴行　1937年12月16日,日军从仪征新城至县城北门,烧民房上百间,杀百姓30多人。18日,日军一队20来人在新城王家饭店枪

---

[1] 以上三惨案,均见黄文明、陈立、陈伟:《江苏扬州惨案概述》,中央党史和文献研究室第一部编:《抗日战争时期全国重大惨案》,中共党史出版社2014年版,第302—306页。

杀百姓 21 人。20 日，日军士兵在新城用刺刀捅死居民 7 人。县城鼓楼体育场是日军残杀中国百姓的屠场，有的被活埋、活剐、刺刀捅、刀砍，死者有的被砍头，尸体被抛入池塘。施宝朝、钱德昌、潘义朝被日军用刀子从他们身上剐下一块块肉，摧残至死。郭文林家的房子被日军烧个精光，两个小孩被日军活活摔死。仪征城里被日军杀死的百姓 400 多人，被奸污的妇女 200 多人，上至六七十岁，下至十来岁，都有遭受侮辱者。此外，日军还烧毁房屋 2000 多间。

日军在高邮的暴行　1938 年 5 月 13 日，日军在高邮菱塘镇搜查陈文抗日部队时，拦截百姓千余人，关押 189 人，并进行严刑拷打。为保护群众，陈文部一连长朱登银挺身而出。日军将朱登银和另外 5 名战士以及 12 名群众捆绑押到沟边，用刺刀捅死。

1939 年 10 月 2 日清晨，日军在高邮石工头、西门湾一带枪杀居民 200 余人；在西街一带枪杀居民 300 余人；在乾明寺南菜地枪杀几十名农民；北门外麦粉厂附近堆着百具被日军杀害的尸体。日军进高邮城不到一个月，连续 5 次的屠杀，使 1200 多人丧生。日军在西后街一带抓了百余名居民，用绳子绑住，连成一串，用机枪扫射。在界首地区，日军实施"三光"暴行（烧光、杀光、抢光），被杀百姓 86 人，抗日干部 3 人，烧毁古刹、学校、民房 5550 余间，抓壮丁 239 人，抓夫 605 人，抢走粮食 4709 担，猪牛羊 1178 头，衣服物品 4312 件。窑头沟这个仅有 21 户人家的小村庄，被烧房屋 120 余间，杀害 20 人（男 18 人，女 2 人），从此窑头沟变成了"寡妇圩"。在临泽，日军将 2 名百姓解剖，"测验"人的生理反应。三垛乡抗日干部李春生被抓，日军用铅丝贯穿他的锁骨，上电刑，用铁钉将四肢钉在墙上，让狼狗将他咬得血肉模糊，最后剖腹挖心，浇上硝镪水化掉尸骨。

日军在宝应的暴行　1940 年 3 月 1 日，宝应射阳、曹甸李沟两地遭日机炸死炸伤百姓 100 余人。4 月 1 日至 2 日，小瓦甸、夷家沟等 11 座村庄 49 名百姓惨遭杀害。3 月 25 日，日军在氾水赵庄一次杀害 14 人，有 11 人是被当作活靶练习刺杀而被捅死的。8 月 3 日，农民吉仁元被日军用烧开的水泼在身上，活活烫死。从氾水抓去的 29 名妇女，被日军先轮奸，后剖腹，悬头示众。在秋月庵，日军用刺刀挖出一农民的心肝炒吃，女子杨某某被日军抓往鲁庄筑土围子,逼她走"独木桥",从高处推她往下跌,一次次地逗趣取乐,终被摔死。在界首奶奶殿东坡下,日军将民兵大队长胡寿林、乡农抗会长胡亮以及胡洪儒、朱绍祺、古永太、朱绍斌等多人活埋。[1]

据不完全统计,日军侵占扬州地区期间,扬州及下属各县遭日军残忍杀害的群众达 17781 人,致残及流离失所者 113374 人;被烧毁民房 15488 间,被抢牲畜 91943 头,被抓民夫 32087 人;被污辱妇女不计其数。[2]

三、扬州人民的对日抵抗运动

日军对扬州的侵略及其在扬州制造的种种惨案激起了扬州人民的奋力反抗。全面抗战初期,扬州地区的对日抵抗运动主要以扬州城为中心,包括江都、仪征和邗江三县。

七七事变后,扬州城区附近组织了许多抗日救亡团体,主要有:江都抗日民众宣传团、晨鸣社战地服务团、晨鸣社圣三一堂图书馆读者会、江都文化界救亡协会、僧抗会,等等。[3]这些抗日团体在扬州城内积极开展各种救亡活动,通衢街道贴满了壁报和宣传材料,救亡歌曲萦绕在街头巷尾。日军占领上海后,继续向西进逼,扬州危在旦夕。这时,扬州城区有 30 余名革命青年奔赴延安,还有更多的扬州籍青年奔赴各地参加抗日部队和团体。

扬州沦陷后,爱国青年毕荫堂、胡春华等人于 1938 年 1 月成立江都民众武装抗日委员会,地点在扬州北乡方巷,积极发展组织,开展宣传,秘密散发抗日宣传品。不久,毕荫堂根据农村宗法与地方势力仍然很强,而日伪在扬州城的统治相对薄弱的特点,决定把救亡中心从农村转移到城市。同年 2月,江都民众抗日同盟(简称"民抗")在扬州成立。"民抗"积极组织彷徨中的进步青年和有觉悟的工人开展活动,成员很快发展到 50 余人,并在东乡宜陵、丁沟和南乡的三汊河、瓜洲等地建立了分支机构,在学校和社会团体中成立外围组织。有的"民抗"成员还打进日伪主办的学校机构收集情

---

[1]　日军在仪征、高邮、宝应制造的惨案,参见《扬州市志》,第 2427—2428 页。

[2]　陈浩然:《忆侵华日军在扬州地区的暴行》,政协扬州市文史资料委员会编:《扬州文史资料》第 15 辑,1996 年,第 40 页。

[3]　政协江苏省文史资料委员会编:《扬州宗教》,《江苏文史资料》编辑部 1999 年,第 320—323 页。

报。新四军东进黄桥后，"民抗"成员陆续加入了新四军，"民抗"组织随之解散。[1]

江都文化界救亡协会是一个尤其特别的抗战团体。因为他们不仅在扬州地区从事抗日的宣传鼓动工作，而且流动到安徽、河南等其他地区，成绩卓著。1937年10月，中共地下党员陈素与青年教师江上青、王石城等创建了这一团体。实际上，救亡协会是中共领导下的统一战线革命群众的救亡团体，团结了中小学教师与青年学生。他们广泛开展爱国宣传工作，推动了古城扬州的抗日救亡运动。11月中下旬，上海、南京一线的各城市相继沦陷，扬州危在旦夕。在此紧急时刻，陈素、江上青与中共地下党员朱迈先等为了保存革命骨干，团结进步青年坚持救亡工作，决定动员一批革命的中小学教师、店员和青年学生组织"江都县文化界救亡协会流动宣传团"（简称"江文团"）。他们经过短期学习，议定行程，即告别亲人，踏上征程。

1937年11月22日黎明，"江文团"从扬州出发成员有陈素、江上青、卞璟、朱迈先、莫朴、江树峰、黄福祥、王石城、张一萍、赵敏、张耀堂、张构堂、谢景鸿、陈谨贞、李銮生、许可、王正华、俞风樵共18人。"江文团"途经仪征、六合、江浦和安徽的和县、含山、合肥、舒城等地，途中又发展了钱俊、杨汉、沈风、黄氏兄弟、章泉达、孙金华、王明远、王毓贞参加团体。他们所到之处，开展宣传活动，教唱救亡歌曲，上演活报剧，书写标语，画宣传画，办墙报，开座谈会，组织街头演讲等，深受广大群众欢迎，推动了各地抗日救亡活动的发展。在征途中，他们还创作了团歌，由江上青作词，沈风作曲，歌词内容是："我们爬过一重山，又是一重山，越过一条河，又是一条河。从乡村到城市，从城市到乡村。我们踏着坚定的步，唱着救亡的歌。我们是铁的队伍，是热情的一伙。要举起抗战的旗帜，要掀起抗战的巨波，要燃起抗战的烽火……"这首团歌很长时间为很多救亡团体所传诵和歌唱。

1938年2月，"江文团"到达安徽六安，韩北屏、陈德钧分别从江苏扬州和安徽桐城赶至六安到团。此时，"江文团"又吸收了王芸、李为本、李为枝入团。在此前后，"江文团"与党组织接上组织关系，并在"江文团"内建立

---

[1]《扬州市志》，第2443页。

了地下党支部,陈素任党支部书记。党支部认真组织"江文团"团员学习马列主义进步书刊,严格团内的组织生活制度,进一步明确工作方向,还开展了反对不良倾向的思想斗争。因此,"江文团"内的政治气氛活跃,团员们也迅速成长起来,"江文团"也成为六安抗日救亡团体中一支重要的革命力量。4月,根据中共长江局指示精神,并经上级党组织批准,"江文团"集体参加了国民革命军第十一集团军,编为救亡工作团策动第二组。不久,即到田家庵、寿县、颍上等地驻军和群众中开展宣传活动。6月,他们在正阳关休整。这时从延安抗大、陕北公学等校学习归来的徐赓、张宏、李石君、庄言、庄玄、方菁、郑荣大、庄寿慈、庄寿菊、胡金兆等到团,全团发展到40人。接着,他们到河南固始、商城、湖北麻城、浠水等地进行抗日宣传活动。他们下农村,住茅草房,跋山涉水,日晒雨淋,备尝艰辛。当时,《新华日报》曾发表章汉夫的专栏文章,对这个坚强的革命斗争集体和它的领导人陈素、江上青等予以热情的赞扬。[1]

抗日战争的进行与进步团体所从事的救亡宣传使扬州在内的全国各地觉醒起来,甚至连一般儿童也有了抵抗意识。一个关于扬州小孩的故事便生动地说明了这一点:据传,扬州地方有个小孩子很勇敢,两个日本兵把他捉住,问他道:"你读书吗?"那小孩回答道:"是。"日本兵就给他一支笔,一张纸,说道:"你写'大日本'三个字。"那小孩摊好纸,拿起笔来写道:"打倒日本!"日本兵很生气,拔出刀来,大声说道:"小东西,你不怕死吗?"小孩把手在胸膛一拍,大声说道:"我是大中华民国的人,我不怕死。"那凶恶的日本兵,就把他杀死。后来这个日本兵对同伴说:"不得了!要是中国人都这样勇敢,我们日本就败了。"[2]最能体现扬州人民的抵抗意志与决心的是各个自发武装组织,以及直接打击日伪的抗日游击队。而在这些队伍中,规模较大的是以陈文为首的抗日义勇团。

1937年底,陈文树起抗敌救国的大旗,周围农民、工人和青年学生等纷纷赶往参加,队伍迅速发展到3000多人。这支队伍的活动范围较大,包括

---

[1]《扬州市志》,第2445页。

[2]《扬州小孩》,《老百姓》1938年第18期,第14页。

江都、仪征、高邮以及扬州近郊。他们多次在天扬公路的大仪、十五里墩、甘泉山、公道桥、凤凰桥、盘古山等地袭击日伪军，4次击退进犯大仪镇的日伪军，击毙日军指挥官坂东武夫等多人。1938年2月，陈文部队因夜袭公道桥日伪军战绩可嘉，蒋介石从武汉发电指示李明扬（苏鲁边区抗日总指挥）传令嘉奖。李送去慰问金、医药品、子弹以示犒赏，并命名陈文部队为"江都县抗日自卫支队"。[1]由于陈文部队的抗击，延缓了天扬公路两侧地区的沦陷，在一段时间里保护了淮河南北的交通线。1938年6月19日，陈文部队攻入仪征县城，捣毁了伪自治会，惩治了投敌汉奸。不久，又在仪扬公路阻截日军运输车队，缴获武器弹药以及粮食等军需物资。他们还袭扰敌人重兵驻守的扬州城，袭击仪征一带的伪自治团，开仓济贫。陈文的抗日行为不仅没有得到国民党政府和军队的支持，相反还遭到国民党顽固派和地方反动势力的抑制和打击。在陈文部队进入仪征地区不久，就遭到该地反动联庄会[2]的进攻。以后，国民党仪征县县长又指使县常备大队和联庄会3000余人袭击陈文部队，使之被迫撤离。翌年8月，国民党江苏省政府代主席韩德勤调集大批兵力，将陈文部队消灭，陈文本人也被捕遇害。[3]

在国民党顽固派的压制下，扬州地区的抗日救亡运动一度陷入低潮。新四军进入苏北以后，中共领导的全民族抗日烽火在扬州大地重新燃起，揭开扬州抗战的新的一页。

第二节　日伪政权的建立

一、战事情况与日伪军事部署

从七七事变到扬州城沦陷之间，中国规模较大的对日作战包括淞沪战

---

[1]《扬州市志》，第64页。

[2] 联庄会是抗战时期，日本侵略者为维持占领区"治安"，在各乡镇组织起来的反动武装，也称民团。一些地区也有乡民自发组织的自卫性质的联庄会。迟福林、张台斌主编：《邓小平著作学习大辞典》，山西经济出版社1982年版，第658页。政协唐山市文史资料委员会编：《冀东人民抗日暴动》，燕山大学出版社2018年版，第35—40页。

[3]《扬州市志》，第2443页。

役、南京保卫战等。这些重大战役使日军妄想迅速迫使中国屈服的企图成为泡影,激励了全民族抗战的决心。与此同时,中国顽强的抵抗能力也迫使日本投入更多的兵力到中国,从而使中日之间的战争规模达到了空前的程度。在江北地区,日军不仅武力占领了扬州等城市,而且也对各县城以及各地理要冲发动攻击与占领。

扬州保卫战　1937 年 12 月上旬,驻防南通的国民政府军五十七军第一一一师师长常恩多率部移师扬州,截击日军进攻。13 日凌晨,大批日军在十五圩江岸离船登陆,赶在天亮前进占扬州。日军一上岸,即遭到常恩多部队六六六团二营、三营官兵的阻击,日军上以飞机掩护,下以坦克开路,兼以猛烈的炮火轰击,强进至施桥。常军退至褚坝、邓庄、陈庄、冯套,继续与日军战斗。常恩多亲临前沿指挥,命令师部直属营、连投入战斗,坚守阵地。战斗到 14 日中午,日军始终未能再前进一步。14 日下午,常恩多奉命从扬州撤至仙女庙三元桥以北,继续阻击日军。[1]

昭关坝阻击战　1937 年 12 月,国民党第五十七军第一一一师师长常恩多率领一个团的兵力驻守昭关坝。1938 年 6 月 3 日晨 8 时,驻扬州日军川井部队纠合驻邵伯日军共 500 余人向昭关坝进犯。他们先以猛烈的炮火轰炸国民党守军阵地,并出动 3 架飞机轰炸露筋、高邮、永安、真武庙等地,再以 14 辆坦克和骑兵部队从正面攻击。守军则在炮台内用机枪扫射,顽强抵抗。当此双方相持不下之际,当地群众孙伟策向守军献计,带领部队到运河西堤袭击日军后方。经此一战,日伪军伤亡 150 余人而未能突破守军前沿阵地,我军大胜。同年 8 月 17 日,日军又向昭关坝进犯,但并未得逞。

1939 年 3 月 9 日,日军小川联队从扬州出发再次进犯昭关坝。敌军此次兵分两路,一路步兵 100 多人,骑兵 80 多人,配合驻邵伯日军,于当天夜间进攻昭关坝。另一路步兵 260 多人则到达邵伯湖西的黄珏镇,分乘汽艇于 10 日拂晓到达露筋。而后从龙王庙登陆,迂回到昭关坝国民党守军阵地后方。两路日军对昭关坝形成前后夹击之势,驻守昭关坝的江苏保安第三旅胥金城团顽强抵抗,血战通宵。10 日上午,守军终因腹背受敌,后援难继,

---

[1]《扬州市志》,第 2422 页。

被迫转移阵地。昭关坝遂为日军侵占。[1]此战结束后不久，高邮、宝应也随之沦陷。

日军在扬的军事部署　表面上看，日军的作战似乎取得了胜利。国民党军受到重创，以致其在苏北的行政机关很快便丧失了机能，国民党江苏省党部也迁到了江南的溧阳（至1941年下半年后几乎完全消失）。但新四军在苏北的力量并未受到挫折。相反，新四军还建立了十八个县政府和无数的学校、银行等机关团体。中共作为苏北抗日的领导力量得到进一步的凸显。[2]另一方面，伴随着扬州及各县的沦陷，日军以及伪军也开始在本地区部署开来。1938年11月16日，日军在扬州实行以华制华的政策，委任熊育衡为"苏北绥靖司令"，吴啸国为副司令。并拨轻重机枪20挺，驳壳枪50支，步枪600支，招募新兵千余，派日军为其训练，用以清乡剿共。[3]

日军方面，在南京沦陷后，日军华中方面军为确保12月7日的大陆命中指定地区内的各主要地方的安定即准备下期作战，决定调整作战态势，并制订了《攻占南京城要领》。[4]在扬子江左岸地区，日军第十三师团以司令部、步兵第一百零三旅团主力、直辖部队部署在滁县，其余部队部署在来安、全椒、六合；天谷支队以司令部、步兵第十旅团主力部署在扬州，各以一部部署在仪征、仙女庙、邵伯（1938年1月8日，支队将扬州附近的警备交给第三师团，1月16日到达南京接替第十六师团担任南京的警备）。[5]其后，第九、第十三师团因去参加徐州会战，日军华中派遣军第九师团的警备地区交给该师团的步兵三个大队及第一百零一师团担任，把第十三师团的警备地区交给了第三师团的步兵四个大队及其他担任。5月中旬，第三师团主力由于去参加徐州会战，令该师团的步兵约两个半大队担任该师团警备的江南

---

[1]　江都市地方志编纂委员会编：《江都县志》，江苏人民出版社1996年版，第769页。

[2]　日本防卫厅防卫研究所战史室：《中国事变陆军作战史》第三卷第二分册，中华书局1983年版，第139页。

[3]　《扬州市志》，第64页。

[4]　李新主编：《中华民国史》第九卷，中华书局2011年版，第99页。

[5]　日本防卫厅防卫研究所战史室：《中国事变陆军作战史》第一卷第二分册，中华书局1981年版，第116页。

地区,把江北的扬州地区交由步兵一个大队及野战重炮兵等担任。[1]

此后日军在扬州的军事部署情形大致如下:

华中派遣军第三师团 1938 年 2 月,驻扬州等地。

独立混成第十二旅团 1939 年 1 月在泰州编成。旅团部驻泰州,辖 5个步兵大队,1 个特种兵大队和炮兵、工兵、通信队,全旅团定额 5500 人。该旅团五十三大队为机动大队驻兴化、高邮、宝应等地,大队部在高邮。五十五大队驻扬州、泰兴、靖江、泰州、仙女庙、大桥、宜陵等地,大队部在江都。特种大队和炮兵、工兵、通信队均驻泰州。

第十五师团第六十七联队 1939 年,第六十七联队共 800 余人,骑、炮、步混合编为 4 个中队进驻扬州、仙女庙等地。

苏皖警备司令部 1939 年 12 月设,司令铃木,辖高邮、宝应、天长、六合驻地日军,所属六十四师团日军 1 个联队驻扬州中学内。

海军陆战队 1940 年,日军海军陆战队 1 个联队驻泰兴城。日海军第三舰队陆战队 100 人分驻兴化、高邮、邵伯,配合南浦十二旅团控制水网地区。

宪兵 日驻苏中宪兵有五六百人,总队长林木,大队长岗洋,驻泰兴城。[2]

伪军在扬的军事部署 汪伪政权建立后,日伪的军事部署发生重大变动,尤其是汪伪方面的军事力量得到大幅加强。1941 年,汪伪军事委员会在泰州设"军事委员会委员长驻苏北行营",设置 3 厅 15 处,辖行政督察 6 区共 15 个县,主任臧卓,参谋长郝鹏举。[3]统辖第一、第二集团军共 9 个师,2个独立旅,以及第十九、二十二、二十八 3 个师和 2 个保安总队、6 个保安大队,总数 4 万人左右。其具体部署如下:

第一方面军第四师 1941 年 1 月,伪国民政府军事委员会将苏浙皖绥靖军改称第一方面军,第四师 2000 人驻扬州地区。

第一集团军 李长江投靠日军后所部改编为第一集团军,李任总司令。辖 4 个师、2 个旅,约 1 万余人。驻泰州、姜堰、曲塘、黄桥、吴家桥等地。

---

[1] 日本防卫厅防卫研究所战史室:《中国事变陆军作战史》第二卷第一分册,中华书局 1979 年版,第 86 页。

[2]《扬州市志》,第 2401—2402 页。

[3]《扬州市志》,第 68 页。

1943 年 12 月并入第五集团军。

第二集团军　又称苏皖边区绥靖军，原辖 9 个师、4 个旅。1942 年 1 月改变为 4 个师，约 1.5 万人。总司令杨仲华。分驻泰东、如西、海安等地。同年 10 月改编为保安队苏北屯垦第一总队，后编入第五集团军。

第五集团军　1943 年 12 月组建，总部驻扬州，辖第九、第十二军和独立师、独立旅，分驻泰州、扬州、江都、东台、泰兴、兴化、宝应等地，1944 年被撤销番号。

第二方面军　原国民党第三十九集团军，1942 年 5 月该部约 3 万人投靠日军，编为第二方面军。1944 年 12 月，该部约 2.2 万人进驻扬州等地。1945 年春，第五军驻泰州、第二十二师驻兴化，第二十旅驻溱潼。8 月，第二方面军大部被新四军歼灭，余部为国民党军队李品仙部收编。

暂编第二十八师　原国民党第八十九军三十三师一部，1941 年 4 月，由团长率领投靠日军，被收编为皇协军，称暂编第二十八师，驻高邮、临泽等地。1945 年 9 月被新四军第三师和淮海军全歼。

暂编第二十二师　原国民党苏鲁战区独立团，1941 年 4 月投靠日军，称暂编第二十二师，驻兴化、大垛、中堡、西鲍、黄庄等地。1945 年春，隶属第二方面军指挥。

暂编第十九师　原国民党忠义救国军，1941 年 11 月被汪伪收编为暂编第十九师，驻泰兴，师长蔡鑫元。1945 年 9 月，被苏中军区第三军分区全歼于泰兴城内。[1]

二、伪政权的建立

民国时期的行政区划不同于现在的省—市—县三级制，而以省—县两级制为主。1938 年 3 月，伪维新政府在南京宣告成立，至 1940 年 3 月汪伪政府的具体设置，扬州沦陷各地的伪政府随着伪政权的主导者的变化而不断调整。

具体说来，伪维新政府时期改动不大，扬州地区各县仍归伪江苏省管辖。汪伪政府建立后则有较大变动。1941 年 10 月，汪伪军事委员会在泰县

---

[1]《扬州市志》，第 2401 页。

（今泰州市区）设置了大致相当于省的"军事委员会委员长驻苏北行营"设置3厅15处，辖6个行政督察共17个县，主任臧卓，参谋长郝鹏举。[1]其第一区辖泰县、泰兴2县，第二区辖东台、盐城、兴化3县，第三区辖高邮、宝应2县，第四区辖江都、仪征2县，第五区辖南通、如皋、靖江3县，第六区辖海门、启东2县。此后又增领阜宁、淮安、扬中3县，辖下共达17个县。[2]这是一个集政治、军事、经济管辖权于一体的战时伪政权组织。1943年5月27日，汪伪最高国防会议第16次会议决定撤销苏北行营，改设"军事委员会驻苏北绥靖公署"（仍驻泰州），汪精卫兼任绥靖公署主任。各县改归伪江苏省管辖。1944年10月31日，汪伪政府决定由伪苏北绥靖公署暂行兼理苏北行政，划泰县、东台、盐城、兴化、高邮、江都、宝应、仪征、泰兴、靖江、如皋、南通、海门、启东、阜宁（由伪淮海省划出）等15县为苏北行政区区域。以下对扬州沦陷各县伪政府的设置进行具体说明：

江都　1937年12月14日，扬州沦陷。当年底，由汉奸方小亭等在扬州组织"江北自治会"。次年3月，随着伪维新政府的建立，自治会改称"江都县公署"，隶伪江苏省政府。1940年3月汪伪政府在南京建立。8月，伪江都县公署随之改称"江都县政府"，隶伪江苏省政府。伪县政府的直属机构主要有秘书室、咨询委员会、民政科、财政科、教育科、建设科、外事科、庶务室、收发处、技术室、出纳室、田赋处、捐税处、推收所、清洁捐所、车租所、追租所、税契处、金库、款产处、船舶管理所、民船公会、文庙管理处、图书馆、政务警察队、田赋分柜、各区乡董。编制人员共189人。为镇压人民的抗日斗争，同时扩充伪军、宪特组织，还成立伪两淮盐务管理局、营业税局、禁烟局、缉获队、大民会分会、防共青年团等组织。司法警特机构有地方法院、警察所等。[3]1941年9月，汪伪政府设置了省级的"军事委员会委员长驻苏北行营"，伪江都县政府改隶伪苏北行营第四行政督察区，并为督查专署驻地。1943年5月，伪苏北行营撤销，伪江都县政府改归伪江苏省政府管辖。1944年7月

---

[1]《扬州市志》，第68页。

[2]　江苏省地方志编纂委员会编：《江苏建置志》，江苏人民出版社2013年版，第107页。

[3]《江都县志》，第666页。

复归伪苏北绥靖主任公署管辖。1945年8月抗战胜利后,伪政府瓦解。[1]

表3-1 　　　伪江都县政府(公署)县长(知事)更迭表[2]

机构名称	职务	姓名	任期
江都县公署	县知事	方小亭	1937.12—1939.10
江都县公署	县知事	查辅丞	1939.10—1940.08
江都县政府	县长	潘宏器	1940.08—1944.05
江都县政府	县长	蒋振东	1944.05—1944.12
江都县政府	县长	王修文	1944.12—1945.08

此外,在建立"政权"以外,还有其他伪组织的建立。伪维新政府时期,大民会与伪政权相表里,帮助伪政权从事宣传、民众动员等众多工作。至汪伪政权建立前后,伪国民党也开始活动。从最初的秘密进行,到后来的半公开活动,直至1940年3月30日汪伪政权正式在南京宣告成立时,伪国民党党部才正式公开工作。以江都县伪党部来说,自该组织公开活动始,其在总务、组训、宣传以及调查等方面,围绕汪精卫推动的所谓"和平建国"运动做了不少工作。其工作的中心也主要放在"和平建国"运动的宣传与推动、"大亚洲主义"的提倡,以及所谓"东亚联盟"的策动。[3]总之,这些活动体现了伪党部屈服于日本侵略者,妄图通过屈服与软弱换来所谓的"和平",是赤裸裸的投敌行为,丧失了民族气节。

仪征 1937年12月16日,日军侵占仪征县城,旋组建伪政权组织。1940年1月,伪仪征县政府成立,[4]隶属于伪维新政府之江苏省管辖。1941年改隶伪苏北行营第四行政督查区。1943年5月,伪苏北行营撤销,伪仪征县政府改隶伪江苏省。1944年7月起,复改隶伪苏北绥靖主任公署。抗战胜利后,伪政府瓦解。

宝应 1939年10月2日,宝应县城沦陷。不久,伪宝应县自治会在县

[1]《江都县志》,第25页。

[2]《江都县志》,第666页。

[3] 姚本善:《江都县党部一年来工作之经过及今后应负之责任》,《江苏月刊》1941年第1卷第4期,第42—45页。

[4] 仪征市市志编纂委员会编:《仪征市志》,江苏科学技术出版社1994年版,第20页。

城成立。翌年 3 月,"自治会"改为伪宝应县政府,隶属于伪维新政府之江苏省。同时,伪警察局也于城区内成立,下设 4 个分驻所。[1]1940 年 3 月 30 日汪伪政府建立后,伪宝应县政府改隶汪伪政府之江苏省。1941 年改隶汪伪军事委员会委员长驻苏北行营第三行政督察区。1943 年苏北行营撤销,伪宝应县改隶伪江苏省。1944 年 10 月,改隶伪苏北绥靖公署。抗战胜利后,伪政府瓦解。

高邮　高邮与宝应同日(1939 年 10 月 2 日)沦陷,初曾组织伪高邮县自治筹备委员会,维新政府随即制止,并委派县知事前往管理。1941 年 1 月,日伪在高邮县沿用保甲制,实行伪化统治。[2]当年 6 月 13 日,汪伪省政会议第 39 次会议上通过决议,成立伪高邮县政府。次月,伪高邮县县政会议召开,此后每半月举行常会一次。同时,伪警察局也在县城成立。[3]伪苏北行营设立后,伪高邮县政府隶属第三行政督察区,并系督查专署驻地。1943 年伪苏北行营撤销,改归伪江苏省管辖。1944 年 10 月,改隶伪苏北绥靖公署。抗战胜利后,伪政府瓦解。

在基层行政区划方面,扬州沦陷之初,日伪对行政区划一仍其旧,未做改动。后改区为乡,改乡为村,村下设保,以保甲为基层行政组织。其具体实施办法包括:(一)由县政府办理保甲人员,不时分赴各地抽查并注意人口是否与门牌相符,门牌是否与表册相符,如有不符,随时纠正,切实督导;(二)除由区、坊、保、甲随时调查外,并设法诱导人民,自动报告户口异动,经办人员手续上,更应予人民以极端之便利;(三)规定办理保甲奖惩办法,以资激励,而利进行;(四)尚未达到区域,应由县府与军警机关连络,设法推进,以安良善,而保治安。[4]

整体而言,日、伪两方对扬州地区的统治可谓是沆瀣一气、狼狈为奸。日军虽然人数不多,但作为占领者,他们又具有沦陷区内的最高权力,可以大发淫威。伪政权与伪军是在日本占领者的扶植之下成立与维持的,因而

[1]　宝应城镇志编纂委员会编:《宝应城镇志》,1999 年印刷,第 18 页。

[2]　高邮县编史修志领导小组编:《高邮县志》,江苏人民出版社 1990 年版,第 38 页。

[3]　《高邮县志》,第 39 页。

[4]　瘦秋:《积极推进的中扬州清乡》,《政治月刊》1942 年第 4 卷第 1 期,第 44 页。

也不敢对日方的指令与要求直接提出反对意见。此外，伪政权与伪军内部的不同人员也并非个个都只知谄媚日本占领者，而无反感乃至反抗的言行。一则"大闹大舞台，痛打日本兵"的故事便是对这种在扬州地区的日伪关系的一个生动的说明。

1941年冬天的一个晚上，大舞台的扬州戏已经开演一个多小时。驻扬州伪第一方面军第四师连长孟凯、丁学义、苏建中、乐晓东等四名青年军官正在此地听戏。忽有两个喝得醉醺醺的日本兵闯了进来。这四个军官正想问个究竟，丁学义已被日本兵打了一拳，惊动了周围的观众。丁随即还了日本兵一拳，于是伪军的四个青年军官便与日本兵扭打起来。日本兵被打得鼻青脸肿，垂头丧气地逃走了。午夜时分，一小队日本兵荷枪实弹地由大汪边出发，经甘泉路、辕门桥搜索前进，直奔伪四师司令部，企图寻衅报复。伪师部警卫连闻讯后也在大门前架起轻重武器，严阵以待。随后，伪军方面紧急与日本驻军司令部联系，说明大舞台纠纷为日本士兵引起，中国人是被迫防卫。同时，他们还要求日军小队应立即撤回，具体事宜明日再议。最终，日方撤兵，事情不了了之。次日，"大闹大舞台，痛打日本兵"的新闻传遍全城，人心大快。老百姓都说："中国人出了一口气！"[1]

从这一事件可以看出，生活在沦陷之下的扬州的中国人，甚至包括部分伪政府人员，都对作为占领者的日本人怀有深深的痛恨心理。一方面，这从侧面反映出日本占领者在扬州作恶之多；另一方面，也反映出日本占领者与伪政权之间存在着某种程度的矛盾。

三、日伪统治下的扬州

扬州沦陷后，日本占领者制造的种种暴行使扬州城内充满了恐怖的气氛。占领者又很快寻找汉奸人物，成立汉奸组织，从而取得对扬州地方社会的控制与压迫。扬州沦陷后不久，一位从扬州逃出的人告诉上海《晶报》的记者："近日城中秩序逐渐恢复，并由方小亭辈以及若干盐商组织维持会，会中办事员约有百人，日给维持费每人一元……近日驻扎城中之日军，不过二三百人而已。"这样的消息未必完全准确，对日伪的恶行也可能有所掩饰，但

---

[1]　政协扬州市文史资料委员会编：《扬州文史资料》第15辑，1996年，第32—33页。

大致表明了日伪当局已经大致控制了扬州的社会秩序。[1]当然,这种日伪统治下的社会秩序存在诸多问题。

社会秩序混乱　扬州沦陷后事变以后,江都县仍有警察局之设立,但一切警政已远非昔日可比,很多警官不仅没有接受过正规的训练,甚至有目不识丁而被任命为分局局长及督察长者。至于一般警察就更不必说了。因此,城内盗案迭出,宵小丛生。[2]不仅如此,地方警官还"执法犯法",对地方商民极尽滋扰勒索之能事。对此,甚至伪政府方面都无法容忍,直接提出批评改正意见:"对于地方商民治安,应随时加以保护,勿得稍有滋扰;过去一切不良举动,亟应激发天良,痛自悛改,倘再故犯,一经查明属实,或被人指摘有据,定即从严惩处,决不宽贷。"[3]由此可见,伪警察不仅未起到维持地方治安的基本作用,而且成为滋扰民众生活的毒瘤之一。

此外,伪政权还通过强迫民众参加各种纪念活动,试图改造国人对日本侵略者的反抗心理。如将"七七事变"称为"兴亚"纪念日,从事各种宣传、演讲等自欺欺人的工作。[4]将"八一三抗战"改为八一三"更生"纪念日,当天,日伪机关召集扬州民众,举行"反省大会",全城妇女儿童同时举行反共反英示威运动会。此外,还有游行、表演、演讲等等形式。[5]这样的政治活动还有很多,如"大东亚战争"周年纪念等,每次都要举行各种各样的活动,这些活动在美化日本侵华罪行的同时,也妄图缓和中国人对日本的抵抗与仇恨心理。

总之,日伪统治下的扬州社会面貌与其说是稳定的,不如说是破败的。但在另一方面,扬州沦陷时期,在部分年份的部分地段也曾出现过某些"繁华"景象,但那是一种畸形的繁荣。如闹市区辕门桥、多子街附近的新胜街,从东到西,充其量也不过几百米的距离,街道又非常狭窄,如果碰上两部黄包车迎面相遇,两边的行人只好将身子贴墙才好让车子过去。就是在这么一条街上,

[1]《扬州地方秩序渐恢复》,《晶报》1938 年 2 月 6 日第 2 版。

[2] 青萍:《如何收拾破碎的江都》,《苏民周报》1939 年第 7 期,第 2—5 页。

[3] 瘦秋:《积极推进的中扬州清乡》,第 44 页。

[4]《江都宣传和平》,《和平月刊》1939 年第 4 期,第 48 页。

[5]《和平月刊》1939 年第 5 期,第 46 页。

"绿杨""中西""东亚"等等,这些在扬州算是一流的大旅社就有六七家;"桃花宫""四五六"等有名的菜馆也在这里。这些地方可谓是灯红酒绿,纸醉金迷。而进出这些场所的,大都是发国难财的汉奸、新贵和大腹商贾。每天从早到晚,不时会有一阵阵靡靡之音从旅社的留声机中扩散出来,什么《满洲姑娘》《支那之夜》《何日君再来》等,无休止地唱着。此外,在这个闹市区的街头巷尾,还分布着许多家为日伪机关所认可的醉生梦死的销魂窟,那就是公开挂牌出售鸦片烟的"售吸所"。这些售吸所往往还要冠上堂皇漂亮的名称,如"芙蓉阁""卧龙岗"等。为了招揽顾客,他们还纷纷雇佣年轻的女招待,于是本来与鸦片无缘的富商阔少有的也去"小雅一番"。他们来这里本来是"醉翁之意不在酒",可是日子一久,也逐渐沦落为"瘾君子"。

日军初占扬州时,城中未及逃难出走的妇女有不少被残酷蹂躏,性情刚烈者且以死抗暴。伪江都县知事方小亭与驻扬日军司令策划,胁迫良家妇女,设立慰安所,以为"皇军政府大东亚勇士"侍用。起初,他们在新胜街大陆旅社设劳军慰安所,由沈家庆办理。大陆旅社的慰安所开张不久,又有绿杨慰安所继之。此外,日军又将掳来的百余名妇女,在城外汽车站设立了几个慰安所,代价比城内减半(每小时五角,城内一元),以榨取这些受害妇女而供其挥霍享受。日方还在亨得利钟表店设所,内有日、朝艺伎通宵招待。当时扬州新胜街一带十分热闹,毒品、赌博、嫖娼鼎盛一时。在左卫街盐商周扶九宅第,还设有特别慰安所一座,以供日军军官纵欲享用。日军兵士的慰安所则多在背街小巷中。在慰安所中,由于种种原因,慰安妇被衣服撕破、殴打成伤的情形时有发生,她们痛苦难熬,苦不堪言。不仅如此,日军也并没有因为有了慰安所而满足,还不断滋事,随意闯入民宅。见妇女而强暴之事时有耳闻,以致城中妇女人人提心吊胆,艰难度日。为安全起见,她们都尽可能地避开日本士兵而行,以免遭遇不测。[1]与此相对照的是,就在这些繁华闹市之侧,在霓虹灯下,逃荒的、要饭的,饥寒交迫、衣衫褴褛而不得不沿街乞讨的寒士、失业者,以及插着草标卖儿鬻女的人却到处可见。寒冬时

---

[1]　亦恺:《日军在扬设立慰安所》,《扬州文史资料》第15辑,1996年,第45页。

节,"路有冻死骨"的惨景也时有发生。[1]

经济破败　与畸形发展相对应的是,正常的经济活动遭到更加不幸的打击。各种苛捐杂税有增无已,商民生活苦不堪言。除战前原来的捐税外,伪政权还巧设名目,征收各种苛捐杂税。如所谓执照税、营业月捐,不论大小商铺,扁挑负贩,均须先缴营业执照税,然后按月缴捐。即卖鱼卖菜,均不能免,否则即被拘罚。但这些收缴的捐税又大多流入私人口袋,作报效占领者之用。此外,伪警察所还借着搜查的名义将发现的金银细软指为赃物,从而没收取去。不仅如此,物主或且不能幸免被逮,须用钱方能赎回。[2]汉奸伪组织通过这些盘剥手段收集大量钱财,进而"报效"给日本占领者。

在日伪统治之下,扬州民众的生活水平急剧下降。各种物价腾涨不已,1941年前后,米价已涨到每石130元,柴每斤30元,豆油半斤一元,洋油每两2角5分,火柴每盒2角,肥皂每块5角5分,人民痛苦万分。[3]此处,原为鱼米之乡的扬州甚至发生了米荒的事件。[4]由于日军在扬州各地区肆意妄为,还进一步加剧了已经十分严重的米荒问题。1941年,宝应县伪党部与伪自治会联名上报,由于日军在宝应滥征粮秣,造成了非常严重的民食恐慌问题,进而发生了到南京请愿的事件。[5]1942年3月,上色米每石已达200元大关,极糙米亦需160—170元。红牌面粉每袋达68元,绿牌66元,蜡烛每箱180元,其余烟、酒、百货物价无不上涨。5月,汪伪政权宣布禁止国民党政府法币流通,规定以1比2兑换储备券。一时储备券充斥市场,物价疯涨。[6]而粮食紧缺、物价上涨等一系列社会经济问题导致可以暂时纾解民困的贷款也变为"高利贷"。1942年的一份报告中提到:"高邮钱业欠息开五分七厘,如此高利,诚亘古所未有!"[7]

伪江都县知事方小亭也承认:"事变以后,农村破产,商市凋敝,道路挖

---

[1]《扬州文史资料》第15辑,第54—55页。

[2]《今日之扬州》,《半月文摘(汉口)》,1939年第3卷第3期,第92—94页。

[3]《各县零讯》,《苏讯月刊》1941年第24期,第10页。

[4]《外交部呈(江都丹阳米荒由)》,(汪伪)《外交公报》1940年第4期,第10—11页。

[5](汪伪)《工商部批(商字第二〇六号)》,《工商公报》1941年第34号,第19页。

[6]《扬州市志》,第68页。

[7]中央储备银行调查处:《各地经济动态》,《中央经济月刊》1942年第2卷第10期,第76页。

毁,桥梁截断,是非积极发展不足以复旧观。"[1]

奴化教育　　日伪统治下的扬州教育事业也遭到重大挫折。民国初年,江都县教育行政由县署第三科主办,1918年成立劝学所,是为教育行政机关独立之始。1925年改组为教育局。1937年全面抗战爆发,伪自治会同样设立了教育局,后奉令裁局并科,仍为县署办理之。其最高负责人为县知事,次为教育科长,综理全科一切事务,并有督学一人、教育委员二人佐理之。督学掌视导全县教育机关及对外接洽事宜。科员二人,一掌办理机要文稿、编审教科书、审查戏剧,一掌拟办普通文稿、审查教科书及编制预决算。教育委员二人,分掌视导各该区教育机关,并办理本区教育行政事宜。事务员二人,一掌管理图书及收发文件,一掌撰拟公牍及审核各教育机关报销。书记四人,分掌缮写文件、统计图表、剪贴报纸、开会记录事宜。

而在学校教育方面,日本的侵略所造成的破坏与损失也非常惨重。战前,江都县的学校教育非常发达,计中小学共有157所,学生共18692人,占全县人口总数的12%(当时,江都县人口约15万余人)。每年教育经费约30余万元。日本侵入之初,教育几行停顿。至1939年,学校仅恢复32所,包括补习学校(中学程度)1所,完全小学9所,初级小学16所,私立小学6所。学生共5035人,占全县人口总数的4.4%(全县此时有人口114217人)。相应地,教育经费也大为减少,约为6万余元,仅为战前的五分之一。[2]

不仅如此,日军占领扬州后还大力推行奴化教育。"以注重中日真正亲善,提倡东亚永久和平,严防共产荒谬思想侵入,阐扬东方固有文化道德,表现精神团结"为施教方针,[3]灌输奴化思想。在课程设置上,以前关于抗日与三民主义的课程尽数取消,不许讲授,增加了日语作为必修课,由日本人进行教授和监督。此外,各校还通过演讲比赛等形式向学生与民众灌输奴化思想。例如,1940年3月28日,高邮各小学便在"大民会"礼堂举行演说竞赛会,其演说题材包括"中日亲善、反共倒蒋、和平救国"等。演说结束后,

---

[1]　方小亭:《江都县政概况》,《县政研究》1939年第1卷第10期,第33—35页。

[2]　郭孝魁:《江都县教育行政状态调查报告书》,《县政研究》1939年第1卷第9期,第37—47页。

[3]　葛子英:《仪征复兴教育概况》,《县政研究》1940年第2卷第7期,第51—52页。

日伪还会评选优胜者,由日本特务班班长发给奖金,伪自治会及各日伪机关负责人均出席并颁赠奖品。[1]通过种种强制性与柔性的措施,日伪在扬州地区不断增强奴化教育。许多有骨气的家长不愿让自己的孩子接受奴化教育,纷纷将子女送入美国人和法国人办的教会学校读书。扬州的震旦中学(天主教法国人主办)、美汉中学、慕浸礼中学以及信成女中(以上为美国教会主办)等,在太平洋战争爆发前都是不学日语的,也比日军直接控制之下的学校较有民主空气。因此,教会学校的学生很多,连小学也是满额,有些小学生宁愿跑几里路去上教会学校也不愿接受日伪的奴化教育。1941年12月太平洋战争爆发,教会学校被日军接管,日伪当局严加规定,所有学生必须学习日语,不及格者不得升学。[2]

日军内部的悲观情绪　日伪在扬州的统治不仅激起了扬州民众的敌对情绪,少数尚有良知的日本军人无法容忍,甚至采取极端的措施表达自己的态度。1938年2月,驻扬日军川井联队(司令官为川井密大佐)参谋长秋水大尉在扬州教育局内书写反战字幅被汉奸告密,调至上海遭杀害。后在川井联队被调离扬州时,11名日军士兵因厌战反战,在军营自杀,其中7人自缢,2人切腹,2人服毒。这种日军集体自杀事件的发生,说明一部分日本军人对战争前景并不看好,悲观绝望情绪笼罩在日本军队中。

日伪统治给扬州地区带来了深刻的灾难,不仅体现在前述相关事件所示之日军制造的惨案上,更表现在扬州沦陷后日本帝国主义统治的整个过程中。因此,日伪统治也必然会遭到各个方面的反抗。扬州沦陷之初,扬州地区的反抗主要是由国民党军队与地方民众的自发武装进行的,但在中国共产党领导的新四军进入扬州地区后,扬州的抗战形势便发生了根本的转变。

---

[1]　王荔生:《高邮八月以来之教育概况》,《县政研究》1940年第2卷第7期,第52—55页。

[2]　张南、薛峰:《扬州沦陷期间的一次学生罢课前后》,《扬州史志资料》第5辑,第145页。

第三节　敌后抗日斗争

一、江南抗日义勇军挺进纵队挺进江都

1938 年 5 月 4 日，毛泽东就发展华中敌后游击战争问题指示项英："在侦察部队出去若干天之后，主力就可准备跟行。在广德、苏州、镇江、南京、芜湖五区之间广大地区，创造根据地，发动民众的抗日斗争，组织民众武装，发展新的游击队，是完全有希望的。在茅山根据地大体建立起来之后，还应准备分兵一部进入苏州、镇江、吴淞三角地区去，再分一部渡江进入江北地区。"最后的一点指示，为后来的新四军北渡长江，进入江北地区开辟根据地奠定了战略基础。6 月 2 日，毛泽东致电项英，进一步指出"凡敌后一切无友军地区，我军均可派队活动。不但太湖以北、吴淞江以西广大地区，即长江以北到将来力能所顾及时，亦应派出一小分队"。[1]

为落实中共中央的战略指示，在 1938 年 7 月中旬，陈毅约见了"丹阳抗日自卫总团"总团长、中共党员管文蔚，二人商定了"巩固丹北，发展江北"的战斗任务。之后，陈毅派新四军第一支队政治部主任刘炎至丹北，授予"丹阳抗日自卫总团"以"丹阳游击纵队"的番号，加入新四军的战斗序列，并委任管文蔚为司令，韦永义任政治处主任。[2]不久，新四军第一支队相继派周苏平、龙树林（郭猛）、惠浴宇、贺敏学、吉洛（姬鹏飞）、张藩、陈时夫、陈扬、刘文学等一批干部到该部加强领导。

---

[1]　新四军战史编辑室：《新四军征战日志》，解放军出版社 2015 年版，第 28 页。

[2]　1937 年 10 月，中共党员管文蔚在家乡丹阳县组织"倪山自卫团"，随后又帮助周围各乡组织起自卫团，并统一建立了"丹阳抗日自卫总团"，下辖丹阳、镇江、武进、扬中 4 县 80 多个乡的自卫武装，16—50 岁的青壮年 25000 人入编，其中基干团员 3000 多人。自卫团成立后，管文蔚亲自给团员们上政治课，讲抗战形势，群众运动，还讲社会发展史等，提高队伍的政治觉悟和素质。另外通过团长会议，管文蔚还制定并通过了《抗日自卫团组织章程》《自卫团训练大纲》《办事细则》等文件。1938 年 6 月，陈毅率领新四军一支队进入茅山地区，管文蔚派人与新四军取得了联系，原任白区无锡县委书记的管文蔚，在与党失去联系 7 年多之后，终于回到了组织的怀抱。而他所领导的队伍，也由丹北地方抗日武装壮大为一支抗日劲旅，成为新四军江南指挥部领导的主力之一，在新四军"向东作战、向北发展"战略行动中起到了开路先锋、中坚骨干的作用，为中国人民的抗日战争作出了贡献。

　　1938年9月，丹阳游击纵队改编为新四军挺进纵队（对外称江南抗日义勇军挺进纵队），管文蔚仍任司令，郭猛任政治部主任，张震东任参谋长，下辖4个支队，张震东、方钧、韦永义、梅嘉生分别任支队长。部队经过整训，军政素质大为提高，成为开辟丹北地区的主力，并且成为日后开辟江北敌后战场的重要力量。同月29日，中共扩大的六届六中全会在延安召开，重申了独立抗日的方针，决定把工作重心放在敌后，并提出了"巩固华北、发展华中"的方针。同年10月，陈毅首次前往丹北，与管文蔚商议北进作战的方案，以落实中央的指示。二人商定，以扬中岛为北渡长江的跳板，然后逐步建立江北根据地。当月，管文蔚即率领挺纵一部进攻扬中岛，但因敌情有变，为避免损失，3天后即撤出扬中岛，转而为下一次进攻做更充分的筹备。

　　为充分传达中共中央"巩固华北、发展华中"的战略方针，1939年2月23日，周恩来亲自来到新四军总部安徽泾县云岭，与项英等人商定了"向南巩固、向东作战、向北发展"的战略方针。其中的北进任务，即由管文蔚的挺进纵队承担。

　　1939年3月初，周恩来在军部召开的干部大会上做了《目前形势和新四军的任务》的报告，明确提出新四军向江南敌后发展的三个原则：哪个地方空虚，就向那个地方发展；哪个地方危险，就到那个地方去创造新的活动地区；哪个地方只有敌伪军，友党友军较不注意，没有去活动，就向那里发展。根据这样的发展原则，可以减少摩擦，利于抗战。3月15日，周恩来离开皖南新四军军部。

　　1939年4月初，管文蔚命令挺纵一、二支队第二次北渡长江，全歼顽敌贾长富团，攻占了扬中全岛，并牢牢守住了这块江中跳板。接着，陈毅又派管文蔚率梅嘉生、韦永义两个支队1000余人北渡长江，与驻泰州的国民党军鲁苏皖边游击总指挥李明扬、副总指挥李长江达成谅解，将江都的嘶马、大桥地区作为挺进纵队的活动地区，建立了东西40余里、南北20余里的桥头堡，与扬中跳板连成一片，为日后新四军陆续渡江铺设了安全通道。

　　此时，驻守在江都县嘶马、大桥一带的挺进纵队二支队，在支队长方钧[1]率领下叛变。陈毅获悉方钧叛变的消息后，急命新四军第二团副团长刘培善率第一、第三营，配合挺纵第一、第三、第四支队果断行动，方钧部绝大部分官兵在没有抵抗的情况下被缴械。令人遗憾的是，平叛过程中，挺纵政治部主任龙树林不幸牺牲。随后，挺进纵队重建了第二支队，管寒涛任支队长，鲍志椿任政治处主任。

1939年10月，原本承担"东进任务"的叶飞所率领的"江南抗日义勇军"除留下部分干部和地方武装坚持斗争之外，主力西撤扬中，在八桥镇与管文蔚的挺进纵队合编，组成"新四军挺进纵队"，共同执行发展江北的任务。[2]合编后的挺进纵队，司令员管文蔚，副司令员叶飞（化名聂扬），参谋长张开荆，政治部主任陈时夫，副主任陈同生。"新挺纵"下辖4个团，共3600余人。其中：

第1团由原江抗第2路改称，团长乔信明，政治委员刘先胜。

第2团由江抗第3路改称，团长徐绪奎，政治委员何克希。

第3团由挺进纵队第1、第4支队合编，团长梅嘉生。

第4团由挺进纵队第2、第3支队合编，团长韦永义（后邱玉权）。

合编后，第2团留在江南丹北、茅山一带坚持抗日斗争，其余部队北渡长江，开展泰州、扬州地区的抗日斗争。

至此，挺进纵队已创建了以丹阳访仙桥为中心的活动基地，包括丹阳北乡、镇江东乡、武进北乡、扬中整县和江北的扬泰地区，与茅山地区连成一片，为新四军北上抗日创造了稳固的前进阵地。

同月，中共中央东南局决定，将中共苏北临时特委改为中共苏北特委，书记韦一平，副书记惠浴宇，下辖江都、泰兴和泰县3个县委。

---

[1] 方钧原为国民党川军的一名连长，参加淞沪抗战后，率残部来到镇江、丹阳边界区域，为韦永义所收留，并被委任为丹阳抗日自卫团第二支队支队长。方钧投身管文蔚，只是为了暂时栖身，然后另求发展。他将队伍看作是个人资本，不服从挺进纵队司令部的指挥，拒绝在部队设政治处。1939年4月，新四军挺进纵队攻占扬中后，方钧暗中接受韩德勤的重金收买，意图率部叛变，并杀害了挺纵战地服务团团长王子清，作为投靠韩德勤的见面礼。叛变失败后，方钧带着几个亲信逃往兴化，拜见韩德勤。韩见方已成光杆司令，毫无利用价值，就将其关入了监狱。

[2] 1938年，第一支江南抗日义勇军成立，领导人为梅光迪、何克希。"江抗"第二路为叶飞率领的原新四军第六团。两部于1939年5月合并。

1939年11月,为统一指挥苏南以及沿江的新四军部队,新四军江南指挥部在溧阳水西村成立,挺进纵队隶属于新四军江南指挥部战斗序列的第一支队。司令管文蔚,副司令叶飞,参谋长张开荆,政治部主任陈时夫,副主任姬鹏飞。同月11日,新四军二支队四团由陶勇、卢胜率领,协助李明扬下属第八支队支队长陈玉生(中共党员)部运送子弹渡江北上,在江都县吴桥休整补充后,根据新四军江南指挥部命令,以"苏皖支队"名义,于月底进入扬州、天长、仪征、六合地区活动。

同年12月,新四军挺进纵队向苏中进发,在扬州江都的大桥、吴家桥等地建立起巩固的抗日阵地。

同年冬,陶勇等又率新四军苏皖支队到达六合仪征、天长等地,同为新四军主力的北渡建立了前沿阵地。1940年2月,挺进纵队第3团两个营由梅嘉生、张震东率领,西进天长、六合、仪征地区,与苏皖支队合编,在当地坚持斗争。

1940年5月,中共中央书记处关于新四军各支队发展方向与任务给项英、陈毅发出指示,除了指示关于新四军军部及各支队主力的主要发展方向外,同时令新四军挺进纵队在长江北岸扩大部队,建立政权。

二、多方力量交错下的敌后抗日斗争

扬州地区最早的抗日作战,是由国民党五十七军一一一师常恩多[1]的部队于1937年12月13日打响的。1937年七七事变后,蒋介石下令常恩多率五十七军一一一师开赴江苏。由于五十七军军长缪澄流错误指挥,江阴失守,常恩多率部从靖江转守扬州。1937年8月13日,日军疯狂进攻上海,同时出动飞机轰炸扬州;12月6日,日军迫近南京的外围,形成包围之势;同时派出第十一师团天谷支队于12月13日凌晨从镇江乘坐数艘军舰,北渡长江后,在都天庙废堡和六圩渡口嘉兴桥登陆,意图沿镇扬公路向扬州进犯。驻守江北的常恩多部奋起抵抗。至次日中午,由于日军增援将至,且敌我力量悬殊,常恩多奉命撤出战斗,扬州人民的抗日第一战以失败告终。但是从此以后,抗日军民在扬州地区开展了艰苦而持久的敌后抗日斗争,所作出的牺牲与贡献,值得载入史册。

---

[1] 常恩多(1895—1942),辽宁海城人,抗日爱国将领。

　　初战失利的常恩多部，为了阻止日寇继续侵犯，烧毁了仙女庙镇东通向邵伯的老三元桥，拆除了新建的新三元桥桥面，同时炸毁了通向扬州的江家桥，烧毁了七闸桥，撤去了芒稻河和运盐河上的船只。1937年12月17日上午，日寇在运盐河南岸强搭浮桥向河北进攻。位于运盐河北岸的常恩多部六六一团顽强抵抗，最终力不能敌而撤退。常恩多部队撤出后，日军占领仙女镇河南地区，烧杀抢掠，无恶不作。而从仙女庙撤出的常恩多部，移兵驻防昭关坝。此处位于邵伯镇北，是扬州至高邮的交通咽喉、苏北门户。常恩多部在此构筑工事，埋置地雷，以阻止日寇向高邮的进攻。

　　1938年6月3日，日军集中坦克14辆、骑兵38人到达邵伯，连同邵伯原有兵力约500人，一同向昭关坝发起进攻，意图打通运河，占领苏北。日军先以炮火和3架飞机来回轰炸，继而正面以骑兵和坦克冲击。常恩多部利用既设阵地，在坝前以地雷炸毁敌坦克1辆，歼敌150多人，逼使其撤退，取得了昭关坝大捷。当地流传着"昭和打昭关，尸骨堆成山"的民谣，来嘲笑日寇伤亡惨重，却屡攻不克。此战之后，常恩多部奉命调防鲁南，参加了台儿庄战役。[1]

　　1939年3月9日，日军铃木部队从扬州出发，再次进犯昭关坝。日军兵分两路，一路有步兵100余人，骑兵80多人，配合驻邵伯日军乘夜进攻昭关坝；另一路步兵260余人，绕道邵伯湖西黄珏镇乘汽艇到达露筋，从龙王庙登陆，绕到昭关坝阵地后方实施夹攻。驻防的国民党守军江苏省保安第3旅顽强抵抗，彻夜鏖战，伤亡惨重。10日上午，国民党守军难以抵御日军的进攻，无奈转移阵地，昭关坝至此被日军侵占。

　　除了国军，沦陷初期的扬州还活跃着一支抗日力量，那就是由陈文[2]所领导的"抗日义勇团"。在镇江失守前夕，爱国志士陈文组织起一支几十人的队伍渡江北上，来到扬州抗日，并正式定名为"抗日义勇团"，并自任为团长。抗

---

　　[1]　此处史事，有部分记载中将率部守卫昭关坝的将领称为杨开端，或杨开多。其实，杨即"扬州"；开指的是守军五十七军军长缪澄流（字开源）；多即是"常恩多"。杨开多，就是指驻守扬州的五十七军一一一师，即常恩多师的代号。这种别称，是为迷惑日军所设，不料造成了一定的错谬。而杨开端是杨开多的误记。

　　[2]　陈文（1902—1939）字焕章，安徽郎溪人。

日义勇团在扬州西北郊开展抗日活动,深得民心,队伍迅速发展扩大。1938年2月,陈文团夜袭扬州日伪军用机场。同月,又激战于公道桥镇。7月,陈文团在仪征、天长、扬州一带重创日伪军,致使日军弃尸百余具,伤三百余人,并缴获枪支四百余支,物资无数。此役受到江苏各大报纸重点报道,国民党武汉总部也给予嘉奖。1939年4月,中共派代表到陈文团工作,发展党员,希望使其成为中共领导下的抗日武装。7月,中共在陈文团中建立党支部,是为抗战时期中共在高邮湖西地区建立的第一个党支部。8月,韩德勤部以陈文团"赤化"为由向其发动进攻,陈文团寡不敌众被消灭,陈文亦被杀害,时年38岁。

在抗日的民间力量方面,1938年2月,江都抗日爱国人士成立了"江都民众抗日同盟",积极进行抗日宣传。新四军来到江都地区后,成员多加入了新四军,"江都民众抗日同盟"遂停止活动。1940年,扬州本地的又一支民间抗日武装成立了。是年2月,江都县社会各阶层人士在网子桥集会,共商抗日大计,成立了"江都县民众抗日自卫委员会",这是苏中第一个民主政权性质的抗日政府,同时还成立了当时江都县第一支县级地方抗日武装——江都县民众抗日自卫总团,下设13个分团,由张颐担任总团长。抗日自卫总团多次配合新四军挺进纵队粉碎日伪对吴家桥的扫荡。例如在1940年5月,日伪军向刚刚返回吴家桥的挺进纵队发起突袭。为了配合挺纵进行反击,江都民众抗日自卫总团一中队,由谢有才率领,在嘶马、大桥之间的三官殿伏击日伪军的运输队。与此同时,该团的二中队也在三江营伏击了来犯之敌。

1939年4月,新四军挺进纵队渡江北上,来到江都,扬州地区自此又增加了一股有力的抗日武装。同年12月18日,800多日伪军从扬州、六合、仪征等地出动,企图分进合击驻守在仪征县月塘集的新四军。新四军苏皖支队司令员陶勇得知这一情报后,立即将部队转移设伏,诱敌深入,待机反击。中午,日伪军进入埋伏圈,遭新四军迎头痛击,敌人只得退守月塘。苏皖支队乘胜追击,把日伪军包围在月塘集北侧大庙。这一战,毙伤日军30多人,伪军60多人,缴获武器40多件。

至1940年,扬州及周边地区主要有以下4种军事力量。其一就是日伪军。在长江、运河沿线重要城镇扬州、高邮、泰县等地驻有日军第13军独立混成第12旅团3000余人；这些日军大多数沿公路设立据点，在江高地区的据点就有五六十个，其中主要的设在吴家桥、宜陵、丁沟、樊川、临泽等地。外围有5大据点，分别是西南面的扬州、东面的泰州、东北面的兴化、西面的高邮、西北面的宝应，这些地方皆为日军南浦旅团控制。扬州、南通地区驻有伪绥靖军2000余人；散布在高邮、宝应、兴化、东海、新安镇、海门等地还有收编的皇协军计约2000余人。

国民党江苏省政府主席兼鲁苏战区副总司令韩德勤直接指挥的第89军、独立第6旅和10个保安旅约计5万余人，控制着东台、兴化、盐城、阜宁等地区。韩德勤部一面与日伪对抗，一面镇压爱国运动，摧残抗日力量。以陈文团为代表的抗日力量，就是被韩德勤部残忍摧毁的。1939年2月，日军大举进攻韩德勤部所驻扎的睢宁、宿迁、沭阳、淮阴等地。韩德勤和他的省政府机关差点被日军合围消灭。但韩部依然能抓住一切机会反攻，1939年冬季，曾一度收复被占领的江都、高邮县城。黄桥战役后，韩德勤主力受创，处境更加艰难，日军也对他加大了打击力度。韩部的驻地兴化很快陷落，他所能控制的只剩下盐城、阜宁、淮安、宝应四个县的部分地区，且四面被封锁，弹药、粮食供应不上。韩德勤的部队一直坚持到1944年年底，而后转移离开了苏北地区。

地方实力派武装驻泰州地区的鲁苏皖边区游击总指挥李明扬[1]、副总指挥李长江[2]部有近2万人，另外在曲塘一带，驻有税警总团陈泰运部约4000人。他们既属韩德勤统辖，又受韩德勤的排挤，互相之间矛盾较深。另外，日军也对李明扬所占据的泰州地区十分觊觎，多次威逼利诱，但都遭到了李明扬的拒绝。1939年到1941年，由于李明扬部扼守住泰州，使南至长江边，北到港口，东自海安曲塘，西达江都宜陵的区域内，百姓安居乐业，商业繁荣，秩序井然。泰州成为抗战以来江北的一块福地，受到社会各界的称赞。

从1939年秋至1940年春，陈毅还曾先后三次亲赴泰州城会晤李明扬、李长江。在12月上旬进行的第二次会晤中，陈毅向二李诚恳解释中国共产

---

[1]　李明扬又名健、敏来、逊吾，字师广，江苏省萧县林寨镇李石村人（今属安徽省）。
[2]　李长江原名永发、又名德标，江苏南京人。1937年12月，时任苏北第二游击区指挥部副指挥的李长江率七千人投奔李明扬，任苏北第四游击指挥部副指挥，追随李明扬直至1941年2月。

党的抗日救国纲领和统一战线政策,表明新四军与友军共同抗日的愿望,二李当即声明决不反共。此后,二李与新四军方面多有互通。

1941年年初,李长江宣布投降日军,李明扬率部移驻下河地区。3月,日伪军集中2000人的兵力,企图一举歼灭李明扬为首的抗日力量。6月,陈中柱的鲁苏皖边区游击第4纵队在与敌寇的激战中,以约600人的伤亡,杀伤日寇200人。战斗中,陈中柱壮烈牺牲。1945年春,李明扬率部驻泰州东北郊唐家甸,日军再次劝降李明扬,遭到李拒绝。5月下旬,日寇调集千余人兵力包围唐家甸。27日夜,李明扬被日军俘获,辗转幽禁于上海国际饭店隔壁的日军某机关楼上。被俘后的李明扬始终不为日寇的威逼利诱所动,在多方努力下,7月终获释放。

新四军当时在苏北的部队只有驻江都、嘶马、大桥一带的挺进纵队2000余人,在扬州、仪征、六合地区的苏皖支队1200余人。但是这一支兵力略显单薄的队伍,却是最为坚定的抗日武装。自1939年4月进入江都地区后,至当年年底,挺进纵队的抗日作战前文已述,不复赘言。

1940年5月14日,新四军挺进纵队第一、第四团刚由皖东地区参加完支援半塔集战役的战斗,返回江都大桥吴家桥地区,日伪军1000余人即兵分三路从仙女庙出发,向大桥地区猛扑。挺纵进行了顽强阻击,如前文所述,得到了江都民众抗日自卫总团的协助。激战一昼夜后,挺进纵队转移到郭村休整。

1941年4月,为了适应新的抗日斗争形势,苏中军区成立,下辖6个军分区和兴东泰特区"联抗"司令部。其中,扬州地区主要划分入苏中一分区新四军第一师第十八旅的范围内。除第十八旅外,苏中一分区的主要抗日武装还有:

江都独立团团长林辉才,政委赵则三,副团长叶克守,政治处主任贺国华。该团是1942年底由新四军第一师十八旅五十二团第7、第8两连与江都的曹黄区游击连、麻城区游击连合编组建的,全团1800余人,战斗力较主力五十二团稍差。后为二十军五十九师一七七团之一部,是二十军主力团。

高邮独立团团长、政委均空缺,政治处主任黄峰。前身是1939年冬的新江抗部队,因有一批新四军十八旅五十团三营留下的伤病员作为骨干,发展比较迅速。皖南事变后,该部编为新四军第十八旅五十四团。1942年,五十四团团直带两个连与地方武装编为苏中军区第一军分区高宝独立团。1943年2月,苏中五十二团第三营编入高宝独立团,并改称高邮独立团。全团778人,战斗力较弱,新兵多。后为二十九军八十六师二五七团。

宝应独立团团长张明,政委张玉辉,参谋长谢太山。全团648人,新兵多,战斗力弱。

兴化独立团团长吴光爱,政委张雷平,副团长任球,政治处主任吴欲然。该团前身是1938年初由中共上海组织创建的江南抗日游击队,1938年10月改为江抗第三路。1939年11月,整编为江抗第二团。1940年7月渡江北上改编为新四军苏北指挥部第二纵队第九团,参加过黄桥决战。1941年2月改编为新四军一师二旅六团,同年4月,六团改编为苏中军区第二军分区兴化独立团。1944年11月,该团调归苏中一分区建制。全团1783人,战斗力与江都团相同。后为二十九军八十六师二五六团,是二十九军主力团。

1942年7月初,新四军六旅十七团夜袭十二圩,5个小时内歼灭日伪军200人,其中全歼日军一个小队,缴获各种枪支100多支。

1944年1月5日深夜,新四军第十八旅五十二团一营在营长陶祖全和副营长叶诚忠的率领下,发起大官庄战斗。通过一整天的血战,击毙了大量伪军,缴获大批武器,生俘伪军230余人。

1944年3月5日,新四军发动车桥战役,此役是新四军苏中战略反攻的重大转折性战役。此战由第一师担任主攻,辅以江都、高邮独立团等兵力。战役目的是打开苏中西北部淮安、宝应地区的局面,控制车桥这一苏中与苏北、淮南、淮北的战略枢纽,粉碎日军的"清乡""屯垦"计划,改善苏中斗争形势。车桥虽今属淮安,抗战期间却隶属扬州的苏中一分区,是宝应的重镇,而参战部队也全由苏中新四军组成。进攻车桥的部队采取远程奔袭的办法,利用夜色掩护,避开日军的外围据点,在炮兵大队火力的支援下,以突然迅猛的动作,从南北两面直接攻击并攻入车桥。经一夜激烈战斗,摧毁敌碉堡50余个,全歼驻守伪军1个大队,并将日军压缩包围于其核心工事之内。第1师部队对车桥的进攻,震动了附近据点的日伪军,由宝应县城东北塔儿头、曹甸镇出援的日军100余人,进至大施河时,遭第1师警戒部队阻击,被迫退回。由淮阴、淮安、泗阳、涟水等地的日军乘装甲车、汽车分5批向车桥增援。当第 1 批增援日军进至车桥以西的芦家滩时,遭到第 1 师阻援部队的沉重打击,被迫退入我军预先设置的地雷区。趁着雷区爆炸之际,第 1 师阻击部队奋勇出击,歼灭日军 240 余人。接着又给逐次增援之日军以歼灭性打击,迫使日军退守在韩庄地区。6 日晨,困守车桥核心工事之内负隅顽抗的残余日军乘隙逃往淮安,第一师各部乘胜扩大战果,战至 13 日,相继收复泾县、曹甸镇等日军据点 12 个,战役遂告结束。

车桥战役共歼灭日军 465 人,生俘日军 24 人。同时,全歼伪军 483 人,我军伤亡 192 人,缴获了大量武器弹药和物资。泾口、曹甸等十余处日伪据点撤走,解放了淮安、宝应东郊地区。此次战役是抗战以来新四军在华中地区歼灭日军最多的一次战役,打通了苏中与苏北、淮南、淮北抗日根据地的联系,揭开了华中地区战略反攻的序幕,宝应也成为苏中抗日斗争的政治、军事中心和指挥中枢,直至抗战取得全面胜利。新华社特向全国发布了新四军收复车桥的消息,延安《解放日报》也发表社论祝贺。[1]

1945 年 4 月 28 日午后 2 时,敌军从三垛镇出发,前头是日军 1 个分队,其次是伪军 1500 余人,再次是日军两个中队 300 余人,后卫是伪军第八十七团第三营;另有 3 艘汽艇,拖民船 20 余只,满载辎重,船上有日军 50 余人,伪军 200 余人,与陆上部队并进。日伪军进入伏击圈后,右翼江都独立团第三营向敌开火,第五十二团 3 个连向敌猛扑,特务第五团、江都独立团各一部进行夹击,将敌断成几小股,分头予以歼灭。残敌退至新庄附近。经过三个多小时的战斗,一场激烈而又漂亮的伏击战胜利结束。这次战斗共歼日伪军 1800 多人,其中击毙日军 240 多人、伪军 600 多人,俘山本顾问等日军 7 人、少将团长马佑铭和中校副团长韩永恩以下伪军 958 人。三垛河口伏击战是苏中一分区在抗日战争中歼灭日伪军最多的一次战斗,也是苏中地区继车桥战役后的又一大捷,为夺取苏中抗日战争的最后胜利奠定了基础,受到了新四军军部的通令嘉奖。

1945 年 8 月 14 日,遵照中共中央指示,新四军在华中抗日根据地各个

---

[1] 中共淮安市委党史工作办公室、中共淮安市淮安区委编:《车桥战役纪念文集》,中共党史出版社 2014 年版,第 418—424 页。

战略区实施战略反攻,14 日至 21 日,苏中新四军连克高邮县三垛河口、泰兴黄桥、泰县姜堰、如皋马塘、掘港（今属如东县）、南通三余等日、伪军据点 30 余处,歼灭伪军 1 个多团。

1945 年 12 月,日本宣布无条件投降后数月,高邮日军仍拒绝向新四军缴械投降。12 月 19 日,粟裕亲临一线指挥,组织华中野战军主力第七、第八纵队及地方武装共 15 个团,向高邮、邵伯之敌发动进攻。战至 20 日晨,第 7 纵队攻占邵伯、江都、泰州等地,歼敌 4000 余人。12 月 25 日晚,第八纵队攻城突击队乘漆黑雨夜,在强大炮火支援下攻城,共歼灭日军 1000 多人、伪军 4000 多人,缴获大小炮 80 多门、轻重机枪 200 多挺、步枪 6000 余支、弹药 40 余万发。攻城部队攻进日军城防司令部,日军岩崎大佐同意投降,随即举行驻高邮日军投降仪式,华野八纵政治部主任韩念龙代表新四军接受日军投降。此役,我军伤亡 600 多人。高邮战役成为中国抗日战争最后一役,也成为抗日战争中中国军队对日寇的最后一战。

资料显示,全面抗战期间,扬州境内苏中一、二分区军民对日伪顽强作战 868 次,其中最著名的有仪征月塘集战斗、宝应曹甸战役、三垛河口伏击战、车桥战役、高邮战役等,共毙伤俘日军 3400 人、顽军 43636 人,军分区部队亦伤亡 2551 人。

三、国共摩擦

国民党自五届六中全会确定以军事限共为主的政策后,即以正规军直接进攻西北、华北的八路军,于 1939 年底掀起第一次全国反共高潮。在华中,一面催令新四军长江以北部队南调,企图陷新四军于江南狭小地域,伺机聚歼;一面密令国民党安徽省政府主席兼第二十一集团军总司令李品仙和江苏省政府主席兼鲁苏战区副总司令韩德勤,以对日军发动冬季攻势为名,对活动于淮河以南、长江以北、津浦路两侧的新四军部队实行东西进逼,不断制造摩擦,企图消灭或驱赶新四军至江南,强占第四、第五支队开创的淮南抗日阵地。

中共为应对这一局势,制定了迅速扩军计划,大量发展游击队,把扩大抗日武装,应对国民党顽固派的进攻作为当前的主要任务。

1940 年 3 月 21 日,韩德勤部趁新四军第五支队主力到津浦路西作战之际,纠集万余人向第五支队驻地来安县半塔集地区发动进攻,企图摧垮新四军在津浦路东的指挥中心,控制路东地区。中共中央中原局和江北指挥部认为,击退韩德勤部的进攻,保卫半塔集,是建立与发展淮南抗日根据地的关键一战。遂决定路东部队采取积极防御方针,坚守阵地;第五支队主力、苏皖支队和第四支队第七团立即东返增援。江南指挥部得知韩德勤部进犯半塔集,即令驻江都之挺进纵队主力火速西援。

1940年3月23日,新四军挺进纵队4个营从江都吴家桥出发,西渡运河,横跨天(长)扬(州)公路,星夜驰援半塔。跨越公路时,歼日军1个小队和数十名伪军。24日,又在途中歼灭国民党忠义救国军行动总队大部。27日于竹镇以东的马集附近,遭遇韩德勤军独立第六旅两个团,经3小时激战,歼敌一个营。挺进纵队行动迅速,作风勇猛,5天内连打3个胜仗,直接威胁韩军侧后。韩德勤急调三河北岸的保安第10旅两个团增援。28日,韩德勤部见半塔久攻不下,且新四军援军云集,开始后撤。历时9天的半塔集自卫反击战取得胜利,共歼灭韩德勤军1000余人。

战后,淮南地区的局势趋于稳定,在中共中央中原局和皖东军政委员会领导下,新四军淮南部队抽调大批干部协助中共地方组织发动群众,扩大武装,建立群众团体和筹建乡、区、县各级抗日政权,召开各界人民代表会议,吸收开明士绅和进步的旧政权人员参加政府机关工作,先后建立了包括仪征、高邮、宝应在内的多个县级抗日民主政府。

1940年5月,新四军挺进纵队在江都吴家桥地区与日伪军激烈交战之后,转移到郭村休整。郭村为国民党鲁苏皖边区游击正、副总指挥李明扬、李长江部防区,但双方之前在陈毅的努力下,达成了一定的和平谅解与合作默契。因此,挺纵司令部、参谋处、政治部、机要室、一团指挥所等驻扎在此,司令管文蔚,政委、副司令叶飞等主要领导骨干亦居住在此。挺纵还在郭村设置了无线电台,与新四军江南指挥部、中共中原局取得联系,准备将郭村作为进一步发展的基地。

最初,挺纵在郭村的休整得到了李明扬、李长江的默认许可,但二人在韩德勤的唆使和压力下,向挺纵发出了撤离郭村的最后通牒。郭村虽为二李防区,但群众基础较好,若就此撤离,不利于新四军主力的向北发展。于是挺纵接到命令,坚守待援。三日后,也就是1940年6月28日拂晓,李明扬、李长江纠合 13 个团 1 万余人的兵力,对新四军挺进纵队发起进攻,妄图消灭这支"孤军"。

挺纵副司令员兼政委叶飞指挥挺纵积极防御、坚守阵地,在郭村地方党组织和人民的全力支援下,逐次击退进攻之敌,随后新四军苏皖支队陶勇部也奉命驰援,留在江南的挺纵第二团、新七团,包括粟裕率领的江南指挥部都奉命准备渡江北援。之后,李部中共地下党员陈玉生、王澄等率部起义,使挺纵实现转守为攻,经过内外夹击,歼敌 3 个团,击溃 10 个团,李军全线溃退。

1940 年 7 月 3 日,陈毅亲自赶到郭村,要求部队继续执行"击敌、联李、孤韩"的方针,命令部队于次日攻克塘头,兵锋直抵泰州城郊九里沟。7 月 4 日,我军兵临泰州城下,泰州城唾手可得,陈毅下达了不准攻城的命令,派新四军战地服务团团长朱克靖和二李谈判,并释放 700 余俘虏。二李愿意重修旧好,保持中立。7 月 8 日,粟裕率新四军江南指挥部机关及 3 个主力团,北渡长江,与挺进纵队、苏皖支队等部队会合于江都县塘头镇。12 日,根据党中央和中央军委指示,新四军在于氏花园宣布成立苏北指挥部,陈毅任指挥兼政委,粟裕任副指挥。办公地点设在于氏花园。新四军陈、粟部 7000 余人,统一整编为 3 个纵队和 1 个独立支队,统一了建制和指挥,为东进黄桥做了组织准备。新四军江南指挥部相应改为苏北指挥部。随后,新四军挺进纵队随新四军苏北指挥部东进至黄桥地区,在消灭了前来阻挠的国民党军何克谦部之后,又击溃国民党苏北游击指挥部陈泰运部的 2 个团,歼其 2 个营。29 日,新四军占领黄桥。

1940 年 8 月 20 日,新四军苏北指挥部发出《对于创造黄桥大根据地的指示》,指出江南新四军主力北渡进入苏北黄桥地区后,主要的工作任务是积极充实部队,严格军政训练,努力民众运动,建立抗日民主政权工作的基础,随时准备应付日、伪军的"扫荡"和国民党顽固派军队的挑衅、摩擦。此间,还在黄桥组建了新四军苏北军政干校,开办了党员培训班,出版了《抗敌报》苏北版。

其实,在江南新四军主力进入苏北后,关于以何处为中心创建抗日根据地,当时有过 3 种意见:一是扼守扬泰地区,二是北进兴化,三是东进黄桥。陈毅、粟裕权衡利弊,认为扬泰地区较为狭窄,不利与日军回旋作战,向外发展又不利于团结中间势力。兴化方向,为韩德勤部的指挥中心,且水网密布,不利于大兵团运动,且地理位置偏西,对日军威胁不大。而黄桥地处靖江、如皋、泰兴、泰县四县中心,在这里开辟根据地,既便于呼应苏南部队,又可威胁日军,还可以切断韩德勤与冷欣部的联系。且盘踞黄桥的是不得民心的保安第4旅,驱之有理,歼之较易,再加上群众条件好,新四军遂决定东进黄桥。

至此,新四军开始以黄桥为中心建立了苏北根据地。他们成立了黄桥军民联合办事处,后又成立了通如靖泰临时行政委员会,主持地方行政和后勤工作。不久,中共苏北区委员会成立,驻地位于江都县郭村镇塘头村于氏姊妹楼。陈毅、陈丕显分任正副书记,主持党的工作,同时撤销苏北特委和江北特委。在外围又成立了泰兴、如皋两个中心县委,共领导9个县的工作。

由于新四军黄桥根据地的不断壮大,北面的韩德勤部日渐不安。8月开始,韩德勤就不断调集军队,准备向新四军黄桥根据地发动进攻。

新四军获悉韩德勤部的进攻计划之后,积极准备,先战于营溪,后战于姜堰,连挫韩德勤锐气。1940年9月,新四军在姜堰召开士绅会议,阐明中共抗日主张,呼吁和平。韩德勤迫于压力,提出新四军需撤出姜堰,方见合作诚意。新四军同意后,韩背信弃义,继续要求新四军撤出黄桥,如此霸道要求没有得到满足后,气恼的韩德勤调集全部精锐,南犯黄桥,誓要将新四军赶到长江中喝水,[1]黄桥决战一触即发。此战的敌我军力对比是30000：7000。

1940年9月30日,韩德勤部出动,进至营溪、加力一线,然后因暴雨停滞不前。10月3日,雨过天晴,韩军继续进攻,前出至黄桥东北郊。10月4日4时,韩部向黄桥新四军阵地发动猛攻,黄桥战役正式开始。韩军中路部队经过猛攻,一度突进黄桥东门,但被新四军第三纵队司令陶勇部奋力击退。右翼韩军遭到新四军伏击,经过3小时激战,全歼其独立第6旅。随后,第三纵队配合二纵一部,在东门歼灭敌三十三师;第二纵队穿插截断敌军退路;第一纵队在八字桥与黄桥之间南下,汇合二、三纵队,将敌军合围于黄桥以东地区。当晚,新四军部队发起总攻,激战一昼夜,全歼敌八十九军军部,歼敌三四九旅大部。然后继续追击,歼敌增援的预备队大部。见战况至此,

---

[1]　张开明:《黄逸峰与苏北军民代表会议(节选)》,《姜堰文史资料》(第10辑),第85页。

陈明扬等部后撤,黄桥以西地区观望的日军独立混成第十二旅团也撤回泰兴。韩德勤部大势已去,仓皇逃回兴化。新四军乘胜攻占东台、海安等地。

至此,战役基本结束,这是新四军华中抗战以来最大规模的一次反顽战役,歼敌 1.1 万人,生俘第三十三师师长孙启人,九十九旅旅长苗瑞林,及官兵 3800 余人。新四军伤亡 900 余人。

新四军黄桥作战中,广大群众积极支援,日夜赶做烧饼点心,肩挑手推,送往前线,脍炙人口的《黄桥烧饼歌》就是人民群众支援新四军作战的生动记录。歌词如下:

> 黄桥烧饼黄又黄哎,
> 黄黄烧饼慰劳忙,
> 哩! 烧饼要用热火烤哎,军队要靠老百姓帮。
> 同志们呀吃个饱,
> 多打胜仗多缴枪!
> 嗨呀依哟嗨嗬咳!
> 多打胜仗多缴枪!
> 依呀咳!
> 黄桥烧饼长又长哎,
> 长长烧饼有分量,
> 哩! 烧饼一口吃不下哎,敌人一下打不光。

黄桥战役胜利后,新四军乘胜进军,于 10 月 7 日进占海安,次日进占东台。这时,盐城的八路军第五纵队也挥师南下。10 日,两军的先头部队在东台的白驹镇、刘庄会师,从而打通了华北、华中两大地域的中共部队的联系,壮大了力量,便于中共中央加强统一领导,并扩大根据地。

黄桥战役的胜利,新四军与八路军南下部队的会师,改变了苏北的政治形势和力量对比,为进一步开展华中敌后的抗日斗争,创建苏北抗日民主根据地,奠定了扎实的基础。

除了黄桥地区,淮（安）宝（应）地区的抗日根据地也遭到了国民党军的威胁和挑衅。淮宝地区位于洪泽湖与高邮湖之间,退守此地的国民党军第三十三师及受其欺骗驱使的封建刀会组织经常派出小股武装袭扰淮南津浦路东抗日根据地,屠杀抗日干部和群众。为巩固路东根据地,策应八路军南下部队向东发展,江南新四军向北发展,合力开辟苏北抗日阵地,中共中央中原局决定,江北新四军与南下八路军各一部协同开辟淮宝区。

1940 年 8 月 2 日,新四军第五支队司令员罗炳辉指挥第八、第十团及第四支队第七团强渡三河[1],突破顽军防线,进抵北岸新集,并击退了刀会武装的袭击。八路军第四纵队第四旅第六八七团在蒋坝歼盱眙常备旅一部后,也抵达新集附近。随后,4 个团同时由南向北推进。14 日,在赵集、南甸镇击退国民党军及刀会武装的进攻。15 日,对据守仁和集与岔河镇的敌军第三十三师两个团发动总攻,歼其大部。接着,新四军平定了刀会组织的骚乱,沟通了皖东、皖东北与淮海区的联系。月底,成立了抗日民主政权淮宝办事处。

韩德勤部黄桥惨败后,尚有 2 万余兵力退守兴化、曹甸、车桥、安丰、沙沟等地。国民党军事当局为保持苏北反共力量,令第二十一集团军一部向皖东开进,鲁苏战区一部向苏北增援。11 月中旬,国民党军第一三八师等部七个团,东北军第五十七军第一一二师等部抵达苏北。韩德勤见援军将至,在谈判中竟无理要求新四军、八路军撤退至黄桥战役前地域,同时令重建的第三十三师由车桥东进,会同东北军第一一二师向凤谷村、益林、东沟等地进犯,企图东山再起,卷土重来。为打破顽军的企图,新四军决定发动曹甸战役。

曹甸为宝应县东北的一个集镇,西临宝应湖,周围是水网地带。韩德勤部黄桥兵败之后驻守于此,拥兵万余人,工事坚固,易守难攻,对苏北的八路军、新四军存在严重威胁。1940 年 11 月底,为消灭韩德勤部,彻底解决苏北问题,在刘少奇的决策下,新四军总指挥部决定发动曹甸战役。战役初始,韩德勤部猝不及防,溃败不支,最终将兵力收缩在曹甸、平桥、安丰一线,以图顽抗。后由于我军缺乏攻坚武器与经验,曹甸久攻不下,且伤亡较大。为此,陈毅及时地命令部队撤出战斗,战役遂于 12 月 16 日结束。是役,历时 18 天,新四军、八路军以 2000 余人的伤亡,歼敌 8000 余人。虽然诸多原因

---

[1] 三河为淮河入江水道。

导致未能达到占领曹甸、歼灭韩德勤部的目的，但新四军在战略上获得了重大胜利，占领了平桥、泾河，沟通了与皖东的联系。

韩德勤方面，虽然守住了曹甸，但势力范围被进一步压缩，难以威胁新四军，无力制造更大的摩擦。

皖南事变后，1941 年 1 月 25 日，新四军重建大会在盐城召开。扬州及附近地区的新四军重组为新四军第一师，师长粟裕，政委刘炎，活动于苏中地区。苏中的抗日局面焕然一新。

1941 年 2 月 13 日，国民党鲁苏皖边区游击总指挥部副总指挥李长江率所部 7000 余人在泰州城公开投敌，被汪精卫委任为伪第一集团军总司令。总指挥李明扬则率千余人离开泰州，仍以原番号在泰县等地活动。18 日，新四军苏北指挥部发起讨李战役，连克泰县的姜堰、苏陈庄、塘湾、马沟等伪军据点，20 日攻入泰州城，俘李长江部官兵 3000 余人。

四、反"扫荡"、反"清乡"

1939 年底，侵华日军的新部署基本完成，其中，部署于华中地区的日军有两个军，11 个师团，6 个独立混成旅团。

1939 年下半年，日军大批扩充伪军，积极推行"以华制华""以战养战"政策。在华中扩编的伪军有苏浙皖绥靖军 7 个师 1 个团，分驻浙江杭州、吴兴，江苏苏州、常州、扬州、南通，安徽合肥、安庆等地，计约 2 万人。另外，还有和平建国军、和平救国军、中国人民自卫军、皇协军等约 2 万人，分驻上海，江苏高邮、泰兴、东海、海门，安徽合肥，湖北随县、孝感、汉阳、黄陂等地。

上述日伪军不断集中大量兵力对付八路军、新四军，在华北进行所谓"治安肃正"作战，在华中则对新四军和抗日根据地进行频繁"扫荡"和经济掠夺。与此同时，汪伪军队也在日军的配合下开始进行"清乡"。

太平洋战争爆发后，日本帝国主义对华战略彻底改变：对国民政府转变为以政治诱降为主、军事打击为辅；对中国共产党则加强进攻，不断扫荡敌后抗日根据地。"皖南事变"更导致我敌后抗日根据地置于日、伪、顽三面夹击的艰难境地。

从 1941 年起，日军加紧了对新四军和华中敌后抗日根据地的"扫荡"行动。

所谓"扫荡",是日军为执行"三光政策""烬灭作战"所采取的一种以武力肃清为主要手段的军事行动。主要应用于游击区,以摧毁抗日力量。最初,日军主要针对华北的抗日根据地进行扫荡。在华北,平均每半个月,各根据地就要遭受一次扫荡,最频繁的时候则一周一次。1940年以后,扫荡愈演愈烈,并且逐步扩大到华中地区等。

所谓"清乡",则是日伪当局合作下,在华中地区实施的一种综合了政治、军事、经济、文化意识形态等多种手段以加强其统治的恐怖措施。在军事上打击抗日游击力量,在经济上掠夺当地物资,在政治和意识形态上实行伪化措施和奴化教育,其最终目的,是支援在中国以及太平洋战场上的日军,在总体上实现"以战养战"的效果。主要应用于敌占区,以加强殖民统治。[1]

日伪的"清乡"手段主要包括清剿抗日武装,修筑竹篱笆、铁丝网等封锁设施,编制户口建立保甲制度,实行物资统购,核定田赋捐税,开展"和平、反共、建国"运动等。而日伪军的"清乡"行动,是由苏南开始的。1941年夏,日伪以苏州为中心开始第一期清乡。随后,清乡范围逐渐扩大。1941年8月中旬,由于兵力不足,日伪的清乡由"全面清乡"转为"机动清乡"。1942年年底,汪精卫决定,将清乡的范围扩大到江北。特别是对苏中四分区的"清乡"连续不断进行,其残酷性是罕见的。

新四军方面应对清乡的方式主要是:1.化整为零,原地斗争。2.先发制人,打破封锁。3.及时转移已经暴露的党员,留下便衣进行武装秘密活动。4.坚持统一战线政策。

1941年8月24日,中共中央华中局发出《关于反"清乡"的指示》要求反"清乡"斗争首先要在群众中作政治动员,教给群众具体的应付方法,争取一切阶层参加反"清乡"行动。在反"清乡"的组织部署中,只留极少

---

[1] 1941年春,日军第十三军军事顾问部主任晴气庆胤和汪伪警政部长李士群共同制定了《治安肃清要纲》,提出分期对占领区进行"清乡"。"清乡"又分为政治"清乡"和军事"清乡"两部分,且采取"三分军事、七分政治"的策略。汪精卫对这一做法大加赞赏,将其定为"国策"。5月,汪伪在南京正式成立了"清乡委员会",汪精卫亲自担任委员长,周佛海、陈公博任副委员长,李士群任秘书长。"清乡"区内的伪省政府主席为委员,于是,伪江苏省政府主席高冠吾也成为委员。资料见中共江苏省委党史工作办公室:《侵华日军在江苏的暴行》,中共党史出版社2001年版,第232页。

数坚强干部埋伏偏僻村庄，保持与人民的联系；军事部署上，以积极行动袭击敌人侧背及后方，错乱敌人的"清乡"部署，令其不可能坚持；反"清乡"中应特别注意伪军工作，利用敌伪矛盾策动反正。在上述战略、战术的指导下，新四军面对敌人残酷的进攻，进行了反"扫荡"、反"蚕食"、反"清乡"的艰苦斗争。以下按照时间顺序，列举扬州军民所开展的一些主要的"反扫荡""反清乡"斗争。

1940年1月，驻扬州、天长、仪征、六合的日伪军1400余人，对天长、六合、仪征边境的横山一带实施"扫荡"，苏皖支队与第五支队八团奋起抵抗。28日，日伪军又有500余人抵达樊集。29日晨，八团一营先头部队与日军交上火。11时左右，一营主力和苏皖支队主力赶到，向敌军发起全面反击。日军虽一度抢占横山主峰，但在新四军的连续进攻以及迂回打击之下，渐渐不支。日伪军曾集中炮火轮番轰击，并组织敢死队反攻，但均被新四军击退，最后只得全军撤退。横山战斗，苏皖支队共毙伤日军100余人、伪军200余人，俘日军2人。

2月初，日军从扬州、高邮等地调集兵力到江都大桥地区实行"扫荡"。新四军挺进纵队一团在团长乔明信的带领下，于1940年2月7日（除夕）夜，在大桥镇镇北的焦家荡、王松桥一带设伏。次日拂晓，日伪军400余人进入伏击圈，遭到新四军的猛烈打击。下午2时，日伪军向仙女庙方向逃窜，新四军一直追敌至20里外的仙女庙附近，是役，共毙敌数十人，缴获步枪20余支、轻机枪1挺。

9月4日，日伪军从来安、天长、六合、高邮、明光、五河、张八岭等据点出动"扫荡"新四军路东根据地。新四军与地方武装、人民群众紧密配合，空室清野，灵活穿插，以袭击、伏击战术与敌周旋，疲惫敌人。处处受挫的敌人被迫提前于17日分路回窜，结束"扫荡"。此次反"扫荡"作战，历时12天，进行大小战斗65次，毙伤日伪军600余人。

11月上旬，日伪军1000余人由镇江出动至江都县三区新老洲[1]进行"扫

---

[1] 1940年7月，新四军挺纵和苏北特委在郭村成立江都县政府，同时成立5个区公所，一区为郭村，三区为新老洲，五区为吴家桥等。

荡",新老洲工委南洲工作组组长董勤(女)和民运队员叶卜华(女)不幸被捕。

1941年2月,日军苏中驻军向新四军苏中根据地发起了大规模扫荡。新四军则出其不意地袭击并占领了泰州,重创了李长江部。次日,新四军又主动退出泰州,沿途破坏日伪的交通线,并长途奔袭并攻克了古溪、蒋垛等日伪据点,迫使日伪的扫荡草草收场。

4月,仪征、六合等县连续开展了一系列战斗,袭击日伪据点。新四军二师二团和仪征县模范营、东南县(后来的仪扬县)、东南支队等协同作战,以少胜多,以弱胜强,击败了日军扬州警备司令部所组织的对金牛山的偷袭,参与战斗的从仪征、天长、扬州多地调集的日伪军700余人,被歼600余人。另歼灭伪军800余人。此战打击了日伪军的嚣张气焰,粉碎了日伪军在仪、六、扬一带的进攻和"蚕食"。

1941年夏,由于皖南事变的爆发,日军决定趁火打劫,对苏南、苏中、淮南等区先后进行分区"扫荡"。新四军军部于7月10日主动撤离盐城,日伪军随即侵占盐城,然后对周围地区继续进行"清剿",并占领阜宁县城。为配合盐、阜地区反"扫荡",新四军第一师主力在苏中地区发动攻势,歼灭日伪军1000余人。8月9日,日军将"扫荡"盐阜地区的大部兵力转向苏中地区进行报复"扫荡"。苏北新四军乘机反击,一师、二师、三师各部,从仪征、六合、扬州、泰州、泰兴、如皋、南通、东台、射阳、东沟等纵横几千里的战场全线反击。二十二团攻克上冈,二十四团袭击海河镇、陈家洋,二十三团袭击通洋港,各歼日伪军一部。先后收复阜宁、东沟等集镇,迫使日军退据盐城,扫荡告一段落。

9月下旬,日、伪军继续对苏中根据地进行分区"扫荡",苏中区被分割成许多小块,处于游击环境。针对敌人"蚕食"根据地的阴谋,新四军苏中部队采取"敌进我进"的策略,积极向日、伪军控制力量薄弱的地区发展。新四军第一旅参谋长张藩率第二团以挺进支队名义进入高邮、宝应伪化区活动;新四军第二旅参谋长杜屏率第六团第一营以高宝支队名义进入高邮、宝应地区后,打通了与大运河以西新四军第二师的联系。

10月7日,新四军第六师师部及第十八旅撤出苏南日、伪"清乡"区后,进入苏中江(都)高(邮)宝(应)地区,开辟新的抗日根据地。第十八旅划归新四军第一师建制。

1942 年 4 月 7 日，新四军第一师第十八旅一部在宝应县郭氏桥拦截下乡"扫荡"抢粮的日、伪军，当地大刀会近千人前来助战，给日、伪军以重大杀伤。战后日军报复"扫荡"，烧毁 20 余个村庄、200 余间民房，同时在江高宝地区增兵 1500 余人，增设据点 18 处。第十八旅顽强斗争，坚持了抗日阵地。

6 月 5 日，苏中军区各部向日、伪军发动第一次反"清剿"攻势，至 7 月中旬，共歼敌 2000 余人，粉碎了日、伪军的军事"清剿"。

1943 年 5 月下旬开始，苏中军民在反"扫荡"的同时，积极开展武装保卫夏收的斗争，打击下乡抢劫的日、伪军。相关战斗如下：

5 月 22 日，第三军分区部队阻击由泰兴县谢家荡到宣家堡抢劫的 200 余日、伪军，毙俘伪军 140 余名。

6 月 19 日，新四军第一师第一旅特务营及泰州、泰兴、如西独立团在泰兴县黄桥西北的北新街袭击伪军第三十七师王孝礼部，全歼该部 700 余名。同月，东南县东南支队在新四军二师十三团的配合下，夜攻日伪谢集据点，击毙和俘虏日伪军 200 余人。此战后，收复了仪征以西、天扬公路以南地区20 余个乡。

7 月 20 日至 21 日，泰兴县第三区群众 2 万余人在民兵掩护下，包围广陵镇伪军据点，迫使伪军撤回征粮队。

另外，江（都）高（邮）宝（应）地区，由于水网密布，河湖众多，当地抗日军民利用地理特点，开展了一系列拦河筑坝、拆桥破路的群众抗日运动。其中，在拦河筑坝方面，1942 年冬至 1943 年夏，高邮县参加筑坝的群众达26 万人次，筑坝 315 道；江都县境内筑成拦河坝 8 条，封锁坝 10 多条；宝应县在重要湖荡、河流都打了坝，筑了堤，其中主要的 8 条堤坝总长就达 70多公里，出动打坝民工 3 万多人，船只千余条，场面宏伟。而在拆桥破路方面，1943 年 6 月至 1944 年 6 月，江高宝地区群众共拆桥 62 座，破路 197 公里，给日伪军制造了无数难题，有效地阻滞了日伪军的侵略。[1]据统计，截至1945 年扬州地区有 837 个乡建立了民兵组织，有 341891 名男女民兵，他们

---

[1] 江苏省档案局编：《档案记忆·红旗飘飘》，东南大学出版社 2018 年版，第 184—185 页。

在反"清乡"等斗争中发挥了重要作用。[1]

1945 年 5 月,新四军苏中军区在高邮三垛河口伏击日伪军,获得大胜。紧接着,苏中军民粉碎了日、伪军的报复"扫荡",相继攻克和袭击了蚂蚁甸、两鲍庄、丁家岱、三和镇、悦来镇等日、伪据点。在三年多的反扫荡、反"清乡"斗争中,扬州军民与日伪军作战 2130 余次,拔除据点 165 处,扩大解放区 6500 平方公里,毙日军 3700 余人,俘 200 余人,毙伪军 9800 余人,俘 30000 余人。[2]

1945 年 12 月 26 日,高邮战役结束后,苏中军区部队向江都、泰州间日、伪军开展攻势。至 1946 年初,又攻克塘头、郭村等 20 余个据点。至此,江苏长江以北地区除南通、扬州、泰州、海州、徐州等城市为国民党军队抢占外,其余地区均为解放区军民收复。

第四节　中共的根据地建设

一、中共抗日根据地的开辟与发展

扬州地区的中共根据地建设,肇始于新四军挺进纵队于 1939 年春渡江北上之后,以江都县嘶马、大桥、吴家桥为中心所建立的苏北抗战桥头阵地。这块阵地长 20 公里,宽 10 公里,是新四军开辟苏北、发展华中的重要基础。

紧接着,新四军第二支队第四团团部和第二营奉命渡江,在嘶马、大桥的桥头阵地进行短暂休整之后,于同年 11 月底到达仪征以北的月塘集,以扬州、仪征、天长、六合地区为发展区域,着手创建仪扬抗日根据地。1940 年 2 月,挺进纵队第 3 团团部及两个营编入苏皖支队,合编后的苏皖支队力量得到进一步提升,并且打通了与新四军第五支队的联系,共同打击日伪军,为仪扬抗日根据地的开辟与巩固,发动当地人民群众,建立抗日民主政权奠定了更为扎实的基础。

1940 年 1 月,新四军挺进纵队主力北渡长江,抵达吴家桥。5 月,在击

---

　[1]《扬州市志》,第 2412 页。

　[2]　姜遵五编著:《新四军抗战实录》,厦门大学出版社 1995 年版,第 274 页。

退了日伪军对吴家桥的进攻后，主动撤出吴家桥，跳至外围，转入郭村驻扎。挺进纵队在郭村建立了中共郭村区委、抗日自卫委员会、抗日自卫大队，以及其他各种群众抗日组织，准备以郭村为中心，重新建立抗日根据地。7月8日，粟裕率新四军江南指挥部及3个主力团来到江都塘头镇，与挺纵以及奉命从仪扬地区赶来的苏皖支队汇合。整编后的新四军苏北指挥部及所属部队，作出了退出江都，让出郭村、吴家桥，东进开辟黄桥根据地的决定。扬州地区的根据地建设，暂时转入秘密工作阶段。

1941年春，中共中央中原局和新四军决定在华中地区实行小省制，分为8个战略区。其中，扬州地区以运河为界，分属苏中和淮南津浦路东两个战略区。2月，新四军一师重返江都境内，把江都作为向高宝地区发展的跳板和基地。3月，苏中区党政军领导机构成立。新四军军部确定：一师战斗在苏中地区，致力于建设江高宝抗日根据地；二师战斗在淮南津浦路东地区，致力于建设淮南津浦路东根据地。从此，扬州地区党政军民齐心协力，配合新四军投入创建抗日根据地的斗争。

1942年2月，为组织从邵伯湖北端向南沿古运河以西一线至瓜洲地区的抗日斗争，湖西办事处（县级）成立，8月，水南办事处（县级）成立，分别辖现高邮市湖西地区和天长县的秦栏、王桥等地。至1943年，湖西办事处与水南办事处合并，建立甘泉县，湖西地区更属甘泉县。

1942年底，苏中区撤销各级军政委员会，建立各级党委，并领导苏中军民坚强地抵御了日伪军的"扫荡"与"清乡"，以及顽军的军事摩擦。1944年车桥战役后，苏中党政军领导机关迁至宝应以后，宝应成了苏中抗日根据地的可靠后方，直到抗战胜利。

另外，自1938年起，新四军就开始着手开辟江都、镇江联结地区——新老洲，作为大江南北交通的重要跳板和基地，并进而开辟江镇抗日游击根据地。新老洲分属江都县大部，镇江县小部，地处长江中心，由新洲、南老洲、北老洲三个洲（岛）组成。三个洲（岛）所在的江面，是长江下游最狭窄地段，因此成为江南新四军挺进苏北最便捷的通道和江心跳板。江镇抗日根据地，也是扬州地区中共抗日根据地的重要组成部分。

1945年春，苏中地区转入全面反攻。高邮战役，成为苏中抗战的最后一战。抗日战争期间,中共扬州各级党委,领导广大抗日军民,在艰苦的敌后抗战环境下,放手发动群众,深入开展抗日根据地建设,为取得抗日战争的最终胜利作出了重大贡献。

二、根据地政权建设

苏北抗战桥头阵地　1939 年 1 月,新四军挺进纵队到达吴家桥地区后,第三支队政治处主任惠浴宇奉陈毅之命,负责重建地方党的工作。2 月,吴家桥区进化乡网子桥成立了苏中地区第一个党的县级组织中共江都县工作委员会（先是隶属于三支队政治处,后来转属新成立的苏北工委、苏北临时特委、苏北特委等）。中共江都县工作委员会成立后,组织由爱国青年和抗日军政学校部分学员参加的工作组,在通扬运河以南地区,发动群众参加抗日救亡活动。

1939 年春,挺纵在吴家桥成立了中共苏北工作委员会,惠浴宇任书记。7 月,改为中共苏北临时特委。9 月,江都县工作委员会撤销,成立中共江都县委员会,陈扬任书记,下设组织部、宣传部、民运部、妇女部,后又设了统战部、军事部。在县委领导下,还组建了一支人民武装"江北游击队"。10 月,建立了郭村党支部。11 月,建立了大桥党支部。

1939 年 10 月,中共苏北特委正式建立,苏北临时特委撤销。[1]中共苏北工委、特委自 1939 年 8 月起,先后在江都网子桥、吴家桥、徐家巷举办党员培训班,受训的 130 多名党员被派往苏北各县发展党的组织。此后,江都、高邮、宝应等县均先后建立了中共县级组织。

这一年中,惠浴宇在建设根据地党组织的同时,还派吕镇中到陈文部队工作,建立了党的组织;派金求真到李明扬、李长江所辖的陈玉生部工作,介绍陈入党,并在其部队的营、连建立起党的秘密组织。6 月,惠浴宇又派周文在、鲍志椿等到两李所辖的颜秀五部工作,也建立了党的秘密总支委员会。9 月,在国民党省保安 8 旅建立了秘密党总支,在该旅的 16 团建立了党支部。

在政权建设方面,1939 年 7 月 7 日,江都县政府在江都县塘头镇成立。

---

[1]　1940 年 9 月,苏北区党委成立,苏北特委撤销。

县政府下设秘书处和民政、财政、总务、教育、军事、司法、审计科。同时建立了5个区署，分别为一区郭村；三区新老洲；四区曹王寺；五区吴桥；六区麻村。县长惠浴宇对各区署区长也颁发了委任令，并贴出了布告。

接着，江都县政府在全县各大集镇张贴布告，宣布新四军挺进纵队委任惠浴宇为江都县县长，大力宣传共产党减租减息，改善人民生活的政策，以及团结各阶层人士，组成抗日民族统一战线方针，并揭穿国民党破坏统一战线、制造摩擦的反动立场。

江都县政府成立后不久，即开始了扩武工作。塘头、郭村、麻村、七里等地的1000多名青年民兵纷纷报名参军。

1940年7月，苏北指挥部率主力撤出江都，让出郭村和吴家桥等地区。江都县党政干部和武装人员1000余人由惠浴宇带领跟随主力部队东进黄桥，留下江都县委书记张雷平带领少数干部原地坚持秘密斗争。

仪扬抗日根据地　新四军苏皖支队进入仪扬地区时，中共苏北特委派组织部长周爱民等随军开展党的工作。1939年12月，苏皖支队到达陈集后，即着手建立中共仪征县委，周爱民为书记。这是仪征历史上第一个党的县级组织，初期也称"天六仪扬中心县委"。仪征县委对外以"联抗"名义开展工作。

苏皖支队和仪征县委在仪扬、仪六、仪天等边区先后建立了办事处。另外，县委组织青抗、妇抗等团体及青训班，并在各地建立区委，到1940年春，先后建立了陈集、谢集、东沟、龙河、移居、月塘、谕兴等区委。仪征县委一开始隶属苏北特委，1940年春划属中共皖东津浦路东省委。仪征县委的成立，加快了仪扬抗日民主根据地的建设进程。

继中共仪征县委建立后不久，也就是1940年4月初，仪征县抗日民主政府成立。此后，仪征县成为中共领导下创建的淮南抗日民主根据地的东南前哨。仪征县党政军大力宣传共产党抗日救国的"十大纲领"、建立抗日民族统一战线的主张和党的减租减息政策，团结社会各界人士共同抗日，同时，有力地打击地方反动势力。

在机构组成方面，仪征县民主政府设立了相对精干的办事机构，政府组成人员实行"三三制"，吸收爱国人士、开明士绅参加县、区各级政权工作。

如进步教师李养廉担任县教育科科长,曾在国民党仪征县政府中工作的开明人士赵新民担任县财粮科副科长等。

在自身的作风建设方面,仪征县民主政府强调各级行政人员是人民的公仆,必须尊重群众,关心民众疾苦,为民众服务。由于根据地处于敌人的包围之中,不时遭到敌人的袭击骚扰,县区机关频繁转移驻地,流动办公。县长、区长等政府工作人员都深入斗争第一线,领导群众抗击日伪军,并就地解决群众关心的问题,完全没有以往政府官吏的官僚架子、衙门作风。各项行政开支厉行节约,反对浪费;政府工作人员实行供给制,在极端艰险困难的条件下过清苦日子。所以,在作风层面,仪征县抗日民主政府是一个高效廉洁的、为人民服务的政府。

在统战工作方面,仪征县抗日民主政府也取得了巨大的成绩。早在苏皖支队到达仪征陈集后,就开始主动与当地各界人士接触,以当地爱国知识分子李梦甲为例,他被委为陈集镇镇长、陈集各界抗敌协会理事。另外,他还积极帮助部队筹粮筹款,向乡亲宣传共产党的抗日主张。再如地主士绅陈海平、张筱川,前者捐献200元给部队作军需,后者将收藏的几十件武器献给苏皖支队。诸如此类的支援抗战的事例不胜枚举。

在模范乡巴祠乡,仪征县委派工作组开展这里的旧政权改造工作,贫苦农民中的优秀分子和开明士绅被推选进乡、保政权机构,替换思想顽固的旧乡保长。广大农民经济上得益,政治地位提高,抗日热情高涨,积极加入乡农民抗敌协会(1940年秋成立),许多青年踊跃加入民兵组织,配合县区武装打击下乡侵扰的日伪军,破坏敌人的交通线,参加护粮斗争,保卫抗日民主政权。另外,苏皖支队还争取与国民党人士合作。国民党仪征县长黄家驹,在其县常备队、县政府工作的中共党员的影响下,也一度与苏皖支队合作抗日。

在抗日武装建设方面,苏皖支队来到仪扬地区后,就派出干部帮助整顿各地自发组织的抗日游击队。这些游击队,有的成为党领导下的地方武装,有的直接编入苏皖支队。[1]除了苏皖支队,仪征县抗日民主政府建立不久就筹建了仪征常备团,各区组建了区队武装。1940年六七月间,常备团经整编

----

[1]　笔者按,1940年6月,苏皖支队参加郭村保卫战,离开了仪扬地区。

后编入 5 支队独立 22 连。当年秋,由区乡武装上升成为县模范营,最多时有 3 个连,共 300 多人,各区有区队,部分乡有乡队和民兵,全县有 500 多人枪。1940 年 4 月中旬,津浦路东各县抗敌联防委员会、联防司令部成立,统一领导包括仪征县在内的各县抗日民主政府和抗日武装。

湖（邵伯湖）西抗日根据地　1941 年 1 月,湖西办事处（区级,隶属于仪征县抗日民主政府）、湖西工委成立,石竹任工委书记,爱国人士李梦甲任办事处主任。1941 年 9 月,津浦路东区党委书记刘顺元作出开辟湖西抗日根据地的决定,并派敌工部长余纪一以"四县督导员"身份,来邵伯湖以西、仪征以东地区发动群众,发展党的组织,开展对敌斗争。后由于日伪加紧了对仪扬根据地的封锁、蚕食,湖西工委被迫撤销,直到 1942 年春,湖西工委、湖西办事处得到重建,余纪一任工委书记,李梦甲任办事处主任。重建的湖西工委和湖西办事处为县级党政机构,直属路东区党委领导。

湖西抗日根据地虽然开始逐步建立,但因为其特殊的地理位置,处于日伪顽的重重包围中,又与其他抗日根据地完全隔绝,斗争形势比较严峻。因此,当地特别重视从组织抗日民族统一战线着手开展工作,壮大抗日力量,巩固根据地。余纪一等湖西工委的工作人员,在李梦甲的协助下,广泛联系当地的士绅各界人士,联络地方实力派人物,向他们宣传党的抗日主张,揭露日本帝国主义的侵略本质和汪伪卖国贼的罪恶,鼓励他们团结抗日,抵制伪化。

对于敌伪人员,湖西工委也十分注意区别对待,实行革命的两手政策,即打击和孤立甘心附敌、坚决反共反人民的汉奸特务,而对具有爱国思想,或处于动摇状态的伪乡保长、伪军人员,则加以争取,使之为抗日事业服务。对于当地活跃的封建帮会势力,湖西工委也积极把这些人组织起来,为抗日服务。

湖西根据地的政权建设最初是比较审慎的,办事处成立后的第一年没有建立区乡政权,主要是利用旧的政权组织完成各项抗日任务。直到 1942 年夏秋之间,湖西二委才着手建立杨庙、黄珏、公道等区的民主政权,在扬州城、十二圩、施家桥等地发展党员,建立地下党组织和秘密交通线。

至 1943 年,湖西工委下辖两个大区——天扬公路以南为路南区、路北为路北区。路北区包括天长、仪征、江都（扬州）、高邮湖西一部分，人口有六七十万。路南区为陈集一带，也称陈集区。另外，两区分别建立了路南大队和路北大队。

1943 年 6 月，谢集日伪据点被拔除，湖西地区与东南办事处所属根据地连成一片。当月，在湖西、水南[1]两办事处开辟的地区建立了中共甘泉县委员会、甘泉县抗日民主政府，并抽调路东军分区警卫营一个连和一个便衣侦察队作为基础，组建甘泉支队，加强对敌斗争的领导和军事力量。胡炜任甘泉县委书记兼甘泉支队司令、政委，余纪一任县委副书记。湖西、水南办事处同时撤销。到当年年底，甘泉县已有陈集、古井、大仪、二五、杨庙、黄珏、公道、菱塘、秦仁等 9 个区。各区相继组建了区队武装。甘泉县抗日民主政府与东南办事处成为仪扬大地上抗日的中坚力量之一。

江高宝抗日根据地　1941 年 2 月，国民党鲁苏皖边区游击总指挥部副总指挥李长江在泰州公开投敌。1940 年，新四军为进军黄桥及通如海启地区，与二李达成的撤出江都，让出郭村、吴家桥和塘头的口头协议随之自动失效。当年 2 月 18 日，新四军 1 师师长粟裕奉军部之命，率部发起讨李战役。在地方武装和苏中人民的支援下，20 日攻克泰州城，歼李部 5000 人。随后，新四军重新公开进入江都境内，恢复县、区两级抗日民主政权，把江都作为向高宝地区发展的基地。

江高宝地区位于长江北岸，运河以东，南北长约 120 公里，东西宽约 40 公里，是沿运河走向的狭长地带，也是苏南、苏北、淮南、淮北的结合部。这一地区河道纵横、湖泊众多。日军侵占后，在这里建立了严密的殖民统治。宝应北面曹甸一带，又为韩德勤残部所盘踞。在日、伪、顽三方的统治下，江高宝地区的广大群众过着极其贫苦的生活，抗日要求迫切。若能将这一地区开辟成根据地，不仅可以扩大苏中根据地范围，壮大人民抗日力量，而且可以沟通与苏北、苏南以及淮南根据地之间的联系，增加新四军各部队之间的相互策应，战略意义重大。

---

[1]　1942 年 8 月，中共水南区委员会、水南办事处（县级）成立。辖现高邮市湖西地区和天长县的秦栏、王桥等地。区委、区办事处借鉴湖西的经验，有效地组织了抗日斗争。

1941年2月下旬，江都县抗日民主政府恢复，并在通扬运河的河南、河北地区恢复、重建、新建三、四、五、六、七区5个区级政权。

江高宝地区的百姓对新四军并不陌生，尤其是江都地区，以往的群众工作做得比较到位，军民关系良好，具有较好的发展基础。不过在1941年前后，高邮和宝应地区大部分还都是"同情区"和"伪化区"，各县、区、乡政权多是伪政权、国民党政权，或两面派政权。中共和新四军在这里的根基不如在江都深厚。江高宝抗日根据地的开辟仍旧面临着诸多的困难。惠浴宇曾指出："敌伪当然是不容我们插足江高宝地区的，我们一进入该地区，就3天一小仗，5天一大仗。既要做群众工作，又要进行军事斗争。"[1]

1941年5月，新四军一师一旅三团一营两个连西进江都、樊川一带。6月，惠浴宇重返江都工作，一旅三团团长谢有才率一个加强连随行。7月，成立江高中心县委、江高行署和江高独立团。9月，一旅二团以"挺进支队"名义，进入高宝地区。10月初，二旅六团一营以"淮宝支队"名义，进入江高宝兴交界的临泽西北一带。10月底，新四军第六师十八旅主力部队先后进入江高宝地区。

回到江都的各路新四军部队，深入发动群众、组织群众、武装群众，择时打击日伪军，先后取得了周庄阻击战、攻打真武庙、攻克王通河等一系列战斗的胜利，粉碎了日伪军的三次"扫荡"，扩大了活动范围，使淮宝以南地区连成一片，为开辟抗日根据地扫清了障碍。至1941年11月间，先是由一师一旅建立了较稳固的抗日根据地基础，大致按时间顺序建立了苏中四、三、二3个分区。

总结起来，1941年5—10月，参与开辟江高宝根据地的新四军武装有：

新四军第一师一旅三团一营两个连由张孤梅、汪其祥率领，于1941年5月，自苏中第三军分区西进至江都。

一师一旅三团的一个加强连由团长谢有才率领。该连后与张孤梅部会合，改编为江高独立团，谢有才任团长，张孤梅任政委。张孤梅率领一部在

---

[1] 中共扬州市委党史办公室编：《江淮永志民族魂：扬州人民抗战史事》，国家行政学院出版社2005年版，第147页。

小纪一带开展活动；谢有才率另一部向樊川、永安地区发展，逐步开辟高宝抗日"同情区"。

新四军第一师一旅第二团由旅参谋长张藩、政治部主任兼第二团政委李一平及团长廖政国率领，于1941年9月中旬，以"挺进支队"名义由泰西西进高宝，活动于北澄子河以北、子婴河以南地区，并由团部参谋长王祥率领短小精干队伍插到临（泽）界（首）公路以北地区进行试探性活动，为部队北进宝应做准备。

新四军第一师二旅六团一营由该旅的参谋长杜屏率领，于1941年10月，以"淮宝支队"名义进入兴（化）高（邮）宝（应）交界地区的临泽西北一带活动。

之后，在1941年10月初，新四军六师十八旅旅长江渭清、政委温玉成率旅部、旅教导队、五十一团、五十二团、五十四团及警卫团约2000人从江南撤出，经丹北渡江抵达靖江，休整近半月后，向西进入江都地区。此后，十八旅划入新四军一师建制，逐步着手开展苏中一分区工作的开辟建设。

10月29日，十八旅第五十四团进入高邮地区，对外沿用"挺进支队"番号，团长吴泳湘，政委刘飞。团部驻四区踏马港，三营活动于一、四、六区，一营活动于子婴河以北。[1]

11月，刘烈人带领新四军六师十八旅服务团临北工作队来到宝应地区，进行开辟工作，逐步在临北地区的郭氏桥、土塘沟、小塘河、芝麻垯等地发展

---

[1]　在54团进入高邮地区前的一个月，也就是1941年9月，原高邮工委书记陈干即奉组织命令，到高邮领导地下党工作，建立了中共高宝工作委员会，为开辟抗日根据地做准备。高宝工委会积极发展党组织，秘密筹集粮草供给部队，刺探敌军情报，发挥了重要作用。1942年7月，经中共苏中一地委批准，撤销高邮县工委，成立中共高邮县委员会，赵秀英任书记。同时建立了高邮县抗日民主政府，江涛、杨浩庐先后任县长。在县委领导下，各区按照发展党员的要求和程序加强组织发展工作，以贫雇农中的抗日积极分子为主要对象，也有革命知识分子。当年夏季工作中，全县发展党员437人，此后各区乡结合减租减息、惩奸反霸、参军参战、反伪化、反"扫荡"、反"蚕食"、反抢粮等实际斗争，吸收了大批觉悟较高、抗日斗争坚决的先进分子入党。

了一批党员。[1]

这一时期,扬州地区的抗日武装力量形成了主力军、地方军、民兵三结合的武装体制,其中主力部队为新四军十八旅。地方武装为新四军主力抽调一部分兵力加强的地方抗日武装。其中有1942年11月,以五十四团两个连为基础组建的高宝独立团;有以五十二团两个连为基础,与江都县地方武装合编建立的江都独立团;还有二师抽调部分主力为基础,与地方武装合编的4个独立团和一个独立营。民兵方面,各区普遍建立了区中队、乡分队。仅高邮县,到1943年底,全县民兵发展到16700多人。县总队区游击连、乡基干队都有了武器装备。

1942年11月7日,新四军军部指示,江、高地区全部划为六师活动范围,江高地区地方武装与地方干部及其党政关系全部移至六师接管,一切党政工作归江南区党委领导。原在该地的第一师第一旅部队抽调向东担任防务。至此,江高宝地区的抗日斗争和根据地建设,都在新四军第一师十八旅,以及江高中心县委、江高行署的领导下进行。

江高中心县委和江高行署建立于1941年7月,惠浴宇任书记,原在江都坚持斗争的县委书记张雷平改任中心县委副书记兼任组织部长,同时兼任江都县委副书记。江高中心县委建立后,加强了对江都四、五、六、七区的领导,各区党政领导班子得到建立健全。不久又开辟了高邮二区并建立了办事处。高邮二区办事处是高邮县第一个初具规模的抗日民主政权,直属江高中心县委领导。在江高中心县委领导下,各县区、乡党的组织由南向北

---

[1] 其实早在1941年初,中共宝应县工作委员会就已在宝应城建立,隶属中共淮南区委领导,后划归淮北区党委领导。宝应县工委建立后,以城市工作为重点,积极慎重地发展了一批党员,建立了四个城内的党支部,并委派党员打入敌伪机关,刺探情报,转运物资,掩护来往同志等。随着新四军"挺进支队"和"淮宝支队"进入宝应地区以及中共高宝工委的建立,宝应县抗日"同情区"的开辟进度大大加快。高宝工委加强了在高宝两县交界的地下工作,并发展了一批党员。1942年初,郑少仪从中共江高中心县委来宝应,在临北地区组建了临北工委,郑少仪任工委书记。同年3月,中共宝应湖东工委建立,属苏中一地委领导,刘烈人任书记。至当年秋冬,工委下辖氾水、临北、大望3个区,并进入射阳范围内活动,使这里成为进一步开辟宝应的前进基地。这一时期,宝应各级党组织积极开展活动,广泛宣传党的抗日主张,团结广大群众抗日,开展统一战线工作,争取上层人士支持抗日。1943年5月,中共宝应县委成立,刘烈人任书记兼宝应县长,吴伯文任副书记兼宣传部长,胡荣佳任组织部长,杜文白任民运部长。与此同时,运东工委撤销。

逐步建立和发展。不久,江都通扬运河以北、高邮三垛河以南地区均由江高中心县委领导。

中共江高中心县委建立后,即按照"发展进步势力,争取中间势力,孤立顽固势力"的策略方针,开展党的统战工作,争取一切可以团结的地方士绅和各界人士投入抗日。高邮县二区官田庄的吴襄哉是全县影响较大的地主士绅,家有土地两千余亩。他虽然支持抗日,但对共产党心存戒备。为开展对吴襄哉的统战工作,江高中心县委书记、行署主任惠浴宇多次登门,同吴襄哉推心置腹,促膝谈心,反复宣传共产党的政策,动员他与共产党共同抗战。经过深入细致的工作,吴襄哉逐渐消除对共产党新四军的戒备,拥护共产党的抗战政策,愿意为抗日救国出力。此后,他多次向新四军部队提供有价值的物资、情报;保护党的交通线的安全,并为新四军伤病员给予生活上的照顾。1942年,他独资兴办了官田抗日小学。之后,他又响应党的号召,带头减租减息、贡献良田等。惠浴宇曾这样评价吴襄哉:

> 他爱国家爱民族,对国土沦丧深深痛心,但他认为共产党是以地主资本家为革命对象的,对他这样的人不会真心合作。我们发动他参加抗日斗争,他开始对我们有疑虑,与我们若即若离。经过反复做工作,他终于开口了:"我不能拿枪杀敌,但能做的事一定尽力而为。"他捐钱捐田支援抗战,利用自己的关系,掩护我们的秘密交通站和民运队,自动带头减租减息,捐粮钱为穷苦农民的孩子兴办学校,并把自己的4个孩子陆续送往新四军参加革命。在他的带动下,一些乡绅和伪乡长也向我们靠拢。例如赵宏高、鞠文明等乡绅,他们为新四军的兵工厂捐赠设备;伪乡长姜长桐、吴吉人从靠拢我们到投身革命,成为我们的同志。[1]

1942年3月,江高中心县委和江高行署撤销,建立中共苏中第一地方委员会、苏中第一行政专员公署,惠浴宇任书记。自此,江高宝地区的抗日斗争,统一由一地委领导。苏中一地委下设组织部、宣传部、民运工作部、社会

---

[1]　中共扬州市委党史办公室编:《江淮永志民族魂:扬州人民抗战史事》,第155—156页。

部、敌工分委会、敌伪军工作部、秘工部、秘书处、江高宝交通站等机构。与苏中一地委建立的同时，还成立了苏中第一军分区，刘先胜任司令员。12月，苏中第一行政区实行党的一元化领导，撤销军政委员会，由韦一平任第一地委书记兼军分区政委，刘先胜为十八旅旅长兼第一军分区司令员，参谋长夏光，政治部主任刘飞，惠浴宇改任地委副书记兼行署专员。

值得补充说明的是，当年11月，苏中一地委曾决定在扬州城区建立中共扬州市工作委员会，后因失去掩护条件，扬州城区的地下党组织全部撤离。

除了以上的根据地开辟、党组织建设和统战工作之外，江高宝根据地还进行了诸如争取和改造民间武装、建立"三三制"抗日民主政权、拉拢"两面派"政权等工作。

首先，在争取和改造民间武装方面，在江高宝根据地内，普遍存在着许多群众自卫性质的武装势力，例如高邮地区的"联庄会"和宝应地区的"刀会"。仅高邮四区"联庄会"就有枪支1000多支，三区也有400多支。宝应临北"刀会"最盛时会众达2万多人，射南也有数千人，枪百支，刀数万。为争取转化上述帮会武装，江高宝地区进行了大量工作。首先是争取帮会会众共同抗日；其次是委派党政组织、干部不断地坚持向民间武装宣传说理，赢得他们对共产党、新四军的了解和信任；再者是帮助帮会武装转移枪支和人员，提供各种力所能及的帮助；最后是大力发展民兵组织，吸收帮会人员，输送精干人员，让帮会武装自动瓦解，转而将其武装力量转入自己手中。

其次，在建立"三三制"抗日民主政权方面，早在1941年2月，江都县政府就恢复了，到同年六七月间，江高地区又迅速建立了"三县行政委员会"（即江高行署）。随着开辟工作的深入发展，许多民主人士被吸收参加了各级抗日民主政权。实践证明，利用地方士绅、开明地主来宣传共产党的政策和主张，往往要比我们自己出面宣传的效果还要好。关于"三三制"政权问题，毛泽东同志在1940年3月6日就有过一个指示："在人员分配上，应规定为共产党员占三分之一，非党的左派进步分子占三分之一，不左不右的中间派占三分之一。""必须使占三分之一的共产党员在质量上具有优越的条件。""给中间派以三分之一的位置，目的在于争取中等资产阶级和开明绅士。这些阶层的争取，是孤立顽固派的一个重要步骤。"这是我们建立"三三制"政权的指导方针。

再次,在拉拢"两面派"政权方面,江高宝根据地在新开辟、创造的根据地内搞各级抗日民主政权的同时,还在中心区外围的地区、靠近敌占区的地方搞"两面派"政权。对伪化区的伪区、乡、保长,做争取工作,采取"打""拉"结合的方法,首先晓以大义,晓以利害,而后也执行给出路的政策,使其能以实际行动悔过自新,靠向新四军一边,为抗日出力。这项工作的过程就是使他们从原来为敌伪服务的反动的"一面派"先后变成对两方都应付的"两面派",再转变成真心为新四军服务,表面应付敌伪的革命的"两面派"。

自新四军重返江都阵地和江高中心县委建立,到1942年3月,江高宝抗日根据地的开辟取得了显著成效。一面是根据地的巩固,另一面是同情区的扩大。江高宝地区全部面积1.2万平方公里中,抗日根据地占据了3659平方公里,游击区6050平方公里,日伪占领区2300平方公里。到1943年底,江高宝地区自卫队员发展到10万人,民兵发展到23000人。[1]江高宝抗日根据地的开辟取得了显著成效。

随着根据地各个县级党组织的建立,江高宝地区区、乡级党组织也相继建立,党员队伍不断扩大;农抗会、青抗会、妇抗会等各类群众抗日团体纷纷建立;利用、改造和争取"刀会""联庄会"等地方武装,以党领导下的民兵模范队、联防队取而代之。在大桥小学,还成立了儿童团。广泛的抗日民族统一战线结成,大批中小绅士、伪顽中下层人员弃暗投明,为抗日斗争效力。

1942年10月,苏中第一行政区决定以扬泰运河为界,将江都县分为江都、邗东两县,以便独立行动,河北为江都县,河南为邗东县。11月,成立樊北工委和樊北行署,高邮二、三区和江都十区(小纪一带)划归樊北工委和行署管辖。为开展反"清乡"工作,江都县委月内增设城工部。

至1943年4月,为贯彻精兵简政、实行党政军一元化的精神,苏中行署决定撤销樊北行署,所属二、三区划归高邮管辖,江都、邗东两县合并,仍称

---

[1]　陈立:《论新四军在江高宝地区的立足与生根》,江苏省中共党史学会:《江苏省中共党史论丛》,中共党史出版社2006年版,第273—277页。

江都县,邗东警卫团并入江都独立团。不过从当年1月开始,日伪军对苏中地区加紧了"扫荡"和"清乡"。为渡过"黎明前的黑暗",苏中军民进行了顽强的"反扫荡""反清乡"斗争。1943年底,江高宝根据地发展到26个区,420个乡。[1]

1944年车桥战役后,苏中党政军领导机关迁至宝应以后,宝应成了苏中抗日根据地的可靠后方,成为苏中抗战的政治、军事、指挥中心,直到抗战胜利。

江镇抗日根据地抗战前分属江都县大部、镇江县小部的新老洲,是联结大江南北的战略要地。因此,新四军和新老洲的中共地方党组织,在与日、伪、顽互相争夺和斗争中,艰难而曲折地进行了创建江镇地区抗日游击根据地的斗争。

1938年7月起,新四军先后两次派所属部队、中共苏北特委和挺进纵队派出多名党政干部,共同开辟新老洲。先后建立了新老洲抗日自卫委员会和抗日民主政府;长江水上游击大队;民众抗日自卫游击大队;中共长江工委;中共江镇工委;中共丹北中心县委。

至1943年秋,江镇地区党员人数已达250多人,党支部发展到30个。党领导的抗日武装迅速发展,丹北大队,南老洲、北老洲和新洲民兵联防大队相继建立,逐步形成了抗日游击根据地,搭建和巩固了"渡江跳板",确保了长江南北交通线的畅通。

三、根据地经济建设

财经税收工作　抗日战争时期,受限于敌后抗战艰难的战略环境,根据地的财政经济工作十分困难,基本秉持着"发展生产、充裕财政、繁荣经济、保障供给"的工作方针,在困难中摸索前进。最早挺进江都地区的新四军挺进纵队之前身——丹阳抗日自卫总团,就成立有财经委员会,由管文蔚的弟弟管文彬担任委员会主任。1940年1月,新四军挺进纵队在江都整编时,也建立了财经委员会。

1940年7月,新四军苏北指挥部在黄桥成立。新四军进驻黄桥后,立即

---

[1]　中共扬州市委党史办公室编:《江淮永志民族魂:扬州人民抗战史事》,第14页。

派出干部、民运工作队和服务团,协同地方党组织发动群众,投入了以黄桥为中心的抗日根据地的建设。8月初,黄桥军民联合办事处成立,随后,于8月3日,联合办事处设立财税处,主持黄桥根据地的税务工作。

为开辟财源,保障供给,财税处成立了黄桥、周家桥、高家湾、广陵镇、分界、蛤蟆圩、立发桥、丁家所等10多个税所。财税处本着既减轻工商业者的税务负担,又有利于抗日的目的,实行"一道税制",统一了税制、税率,印制了货物检查证(即税票)和已税货物准运证,税不重征,一票通行。[1]这样既降低了税率,又活跃了市场。8月中下旬收税11万元,9月份增加到21万元。税务人员一面征收税款;一面广泛发动群众,扩大税基,增加税收;同时还努力宣传中共的税收政策——量入为出,量出为入,取之于民,用之于民。对新四军坚持敌后斗争,扩大和巩固黄桥抗日根据地起了十分重要的作用。

总的来说,抗战时期各根据地税收的主要收入是进出口货物税,又叫统税。抗日民主政权普遍对进口的军需民用品实行低税政策,尤其是对军用品、白纸蜡烛、印刷用品、西药等直接免税,从而鼓励进口。为了发展民族工业,对油坊也采取免税。另一方面,抗日民主政府对迷信品施以重税,毒品则直接没收,对日伪控制地区,还实行武装收税。

粮食工作　1941年新四军东进黄桥初期,只征收救国公粮。1942年,转为粮赋并征,不收田赋,并按一斤粮一斤草的标准,在征粮的同时,征集草料。同时进行了查田定产的工作,重新登记了田亩。

在根据地中心区,主要征收实物。在征粮种类上,夏季以小麦为主,秋季以稻谷、高粱为主。对出租田,规定由佃户代缴,在地租中扣除。在根据地边区和敌占区,采用改征代金的形式,可以用黄金、银元、法币、伪币折算抗币的方式上缴。

另外,财粮部门还印制了各种饭券、代粮券,分散活动的部队战士可以凭代粮券到群众家中代伙,群众可以持券抵交公粮。粮食吃不完,可以变卖现金交金库,或交贸易公司到敌占区换回军需民用物品。多余大豆可以交油坊榨油、打饼,豆饼还可贷给农民作肥料或饲料,农民待收获后再用粮食

---

[1]　中共扬州市委党史办公室编:《江淮永志民族魂:扬州人民抗战史事》,第187页。

偿还。

在青黄不接、粮食不够吃的时候，抗日民主政府往往会采取预借公粮的方法，夏季预借，秋季抵交公粮，按田亩等级、亩产高低，平均每亩可预借7—12斤。全年征收标准（占每亩产量）：地主30%—32%；富农22%—28%；中农17%—19%；贫农15%。[1]

1941—1944年，日伪的"清乡""扫荡"，以及经济封锁等，使得根据地的处境十分艰难。抗日民主政府普遍实行的是供给制，以减轻人民的负担。但即使是在这有限的供给条件下，广大根据地党政机关干部、军民还是节衣缩食，支援抗战。1944年3月，新四军发动车桥战役时，宝应县仅安丰区就筹借粮食5万多斤、柴草100万斤及3大船煤油、蜡烛、报纸。1944年5月，苏中一分区机关干部职工献金2.39万元，大米7000斤，以及衣服、鞋袜、毛巾、肥皂、牙刷、牙粉等物资。同年6月，江都县发起了"一个铜板、四两废铁"的捐献活动，全县人民热烈响应，纷纷将家里的铜、铁拿出来捐献。另外，吴桥、杨桥和樊南三区的群众献粮1万多斤。江都县的举措得到了宝应县各界的联动，同月，宝应县献粮6万多斤；射阳僧抗会献田400亩；射阳镇士绅献金4000余元，粮500斤。

财政金融工作 1941年9月，江淮银行[2]副行长李人俊来到粟裕所领导的第一师及其所辖的苏中地区。当时，新四军决定撤销江淮银行总行，将华中分为9个战略区，分别自行建立银行。李人俊即在第一师建立苏中财经处和银行，银行仍沿用"江淮银行"名。

江淮银行苏中分行从1942年起分别进行了机构调整，下设江淮银行苏中第一、第二、第三、第四、第五等支行，各县和部分大的集镇设立了江淮银行办事处。而搬迁到阜宁县的江淮印钞厂，于1942年7月重新开工，分别在苏中、盐阜两个根据地发行江淮券[3]。因为江淮券有力保证了抗日战争中

---

[1] 中共扬州市委党史办公室编：《江淮永志民族魂：扬州人民抗战史事》，第185—186页。

[2] 1941年1月底，中央军委在盐城重建新四军军部。3月，陈毅、刘少奇等人决定筹建银行，发行革命货币。1941年4月1日，"江淮银行"在盐城成立，4月12日开业营业。在行政隶属上，江淮银行归属新四军军部的财经部领导，对外是两块牌子，对内是一套班子。

[3] 发行机构为新四军第3师的盐阜银行、第1师的苏中财经银行、淮南银行、淮北银行等。

根据地经济繁荣和人民利益,老百姓高兴地称之为"抗币"。

1942 年 10 月 24 日,苏中区党委决定发行江淮银行的江淮币,1942 年 11 月 1 日,苏中行政公署发布了由主任管文蔚署名的公告,正式发行江淮币。公告还特别强调,与敌人作货币斗争,是争取最后胜利的必要措施。至 11 月底,印钞厂共为苏中、盐阜、淮海等几个地区生产了不同面额的凹印和凸印抗币约九百余万元。

在仪扬抗日根据地,仪征县委和县政府曾组织工作组到第五区巴祠乡,进行发动群众、建设抗日根据地的试点。首先他们推行党的减租减息政策。具体而言,就是实行"三七分租"[1]"二五减租"[2]"分半给息""废除旧债"等政策,大大减轻了农民的负担,同时也照顾到了地主富农的部分利益,从而取得了最大多数人的拥护。

另外,为破坏敌人"以战养战"的计划,与敌人的经济侵略及军事封锁作斗争,同时为坚持长期抗战,保证抗战物资的供给与根据地经济的发展,仪征县逐步建立健全了税收、财政、货物管理等机构,开展征粮、税收、贸易管理、财务管理工作。

一是合理征收田赋、公粮和货物税。1942 年夏收后,群众踊跃交纳公粮,不少边缘地区的农民也冒着危险向抗日政府交纳爱国粮(大多折价交钱)。在根据地范围大为缩小的情况下,抗日政府的财政收入反而比以往有所增加。

二是开展货物贸易。为打破敌人的经济封锁,抗日政府严格控制了粮食、油料、猪牛等农副产品的出口(即外销至敌占区),并由政府统一收购群众手里的商品粮,有组织地去换取根据地需要的布匹、煤油、火柴、纸张、药品等必需物资。

三是加强金融管理。通过一定的借贷手段,帮助群众发展生产,改善生活。

1944 年,车桥战役胜利后,苏中党政军领导机关迁至宝应,宝应成了苏中抗日根据地的可靠后方。苏中领导机关及直属学校、工厂等单位迁到宝

---

[1] 即收获的粮食佃户得 70%,地主得 30%。

[2] 即租额减少 25%。

应后,对宝应党政建设、地方武装、发动群众减租减息、发展生产、繁荣经济、改善生活、打击日伪等方面均起了极大的推动作用。3月,随着苏中领导机关迁入宝应县,江淮印钞厂也随之而来,厂址选择在距司令部10公里左右的水泗林上庄。

1945年6月,印钞厂厂长由胡金魁担任,管文炳担任副厂长。1945年8月,日寇投降,根据华中财委会指示,江淮印钞厂迁入宝应县西安丰新金庄,并决定以江淮印钞厂为基础,将各根据地印钞厂合并成立华中印钞厂。至此,江淮印钞厂完成了自己的历史使命。

1945年10月,华中局限令结束各地方性银行的业务,全部移交华中银行,并决定江淮银行立即停止业务,同样一律移交华中银行。年底,江淮银行完成了它的历史任务。

工业生产除了江淮印钞厂,在宝应根据地还有一家重要的工厂,那就是苏中军区军械处第一总厂,吴运铎担任第一总厂厂长。该厂在1941年11、12月间始建于启东县,由原来的新四军1师供给修械处扩建而成。

1942年7月,军工部开始迁移。1943年迁来宝应。1944年12月底,又从西安丰迁宝应县的射阳湖油坊头一带。油坊头地处宝应东荡深处,地形隐蔽。不久,军械厂、榴弹厂、铁工厂、修械所等大大小小的军工生产单位,星罗棋布于荡区的芦苇丛中。由于隐蔽性好,环境相对比较安全,军工生产有了很大发展,建成厂房200多间,炼铁炉、炼铜炉各一座,占地200余亩,有工人200多人,干部50多人。[1]

新四军多夜战、近战,手榴弹在这种作战形式中能够发挥很大威力,所以需求量特别大,宝应军工厂的生产供给,为抗战胜利作出了重要的贡献。

四、根据地科教文卫建设

教育事业　1939年初,挺进纵队在网子桥创办了专门培养军事、政治干部的长江抗日军政学校（苏北抗日军政学校）,司令员管文蔚兼校长。该校前后共办了3期,每期3个月,学员近百人,多来自部队和地方上的干部及青年学生,学习内容"三分军事,七分政治"。许多学员在结业后,被派往高

---

[1]《吴运铎战斗在宝应油坊头》,《扬州晚报》,2009年8月22日。

邮、洪泽、泰州、如皋等地,参与根据地的开辟与建设。

1939年初夏,陈毅在管文蔚陪同下来到网子桥,视察挺进纵队举办的抗日军政学校,了解办学情况和学员的学习训练情况,并且作重要指示。

之后,随着抗日根据地的进一步开辟和巩固,扬州地区的根据地教育事业得到了巨大的发展。而后在1942—1943年,由于日军严酷的扫荡和清乡,根据地在这一时期多采取分散办学、游击办学、化装办学、巡回教学、传习教学、秘密组织等形式坚持抗日教育。1943年秋,根据地形势好转,各项建设乃重回正轨,直至抗战胜利。

在初等教育方面,扬州地区抗日民主政权建立初期,即着手接管和恢复原有小学,并在有条件的地方新办了不少小学。其中高邮县在1940年,完小的数量由原来的2所增加到10所。乡村初级小学的数量由原来的7所增加到22所。入学儿童总人数猛增到7000多人,教师多达209人。在仪征县,抗日民主政府成立的当年,即在月塘、移居、谢集办起了3所小学。第二年,又派教师到长山、光华等乡创办小学。在此基础上,甘泉县成立后,又先后办起了古井小学、陈集小学、公道小学、黄珏小学、杨兽坝小学等。

但只兴办学校是不够的,各地抗日民主政府还做了一些配套性的工作,以更好地发展小学教育。一是转变教师思想。通过建立当地教师的群众性组织——"教抗",举办座谈会、讲习会、训练班等形式,向教师宣传革命道理,解释共产党的政策主张。二是广泛动员劳动人民的子女入学,尽可能将教育服务于占人口总数百分之九十以上的劳动人民,并公布了对贫苦学生实行免费入学和发放助学金的政策办法,解决贫苦农民子弟入学的困难。三是对原有私塾进行管理改造。1945年6月,苏中行署颁布《苏中私塾管理暂行规程》,目标将私塾逐渐改为民办小学。事实证明,私塾改造工作的成绩是显著的。不少塾师经过实际工作的考验,被政府吸收为小学教师,或转到军政部门参加了革命工作。部分优良私塾还获准转为民办小学,正式成为新民主主义教育事业的一部分。

在中等教育方面,最典型的成就是创办了苏北中学和高邮县中学。

苏北中学,1940年春创办于泰州,后在江都谢桥设一分校,对外也称苏北中学,周郦任校长。学校共有4个年级,分3个班,初一、初二各1个班,初三和高一为复式班。学生白天上课,课后和晚上就到附近村庄协助地方办民校,开展抗日活动,帮助建立各种抗日救亡团体。该校创办不久就建立了党支部,一些进步学生经过斗争的考验,加入了中国共产党。5月,日军占领江都大桥。苏北中学被迫转为流动办学,后又改为分散活动。新四军挺进纵队曾派专人负责与苏北中学联系,设法资助。7月,新四军东进黄桥后,苏北中学的部分师生在周邨校长的带领下随军东进,另一部分师生留守,坚持斗争,学校停办。[1]

高邮县中学,创办于1944年7月,高邮县抗日民主政府县长李逖兼任校长,校址在横泾区周罗舍。学校实行民主集中制领导,建立了校务会议制度,学生中也成立了学生会组织。第一期学员共205人,大部分是地方知识青年,少数是地方干部。学员毕业后或到部队及政府工作,或至各区、乡实验"乡学"。第二期有学员350人,大多是在职乡村干部,少数为地方知识青年,设军政与财经两科。这两期后,又举办了数期短训班,培训了一批党政机关、文教、财经等方面的干部。学校在开展教学的同时,生产后勤工作也开展得很活跃。全校师生合种8亩菜地,还开了合作社、浴室、理发店,解决了部分办学经费,改善了伙食,减轻了政府的负担。抗战胜利后,该校奉命停办。[2]

在师范教育方面,最重要的工作是创办了江都简易师范、宝应安宜师范、镇澄简易师范等。

1942年底,中共邗东县委作出创建简易师范学校的决定。1943年4月,邗东县与江都县合并,成立了江都简易师范,吴奇仁任校长,随即开始招生,7月正式开学。从1943年冬到1945年夏收前短短1年半的时间内,该校曾"三迁河北,两返河南",经历了许多艰难险阻。创办之初,该校的宗旨是培训师资,但随着战争形势的变化,培养目标转变为以培训抗日干部为主,兼顾培训成人教育与儿童教育的师资。学制也由最初的一年缩短为半年。有的短训班只有二三个月。"江都简师"办学3年,培养了数百名干部和师资,为革命事业作出了贡献。

---

[1] 中共扬州市委党史办公室编:《江淮永志民族魂:扬州人民抗战史事》,第195页。
[2] 中共扬州市委党史办公室编:《江淮永志民族魂:扬州人民抗战史事》,第196页。

安宜师范创办于 1943 年 10 月,校址先在宝应县团庄、柳堡一带,后迁顾家庄,原是短期培训师资的学校。分别于 1943 年冬、1944 年夏、1944 年秋举办了三期短期培训班,另外还办了 1 个儿童工作科,毕业生专门到各乡从事少年儿童工作。安宜师范于 1945 年 8 月停办,在其办学的两年中培养了 500 余名基层干部,为地方抗日斗争和以后的自卫战争准备了一批基层骨干力量。

镇澄简易师范是由中共苏中五地委在 1945 年 1 月于新洲创办的,参加学习的主要是区、乡级干部,配合学习党的知识,开展了整风运动。镇澄简易师范前后共办了 3 期,第三期开学时,抗战已结束。之后全校师生北撤至高邮、兴化交界的周罗舍。一、五地委正式合并后,该校师生被分配到各地、各部门工作,镇澄简易师范随之结束。

另外,在 1944 年春,泰兴乡师、泰兴高师以及公任中学、联合中学、泰县一中、二中、靖江沪光中学的一部分学生共 400 多人,由于日军对他们所在的苏中三分区发动了严酷的"清乡",经请示苏中行署决定,组成了三分区联合师范(简称"三联师")。该校一成立,即向当时苏中行署所在地宝应县转移。1 个多月后,抵达宝应,后在射阳区一带办学。全校师生积极参与到了宝应县各区、乡的群众工作中,对推动当地的斗争和建设起了一定的作用。1945 年春,大部分学生被分配到苏中行署各机关和苏中一分区工作,有近百名学生随校离开宝应,返回泰兴。

在成人教育方面,根据地最初多以冬学[1]、民校、识字班、读报班、黑板报、文化岗、明理堂等形式开展。尤其是 1941—1942 年的成人教育,主要是结合"三冬"中的"冬学"普遍开展的。到了 1943 年,成人教育开始经常化,建立了统一的乡学行政领导机构,建立了学习小组长制、村文化干事会、乡学委员会和乡学工作团。其中,乡学是主要形式。与此同时,教育对象扩大了,首先是民兵和各抗日团体基层骨干,其次是优秀青年和儿童干部,再次为一般成人。而课程内容,则重点突出时事教育、斗争知识、文化知识,以及群众在日常生活中最亟待解决的问题。

---

[1] 1942 年冬,各根据地开展了"三冬"(冬耕、冬防、东学)运动。

在高等教育方面，中共苏北特委在 1940 年 7 月创办了抗大式学校——苏北公学，校址在江都县塘头彭家庄，特委副书记惠浴宇兼校长，副校长周平。学员大都是江都、泰州、泰兴等地的进步青年知识分子，共有 70 多人。郭村战斗后，该校随军东进，在黄桥继续办学，为新四军和抗日民主政权培养了许多干部。

1944 年 2 月，苏中区党委、苏中军区决定以中国人民抗日军事政治大学第九分校为基础，成立苏中公学。1944 年 4 月，苏中公学在《苏中报》上刊登了招生消息。5 月初，从苏中各地区不断有考生来到曹甸的苏中公学，其中有各分区、县选送的干部，也有社会考生，还有沦陷区的进步知识青年。6 月 1 日晚，在校部驻地曹甸镇金吾庄的一个广场上，召开了开学大会。第一师师长粟裕亲自任校长，苏中公署主任管文蔚、新四军一师一旅旅长张藩任副校长，夏征农任教育长。第一期学员近千人。该校主要培养区以上干部，内设政治、军事、文化等课程。在金吾庄办学的两年多时间里，苏中公学先后办了 5 期，组建了 44 个学员队。到 1946 年 5 月，苏中公学与雪枫大学、苏浙军区随营学校合并，组成华中雪枫大学。至此，苏中公学以其短暂的办学时间，为我党输送了 4000 多党政干部。

最后，在干部教育方面，为加强党员教育，培训民运工作骨干，江高中心县委除接办原江都县委党刊《布尔什维克》外，还于 1941 年 11 月在江都麻村地区举办民运工作干部训练班，培养党员干部，开展地方党的工作和群众工作。第一期参加学习的除共产党员外，还有七八十个进步青年。为进一步向高宝地区发展，1942 年 2 月，江高中心县委从江都移驻高邮县三区汉留一带。

1942 年 3 月，江高中心县委和江高行署撤销，中共苏中第一地方委员会、苏中第一行政区成立。为加强党内教育和培养干部，苏中一地委创办了党校，培养、训练区以上的党员干部。各县开办了党员干部流动训练班，相对集中时间学习，以提高党员、干部的政治思想素质。同时，大力培养和选拔干部，把一大批在斗争中涌现出来的积极分子，经过短期培训，放到基层领导岗位上，以便坚持长期斗争。

1944 年 6 月，苏中行署文教处发出《彻底改造文教工作十大要领草案》。同年 7 月 12 日，苏中行署在宝应县固晋乡召开苏中教育会议，提出"以进步服务的教育观、抗日民主立场和学用一致的精神"作为彻底改造根据地教育的三大根本思想。会议通过的《新学制修正草案》规定新的学制分为6个层次，在县及以下有乡学、区学、县学，分区一级为专门学校，大区（省）以上为大学、研究所或研究院。

6—7月间，苏中一专署召开文教大会，就文教工作的统一领导及如何团结更广大的文教工作者等问题进行了研究讨论。会议坚持了党对知识分子的政策，指出知识分子是党的宝贵资本，要团结帮助他们，发挥他们的特长；强调在今天抗战时需要知识分子，将来建设新民主主义新中国更需要知识分子。

整风运动 除了前述的教育建设，自1943年下半年起，苏中各根据地党组织根据中共中央的指示，开展了整风运动。

其实早在1941年9月，中共中央即已发出在全党范围内进行整风运动的决定。为响应和贯彻党中央的决定，苏中区党委在1943年6月召开了四届扩大会议，作出了7月份开始整风的决定。

8月29日，苏中区党委发出了《关于整风学习致各地委的电示》，明确提出今后应以整风运动为第一要务。接着又发出《关于整顿学风、党风的指示》，要求从9月1日正式开始整风。苏中一地委的整风学习分甲、乙、丙三组进行。甲组由地旅、专署一级主要负责干部组成，乙组由县委、县政府及团级机关中科长以上干部组成，甲、乙两组着重整顿党风和学风。其他干部均为丙组，主要为业务学习。对文化程度较低的干部，选择重点文件，边阅读边上课或听辅导报告。

第一期的整风学习，主要采取在职学习的方法，建立了学习组织和制度。在个人学习的基础上，小组漫谈讨论，交换心得体会，然后联系个人思想和工作，进行自我总结。有的县委还出版《整风》刊物宣传整风方针政策，报道有关经验和典型事例，分发至县各机关区和连队，以指导全县的整风工作。

半年后，也就是1944年3月，苏中区党委对上一期的整风运动进行了检查和总结，并作了本年度完成整风的决定。

第二时期的整风学习，以离职学习为主。旅以上干部到华中党校学习，其余干部在区党委党校、苏中公学、地委整风队、机关轮训队等单位进行轮流学习。此外,地委整风队抽调区级、连级干部,抗大九分校调训班、排干部,分别进行了离职学习。

进入 1945 年后,苏中一地委的整风运动进入第三期的总结、检查阶段。在肯定成绩的基础上,拨正了整风中一度出现的"左"的偏向,保证了整风工作的健康发展。

苏中区党委的整风运动取得了很大的成绩,大批干部经过整风学习,增强了党性,改造了一些个人主义、自由主义、享乐主义等资产阶级思想,改变了主观主义、官僚主义的工作作风,提高了马克思主义思想水平,确立了实事求是的思想路线,巩固和加强了党的集体领导,纯洁了党的队伍,提高了党的战斗力,为即将到来的对日战略反攻作了思想上、组织上的准备。

报刊宣传　1943 年 11 月 12 日,苏中区党委通过《关于出版〈苏中报〉的决定》,规定《苏中报》为区党委和第二地委共同指导的报纸,停办原有的《滨海报》,成立以粟裕为书记、俞铭璜为副书记的党报委员会,由粟裕任社长,林淡秋任总编辑,设编辑委员会。

1943 年 12 月 2 日,《苏中报》创刊,创刊号以整版篇幅刊登了粟裕的《发刊词》。《苏中报》三字为新四军 1 师政治部主任钟期光题写。该报初创时为四开四版,铅印 3 日刊,后逐步改为日刊,每期发行 600 份。第一版为地方版,第二、三版为国内国际版,第四版为副刊版。

从内容来看,《苏中报》及时报道了各地军民在对反"扫荡"、反"清算"、反"清乡"斗争中取得的胜利消息,全面反映了苏中敌后抗日根据地政治、经济、文化等各方面建设的情况和成就,及时配合中心工作发表具有较强思想性、指导性和文字通俗的社论,还常常配合重要电讯刊登油印或木刻的战局地图,帮助读者了解国内外战局发展的特点。副刊经常刊登战斗通讯,报道部队战斗英雄和民兵英雄的事迹;还通过生动的故事,介绍八路军在反"清乡"中如何围据点、平碉堡、拆篱笆、毁电线、设伏阻击等同日伪军作斗争的经验,以及在锄奸斗争中如何惩罚汉奸特务等。[1]

为了适应抗日战争胜利后的形势发展,中共中央决定成立华中中央分

---

[1]　叶绪昌主编:《江苏革命史词典》,南京大学出版社 1993 年版,第 228—229 页。

局,撤销苏中区党委,《苏中报》也随苏中区机构的调整,于 1945 年 10 月 11 日停刊,共出版 270 期。

除《苏中报》外,扬州地区的根据地还创办了多种革命报刊。

如《前哨报》,1941 年 11 月由《东进报》改刊而成。苏中一地委机关报。八开四版,铅印 3 月刊。总编辑肖湘。该报设有社论委员会,韦一平、刘克胜、惠浴宇、周山、夏光、施平等为委员,每期刊有社论,以加强报纸的指导性。1944 年 3 月,车桥战役后停刊。该刊发行量达 2000 余份,是苏中地区较有影响的抗日报纸之一。[1]

再如《人民报》,苏中一地委机关报,1944 年 6 月 11 日在宝应县创刊。铅印,八开四版,3 日刊。1949 年 11 月 14 日停刊,共出版 1014 期。该报一直发行到基层党组织,每村都有,最多时一天 9000 份。[2]

另外还有《江都导报》《仪征战报》《新高邮报》《整风》等。

除了各种出版各种报刊外,苏中地区还印制、发行了许多时政学习小册子,用以宣传党的政策,讲解时事。如谭震林的《南太平洋战争爆发一周后形势及我们的任务》,江渭清的《目前形势和我们的新任务》,其他还有《苏联红军成立二十五年及红军伟大胜利》《墙头诗》《大家唱》《新年文娱》《士兵自修手册》等小册子。

1945 年 7 月,苏中出版社在宝应县安丰区付印出版了《毛泽东选集》第一卷苏中版。小 32 开、124 页,封面印有毛泽东正面免冠木刻像。此卷收文 11 篇、序 1 篇。这一版本的《毛泽东选集》充分说明苏中区领导重视以马克思列宁主义和毛泽东思想武装干部和人民,既重视武装建设,又重视思想政治文化建设。值得一提的是,在我国出版史上,苏中版是第二部《毛泽东选集》。这个版本在众多《毛泽东选集》版中首次使用了"毛泽东思想"一词。苏中版《毛选》原计划出四卷,印两万册,最终由于各种原因只出版了两三千册。

文娱活动 尽管抗战形势严酷,但扬州地区抗日根据地的文化活动依旧十分丰富多彩,包括形式多样、生动活泼的文艺宣传,党的报刊的创办和

---

[1] 中国第二历史档案馆,《中国抗日战争大辞典》编写组:《中国抗日战争大辞典》,湖北教育出版社 1995 年版,第 527 页。

[2] 丁星,郭加复主编:《新四军辞典》,上海辞书出版社 1997 年版,第 552 页。

发行，各种文艺作品的创作和传播等。

在扬州的抗日根据地活跃着多支文艺队伍，其中有部队的，有地方党组织发起成立的，也有各地群众自发组织起来的。这些文艺宣传队伍为丰富抗日根据地的文艺生活作出了贡献。例如在新四军18旅，有上海大批青年、学生，其中部分爱好文艺的同志组成流动宣传队，他们主要在江都、高邮乡村演出。

1944年2月，苏中第一军分区政治部成立了政治工作队，向部队推广秧歌舞，演出了《参军好》《红鼻子参军》《天亮了》《大官庄战斗》等小戏，也演过几个大型话剧。另外，苏中第一军分区还曾建有青年剧团和一分区文工团等。

各地的地方文工团也为鼓舞军民的抗日斗志，丰富抗日根据地人民群众的文化生活作出过巨大的贡献。当时，除军队系统外，各地抗日民主政府也都成立县文工团等文艺宣传组织。其中影响较大的有江都文工团和高邮文工团。其中江都文教工作团成立于1944年9月，刚建团时只有20余人，最多时达50多人。每月要到十多个乡村巡回演出，每逢演出，群众都争先恐后前来观看。

值得一提的是，还有宝应农民剧团、仪征月塘农民剧团为代表的农民剧团，也极大地丰富了各根据地抗日军民的文化娱乐生活。

总结起来，在敌后坚持抗战的艰苦环境中，扬州地区各抗日根据地在党的领导下，放手发动群众，广泛深入地开展了"二五"减租减息运动；积极发展党员，广泛建立党的基层组织；召开参政会，建立"三三制"抗日民主政权，进行区、乡基层政权改造；创办各类学校，培养抗日干部；实行主力地方化，加强分区、县、区三级地方武装建设；着力财经税收工作，保证党政机关和部队的物资供应；配合军事斗争，发展抗战文化；开展"双拥"活动和大参军运动，为部队输送兵员[1]。1942年冬，广泛开展了群众性的"三冬"（冬耕、冬防、冬学）运动；至1943年春，根据精兵简政的方针，建立苏中一地委和苏中

---

[1]　从1939年到1945年，江都先后开展了两次大扩武（1939—1940、1941—1942）和三次大参军运动（1943年春、1944年春、1945年春），前后有11500多人参加了新四军主力部队和地方武装。中共扬州市委党史办公室编：《江淮永志民族魂：扬州人民抗战史事》，第215—218页。

第一行政区,实施一元化领导。1943年下半年起,各级党组织开展了整风运动,普遍进行了马克思列宁主义教育,纯洁了党的队伍,提高了党的战斗力。以上这些系列举措,极大地巩固了抗日根据地,为扬州地区的抗日战争转入战略反攻做足了充分的准备。

第五节　胜利光复

一、反攻作战

世界反法西斯战争的形势变化　1944年,世界反法西斯战争的形势发生了根本性的变化。在欧洲战场,苏联军队转守为攻,不仅收复了全部国土,还将战争推向德国占领区乃至德国本土。形势转换之下,芬兰、罗马尼亚、保加利亚和匈牙利先后退出了法西斯同盟,转而反对德国。6月6日,英美联军发动诺曼底登陆,开辟欧洲第二战场,与苏联军队相配合,从东西两面夹击德军。随后,盟军又在法国的土伦和马赛登陆。1945年4月16日,苏联军队发起柏林战役,经激战后于5月2日攻克柏林。5月8日,法西斯德国无条件投降。在太平洋战场,美军于1944年春季开始发起越岛进攻,逐渐逼近日本本土。10月,美军在菲律宾登陆。次年2月,又在硫磺岛登陆。失败的命运已经到达日本法西斯的面前。

在中国,日军仍在做最后的挣扎。为加强太平洋战场的防御和向国民党正面战场的进攻,日军决定发动一场大规模的作战计划,即所谓"一号作战"。1944年4月,日军调集约10万兵力进攻河南,接着又以10万兵力对湖南发动进攻。这种大规模的军事行动使日军本就紧缺的兵员更加捉襟见肘。于是,从占领区抽调兵力便成为必然的选择。客观地说,这就为敌后抗日武装提供了发展和壮大的空间,使抗日军民更有力地粉碎日伪军的"扫荡",取得了发动局部反攻的主动权。

当然,此时敌强我弱的基本形势并未根本改变,因此敌后战场的反攻作战是以集中适当兵力作战与分散的群众性游击战相结合、军事攻势与政治攻势相结合来进行的。具体到苏中、苏北等地区,1944年的新四军已经度过了最为困难的时期,从抗日根据地所占面积和人口来看,都远远超过了日伪控制区的面积和人口。日伪军仍在妄图通过扫荡、"清乡"等政治军事手段打压抗日力量，但我军的力量已经今非昔比。当时，苏中战略区的全部面积为2.3万平方公里，有1933个乡，900多万人口。其中根据地范围就有1560个乡，785万人口。而日伪仅占据着大小城市和交通要道，约300个乡，135万人口。另外国民党军约4000人占据着80个左右的乡，50万左右的人口，但军无斗志。[1]抗战形势的发展与地区力量对比的情况，使抗日武装具备了局部反攻的条件。而1944年江苏敌后战场的特点则是，"日伪的扫荡和'清乡'及新四军的局部反攻交错进行，双方态势犬牙交错，战斗更加激烈"。[2]

　　1944年1月，新四军第一师主力与苏中地方武装在高邮、兴化、宝应、东台和泰州、如皋一带，对日伪军发动连续作战，历时12天，攻克敌据点17个。作战中，伪军一个营反正，加入了新四军。此外，新四军第三师在淮海和盐阜地区还对日伪军发动了春季攻势。到3月，先后攻克了史集、王集等30多处据点，收复了日伪在1942年冬季大扫荡时占领的大部分根据地。这次攻势揭开了新四军在江苏地区对日伪局部反攻的序幕。

　　3月，新四军第一师发动了车桥战役，收复重要据点12处，解放了淮安、宝应以东广大地区，同时进一步沟通了苏中、苏北、淮北、淮南各抗日根据地的战略联系。这一战役不仅打乱了日伪的"清乡"与"屯垦"计划，而且进一步扩大了抗日武装的机动范围，拉开了苏中敌后战场局部反攻的序幕。[3]不久，长期驻扎苏中的新四军一师的老对手日军六十四师团调往湘桂战场，由在镇江新编成的日军野战补充第四兵团北渡接防。日伪战斗力和士气进一步被削弱，完全处于守势，而抗日军民则处于主动进攻的态势。[4]

　　解放樊川镇　1944年夏，江都独立团获悉驻小纪的日伪军增援樊川的情报，遂在瓜楼庄设伏阻击。此战俘虏伪军70余人，残敌逃回小纪。时隔不久，驻小纪的日伪军再次增援樊川，江都独立团团长林辉才率领第二、七

---

[1] 单杰华：《风云激越三十年：扬州、泰州人民革命斗争纪事》，1997年印刷，第187页。

[2] 孙宅巍、王卫星、崔巍主编：《江苏通史》（中华民国卷），凤凰出版社2012年版，第376页。

[3] 李蓉、叶成林：《抗日战争十四年全记录》（下册），人民日报出版社2015年版，第577—585页。

[4] 单杰华：《风云激越三十年：扬州、泰州人民革命斗争纪事》，第189页。

两连和真纪大队在赵家庄伏击敌人。此战缴获敌军步枪 50 余支,子弹 700 多发,毙、伤日伪军 20 余人,俘虏 50 余人。

1944 年 9 月 13 日,江都独立团配合高邮独立团、兴化独立团和新七纵队,在樊川一带攻打伪军第二十四师九十六团。歼灭伪军 3 个连,毙、伤伪军 100 多人,俘伪军 120 余人,缴获一门八二炮和轻、重机枪十余挺。9 月 22 日,伪军第九特务营两个连,第九十四团一个连,以及第九十三团和第九十五团各两个连,配合日军 70 余人从小纪出发增援樊川。江都独立团则在钱家庄一带阻击。经此一战,日伪军被击退,且毙、伤 10 余人,被俘 51 人。我军缴获轻重机枪各 1 挺,小炮 4 门,步枪 38 支。

10 月 19 日,江都独立团、新七纵队和兴化独立团的一个连对樊川伪军发起激烈猛攻,攻克伪军碉堡 8 座,兵营 1 座。我军与之激战三天而未攻克,伪军则困守待援。22 日,日伪军 300 多人从小纪赶来增援,我军在樊川镇与日伪军展开激烈巷战,反复冲杀一个小时。面对我军的攻势,固守樊川的伪军和增援的日伪军一同逃遁,樊川终获解放。从此,江都和高邮两县抗日根据地连成一片。[1]

三垛伏击战　1945 年 4 月,原驻苏北宝应之伪第五集团军独立团奉命调往兴化以南的周家庄一带驻防。新四军苏中军区侦悉,该团在日军两个中队护送下,将从宝应经高邮再往东经三垛、河口至兴化以南的周家庄。于是,军区首长决心集中第一军分区 3 个团又 1 个营的兵力,组成河南、河北两个纵队,沿北澄子河三垛至河口间的河道两侧,设置了 3.5 公里长的伏击圈。28 日下午 3 时,当兵分水陆两路并进的日伪军全部进入伏击圈后,预伏部队一声令下,从南北两个方向同时出击,将其行军纵队斩成数段,随即展开猛烈进攻。经 4 小时激战,日伪军大部被歼,残敌 200 余人逃进新庄据守,于次日上午退往三垛据点。

此战,我军共歼灭日伪军 1800 余人,其中毙日军中队长以下 240 人,俘日军 7 人,俘伪军团长以下 950 余人,缴轻重机枪 24 挺,大小炮 16 门,长短枪 1166 支,电台 3 部,汽艇 3 艘,子弹 5 万余发。出其不意,速战速决,一举

---

[1]《江都县志》,第 771—772 页。

歼敌于运动之中,是这次伏击战的主要特点。[1]

二、日伪统治的垮台

1945 年 8 月 15 日,日本宣布无条件投降。17 日,江都县国民政府入扬州城设办事处。9 月 2 日正式恢复县政府。[2]不久后的 9 月 12 日,国民党政府委派的仪征县县长潘逸民进城"接收",建立县政府,改变伪保安大队为县保安团。年底,国民党军第二路军(伪军孙良诚部改编)一部进驻仪征。尽管如此,此时的扬州地区国民党力量薄弱,共产党则控制了非常广大的地区。在这种情形之下,国民党政府为独吞抗战胜利的成果,竟宣布所有侵华日军不准向八路军、新四军投降,所有伪军原地驻守,维持地方秩序。因此,扬州地区的日伪军在日军投降后仍继续占据重要战略点线,拒绝向新四军投降。要将日伪占领下的大小城市逐个解放,新四军所面临的斗争仍然非常艰巨、激烈。

首克宝应城　1945 年 5 月,中共军队开始为收复宝应县城做准备,成立宝应城区工作委员会。8 月 15 日,侵占宝应县城的日军 40 余人于当夜 12 时遁走淮阴、黄浦,八浅据点的伪军则龟缩在宝应县城,汪伪政府的孙良诚部第 106 团和伪保安团等 2000 余人也困守县城。是时,新四军主力部队和宝应县独立团,在数千民兵的配合下开始围城。伪县长兼伪县保安团副团长江廉清等人委派士绅鲍执之、伪商会会长王锡等人分别出城与新四军攻城部队进行三次谈判,未果。攻城部队在苏中第一军分区政委陈时夫的统一指挥下,于 8 月 16 日晚开始强攻县城。苏中公学教育长梅嘉生率领的苏中公学学生队(即第二十四队)、新四军四师一个营和苏中第一军分区黄逸峰部攻击东门、南门,县团负责攻击北门、西门。18 日,县团两门八二炮炸毁城西北角碉堡,一举突破伪军在北门的防线,强占北门外街道。22 日夜 11 时 20 分,围城部队发起总攻,进攻东门之部队于 12 时零 2 分最先突入城中,同伪军进行巷战。接着,东南、南、西南、西等数路进攻部队也相继突入街市。23 日凌晨 3 时,城内伪军被全歼于城西北隅,战斗结束,宝应光复。宝应县

---

[1] 肖景祥主编:《新四军征战图集》,长城出版社 2003 年版,第 293 页。插图见第 293—294 页。

[2]《扬州市志》,第 71 页。

城是苏中地区收复的第一座县城。[1]宝应城收复后,运河沿线的氾水、界首、武安、车逻等据点的伪军在反攻部队的震慑下,相继撤退。至此,北起淮安,南迄高邮,全长200余里范围内再无日伪军的踪影。[2]

1945年8月23日,宝应县城成为县人民政府机关驻地,并建立城区区公所。是日,宝应县政府宣布成立城防司令部,县长张遗兼任城防司令。同时,中共宝应县委接管《宝应日报》,当晚,《新宝应报》即正式出版发行。紧接着,华中银行宝应办事处、县码头工人联合会等组织也次第成立。9月2日,宝应县第一次工人代表大会在宁国寺召开。10月10日,中共宝应县委、宝应县人民政府在体育场召开群众大会,庆祝抗日战争取得伟大胜利。此后一年间,中共宝应县委和宝应县人民政府在宝应地区展开了卓有成效的工作,直至次年10月6日,宝应县人民政府撤离县城,国民党军队七十四师礼泾部进占县城。[3]

对高邮的反攻 高邮是古运河畔的一个重镇。1945年2月20日,中共高邮县委召开扩大会议,部署参军运动,迎接抗日大反攻。22—28日,新四军一师主力在地方抗日武装的配合下,攻克沙沟、崔垛、临泽、王营、中堡等敌伪据点,使高邮、宝应、兴化、盐城四县抗日根据地连成一片。紧接着,4月28日,新四军五十二团等部和江都、高邮两县独立团,在三垛、河口间伏击战中取得歼敌800多人的大捷,并受到新四军军部的通令嘉奖。至7月间,高邮抗日民主政权已经恢复了全部农村,迫使日伪军龟缩在高邮城和运河线、兴邮公路的集镇据点。8月15日日本国正式向盟军投降,但高邮日伪军自恃城高地险,驻有重兵,故对新四军令其投降的通牒置之不理,且态度骄横。新四军委派盐城战役中投诚的原伪军第五军军长赵云祥去高邮城劝降,竟被日伪"枭首示众"。[4]

于是,新四军决定武力攻城。1945年12月19日,经中共中央军委批准,华中野战军第七、八纵队和地方武装在华中军区司令员张鼎丞、副司令员粟

---

[1]《宝应城镇志》,第233页。

[2] 单杰华:《风云激越三十年:扬州、泰州人民革命斗争纪事》,第194页。

[3]《宝应城镇志》,第187页。

[4] 常浩如编:《中国抗日战争全景录》(江苏卷),江苏人民出版社2015年版,第186页。

裕指挥下发起高邮战役。当天傍晚，参战部队在县城南北40公里、东西20公里的地域内，对高邮城发动全县进攻。粟裕亲自部署指挥战斗，采取"围三阙一"的做法，集中火力、兵力从东、北、西三面进攻，诱使日伪军向南突围，进而围歼。25日夜，总指挥部下达总攻命令，并调来军区炮兵团加强攻势。很快，新四军主力登上城墙。最终，日伪军也向新四军投降。

高邮战役是抗日战争时期扬、泰地区规模最大的一次战役。战役中，部队充分运用了阵地战、攻坚战、巷战、夜战等多种战术手段，击退了从扬州来的援军，生俘了高邮守敌日寇大队长岩崎大佐以下891人，伪军第四十二师师长王和民以下3493人，缴获大小炮80多门，轻重机枪200多挺，步枪6000多支，弹药40多万发。这一战役也是扬、泰地区对日军的最后一战，是俘获日军最多、战绩作为辉煌的一战。高邮战役的胜利拔除了残存在扬州地区的日伪重要据点，沉重打击了国民党势力与日伪合流进犯华中解放区的阴谋，大大鼓舞了华中特别是苏中地区的广大军民。[1]

高邮战役胜利后，12月26日凌晨，在驻高邮日军司令部大厅（现公园礼堂）举行了受降仪式。新四军受降代表是华中野战军第八纵队政治部主任韩念龙。日军岩崎大佐递上日军花名册、军械军需登记册，表示无条件投降，韩念龙命令岩崎指定专人陪同新四军人员清点交接武器和物资。华中野战军司令员粟裕参与了受降全过程并接见了日军岩崎大佐。接见时，岩崎大佐手捧一把指挥刀，向粟裕深深鞠躬说："谨将远祖相传的紫云刀敬献久已仰慕的中国将军。"此次受降仪式是新四军在江苏境内举行的唯一的一次受降仪式。[2]

江高战役 1945年12月，盘踞在扬清、扬泰两线据点的日伪军仍然拒不投降。新四军华中野战军第六纵队、第七纵队、第八纵队和华中第一、二军分区主力部队以及江都独立团集中近六万的优势兵力发起江高战役。在江都县境内，从解放邵伯开始，到攻克郭村、塘头结束，历时半个月有余。

12月19日夜晚，华中野战军第七纵队向邵伯日伪军发起进攻，日伪军一

［1］ 单杰华：《风云激越三十年：扬州、泰州人民革命斗争纪事》，第217页。

［2］ 常浩如编：《中国抗日战争全景录》（江苏卷），第188页。

部被歼,另一部缩进导淮中心碉堡群。20 日中午,华中野战军前线指挥部下达总攻命令,战斗十分激烈。下午 3 时,攻下大部分碉堡,歼灭日军 150 余人,歼灭伪军 650 余人。傍晚,第七纵队攻下日伪军据点。当夜,邵伯解放。12 月 24 日,江都独立团袭击驻守砖桥据点的伪军第二十四师第九十三团某连,经激战,俘伪军 30 余人。26 日,第二军分区第四团和江都独立团攻打宜陵伪军据点,激战 2 小时,日伪军向扬州、泰州溃退,宜陵解放。27 日夜,第二军分区第四团和江都独立团向驻彭家庄伪军第二十四师据点发起猛攻,未能攻克。28 日,继续组织强攻。伪军伤亡惨重,遂缴械投降,歼灭伪军 1000 余人。29 日至 30 日,华中野战军第七纵队一部攻打驻塘头、周庄的伪军第二十四师第九十四团据点。经激战,全歼伪军 1000 余人。27 日,华中野战军第六纵队、第七纵队和第二军分区主力攻打驻郭村的伪军第九十三团据点。激战五日,拔除郭村外围多处据点,歼灭伪军 7 个连。1946 年 1 月 1 日,参战部队撤出战斗。[1]

至此,经过一系列的军事、政治等各方面的斗争,日伪在扬州地区的力量被彻底消除。经过艰苦卓绝的斗争,扬州人民、中国人民终于取得了抗日战争的伟大胜利。

然而,随着抗日之共同目标的消失,国共两党在扬州地区的对立态势则更加激烈。尤其是在日本投降之后,国民党在扬州地区的力量非常薄弱,因而受其控制的地区也非常有限。与之相对应的是,共产党及其领导的武装力量则在扬州地区扎下根来,在人民群众的支持下,其力量不断发展、壮大。因此,在日本投降之后,能够迅速控制包括几座县城在内的扬州诸多地区。如此力量对比,加之苏中地区与国民党政府首都南京隔江对峙之重要战略地位,扬州地区,乃至整个苏中地区都成为国民党发动内战之后进攻的主要方向之一。

---

[1]《江都县志》,第 772 页。

第四章　解放战争时期的扬州（1945—1949）

　　抗战胜利后，扬州经济得到短暂恢复，以盐业贸易为中心，金融业、工业、交通业等领域都得到了发展。不过随着国民党挑起全面内战，加上美国在华势力的迅速扩张，扬州乃至全国的经济重新陷入混乱、崩溃的困境。

　　内战初期，华中野战军取得了苏中战役的伟大胜利，七战七捷，沉重地打击了国民党军。但此后进入了持续一年多的困难时期，直到1948年12月10日，宝应成为扬州第一个被解放的地区。接下来，高邮、江都、扬州、邗江、仪征等地区陆续解放，扬州全境最终于1949年4月解放。紧接着，扬州人民积极无畏地承担起了解放战争中规模、声势最为浩大的渡江战役支前任务，彰显了人民战争的伟力，为解放战争的胜利，以及新中国的建立立下了汗马功劳。

第一节　胜利之初

一、国民党各级政权的恢复

　　1945年8月15日，日本宣布无条件投降。9月2日，日本政府正式向盟国签字投降。9月9日，侵华日军总司令冈村宁次在南京向中国政府签署无条件投降书。随着日本投降，抗战胜利，国民政府还都南京，各地各级政权恢复统治等事宜，就成了当务之急。

　　江苏省政府回迁　在日本宣布投降的时候，江苏省政府尚远在安徽省阜阳县公立桥李寨。8月18日，江苏省政府主席王懋功率政府机关启程返宁，并于9月1日抵达。9月9日，王懋功参加了受降仪式。12日，奉陆军总部之命，省党部、省政府迁往苏州，接收苏州汪伪省政府，同时令省府委员林栋、凌绍祖等赴镇江,准备省府还治的相关事务。

10月15日,江苏省政府迁回镇江,11月党政分立,12月1日,组建了新的省政府。新省政府委员为王懋功(省政府主席)、陈言(秘书长)、王公屿(民政厅厅长)、钮长耀(社会处处长)、董辙(财政厅厅长)、陈石珍(教育厅厅长)、董赞尧、贾韫山(省保安副司令)、葛建时等。下辖各县政府设秘书、社会2室,民政、财政、教育、建设、社会、军事、地政、田粮8科。[1]

当时,刚回迁的江苏省政府的中心工作有二:一为配合军事、收复失地、巩固治安、恢复秩序;二为"巩卫南京,使中央政府早日还都,并能安全治理,不受治安威胁"。按照还都计划,国民党中央党部将于1946年4月15日迁回南京。行政院各部预备在4月25日在南京恢复办公。为保证还都计划顺利实施,并且"巩卫南京",国民党军必须从新四军手中夺回已被解放的地区,从而保证"京畿之地"周边的安全。为进一步保证收复之地的稳定,还要求"每收复一地,随即恢复基层组织,重编保甲,清查户口,整理交通,缉除残匪,组织民众自卫队,保护难民还乡,恢复学校及一切生产事业"[2]。

1946年初,为加强对各县的控制,江苏省政府于省、县之间,又设置了行政督察区,即将连云港、徐州两市外的61县,分为9个行政督察区,每区设行政督察专员公署兼保安司令部,合署办公,专员兼保安司令。其中第五区含江都、高邮、泰县、泰兴、扬中、仪征、江浦、六合8县,专员邓崇熙;第六区含盐城、东台、兴化、宝应4县,专员刘永懋。[3]

12月21日,国民政府设立徐州绥靖公署,任命顾祝同为徐州绥靖公署主任,韩德勤为副主任,下辖第九十八军、第二十八军、第五十一军和第五十八军,分驻徐州及津浦线徐宿段和陇海线徐海段。公署下辖之第一绥靖区,由第三方面军组成,司令汤恩伯,除了负责"京畿治安,京沪路畅通"之外,还担任"苏北地区之绥靖"。所部第七十四军、第一〇〇军、第四十九军、第七十一军、第六军和第二十五军,分驻江南各主要城市和扬州、南通等地。

扬州地区国民党政权的恢复 1945年9月,国民政府陆续恢复对扬州

---

[1] 孙宅巍、王卫星、崔巍主编:《江苏通史》(中华民国卷),第436页。

[2] 孙宅巍、王卫星、崔巍主编:《江苏通史》(中华民国卷),第436页。

[3] 孙宅巍、王卫星、崔巍主编:《江苏通史》(中华民国卷),第436—437页。

部分城镇的统治,原江苏省第五行政区恢复。[1]

在江都县,一直流动于江都县农村的国民党江都县政府奉江苏省政府命令,火速入城接收日伪江都县政权。入城前,江都县县长张济传将所属部队整编为江都县特务队,并召集各区、乡、镇长会议,协同做好接收、复员的准备工作。并分批召集扬州耆老名流,征求他们对进城事务安排的意见,研究和制定防止共产党抗日民主政府进城接收的对策等。

不久后,江都县政府在大武城巷成立江都县临时办事处,负责接收日军和改编伪军。此时扬州城内有日军山本旅团和苏北宪兵队,合计5000人。伪军为孙良诚的伪第二方面军,下辖颜秀五的伪第九军和朱伯仁的伪苏北水上保安队,以及伪政治保安部、伪江都县保安队等。

1945年9月2日,伪江都县政府宣布结束,国民党江都县政府正式入署恢复办公。9月7日,国民党江都县政府派员接收伪江都县保安队,官兵583人,与江都县特务队合编为江都县保安团,张济传兼团长。

1945年8月23日,新四军收复宝应县城的战斗告捷,宝应县城由此成为苏中地区我军收复的第一座县城,成立了人民政府、城区区公所和城防司令部等,县长张遗,兼任城防司令。10月10日,中共宝应县委、宝应县人民政府在体育场召开群众大会,庆祝抗日战争胜利。

1946年2月,宝应城区改称宝应市。3月19日,宝应县参议会在县城召开。10月6日,随着形势的恶化,宝应县人民政府主动撤离了县城。国民党军队七十四师礼泾部占领县城。同月,国民党宝应县党部重新建立,下设4个区分部。国民党在宝应的党政机关皆恢复运作。[2]

在高邮,情况尤其典型一些。7月,高邮抗日民主政权即已恢复全部农村,迫使日军龟缩在高邮城和运河线、兴邮公路的集镇据点。日本政府宣布

---

[1] 1935年9月,国民政府分江苏省为7个行政区,原江苏省第九行政区改为第五行政区(江都区),治所、属县不变,仍辖江都、泰兴、泰县、江浦、六合、仪征、高邮7县,直至1937年12月扬州沦陷。1946年3月以后,国民党军对解放区发动进攻,控制大部分城镇和部分乡村,第五行政区辖江都、泰县、泰兴、扬中、高邮、仪征、六合、江浦8县。陈锴竑、姜龙、卢桂平主编:《扬州历史文化大辞典》,广陵书社2017年版,第5页。

[2] 宝应城镇志编纂委员会:《宝应城镇志》,第19页。

无条件投降后,高邮日伪军却拒绝向新四军投降,甚至摆出了"北攻宝应,收复失地"的架势,气焰十分嚣张。新四军于是从 8 月 17 日晚开始发起攻势,连续克复外围全部敌伪军据点,日伪军被彻底包围龟缩在高邮城中。

9 月 3 日,国民党高邮县县长张冠球潜入县城。9 月 16 日,国民党县政府开始"办公"。未缴械的日伪军"协助"防守。10 月,伪第五军第四十二师被正式改编为国民党军第五师,仍驻高邮城。然后致电南京,请求江苏省政府派兵支援。11 月 27 日,国民党江苏省政府主席王懋功回电,称国军第二十五军已开往扬州及泰州一带,局面不久便可打开。

1945 年 12 月上旬,国民党军第二十五军接防扬州城,随即电令高邮的日本守军继续固守,等待国民党军队接防。然后以高邮作为桥头堡,进攻我华中解放区。于是在当月 19 日,华中野战军发动了"高邮战役",这次战役也被称作是新四军"抗日战争的最后一役"。战役具体情形前文已述,不再赘言。12 月 25 日夜,国民党高邮县县长张冠球在高邮城守军溃降后逃往扬州。

在仪征县,9 月 12 日,国民党政府委派的仪征县县长潘逸民进城"接收",建立县政府,改编伪保安大队为县保安团。1945 年年底,国民党军新编第二路军(伪孙良诚部改编)一部进驻仪征。

随后的 1946 年,国民党仪征县政府不断组织民众自卫总队、还乡团等,配合主力部队进攻解放区。7 月 29 日,中共淮南区委、政府及主力部队撤出淮南。仪征、甘泉县陷于敌后,两县干部和地方武装坚持就地斗争。8 月 11 日,国民党军队及还乡团共 600 多人围攻仪征县新城区署,区委副书记吴萍等牺牲。9 月 11 日,淮南军区十六团突围北撤。下旬,仪征、甘泉县干部奉命撤退过高邮湖,到达阜宁益林镇。25 日,仪征、甘泉两县中共党政军建制撤销。国民党仪征县政府随即在全县建立乡、保政权。

总的来说,这一时期国共双方均在苏北建立了各自的政权体系[1],在某些区域双方还有重叠交叉,呈现出一种"插花飞洒、犬牙交错"的特殊状态。

二、庆祝胜利

日本政府宣布无条件投降的消息传来后,全中国人陷入沸腾。《钱江潮》

---

[1] 8 月 12 日,新四军军部任命黄克诚为江苏省政府主席,粟裕为南京特别市市长。

发表《记狂欢之夜》一文记载："人们到处在跑，在吼，在欢呼，好像怒涛冲击着海岸一样，他们疯狂了！"

9月3日早上9时正，"陪都庆祝胜利大会"在重庆较场口会场隆重举行，10万民众到会。会场还设置了一座大型地球仪，松柏树枝点缀的巨大牌坊一座又一座。大会进行中，远处炮台突鸣礼炮101响，取意为"和平之声"。

当抗日战争取得最后胜利的喜讯传到扬州以后，古城到处都充满了欢乐的景象。家家户户鞭炮齐鸣，街头巷尾锣鼓喧天，用各色纸张书写的标语贴满街头，人们欢呼，庆祝，表达关于胜利与和平的无尽喜悦。

与此同时，在扬的日伪统治也顿时土崩瓦解。扬州中学对面，日军宪兵司令部的牌子不知去向，用沙袋堆成的工事已被拆除，门口的两个卫兵，也垂头丧气地徒手站岗，束手等待中国军队前来接管。日本官兵大多数龟缩在大汪边、北河下、南河下和二郎庙等驻地，不敢出门，等待缴械投降。

在城内繁华地段的主要街道上——辕门桥、教场街、东关街等，各大商店的无线电收音机不断地播放着胜利喜讯，《江都日报》馆和街头各个书报摊前，人们抢购着当日的报纸，争看抗日战争胜利后的最新消息。每天清晨，报童沿街叫卖特大新闻，"号外"的声音不绝于耳。

扬州城内的各个要道口都耸立着用松柏枝叶扎成的高大牌楼，上缀"胜利和平""庆祝胜利""天下太平"等金色大字。城门楼和临街各商号悬挂国旗，不少商家还在过街道路的上方和店堂内拉起中、美、英、苏四个同盟国的小型国旗。各机关、学校、团体及公共场所还挂着孙中山先生肖像和国民党的党旗、国旗，在周围的墙壁上贴着蒋介石、罗斯福、丘吉尔和斯大林的画像。

各界人士还在县公共体育场（今工人文化宫身底）集会，晚上举行庆祝抗战胜利提灯大游行活动。为增添欢庆胜利的气氛，县民众教育馆、公共体育场、大舞台、南京大戏院和扬社公园、教场等游乐场所也都举办了多种形式的文体娱乐活动。还有不少商店降价促销出售，欢庆胜利。[1]

12月14日，江都县政府举行了县城沦陷纪念大会，并将这一天定为"沦陷纪念日"。然后，大会决定在熊园建忠烈祠，纪念在抗战中牺牲的国民党人士。

---

[1]《铭记·原声：重温七十年前扬州胜利之声》，《扬州晚报》，2015年9月3日。

三、扬州经济及社会事业的部分恢复

自抗日战争全面爆发以来,所有沦陷区的经济都陷入了前所未有的困境中,不少方面都呈现出停止,甚至是衰退的趋势。战争的破坏,日军的掠夺,持续的社会动荡,大部分城镇都商业凋敝、市场萧条、经济衰退。

抗战胜利后,内战爆发前,中国社会进入一个短暂的稳定期,全国经济走向恢复,"各业复员,百废俱兴","虽不及战前之盛,但较之抗战期间,则已呈蓬勃之气象"。[1]

战后江苏国统区的工业也一度得到恢复。据江苏省政府 1946 年 10 月统计,苏北共设 32 家工厂,内含东海 12 家、南通 5 家、泰兴 7 家、靖江 4 家、江都 2 家、睢宁 1 家、启东 1 家;苏南共设 525 家工厂,内含无锡 351 家、武进72 家、松江 36 家、昆山 20 家、吴江 13 家、宝山 8 家、太仓 7 家、吴县 7 家、溧阳 7 家、青浦 3 家、镇江 1 家。总计为 557 家。其按行业区分则为:纱厂 32 家、布厂 88 家、面粉厂 23 家、植物油厂 30 家、针织厂 52 家、丝厂 35 家、机器厂101 家、碾米厂 73 家、染织厂 49 家、油厂 25 家、纺厂 15 家、其他 34 家。[2]

扬州工业基础薄弱,但是商业发达,其中尤以盐业贸易为支柱。但是到了清嘉庆、道光年间,两淮盐务积弊严重,时任两江总督的陶澍所进行的票盐制改革[3],使得扬州盐商垄断不再,扬州盐商衰相由此日显。到了民国时期,虽然经历了张謇、丁恩主导的两次盐政改革,但是扬州盐业仍旧惨淡,命途多舛。1931 年,扬州不再兼治两淮盐业,只管理淮南盐业。1932 年 2 月,原驻扬州的两淮盐运使移驻淮北,原设淮北的副使移驻扬州,改称淮南运副。同年 8 月,复将淮南运副一职裁去,由盐务稽核所扬州分所[4]经理兼任。1936年,驻于扬州的两淮运副裁撤,扬州盐务由淮北的两淮盐运使司并管,并且,

---

[1] 陈国灿:《江南城镇通史》(民国卷),上海人民出版社 2017 年版,第 106 页。

[2] 孙宅巍、蒋顺兴、王卫星主编:《江苏近代民族工业史》,南京师范大学出版社 1999 年版,第376—377 页。

[3] 清制,两淮盐政由两江总督兼理或专管。

[4] 盐务稽核所扬州分所原称盐务稽核所两淮分所,隶属于北京盐务稽核总所,设立于 1912 年。后因海州另设分所,改两淮分所为扬州分所,专任淮南稽核事宜。盐务稽核所扬州分所经理为华人,协理为外国人。外籍人员住宅楼为淮海路 33 号,扬州中学对面的"红楼",红瓦屋顶,粉黄色墙体,富有欧陆风情。扬州分所另有一座西式办公楼,位于国庆路政府东大院内,为原两淮盐运使司衙门旧址。

淮北之稽核分所也改为两淮分所，扬州分所则降为支所。1937 年，全国盐务署与稽核总所及其下属机关一律裁撤，另设盐务总局，办理全国盐务。在两淮地区，则相应的设立了两淮盐务管理局，该局驻于淮北。在扬州，设立盐务分局，取代原盐务稽核所扬州分所与淮南盐副等机构。两淮盐务管理局扬州分局下设新兴、伍佑、草堰、安梁、丰掘、余中等 6 个盐场公署和通泰、十二圩 2 个盐务支所，负责原盐生产、运输和税务。

1938 年，日军侵入两淮产盐区，于是，国民政府、汪伪政权、中共抗日民主政府分别都在两淮盐区设立盐务管理机构，互相拉锯，管理区域犬牙交错。抗日战争胜利后，国民政府、中共苏皖边区政府继续在两淮盐区拉锯，管理区域虽战局而变化。国民政府方面管理扬州区域的盐务管理机构沿革大致为：1945 年 11 月，设立苏南盐务管理局淮南分局；1945 年 12 月，改组为淮南盐务管理局（驻扬州）；1946 年 7 月，复改组为两淮盐务管理局淮南盐务管理分局；1947 年，又改称财政部两淮盐务管理局。中共苏皖边区政府方面扬州区域盐务的管理机构沿革为：1945 年 10 月，设立两淮盐务管理局，隶属于苏皖边区政府财政厅，下辖淮南、盐阜两个管理局，淮北盐务总办事处；1949 年 3 月，组建两淮盐务管理总局于扬州，直至 10 月撤销，相关下属机构改归中央财政部盐务总局、华东区盐务管理局领导。[1]

扬州盐商，一度富甲天下，由此带动了扬州钱庄业的发达。因此本地有民谚曰："钟随摆动，钱随盐走。"江苏省的钱庄业，以南京、扬州为最早。唐代扬州的"柜坊"就已具钱庄之雏形。到了明清时期，更是钱庄林立，最多时可至百余家。盐商的资金需求，是钱庄业务发展的主要来源。扬州盐业的兴衰，直接影响着扬州金融业的兴衰。随着清末、民国时期扬州盐业的衰败，扬州钱庄业也受到严重打击。

1927—1928 年间，扬州钱庄最为不振。润康、恒和等 12 家钱庄闭歇。至 1937 年 4 月，扬州钱庄仅存 3 家，只做零星交易，大宗交易均转入银行。扬州城沦陷前，仅存的钱庄也宣告停止。[2] 抗战爆发，扬州城区沦陷后，金融

---

[1]　江苏省大丰市盐务管理局编：《大丰盐务志》，方志出版社 1999 年版，第 85—89 页。

[2]　宗金林主编：《民国扬州旧事》，广陵书社 2010 年版，第 214 页。

几近枯竭。[1]

日本宣布投降后,扬州钱庄纷纷停业清理。国民政府财政部规定,凡抗战前领有执照之钱庄,受敌伪影响停业,且在敌伪盘踞期间从未经营钱业者,可申请复业。扬州钱庄申请复业领到执照的有庆余、达昶、惠余等钱庄13家。[2]

如前所述,扬州金融业的发展离不开盐务。但是随着钱庄逐渐不能满足盐商用款的需要,扬州银行业逐渐发展起来。1933年以后,扬州银行业逐渐开始取代钱庄。日伪统治期间,扬州银行达13家之多,是抗战前的一倍。1945年9月,抗战胜利,敌伪银行被中央银行扬州分行接收,各商业银行纷纷停业清理。1946年1月,中国农业银行首先在扬州设立办事处,同年江苏银行、中央银行、中国银行、交通银行、中国实业银行相继复业。江苏省银行、江都县银行也于年内先后开业。[3]总计在抗战胜利后来扬开业、复业的国、省、商业银行共有9家,扬州金融业重新开始繁荣起来。

另有许多其他经济产业在抗战胜利后恢复运营,如扬州城区开业的酱园达60余家;沪、宁、镇的许多运输公司到瓜洲经营轮渡;仙女庙木业市场也得益于长江航道的畅通而略有恢复;等等。

抗战胜利后,9月10日,国民党江都县党部和江都县政府将"江都县党部"的机关报《江都日报》[4]复刊。初为8开1张,后改4开4版。"县党部"书记长杨祚杰任社长兼发行人,县长张济传任董事长,龚夑石任副社长,潘树声任副社长兼经理,总编曹国平,编辑孙毅。社址先设在埂子街,后迁至

---

[1] 不过在日伪统治期间,扬州钱庄业出现了一段畸形的发展。1941年10月份以前,城区无银行机构,有钧泰、福康等钱庄7家。而至1945年5月,有源丰、鼎兴、大康等钱庄53家。

[2] 宗金林主编:《民国扬州旧事》,第214—215页。1949年1月,扬州城区解放,有些私营钱庄仍继续营业。1949年12月,元生、宝兴两钱庄经营非法业务,与地下钱庄往来,经呈报华东区财政经济委员会批准,给予该二钱庄永久停业处分。1950年6月后,扬州各钱庄皆自动停业或停业清理。

[3] 宗金林主编:《民国扬州旧事》,第220—221页。1947年,中央合作金库、中央信托局分别于5月和7月开业。1949年1月上中旬,各行、局先后撤离扬州。

[4] 该报于1929年7月创刊,是中国国民党"江都县党部"的机关报。社长林肇龙为县党部执行委员。社址设在扬州南柳巷公园县党部内,1934年,随县党部迁至扬州皇宫中山纪念堂。报社职员6人。新闻编辑孙毅,副刊编辑杨祚杰,记者张一鸣,校对马忍。对开4版。每期发行500份。经费来自"党政机关"补贴。其内容,一版为电讯与本地新闻,二版为电讯与广告,三版为本地新闻与广告,四版为副刊。陈锴竑、姜龙、卢桂平主编:《扬州历史文化大辞典》,第482—483页。

左卫街。先后由扬州汉文印务局、中华印务局和自办印刷厂印刷。每期发行 1000 余份。[1]

另外，江都县也开始整顿各种工会、青年、妇女团体，年底，扬州城区筹备重组绞包、起卸、刨烟、香作业、派报、人力车、汽车、邮电等 9 个行业工会。1946 年 9 月 10 日，江都县总工会成立，下辖 13 个产业、职业工会，会员为 2846 人。[2]这些团体的整顿、发展，对扬州经济的恢复起到了一定的积极作用。

1946 年 2 月，江苏省政府在扬州各县设立合作指导室，以行政手段推进成立购买、信用、生产运销、利用等各种类型的合作社共 246 个。[3]这些合作社，活跃了市场，促进了流通，推动了经济恢复和发展。

与战后经济恢复相辅相成的，是江都县城的修复、营建计划的拟定。1945 年秋抗战胜利后，鉴于收复区城镇有待恢复并重新营建，江苏省政府抄发国民政府于 1939 年 6 月 8 日公布的《都市计划法》，以及战后颁布的《收复区城镇营建规则》《城镇重建规划须知》《地方政府恢复破坏城镇应行注意事项》等相关文件至下属各县。江都县政府于 1945 年 11 月 28 日将拟定的《江都县城营建计划大纲》和《城厢扩宽街道计划纲要》[4]上报江苏省政

---

[1]　1947 年 1 月 1 日，《江都日报》改名《苏北日报》。

[2]　1948 年底，工会会员人数增至 4412 人。陈锴竑、姜龙、卢桂平主编：《扬州历史文化大辞典》，第 30 页。

[3]　扬州供销合作事业始于 20 世纪 20 年代中期。1928 年，江苏省政府在扬州设立合作指导所，并在所属各县政府配备合作指导员。1929—1936 年，先后在扬州各县建立购买、信用、生产运销、利用等合作社 217 个，日军侵华前后相继解体。1938 年，日军在各县城建立"中国合作社支社"，主要集镇建立"分社"，倾销日货。抗战胜利后，江苏省政府在扬州各县恢复设立合作指导室，后多数随国民党政权在扬州地区消亡而闭歇。另外，在解放区，中国共产党领导的扬州地区农村抗日民主政府以开展大生产运动为中心，贯彻"民办公助"的方针，也兴办了各种类型的合作社。1945 年底，先后建立消费、运销、生产等合作社 211 个，为保障军需民用、打破敌人经济封锁、支援抗日战争，发挥了重要作用。1946 年，国民党向解放区全面进攻，合作社受到严重挫折，多数被迫解散，少数随军北撤，有的坚持敌后流动买卖。随着解放战争的胜利和解放区不断扩大，各级合作社得到相应恢复和发展。陈锴竑、姜龙、卢桂平主编：《扬州历史文化大辞典》，第 30 页。

[4]　该纲要编制于民国年间，于 1945 年 11 月编拟完成，1946 年 6 月、1947 年 5 月两次修订。规划城厢道路甲级 4 条，乙级 5 条，丙级 7 条，丁级 7 条。另规定里巷宽度 4 米至 5 米者 130 条，其余里巷能通行者为 3 米，不能通行者为 2 米。最后就是城外主要街道的扩宽计划。不过以上规划，最终未予实施。陈锴竑、姜龙、卢桂平主编：《扬州历史文化大辞典》，第 99—100 页。

府,次月得到批准。1946 年 6 月、1947 年 5 月,先后两次修订城厢规划。[1] 不过这些规划不久就由于内战的全面爆发而最终搁置,城市建设停滞,街道依旧狭窄,路面大多不平,市政设施仍然简陋。

但总的来说,战后经济的恢复只是昙花一现,随着国民党挑起全面内战,加上美国在华势力的迅速扩张,扬州地区,乃至全国的经济重新陷入混乱、崩溃的困境。

第二节　解放区建设

一、解放区政权建设

苏中解放区人民代表大会的召开与苏中民主政权建设　1945 年 4 月 24 日,中国共产党第七次代表大会在延安杨家岭中央大礼堂召开。毛泽东在大会上作了题为《论联合政府》的政治报告,并提议尽可能迅速地在延安召开全国性的解放区人民代表会议。

为了贯彻落实七大精神,陕甘宁边区政府及参议会致电华中各解放区,提议选派代表赴延安参加解放区人民代表会议的筹备工作。6 月 28 日,苏中区党政军民各机关团体代表以及各分区留苏中人士举行联席会议,作出《关于召开苏中区人民代表会议的决议》,成立了苏中区人民代表会议筹备委员会,推举陈丕显、管文蔚、吉洛、季方、刘季平、朱履先、李逊等 21 人为筹委会委员,朱履先、季方为召集人,李逊为秘书长。

7 月 10 日,苏中区人民代表会议筹委会举行第二次全体会议,选举朱履先为主任委员,季方、刘季平为副主任委员,并复电淮南边区行政公署及参议会,积极响应淮南及华中各机关团体代表座谈会的提议,推定朱履先、朱毅、陈同生、李俊民 4 人为筹备委员,参加华中解放区人民代表会议的筹备工作。7 月 14 日,中国解放区人民代表会议筹委会常驻委员会在延安召开第一次会议,要求各解放区当选代表于 11 月 12 日前到达延安。苏中区人民代表会议筹委会在接到通知后,便根据上级的部署,紧张而有序地开展了

---

[1]　陈锴竑、姜龙、卢桂平主编:《扬州历史文化大辞典》,第 99 页。

各项筹备工作,包括在《苏中报》上发布公告,对会议召开的重要意义和各项筹备工作进行具体的阐述。[1]

8月6日,苏中区人民代表会议在苏中一分区宝应县的射阳湖畔开幕。出席会议的代表来自苏中一、三、四、五分区和直属机关、部队、学校,其中正式代表192人(内有共产党员84人)、候补代表10人。列席会议的还有大后方青年参观团和各地来宾等600余人。这是一次具有里程碑意义的盛会,标志着苏中根据地民主建设步入了一个新的、更高的阶段。大会主要有以下4个议题:一是加强苏中和党派各阶层人士之团结;二是进一步实行民主建设;三是选派代表赴延安参加中国解放区人民代表会议;四是选出苏中人民的最高权力机关并讨论今后施政大计。

8月7日至8日,会议进入选举赴延安参会代表的阶段。最后形成9人的正式代表名单,以及3人的候补名单。

8月10日下午,会议审议由管文蔚所作的关于苏中根据地施政情况的报告。

8月12日至13日,会议进行了苏中行政委员会和行政公署的选举工作。管文蔚当选为行政委员会主任委员,徐平羽、朱履先为副主任委员,季方为行政公署主任,刘季平为副主任,章蕴、吉洛、黄逸峰等33人为委员,俞洽成、陆植三等13人为候补委员。

苏中人民代表会议原定举行半个月至20天。在会议进行期间,国际反法西斯战争形势骤变,日本政府宣布无条件投降。朱德总司令连下7道命令,要求各解放区对日展开全面反攻,收缴日伪军武装。会议于是决定在8月13日提前闭幕。

几个月后,苏皖边区政府成立,苏中区抗日民主政权由此完成了它的历史使命,并入了苏皖边区政府。[2]

解放战争期间扬州地区的政权建设与沿革 高邮战役后,江苏长江以北地区"除江浦、仪征、南通、扬、泰、徐、砀、海、灌各城及徐海沿铁道线各据

---

[1] 张衡:《聚焦苏中解放区人民代表会议》,《世纪风采》2020年第4期,第20—25页。

[2] 张衡:《聚焦苏中解放区人民代表会议》,第20—25页。

点外",余均解放。

在解放区军民向日伪军实施全面反攻过程中,根据中共中央"向北发展,向南防御"的战略决策,中共对江苏地区的党政军机构和军事力量随之作了相应的调整。中共中央决定华中局与山东分局合并为华东局,另设立华中分局,归华东局领导,邓子恢为书记,谭震林为副书记。撤销苏中、苏北、淮北3个区党委和苏北、淮北2个军区,建立第一、二、三、四、五、六、七、八地委和军分区。

1945年10月29日至31日,苏中、苏北、淮南、淮北四个解放区的各界代表在清江城举行联席会议,11月1日,联席会议正式宣布中共领导的原苏北、苏中、淮南、淮北行政区撤销,设立苏皖边区政府,下辖53县,内含江苏的32个县。苏皖边区政府随即决定,将抗日战争时期苏中第一行政区专员公署改建为苏皖边区第二行政区专员公署(简称苏皖二专署),并于12月正式成立,下辖江都、樊川、高邮、宝应、兴化、溱潼、扬中7个县。[1]仪征等地当时属江淮第一行政区。[2]

1945年12月,华中指挥部成立,同时撤销苏中军区,华中第二军分区改属华中指挥部领导,下辖江都、高邮、宝应、兴化、溱潼等县独立团及江镇武工大队。[3]

1945年12月24日,根据中共华中分局决定,原苏中一地委改为华中二地委,下辖江都、扬中、樊川、高邮、宝应、兴化、溱潼7个县委和沙沟市委,隶属中共华中分局领导。华中二地委领导成员由原苏中一地委和苏中五地委干部共同组成。领导机构设常委,由党政军及重要部门领导人组成,实行集体领导。二地委建立初,金柯任书记,俞铭璜任副书记,金柯、俞铭璜、钟国楚、陈扬任常委,设秘书处、组织部、宣传部、民运部、社会部。[4]

---

[1] 次年3月,第二行政区成立临时参议会,杜干全任主任委员。该临时参议会于1948年2月终止。

[2] 1949年2月,仪扬县改称仪征县,划归苏皖边区第二行政区,由华中二地委、二专署领导。

[3] 1948年3月,苏北军区成立,撤销华中指挥部,华中第二军分区改属苏北军区,其下辖地方武装组织未变。1949年4月21日,华中第二军分区又隶属新组建的苏北军区,并改称扬州军分区。

[4] 陈锴弦、姜龙、卢桂平主编:《扬州历史文化大辞典》,第16页。

1946年9月,苏皖边区政府在苏中设立办事处,苏皖地区第一、二、九专署属之。1947年11月,苏中办事处撤销,设立苏皖边区华中办事处,苏皖边区第一、二行政专署属其领导。[1]

1948年10月后,扬州市及各县城解放后相继成立军事管制委员会[2],统一领导城市的接管工作。1949年1月25日,扬州解放,27日,新建扬州市委、市政府。

1949年4月,苏北人民行政公署成立,驻泰州,下辖扬州、泰州等5个行政分区,41个县。5月1日,苏皖边区第二行政区改称苏北行政区扬州行政专区,专员公署驻扬州市,下辖扬州市,以及兴化、高邮、宝应、江都、仪征、六合、漾潼等县。华中二地委改称为中共扬州区地方委员会,下辖六合、仪征、江都、高邮、宝应、兴化、漾潼(1949年5月撤销建制)等7个县委和扬州市市委。

巩固政权的政策措施　在一定程度上讲,政权的巩固,甚至比政权的建设更为重要。为此,解放区采取了众多政策、措施,以期巩固政权,赢得民众信任,稳定社会秩序。

首先,重视发展壮大中共组织。重视党的建设,是中共的一贯方针,日本投降后,中共部队收复了江北大片地区,因此,亟须在这些地区重新建立中共组织。1946年1月,华中分局就这一问题发出指示,要求"在新解放区,应抓紧掀起群众运动,在反奸、增资、减租、减息等民主斗争及在广泛组织工农青妇之中,将先进的、积极的、有阶级觉悟的工人、贫农、城市贫民、革命知识分子,及其他愿为共产主义奋斗到底的优秀分子个别吸收入党,使新解放区党的组织普遍建立,使党深入群众,并与群众亲密结合,以加强党在群众中的领导,建立党与群众的密切联系"。[3]

其次,苏皖边区政府采取的另一项政权建设措施是改造农村基层政权,彻底废除保甲制度。在抗战时期,中共已经对江苏的基层政权进行过改造,但尚未彻底废除保甲制度。1946年2月18日,边区政府召开民政会议,讨

---

[1] 中共扬州市委党史办公室:《扬泰解放区财经简史》,方志出版社2006年版,第6页。

[2] 宝应未成立,由县总队担任城防工作。

[3] 中共江苏省委党史工作办公室、中共淮阴市委党史工作办公室编:《中共华中局关于发展新解放区党的指示》,《苏皖解放区》,1999年,第123—124页。

论实行普选民意机构问题。这次会议提出要在该年上半年一律废除全区191个乡的保甲制,代之以新型的"乡村制",并要求各地于6月15日前完成县、乡两级选举。4月1日,边区政府正式发布了废除保甲制的通令,并颁布《乡(镇)组织条例及选举条例之原则》。各地中共组织和政权组织广泛发动民众参与政权改造。通过选举,许多德才兼备的人士当上了乡长或村长。1946年上半年的苏皖边区基层选举巩固了中共政权,初步建立起了民主制度,基层政权的改造达到了目的。

再次,肃清日伪统治所造成的影响,惩治罪犯、汉奸等,有助于赢得广大民众的信任,因此边区政府于1945年底颁布了《苏皖边区惩治叛国罪犯(汉奸)暂行条例》。该《条例》明确指出,其最终目的是"为发扬民族正气,整饬国家纲纪,彻底肃清敌伪残余势力"。《条例》不仅详细规定了必须严加惩处的18种汉奸犯罪行为,也详细规定了对嫌疑人的逮捕及审判程序,还规定了可以酌情减轻处罚的6种情形。该条例因此是苏皖边区司法进步的一个具体体现。[1]

二、解放区经济建设

解放区经济发展的概况　1945年12月,华中二地委成立后,同时成立了财经委员会(简称财委会)、审计委员会和审计室。苏皖第一、二专署也设立了财粮处,负责财政、粮食工作。同时,苏皖边区货管总局在苏皖一、二行政区设立了第一、第二分区货管局,华中银行也设立了第一、第二分行。华中一、二分区还分别在各辖县公营贸易公司(商店)的基础上,成立了江海和利民贸易运输公司。

1946年1月,苏中军区与国民党军达成停火协议。在6月全面内战爆发之前的几个月时间里,苏中各军分区普遍进行了大练兵运动,提高了军事素质。各地还把惩奸、减租同生产救灾、改造基层政权、组织群众结合起来。1946年5月4日,中共中央发布了《关于清算减租及土地问题的指示》,各地立即传达贯彻,迅速开展土地改革运动。[2]7月,苏中战役爆发。战役期间,

---

[1]　孙宅巍、王卫星、崔巍等编:《江苏通史》(中华民国卷),第452—453页。
[2]　中共扬州市委党史办公室:《扬泰解放区财经简史》,第13页。

苏中军民不仅积极支前,也在解放区内普遍开展土地改革,从而极大地调动广大农民参战参军的积极性。同时,惩奸除霸的斗争也没有松懈。9—10月间,解放区财经工作实行一元化领导,苏皖一、二专署先后将财粮、货管、金融等机构合并为一个财经处,内设财务、粮食、货管、金融等科。[1]

苏中战役后,华中野战军主力北上,扬州地区的斗争形势日趋严重,在国民党军的反复清剿、扫荡之下,军民损失严重,大片解放区丧失。1947年上半年,是敌后斗争最为困难的时期。

从1947年下半年至1948年上半年,苏皖第一、二行政区在大力进行武装斗争的同时,还加强了土改、财经、生产救灾等工作。例如在1947年6月上旬,第一行政区的700多名干部从两台(东台、台北县)陆续返回南线各地,开展中心区土改复查工作。[2]

1948年4月,苏北军区下达了整党、整军,以及开展三查(查阶级、查思想、查作风)、三整(整顿组织、整顿思想、整顿作风)运动的指示,各分区通过认真贯彻,加强了军政、军民和军队内部的团结,提高了部队战斗力。

1949年1月,扬州解放后,原苏皖第二行政区改称扬州行政区,隶属苏北行政公署领导。扬州地委、专署努力做好城市接管、生产救灾、剿匪肃特等工作,使生产得以迅速恢复,社会治安趋于稳定。2月,苏皖一专署财政、粮食、税务、工商、金融分开办公,并在生产建设处下设置生产推进社。

为了支持生产,搞活流通,政府决定,对有利于国计民生的工商业,如麦粉厂、汉兴祥蛋厂以及棉布、南北货、五金、百货、粮油等,给予支持。全市解放后的头3个月,即发放贷款24万4186元。[3]

1949年10月,华中银行一、二分行改建为人民银行泰州、扬州支行,负责领导各县支行或办事处,上属苏北分行领导。江海、利民两公司改称为苏北泰州、扬州地区两个贸易公司,是两专署工商局管辖下的公营商业经济实体。[4]

---

[1] 其中,货管科对外仍称货管局,金融科对外仍称银行,粮食科对外又称粮食总站。中共扬州市委党史办公室:《扬泰解放区财经简史》,第24—25页。

[2] 中共扬州市委党史办公室:《扬泰解放区财经简史》,第16页。

[3] 中共扬州市委党史办公室:《扬泰解放区财经简史》,第99页。

[4] 中共扬州市委党史办公室:《扬泰解放区财经简史》,第25页。

另外,1945 年 9 月至 1946 年 8 月,仪扬县改称仪征县。仪征、甘泉两县属华中三分区管辖。仪征县政府设财粮科、税务科（后改为货管局）;甘泉县政府设财粮局、货管局。不久,两县辖地为敌所占,党政机关人员北撤。1948 年 4 月,仪征、甘泉部分地区收复,成立东南县政府,设财粮、货管两局。1948 年 12 月,改东南县为仪扬县,财经机构不变。1949 年 2 月,仪扬县更名仪征县,划华中二分区管辖,县政府中设立财政科、粮食局、工商科、税务稽征处和华中银行仪征支行（后改为人民银行县支行）。[1]

税收工作 解放区税收税种只有两种:一是货物过境税,又叫港口税;第二种是固定工商业的特种营业税。前者是商人从产区到销区,从敌占区到解放区长途贩运流动性的货物税征。这种税收范围广,面积大。为了便于商旅往来,促进货物流通,采用一道税制并对已征税的制成品得贴用印花或加盖戳记,自由运销。[2]后者属地方政府收入,在县、区政权建立后开始征收,项目有牙税、屠宰税、油槽坊税、田契税等。各地征收方法不同,有的采取分片承包,有的直接向行坊征收。

解放区的税收工作,税种单一,税负较轻,手续简便,过境客商随到随征,商人普遍愿意向民主政府缴税。由于废除了国民党的苛捐杂税,减轻了群众负担,既收税,又保护商旅,所以不仅促进了生产和商品流通,增加了财政收入,而且为经济发展打下了良好的基础。

战争环境下,财政税收有限,为克服财政困难,解放区实行了严格的平均分配的供给制度。它的特点是:供给标准低,执行制度严,官兵平等。

粮食工作 扬州历来是鱼米之乡,粮食中转、交易中心,粮食商业发达。民国年间,粮行、油米厂多达 200 余家。[3]

解放区为发展粮食生产,改善农民生活,积极开展减租减息运动,并组织成立信贷委员会,发放农贷,解决农业生产问题。

公粮征收方面,以征粮为主,个别地区折收代金。1941 年,解放区开始实行征粮田亩划等,按土质优劣、产量多少合理负担的原则。一般确定划分

[1] 中共扬州市委党史办公室:《扬泰解放区财经简史》,第 25 页。

[2] 扬州市税务局编:《扬州税务志》,南京大学出版社 1993 年版,第 126 页。

[3] 中共扬州市委党史办公室:《扬泰解放区财经简史》,第 41 页。

甲、乙、丙、丁四个等级,有的地区,还按甲、乙、丙、丁、戊五个等级征收。如
1945年苏皖边区第二行政区的江都县秋征标准是:甲等田每亩12斤,乙等
田每亩9.75斤,丙等田每亩7.5斤,丁等田每亩4.5斤。粮赋负担不超过
收成的11%—12%。出租田按累进制征收,分九级:一级为基数不累进;二
级增12两;三级增2斤;其余每进一级加半斤,至九级为止。自耕田够累
进的,亦按累进计征。[1]

在征粮过程中,凡具有以下条件的,可以减免优待:

1.收成荒歉之地区,其收获量普遍在二成以上或七成以下的,按成减
征,不足二成者免征。

2.耕地面积不足以维持全家最低限度生活而又无其他收入（每人平均
不足八分地）者免征。

3.服役主力部队之军人家属及荣军、烈属,一律对折优待。

4.服役地方部队（县区武装、警卫武装等）之军人家属,一律七折征收。

1946年大军北撤后,扬州地区我党的基层组织基本被摧毁。征粮范围
缩小。1948年秋,虽然恢复了一些阵地,但民困未纾,筹粮工作仍旧困难。
为此,党政部门首先紧缩粮食开支,同时广泛开展宣传活动,动员大家咬紧
牙关,渡过困难。接着,又通过征、借、扩、献等方式,顺利完成了支前筹集军
粮的工作,为大军渡过长江,解放全中国作出了突出的贡献。

为促进粮食生产,1946年3—6月,华中解放区对京杭大运河邳县至高
邮段进行了大规模的春修。该工程全长600公里,共投资5000万元,为华
中解放区1946年最大的水利工程。从3月23日起,南段、中段和北段工程
陆续开工,沿岸第二、第五、第六和第七行政区的13个县38000人投入春修。
至6月8日,春修工程全部结束,使江北25个县受益。[2]

此外,第一行政区修筑河堤195公里;第三行政区疏浚天长县南山河25
公里,并开挖了新农抗河;第五行政区淮宝县疏通了张渔河,淮安县疏浚了文
渠河,完成了衡河工程;第六行政区拆除了妨碍行洪的五河六坝。全边区共疏

---

[1]　江苏省财政志编辑办公室编:《江苏财政史料丛书》第2辑第3分册,方志出版社1999年版,
第33—34页。

[2]　朱耀龙、柳宏为主编:《苏皖边区政府档案史料选编》,中央文献出版社2005年版,第592页。

浚大小河流97条,总长650余公里,挖土1000余万方,受益面积超过200万亩。

最后,工程实行以工代赈,还以此救济了百万灾民。[1]

金融工作　从抗日战争到解放战争时期,由于日伪政府和国民党政府各自滥发货币,对人民巧取豪夺,极大地扰乱了市场,破坏了金融秩序,造成通货膨胀、物价飞涨。与之形成鲜明对比的是,处于敌后的华中解放区,在中国共产党领导下,抵制和禁止了伪币、法币在解放区的市场流通,建立了自己的本位币,使金融市场始终保持了正常健康、稳定发展的局面。

1945年抗日战争即将胜利之际,华中各地区通过全面反攻逐渐连成一片。为适应新的形势发展需要,华中局决定,组建华中银行和华中印钞厂,发行华中币,取代华中原来各根据地发行的区域性的货币,如江淮券、盐阜券、淮北币、淮南币等。并且开展各项金融业务,以适应各地金融斗争及经济建设需要。

商贸业　日本投降后,国民党政府与美国签订了《中美友好通商航海条约》《国际关税与贸易一般协定》等,美货占进口总额达到了57.2%,民族工商业受到了严重摧残。解放区采取了抵制和限制的政策,防止美货大量流入。

与此同时,大力发展公营工商业,活跃城乡经济。1945年1月,苏中一分区成立了利民总公司。12月,改为苏皖第二行政区利民贸易运输公司,所属各县(兴化、溱潼、宝应、高邮、江都)相继成立县利民公司。1947年2月,改为苏皖第二行政区利民贸易分公司,所属县公司均以"大"字称号:兴化称大兴商店,江都称大同商店,溱潼称大盛商店,宝应称大成商店,高邮称大昌商店。1949年4月,二分区利民分公司改为苏北扬州贸易公司。这些公营贸易公司均由当地工商局领导,对经济斗争起到了良好的杠杆作用——组织货源,调剂市场,保证供应。[2]

另外,合作社也是解放区组织群众、发展经济的重要形式。

宝应县古塔镇新塔合作社于1945年秋成立。在控制与调剂物资方面,他们力求自力更生,与各根据地及据点商人建立营业关系,互通有无。在抢

---

[1]　中共江苏省委党史工作办公室编:《中共江苏历史大事记(1919—1949)》,中共党史出版社1990年版,第471页。

[2]　中共扬州市委党史办公室:《扬泰解放区财经简史》,第96—97页。

救麦收与反麦青斗争中,新塔合作社召集全乡6个牙行开会,说服、争取他们为合作社收粮。同时,新塔合作社还配合行政、民兵建立缉私网,防止粮食走私,并大力宣传伪币的危害,要求人们把粮食送到合作社去换货,从而进一步控制粮食走私。[1]

1946年5月23日,江都县杨庄合作社[2]组织人员以卖货郎的身份,一边兑换货品,一边唱着小调,宣传伪币的害处,收到了很好的效果。在不长时间里,杨庄合作收进和排出的伪币已达196.29万元。[3]

1949年秋,宝应县鱼、蟹等水产丰收,可是苦于没有销路。宝应县姜潮乡水产运销合作社便组织登门收购鱼蟹。从7月22日开始,每天收进鱼4担、黑鱼3担、黄蟹2担,三天外运销售一次。一个月的时间里,共兑换回来土布2条、洋纱50包、香油3桶、大米40担。这不仅提高了群众的生产积极性,而且大大改善了群众生活,许多群众靠捕鱼捉蟹的收入度过了春荒。[4]

工业 生产战争年代,解放区没有设置主管工业建设的部门,而是由财委、财经处或供给处管理。由于解放区大多地处农村,虽有些集镇,但工业、手工业为数不多,主要是酿酒、榨油、砻谷、造纸、制革、染织、穿牙刷、制笔等

---

[1] 中共扬州市委党史办公室:《扬泰解放区财经简史》,第114页。

[2] 江都县杨庄协成合作社,创办于1945年8月,就是对敌经济斗争的一个据点,当时出力最多是薛德生。薛德生当时在真武区负责农抗会工作。1943年春天,农会除发动农民抗日及增加生产而外,还根据党的指示积极筹备组织合作社,从而抵制日伪对我解放区军民进行物资封锁与减少中间剥削。六月上旬,成立合作社筹备委员会,由薛德生、徐锡章任正副筹备主任。在筹备中,组织了352名社员投股,每股抗币5元,得529股,股金显然不足。这时,正好有一笔由农民献给农会的减租款伪币2000元,薛德生将该款全部投入合作社,充实了基金。加上政府贸易部门支持豆油、食盐、桐油、麻丝、布匹及日用品,物资就更足了。该社于八月三日成立,对内名称是协成合作社,如与敌占区通商则以杨庄协成分行名义出现。人事上以徐锡章、徐龙章为正副理事长,周玉璧为会计,孟迈生为监事长。经营方针是便利广大农民社员购买生产和生活用品,减少中间剥削。货价略低于市场价格,对社员还另有优待价。同时社员购买物品或出售农副产品都有优先权,并不向农民社员收取代售农副产品的手续费。1946年,国民党军反扑解放区,合作社北撤。1948年我军南下,春夏间,我人民武装在杨庄一带积极开展游击活动。此时薛德生仍担任区长,将原杨庄合作社人员徐龙章、高德宏、殷春之找去问明情况,仍交徐龙章等复业,并责令抢劫合作社的匪徒赔偿。在复业后也曾被邵伯匪军抢劫过一次,由于早有准备,损失不大。扬州解放后,这个社不但发展,而且扩大了。见中国人民政治协商会议江苏省江都县委员会文史资料征集委员会编:《江都文史资料选编》(第2辑),1984年,第47—49页。

[3] 中共扬州市委党史办公室:《扬泰解放区财经简史》,第115页。

[4] 中共扬州市委党史办公室:《扬泰解放区财经简史》,第116页。

手工业作坊。[1]

解放区一面发展公营工业,一面鼓励扶持私营手工业。前者代表有1948 年春创办于宝应县安丰镇的安丰总经理部。该部下设和丰油米厂、安丰油米厂、源丰油米厂、裕丰油米厂等 4 个油米厂。油米厂内有织造车间、肥皂车间,共有职工 600 余人。日产大米 2.5 万斤,豆油 6000 斤,毛巾 8 打,棉布 4 匹。这对保障供给和调节市场起到了一定的作用。当年 11 月,安丰总经理部改为合作推进社,人员不动,属生产处领导。1949 年初入城后撤并。后者的代表有江都的榨油合作社、酿酒槽坊、鞭炮作坊,高邮的土纸作坊,以及各地的纺织合作社等。[2]

扬州城解放前,1949 年 1 月 23 日,二地委社会部根据上级部署,紧急向扬州地下党组织传达重要指示,其中一项是秘密筹组成立"扬州地下商会",主要目的是保护"两爿半厂"(振扬电厂、麦粉厂、汉兴祥蛋厂)等扬州重要工商业经济命脉。振扬电厂,装机容量 3200 瓦。兴记麦粉厂,年产量 5000 吨。汉兴祥蛋厂,只做季节性营业。

1949 年 1 月 25 日,扬州城解放,振扬电厂在工人和解放军的保护下,昼夜发电,使解放的当夜,保持了全城的光明。当年 9 月 25 日,选举了新的董事会,并改名为公私合营"振扬电气股份有限公司",职工 108 人。[3]

扬州城解放后,扬州麦粉厂原料奇缺,资金枯竭,留厂人员无心经营,拖延复工。为保证军需民食,苏北粮食分公司和扬州市贸易公司同麦粉厂订立合同,委托其加工,并组织贷款借 100 万斤小麦支持其生产。[4]

解放后的蛋厂也得到了政府的扶持,避免其倒闭,不过经营状况仍旧不佳。[5]

土地改革 1946 年 5 月之后,各解放区的工作逐步转入自卫战争的准

---

[1] 中共扬州市委党史办公室:《扬泰解放区财经简史》,第 117 页。

[2] 中共扬州市委党史办公室:《扬泰解放区财经简史》,第 124—128 页。

[3] 政协江苏省文史资料委员会、政协扬州市文史和学习委员会:《回眸扬州 50 年》,江苏文史资料编辑部发行,1999 年,第 138—139 页。

[4] 中共扬州市委党史办公室:《扬泰解放区财经简史》,第 99 页。

[5] 1957 年公私合营后,结束了单一的产品结构,增加了罐头食品的生产线。至此结束了"半爿厂"的生涯。

备阶段,华中解放区也在加紧进行自卫战争准备。中共中央于5月4日发出《没收地主阶级土地分配给农民的指示》(亦称为"五四指示"),强调指出:"各地党委必须明确认识,解决解放区的土地问题是目前我党最基本的历史任务,是目前一切工作的最基本的环节。"此后,各解放区就在减租减息运动的基础上,开始进行土改工作,全力解决农民的土地问题。这对于解放区的巩固和进行自卫战争的准备,具有根本性意义。因为以减轻封建剥削为主要目的的减租减息政策已经不能满足农民群众的需求,他们迫切地要求彻底地废除封建土地制度。因此,解决土地问题成为推进民主改革、提高农民生产积极性和发展解放区经济的关键所在。

同时,随着国内阶级大决战不可避免的形势,只有使农民从封建的土地关系上获得解放,才能充分调动广大农民群众的革命积极性,建立起巩固的反封建的民主统一战线,从根本上削弱国民党反动派在解放区复辟的社会基础,造成夺取新民主主义革命胜利的深厚的阶级基础和社会基础。[1]

淮安县石塘区钱鹅乡土改试点成功后,其经验得到推广。为加强对各地土改工作的领导,华中分局还派遣刘瑞龙、张维城到高邮县二沟区蹲点,曹荻秋到阜宁县蹲点等。总结各地的土改步骤,大致如下:

第一步,广泛宣传五四土改指示,教育群众,调查研究,了解情况。使农民真正懂得"农民要翻身,刨掉剥削根"的道理,认识到只有实行土改,实行耕者有其田,才能消灭剥削制度,广大农民才能彻底翻身做主人。

第二步,调查统计。查明各村所耕土地多少,应分配土地的人口多少,平均每人可得多少。

第三步,斗争清算。根据斗争对象决定斗争方式,应清算的、应没收的、应退租的、应献田的分别进行,然后留下每人平均应得土地及地主应有份地,将多余土地上交调处委员会支配。地主无多余土地的,则不必清算。

第四步,分配处理。即由村调处委员会将清算出来的土地,按应分地的人数公平分配,多少均平,肥瘦均平,远近适当。分配计划由调处委员会拟

---

[1] 苏皖边区政府旧址纪念馆编:《苏皖边区史略》,中国文史出版社2005年版,第149—150页。

定后交村民代表会商讨通过,力求其平;分配方法则照各户现有土地抽多补少,抽肥补瘦。

第五步,复查出榜。由调委会将各户分配土地的数量点抄清单,贴榜公布,让村民提意见,如有不公平或遗漏之处,允许人民提出,调委会再加调整,做最后决定。

第六步,确定产权。土地分配后,仍要再令地主写卖契给分得土地的农民,以后政府再发给营业执照(不收契税),保证分得土地者的完全所有权;以后各人所分土地由各人自由处理,出卖、典当、自耕、出租、赠送,概由各人自己处理,别人不得干涉;并宣布分定后,所得土地,以后各管各业,生者不再分,死者不抽回,女子分地由女子自己处理,如女子改嫁时父母不得霸占其土地。

最后则召开庆祝胜利大会,总结经验,教育群众,鼓励大家互相合作,努力生产,兴家立业,发财致富;同时号召大家把民兵办好,武装自卫,改造政权,拥军优抗,肃清特务,保卫既得土地。[1]

根据当时华中分局书记邓子恢的回忆,华中解放区贯彻中共中央"五四指示",一面进行部队整编、精简,一面进行土改工作。土改工作开展得比较顺利,对土地没收分配采取"中间不动,两头平"的方针。[2]这个方针深得人心,使土改运动推进得很快。邓子恢说:"从6月开始到7月底,不到两个月时间即基本完成,这对华中解放战争的胜利起了极大的作用。"[3]

以江都县的"五四土改"为例,1946年6月中旬,中共江都县委在樊川区三周乡王家坝召开各区书记、区长、农会长等人参加的扩大会议,学习中共中央5月4日发布的"五四指示",传达地委在高邮召开的扩大会议确定的土改方案。会议认为江都地处对敌斗争的前线,必须贯彻"前方打仗,后方分田""一面支前,一面分田"的工作方针,抓紧时机,加快土改步伐。会后,中共江都县委即调集50多名干部组成工作队,由组织部长贝纹任队长,到樊川区聚东乡建立试点,各区也先后调集了干部,确立了自己的试点。7

[1]　苏皖边区政府旧址纪念馆编:《苏皖边区史略》,第153—154页。

[2]　即中农(包括富裕中农)土地不动,没收地主的土地、财物和富农少量出租土地及部分牲畜农具等,分配给无地和少地的农民,并对恶霸地主和大中小地主采取区别对待的政策。

[3]　邓子恢:《邓子恢自述》,人民出版社2007年版,第28页。

月初,樊川、真武、小纪、富民、港西、丁南、丁北、麻村、塘郭、露筋区及邵伯市的土改工作全面展开,县区政府派遣几百人的土改工作队深入农村,发动群众,同地主阶级进行斗争,揭发封建压迫剥削的罪行,没收地主的土地和征收富农多的土地,分配给无地和少地的农民。

总结起来,1946 年江都县五四土改的具体进展情况如下:全县合计 120 个乡,其中有 96 个乡可以进行土改。初期（7 月 1 日至 7 月 25 日）开展土改 24 个乡,中期（7 月 26 日至 9 月 1 日）开展土改 50 个乡,后期（9 月 1 日以后）开展土改的有 17 个乡,合计 91 个乡。其分配土地的方针也是:"中间不动,两头拉平。"[1]

需要注意的是,江都县的"五四土改"是在临战状态下进行的,大多数地区又都集中在 1 个月左右时间内完成,由于思想、政策和组织准备都不充分,许多工作都在匆忙中开展,存在明显的粗糙、偏差和疏忽等问题。9 月以后,由于国民党军队大兵压境,土改匆忙结束,复查工作只在 4 个乡进行。11 月,江都县域被国民党军队占领,县干部北撤兴化等地,流亡的地主返乡、复田、倒租,土改的成果被复辟。[2]

据不完全统计,大运河以东的苏中、苏北地区共有土地 3900 万亩,其中 25% 左右（约有 1000 万亩）的土地经清算已分给农民,该区总人口 1550 万人中,半数以上（约有 800 万左右）的农民分得土地。[3]

交通运输　1946 年,江都县政府曾对辖区内人力车做过一次检验登记,有 1200 辆。[4] 由于运力过剩,竞争激烈,江都县政府曾明令"不得继续装置或修理人力车",核定人力车不得超过 1300 辆。当年 2 月 20 日,人力车车行成立同业工会,到会人力车主计 26 人,可知此时扬州出租人力车行当不

---

[1] 以小纪区为例,农民每人平均得田 3 亩,但各乡稍有差异,西部、南部如竹墩乡、宗村乡平均分配不到 3 亩,而东部和北部如华乡、高徐乡则分到 3 亩多。

[2] 政协江苏省江都市委员会文史委员会编:《江都文史》（第 10 辑）,1999 年,第 62—63 页。

[3] 苏皖边区政府旧址纪念馆编:《苏皖边区史略》,第 157—158 页。

[4] 民国初年,扬州就已经有官员和医生自备人力车出行了。1917 年,营业性人力车公司出现,并有凭体力靠租用人力车拉客谋生的车夫。据 1935 年《江苏年鉴》载,当年扬州市人力车达 1874 辆,其中租用营业车 873 辆,自备营业车 833 辆,自备车 168 辆。陈锴竑、姜龙、卢桂平主编:《扬州历史文化大辞典》,第 152 页。

低于 26 家。1949 年扬州解放时，尚有人力车 900 多辆。

抗战胜利后，镇扬汽车公司复业。[1]与此同时，来自上海的企业家章炎唐取得扬州至清江的公路客运经营权，成立扬清长途汽车股份有限公司，1946 年 12 月正式开业，成为当时仅次于镇扬汽车公司的又一著名汽车运输企业。该公司拥有道奇牌客车 22 辆，职工人数最高时达 130 人。在扬清沿线设扬州、仙女庙、邵伯、高邮、宝应、淮安、清江、六圩 8 个车站，另有洼子街、车逻、界首、氾水、泾河 5 个代办站。每天运送旅客达 1500 人次。后因淮海战役开始，营运受到影响，逐段裁撤北向车辆。扬州解放后，在军管会军代表和职工支持下复业，但因扬清公路修路，营运受到影响，章炎唐乃将汽车售于公营苏北汽车公司，1951 年春闭歇。

1949 年 6 月，扬州地区第一个国营汽车运输企业——苏北长途汽车公司于泰州唐家楼成立。1949 年 7 月，苏北长途汽车公司扬州分公司开始筹建，地址设扬州市福运门外轮埠内。未及两个月，苏北长途汽车公司和航运公司合并，成立苏北运输总公司，驻泰州。苏北长途汽车公司扬州分公司建制被撤销。据统计，是年年底，公司在扬泰两行政区有客车 46 辆、920 座，当年完成客运量 62 万人次、旅客周转量 2479 万人公里。[2]1950 年初，苏北运输总公司再次迁至扬州，改名苏北长途汽车公司扬州分公司，即后来的扬州汽车运输总公司，亦即现在扬州汽车运输集团的前身。当时政府规定，干道以公营为主，私营为辅。因此扬州分公司主要开行六圩—泰州、六圩—清江（今淮安市淮阴区）两条干线，有客车 15 辆。

---

[1] 扬州最早的汽车运输业为商办汽车客运，创办人是晚清、民国间宝应绅士卢殿虎。他首先倡导修筑瓜洲至清江（今淮安）的公路，后因故改为修筑扬（州）瓜（洲）线，后又受挫改为修筑扬圩（六圩）公路。1922 年 7 月 25 日开工，12 月 13 日竣工，全长 14.7 千米，路宽 2 丈 4 尺，为江北第一条现代公路。公路起点在扬州城钞关与徐凝门之间李官人巷（今引市街）对直处，另开城门，命名为福运门，俗称新城门。1928 年 8 月，公司更名为镇扬长途汽车股份有限公司。1936 年，卢殿虎病逝。至 1937 年，公司拥有客车 23 辆。1940 年 2 月，公司被日商华中铁道扬州自动车区侵占。抗战胜利后的 1945 年秋，从敌伪手中收回汽车 22 辆，10 月 17 日起恢复扬州至六圩客运。扬州解放后，公司在 1949 年 9 月实行公私合营，1956 年在社会主义改造高潮中纳入国营企业。陈锴竑、姜龙、卢桂平主编：《扬州历史文化大辞典》，第 31—32、152—153 页。

[2] 扬州市经济委员会，《扬州工业交通志》编纂委员会编：《扬州工业交通志》，中国大百科全书出版社上海分社 1995 年版，第 627 页。

　　盐务 抗日战争全面爆发后，扬州几大盐商损失惨重，广大灶民在日伪统治下也生存艰难。与之不同的是，在新四军控制下的苏中地区盐场完全是另外一番模样。1940年10月，黄桥决战打开局面后，新四军于1941年2月接管国民党两淮盐务管理局，仍称两淮盐务管理局，直属苏中行署领导。同时，沿海各盐场也全部归属两淮盐务管理局统一领导，在中国共产党的领导下，努力增产原盐，保证了根据地的军政供给，为华中地区的抗敌斗争做出了重大贡献。

　　1945年，日军投降后，中共华中局财经委员会决定重新设立两淮盐务管理局，办事机构设在淮阴。1947年12月，再次重组两淮盐务管理局，并成立中共两淮盐场特区委员会。这些组织的建立，为两淮盐场的恢复生产、组织运销和武装斗争作出了积极的贡献。

　　另外，在扬州、新浦、张圩、陈家港等地，中共还举办了盐务干校，培养了2000多名基层领导干部和专业技术人员。

　　当时，由于国民党的封锁，中共两淮盐场特区委员会实际所能控制的场区只占两淮盐场的20%—40%，共有灶民7000多人，船民及码头工人4000多人，难以满足江苏及原来的湘鄂赣皖四岸全部百姓的食盐需求。1947年以后，中共两淮盐场特区实行专运专销政策，使食盐的产、供、销完全由政府统一管理，并在扬州、江都仙女庙、宝应及阜东县东坎（今属滨海县）、益林（今属阜宁县）等地设立运销办事处，通过泰州、无锡等地出运入皖、鄂，从而克服了销盐的混乱局面，打破了敌人的封锁，保证了食盐的流通顺畅，使解放区食盐得到了比较充分的供应。

　　1948年11月，淮海战役胜利结束后，国民党军队全面崩溃，南京政府虽然在扬州重新成立了两淮盐务管理局，但包括之前设立的淮南盐垦总局筹备处、淮南盐区开发设计委员会等机构都在解放大军南下进军的背景下难以维持实际的运作。1949年1月，扬州城解放，中共两淮盐务管理局再次成立，各运销分局也相继建立，盐民、盐商和盐务工作都步入了一个全新的时期。[1]

　　总的来说，解放区的经济建设，在艰难的战争环境下，取得了巨大的进步。

---

[1] 王自立著：《扬州盐业史话》，第174—176页。

三、解放区科教文卫建设

教育事业　　根据《苏皖边区政府教育工作方案（草案）》的规定，苏皖边区教育的总方针为："教导人民识字、明理、翻身、兴家、立业，培养各种干部与专门人才，为建设新民主主义苏皖边区及新中国，提高人民政治生活、经济生活、文化生活而奋斗。"在上述教育总方针的指导下，苏皖边区教育的基本内容，以民主教育为中心，继而以达成下列各种要求为一般目标：

1.群众观念、民主精神、民族意识、科学观点。

2.参加或领导实际斗争与建设工作所必需的科学知能、文化知识。

3.刻苦耐劳、勇敢力行的健强体魄、劳动身手与实践精神。[1]

全苏皖边区的学制规定大致分为初级国民教育和高级国民教育。其中包含初级和高级小学及高级成人学校（包括识字班、夜校、学习组等）。小学为"四二制"，即初小四年，高小二年。这种学制便于在华中大部分地区施行。初、高级成人学校年限不定，以修完规定课程为准。改初、高中为"二二制"，即初、高中均为二年毕业。有些地区人民生活富庶，儿童入学早，则高中仍为三年。专门学校及大学根据各科性质实际需要灵活规定在学年限。[2]

苏皖边区政府大力创办各级学校。自 1945 年 3 月至次年 2 月，仅第六分区的学校就由 1143 所增至 2091 所，学生由 62372 名增至 85746 名。其中，开办的大学和专科学校有：华中建设大学、雪枫军政大学、苏皖教育学院、苏北工专、华中医科学校、华中医务职业学校、华中新闻专科学校、华中牧畜医学校、财经干部学校等。截至 1946 年 4 月，苏皖边区将近有一百所中等以上的学校，一万所小学，约五万个各式各样的群众学习组织。其中，在近百所中等以上学校里面，包括一所建设大学、一所教育学院、一所工业专科学校、两所军事学校、六所师范学校、一所医务学校、一所新闻专科学校、三所综合性的干部学校，其余大部分都是普通中学。但大半都兼办了一些短期或正规的干部科，也有以干部训练为主，兼办普通科的。[3]

---

[1]　戴伯韬编：《解放战争初期苏皖边区教育》，人民教育出版社 1982 年版，第 265 页。

[2]　戴伯韬编：《解放战争初期苏皖边区教育》，第 231 页。

[3]　许多教师、塾师或干部的短期研究班、轮训队未计算在内。戴伯韬：《解放战争初期苏皖边区教育》，第 319 页。

1946年5月，为适应新形势需要，苏中公学[1]在宝应县氾水镇与雪枫大学合并为华中雪枫大学，至此，苏中公学完成了历史使命，一所全新的军事化高等学校诞生。华中雪枫大学下设军事、政治、经济、新闻等系科，华中野战军司令员粟裕兼任校长。[2]在解放战争的3年间，该校先后培养输送了2万多名师以下军政干部。[3]

文化事业　苏皖边区政府大力发展文化事业。除了先后成立的华中文化协会、文艺协会、新闻协会、社会科学协会、自然科学协会、教育联合会、诗歌协会、美术协会等外，各行政区、各县市几乎都成立了文工团和地方戏剧团，巡回演出。

为丰富民众文化生活，解放区出版发行了各类报刊，仅在清江市出版的报刊就有《华中通讯》《新华日报（华中版）》《清江工人报》《生活》《民主建设》《江淮文化》《华中少年》《大众文艺》等十多种。另外，每个分区都有4开或8开的日报、大众报。

新华书店印刷厂承印的书籍有60余种，近30万册，丰富了人民群众的文化生活，形成了生动活泼的政治气氛。

医疗卫生事业　民国初期，江都县卫生事业归国民政府民政科兼管。后来增设了卫生警察，督促各大集镇清扫街道路面，有时则在进入城镇的要道设卡，监督检查预防注射工作。1946年，江都县卫生院成立，院址在今广陵路72号巷内。当时的江都县卫生院既是医疗单位，又是卫生行政机构。总的来说，扬州国统区的卫生行政的职能由县卫生院、警察局和教育局共同承

[1]　1944年初，为进一步巩固和扩大苏中抗日根据地，培养抗战治国区级以上军政人才，苏中区党委在抗大九分校的基础上，合并苏北原先办的，后来因斗争紧张而停办的行政学院、鲁迅艺术学院分院和抗日大学分校三个学校，创办苏中公学，粟裕任校长，苏中行政公署主任管文蔚任副校长，新四军一师一旅旅长张藩任专职副校长，夏征农任教育长。公学下设军事、政治等系，每期学习6个月，学员按班排连编制。苏中公学共办了两年，培养干部前后四千多名。戴伯韬：《解放战争初期苏皖边区教育》，第331—332页。

[2]　戴伯韬编：《解放战争初期苏皖边区教育》，第319页。

[3]　1949年7月，华中雪枫大学与三野军政干校等合并，成立华东军事政治大学。新中国成立不久，华东军大的主体改建为总高级步兵学校。1986年，改为陆军指挥学院，成为全军唯一的一所中级合成指挥院校。1999年，更名为南京陆军指挥学院。

担。县卫生院统管医疗、防疫、药品及社会诊所方面的事宜；警察局设卫生行政指导员，负责禁毒戒烟、改造妓女及清洁卫生等工作；教育局设卫生教育指导员，承担卫生宣传教育等事项。三者统属县政府第一科领导。[1]

相对而言，中共领导下解放区的医疗卫生事业更为简陋一些，卫生行政机构只有部队里的卫生工作主管机关。1942年，江都独立团成立团卫生队，除了救治伤病员等基本工作之外，也会利用战斗间隙做些地方卫生工作，但不承担地方卫生行政工作。

为管理公共卫生，以保护人民健康，苏皖边区政府于1946年4月颁布施行《苏皖边区公共卫生管理暂行办法》。《暂行办法》规定各地公安机关直接负责公共卫生的指导和督查。公安机关直接同有关部门组织卫生委员会以推动本地卫生事宜。有碍公共卫生的行为，经卫生警察督查后仍不能纠正的，依照违反警法处罚。[2]

苏皖边区下属各区的卫生管理工作由民政处、民政科兼管。1949年，苏北泰州和苏北扬州行政区专员公署在民政处下设卫生科。抗日战争和解放战争期间，苏中军区及所属第一、二、三分区设卫生部，各县警卫（备）大队、总队、独立团、警卫团等地方武装设卫生队。分区卫生部及县团卫生队除救治伤员外，协助地方民主政权开展卫生行政工作。[3]

为医治疾病，保障人民健康，边区各县想方设法，争取外援，大都建立了医院，有的完备，有的简陋。东台县人民医院，设备简陋，只有一架1500倍显微镜和一只血压表，生理盐水也是土法自制的。区一级设有卫生所，条件更为简陋。只有当时苏皖边区政府所在地清江市有四所医院，即仁慈医院、边区政府卫生处门诊所、边区政府干部疗养院和市立大众医院。另外，华中分局所在地淮安有苏北国际和平医院。[4]

---

[1] 徐道隆、张保康：《江都卫生事业纵览》，政协江都县文史资料研究委员会编：《江都文史》（第7辑），1992年，第133页。

[2] 苏皖边区政府旧址纪念馆编：《苏皖边区史略》，第120页。

[3] 陈锴竑、姜龙、卢桂平主编：《扬州历史文化大辞典》，第537页。

[4] 苏皖边区政府旧址纪念馆编：《苏皖边区史略》，第121页。

第三节 卷入内战

一、军调部视察高邮、宝应

和谈背景下的斗争 1946 年 1 月 10 日，中国国民党与中国共产党在重庆正式签署《国共双方关于停止冲突、恢复交通的命令与声明》。协议达成的当晚，毛泽东即向各部队下达了停战令，蒋介石也同样下达了停战令。停战协议于 1 月 13 日晚 12 时起生效。

协议生效之前，蒋介石连发密令，要求国民党军队迅速抢占战略要点，为接下来的内战做准备。在这种情况下，华中野战军组织实施了陇海路东段作战，意在歼灭沿线拒绝投降的日伪军据点[1]，占领该段铁路线，打通华中解放区与山东解放区的联系。

根据新四军军部的要求，陇海路东段战役应于 1 月 10 日或 12 日发起，参与作战的部队为第八、第九纵队和野司直属部队。另外，第 7 纵队则在苏中地区防御国民党军向北推进。

1946 年 1 月 11 日晚，部队向日伪军据点发起进攻，12 日晚，最后退缩在赵墩车站的日伪军也被消灭，基本实现了速战速决的意图。在 13 日停战令生效前，将西起曹八集、东到白塔埠的陇海路东段之日伪军据点全部拔除，歼灭日伪军 1900 多人，控制了陇海路东段 300 多公里的铁路线，完全打通了华中与山东两大战略区的联系。

国民党当局对新四军在陇海路东段战役取得的辉煌战果十分担心，并表示强烈不满。为此，国民党军继续向苏中解放区发动进攻，为蒋介石回迁南京做准备。

国民政府首都迁回南京，华中、苏中地区的战略地位不言而喻。为了维护华中解放区的安全，粟裕与张鼎丞、邓子恢、曾山于 1 月 13 日联名致电陈毅、饶漱石、黎玉并报中共中央。强调华中安全与巩固和平之间的重大关系，

---

[1] 如高邮，驻有日军 1100 余人，伪军 5000 余人，日本投降后，他们奉蒋介石之命据守不降，拒绝向新四军缴械，等待黄百韬的第 25 军接收。

不可轻易交出。[1]对于国民党军对华中解放区的进攻,中共中央于1月13日电示华中分局,明确指示要坚守来安、高邮两要点,即使两城失陷,也应当集中兵力予以收复,坚决打击敌人。

不过,和谈只是假象和拖延,蒋介石的真实目的仍是通过战争来消灭人民革命力量。他一面签订了停战协定,一面调兵遣将,密令部队进攻解放区。在中共方面遵照停战令停止作战行动之后,国民党军还是趁机攻占了华中解放区的仪征、泰兴、靖江等地区,整个华中地区枪声不断,冲突频发,斗争环境十分复杂。

1946年1月9日下午,黄百韬亲率国民党军一○八旅和四十旅,在两架战斗机的掩护下,气势汹汹向邵伯袭来。奉命守卫邵伯的是新四军一师二旅五团。战斗最先在运河大堤南端打响,国民党军以优势兵力和火力,猛攻六闸正面阵地,同时以一部分兵力从运河西岸摆渡,迂回侧后,向主阵地逼近。但我军顽强地击退了敌人的进攻。次日,国民党军改变了进攻方向,转由运河大堤东侧,直接扑向邵伯城南门。担任大堤东侧防御的五团一营顽强阻击。到第三天下午,弹药基本都打光了。最后经过3天4夜的顽强抗击,新四军阵地始终稳如磐石。13日黎明,国民党军在毫无进展的情况下,被迫撤出了邵伯战斗。我军获得邵伯保卫战的胜利。

随后,苏中军区又在姜堰击退了国民党军的进攻,并在姜堰黄村石家埭与之和谈,达成停战协议。国共双方约定如下:

1.立即停火,哪方打枪,哪方负责。

2.双方都要拆除工事,拆除时只准带工具,不准带武器。

3.双方军队撤到原来防地,拟定以黄村河为界,河东为解放区,河西向南至运盐河,北至桥头、查家庄,西至石羊为缓冲地带,双方军队均不得进这一地区。

4.战斗中侵占的老百姓物品,一律归还,赔偿损失。[2]

但是,以上协议很快就成为一纸空文。仅仅两天后,国民党军就出兵进

[1] 中共江苏省委党史工作办公室:《粟裕年谱》,当代中国出版社2006年版,第142页。

[2] 单杰华:《风云激越三十年:扬州、泰州人民革命斗争纪事》,第226页。

占溱潼、港口、淤溪。21日，进占宣家堡。24日，进占季家市。31日，进占新生港。2月7日，驻口岸、嘶马一带的国民党军分三路包围江都县政府所在地大桥镇。中共江都县委书记刘明凡与其谈判，申明其破坏停战协议的行为。而国民党军不仅不后撤，反将刘明凡扣压，包围江都县政府。由于县政府只有少数驻守部队，被动劣势之下，全部被缴械，江都县总队和县政府干部45人被捕。至3月7日，国民党军出动五千多兵力对江都河南地区采取全面军事行动，致使这一地区全部沦陷。

北平军事调处执行部淮阴小组的调查与调停　江都县事件，以及近期的一系列国共冲突引起了军事调处执行部淮阴执行小组的注意，1946年3月12日，由中共代表韩念龙、国民党代表肖凤岐、美方代表邓克中校等13人组成的军调部淮阴执行小组到宝应、高邮，视察了国共双方的各个军事冲突地点。

军调处的成立，其主要目的是监督、协助国共双方切实地实施停战协议，由国民党代表张治中、中共代表周恩来、美国代表马歇尔组成"三人委员会"和"北平军事调处执行部"（简称"军调部"）。军调部是在三人小组领导下的工作机构，也由三方代表组成，中共代表为中央军委参谋长叶剑英，国民党代表是国防部二厅厅长郑介民，美方代表是美国驻华大使馆临时代办罗伯逊。执行部主任由美国军官担任，实际工作由派往各地的执行小组执行。军调部先后向全国各战区派出三人执行小组36个，其中，派到江苏的有徐州执行小组和淮阴执行小组，按统一数字编号，淮阴小组是第十七执行小组。

淮阴执行小组的到来，导火索是国民党军在苏中解放区如皋县白蒲镇所制造的武装挑衅。在白蒲镇被国民党军占领之后，《新华日报》发表报道，要求执行部调查真相，予以澄清。在谭震林、粟裕，以及解放区广大军民的强烈要求和舆论压力下，军调部于3月7日正式宣布将成立淮阴执行小组，前往苏皖解放区，主要任务是划分军事分界线，以及处理军事冲突，指导停火。3月9日，淮阴执行小组飞抵清江，在苏皖边区政府交际处下榻。

3月13日，执行小组人员乘车途经高邮，前往东台。当晚，抵达如皋县城，准备接下来调查白蒲事件。直到4月22日，国民党代表严词拒绝执行调处令,调处彻底失败。在此期间,邵伯、丁伙、宜陵等地人民纷纷具状向执行小组控诉国民党军的罪行。樊川县[1]参政会向执行小组紧急呼吁,要求制止并善后处理国民党军在江都制造的大桥事件。溱潼县人民要求执行小组派员前往调查、处理国民党军屡次进犯解放区掳掠人民的暴行。

然而,国民党政府并无丝毫和谈的诚意,美国政府的调停也是伪善的,并未、也不想解决任何实际问题。国民党军仍肆无忌惮地进犯解放区。3月15日,江都县委副书记兼组织部长高扬同曹王区委书记王立平、组织科长柳英等在江都谢桥刘家堡遭大桥镇的国民党军袭击包围。突围中高扬、王立平、柳英壮烈牺牲。4月10日,蒋军占领靖江新港和土桥。

至6月26日,在假和谈近8个多月后,蒋介石彻底撕毁停战协定,以大批军队围攻中原解放区,内战全面爆发。这也同时标志着国共和谈的破裂,以及马歇尔调处使命的终结。北平军事调处执行部淮阴执行小组美方和国民党代表不告而别,军事调处以失败告终。从此,扬州党政军民全面投入了解放战争的伟大事业当中。

二、"清剿"与反"清剿"

苏中七战七捷　1946年6月26日全面内战爆发以后,国民党军即于7月下旬至8月下旬,集中了四十九师、八十三师、二十五师[2]、六十五师、二十一师等5个整编师约12万兵力,向苏中解放区大举进犯。

华中野战军奋起迎战,打响了苏中战役(即苏中七战七捷)。1946年7月13日,苏中战役正式打响,华中野战军在粟裕、谭震林等率领下,以第一师、第六师、第七纵队、第十纵队等部投入战斗,首先是第一战——宣(家堡)泰(兴)攻坚战,接着是二战如(皋)南,三战海安,四战李堡,五战丁(堰)林(梓),六战邵伯,七战如(皋)黄(桥)公路。45天,七战七捷,获得了全面胜利。黄埔军校时期人称"能文能武"的李默庵,被粟裕打得大败而归。[3]

其中,邵伯战斗是苏中战役中的第六场战斗。在首战宣泰告捷之后,华中野战军于7月18日至21日,在如皋以南主动出击,进行了如南进攻战;7

---

[1] 1945年12月划出江都通扬河以北地区成立。1946年4月,重新并入江都。

[2] 该师于是年春进驻扬州、仙女庙、宜陵一线,师长黄百韬。

[3] 李学泌、丁留名主编:《扬州革命与建设史略》,江苏人民出版社1991年版,第46页。

月 30 日至 8 月 3 日，在海安外进行了一场海安防御战；8 月 10 日至 11 日，发动李堡进攻战，歼灭守敌；8 月 21 日至 22 日，继续进攻，发动了丁堰、林梓战斗，分别取得了苏中战役第二至五次战斗的胜利。

但是进入 8 月以来，黄百韬整编二十五师下属一〇八旅和四十旅集结于江都仙女庙、宜陵一带，显露出时刻将要进犯邵伯的态势。对此，华中野战军一直有所戒备，并且粟裕等人曾亲赴邵伯进行战地观察和战备指导工作，为接下来的邵伯战斗获得胜利奠定了基础。

8 月 23 日，黄百韬整编第二十五师在其空军和水上炮艇协同下，沿着扬淮公路，兵分三路，向邵伯发起进攻。华野十纵队八十二团、八十四团、八十七团、八十九团与苏中二分区四团、五团迅速集结，迎击敌人。我军的具体作战分工是四团守邵伯，五团和八十四团守乔墅，八十二团作为四团的纵深，担负对邵伯湖东的警戒，相机增援邵伯。八十七团位于乔墅以北，八十九团位于乔墅以东，相机增援乔墅。十纵队副司令常玉清坐镇邵伯，设立指挥所，统一指挥作战部队。

邵伯战斗主要在运河大堤、洋桥和西寺大王庙三块主阵地上展开。其中，争夺最为激烈的是运河大堤正面防御阵地。坚守这一阵地的是二分区四团二营。25 日，邵伯战斗的第三天，战斗进入白热化。连日进攻受挫的敌军孤注一掷，除步兵冲击外，还调动了空军以及高邮湖上汽艇的配合，全力进攻运河大堤阵地。四团二营在一营、三营的配合下，面对敌军海陆空联合进攻，一次又一次打退敌冲锋，用鲜血和生命捍卫了运河大堤主阵地。

随后，四团向华野十纵提出请求增援。华野十纵迅速调集了八十九团增援邵伯，以二营支援运河大堤阵地。

8 月 26 日一早，敌人再次发起进攻，炸弹像冰雹一样倾泻在邵伯阵地，500 磅以上的重磅炸弹更是把大小石头炸得满天乱飞。运河大堤阵地上的防空掩体受到严重破坏，我军伤亡严重，八十九团二营五连一排全部壮烈牺牲。经过一天的反复拼杀，二营减员严重，但仍旧顽强地坚守在阵地上。

除运河大堤阵地外，洋桥阵地和西寺大王庙阵地的战斗也十分激烈。坚守在洋桥阵地的指战员站在水深齐腰的掩体壕沟内，一次又一次地击退了从运河登陆和陆路进攻的敌军。大庙阵地连续打退敌军 18 次冲锋，牢牢地坚守住了河北阵地和水上门户。

8月27日晨,敌军虽仍以密集的炮火轰击邵伯,但已是虚张声势了。随后,国民党军即全线撤退。华野十纵及二分区部队经4天4夜的苦战,保卫了邵伯,毙、伤敌2000余人,获得了苏中战役第六场战斗的胜利。

邵伯战斗期间,江都、高邮、宝应、兴化的广大民兵和群众,积极参加了支前工作,除完成大量的粮草供应任务外,还支援了数以千计的门板和棉被,给守卫部队构筑工事。当时,邵伯市市长杨祖彤[1]怀孕在身,她虽行动不便,仍坚守在邵伯,组织民工参加支前。修筑工事的木料不够用,她就带领干部筹备木料。战士们作战下不下阵地,她就组织民工把饭菜送上前线。邵伯战斗胜利后,她又带人把慰问品送到部队。事实上,在整个苏中战役期间,扬州各级地方武装、民兵及游击队,根据作战任务的要求,或警戒,或阻击,或袭扰交通,或敌后骚扰,或打扫战场,或转护伤员,或收押战俘等,既支援了前线,又保障了后勤,为主力部队的连战连捷作出了很大的贡献。

"清剿"与"反清剿"　苏中七战七捷后,国民党军再次集结优势兵力,大举反攻苏中解放区。根据"不计较一城一地之得失""在运动中歼灭敌人有生力量"的作战方针,华中野战军于1946年9月撤出了苏中解放地区。10月,国民党军黄百韬整编二十五师进犯扬州,于6日占领宝应,7日占领高邮,30日占领兴化城和临泽镇,并沿着交通线展开,扫荡、封锁、分割解放区。[2]

于是,在1947年1月20日,国民党军整编五十七师占领陇海路东段,至此,国民党军全面占领了扬州地区的各个城镇及交通要道。苏北全境沦为敌后。

---

[1]　杨祖彤,祖籍安徽寿县,1915年生于扬州,回族。祖父是清末抗法民族英雄、福建水师提督杨岐珍。17岁时,杨祖彤考取私立扬州中学高中部,后转入镇江师范。毕业后,她回到扬州,在仙女庙小学任地理教师。抗日战争爆发后,杨祖彤到上海社会科学讲问所学习,改名杨玖。1939年加入中国共产党,先后任常熟县教委主任,苏常太地区教委主任,江南行政委员会文教处长。1941年10月,杨祖彤奉命潜回扬州,领导地下党工作。1942年秋,杨祖彤改名李文瑾,任江都县政府秘书兼党团书记,领导江都"冬学"运动。1943年春至1944年春,被派往郭(村)东、高邮开辟新区,因成绩显著,被调任邵伯区区长。1946年8月,杨祖彤怀着身孕参加邵伯战斗。这一事迹被国统区进步杂志《观察》予以报道,题目是《国民党将军为共产党女市长打败》。

[2]　单杰华:《风云激越三十年:扬州、泰州人民革命斗争纪事》,第241页。

江苏省军政当局在占领江苏北部地区的点线之后,便对广大农村不断发动"清剿"和扫荡。其重点地区有三,即:南线沿江之泰州、泰兴、靖江、如皋、南通、启东、海门一线;北线陇海路南之东海、灌云、沭阳、宿迁一带;中线运河线之泗阳、淮阴、淮安、宝应、高邮、江都、溱潼一带。[1]中共华中分局决定,华中野战军第七纵队留在苏中,第十纵队留在苏北,主力移至山东,坚持敌后斗争。[2]

国民党军占领扬州之后,组织地主、恶霸组成了还乡团、自卫队等,武装还乡,复田倒租,残害留在原地坚持斗争的革命干部与群众,制造了一起又一起惨案。这一系列惨案中,最为惨烈的是高邮马棚区委副书记左卿满门遇害。左卿在之前的一次战斗中不幸牺牲,敌人又开始搜捕左卿的妻子秦梅青等家人。得知消息的秦梅青和家人辗转隐蔽,但还是在10月20日不幸被还乡团发现。第二天,还乡团将左卿75岁的老母、3个儿女、5个侄儿共9人全部枪杀,并用酷刑折磨、逼问秦梅青。秦梅青始终昂首挺立,英勇就义。至此,连同左卿胞兄夫妇2人,左家满门英烈,惨遭杀害。

由于国民党军在较短时间之内迅速占领了扬州大块解放区,并且进行了疯狂、严酷的扫荡,苏中二分区内部产生了比较严重的悲观消极情绪。为了应对这一不利局面,二分区在宝应县油坊头召开会议,陈丕显、惠浴宇、陈扬等领导出席会议,严厉批评了部分同志的工作错误,以及悲观急躁等不良情绪,要求大家"做光荣的战士,不做可耻的逃兵"。会后,高邮县委即决定分东西两路穿插内线,恢复阵地。东路由县委书记李健等人带队,插进临东地区,西路由苏中区党委社会部副部长周山和县长杨天华带队,插进临南地区。

1947年1月,敌第二十五师全部调往山东,二分区敌后斗争的形势开始好转。我军利用这一空隙,整顿部队,组织力量,主动出击,从而使敌后斗争由被动转为主动。2月下旬起,国民党军对二分区组织了一次全面清剿,整编第四师九十旅的5个营,配合宝应保安大队3个中队,淮安县保安大队1

[1] 孙宅巍、王卫星、崔巍主编:《江苏通史》(中华民国卷),第475页。

[2] 中共江苏省委党史工作办公室编:《中共江苏历史大事记(1919—1949)》,第490页。

个中队,以及还乡团,兵力大约 4000 余人,对高宝地区进行扫荡清剿。

高宝地区在反清剿初期连遭损失,丧失部分阵地。为扭转被动局面,苏中二分区决定除留一部分主力在宝应地区坚持斗争之外,大部则向高邮南部和江都敌后出击,扰乱敌人后方,打乱其清剿部署,作为反清剿斗争的外线支援。随着一系列小据点被拔除,以及官垛、小纪等市镇被恢复,敌后作战的局面逐渐被打开。

首次向敌后进军的胜利,打开了漆潼河南的局面,建立了开辟和恢复江都地区的前进阵地,同时吸引了敌人南援,策应了北部高宝地区的反扫荡斗争。高邮地方武装在临北地区的灵活作战,宝应地方武装在安丰区的锄奸活动,均取得了相当的成绩。敌军在我军内外打击之下,顾此失彼,被迫于 5 月份将对宝应的全面清剿改为重点清剿。

宝应地方武装　我军为应对敌人的重点清剿,进行了艰苦的反清剿斗争,5 月 25 日,转移至东线。次日,射阳镇陷入敌手,至此,宝应县团仅据有北安丰、钱家沟一带的草荡地区,白天隐蔽在芦苇荡,夜晚插入敌后打击敌人。在艰苦的条件下,坚持战斗。

6 月中旬,二分区决定第二次进军江都,以巩固漆潼河北、河南,以及江都地区的斗争局面,并间接支援高、宝反清剿斗争。因此命令四团大部、特务营及江高团、漆潼县团等部队长途奔袭 100 公里,矛头直指樊川、小纪。18 日,攻击开始,顺利收复小纪镇、樊川镇,并歼灭高邮援军 190 余人,胜利完成第二次进军江都的任务。

7 月中旬,由华东、苏北军区派遣的第三批武装,约一个营,加淮南干部大队,由李世农带领,进入了淮宝地区,与先期到达的杨效椿部汇合,建立淮南工委和淮南支队,进入高宝地区,并一举攻占了塔儿集,为其在高宝地区扎根立足奠定了基础。9 月,敌军组织 2000 余人的兵力,在小河东地区大举扫荡,淮南支队寡不敌众,一战银家集失利,小河东地区落入敌手。2 月,第十二纵队三十四旅一〇〇团进入高宝地区协助作战,二战银家集,全歼守敌,重新恢复了小河东地区。

三、国统区经济危机

从蒋介石撕毁停战协定,发动全面内战后不到一年的时间,国民党统治区通货膨胀,物价飞涨,其涨幅高达 2.6 万余倍。[1]

最初,沦陷区用的是伪币,后国民政府强迫用两百元伪币调换一元"法币"。不久,扬州市面即宣布停用伪币。内战爆发,政府财政枯竭,改用金元券,进行新的经济掠夺。由于滥发金圆券,不只是扬州,全国的国统区物价飞涨,通货膨胀,出现了抢购风潮。扬城生活日用品被商人囤积一空,形成有价无市。

1946 年 7 月,江都县市面萧条,商店纷纷倒闭,成立商业金融救济委员会,向各银行借款 5 亿元法币、以挽危局。[2]但效果并不算好。

1947 年初,鉴于物价狂涨,市场拒用法币。国民党政府制定了《经济紧急措施方案》,要人们忍辱负重,拥护政府。但上述措施也无法挽救国民政府深重的经济危机,其庞大的军费支出,使国统区的财政经济已经到了崩溃边缘。截至 1948 年 8 月 21 日,法币发行额已达 663.7 万亿元,比 1937 年增加了 47 万余倍。[3]国民政府看到了物价飞涨的恶果,于是进行了大限价。但政府方面一边限价,一边又增加税收,自相矛盾,完全无助于问题的解决。例如扬州屠宰税每头猪原为 20 元,先后四次提高税额,猛增至 1817 万元。人人都感觉物价高、负担重,生活苦、营养少。[4]

曾经甚为繁盛的仙女庙米市,在这一时期也一落千丈,逐渐被芜湖取代。这一阶段的仙女庙米行,其经营模式也发生了一些变化,大部分进行的是代客买卖,自己除店房、箩、匾、斗、斛外,没有多少流动资金,成为所谓"空匾老行"。抗日战争胜利前后,由于连年恶性通货膨胀,物价飞涨,大米存单一度成为一种特殊的"通货"。这也是一种不信任当时货币的表现。其运作方式是:米行开出定量存单,上写取付品种(上等米、中光米、尾匾米)及数量(几石、几斗),存米客户可以将它当作货币,到市场上购买其他物资。为了防止伪造,取得大米存单的人可以到米行"对票"加章;兑付大米存单时,或取实物,或随市折价。这样的流通方法既维护了货主的利益,又简化为存

[1] 中共扬州市委党史办公室:《扬泰解放区财经简史》,第 82 页。
[2] 扬州市广陵区地方志编纂委员会编:《广陵区志》,中华书局 1993 年版,第 23 页。
[3] 中共扬州市委党史办公室:《扬泰解放区财经简史》,第 82 页。
[4] 朱福烓、许凤仪:《扬州史话》,江苏古籍出版社 1985 年版,第 206 页。

付手续,是针对当时物价跑疯而采取的一种应急措施,深受市场欢迎。因此,仙女庙米市在抗战胜利后的初期短暂地恢复了一定程度的繁荣景象。不过到了1948年,国统区经济崩溃,货币贬值,物价飞涨,更甚于前。人民对国统区货币完全丧失了信心。商店为了不使资金贬值,家家储存物资,不肯轻易出售,导致市场商品奇缺。一些官僚资本和不法商人,抢购、套购各项生活必需物资,囤积居奇,操纵市场物价,乘机大发横财。这种有价无货的市场局面,加重了人民的疾苦,激起了贫民的愤怒,扒米行的风潮又出现于仙女庙的街头。几百年著名的米市至此已经名存实亡了。[1]

扬州是历史上著名的消费城市,许多国民党官僚及地主住在这里。为了满足他们的糜烂生活,扬州烟馆、酒馆、妓院林立,烟、赌、娼盛行一时。[2]

虽然近代扬州商业繁荣,但其工业并不发达,这是消费商业畸形发展、兴旺,所带来的经济基础不稳固,城市经济结构不合理。民国时期,扬州仅有振扬电灯厂、兴记麦粉厂、汉兴祥蛋厂,而洋行遍及全市。其中最多的是粮行和盐行。当时,扬州摊贩遍及大街小巷,大部分为失业人员所经营。最多的摊子要数五洋摊、布摊。五洋摊有百余家,布摊有六七十家,有的街道因摊贩多严重影响交通。当时,扬州当铺和银楼也比较多,全市计有银楼17家,当铺也有几十家。[3]

1946年中美商约签订后,美货像洪水一样涌向国统区市场,美商设在中国的分支机构(店)达115处,中国市场出现了"有货皆美,无物不洋"的状况。以上海永安公司为例,投放市场的物资,美货高达80%以上。美货的倾销,加上官僚资本的鲸吞和繁重的苛捐杂税,民族工商业纷纷停产或倒闭,社会经济破败到不可收拾的地步。

其实,不只是城区经济混乱,扬州农村也同样经济崩溃,民不聊生。其具体表现如下:

一是苛捐杂税多如牛毛。县、区、保、甲,都能巧立名目,收捐收税。蒋

---

[1] 中国人民政治协商会议江苏省江都县委员会文史资料征集委员会编:《江都文史资料选编》(第4辑),1987年,第38—39页。

[2] 朱福烓、许凤仪:《扬州史话》,第205—206页。

[3] 朱福烓、许凤仪:《扬州史话》,第206页。

介石有手令,凡因征粮催粮而扣押人民,不受法律制裁。江都县政府马上作出决定,凡延纳田赋,即传案押追。

二是壮丁抽得多,劳力大批散失。国民党为了打内战,不断扩军,兵源绝大部分来自农村,连独子都要抽丁。许多青年为了逃避抓壮丁,只好到外乡求路。

三是自然灾害多。由于国民党的腐败,不甚重视农田水利建设,灾害年年发生。1948年8月瓜洲江堤崩溃,淹田八百余亩,灾民一千多人。里下河地区水灾更是不断发生,成千上万人死亡,无数农民出外逃荒。除了水旱灾外,还有蝗灾。各地政府对于蝗虫无能为力,只得叫人民捕捉。一遇灾害,逃难者纷纷来到扬州一带。还有许多难民被国民党堵在扬州六圩江边,不准过江,无数难民在饥饿线上挣扎。1948年左右,扬州难民总数达35000多人。大批难民流落扬州后,许多地方官贪污救济难民的粮款,却要群众节食一日救灾,国民党还把难民中大批青年抽去当兵。[1]

四、"反饥饿,反内战"运动

1947年4月底,中共上海局决定在南京举行一场声势浩大的"反饥饿,反内战"学生运动,并由上海、北平、杭州、天津等地共同响应。随即,上海局通知南京市委书记陈修良到沪研究布置如何发动斗争。

5月4日,在和平朝不保夕,内战一触即发,国统区经济危机加剧的背景下,上海学生为纪念五四运动二十八周年,上街进行反内战宣传,遭到国民党军警的镇压,两人被打成重伤,多人被捕。于是,各校学生在中国共产党的领导下立即罢课抗议,并到市政府请愿,反对前方打内战,后方打学生。陈修良由上海返回南京后,即组织中央大学、戏剧专科学校、音乐专科学校、东方语言专科学校等校学生三千余人,于15日举着"向炮口要饭吃"等横幅标语,赴教育部进行反内战请愿。

5月16—18日,北平各大学,天津的南开、北洋等校学生都为响应"反饥饿、反内战"运动相继举行了罢课。至此,学生运动出现了由分散向统一的全国性斗争转变的趋势。于是,南京学生联合会和上海国立大学学生联

---

[1] 朱福烓、许凤仪:《扬州史话》,江苏古籍出版社1985年版,第207页。

合会成立,并筹备组建全国学联。5 月 18 日,国民政府颁布《维持社会秩序临时办法》,禁止 10 人以上的请愿和一切罢工、罢课、游行示威等活动。

5 月 20 日,京沪苏杭地区 16 所专科以上学校 6000 余名学生在南京举行"挽救教育危机联合请愿游行"。当游行队伍到达珠江路口的时候,遭到国民党宪兵、警察、特务的殴打和救火车龙头猛冲,学生重伤 20 人,被打 500 人以上,被抓走 20 多人。

"五·二〇"血案发生后,中国共产党提出"反迫害"的口号,把运动推向新的阶段。上海、南京、天津、北平、杭州、昆明、广州、重庆、成都、桂林、福州、南昌、西安等 60 多个城市的学生纷纷行动起来,举行罢课和上街游行示威。

在此背景下,扬州中共地下党通过学联号召进步学生在暑假回乡期间就地宣传上海学生运动的情况,宣传"反饥饿、反内战、反迫害"斗争的意义。这时,扬州在沪读大学的学生李长安(即李云翔)[1]和戴健(戴慕生)约请扬州籍震旦大学学生管希文和交通大学学生、进步歌咏组成员周世恩教唱学运斗争歌曲。周世恩回扬州后,又找到扬州中学的王复赓等人向城北小学(今汶河小学西门街校区)借了一个教室,组织青年学生学唱。[2]

戴慕生、管希文准备了学唱活动的内容(主要是教唱上海学运有关的歌曲和介绍上海学运有关的情况),他们在幕后策划,由周世恩出面教唱歌,并适当穿插介绍上海学生"反饥饿、反内战、反迫害"斗争的情况。教唱的既有当时流行的进步歌曲,如《古怪歌》《团结就是力量》《跌倒算什么》等,也有自编的歌曲。尤其是前者,多半带有隐喻的讽刺性质,能在反复歌唱后启迪人们深思,后者直接揭露反动现实,激发人们斗争意志。与此同时,戴慕生还将上海学联办的《学生报》交王复赓、丁宗明等少数几个人秘密散发了两期。

歌咏活动逐渐受到大家欢迎,由开始的 10 多人发展到 20 多人。从 7 月上旬开始,每周活动两次。到 7 月下旬,中统学运组特务注意到了这一歌咏组织,在特务的要挟下,城北小学不再借用教室。戴慕生等本来也只作短

---

[1] 李云翔当时在上海震旦大学法学院经济系二年级读书,是该系地下党支部书记。

[2] 中国人民政治协商会议江苏省扬州市委员会文史资料委员会编:《扬州文史资料》(总第 11 辑),1992 年,第 48 页。

期活动打算,7月底便回上海。这项活动时间虽短,但在一部分学生和少数青年教师中,起到了团结教育的作用,这是上海学联之后在扬州城区开展活动奠定了基础。[1]

1947年9月,扬州学联举行"反饥饿、反内战"万人签名活动。

五、解放军局部反攻

1947年,随着全国形势的好转——刘邓大军强渡黄河,转入外线作战,标志着全国解放战争已由战略防御转为战略反攻,扬州地区的敌后斗争也及时调整战略态势,抓住时机,发起局部反攻。经过过去一年多时间的坚持斗争,敌方力量遭到削弱,人民武装力量得到提升,扬州地区的敌后斗争局面已经大为改观。因此,扬州地区具备相应的条件,凭借局部突破,逐步扩大战果,尽可能地恢复解放区。

为此,扬州党政军民发起了一系列军事行动,不仅恢复了大量先前失去的阵地,还打破了国民党军组织的所谓"总体战",[2]粉碎了其"以攻为守"的战略企图。

江都反扫荡战斗　1947年7月20日前后,国民党军对小纪镇北部进行了连续5天的"扫荡"。中共江都县区委书记符洪、区队长张荣祥等6名干部战士壮烈牺牲。为了粉碎敌人的"扫荡",江都独立团在区队武装配合下,在内线大胆穿插,打击敌人;在外线与溱潼独立团配合出击,内外线均取得一系列胜利。国民党军在"扫荡"失败后,加强了对兴泰官河的封锁,增兵周庄据点,构筑坚固工事,并时常派出武装汽艇在官河上巡逻游弋,对军分区和江都独立团等部队进军江都构成较大威胁。

进入8月,江都团取得了广孝庄战斗的胜利,粉碎了敌军东进"扫荡"溱北、双港的阴谋。7日,江都团又袭击了敌核心据点周庄,造成敌军心理严重恐慌,龟缩据点,不敢外出。29日,华中第二地委、第二军分区决定彻底拔除周庄据点。在军分区副司令朱传保、副政委吴嘉民指挥下,组织军分区四团、江都独立团、兴化独立团、溱潼独立团从西北和东南两面对敌周庄

---

[1]　中国人民政治协商会议江苏省扬州市委员会文史资料委员会编:《扬州文史资料》(总第11辑),1992年,第16页。

[2]　所谓"总体战",就是将"扫荡""清剿"融为一体,实行烧光、杀光、抢光的反动政策。

据点发起猛攻,3个街头碉堡很快被攻下,残余之敌逃入土圩。此后,围绕着土圩展开了激烈的战斗,至次日拂晓4时,仍未攻克。敌人多次疯狂反击,都被四团击退,双方甚至展开了肉搏战。上午9时,驻泰州的国民党军前来增援,突破溱潼独立团的阻击,并有敌3艘炮艇逼近周庄,我参战部队只好奉命撤退。此战,歼敌百余人,我军伤亡也有百余人。战后,部队进行了调整、补充,评功评战,追悼死难烈士,誓死复仇等活动,逐步恢复了斗争情绪。[1]

9月底,江都独立团再次挺进江都,袭击了富民区"自卫队",全歼之。接着又趁热打铁,进攻汤庄的南屏乡,复胜之,缴获机枪2挺。两战两胜,民心大快,军心大振,鼓舞了江都军民收复阵地的信心。

10月,江都独立团继续频繁挺进敌占区,捕获、处决了一批反动武装骨干,动摇了敌基层政权。至12月底,江都县境南至郭村,西至芦沟头,北至港西、罗汉寺,方圆百余里广大地区被收复,部分地区政权得到改造。敌人困守在据点内,不敢轻易出动。各地"自卫队""还乡团"纷纷逃亡。富民区北自汤庄、南到富民庄之间的6个中心乡阵地逐渐稳固,官河以东叶甸、周庄、茅山等区的地方政权得到了改造,民兵组织得以重建,游击区日益扩大。

高邮的保卫秋收战斗　为反击国民党军的抢粮抓丁,高邮县委于1947年8月要求县区乡各级武装行动起来,保卫秋收。在保卫秋收的斗争中,高邮县行动大队发挥了重要作用。他们连续作战,仅在临东的半个月中,就进行了十多次战斗,消灭敌人80多人。其中,影响较大的有洋汊战斗,消灭敌中队长以下30多人,有力地保卫了秋收成果。

至10月,高邮境内已恢复有黄邳、时堡、界首、横泾、三垛的一部分农村地区,重建了一些乡政权,削弱了敌人的反动统治。

宝应射阳镇战斗　射阳镇位于宝应县城东北约35公里处,三面环水,是宝应、盐城、沙沟间的商业转运地,是里下河的水陆要冲。因此国民党军于1947年5月23日侵占射阳后,陆续构筑了20多座隐蔽碉堡,严加守备。

9月21日,苏中军区第七纵队三十二旅在二分区第四团和宝应独立团

---

[1]　1947年11月,华中二分区在安丰盛家庄建立革命烈士纪念塔。华中二分区党政军机关和各界代表7000余人在纪念塔下为牺牲的烈士举行公祭仪式。

配合下，进行了攻克射阳镇的战斗。当夜，三十二旅一部在炮火掩护下，首先从西南方向突进镇内，并占领了部分街道，将敌分割于河东、街南、街西几个大碉堡内。守敌在其中负隅顽抗，妄图固守待援。激战至第二天傍晚，几大碉堡均被陆续摧毁，除少数敌人从草荡逃窜外，其余全部被俘。此役，总计歼灭国民党军400多人，缴获八二炮、六〇炮各一门、步枪百余支、重机枪两挺、轻机枪13挺。

射阳战斗后，苏中主力又收复了望直港。在此打击下，敌被迫收缩势力范围，陶林、天平、安丰等地也先后获得解放。

打破敌"追剿"和"总体战"的计划　在我军于扬州地区转守为攻的新态势下，敌军逐渐感到兵力不足。因此他们一面收缩据点，作防御性集结；一面集中兵力，作防御性进攻。1947年12月中旬到1948年4月下旬，敌纠集重兵，连续三次发起所谓的"追剿"和"总体战"。所谓"追剿"，就是在原有"清剿"部署的基础之上，追加兵力，组成"追剿"部队，配合扫荡解放区。1948年4月，敌实施"总体战"，共组织了13个团的兵力，对苏中地区展开攻势。

扬州军民在华中主力部队支持下予敌以沉重打击，粉碎了敌人以攻为守的阴谋。在反"清剿"战斗中，二分区收复北芙蓉战斗和一分区攻打燕头据点战斗最为突出。

在反"总体战"战斗中，江、高、宝等县武装也采取灵活机动、内外结合等战术，取得了一系列战斗的胜利。

1948年3月至4月，江都县独立团连续进行3次较大战斗，在纪北区队、麻村区队等地方武装的配合下，使江都河北阵地基本恢复，20多万人民获得解放。

在宝应，国民党军于1948年4月22日从宝应城、陶林、下舍等地出发，围剿驻天平、戴庄的中共宝应县委、县政府机关。宝应县独立团闻讯后，在当地民兵配合下将其击退，使县委、县政府得以安全转移。5月7日，陶林据点敌人到马垛乡王家墩扫荡，天平区游击队击溃敌人一部，缴获捷克式机枪一挺，而游击队却无一伤亡。5月25日，氾水地方武装击退至临北胡营、韦镇沟一带抢粮的国民党氾水保安中队。29日，又击退至柳堡"清剿"的敌人。

在高邮，1948年4月，东南支队司令魏然率部返回高邮湖西地区。4月

20 日拂晓,东南支队袭击了国民党反动派高邮第七区区署、区队和 3 个乡公所,一举攻克菱塘镇,击毙了天山乡敌乡长顾鼎,缴获小炮两门、轻机枪两挺、步枪 54 支,俘敌 47 人。5 月,东南支队又奔袭郭集镇。其后,国民党军虽集结扬州、天长、仪征、六合之敌进行"四县会剿",但最终以失败而终。1948 年 9 月,湖西地区全面解放。

除此之外,高邮县武装还于 1948 年 5 月中旬二下临南,拔掉了小葛庄据点,破坏了敌军"会剿"临南的计划。5 月 13 日,敌又"会剿"临北,高邮县委集中力量击溃氾水一路敌人,又粉碎了国民党军此次的"会剿"计划。5—7 月间,在反"清剿"斗争中,高邮县区武装共进行大小战斗 101 次,毙俘敌 134 人,缴获机枪 1 挺、长短枪 88 支、子弹数千发。

总之,经过扬州军民的奋力作战,至 5 月上旬,国民党军的"总体战"计划不得不宣告破产。

第四节　扬州解放

一、转入反攻,收复失地

在粉碎了国民党军的"清剿""追剿",与"总体战"的计划之后,扬州党政军民乘胜追击,开始了反攻敌后,积极收复失地。

在江都,自 1948 年 4 月恢复河北地区之后,江都独立团即开始着手准备进军河南地区。5 月,该团兵分三路,急行军进入河南地区 20 多公里纵深处,先后捣毁吴家桥、王家桥、四方桥等敌军据点。接着,江都团夜袭大桥镇,俘获江都县保安团 60 多人。6 月 11 日,江都独立团挺进至仙女庙、汪庄一带。7 月下旬,全歼运河线戚墅庙自卫队。8 月 10 日至 18 日,国民党省保安大队、县保安中队和区乡自卫队总计 4 千多人,占领主要交通线,并沿线构筑临时据点,不分昼夜,反复"扫荡"。江都团与各区队、乡联防队密切配合,全力投入反击。通过灵活机动的战术,与敌周旋了 8 天,歼灭了敌人有生力量,又一次粉碎了敌军的"扫荡"。[1]

---

[1]　单杰华:《风云激越三十年:扬州、泰州人民革命斗争纪事》,1997 年,第 273—274 页。

与此同时,在高邮,中共高邮县委也制定了巩固临北,恢复临南、临东,逐步恢复全县的方针。为贯彻这一战略方针,1948年7月,高邮县委决定首先攻取位于二分区中心地区的敌三郎庙据点[1],这里驻有国民党保安队、自卫队100多人,这股顽敌在整个临东、临南地区最为猖狂,经常对我根据地进行袭扰,成为我军全面恢复临东、临南阵地的主要障碍。7月18日凌晨,高邮县地方武装和华中二分区六团从西北方向向该据点发起进攻,遭到敌顽强抵抗,战士们暂时后撤,并完成四面合围。随后,部队发起总攻,敌惊慌失措,仓皇逃出碉堡,随后陷入高邮县团预先布下的包围圈,成为瓮中之鳖。除敌区长逃往兴化之外,其余敌人被我军全歼,并缴获轻机枪6挺、子弹若干发。三郎庙战斗的胜利,使临东与临南地区连成一片,为全面恢复阵地提供了有利条件。[2]

同时,在三郎庙战斗胜利后,高邮县委决定乘胜挺进运河线,攻占运河线上的重要集镇马棚湾。该镇位于高邮城和界首之间,离高邮城只有15公里,是控制运河南北交通的战略要地。马棚湾据点的存在,严重威胁恢复高邮全境的战略计划的顺利实施。马鹏湾战斗由高邮独立团七连和二分区六团四连担任北面主攻,由一连和县行动大队在南面佯攻,并警戒高邮城增援之敌。8月29日,战斗开始,主攻之七连逐步逼近敌据点,但敌军的抵抗也十分顽强,战斗异常激烈。为迅速解决战斗,在南面担负佯攻的县行动大队决定变佯攻为主攻,形成了南北夹击的之势。于是敌军防线很快被突破,守军慌忙撤逃。途中又受到我军阻击,所逃无几。战斗持续约一个多小时,全歼敌高邮县保安第5、6团两个中队,俘敌中队长以下100多人,毙伤20多人,缴获机枪4挺、步枪88支、子弹千余发。马棚湾战斗是高邮县独立团建立以来缴获最多的一次战斗,迫使国民党军队退缩至高邮城中,对全面打开运河线局面产生了积极作用。

日军投降后,宝应是苏中地区第一个被收复的县城。此后,我军围绕着素有"金氾水"之说的运河重镇氾水镇展开了反复的争夺。四克氾水,与三

---

[1] 三郎庙位于横泾河北,地处临泽与三垛之间。

[2] 中共江苏省委党史工作委员会编:《江苏解放风云录》,北京:中共党史资料出版社,1989年,第159页。

打临泽,向敌人展示了我军解放宝应,解放全扬州的决心与战斗力,沉重打击了敌人的气焰,大大振奋了扬州军民的士气。1946年10月,华东野战军第十纵队八十九团在宝应独立团配合下首次攻克了氾水,全歼守敌200余人。第二次攻克氾水,是在1948年2月22日,华野第十一纵队岗河部队全歼国民党军五十一师一二一团一个排及当地反动武装,俘虏区长以下636人,毙伤30余人,缴获轻机枪26挺、步枪360支。1948年9月29日,华中第二军分区六团承担了三打氾水的任务,并得到了高邮、宝应独立团的配合,这次战斗毙敌600人,缴获机枪26挺、各种子弹近2万发。围绕宝应首镇氾水的反复争夺,从侧面反映了宝应解放斗争,乃至整个扬州解放斗争的艰难历程。第四次攻克氾水,是在解放宝应城的第三天。四克氾水,标志着宝应全境解放。[1]

在仪征,战斗在这一地区的是解放军东南支队。这支部队于1948年4月20日横渡高邮湖,来到天、六、仪、扬、高地区活动。从4月至7月31日的约100天时间里,东南支队作战数十次,粉碎了国民党军组织的3次"4县会剿",歼敌345人,其中生俘273人,另外瓦解区、乡自卫队420人,缴获小炮3门,轻机枪7挺,步枪600余支,解放了谕兴、菱塘桥、送驾桥、八百桥、草庙山、司徒庙、月塘集、大仪镇、谢集、横梁、公道桥、杨兽坝、钟家集等31个镇,建立了4个党的工委、12个区署、46个乡政权,控制了东起赤岸湖,西至六(合)马(集)公路,南到十二里岔,北临高邮湖的广大区域。至此,仪征地区只有县城尚在国民党军第四军五十九师一七六团和仪征县保安团的占踞下,成为孤城一座。[2]

二、红旗飘扬,扬州解放

解放宝应　扬州地区较早被解放的地区是宝应。其解放背景,可以追溯至济南战役。济南战役的胜利,标志着全国解放形势的转折,国民党军的重点防御计划被粉碎,显示了解放军攻克坚城的强大力量。美联社9月26

---

[1] 叶绪昌主编:《江苏革命史词典》,南京:南京大学出版社,1993年,第306页。

[2] 单杰华:《风云激越三十年:扬州、泰州人民革命斗争纪事》,1997年,第313页;中共滁州市委党史研究室:《中国共产党滁州地方史 第1卷 1921—1949》,合肥:安徽人民出版社,2011年,第359—360页。

日评论："自今而后，共产党要到何处，就到何处，要攻何城，就攻何城，再没有什么阻挡了。"日本《朝日新闻》也报道说："中国的内战进入了一个极重要的新阶段。"[1]

1948年9月下旬，济南战役获胜三天后，华东野战军代司令员兼代政委粟裕向中共中央军委提议，希望乘胜发起攻歼淮阴、淮安、宝应、高邮、海州之战役，称为淮海战役，为最终夺取徐州做好准备。不过随着战场形势的变化，战役规模不断扩大，原来设想的淮海战役已经发展为华东、中原两大野战军共同配合的战役，"小淮海"发展为"大淮海"。

1948年11月6日至1949年1月10日，在东起海州，西至商丘，北起山东临城，南至淮河北岸的广大地区，中国人民解放军中原野战军和华东野战军向国民党徐州"剿总"司令部发起战略决战。

1948年11月22日，国民党第七兵团10万余人被歼灭于碾庄地区，兵团总司令黄百韬被击毙。淮海战役第一阶段顺利结束。

11月25日，中原野战军7个纵队将国民党军第十二兵团包围于宿县西南之双堆集。黄维指挥兵团突围失败，只好固守待援。28日，蒋介石在南京召开军事会议，下令徐州驻军第二、第十三、第十六等3个兵团放弃徐州，向江南撤退。

12月1日，我军解放了徐州。

12月2日，淮阴城内及外围的国民党华东"剿总"第一绥靖司令部、五十一军四十师、四军五十九师等也随之沿运河线南逃，华东军区我地方部队顺利接收淮阴、淮安等地。9日下午，溃兵途经宝应，驻宝应城之国民党军及县保安队等武装一并随之撤逃。17时许，人民解放军一部抵达宝应城北门，而后分兵由北门、西门入城，受到群众的热烈欢迎。第二天，宝应县委、县政府机关也回到城内，宝应城胜利解放。

宝应城解放的第二天，华中二分区第五、六两团，配合淮海独立六旅攻打了运河线重镇氾水。经过一天的战斗，氾水之敌向南撤退，氾水获得解放。至此，宝应全境解放。

---

[1]　马长林：《1949：百年瞬间》，东方出版中心2015年版，第82页。

解放高邮 1948 年 11 月，为配合淮海战役，华中二分区决定发起临泽战斗，这已经是我军第三次攻打临泽镇。[1]11 月 7 日晚，在华中二分区政委韦永义、司令吴光明指挥下，打响了包围临泽据点的外围战。

8 日上午，由沙沟、兴化赶来支援的敌汽艇 6 只及敌匪 400 人与我阻击部队相遇，六团一营和二营分别抽出两个连到镇东参加打援，下午 3 时，终于解决援敌。其间，临泽据点内的敌人试图突围与援军会合，被我军击退。下午 4 点，部队发起了总攻。二分区六团担任主攻，顺利突入土围。最后在副团长成建军的指挥下，向残敌发起最后攻击，敌见大势已去，不得不缴械投降。当晚，临泽军管会即告成立。第二天早晨，军管会布告就贴上了墙。

此战，我军共歼敌 1500 余人，缴获电台 1 部、大炮 5 门、轻重机枪 27 挺、长短枪 200 多支。临泽镇的解放，扩大和巩固了华中二分区解放区，高、宝、兴三县连成一片。这场战斗虽然规模不大，却登上了延安新华广播电台的新闻报道。

之后，随着淮海战役的胜利推进，蒋军惊恐万分。高邮县委在农村发动群众开坝，组织支前工作，迎接大军南下。由于"两淮"、宝应、兴化相继解放，驻三垛、界首的国民党军先后撤走，高邮城驻军惊慌失措，于是在 1 月 18 日夜仓皇南逃。19 日，高邮县行动大队首先进入高邮城。接着，县委、县政府进城办公，高邮城宣告解放。

解放江都 江都县仙女庙镇是扬（州）靖（江）—扬（州）泰（州）公路的会合点，是通向"两淮"的门户。1 月 22 日，江都独立团八连向仙女庙发起攻击。当晚 9 时许，抢占了通扬运河以南的土围、碉堡。敌人放弃抵抗，开始沿公路向扬州方向溃逃。1 月 23 日晨，仙女区队江防大队 1 个连进驻仙女庙。9 时许，在禹王宫召开群众大会，邗东县民主政府县长施光前宣布

---

[1] 解放战争时期，临泽镇是我党我军在华中二分区和高邮县活动的中心。同样，国民党军也一直靠临泽来封锁南北的交通，并与兴化城、沙沟镇构成国民党据点的铁三角，互相策动接应。临泽镇长期危害着周边的老百姓，对我军二分区工作的开展造成不利影响。1948 年 9 月 20 日，为配合华东野战军主力攻打济南，防止国民党军队北上支援，苏北军区二分区六团奉命围攻临泽，激战近 11 个小时无果后，我军主动撤离阵地。9 月 24 日晚，六团第二次向临泽据点发动攻击，最终顺利攻克临泽。高邮县政府随后入镇办公。10 月初，国民党军出动重兵向临泽袭来。我军选择主动撤离。

仙女庙解放。[1]

　　1月27日，经华中二地委决定并报华中工委批准，江都、邗东两县予以合并，仍称江都县。合并后的江都县共辖汉留、龙奔、小纪、樊川、郭村、宜陵、真武、丁沟、仙女、邵伯、大桥、嘶马、吴桥、北洲、南洲等15个区和仙女直属镇。2月上旬，成为江都县党政机关所在地的仙女镇成立军事管制委员会，县委常委、江都县总队长施光前兼任仙女镇军事管制委员会主任。[2]

　　需要注意的是，虽然国民党军兵败如山倒，但沿江地带还有很多堡垒负隅顽抗。在江都县境内，有一个敌据点——三江营，直到4月9日才被解放军拔除。三江营位于江都东南，地处长江之滨，扼运河入江之咽喉，与扬中县、新老洲隔江相望。这里驻守有国民党军二十三师一二一团二营将近五百人，配有八二炮、六〇炮6门，轻重机枪26挺，江面还泊有经过装备的舰艇和轮船3艘。三江营据点外围还筑有3道围墙，每道墙前都挖有深壕，沿墙还筑有暗堡、地堡数十个，周围更埋设了无数地雷，形成了一个密集的地堡群。

　　1949年4月上旬，解放军六二九九部队一七九团奉命发起了解放三江营的战斗。4月9日拂晓，该部对三江营发起攻击，连续攻占6个地堡之后，为全团总攻打开了通道。5点，炮兵开始攻击，炸毁多个地堡，敌舰也被击退，向镇江逃遁。三江营守军全线动摇。6时，总攻号吹响，一个小时后，攻占三江营，除自卫队队长景少荣等少数几人逃跑外，其余全部被俘。这场具有重大纪念意义的战斗，战果辉煌，毙敌近200人，俘获352人，缴获六〇炮6门、轻重机枪17挺、步马枪138支，击沉敌船一艘。由于敌方工事坚固，火力密集，在解放三江营战斗中人民解放军也有266人伤亡。[3]

　　至此，江都县全境解放。

　　解放扬州城　扬泰沿线主要城镇解放后，沿线残敌仓皇逃往扬州城（今广陵区）。为追歼这股残敌，华中二分区主力六团和江都、高邮、宝应、溱潼等地方武装连续作战，乘胜追击，沿途南下，向扬州城进军。一路上战斗不

　　［1］　政协江苏省江都市委员会文史委员会编：《江都文史》（第10辑），第11页。
　　［2］　政协江苏省江都市委员会文史委员会编：《江都文史》（第10辑），1999年，第11页。
　　［3］　政协江苏省江都市委员会文史委员会编：《江都文史》（第10辑），第13—15页。

断,其中有头道桥战斗、万福桥战斗、湾头战斗等。人民解放军势不可挡,直逼江北名城扬州。

1949年1月24日夜,驻扬州敌军弃城南逃。撤逃时,国民党江都县县长周德霖和随从慌不择路,竟被汽车压断了腿。25日上午10时,华中第二军分区五团、六团等先头部队,从扬州老南门新北门入城,古城扬州重又回到人民手中。26日,扬州市军事管制委员会成立。27日,扬州市人民政府宣告成立。扬州军管会和市政府共同参与对扬州城的接管,包括旧政权机关、学校、银行、工厂、公用事业单位等。[1]

解放邗江 今扬州市邗江区,在解放战争时期并无建制,其地当时被划为东南县和江镇县。属东南县的有杨庙、甘泉及仪扬公路以北的大部分地区,属江镇县的有新洲、北洲等地。

从邗江全境的解放进程来看,东南县所属地区解放较早。1948年6月11日,东南支队收复大仪镇,并乘胜袭击了驻公道镇的敌保安队和还乡团,解放了公道镇。11月24日,东南支队在杨兽坝对前来抢粮、抓壮丁的国民党江苏保安旅两个营及江都保安队800多人进行阻击,杨兽坝解放。至1948年底,时为东南县所辖的邗江部分地区均告解放。

时为江镇县所辖的邗江地区由于地处沿江,敌军在这里建有坚固的防御工事,并驻有重兵防守,因而这一地区解放较迟。江镇县的解放,几乎与渡江战役同时进行。

1949年4月7日,苏北军区警备七旅向扬(州)镇(江)水陆交通咽喉要道施桥发起进攻。施桥战斗共击毙敌军400余人,生俘敌副营长以下373人,缴获轻重机枪若干。战斗中,我军二十一团团长成建军及詹鸿珍等30余人壮烈牺牲。

4月21日晚7时,苏北军区警备七旅又向邗江境内的最后之敌六圩、瓜洲据点发起进攻。经过一夜激战,先胜利解放六圩。紧接着,警七旅二十团全速向瓜洲开进。瓜洲守敌见解放军云集,慌忙乘船逃命。六圩、瓜洲之战全歼守敌500余人,缴获轻重机枪46挺、长短枪及子弹若干。邗江全境宣

---

[1] 陈锴竑、姜龙、卢桂平主编:《扬州历史文化大辞典》,第5页。

告解放。[1]

解放仪征　此时的仪征，除了县城以及十二圩为国民党军占领，其余地区皆已为东南支队解放。

1949年4月上旬，中国人民解放军第三野战军第二十六军一部进入仪征，攻克了城郊胥浦黄家坟。4月7日夜，打响了攻打仪征城的战斗。攻城部队从东、西、北3个城门同时发起进攻，以东西两侧佯攻，集中主力于北门突破，一举攻克仪征城。8日，攻克泗源沟，全歼守敌两个连及县保安团两个营，俘获国民党仪征县县长左治人等800多人。17日，第三野战军第三十四军一〇〇师3个团乘胜对十二圩发起猛攻。战至20日，攻克了十二圩镇。激战中，有一百多名指战员牺牲，他们用自己的生命换来了仪征全境的解放。至此，扬州全境解放。[2]

第五节　援助大军南下

一、渡江战役支前的动员准备

1949年初春，渡江战役进入准备之中。中国人民解放军百万雄师在1800公里的长江沿线展开。4月4日，粟裕、张震等率领第三野战军司令部直属进驻泰县白马乡，建立东、中集团渡江战役指挥部，在这里指挥东、中集团四个兵团65万解放军渡江作战。其中，第八兵团驻今扬州、仪征一带。这是一场规模空前的大战役，顺利地完成各项后勤保障是关系全局的重要环节。为保证人民大军打过长江去，解放全中国，当时已经获得解放的江北人民义不容辞地承担起了解放战争中规模、声势最为浩大的渡江支前任务。

事实上，扬州地区的党政军民此前已经在支前工作上多有实践，颇富经验。苏中战役中，扬州地区发动民兵、群众14万人，编成运输队、担架队等，为前线输送了军粮250万斤，军鞋4.2万双。[3]1948年10月21日，为配合

---

[1] 单杰华：《风云激越三十年：扬州、泰州人民革命斗争纪事》，1997年，第313—315页。
[2] 政协仪征市委员会文史资料研究委员会编：《仪征文史资料》第12辑，第20—28页。
[3] 《扬州市志》第2416页。

淮海战役,中共华中二地委作出《关于目前支前任务的决定》。紧接着,地委召开了各县县委书记会议,确定支前工作是当前首要的中心任务,并对各县分配了民工、船只、粮食等具体支前任务。淮海战役从 1948 年 11 月 6 日开始,至 1949 年 1 月 10 日胜利结束,共 66 天。在此期间,第二行政区参军青年 3600 多名,出动民工 5 万余名(内含常备民工 3000 名),船 3000 条、担架 2500 副,调出粮食 40 万斤。仅 11 月,高邮、宝应即修筑 3—5 尺路基的道路 245 公里,修建桥梁 170 座,支援架设电话线用的毛竹竿 2300 根。时属淮南第三行政区的东南县(1948 年 12 月改称仪扬县)有 1000 多名青年参军,运送到前线的大米达数十万斤。

不过在淮海战役支前任务中虽然积攒了相当丰富的支前经验,但是面对渡江战役支前这一自抗日战争,乃至全国解放战争以来,扬州地区最大、最全面的一次支前任务,扬州地区不得不进行了最大范围的全民动员,无论是在数量上,还是在支前品种项目上,都超过以往任何一次,这就在很大程度上考验了扬州党政军机关的组织能力,以及扬州人民的革命牺牲精神。

当时,扬州地区面临的支前困难还表现在以下两个方面:首先,渡江必不可少的工具是船只。然而,国民党军队在败逃江南时,为阻止人民解放军渡江,对沿江一带的大小船只或抢,或毁,或沉。运输船只严重不足,短时间内难以搜集。其次,是人力、物力匮乏。当时正值淮海战役胜利不久,扬州地区已在淮海战役支前中投入了大量的民工和物资。加之战争年代,战火不断,生产力遭到很大破坏,物资生产本就困难。1948 年春、秋两季又遇灾荒,各地存粮十分有限。

尽管如此,为保证解放大军渡江作战任务的完成,在淮海战役胜利后,中共华中工委及华中一、二地委随即便转入了渡江战役支前工作的思想动员和组织部署工作当中,把渡江支前列为头等重要的工作。中共华中工委指示:"全党全民必须紧急动员和紧张行动起来,将支前工作作为我苏北全地区当前重要的中心任务。"在不影响支前任务的总前提下,在支前与恢复生产之间,尽可能达到平衡。

随后,各地的支前机构相继成立,以统一领导和协调支前工作。以扬州地区为主要范围的华中二分区成立了支前司令部,司令员顾风,政委陈扬,副司令蔡公正。支前司令部除一部分随部队行动,以及时了解部队需要外,更多的是负责地方支前。支前司令部下设民力处、船舶处、供应处、交通管理处等机构。民力处负责民工的动员、管理、教育、调拨,船舶处负责船舶的准备、调动、船工的调度,供应处负责粮食、柴草及其他器械工具的供应。在各县也成立了隶属分区支前司令部的县支前总队部及支前区队部、乡队部,由县长、区长、乡长分别担任队长,组织、领导各县人民的支前工作。随着上上下下、层层级级支前机构的建立,一场规模宏大、声势壮阔的渡江支前人民战争在扬州地区全面展开。[1]

二、全力以赴,支援大军渡江南下

为动员人民群众全力支援渡江战役前线作战,华中二地委和专署提出了"一切为了大军渡江作战","一人立功,全家光荣"的口号,使广大人民激发出高昂的支前热情,积极投入"征、扩、借、献（粮草）"运动中去。

从时间线上大致进行梳理,扬州地区的渡江支前分三个阶段。

第一阶段从 1949 年 1 月至 2 月底,以满足供应驻军粮草为主,同时,组织民工抢修交通设施,修公路、建桥梁、架电线,为畅通交通创造条件。参加渡江战役的部队和民工、俘虏约 150 万人,以每人每天工粮 2 斤计算,5 个月共需 4.5 亿斤。但华东支前委员会直接掌握的仅有 1.3 亿斤,中央拨给 9000 万斤,苏北支援 1 亿斤,剩下的 1.3 亿斤由江淮和皖西征借补足。[2]据估算,渡江前部队驻扎状态下,一个军每天需要 8 万斤米、3 万斤杂粮、15 万斤柴草及大量蔬菜、油盐等副食。为保证粮草供应,华中二分区专门调集干部,增设机构。除原有粮草站外,又专门设立了随军粮草供应站,做到一个军一个总站——总站站长由分区财粮局长兼任,另由一名部队干部兼副总站长。每个站下设 4 个分站,分站下设若干供应点。每个分站及供应点一般保持有 7—10 天的粮草库存。[3]

---

[1] 单杰华:《风云激越三十年:扬州、泰州人民革命斗争纪事》,1997 年,第 277—278 页。

[2] 戴惠珍、王鹤鸣、杨雨润等:《安徽现代史》,安徽人民出版社 1997 年版,第 590 页。

[3] 据不完全统计,到 1949 年 6 月,扬州各县上交粮草数量分别是:江都粮 2144 万斤、草 4288 万斤;宝应粮 150 万斤、草 2900 万斤;仪征粮 42 万石、草 200 万斤。单杰华:《风云激越三十年:扬州、泰州人民革命斗争纪事》,第 278—280 页。

第二阶段从 3 月到 4 月 20 日,是渡江战役支前工作最为紧张的阶段。主要工作有组织民工、船工集训,筹征大量粮食、船舶,送往部队,统一使用。渡江战役支前与以往最大的不同之处,就是对船只的大量需求。无论是运送部队,还是装载弹药或其他物资,都需要它。如何在短时间内搜集到足够数量的船只,成为渡江战役支前的关键工作之一。为实现这一任务,部队和地方政府专门成立了筹船委员会,四处访问、搜集民间船只。很快,扬州地区,沿江、沿河地带掀起了献船、造船热潮。据统计,在渡江支前中,华中二分区共动员船只 18742 只、常备船工 39000 多人。加上华中一分区,以及从山东、河南、皖北等地筹集的海船、河船,保证了大军渡江的船只之需。[1]

第三阶段从 4 月 21 日至 6 月上旬,是扬州支前的最后一个阶段。由于各种物资在前两个阶段已倾其所有,所以也是民力、物力供应最困难的阶段。这一阶段支前路线向南延伸,支前机构及军需供应点随军南移。[2]这就对道路交通的拓展延伸提出了极高的要求。为此,各县都成立了筑路委员会,主持修桥筑路,清除河道淤塞、暗坝、拱圈涵洞等工程。据不完全统计,华中二分区修建公路 12 条,达 426 公里。其中,江都筑路 166 公里,造桥 29 座;兴化修路 16.5 公里,造桥 4 座;高邮修筑公路 47 公里,修建桥梁 7 座;宝应修筑公路 35 公里,修建桥梁 5 座;仪征修路 53 公里,修建桥梁 27 座。[3]

以当时的行政区划来看,第二行政区供应大米 1582 万斤、干面 55 万斤、杂粮 115 万斤、烧草 2820 万斤、马料 193 万斤;调运大米 2096 万斤、稻子 2018 万斤、小麦 250 万斤、烧草 2064 万斤、马料 185 万斤;[4]动员船 18742 条、动员民(船)工 42.56 万人,其中筑路民工 15.66 万人、造桥民工 6.92 万人;修筑公路 12 条 426.5 公里、桥梁 83 座 201 孔,架设电话线路 370 多公里;完成担架 2900 多副、挑子 5100 多副、小车 24000 多辆、牲口 1700 余头。渡江战役胜利后,据统计,扬州地区获得支前英雄、功臣称号的有 4802 人,其中,支前英雄 4 人,特等功臣 31 人,一等功臣 176 人,二等功臣 1499 人,三

[1] 单杰华:《风云激越三十年:扬州、泰州人民革命斗争纪事》,第 281 页。
[2] 单杰华:《风云激越三十年:扬州、泰州人民革命斗争纪事》,第 278 页。
[3] 单杰华:《风云激越三十年:扬州、泰州人民革命斗争纪事》,第 283 页。
[4] 《跟着红色文物学百年党史》,《扬州日报》,2021 年 5 月 17 日。

等功臣 3092 人。[1]邓小平曾在一次报告中动情地说，江北人民"把家里的粮食尽量拿出来，并且表示只要渡江，饿着肚子也不要紧。为解决烧柴困难，人民甚至无怨言地拆房子给我们当柴烧"。[2]

三、横渡长江天险，船工英勇无畏

渡江支前的高潮，同时也是最激烈、最紧张的时刻，就是横渡长江天险了。江对岸有敌人重兵防守，上有炮火隆隆，下有江涛汹涌，稍有不慎，险象顿生。但随军渡江的船工、民工以坚韧不拔的革命意志和高度的责任感，不顾枪林弹雨，坚守职责，又快又稳地将一批又一批的渡江指战员送到长江南岸，涌现了许多英雄民工。其中，被封为特级功臣的兴化人徐锦通便是他们中的杰出代表。徐锦通是二分区担运二团三大队的支前民工。渡江时，他驾驶的船装载着渡江先锋队的一个副营长和一百名解放军战士，直驶对岸。当船行到江心时，扣布帆的绳索突然被弹片击断，船帆滑落，船顿时在江心打转。徐锦通冒着炮火，爬上 4 丈多高的桅杆，冒着枪林弹雨，重新挂起了风帆，船继续向南岸推进，终于顺利完成运送先锋部队的渡江任务。[3]

这样的事迹还有很多，例如扬州担运团第一名特等功臣郭德胜在 3 里多宽的江面上，一夜往返 13 次，创造了最高纪录。当船遇到敌舰轰炸，眼看就要沉没时，他一边稳定大家的情绪，一边自己跳下水推船，终于摆脱了危险。他驾驶的船也被誉为"扬子江上英雄船"。[4]

整个渡江战役中，华中二分区人民完成了二十军、二十六军、三十四军、八兵团团部、警七旅、镇江工委、三野后方机关、华东财办、南下干校、特种兵团及苏南的机关、部队人员和大炮、车辆、粮草、骡马等各种辎重的渡江任务，解决了以上各部队驻屯和过境时的各种需要，在渡江支前工作中立下了

---

[1] 蒋于春、王平：《浅议江都人民在渡江支前中的突出贡献》，中共江苏省委党史工作办公室：《风卷红旗过大江——纪念渡江战役暨南京解放 50 周年学术研讨会论文集》，中央党史出版社 2020 年版，第 416 页。

[2] 邓小平：《从渡江到占领上海》，中国人民解放军档案馆编：《城市解放》，中国档案出版社 2010 年版，第 291 页。

[3] 单杰华：《风云激越三十年：扬州、泰州人民革命斗争纪事》，第 284、286 页。

[4] 单杰华：《风云激越三十年：扬州、泰州人民革命斗争纪事》，第 287 页。

汗马功劳。[1]毛泽东在论人民战争时曾说:"战争之伟力最深厚的根源,存在于民众之中。"[2]

4月21日晚,东集团军下属第八兵团从十二圩至三江营发起渡江进攻,一举突破长江天堑。23日黄昏,第八兵团进入南京城,登上总统府,升起了一面鲜艳的红旗。

至此,纵观抗战胜利后至新中国建立前的四年历史,可以看出这是一个社会、政治、经济、军事都发生剧烈变革的时代,国民党政权垮台,人民民主政权建立。

扬州是苏北的经济中心,人民解放军遵照中共中央的有关指示,建立了军事管制委员会,迅速重建了新的秩序,社会经济迅速恢复,社会秩序日趋稳定,残破的城市重新获得了生机。

---

[1]　单杰华:《风云激越三十年:扬州、泰州人民革命斗争纪事》,第284、286页。

[2]　毛泽东:《毛泽东选集》(一卷本),人民出版社1964年版,第478页。

第五章 民国时期的扬州经济

民国时期扬州的经济发展状况纵向上与明清时期相比,横向上与同时期的上海、无锡、南通等长江沿线城市相比,扬州的衰落十分明显。1913 年两淮盐税主权开始丧失,1937 年起日军占领扬州八年,扬州经济的支柱行业两淮盐业风光不再。不过,盐业以及与盐伴生的钱业仍是扬州的重要经济行业,民国时期的扬州经济具有半殖民地半封建性。扬州地当南北之冲,商贾辐辏,百货云集,商业繁荣,民国时期"犹为江淮间一都会也",[1]出现新式垦殖业、蚕桑业、银行业、工业、轮船运输业、汽车运输业等现代经济行业。1940 年后,扬州境内抗日根据地和解放区出现新民主主义经济形态。

第一节 两淮盐务改革

盐税收入是近代中国国家财政的重要来源。清朝末年,盐税成为与田赋、厘金、关税并列的四大财政收入之一。1911 年,清政府田赋岁入白银48101346 两,盐税 46312355 两,厘金 43187097 两,关税 43139287 两,盐税收入占清政府 1911 年财政收入的 26%。[2]民国初年,盐税仍是政府财政收入之大宗。1913 年,北京政府国家预算中,田赋为 75658317 元,盐税为76447635 元,关税 62723941 元,厘金 31450780 元,其他税捐收入 61111240

---

[1] 钱保祥修,桂邦杰等纂:《〔民国〕江都县续志》卷六《实业考》,《扬州文库》第 1 辑 13 册,第 118 页。

[2] 邓绍辉:《晚清赋税结构的演变》,《四川师范大学学报(社会科学版)》1997 年第 4 期,第104—112 页。

元,[1]盐税收入已跃居国家常规性预算第一位。两淮盐税对国家的财政贡献尤其突出。明清时期,在全国各大盐区中,两淮盐区最大,辖3个分司,30个盐场(后合并为23场)。淮盐产量最高,每年运销170万引左右的盐(每引150—200公斤),约占全国额定行盐总数的1/3。淮盐行销区域最广,包括江苏、湖南、湖北、江西、安徽、河南6省。淮盐税收收入最多,清乾隆时期,"两淮岁课当天下租庸之半,损益盈虚,动关国计"。[2]嘉道以后,两淮盐业衰落,后经陶澍、曾国藩、李鸿章等人整顿与改革,到同治年间,两淮盐业复又繁盛。两淮盐税达到每年约500万两白银的规模。另外,从同治四年起到光绪三十三年,两淮盐商还为朝廷报销捐纳了近1000万两白银。[3]可见,两淮盐税仍是晚清政府的重要财政来源。

一、扬州盐务稽核分所的成立

武昌起义爆发后,江苏各地先后光复,扬州于1911年11月10日成立扬州军政分府,府址设在淮南盐务总局内,徐宝山任军政长,李石泉为民政长。江苏独立后,取消两淮盐运使,设两淮盐政总理,由著名实业家张謇担任,管理江苏境内通、泰、海属各盐场和苏南松盐局。1912年冬,取消两淮盐政总理,恢复两淮盐运使,仍驻扬州,并在板浦设淮北运副,管理淮盐产运销事宜。1912—1917年间,任职两淮盐运使的先后有张弧、姚煜、方硕辅、刘文揆、张季煜等人。[4]经过合并整理,到1915年1月,两淮盐场由23场合并为15场,设场知事负责盐场行政事务,在鄂湘赣皖扬子四岸之汉口、长沙、南昌、大通等地设榷运局负责淮盐销售和盐税收取。

1913年4月26日,中华民国政府由国务总理、外交总长、财政总长为代表,与英国汇丰银行、德国德华银行、法国东方汇理银行、俄国华俄道胜银行、日本横滨正金银行签订"中国政府一千九百十三年善后五厘金币借款"合同,借款总金额为2500万英镑(约合白银3亿两),年息五厘,期限47年,

---

[1]　财政部编:《1913年度国家预算总册》,财政科学研究所、中国第二历史档案馆编《民国外债档案史料》(第一卷),档案出版社1990年版,第36页。

[2]　李发元:《盐院题名碑记》,嘉庆《两淮盐法志》卷五五。

[3]　周志初:《晚清的两淮盐商》,《盐业史研究》1988年第3期,第46—50页。

[4]　《民国职官表》,文海出版社1980年版。

前十年仅付利息,第十一年开始还本付息,史称"善后借款"。善后借款之所以名"善后",在合同第二款专列七条,包括解决前朝遗留下来的到期外债、预备赔偿外国因辛亥革命所受"损失"、六国银行团在民国肇建南北议和时对中国政府及各省的零星垫款、遣散军队之用等"善后"事宜所需费用。善后借款合同对用"盐税担保"和"洋员襄助"作了明确要求。第四款规定"以中国盐务收入之全数作为担保",同时又规定以关税收入作为善后借款的第二担保。第五款规定"中国政府承认即将指定为此项借款担保之中国盐税征收办法整顿改良,并用洋员以资襄助"。[1]根据善后借款合同,中国政府在北京设立盐务署,由财政总长管辖。盐务署内设立盐务稽核总所,设中国总办一员、洋会办一员。在各产盐地方设立盐务稽核分所,设经理华员一人、协理洋员一人(此二员之等级职权均相平等),该二员会同担负征收、存储盐务收入之责任。1913 年 4 月,北京政府聘任英国人丁恩为中国的盐务顾问,兼任稽核总所会办。另外,还在销岸设立稽核处和收税总局,形成较为完整的盐税管理系统,中国盐税管理权落入外国人手中。

1913 年 5 月,盐务稽核总所在扬州设盐务稽核分所,负责淮盐盐务整理以提高盐税收入,从而确保善后借款之外债偿还。1914 年 4 月,丁恩又提议在海州设立淮北稽核分所,进一步加强对淮盐税收的控制,经理为沈翊清。扬州盐务稽核分所设华人经理 1 名、洋人协理 1 名,首任经理为朱祖铭,继任者有吴其藻,协理为丹麦人耿普鲁,1914 年 4 月,耿普鲁调任淮北稽核分所协理,接任协理者为日本人高洲太助。[2]至此,两淮盐税为外国人所控制。

二、北京政府时期两淮盐务改革

清朝末年,盐政衰败,弊端丛生,主要表现为官商勾结的引岸专商制垄断运销,枭贩猖獗;作为国家财政重要来源的盐税因地方截留、社会混乱而无法收归中央,财政艰难;盐斤加价,盐税种类繁多,税率高下不一,盐价奇高,百姓怨声载道;各盐区所用货币极其不统一,度量衡和盐斤包装五花八门,导致盐税征收繁难,"长芦、山东征收银两,两浙征收银元,东三省征收小

---

[1]《善后借款合同》,财政科学研究所、中国第二历史档案馆编《民国外债档案史料》(第四卷),档案出版社 1990 年版,第 419 页。

[2]《丁恩改革两淮盐务报告书》,见林振翰编《淮盐纪要》,商务印书馆 1928 年版,第 44 页。

洋,广东征收银元、小洋,河东征收银两、银元,两淮征收银两、制钱,福建征收银两、银元与制钱。又如广东、湖南、东三省三区地方发行之跌价纸币及军用票,缴税亦皆照收,而以四川为最复杂,四川向用期票、红票、军票、制钱四种缴税。各区所收课税大都奇零,小数常达 7 位以下"。又"长芦用库平秤,每担合英权 131⅛磅,山东本地秤每担合 133⅓磅,两淮用坝秤,每担合 152.5 磅,鄂岸用库秤,每担合 136¼磅,湘岸用道秤,每担合 137.14 磅,赣省用西官秤,每担合 137.625 磅,皖岸用漕零三秤,每担合 137.14 磅,两浙本地秤,每担合 150 磅,福建在场买盐用洪华秤,每担合 136 磅,在市售盐用天平秤,每担合 129 磅,滇省本地秤,每担合 170⅔磅"[1]。诸弊端中,以引岸专商制为最,即盐的产、运、销都有专商和指定销售地区(引岸),专商持有政府颁发的盐执照(引票),没有引票、不到指定地区销售食盐即为走私。引岸专商制本意是保证国家盐税收入,但却导致有税之官盐昂贵,无税之私盐泛滥,而私盐增多,官盐滞销,使国家盐税收入减少。

面对如此混乱的局面,在辛亥革命推动下,中华民国南京临时政府成立后,四川、广东、福建、云南等省率先取消引岸、废除专商,实行就场征税、自由贸易等改革措施。担任两淮盐政总理的张謇也适时提出了以两淮盐区为试点的盐务改革意见,张謇发表《改革全国盐法意见书》,指出引岸专商制是"专制之盐法,盗法耳",提出"建设之道,唯有设场聚制而就场征税"。[2]张謇的就场征税、自由贸易主张,对引岸专商制是个致命性打击,受到两淮盐商的极力反对,其改革也因南京临时政府的结束而无法推行下去,张謇亦于 1912 年 11 月辞去两淮盐政总理职务,此次改革不了了之。

袁世凯当选为临时大总统后,为了增加盐税充裕财政以巩固其统治,再次启动盐务改革,主要内容一是进行运销制度改革以破除引岸专商制,二是进行盐税征榷改革以增加收入。前者改革有限,后者效果明显。北京政府于 1913 年 1 月、12 月颁布了《盐务稽核所章程》《盐税条例》,建立了盐务稽核机制,统一了盐税税率,规定以银元为单位纳税,全国盐税税率划一,每百斤

---

[1] 毕昱文:《北洋政府时期丁恩盐务改革述评》,《盐业史研究》2018 年 3 期,第 44—53 页。
[2] 《改革全国盐法意见书》,《张謇全集》(第 4 册),上海辞书出版社 2012 年,第 203 页。

2.5 元,全国统一改用司马秤,以 16 两 8 钱的司马秤为课税衡量,16 两 8 钱为 1 斤,每百斤为 1 担。两淮是引岸专商制最为顽固的堡垒,在北京政府盐务改革大背景和张謇、景本白、洋会办丁恩等盐务改革派的推动下,就场征税、自由贸易、开放引地的改革措施在淮盐运销区逐次施行。1914 年在淮北票盐皖、豫引地 33 县取消票权,1916 年开放淮北近场 5 岸及徐淮 6 岸,1920 年开放湖北济楚各岸及樊城老河口,但淮南食岸却因专商势力强大一直无法开放引地。北京政府的盐务改革大大提升了盐税收入,1913 年,盐税收入只有 1904.4 万元,1914 年激增到 6848.3 万元。1913 年至 1927 年,全国盐税正税总额累计达 15.4 亿多元,其中 12.1 亿多元上缴北京政府中央财政。两淮盐税贡献尤多,一般年份都占 1/3 强。1915 年两淮盐税收入 2724.2 万元,占全国盐税总收入的 33.8%。1925 年,两淮盐税收入 3907.1 万元,占全国盐税总收入的 34.3%。[1]两淮盐税除了国家正税外,还有附加税,包括中央附加税和地方附加税。北京政府时期,淮南食岸盐税外江江宁、江浦、六合、高淳、溧水、句容 6 县每担食盐除征收正税 2.25 元外,还要征收中央附税 2.5 元,地方附税 1 元,合计每担征收 5.75 元。内河食岸江都、天长每担食盐除征收正税 1.75 元外,还要征收中央附税 2.5 元,地方附税 1 元,合计每担征收 5.25 元。[2]

第二节 经济新业态

民国时期,扬州经济领域出现新的经济行业和组织,主要有新式垦殖业、蚕桑业,近代化的工厂和银行业。

一、新式农垦事业的兴起

近代新式农垦事业兴起于清末新政,"二十七年（1901）辛丑秋间,朝旨叠谕各省开垦荒地,振兴农业"。[3]1901 年,张謇在两江总督刘坤一支持下

---

［1］ 丁长清主编:《民国盐务史稿》,人民出版社 1990 年版,第 104—105 页。

［2］ 扬州税务局编:《扬州税务志》,第 54 页。

［3］《垦牧公司第一次股东会演说公司成立之历史》,《张謇全集》(第 4 册),第 180 页。

率先集股创立了通海垦牧公司,筑堤开垦通州、海门沿海荒地。计划集资股本 22 万两规银,每股规银 100 两,共 2200 股,"入股先尽通境本完粮、海境前报案之人,次通海人,次本省人,次外省人"。[1]1905 年,沈云沛、张謇等集股在海州、赣榆创立海赣垦牧公司。到 1912 年,全国共设立新式农垦企业 171 家,其中江苏有 27 家。[2]

民国初年,扬州境内最有名的农垦企业是宝应长湖垦殖公司。地方人士把宝应湖、高邮湖、邵伯湖等称作长湖,其上游是洪泽湖,一向承接黄河、淮河之来水,这使得长湖成为重要的泄洪通道,嘉道以来,频经水患,滨湖之地久荒不治。1855 年黄河北徙后,"湖无大患"。长湖垦殖公司所购荒地在宝应城西运河西岸,距宝应城远者 40 里,近则 20 余里,"湖港无险,一苇可航",可以垦治之地不下 20 万亩。1903 年,宝应实业家、翰林学士曹典初和江苏补用知州鲍友恪购买滨湖荒地,招聘佃农进行开垦。1908 年,熊希龄任江苏农工商局总办,按照清政府劝民垦荒的新政要求,他联合曹典初等士绅,集资 20 万元,购地 5 万亩,经清政府农工商部批准于 1910 年成立宝应长湖垦殖公司。到 1912 年,长湖垦殖公司初具规模,据曹典初 1912 年 4 月所记《宝应长湖垦殖公司第一次报告书》载:按照垦殖公司"明农兴教"创办宗旨已购地开垦第一圩,到 1912 年 3 月四周堤渠大工及开办垦荒重要之需均已粗备,除去堤坝沟渠建房占地之外,区划内垦成之田有 4590 多亩,共支出64000 余元。[3]宝应长湖垦殖公司作为新出现的农业企业,尽管采取"招佃开垦、收取地租"的传统经营方式,但仍具有不可否定的历史进步意义,具体分析,主要有如下几点:

第一,创立章程完备。1910 年,熊希龄等人拟就《宝应长湖垦殖公司计划说明书》,说明书共分地势、水道、区界、土宜、经划、预算六节内容,计划开垦水荒地 5 区、旱荒地 1 区共 6 区,以 5 年为期,开垦 3 区可得熟田 2 万亩。同时制定《宝应长湖垦殖股份有限公司招股简章》共 23 条、《宝应长湖垦殖股份有限公司创办简章》共 32 条。在此基础上,1910 年 8 月 20 日,曹典初、

[1]《通海垦牧公司集股章程启》,《张謇全集》(第 5 册),第 32 页。

[2] 李文治编:《中国近代农业史资料》第一辑,科学出版社 2016 年,第 697—698 页。

[3]《宝应长湖垦殖公司第一次报告书》,《扬州文库》第 2 辑第 47 册,第 709 页。

杨士龙、熊希龄、朱崧生、鲍友恪、陈庸、王庆保、吴家达等 8 名地方官绅遵照《商律》《公司律》《推广农林章程》等规定呈文清政府农工商部，申请成立宝应长湖垦殖股份有限公司。农工商部明确批复："该公司意在兴复旧有荒田，与冀开新淤者有别。该县农会总理鲍友恪亦系公司创办之人，当于该处地方情形筹之尤熟，应先准予试办"。[1]

第二，管理理念先进。宝应长湖垦殖公司由熊希龄等 8 人发起成立，除按股份公司要求集股、设立创办事务所、选举创办董事、召集股东会议等事宜外，为了减少阻力，又把公司成立前参与垦荒调查的地方人士杨次青等 12 人确立为发起人。宝应长湖垦殖公司在学习借鉴日本耕地整理和张謇通海垦牧公司有关垦殖方法的基础上提出"垦殖四原则"，认为"经营荒地，自当有整齐划一之法则。凡辟渠分畛，移农治田，皆须完全规度，著为准制"。一是"分田划区宜先有定制"，以 200 亩为 1 区，内分 8 段，每 2 段中建田舍 5 间，招佃农 2 户；二是"移农佃垦宜明立法度"，要求佃垦农人必须永久移家，招垦本地农民占十分之五，十分之三为淮皖地区的农民，十分之二为南方各省稻田水利极有经验之农；三是"荒地新耕宜自垦试验"，公司设立公田督课自垦作为模范田，设立农事试验地，通过实验比较后加以推广；四是"农家副业宜倡率讲求"，除了种植水稻外，还要种植蔬菜、莲藕等特产，加强渔业，做到"渔垦兼举"[2]。

第三，垦荒成效显著。宝应长湖垦殖公司从 1910 年冬月购地试办，到 1912 年 4 月，在短短 17 个月的时间内，修筑了南堤（长：营造尺 392 丈）、西南堤（344 丈）、西堤（381 丈）、北堤（504 丈）、东堤（485 丈）共五堤，周长 7000 多米，开垦出第一圩四五千亩土地，圩内开凿出北经沟、西纬沟、公田渠等沟渠 15 条。除公司自垦公田外，分为 20 个区，每区再细分田段，小段 20 余亩，大段 30 余亩，全圩共 148 段。招垦新旧佃农"都计一百二十六户"[3]。绩效方面，到 1912 年 3 月底共收股本 65700 余元，按股本常年四厘（1911 年全年）股息计 2300 余元，1911 年公司自垦佃垦收获水稻 870 余

---

[1]《（宝应长湖垦殖公司）创办文牍》，《扬州文库》第 2 辑第 47 册，第 703 页。

[2]《宝应长湖垦殖公司计划说明书》，《扬州文库》第 2 辑第 47 册，第 697—698 页。

[3]《宝应长湖垦殖公司第一次报告书》，《扬州文库》第 2 辑第 47 册，第 718 页。

石计值 1900 余元,加上股款随时存放拆息 760 余元共 2660 余元,"以之保股本常息亦尚有赢无绌"[1]。

第四,佃农自治井然。清末民初农垦公司特别注重佃农自治,1901 年通海垦牧公司《招佃章程》就提出"劝之事"5 条、"戒之事"5 条,要求佃农力田、治屋、种树、畜牧、上学,不得种罂粟、卖鸦片、忤犯尊长、盗窃、聚赌、逞凶打架,"且冀各佃普受教育,开通智识,发达农业,而秀良之士出焉"[2]。宝应长湖垦殖公司亦制定了《佃农自治规约》56 条,比之通海垦牧公司之佃农管理更详细、更进步。其开宗明义说:"为人必须自做好人,不待他人管束,此即谓之自治",今公司订立自治规约专为使各家佃户自己管治自己,并且"民国政体维新,乡村自治章程必将日求完善,从前乡约地保旧制亦当渐次改良"[3]。长湖垦殖公司以公司垦务处为自治之督行机关,设立邻长制作为自治组织。在公司每一圩内,按渠道地势分区治田,一区之中,少则 5 家,多则 10 家上下,规定每 5 家以上 20 家以下设邻长 1 人,如一区之内户少,邻长可以兼管 2 区或 3 区。邻长经众佃户选举产生,须由衣食粗足、善良勤劳者担任,每年 9 月 1 日(农历)选举,连任不得超过 3 年。主要事务包括劝课农功、纠察善恶、出入守望、同心公益四个方面的内容,面面俱到,甚为细致。如规定了"勤力耕种田禾增收"等 4 种奖励行为和"不许离田远居、不许吸食鸦片"等 16 种禁戒事项,要求邻长参加公司举办的垦务讲习所学习、举办农家识字学塾等。

长湖垦殖公司后又开垦了第二圩,第一圩、第二圩共 33 个区,熟田逾万亩。直到 1938 年,因水灾和日本入侵,公司才宣告解散。

继宝应长湖垦殖公司之后,1913 年扬州商人集股在高邮契买荒田约二万亩,禀官立案,成立九里荒垦殖公司。九里荒垦殖公司在三总五里北角下村,周围约二十余里,中无居民,地势平坦,土质硗薄,平日但生茅草,民间用以苫屋。九里荒垦殖公司成立后,在所购荒地筑圩开沟,验土性之所宜,以

[1]《宝应长湖垦殖公司第一次报告书》,《扬州文库》第 2 辑第 47 册,第 720 页。

[2]《通海垦牧公司招佃章程》,《张謇全集》(第 5 册),第 37 页。

[3]《长湖垦殖公司佃农自治规约》,《扬州文库》第 2 辑第 47 册,第 723 页。

施种植。[1]

二、省立蚕桑模范场之设立

同治年间，方濬颐在扬州设课桑局，在这之前，高邮"素不饲蚕"，因为郡城扬州设课桑局，"邮邑乃知饲蚕"。[2]光绪二十四年（1898），沈碧香设扬州农桑局。[3]光绪二十九年（1903），洪槃设立高邮课桑局。在地方官绅的推广引领下，扬州境内蚕桑业开始发展起来。1898 年，高邮马维高招集扬镇茧商在闵家桥镇租赁陈公祠地基成立兴利茧庄公司，行名江公益，约集股本五万元，共立茧灶十座，每岁春季收茧炕制运沪销售。其分庄二处，一在金沟镇，行名马公成，收茧运至总庄炕制；一在三洋河，系马氏借书院仓地设立。有茧灶五座，一载即行停止。[4]1904 年，仪征吴蓉镜等在城内邑庙西县署旧址集股开办同利蚕桑股份有限公司，股本四千元，所植桑树果树兼课园艺麦豆等品，岁有盈余。[5]到民国初年，扬州蚕桑业已蔚为大观。1913 年，江都有桑田 8000 亩，养蚕户 62000 户，养蚕人数 99000 人，产茧 70 万斤，制丝户 12000 户，制丝人数 24000 人，制丝 26000 多斤。[6]

基于扬州蚕桑业的发展势头，1917 年，江苏省实业厅在扬州设立蚕桑模范场，场长蒋乘风，毕业于浙江蚕桑学堂。扬州蚕桑模范场选址扬城东北五台山前，购地 60 余亩，建有育蚕室、贮桑室、制丝室、蚕具蚕种等室。1918 年，制蚕种 10 余种 900 余张出售，场产蚕茧 1000 多斤。招收实习生 12 名，毕业后分往四乡指导蚕桑。在扬州蚕桑模范场影响下，"向无蚕桑知识"的宝

［1］胡为和、卢鸿钧修，高树敏纂：《〔民国〕三续高邮州志》卷八《实业》，《扬州文库》第 1 辑 23 册，第 349 页。

［2］〔清〕金元烺、龚定瀛修，〔清〕夏子鍚纂，《〔光绪〕再续高邮州志》卷二《民赋志》，《扬州文库》第 1 辑 22 册，第 65 页。

［3］高国金、盛邦跃：《晚清蚕桑局的兴衰与变迁》，《河北师范大学学报》2017 年第 2 期，第 15—23 页。

［4］胡为和、卢鸿钧修，高树敏纂：《〔民国〕三续高邮州志》卷一《实业志》，《扬州文库》第 1 辑 23 册，第 67 页。

［5］柳绍宗纂：《江苏通志仪征县志征访册稿》，《扬州文库》第 1 辑第 19 册，第 126 页。

［6］《江苏实业行政报告书》第二编"农业"，1913 年，第 78—97 页；《江苏行政报告书》第二编，1921 年，第 76—78 页。

应,"近数年来,河西各农户,亦知稍稍讲求",[1]宝应黎城镇开设丰顺茧行1家,仁和集开设丰润茧行1家,共设茧灶12座,年收茧300余担。扬州蚕桑模范场还在铜山县设第一分场,在东海县设第二分场,在泰县设第三分场,到1928年,这3个分场都奉令停办,场产转给当地县政府。

扬州蚕桑模范场注重推广,曾刊印《蚕桑浅说》月刊,编印《蚕种电溴法》《丝车烘茧箱图说》《劝用改良蚕种》等图册广为发放传布。还组织讲演团分四组到江都各乡镇进行蚕桑知识演讲。第一组为东路,到仙女庙、宜陵、白塔河、界沟、嘶马、大桥、曹王市、张纲;第二组为南路,到霍桥、李典、头桥、新洲、瓜洲、红桥、施桥;第三组为西路,到七里甸、杨庙、刘集、谢集、月塘、陈集、大仪、谈集、杨寿、司徒庙;第四组为北路,到槐子桥、三里庵、庙头、公道桥、邵伯、真武庙、邱野阁、永安、丁沟、马桥。演讲团成员每组2人,步行前往,带有标本图资料、幻灯广告和留声机,每到一地,接洽地方,展览成绩,张贴广告,调查演讲,散发资料,赠送桑苗蚕种,并招收男女工徒,以备来春到场实习。[2]

由于蚕丝为江苏特产,南京国民政府成立后,对蚕桑业认真规划,力谋改良。江苏省农矿厅提出扩充扬州蚕业试验场,专任制造原种,及推广桑苗之责,添建制造原种蚕室,能产出原种2万张,可发放30万株苗给江都、仪征等县。[3]明确规定扬州蚕业试验场每年经常费3万多元,临时费4万元。[4]关于蚕桑模范场的名称,地方志记载"蚕桑原种制造所,在便益门外五台山,初名蚕桑模范场,民国十七年更名"。[5]而《江苏省立扬州蚕业试验场十七年度工作概况》(自十七年十一月起至十八年六月止)卷首有"本场自十七

---

[1] 李鹑声:《淮扬道区宝应县实业视察报告书》,《江苏实业月志》1919年第8期,第44—51页。

[2] 《扬州省立蚕桑模范场之近闻》,《中华农学会丛刊》1927年第54期,第33—34页。

[3] 《江苏省农矿厅关于设立育蚕指导所计划》(1928年),见江苏省吴江县档案馆编《吴江蚕丝业档案资料汇编》,河海大学出版社1989年版,第87页。

[4] 《苏农厅改良全省蚕丝事业》,《国货评论刊》第2卷第8期,1929年,"制造"第1页。

[5] 陈肇桑、马镇邦等修,陈懋森纂,《〔民国〕江都县新志》卷二《建设》,《扬州文库》第1辑第13册,第499页。

年十一月变更组织以来,倏忽已阅八月"[1]等语。至此,出现了"扬州蚕桑模范场""蚕桑原种制造所""江苏省立扬州蚕业试验场"3个名称,三者关系颇令人迷惑。现根据《江苏省政府公报》刊载的"窃维事业之进展与日俱新,规划之途程因时而异。江苏省立蚕业试验场,为全省研究蚕业之最高机关,其原有之扬州原蚕种部,本为专制原种而设,使命之重,责任之大,自费妥为规划,不足以求完善。且制造原种,尚含有一种生产推广之性质在内,若仍照旧有组织附属于试验场,不特江南江北管理为难,即任务上亦转多牵制。盖试验与制种二事,一为研究改良,一为推广作业,宜为分工合作之谋,以收殊途同归之效。兹特将江苏省立蚕业试验场原订组织章程,加以修改,并将州原蚕种部,划分独立,定名为江苏省立原蚕种制造所,以期分职程功。其经费一项,仍旧试验场原有经费,酌量支配,不另增加,以维预算"[2]。这个提案经1928年11月21日江苏省第350次委员会议议决通过。由此可见,北京政府时期1917年成立的江苏省立扬州蚕桑模范场到南京国民政府时期变更为江苏省立扬州蚕业试验场,1928年11月又把原蚕种部划分出来成立江苏省立原蚕种制造所。但其独立伊始经费还是与蚕业试验场混在一起使用。故《江都县新志》所称"蚕桑原制造所"表述不准确。1930年,扬州蚕业试验场曹场长及张技师调赴无锡工作,扬州蚕业试验场更名为江苏省立原蚕种制造所,所长为汤锡祥。[3]

1928—1929年扬州蚕业试验场在桑苗、蚕种方面进行了试验研究。试验场共有4个桑园,第一桑园在场部,第二桑园在大炮台,第三桑园在扬城西门外,第四桑园在扬城北门外。第一桑园分育苗区、桑树区,育苗区分第一育苗区、第二育苗区、第三育苗区,桑树区分普通桑树区、经济桑树区、火桑栽培区、标本桑树区、土地改良区。在短短八个月时间内,就培育出桑苗87550株,在第一桑园内栽种中国各地和日本、西洋等海内外胡桑、鲁桑、荆桑、火桑、本大和、细枝、紫早生、司桑、两面桑等桑树品种90种作为标本桑

[1]《江苏省立扬州蚕业试验场十七年度工作概况》(十七年十一月起至十八年六月止),《扬州文库》第2辑第47册,第344页。

[2]《议决扬州原蚕种制造所划改独立》,《江苏省政府公报》1930年第600期,第22页。

[3]《扬州蚕业试验场更名易长》,《时报》1930年12月3日,第4版。

园。对桑树之桑芽发育情况进行研究,浸制桑叶发育顺序标本、压制桑叶品种标本百余种。对桑苗按季节进行修株束株解株、春伐夏伐和病虫害防治。

在蚕种研制方面,试验场拟定考种规种办法九条,检查母蛾病毒,进行浴种及卵面消毒,原种寄放镇江制种场之冷库,向镇江蚕种制造场、苏州女子蚕业学校、苏州农业学校、浙江蚕业学校征购原种,同时向日本上田、爱知等县著名制种场采购精良原蚕种进行繁育试验。逐日记录胚子发育程度,催青期中调温标准,制作蚕发育顺序标本和蚕种、蚕儿、蚕茧种类标本。

扬州蚕业试验场不仅从事蚕桑研究试验,还大力推广蚕桑技术。编印《养蚕浅说》,会同无锡蚕丝试验场筹备处拟定《育蚕指导所章程》7条、《育蚕指导所事业详细办法》11条。续办江都新洲育蚕指导所,在扬中县增设扬中育蚕指导所,宣传栽桑,提倡秋蚕饲育。向广东中山大学、镇江女子职业学校、省立无锡蚕丝试验场、淮阴农业学校、中国合众蚕桑改良会、镇江蚕种制造场、昆山县立蚕桑场、新洲迁垦局及附近蚕户总计出售桑苗70925株,向浙江劳农学院蚕桑改良场、无锡县立蚕桑场、吴江县立蚕桑场、昆山县立蚕桑场、镇江女子职业学校、镇江制种场、无锡天上市惠农合作社及江南江北各蚕户提供原种203张、普通种11168张,[1]蚕种供不应求。

扬州蚕业试验场还附设蚕业讲习所,招收小学毕业生,讲授蚕业概论、养蚕法、栽桑法、蚕种制造法、制丝法、显微镜使用法、蚕体病理、蚕体生理、解剖蚕业指导等课程,学员实习科目有栽桑、春秋蚕饲育、制种检种、蚕具制造、蚕种整理等,修业期限为一年。

扬州蚕业试验场的发展对扬州境内蚕桑业发展起到巨大的推动作用。1933年,江苏省设立5个蚕桑改进区,江都、仪征占其二。1934年,江都县成为江苏省11个蚕桑改良区之一。高邮全境养蚕农户甚多,年产鲜茧数千担。[2]1937年,扬州蚕种制造所还新建了蚕育种大楼,占地454.3平方米,建筑面积1817.2平方米。可惜,抗日战争时期,扬州蚕种场内设施遭严重破坏,曾被熊育衡陆军第三师所属汪伪军侵占;解放战争期间,也驻扎过

---

[1]《江苏省立扬州蚕业试验场十七年度工作概况》(十七年十一月起至十八年六月止),《扬州文库》第2辑第47册,第358—359页。

[2]《江苏省江北各县合作事业讨论会分县会议》,《农行月刊》1934年第4期,第60页。

国民党黄百韬整编一四八师四四三团所属部队。[1]1946 年 2 月,国民党江苏省政府第一次委员会议恢复江苏省蚕业改进管理委员会及蚕丝试验场。1947 年夏天,增设省直属高邮育蚕中心指导所,同年,扬州原蚕种制造场亦恢复。1949 年 4 月下旬,江苏全境解放,原省直属蚕业机构均由所在地中国人民解放军华东军区市、县军事管制委员会接管。其时江苏划分苏南、苏北和南京市 3 个行政区。苏北人民行政公署在农林水利处设蚕桑科,统管苏北全区蚕桑业,接管原省属扬州原蚕种制造场和高邮中心指导所。[2]

三、近代工厂的创办

江苏是中国近代民族工商业重要的发源地之一,民族工业起步早,1863 年 12 月,李鸿章在苏州成立洋炮局,1865 年迁至南京,改名为金陵制造局。甲午战争后,在无锡、南通地区面粉、纺织等近代工业启动勃兴之时,扬州"本邑工业尚未大兴,织布厂稍大者二,工徒约三四十人,所织为柳条土布。织袜织毛巾随在多有,然皆属私家营业。制蛋厂二,招女工分析鸡蛋黄白,装运上海"。靠近长江边的新丰市"棉布苎布葛布颇销行"。[3]当时扬州的纺织业多为家庭手工业,不成气候。主要的工业是制作砖瓦的窑业,江都、甘泉有砖瓦制作工人、司火工人近千人。如江都仙女镇北仙女乡宜陵镇西五里窑皆著名,凡窑 28 所,男女工作者每天数百人,岁出大小砖约 200 余万,大小瓦约 170 余万。[4]甘泉县"旧有工业以窑为最著,地名瓦窑铺,亘运河东西两岸,计窑二十一所。制砖坯者,男女工约二百人,制瓦坯者亦如之,司火工者百人。每岁产大小砖约二百三十余万,大小瓦约二百八十余万。近帽儿墩、龙尾田等地亦有烧造砖瓦者,七里甸附近乡民于农隙制陶器,为花盆、酱瓿之属,亦销行"。[5]这时的窑业还未使用机器生产,依然是传统的工

---

[1]　黄健:《扬州市蚕桑生产历史及现状分析》,《江苏蚕业》2017 年第 1 期,第 39—42 页。

[2]　《江苏省志·蚕桑丝绸志》,江苏古籍出版社 2000 年版,第 206 页。

[3]　钱保祥修,桂邦杰等纂:《〔民国〕江都县续志》卷六《实业考》,《扬州文库》第 1 辑 13 册,第 120 页。

[4]　钱保祥修,桂邦杰等纂:《〔民国〕江都县续志》卷六《实业考》,《扬州文库》第 1 辑 13 册,第 118 页。

[5]　钱祥保等修,桂邦杰纂:《〔民国〕甘泉县续志》卷六《实业考》,《扬州文库》第 1 辑 16 册,第 105 页。

场手工业。

总体而言,江苏民族工业地区发展不平衡,"南强北弱",[1]扬州近代工业企业很少,被戏称为只有"两爿半厂",即扬州麦粉厂兴记股份有限公司、扬州振扬电气公司和每年只有半年生产期的扬州汉兴祥蛋厂。扬州由于地处长江中下游平原,境内河湖纵横,物产富饶,是重要的稻麦产区、鱼米之乡,在此基础上产生了以轻工业为主的近代工业企业。

扬州麦粉厂是近代扬州境内最著名的工厂,也是扬州唯一的大型工厂。1907 年安徽泾县职商朱畴纠集股本 25 万元,报农工商部注册,在高邮成立裕亨面粉厂。该厂契买镇四铺高姓地基十余亩建筑工厂,1909 年十月开机,由安徽人朱荣庚任经理,设蒸汽机、发电机各一部,大小钢磨 13 部,昼夜用煤 12 吨,约成面粉 1700 袋,每袋英权 50 磅,麸皮 240 袋,每袋 133 磅。[2]据《海关贸易总册·中华民国元年镇江口华清贸易情形略论》记载,裕亨面粉厂年产面粉达 30 万包。扬州麦粉厂能够诞生,除了靠近麦产区和大运河运输便利等条件外,清政府还规定"为抵制洋面,所有机制面粉一概暂免税厘",后来又规定自 1907 年 8 月起免征 5 年,到时再议。因而,已创办的面粉厂获利丰厚,面粉行业引起投资人的浓厚兴趣。[3]1931 年江淮大水灾,高邮城遭水淹,业主将厂址迁至扬州古运河边,命名为扬州麦粉厂兴记股份有限公司,建砖木结构五层楼厂房一座,时为扬州城的第一高大建筑。1933 年11 月 21 日,扬州麦粉厂正式开张,股本 20 万元,机磨 11 处,工人 300 余人,产品定名"寿星牌",并在高邮、泰州、姜堰设有外庄。到 1937 年,扬州麦粉厂有磨机 12 架,堆栈 2 处,占地 20 余亩,年出面粉 70 余万包,半销扬、镇各地,半销里下河一带,为扬州唯一之大工业。[4]1937 年 12 月扬州沦陷后,扬州兴记面粉厂被日军侵占,实行"中日合资",为日军加工军需面粉,改名为

[1] 孙宅巍、蒋顺兴、王卫星:《江苏近代民族工业史》,第 12 页。

[2] 胡为和、卢鸿钧修,高树敏纂:《[民国]三续高邮州志》卷一《实业志》,《扬州文库》第 1 辑23 册,第 67 页。

[3] 杜恂诚:《民族资本主义与旧中国政府(1840—1937)》,上海社会科学院出版社 1991 年版,第 58 页。

[4] 陆俊麟:《江都等十县经济调查报告书(一)》,《苏行旬报》1937 年第 4 期,第 2—4 页。

"扬州明记面粉厂股份有限公司"。1939年,扬州麦粉厂购进改装欧美式磨粉机和德国西门子电动机。抗战胜利后,扬州麦粉厂返还原业主。1948年1月,扬州麦粉厂兴记股份有限公司重新登记,资本总额40亿元,李轫哉为董事长,杨管北为常务董事兼总经理,严惠宇、徐国懋、卞筱卿为常务董事。1949年1月,扬州解放,扬州麦粉厂被军代表接管。

振扬电气公司,1913年由无锡商人祝大椿(字兰舫)投资32万元在扬州钞关外花觉巷设立。当时称江都县振明电灯公司,装有直流发电机3台,容量96千瓦,出线电压110伏,主要供政府部门、盐商富豪以及闹市商店照明用。扬州地方势力见发电厂获利丰厚,要求入股。1917年,发电厂两次增资,添置2台300千瓦煤气发电机和1台180瓦蒸汽引擎发电机,总容量780瓦,出线电压380伏。由于营业规模日渐扩大,公司更名为江都振扬电气股份有限公司,建立董事会,祝大椿任董事长,王瑞裕任经理。企业生产经营管理由经理负责,下设4个科,实行职能科室负责制。1927年,发电厂制订《章程》,规定利润分成方法。到1937年,发电厂的生产管理已初具规模,工务系统分发电、供电、用电3个部,各设领班1人。[1]1926年祝大椿逝世后,其长子祝伊才任董事长。到1936年,振扬电气股份有限公司资本总额达法币40万元,固定资产153万元,汽轮发电机2台,锅炉3台,年发电量260万千瓦时,每年用煤5000余吨,以政府配给为主,自行采购为辅,煤炭来自开滦、中兴、淮南等煤矿。线路遍及全城,延伸近郊,远供三汊河、高旻寺、霍桥镇,发电时间为每晚5时(夏季7时)至12时,逢年过节通宵发电。照明用户发展到6753户,包灯300盏,路灯608盏,分布在大街小巷,按用户每月应缴电费附收5%,作为路灯电费及保养费。1937年11月初,扬州沦陷前夕,经理华静安委托代理工程师曹寅亮负责全厂事务,自己至乡下逃难。当年12月13日,曹寅亮下令停止发电,率领30余人去扬州西北乡盘古山避难。次日,扬州城沦陷。15日清晨,日军侵驻电厂,勒令留厂人员3日内恢复发电,否则炸毁电厂,逃难人员被召回,17日重又发电。1939年,振扬电气公司改

---

[1]　扬州市经济委员会、《扬州工业交通志》编纂委员会编:《扬州工业交通志》,第55页。

称振扬电灯会社扬州变电所,祝伊才为董事长,日本人斋藤监视厂务。[1]抗日战争胜利后,祝伊才被定为汉奸,振扬电气股份有限公司改为官督民办,胡显伯为董事长,1948年,胡显伯病逝后由朱幹臣代理。1949年1月扬州解放后,振扬电气公司实行军管,9月实行公私合营,余明为董事长,公方代表苏扬,私方代表祝君(祝伊才之子),有职工108人。[2]

汉兴祥蛋厂原先在兴化办厂,1948年才由兴化迁至扬州。根据民国八年编印的《江苏省实业视察报告书》记载,汉兴祥创始于民国六年,也即1917年,创办人朋以文。1922年改用机器生产,产品畅销西欧,获利甚丰,鼎盛时资金达100万元,雇工近千人。1948年,汉兴祥迁至扬州二畔铺,带来百余名熟练工人,1台12匹马力手摇柴油机、1台小发电机、1台炮仗炉,改厂名为汉兴祥蛋品物产有限公司扬州蛋厂,产品为盐黄和干蛋白。[3]产蛋旺季一过,汉兴祥就停工、停薪、停饭,半年生产半年闲,就得了个"半爿厂"的称呼。其实在汉兴祥蛋厂之前,早在1905年,高邮同康蛋厂成立,该厂本号裕源涌,为合资有限公司,由句容商人杨色僖集股本二万元,租赁城外西大街董姓民房开设,越三年改号同康,归夏玉之独资开办,增本至六万元,报部注册。此厂用木质机器、两架,每日雇女工打蛋八万枚,分理黄白,药制火炕装桶入箱运出外洋销售。历年输出蛋白三百八十余石,蛋黄二千四百余石。[4]

除了上述"两爿半厂"外,民国期间,扬州境内还出现过数十家近代工厂,主要有油米等粮食加工厂30多家,针纺织厂20多家,小电厂10家,机械维修工场10多家。这些企业规模较小,资产约在5—20万元之间。[5]此外,还有印刷、工艺品、化妆品、酱菜等工场和手工作坊1150多家,从业人员

[1] 扬州市经济委员会,《扬州工业交通志》编纂委员会编:《扬州工业交通志》,第497页。

[2] 《扬州电力工业志》编纂委员会编:《扬州电力工业志(1913~1990)》,中国电力出版社1998年版,第15页。

[3] 扬州市经济委员会,《扬州工业交通志》编纂委员会编:《扬州工业交通志》,第268页。

[4] 胡为和、卢鸿钧修,高树敏纂:《〔民国〕三续高邮州志》卷一《实业志》,《扬州文库》第1辑23册,第67页。

[5] 扬州市经济委员会,《扬州工业交通志》编纂委员会编:《扬州工业交通志》,第14页。

4200余人。[1]

　　米、油等商品为人民生活必需品,扬州境内粮油加工业历史悠久,至唐宋时,扬州已有较为发达的官营和民营粮油加工业。而使用机器加工稻谷则是近代以来的事,1880年江都樊川镇滕权章开办的立成油米厂,首创机器碾米,立成油米厂成为扬州境内最早的近代工厂。[2]该厂资金雄厚,规模不断扩大,到1949年,占地20多亩,备有24匹马力柴油机一台,西门子发电机一台,雇工八九十人之多。业务上买进卖出,自产自销,从不对外代客加工,从清末到解放,从解放到合营,生意一直红火,是樊川镇经营管理最好,存在历史最长的大油坊。1956年对私改造,全体职工加入地方国营樊川米厂。1880年,江都二姜开设的协记油坊,也率先使用机器榨油。[3]1898年,仪征胥浦开设永隆油坊,有12条龙榨,到1923年开始使用柴油机引擎,日产食油1万斤以上。[4]1903年,瓜洲合兴面粉厂由瓜洲迁往镇江。[5]民国初年,扬州南门外开设的德太和粮行配备15匹马力西门子电动机和柴油机等设备,职工30余人,一昼夜生产1万公斤大米,加工大豆油100公斤。[6]1920年,宝应县有朱鼎盛碾米坊和蔡元丰米厂,使用20马力柴油机和铁制碾米机。[7]1933年,高邮有碾米厂15家,发动机和碾米机各15部,工人104名,年碾米16.43万石。1937年,扬州市区有震泰、竞成、复兴、洪记、森源、长丰、新丰、协和、集泰、王广顺、源丰、何公成、宝源和等榨油厂近20家,榨油方式为机器与人力并用。[8]日军占领扬州期间,扬州市区有粮油加工企业48家。抗日战争胜利后,扬州粮油加工业继续发展,市区有57家。[9]粮油加工业是民国时期扬州工业的主体,占扬州近代工业结构的78%,其他行业只占

[1]　扬州市经济委员会,《扬州工业交通志》编纂委员会编:《扬州工业交通志》,第2页。

[2]　扬州市经济委员会,《扬州工业交通志》编纂委员会编:《扬州工业交通志》,第258页。

[3]　扬州市经济委员会,《扬州工业交通志》编纂委员会编:《扬州工业交通志》,第262页。

[4]　江苏省扬州市地方志编纂委员会编:《扬州市志》(上册),第481页。

[5]　镇江市地方志编纂委员会编:《镇江市志》(上册),第853页。

[6]　扬州市经济委员会,《扬州工业交通志》编纂委员会编:《扬州工业交通志》,第259页。

[7]　江苏省扬州市地方志编纂委员会编:《扬州市志》(上册),第481页。

[8]　扬州市经济委员会,《扬州工业交通志》编纂委员会编:《扬州工业交通志》,第262页。

[9]　扬州市经济委员会,《扬州工业交通志》编纂委员会编:《扬州工业交通志》,第259页。

22%。[1]

扬州电力工业除振扬电气公司外,1921年高邮商人刘建三、王鸿藻、徐养源等纠合无锡商人徐鸿逵、李宗唐等征集股本6万元创设高邮电灯厂,购用直流、交流机件各一部,选任王鸿藻等九人为董事,吴锡贵等四人为监察人,呈请农商、交通两部注册立案。[2]也有说高邮电灯厂创办于1925年的。扬州境内县镇先后成立7家商办发电厂,资本总额共27万元。

表5-1　　　　　扬州境内7家发电厂基本情况表[3]

县	(市)镇	电厂名称	经营性质	创办年份	资本额（元）	原动机种类	发电容量（千瓦）
仪征	十二圩	大新电灯公司	商办	1920年	60000	蒸汽机	50
江都	仙女镇	光华电灯公司	商办	1920年	30000	煤气引擎	30
江都	大桥镇	大明电灯公司	商办	1925年	10000	柴油机	14
江都	邵伯镇	张万电灯厂	商办	1931年	30000	柴油机	30
宝应		宝明电灯公司	商办	1923年	50000	柴油机	50
高邮		高邮电灯公司	商办	1925年	50000	蒸汽机	50
高邮	樊川镇	大新电灯公司	商办	1935年	40000	柴油机	20

扬州近代纺织工业落后,没有纱厂,只有规模较小的织布厂。1903年,高邮劝工纺织局创立,购买机器织造土布,[4]此为扬州棉纺织工业之开端。高邮劝工纺织局系当地人宋恩海、高秦镜向高邮知州洪槃申请设立,以地方罚款五百缗为开办资本,宋、高任经理,马维高为会办。男女教师各一人,招艺徒五人,所织仅毛巾小布之属。开办二年间,因资本亏耗大半,乃归马维高独办,迁局于旧珠湖书院,拨桑园存本四百八十元及闸卷项下五百千文又二百元以为基本,另雇宁波机匠染纱织无色棉布。1907年马维高病故,其子

[1]　江苏省扬州市地方志编纂委员会编:《扬州市志》(上册),第20页。

[2]　胡为和、卢鸿钧修,高树敏纂:《〔民国〕三续高邮州志》卷八《实业》,《扬州文库》第1辑23册,第350页。另杜恂诚著作中提到"1921年,李茂林投资5万元成立高邮电灯公司"。见杜恂诚《民族资本主义与旧中国政府(1840—1937)》,第48页。《扬州工业交通志》中说高邮电灯公司创办于1925年。

[3]　扬州市经济委员会、《扬州工业交通志》编纂委员会编:《扬州工业交通志》,第501页。

[4]　江苏省扬州市地方志编纂委员会编:《扬州市志》(上册),第481页。

马士杰接办,适开南洋劝业会,所送提花波布获三等奖牌。1910 年,马士杰离职,知州姚崇义委王仲嘉、林燮元同办并饬学款收支所岁助以五百千文,1911 年,成本耗折殆尽,延至九月撤局。[1]1905 年,发生抵制美货运动,扬州小织布厂得到发展。张荣坤创办张胜和棉织厂,有人力毛巾机 4 台、手摇袜机 2 台。到 1907 年扬州城内有机器手工织布厂 40 余处。[2]但随着运动平息,只有 10 多家织布厂保存下来。1913 年,江苏省立第六工厂在江都设立,资本 5 万元。[3]第六工厂内分织染和化学工艺 2 科。木机 80 架,铁机 2 架,每日产出布数十匹,市场畅销。化学工艺科专制肥皂,成本小而售价廉,极合社会之需要。[4]1921 年 10 月 27 日江苏省第二次地方工业物品展览会上,宝应民生工艺厂生产的汗衫、毛巾、肚带等产品被评为二等奖。1935 年,扬州有针织厂大厂 1 家、小厂 10 余家。1939 年 5 月,扬州吕跃庭又新办竞新永记染织布厂,有脚踏木机 15 台,产品在苏北市场较有名气。[5]总体上这些织布厂、针织厂资本小,设备简陋,旋设旋闭。1938 年 3 月,据全国纱厂联合会调查,扬州境内未有纱锭的记载,而资本在千元以上的织布厂一家都没有。[6]

1919 年,乐群精盐公司在江都成立,由萧衡本、朱声和投资 30 万元设立。[7]精盐公司是 1914 年范旭东等人在考察了西方制盐技术和盐化工厂基础上在塘沽创设久大精盐公司之后而兴起的,由于有北京政府的制盐特许条例和免税政策,精盐发展迅速,在城镇消费者中广受欢迎,扬州盐商因此成立乐群精盐公司,开始采取近代工艺用机器制作精盐。

1920 年,耀扬火柴厂在江都成立,资本 10 万元。[8]厂址在南门外宝塔湾,

[1]　胡为和、卢鸿钧修,高树敏纂:《[民国]三续高邮州志》卷一《实业志》,《扬州文库》第 1 辑 23 册,第 68 页。

[2]　扬州市经济委员会,《扬州工业交通志》编纂委员会编:《扬州工业交通志》,第 290 页。

[3]　杜恂诚:《民族资本主义与旧中国政府(1840—1937)》,第 295 页。

[4]　杜芝庭:《淮扬道区江都县实业视察报告书》,《江苏实业月志》1919 年第 7 期,第 32 页。

[5]　江苏省扬州市地方志编纂委员会编:《扬州市志》(上册),第 481 页。

[6]　江苏省扬州市地方志编纂委员会编:《扬州市志》(上册),第 481 页。

[7]　杜恂诚:《民族资本主义与旧中国政府(1840—1937)》,第 402 页。

[8]　杜恂诚:《民族资本主义与旧中国政府(1840—1937)》,第 372 页。

商标有骑鹤、五亭、文峰、金鱼、寿牌,该厂 1931 年被刘鸿生的大中华火柴公司收购。耀扬火柴厂创办人是扬州著名实业家胡显伯(1881—1948),他还与人合伙在南京开了东南饭店,担任扬州振扬电厂、邵伯电厂的股东,集资在大丰海边购买一千多亩盐碱荒地,招人垦拓,组建春生茂农场,从事植棉、养蜂等业务。抗日战争胜利后,胡显伯从日寇手中接收了振扬电厂并出任董事长。[1]

总体上,扬州近代工业薄弱,主要是轻工业,缺少重工业,只有少数作坊式的机械修理场和翻砂作坊,从事碾米机械、老式柴油机的维修,每家从业者 3—5 人。1956 年公私合营时,扬州有懋昌、同昌、永昌、华昌、兄弟、华新等 13 家私营小铁工厂合并为扬州铁工厂副厂,高邮县铁工厂是以 5 家个体私营企业为基础开办的。[2]

四、银行进驻

银行是商品货币经济发展到一定阶段而产生的金融机构。明朝中叶,我国已形成了具有银行性质的钱庄,到清代又出现了票号。明清以来,扬州作为两淮盐业中心,金融业甚为发达。扬州亦为近代中国最早设有银行的城市之一,清末民初先后存在 5 家银行。

扬州首家银行是中国通商银行扬州分行。光绪二十三年(1897),铁路总监盛宣怀在上海创办中国通商银行,这是中国人自办的第一家银行。资本 500 万两,股东主要为封建官僚、买办及钱庄主,发行银元和银两两种钞票,最高面额为一百元。中国通商银行创办当年就在江苏设立 3 家分支机构,扬州分行系其中之一。1900 年,因八国联军侵华,中国通商银行扬州分行裁撤。

扬州第二家银行是裕宁官银钱局扬州分局。清末银行兴起之时,1903年 5 月,江苏省成立裕宁官银钱局和裕苏官银钱局。裕宁官银钱局由江宁布政司李有芬负责筹办,隶属江宁布政司(即藩司),以官本库平银 15 万两为开办经费,印发钞票 20 万张,每张合九八制钱 1000 文,流通市面,以补制钱之缺。裕宁官银钱局扬州分局成立于 1904 年 4 月,负责人为王仲铭,聘用毕儒臣为管事,局址设在左卫街。

---

[1] 张驹、胡铸、蔡贵华:《名律师、实业家胡显伯》,《扬州文史资料》第 15 辑,1996 年,第 237—240 页。

[2] 扬州市经济委员会,《扬州工业交通志》编纂委员会编:《扬州工业交通志》,第 84 页。

扬州第三家银行是信义银行扬州分行。据《申报》1907年9月15日报道：信义银行是镇江人尹克昌、马相伯1907年发起创办的，"本银行为便利苏、常、扬、镇，长江里下河各处士、农、工、商起见，特创信义银行，已禀度支部立案，农工商部注册，在镇江西柏街开张"。信义银行成立后，即在一江之隔的扬州设立分行。1909年6月，信义银行因经营不善而倒闭。

1905年，清政府在北京成立"户部银行"，其准备资本为库平银400万两，分为4万股，户部认购一半，其余由官员民众购买。1908年，户部银行改为"大清银行"，大清银行为股份有限公司，资本1000万两白银，分为10万股，分别由国家和私人各认购5万股。1909年10月，大清银行在南京设立江宁分行，由于扬州盐业繁荣，需要大量流动资金，江宁分行积极筹建扬州分号。1911年6月，大清银行江宁分行扬州分号设立，号址在左卫街。辛亥革命后，大清银行扬州分号与裕宁官银钱局扬州分局奉令清理结束。

以上四家银行都是外地银行进驻扬州。扬州本地自办的第一家银行为和大商业储蓄银行。1908年10月，阳湖（今常州）人庄焘邀约常熟翁顺孙、翁庚孙兄弟，扬州包国麟、包国凤兄弟，扬州郭增荣，镇江赵宗尧、汤炳等人集资创设和大商业兼储蓄银行有限公司，议定股本总额大洋30万元，每股50元，先收五成，计大洋15万元，呈请度支部注册，同时呈报农工商部立案。1909年3月，该行的注册资本经江都县令袁国军查验无误，并取具各岸股实盐商保结书、公司详细章程、董事花名册等材料一并呈报两江总督转咨度支部查核。度支部准予开办，颁发了执照。1909年5月23日正式开业，总行设于左卫街，经理康欣伯，同时在南京、镇江等地开设分行，镇江负责人为杨介臣。[1]和大银行成立后，深受本地商民信任，存款、贷款、汇款业务均相当发达，两淮盐运使司也将巨额资金存入该行。和大银行还另设有专用储蓄柜，为客户提供小额资金的存储服务。鉴于扬城市面上使用的各埠银两成色不同，为了便于商户和百姓使用银两，遵照大清银行章程，和大银行在行内自设库房，代商民销铸宝银及存库、交库等业务。和大银行还向清政府申请发行钞票，发行横式"通用银元票"3种，面值为1元、5元和10元，以及

---

[1]　扬州金融志编纂委员会编：《扬州金融志》，中国金融出版社1996年版，第74页。

竖式"当十铜元票一百枚",按面值兑换银元和铜元(铜板)。两年后,1911年4月,和大银行因挤兑风潮而倒闭。

清末民初扬州新出现的5家银行或因战乱、或因政权更迭、或因挤兑而停歇倒闭,充分说明了银行这个新式金融机构的脆弱性。

北京政府时期,扬州境内先后有交通银行、中国银行、江苏省银行、盐业银行、淮海银行、中国实业银行、天津中孚银行共7家银行入驻。其中,江苏省银行扬州分行1912年2月1日设立,地址在左卫街,经理夏馨圃,1914年1月裁撤。盐业银行于1916年8月借扬州大源制盐公司设立汇兑所,因业务发达,后改为盐业银行扬州分所,行址在左卫街,1927年,因军阀勒索而停业。淮海银行系张謇创办,以发展淮海一带纺织、油米、麦粉、盐垦及其他实业为宗旨,1920年下半年在扬州设立分号,1924年因盐垦公司等欠款无力偿还而倒闭。

南京国民政府时期,"四行二局"在扬州均设立分支机构。1929年,浙江兴业银行在扬州设立代理机构。[1]1930年,上海商业储蓄银行在扬州李官人巷设办事处。1935年2月,江苏省农民银行在宝应设立办事处,后又在樊汊、氾水设办事处。民初裁撤的江苏省银行扬州分行复于1936年7月在扬州设立办事处。1935年12月,江都县银行开始组建,1936年4月,江都县银行奉财政部令核准注册,同年7月3日正式开业,行址在扬州砖街(今渡江路)95号,下设大桥、邵伯、瓜洲、仙女庙4个办事处。此外,高邮金融界还拟组建元大银行,扬州王柏龄、王茂如等发起筹组江北实业银行和江北地方银行,但因各种原因未能正式开业。[2]这时期,扬州境内含县乡办事处约有20余家银行,1937年12月扬州沦陷后,这些银行大都撤离扬城。

日本占领扬州后,日伪政权创办的中央储备银行、华兴商业银行、中国银行、交通银行、江苏地方银行、台湾银行都在扬州设立分行、支行或办事处。1943年,伪苏北行营在扬州创办苏北农民银行,地址在左卫街。扬城沦陷期间,私营银行业畸形发展,先后有南京新华银行、裕淮商业银行、淮南实

---

[1] 扬州金融志编纂委员会编:《扬州金融志》,第77页。
[2] 扬州金融志编纂委员会编:《扬州金融志》,第77页。

业银行、浦西商业银行、裕工商业银行、同孚商业银行、扬州商业银行、汇通银行、信余银行、大兴银行、太和银行。这 18 家伪政权银行和私营银行在抗战胜利后皆被接收和清理，全部停业。

抗战胜利后，中央银行扬州分行、中国银行扬州办事处、交通银行扬州支行、中国农民银行扬州办事处、中央合作金库江都分理处、江苏省银行扬州分行、江苏省农民银行扬州分行、江都县银行、中国实业银行扬州支行先后在扬州复业（开业），到 1948 年 12 月，这些银行先后裁撤或撤离。

银行作为近代化金融企业，与传统钱庄相比，资本充足，管理规范。银行资金进出安全、稽核审查严格、人事制度严密、会计制度独立，因而经济效益好。中央银行扬州分行 1932 年盈余 3.4 万元，中国银行扬州支行 1933 至 1935 年每年均有盈余，盈余数自 1 万元至 3 万元不等，1936 年，中国银行扬州支行、交通银行扬州支行二行均各盈余 3 万元。[1]

扬州银行业的兴起和发展，首先与盐务关系甚大。民国时期，淮盐运商纳税、办运、缴价都在扬州"四岸运商事务所"，场商、食商都在扬州设立总号。如济南场七公司大源、公济、大德、裕通、庆日新、大阜、大有晋总公司都设在扬州。

表 5-2　　　　　　济南场七家制盐公司基本情况表[2]

公司名称	资本（万元）	经理（常董）	产盐圩池（条）
大源	84	汪颉荀	40
公济	35	贾颂平、徐春江	24
大德	35	戴孟瞻、袁芷久、汪干庭	21
裕通	33.6	陈向宸、吴孝候、张露轩	20
庆日新	37.037	朱似椿、朱绍韩	20
大阜	21	徐静仁、蒋湛霖	10
大有晋	21	徐静仁、王幼卿	10
合计	266.637		145

---

[1]　江苏省金融志编辑室编：《江苏民国行库局》，南京大学出版社 1992 年版，第 26 页。

[2]　王春鼎：《扬州盐务之概况》，《交行通信》，1933 年第 3 卷第 5 期，第 19 页。

由于盐商用款为数甚巨,钱庄无法承担,大宗借款须依赖银行提供。两淮盐税,总额岁达 2700 万元,亦必须缴到中国银行（1931 年中央银行成立后,盐税移交央行）。[1]其次与扬州发达的商业有关。扬州地当南北之冲,商贾辐辏,百货云集,在昔醎业之盛,莫与伦比。"郡城市面以盐业为根源而操奇计赢牟笼。百货能为之消长者厥惟钱业,岁获利甚丰。其次则米业,城内米店专售食户,运自邵伯及西山城外,米行名为代客交易,实则屯客货以稽时价,与米店略同,合计岁销银币约二百数十万。江都为产米区域,年来米价腾踊,百物因以昂贵,使无奸商影射出口,当不至此。米之外,豆麦亦为大宗,中稔之岁,四乡产豆三十余万石以上,麦五十万石以上。近年麦粉销行,麦价骤涨,出口贸易岁亦数十万,其售之本地不计也。绸缎业岁销银币约四十余万,布业约百五十余万,土布仅占三分之一。……各业合计一岁数逾千万,而茶肆酒馆及寻常食用之品,凡属于零星贸易者尚不在内"。[2]银行的主要业务为货币流通、存款（储蓄）、放款、汇兑。民国初期扬州市场流通主要是银两、银元、铜元等硬通货,银行进驻后,发行兑换券（纸币）,纸币携带方便,兑换银元有保证。后银行与资本殷实、信用昭著的钱庄签订代兑规约,设立钞票代兑处,更加便利商民就近兑换银元。不久,市面纸币流行,农村亦逐渐普及,这为 1935 年国民政府币制改革,发行法币奠定了良好的基础。扬州银行存放款以盐业为大宗,夏收秋收季节,稻、麦、豆等农产品需款亦巨。扬州交通位置好,靠近全国金融中心上海,存款、放款、汇兑业务繁忙,效益好。较为发达的商品经济推动了扬州银行业的产生和发展。1947 年 5 月,扬州银行界举行第一次会员代表大会,出席代表 28 人,通过《江都县银行商业同业公会章程》,组织成立江都县银行业同业公会,其宗旨为"维持增进同业之公共利益,矫正弊害及协助政府推行政令",对不遵守同业公会章程和违反同业公会决议的银行可以处以"处罚违约金""有时间之停业""永久停业"的处分。

当然,民国时期动荡的政局也导致扬州银行业的数次裁撤和清理,随着

---

[1]　宗金林:《民国扬州旧事》,第 218 页。

[2]　钱保祥修,桂邦杰等纂:《〔民国〕江都县续志》卷六《实业考》,《扬州文库》第 1 辑 13 册,第 118 页。

扬州解放,旧有银行业被没收和改造,变为新中国的金融机构。

第三节　钱庄的变迁

钱庄是中国封建社会后期出现的一种金融组织,江苏省的钱庄业,以南京、扬州为最早,产生于明朝。明万历四十五年（1617）,袁世振任盐法道按察使,梳理两淮盐政,推行纲盐法,大获成功,缓解了明朝的财政危机,开始形成长达三百余年的专商引岸制度。盐专卖商人势力的强大,又提升了两淮盐业在全国的地位,原来为盐服务仅经营兑换业务的小钱铺,逐步发展成为经营存、放、汇业务的钱庄。扬州钱庄业因新的纲盐法的推进而兴起,在明末已有钱庄同业组织,经过明清数百年的发展,扬州成为全国盐业中心,扬州钱庄亦是全国闻名。

一、钱随盐走

"钱"作为流通中介物,总是伴随着商品经济的发展而发展,南通棉纺织业发达,钱布相依,扬州繁华以盐胜,钱随盐走。到清末,扬州钱庄林立,最盛时有钱庄五六十家,[1]"钱庄赖盐务为出路,盐帮则赖钱庄为周转之机关也"。[2]辛亥革命后,扬州盐商迁往上海,金融阻滞,许多钱庄歇业。

民国初年,随着两淮盐业的恢复和扬州盐务稽核所的设立,诸多盐商由沪回扬,金融业随之复苏,扬州钱庄复又繁荣起来。从1912到1937年,扬城新开设的钱庄共93家,加上清末开设延续到民国依然存在的8家钱庄,共101家,高邮、宝应、仪征以及江都的仙女庙、瓜洲、邵伯等地还有30多家钱庄。民国初年,扬城新式银行业兴起,但并未影响钱庄的业务。银行资金虽雄厚、管理规范,大多数商人却不愿意到银行,而愿意与钱庄交往。原因在于钱庄采取无限责任和信用原则,营业对象多是熟人,存、放、汇、兑更为便利。经济学家马寅初在1926年归纳了钱庄相较于银行有八个优势:银行经营抵押放款,而钱庄主要经营信用放款,中国商人以抵押借款有碍体面,

---

[1]　扬州金融志编纂委员会编:《扬州金融志》,第42页。

[2]　江苏省金融志编辑室编:《江苏典当钱庄》,南京大学出版社1992年,第123页。

所以均愿与钱庄往来；银行放款除需抵押品外，还需担保人签字盖章，手续非常麻烦，而钱庄则无须这些手续；银行放款，数目较大，对于小额借款，不甚欢迎，而钱庄在资力允许的范围内，对大小借款一律欢迎；钱庄无例假休息，每日从早到晚营业，对商人颇多便利；银行对商情市况，不如钱庄明了；本国银行历史较短，所发的钞票、支票还不能像庄票那样取得社会的信任；钱庄辨别货币真伪的能力远远超过银行；钱庄发出的庄票，因得外商信任，所以能在洋行出货，而银行钞票则难以为外商洋行接受。[1]当然，钱庄亦有自身的缺陷，主要表现为钱庄大都为合伙经营或独资开设，范围狭小，由资方对钱庄负无限责任；钱庄经理由东家聘请，对营业负全部责任；存款非亲即友，对不明底细的存户一般不予受理；放款以信用为主，不熟悉者不贷，利率随行就市，也可根据钱庄与客户之间的关系而浮动，主要以能按期收回为原则。由于以上特点，一般来说钱庄的规模小，[2]这样的规模只适合当时内贸服务的业务需要，特别是与传统盐业经济形成长期共存的契合关系，不适合规模较大规范性强的近代化工商企业的业务需求。

北京政府时期，扬州钱庄得到较快发展。1914年，扬州怡生钱庄开业，股东有许少甫、丁介侯、蔡墨清，经理潘颂平，1931年改组，资本6万元，可运用资金约100万元，1934年为大同行，1935年停业。1916年，怡大钱庄开业，资本6万两，为大同行，1922年改组，中南银行常务董事徐静仁为主要股东，股东还有叶铁生（叶翰甫之子），经理袁芷玖，资本增至12万两，为扬城钱庄之冠。[3]1923年，扬州钱庄数增至32家，资本总额61.8万两（见表1）。这时期扬州钱庄繁荣发展的原因首先是外部环境的优化，第一次世界大战爆发后，帝国主义忙于战争，中国民族工商业得到较快发展，上海金融业飞跃发展，"第一次世界大战期间和稍后几年，是上海金融业顺利发展和奠定基础的黄金时期。"[4]1925年上海金融总资本中，外资银行占36.7%，华资银行

［1］马寅初：《银行之势力何以不如钱庄》，《东方杂志》1926年第4期，第17—24页。

［2］陈曾年：《近代上海金融中心的形成和发展》，上海社会科学院出版社2006年版，第3页。

［3］扬州金融志编纂委员会编：《扬州金融志》，第45—48页。

［4］洪葭管、张继凤：《近代上海金融市场》，上海人民出版社1989年，第16页。

占 40.8%，钱庄占 22.5%。[1]上海金融业的发展辐射带动扬州钱庄各项业务随之兴旺起来，因为扬州钱帮占据上海钱庄业十二帮中第四位。[2]其次是1916 年至 1919 年，淮盐岸税改向扬州缴纳，盐商纷纷向钱庄求助，金融活跃，放款总额年达千万元以上，各庄盈余均甚丰，称为极盛时代。[3]扬州钱庄代盐商缴税以扬二七宝银计算，盐商缴纳盐税向以洋元计算，盐商向钱庄还款，以洋元化成扬二七宝银，钱庄于银两、银元换算（称为"洋厘"）之中获利。淮盐运销湘、鄂、西、皖四岸，扬州钱庄汇兑业务也随之遍及长江中下游各大商埠，汇兑收入称"汇水"，钱业公会有申、镇、汉汇挂牌，汇入汇出数除上海、镇江外，以扬子四岸的汉口、长沙、南昌、安庆为最多，然后是九江、芜湖等埠，汇入款仍以盐课为多数，高邮同福祥盐号，每月汇扬即达数万元之多。[4]另外，盐商向钱庄借钱要付利息，称为"银拆"，一般扬二七宝银 1000两利息日拆 3 钱左右，即月息 0.9%，年息 10.8%。[5]

表 5-3　　　　　　　　1923 年扬州市区钱庄概况表[6]

牌　号	地　址	经　理	资本（万两）
怡大	左卫街	陶渭川、李寿卿、袁芷玖	6（后增至 12 万）
华隆	左卫街	王明甫、陈鹤年	6
汇康永	翠花街	梅深甫	5
恒丰	左卫街	姚柏山	4
惠余	左卫街	李鹤生	3
元丰	左卫街	潘颂平、顾毓明	3
志和	左卫街	潘厚之、许宾侯	3
恒泰祥	左卫街	张时命	3

[1]　唐传泗、黄汉民：《试论 1927 年以前的中国银行业》，《中国近代经济史丛书》编委会编：《中国近代经济史研究资料》（第 4 辑），上海社会科学院出版社 1985 年版。

[2]　扬州金融志编纂委员会编：《扬州金融志》，"概述"第 4 页。

[3]　扬州金融志编纂委员会编：《扬州金融志》，"概述"第 3 页。

[4]　扬州金融志编纂委员会编：《扬州金融志》，第 431 页。

[5]　扬州金融志编纂委员会编：《扬州金融志》，第 8 页。

[6]　《各地钱庄同业录》，《钱业月报》第三卷第九号，1923 年第 9 期，第 66—68 页。

续表 5-3

牌 号	地 址	经 理	资本（万两）
信和	左卫街	刘明轩	2
永康	左卫街	刘汉章	2
庆源	翠花街	姚璧如	3
复兴源	多子街	蔡云楼	2
怡和	多子街	高焕文	2
瑞泰	袁门桥	万培生	1
兆昌	教场街	李炳南	1
德春	大东门街	黄益之	1
庆和	南牌楼	贾鼎铭	0.7
和泰	砖街	孙钧台	1
立昌	翠花街	孙伯山	1
润通	教场街	李子南	1
恒兴源	蒋家桥	孔寿彭	0.5
同庆	蒋家桥	旋少川	0.7
生和	蒋家桥	许玉堂	0.4
洽隆	大东门	詹少礽	0.5
义和	大东门	姚树年	0.5
宝兴	运司街	谈吉甫	1
庆余	运司街	诸际华	0.5
德余	左卫街	王觐文	5
福祥	砖街南	冷耀先	0.7
乾泰	皮市街	吴寅卿	0.5
晋丰	蒋家桥	顾少春	0.4
德大	蒋家桥	沈季泉	0.4

南京国民政府时期,扬州钱庄开始走下坡路。1932年,扬州市区有钱庄13家,资本44万多两。1933年以后,更加凋零。到1937年,只剩宝兴恒、德兴、

生余 3 家钱庄,[1]做些零星交易,大宗交易均转入银行,扬城沦陷前全部停业。扬州钱庄风光不再的原因一是国民政府颁布新盐法,二是两次币制改革。从明末纲盐法实施后,产盐有定场,行盐有定额,运盐有定商,销盐有定岸,尽管经过清末民初盐务改革,可引岸专商垄断制一直保持。1928—1930年,南京国民政府通过盐商向上海等处银行借款 4100 万元,1929 年 2 月,又向两淮盐商收取验票费 958.2 万元,[2]这使得引岸专商又一次法理化。从盐务发展视角看,就场征税、废除引岸、自由贸易是大势所趋。1931 年 2 月,两淮盐运使公署由扬州迁往板浦,新任两淮盐运使缪秋杰着力改革,推行轮船运输。1931 年 6 月,国民政府颁布新盐法,新盐法贯彻了民国初年盐务改革"自由贸易"的主要精神。从此,扬州再丧失了两淮盐务的中心地位,扬州钱庄失去了盐业经济的重要支撑,影响巨大。在流通领域,银两、银元并存对钱庄的生存至为重要,洋厘行市由钱业公会主导。而国际市场银价从 1928年起持续下跌,这严重影响了中国每年出口贸易和外债到期本息的偿付,当年中国应付外债到期本息 3500 万元,同期国际市场银价下跌约 15%,中国凭空多支付 1500 万元。[3]1929—1931 年,国际市场银价继续下跌,1932 年7 月 7 日,宋子文在上海与银钱界谈话,提出"废两改元"。1933 年 3 月 1 日,国民政府财政部发布《废两改元令》,规定从 4 月 6 日起,全国所有公私款项之收付与订立契约票据及一切交易一律改用银币,不得再用银两。1935 年11 月,国民政府又公布了《法币政策实施办法》,宣布自 1935 年 11 月 4 日起,以中央银行、中国银行、交通银行三银行所发行之钞票定为法币,1936 年2 月增加中国农民银行,所有完粮纳税及一切公私款项收付,概以法币为限,不得使用现金,违者全数没收,以防白银之偷漏;凡银钱行号商店及其他公私机关或个人,持有银本位币或其他银币、生银等银类者,自 1935 年 11 月4 日起,交由发行准备管理委员会或其指定之银行兑换法币;旧有以银币单位订立契约,应各照原定数额,于到期日概以法币结算收付。废两改元和币

---

[1] 扬州金融志编纂委员会编:《扬州金融志》,第 45 页。

[2] 丁长清、唐仁粤主编:《中国盐业史(近代当代编)》,人民出版社 1997 年版,第 142—143 页。

[3] 〔美〕阿瑟·恩·杨格著,陈泽宪等译:《一九二七至一九三七年中国财政经济情况》,中国社会科学出版社 1981 年,第 192 页。

制改革使得钱庄丧失传统优势,由钱业控制的银厘日拆市场从此落下帷幕。加上1931年江淮大水,里下河被淹,扬邑八属灾情严重,市面萧条,扬州大多数钱庄无法生存,只能停歇。德春钱庄在扬州大东门街,创办于同治年间,1931年做扬州西北两乡交易,因荒歉受累,资不抵债,1933年1月12日倒闭,结欠扬州交行11359.90元。[1]德春钱庄开设时间长达70年,信誉卓著,该庄倒闭,对当时扬州钱业震动很大。

扬城沦陷之初,金融枯竭,钱庄纷纷歇业,其主要股东、经理和职员皆星散四野。1941年10月以前,仅有钧泰、福康等7家钱庄。但抗日战争中后期,扬州钱庄畸形繁荣,1945年8月,扬州市区有钱庄60家。究其原因,一是日伪政权对钱庄准入条件放宽。1941年1月6日,伪中央储备银行在南京成立,日军为了拉拢经济界人士为其侵略战争服务,着手制造金融业"繁荣"景象,放松了对中小资本的金融统制,借以吸收因物资掠夺和经济统制而造成的无处投放的"游资"。结果导致新增设了许多金融机构,出现大量的行业性银行和钱庄。[2]二是钱庄与生俱来的熟人社会经营模式在战时统制下对吸收游资与放款更具适切性。三是沦陷区通货膨胀严重,以"中储券"为例,1941年1月首次发行1370万元,到1945年8月14日日本投降时,增至46618亿元,增长了34万倍,[3]这给处于资金链顶端的钱庄带来了投机机会,他们囤积、走私,大发国难财。上述因素刺激了战时扬州钱庄不断涌现。1944年1月,扬州有钱庄31家,另钱庄七八家,均拟于当年春季上市,"各钱庄年终均有盈余,表面颇有蓬勃向荣之气"。[4]到当年10月,扬州"钱庄原有43家,最近又新开大庆、宝祥两家"。[5]到1945年5月,"扬州银钱业尚称发达,各家均有盈余,钱庄原有47家,新添大生、元余、天源三家,资本均是一千万元以上"。[6]

---

[1] 扬州金融志编纂委员会编:《扬州金融志》,第52页。

[2] 黄美真主编:《日伪对华中沦陷区经济的掠夺与统制》,社会科学文献出版社2005年版,第557页。

[3] 史全生主编:《中华民国经济史》,江苏人民出版社1989年版,第379页。

[4] 中央储备银行调查处:《各地经济动态》,《中央经济月刊》1944年第2期,第93页。

[5] 中央储备银行调查处:《各地经济动态》,《中央经济月刊》1944年第12期,第60页。

[6] 中央储备银行调查处:《各地经济动态》,《中央经济月刊》1945年第5、6期,第60页。

表5-4 1945年（沦陷期间）扬州市区钱庄名称[1]

钱庄名称	钱庄名称	钱庄名称	钱庄名称
源丰	恒和	宝通	谦益
鼎兴	福康	恒兴	信孚
大康	汇康	永宁	宏昌
恒隆	钧泰	森泰	元泰
协大	裕通	大鑫	泰来
同昌	赓泰	壬泰	协祥
承德	钧益	恒丰	大森
长康	汇泰	元吉	信余和记
永和	福泰	祥大	裕商
祥泰	永泰	承泰	宝康
承余	源和	大生	懋业
宝大	恒生	宝康	大兴
和泰	晋昌	永孚	
厚德	同生	大庆	
同德	元余	宝祥	
恒泰	兴泰	天源	计60家

日本宣布投降后，上述钱庄纷纷停业清理。根据国民政府财政部1946年《收复区商业银行复员办法补充办法》的规定，1947年扬州城区钱庄经呈准复业并领到执照的有13家。1949年1月扬州解放后，钱庄逐渐退出历史舞台，1950年初，全部停业清理。

二、扬州钱庄的组织形式和经营管理

民国扬州钱庄有独资办的，有合资办的，独资少，合资多。抗战胜利后，钱庄全为股份有限公司形式。独资创办的钱庄有黄锡山办的德春钱庄、李鹤生创办的惠余钱庄、诸春山创办的庆余钱庄。

扬州钱庄根据资本额多寡，分为大同行、中同行、小同行，又称福、禄、寿三类。大同行资本额在4万元以上，专以盐号为营业对象；中同行资本额在

---

[1] 扬州金融志编纂委员会编：《扬州金融志》，第53页。

2万元以上,以商铺为营业对象;小同行资本额在1万元以上,以兑换为主兼营存放业务。大、中、小同行均参加钱业公会进行票据交换。大同行一般占同业总数的35%左右。民国初年开设的钱庄,须有3家盐号担保才能向主管部门请领营业执照。[1]经营兑换业务的小钱铺,称为非同行,不得参加公会。

钱庄内部组织,一般设经理1人,负责钱庄所有业务,或设副理、襄理,辅助经理处理业务,其下则设跑街(外勤)、内账、外账、信房(文书)、银房(出纳),还有中班、学徒、栈司等。小钱庄只设经理1人,内外账各1人,信房由内账或外账兼任,银房1人,学徒二三人。[2]抗战胜利后,扬州钱庄均为新式股份有限公司,设有股东会、董事会、经理、副理(襄理)、文书、会计、营业、出纳等,须制订公司章程,包括总则、资本、业务、股东会、组织、决算及盈余分配等六章。

钱庄业号称百业之首,起着通有无、调资金、助产销的作用,扬州"郡城市面以盐业为根源,而操奇计赢,牢笼百货,能为之消长者厥惟钱业,岁获利甚丰"。[3]钱庄通过兑换、放款、汇兑获得利润,通过存款和票据清算降低成本。从民国初年到抗战前,扬州钱庄大多数年份都有盈余。1919年,扬州14家钱庄共盈余扬二七宝银20.75万两,其中惠余钱庄一家盈余10.2万两。[4]1931年扬州13家钱庄盈余8.6026万两白银。

表5-5　　　1931年扬州市区钱庄盈余情况表[5]

钱庄名称	盈余额	备　注
怡生	二万元	折合银两1.3350万两
惠余	一万两	
生元	一万五千两	

[1]　江苏省金融志编辑室编:《江苏典当钱庄》,第126页。

[2]　扬州金融志编纂委员会编:《扬州金融志》,第57页。

[3]　钱保祥修,桂邦杰等纂:《〔民国〕江都县续志》卷六《实业考》,《扬州文库》第1辑13册,第118页。

[4]　江苏省金融志编辑室编:《江苏典当钱庄》,第133页。

[5]　江苏省金融志编辑室编:《江苏典当钱庄》,第280页。

续表5-5

钱庄名称	盈余额	备　注
汇昌永	一万两	
怡大	一万五千元	折合银两1万两
鸿大	五千两	
元昌	三千两	
立丰	五千元	折合银两0.3338万两
庆余	五千元	折合银两0.3338万两
衡昌	三千两	
德春	四千两	
慎大	三千两	
庆大	三千两	
合计	十万一千两	

有盈余就会有亏本,扬州钱庄依赖盐业而存,遇到盐号倒闭,钱庄即受牵累,其中,最大的一次倒账风潮发生在1930年5月。当年,上海裕大钱庄因股东内部不和宣告停业,[1]牵累到扬州裕隆余、永吉恒两盐号倒闭,与该盐号有往来的裕丰、庆源、华隆3家钱庄倒闭,恒丰和钱庄被倒14万两,只收回3万两,立昌钱庄被倒2万两,生昶、惠余等7家钱庄都有倒账,交通银行放给庆源的存款也减折收回。在几家钱庄倒闭之后,人心惶惶,扬城钱业为防止更多连锁反应,特推生昶钱庄经理吴润之为同业公会主席,因该庄东家邱省三(颜料商人,上海总商会会员)资金雄厚,在扬推为巨擘,足以镇定人心,并增进苏、申、镇各庄之信用,风潮遂平息。风潮结束后,扬州各钱庄放款未能收回的共达120万元。[2]从此,对盐商放款逐渐收缩,扬州钱庄亦风光不再。

扬州钱庄同业组织在明末就存在过,而近代化的同业组织出现在民国初年。上海钱业公会成立于1917年,但扬州钱庄同业公会成立时间则不明

[1]《上海裕大钱庄停业》,《中央银行旬报》1930年第26期,第16页。

[2] 江苏省金融志编辑室编:《江苏典当钱庄》,第130页。

晰,公会设在左卫街。盐、钱、典为扬州三大同业公会,钱居第二位。1921 年制定的《扬州钱业同业公会营业规则》共 22 条,规定营业时间为每天上午 9 时至下午 6 时,但认为必要时可以延长;例假日期遵循上海、镇江办理;行市每天分两市;客帮与铺家月息,每月 25 日由公会常务会议公决。特别对收解（7 项规定）、放款办法（6 项规定）、各埠往来办法（9 项规定）、各种票据种类（9 种）、各种票折挂失止付办法（10 项规定）、各种手续（10 项规定）、同业票据（7 项规定）、停业处理（7 项规定）作了详细规定,以杜绝纰漏。因利益攸关,钱业公会对各钱庄运营具有较为明确而刚性的约束作用。首先,由于中国银两、银圆、制钱通用,扬二七宝、上海规元、镇江二七平、南京二七陵平、汉口洋例银、南昌九三八平等币制五花八门,洋厘、银拆、汇兑行市,须由公会视市场供求缓急和上海、镇江等地汇市行情而公议决定,每天两市,早市上午 12 点以前,午市下午 4 点以后,悬牌公布。其次,为了减少银两、银元来回搬运之繁琐,节约运营成本,保证资金安全,公会规定了入会同行银两、银圆公单拆票法:"入会同业收付银两在四十两以上,即取五十两公单,当晚至公会汇总。多,凭公会拆出;缺,凭公会拆进";"入会同业收付银元在一百元以上,即取公单,当晚至公会汇总。多,凭公会划条向收;缺,凭公会划条照解";"多银者凭公会拆与缺户,名曰拆票,但多银者遇有认为必要时,得收现不拆。拆票一项,乃以有余维持不足,其中毫无利益,全为尚义周转起见,与存放及往来图利不同,如遇倒闭时,应尽先如数提还。拆票之息,按照当日市拆加息与尾款滚算,不论存欠,年终找清"。[1]再次,入会钱庄如有停业者,其账簿及重要证件,由公会会同该庄协理共同查封。理账员由公会推公正人员担任,将停业钱庄存欠各款、亏损情况、收集的款项汇存公会,除清偿拆票外,所欠中外官商各款,均登报一律公摊。[2]

由于钱庄的规范化、技术化管理,民国时期扬州钱庄出身的金融界人才辈出。出生于扬州邗江沙头的胡笔江,17 岁在镇江晋升钱庄当学徒,三年满师后到江都仙女庙义善源银号当职员,1914 年任交通银行总行稽核、北京分

---

[1]　扬州金融志编纂委员会编:《扬州金融志》,第 533 页。
[2]　扬州金融志编纂委员会编:《扬州金融志》,第 59 页。

行经理,1921 年任中南银行总经理,1933 年,交通银行改组,胡笔江被选为交通银行常务董事,宋子文指派胡笔江为交通银行董事长。出生于江都邵伯殷家庄的冷荣泉,先在其表兄开设于上海的谦益钱庄当练习生,数年后与人合伙开设永泰钱庄,1945 年创办通用化学有限公司,即上海通用药厂。其他钱业知名人物还有盐钱两栖人物贾颂平、怡大钱庄经理袁芷玖、扬州钱业公会主席吴润之、潘颂平、黄汉侯等。

第四节　交通方式的变革

民国时期,一些扬州人目睹其他城市铁路、公路事业的发展进步,深感交通落后带来的伤痛,从而积极对扬州交通事业进行规划与设计。经过努力,扬州的公路、桥梁、港口建设都有突破,但限制于客观条件,很多规划中的目标没有能够实现,也成为这一时期的遗憾。

一、交通管理机构的沿革与交通事业的规划

(一)民国扬州交通管理机构的沿革

民国建立后,根据民国政府行政机构的设置规定,改邮传部为交通部,以原有路政司、铁路总局事务归于交通部路政司。各县级政府中设有劝业课,其职能包括交通事业的管理。1913 年,改路政司为路政局。各县府机构实施裁并,设实业课,以其兼管交通。这些实业课的业务范围与执行能力较弱,很少涉及公路交通的建设、管理与养护方面的工作。1914 年,撤销路政局,改设路政、路工、铁道会计三司。道路建设一般遵循谁建设谁拥有的准则。1922年所建成的扬圩线即为建设者镇扬汽车公司所有,由该公司自建自养。1926年,扬州至清江公路的宝应段建成后,由半官方半民间性质的江北路政总局管辖,该局在宝应设立了汽车路堤工程事务所,负责道路的日常维护。

1927 年,南京国民政府成立后,开始关注国民经济建设工作。"中国国民党有造路运动之宣传,江苏省建设厅亦有全省公路筹备处之设立。"[1]但此

---

[1]《江苏省公路实施计划之推进》,《统计通讯》1935 年第 3 期,第 15 页。

时公路交通事务仍未独立,"公路建设事务明令委之铁道部办理"[1]。民国政府同时将各县实业科改为建设科(局),以交通事业属之。扬州各县纷纷设立建设科(局),仅仪征县因为县府年收入经费不达省厅规定指标,未能获批设立建设科。这一时期,扬州境内公路归江北公路分局管辖[2],由各县建设部门兼管各县公路建设事项。1928年1月,省政府建设厅设立公路筹备处。11月,该处被改组为公路局,担负主持全省公路工程之规划及实施事宜。

1930年,仪征县的交通建设业务转由江都县建设局代管。次年,国民政府裁撤省公路局,由建设厅第二科主管其事,江北公路局第二分局也随同被撤,并将各县建设局(科)改为建设事务所。1932年,全省实行新的道路分级管理模式。扬州境内的省道归省管理,各县建设局负责各自境内县道事宜。两年后,建设局再度调整改名为技术员室。1933年,省政府成立公路管理处,统制全省省营公路车务、业务及养路事宜,并监督民营公路之行车事宜。次年,又恢复原先建制。江都县设建设局,高邮设建设科,仪征、宝应交通事宜则各由该县县府第一科兼理。

日军侵华,扬州沦陷期间,交通事业由伪"苏北公路管理处"及各县伪政府"建设科"管理。1946年1月,民国政府重设江苏省公路局,在扬州设江都、仙女庙、高邮、宝应等4个公路管理站,并设江都养路工程处[3]、扬泰抢修队。其中江都养路处承担着镇扬路、扬清路及江仙路的管理与养护工作。

在航运管理上,1940年,江都县政府设置了船舶管理处,对轮船、民船的登记、检验及发照等业务进行管理。1949年6月,人民政府成立了苏北航务局,对检验合格、进行登记的船舶发给执照,并配发苏北航务局统一的红色矩形布质旗帜。

(二)民国初期扬州公路、航运交通的基本情况与交通规划

1.基本情况

扬州地处江苏中部,自邗沟开凿以来,逐渐成为苏北地区的通商巨埠、

---

[1] 乔振兴:《现在中国公路运输》,不详,第146页。

[2] 1927年11月改为归江北公路局第二分局管辖。

[3] 1946年9月改名江都养路工程段。

交通要镇,辖境内"川渠交错,道路纵横,交通甚便"[1]。但民国肇始后,受多种因素影响,扬州城的交通地位日渐下降。商务向称繁盛的扬城,"自鼎革以后,日渐衰落"[2],尤其是随着津浦铁路的"擦肩而过",这座城市"因交通的缘故,既失其原有地位"[3]。

民国扬州虽不复为全国盐业总汇、百货辐辏之地,也无法与上海、广州等通商口岸相较,但仍为苏北与苏南通商的要埠。此际扬州出产之重,"当以米麦为大宗,如西山秦栏[4]出产尤巨,即在中熟年成,亦足以供给本埠有余。"[5]"里下河一带所产之米,都由此(按:指扬州)输出,运销各埠。"[6]盐业中转销售仍在继续,"盐业维持市面外,余悉呈衰落之象"[7]。民国扬州本地出产除米麦等粮食作物外,另以盐为其中转大宗,"连销湘鄂皖赣等处"[8]。20世纪30年代,扬州交通地位的维持主要赖于转口贸易,"盖扬州四乡,并无大量出产。所赖以维持商务之繁盛者,即江北各地出口货之由此转道也。"[9]举凡高邮、邵伯、宝应、清江浦各处出口货物,类皆汇集于此。且民国江苏省会镇江与江苏北部进行联系的第一站即为扬州,所以,扬州也"以镇江为总汇"[10],进行交通。

在近代公路出现之前,扬州地区的道路主要是堤塘道路及一些丘陵山道。如境内最重要的通道是京杭大运河的东堤,沟通着南北向的交通,"道路可分足踏路与人工路二类,江苏之旧有道路属于前者,新辟之公路属于后者"[11]。至1929年,扬州地区所谓的"人工路",也仅是由江都县城通往六圩

[1]　江苏省民政厅编:《江苏省各县概况一览》,第355页。

[2]　《扬州商业金融调查记》,《银行月刊》1922年第6期,第14页。

[3]　《柯达游记:沪宁道上》,《柯达杂志》1933年第5期,第8页。

[4]　今安徽天长市秦栏镇。

[5]　《各种重要产品:扬州》,《交通银行月刊》1925年第2期,第1页。

[6]　《扬州商业金融调查记》,《银行月刊》1922年第6期,第15页。

[7]　江苏省民政厅编:《江苏省各县概况一览》,第357页。

[8]　《扬州商业金融调查记》,《银行月刊》1922年第6期,第15页。

[9]　梁玉衡、程义乾、朱铭新、池敬炳:《扬州之交通:京沪线负责运输宣传报告之五》,《京沪沪杭甬铁路日刊》1933年第687期,第37页。

[10]《扬州商业金融调查记》,《银行月刊》1922年第6期,第15页。

[11]李长傅编:《分省地志·江苏》,第170页。

渡口之路,可通行汽车,渡江达镇江,余则均属土路,勉强可通行黄包车。且道路高低不平,一遇雨雪,尤为泥泞难行。

　　扬州为中心的江苏中部地区,水道纵横,运河穿插,内河航运较为发达,"(江苏)中部各县之向扬州贩货者,如高邮、邵伯、兴化、盐城、泰州、东台、如皋等县,皆有深阔河道,可供往还,故甚为便利"[1]。在光绪二十九年(1903)前,扬州的内河水运主要是以风力或人力驱动的帆船为载体。多以南京为贩货大宗处所,转口高邮、宝应等里下河地区及南通的如皋等地。这种来往于南京与扬州之间的帆船在沿途各县有固定泊所,挨次轮班,定点开行的制度,名曰"班船"。"凡船之往来各地,不专装货,兼渡旅客,且各船之往来迟速,须视风之顺逆,皆无定期"[2]。在光绪二十九年(1903)后,南通大达小轮公司以小轮船为运输工具,将扬州作为高邮、东台、通州等航线的终点城市,继起者有顺昌、丰和、戴生昌等三家小轮公司[3]。扬州遂进入了小轮船运输时代。截止到1927年,经营扬州境内内河运输的小轮船公司已有大达、戴生昌、天泰、招商、泰丰、扬子、利通、福运等八家。各班船来往扬州,按照方向、路途远近,有长短班之分。"最短班如由扬州至镇江之船,约每日售票二次,每次一轮,长班如由扬州至清江,约二日售票一次,亦每次一轮"[4]。各小轮运输公司"设置小轮,拖带渡船,往来于镇江及淮属各县之间"[5]。扬州是这些小轮公司沟通南京、镇江、淮安等地航线的中转枢纽。至1936年,扬州境内的小轮船航线主要有:宁扬线(南京至扬州)、运河线(镇江至扬州、邵伯、宝应、清江浦)、镇庙线(镇江至仙女庙)、镇泰线(镇江至泰州,经过扬州)、镇六线(镇江至六合,经过仪征)等。[6]当时,"水道运河、运盐河、芒稻河、大官河,皆畅通小轮,有南京、六合、清江、高邮、泰州、兴化、南通等班,沿江之霍家桥、八江口等处,则为江轮上下其客之所"[7]。这些

──────────

[1]　《扬州经济状况》,第15页。

[2]　《扬州经济状况》,第15页。

[3]　顺昌、丰和二家小轮公司,因经营不善,相继关闭。

[4]　《扬州经济状况》,第16页。

[5]　江苏省民政厅编:《江苏省各县概况一览》,第355页。

[6]　李长傅编:《分省地志·江苏》,第185页。

[7]　殷惟龢编:《江苏省六十一县志》,商务印书馆1936年,第50页。

航线大抵为华商所有,亦有少数为英国、日本等外国商人经营的。十二圩有太古、怡和等江轮码头,是上海至武汉轮船停靠载客的一个站点。沙头码头位于沙头镇江边,曾开行镇江、泰昌、泰古等轮船公司的班船。

扬州境内那些不沿运河的非通航河道地区的民众,其出行就很艰难。如宝应县"城乡交通,特为不便。东西乡湖港纷歧,人民往来,多行水道。南北乡多徒步"[1]。高邮县内不沿运河的地区也同样面临着"交通殊为不便"[2]的困扰。

民国时期,无论是在长江边,还是在运河畔,扬州都没有规模较大的近代港口只能将货物运至镇江装车。后由于长江水道的淤塞,镇江江边车站上落甚感不便,多改就霍家桥装轮出口。"故扬州市面,亦受影响。"[3]此外,在扬州城区古运河边的便益门、南门、钞关、福运门、东关门等出口处设有码头,其中福运门有两处码头,即所谓"五门六码头"之说。这些码头是扬城居民所需生活物资的集散之地。

在长江水道上,自清末起,扬州至上海等地已有轮船航运线路。张謇创办的大达公司就经营着扬州霍家桥至上海的航运线路。民国时期,这条航路上的运营公司又有所增加,扬州"邑境轮业颇为发达"[4]。至1929年,江都县的十二圩、沙头等地码头往来沿江各地,皆有轮船可以通达。扬州瓜洲与镇江间有义渡船只。1933年12月26日,义渡船只失事,死亡无数。高邮人马士杰出资于镇江鸿昌机器厂订造"善济"号轮船一艘,一次性可载客千人,作为载客渡船所用。扬州另有六圩渡口、十二圩渡口、沙头渡口等长江南北渡口。其中六圩轮渡始于1923年8月,为镇扬汽车公司租用运营,还有一些木帆船往来于镇江与沙头之间,也提供载客过江的业务。

凡是扬州境内运河沿线较大的市镇,都设有一些通行渡口,如施桥、湾头、汤汪、邵伯、车逻、高邮南门、界首、氾水、宝应西门、泾河等渡口。还有一

---

[1]　江苏省民政厅编:《江苏省各县概况一览》,第409页。

[2]　江苏省民政厅编:《江苏省各县概况一览》,第401页。

[3]　梁玉衡、程义乾、朱铭新、池敬炳:《扬州之交通:京沪线负责运输宣传报告之五》,《京沪沪杭甬铁路日刊》1933年第687期,第37页。

[4]　陈肇燊:《江都县县政概况》,第38页。

些货运木帆船,来往运输各种货物,按里程计价。这些船工由于运货种类的区分而逐渐各成一派,名目繁多。以其中的扬帮船为例,有专门负责为便益门码头一带的"八鲜"行运送菱、藕、芋、虾、蚌、柿、萝卜等水鲜货物的"八鲜帮";有专门为黄金坝一带的鱼行送鱼的"鱼帮";有为福运门一带南货行运送长江以南商品的"南货帮";从古运河河岸一带向镇江运送蔬菜及猪牛鸡鸭蛋等货物的"菜划帮"。其他还有"柴草帮"(将江边江芦运至通扬桥北首)、"咸货帮"(在大水湾将扬州酱菜运往上海)、"邵伯帮"及"盐阜帮"(将苏北及里下河地区的粮食运往扬州)。这些船帮大多为同乡组织,因为谋生而团结从事一个行业,与清末民间秘密的会道门团体不同。抗战胜利后,这些船帮除运输货物外,还组织成立了运输商行,如大达、江北、潘文生、薛鸿记等运输商行,经营报关、雇船、结算等事。1946年,扬州民船同业公会于南河下成立,黄长贵被这些船帮公推为理事长,负责维护这些船帮的利益。

2. 民初扬州城的交通规划

1928年冬,省公路局召开了全省建设局局长会议,这是一场对全省交通建设具有顶层设计意义的会议。会议初步规划建设全省公路网,决定建设省道路线18线,包括瓜鱼、东滁等涉及扬州的线路,还有9700公里的61县县道规划。

20世纪30年代开始,在全国公路建设热潮的鼓舞下,扬州制定有较系统的公路交通建设计划,并将其部分地付诸于实践。"欧战告终,全国国民曾感受各种之刺激,于是始上下同心,皆认为有改进道路之必要。"[1] 1931年,有人勾画了江苏省公路建设的初步蓝图,将扬州置为其中尤关重要者。"江苏省道系统之重要交点,在江以南者,当为南京、镇江、常熟、上海四处。江以北者,则为六合、江都、南通、启东四处。此八处交点之尤关重要者,是为扬州、镇江、南通、常熟,将来贯通南北之干道筑成,车运繁盛之时,则扬镇与常通江面均可造大规模之汽车轮渡,以代桥梁,于是此四交点,将形成一中心圈,为江苏公路运输之'重心'所在地。"[2]

---

[1] 金家凤:《中国交通之发展及其趋向》,正中书局1937年版,第113页。

[2] 朱泰信:《江苏省公路事业之过去现在与未来》,第67页。

1932 年,全国经济委员会成立,该会力谋全国道路建设大局,商请苏皖浙三省当局建设三省联络道路计划。11 月,军事委员会在汉口召开了苏浙皖赣豫鄂湘等七省公路会议,规划建设七省联络道路。次年,江苏省根据七省公路会议精神设计并改定了江苏省内的拟建联络道路名称,决定启动"江苏省公路建设三年实施计划",共计规划有干线 8 条、支线 37 条。其中涉及扬州的干线有两条道路,即浦(口)启(东)线与镇(江)沭(阳)线。浦启线在扬州境内分为六仪段、仪江段、江泰段;镇沭线在扬州境内分为镇扬段、扬泰邮段、邮宝段、宝安段。[1]实施计划中将扬州列为全省第一类交通重要城市:"镇江为省会所在,扬州为江北交通枢纽,同为本省重要城市。故公路路线亦以此为中心,以收畅达之效。"[2]

扬州有识之士对于建设近代交通亦有急切的渴望与呼吁。扬州乡贤周湘亭曾直言:"扬州交通不便,当从建设方面着手,如省道国道之敷设,皆须民众一致协助,将来北达清江、西接安徽、南通里下河,有广大的道路,可以直达。南面的江,更架[3]铁桥,直达镇江,完成总理建设江北市的计划。"[4]时人朱泰信曾系统分析扬州在内的江北地区交通状况,他认为公路对于包括扬州在内的江北地区的发展至为重要,"然从全省观之,则尤以江北公路远重要于江以南之公路。盖大江以南,面积较小,轮船与火车之交通,已足够便利。而在江以北,除失修之运河外,便无他路出口长江,以致偌大之土地,原可为商港之'腹地'者,沦于荒僻,而为盗匪出没之区。其影响于长江商埠出口,及江苏全省经济者,良非浅鲜也。"[5]

正是在这样的顶层设计与民间期望下,江苏省与江都县陆续出台了相应的道路建设计划。在这些纸上蓝图中,扬州俨然成为江苏省道路交通的

---

[1]《江苏省根据七省公路会议改定名称各路线新旧名称对照表》,《江苏建设》1933 年第 1 期,第 25—26 页。

[2]《江苏省公路实施计划之推进》,《统计通讯》1935 年第 3 期,第 15 页。

[3] 原文为"驾"字。

[4] 周湘亭演讲,金鑫记录:《复兴扬州的途径和我们应有的认识》,《江都教育》1934 年第 4 期,第 8 页。

[5] 朱泰信:《江苏省公路事业之过去现在与未来》,《中国建设(上海 1930)》1931 年第 2 期,第 72 页。

枢纽城市。1936 年,江苏省府拟定全省建设 18 条省道,其中江北地区有 9 条省道。后根据交通形势,进行了修正。新的计划继续坚持全省的道路网应以扬州与镇江为枢纽而展开建设,"江北以扬州为中心,江南镇江为中心,各建设若干放射式之路线,向外发展,以收联络之效。"[1]有关于扬州地区的省道建设项目为镇扬路(镇江—江都)、扬淮路(江都—淮安)、扬仪路(江都—仪征)、扬泰路(江都仙女庙—泰县)、扬天路(江都—天长)。[2]同年,著名的水利专家沈百先在为《江苏省政建设月刊》作序时,也特意点明江苏的公路建设有两个中心城市:"江南以镇江为中心,江北以扬州为中心。"[3]

就扬州地方道路建设计划而言,1929 年,时为江都县长的陈肇燊主持规划了江都县道路十二条,期以建设。拟修筑省道 114 公里,县道 164 公里,包括江都至仪征、江都至霍家桥、江都至七里甸、江都至大仪、江都至六合、江都至天长、江都至菱塘桥、江都至樊川等线路。这是近代扬州地方政府最为完备的一次道路建设规划,其中的目标也部分地得以实现。

有关铁路建设方面,扬州民众亦由迥异于清末的保守态度,转趋于积极争取,热情期盼。

1912 年,津浦铁路全线通车,"凡是属在安徽省淮河流域的产物,多集中在蚌埠,转运浦口。扬州和北边的清江、南面的镇江,商业俱受重大影响。"[4]津浦铁路的修建极大地刺激了扬州百姓。

当时扬州周边的安徽、浙江、苏北、苏南等区域已有津浦铁路、沪宁铁路[5]、沪杭甬铁路等铁路,被事实教育的扬州乡贤深感铁路对于城市命运的巨大影响,不断呼吁修建经过扬州的铁路。1912 年 10 月,孙中山莅临镇江视察,早就对"京口瓜洲一水间"念念在兹的他主张尽早修筑一条从瓜洲至清江浦的铁路,作为沪宁线的补充。这一凤鸣朝阳的消息传开,扬州舆论沸

[1]　邱毓珩:《江苏省公路事业之过去与将来》,《江苏省政建设月刊》1936 年第 12 期,第 11 页。

[2]　《江苏省已成汽车路一览表》,殷惟龢编:《江苏省六十一县志》,商务印书馆 1936 年,278—281 页。

[3]　沈百先:《序》,《江苏省政建设月刊》1936 年第 12 期,第 1 页。

[4]　周湘亭演讲,金鑫记录:《复兴扬州的途径和我们应有的认识》,第 8 页。

[5]　1929 年后,改为京沪铁路。

腾,民心大振,士农工商皆被发动起来,积极推动此议。江苏都督程德全在考虑多方面因素下,揆情度理,亦深感扬州、清江间铁路之重要,遂批准招股募款,兴办瓜洲至清江浦之线。当时扬州高等小学所用的地图上已经标记有"瓜清铁路"[1]字样,可见扬州民众的热忱与期待。就在扬州距修建铁路仅一步之遥之际,时为两淮盐务总理的南通人张謇却提出反对修建瓜清铁路,而倡议修建通州(即南通)至清江浦的铁路。此议一出,引发扬州、镇江两地商民强烈反对。镇江乡绅首先集会,抗议将瓜清铁路改为通清铁路。扬州百姓则推代表在大同歌楼开会,选郑元伯为首,表达扬城百姓民声,反对改线南通。并推选丹徒人士包黎作文,罗列瓜清铁路之重要及不能改线的理由,报政府备案。客观评价,其时的瓜清铁路无论是从地理区位,还是建设成本,乃至项目效益上,都较通清铁路有一定优势。张謇此一改议,难免有乡土之嫌。但随着张謇担任熊希龄内阁商务部长一职,瓜清铁路项目遂被搁置,"此种计划所以未能完成的原因,是因为当时通州张状元主张筑通海铁路,故将此搁置了。"[2]此为民国间扬州交通至大憾事,反水不收,直接影响此后扬州城市命运。1933年,宝应县县长江辅勤以提案方式,再次重提兴办省有瓜清铁路,以利交通。他指出瓜清铁路并非个人新议,而是当初省府早已通过的决定:"省政府会议曾以发展江北交通文化经济,应筑瓜清铁路,当经议决兴办在案。"[3]江辅清建议组建瓜清铁路建筑委员会、发行省铁道公债、招商投资,期待三年内完成瓜清铁路的建设。然时过境迁,该提案未获得任何实际支持,遂不了了之。

1935年,江苏省政府还拟就镇江与扬州口岸间合建港埠进行了研究,"目的在便利江南北交通运输"[4]。当年,全国经济委员会、扬子江水道整理委员会特派工程师黄乐和偕同江苏省建设厅的工程师们沿长江南北两岸进行了察勘。这些工作限于当时的政治、经济环境,亦无下文。

[1] 周湘亭演讲,金鑫记录:《复兴扬州的途径和我们应有的认识》,第8页。
[2] 周湘亭演讲,金鑫记录:《复兴扬州的途径和我们应有的认识》,第8页。
[3] 江辅勤:《兴办省有瓜清铁路以利交通案》,《江苏建设》1933年第1期,第38页。
[4] 《镇扬口岸间合建港埠之计划》,《航业月刊》1935年第6期,第6页。

二、20 世纪 20—30 年代扬州的交通建设

20 世纪 20 年代以前,近代交通元素已经在扬州开始萌芽。然在苏南近代交通事业突飞猛进之际,扬州近代交通的起步已然瞠乎他人其后。"政府曾有津镇铁道之图,而未几改线,地方亦有瓜清铁路之请,而迄用弗成,坐视优胜地势,竟无发展之机,此行驶长途汽车之动议所以起也。"[1]随着津浦铁路的开通与瓜清铁路的夭折,退而求之,地方有识之士开始构思修建联接扬州南北方向的公路。时为淮扬道尹的宝应人卢殿虎[2]申请设立江北长途汽车公司,办理扬州至镇江间的客货运输事宜。为了实现他的理想,卢殿虎辞去了淮扬道尹一职,全身心投入瓜清公路事业。

江都县的各项交通运输事业起步于 1916 年之后。"民五以还,电气事业如电灯电话,始相继创设,汽车亦同时振兴,水路交通既称便利,各种事业,遂得渐以发展焉。"[3]1918 年,卢殿虎等人开始筹资筑路,举办瓜清长途汽车股份有限公司。该公司于 1923 年改名为江北长途汽车股份有限公司。1928 年,再改名为商办镇扬长途汽车股份有限公司。筹款之后历经 4 年,于 1922 年建成扬州至六圩的土路,全线"自扬州福运门(运河)对岸起至镇江对岸之六圩江口中止,经施家桥、虹桥等处,计长二十九华里零"[4]。全路建有桥梁十余座及涵洞 51 座[5],道路两旁栽有行道树,柳树成

[1] 周液芙:《镇扬长途汽车股份有限公司述略》,《长途》1936 年第 1 期,第 28 页。

[2] 卢殿虎曾任海州中学校长、江苏省第三科科长、安徽省教育厅厅长、甘肃省教育厅厅长等职。深感扬州交通车怠马烦,给当时的江苏督军齐燮元、省长韩国钧呈文,力主倡导修建从瓜洲至清江的公路。他详细阐述了修建此路的理由,认为自瓜洲以达清江,绵亘三百余里,为交通之要道。虽然这一路线上有运河通行小轮交通,但受制于河堤保护等原因,不能常年通行,且以江北幅员之广,取道运河客运之多,而交通阻滞现象若此,并非地利之不彰,而是人事之未尽! 以为只有开建瓜清公路,才能解开扬州交通的困局。

[3] 江苏省民政厅编:《江苏省各县概况一览》,第 357 页。

[4] 《扬州至镇江路》,交通铁道部交通史编纂委员会编:《交通史路政编　第 18 册》1935 年,第 111 页。

[5] 1922 年时全线有木桥 15 座。1923 年为木桥 13 座,水泥桥 1 座,其余改为涵洞。1928 年为木桥 12 座,水泥桥 1 座,其余改为涵洞。1929 年为木桥 10 座,水泥桥 2 座,其余改涵洞。1930 年为木桥 7 座,水泥桥 3 座,其余改涵洞。1934 年为木桥 5 座,水泥桥 2 座,其余改涵洞。1935 年为木桥 3 座,水泥桥 3 座,其余改涵洞。见周液芙:《镇扬长途汽车股份有限公司述略》,《长途》1936 年第 1 期,第 31 页。

荫,车行其间,景致颇佳。虽然这一段公路远不如卢殿虎原先计划之瓜清全线之宏伟,但也堪称扬州近代交通开天辟地之壮举。这条道路从一开始修建就屡遭阻力。筑路之初,"运河流域非议之传单,遍布于四境矣"。[1]沿途民众尤以筑路会破坏运河堤岸为由而群起攻之。"乡愚无知,转多误会,致起打击之风潮"。[2]幸亏公司主事者及社会进步人士积极振奋,兼权熟计,努力进行公关运筹,加上投资充足,"旧股纷纷续缴,新股亦源源而来"[3],予沿途民众以充分补偿,才复行开工。"江北交通事业之不易创办,有如是者"。[4]

该路原本计划铺设最新式的汽车用钢轨,甚至已经派员到上海向西门子洋行订购 25 磅之钢轨及行轨汽车车头,用以行驶有轨汽车。一度引发外界舆论,"疑钢轨路即是铁道,殊不知钢轨汽车路为国家所允许,并不与国道抵触"[5]。最终该路并未施行钢轨铺设。1923 年 11 月,交通部"以该公司计划颇大,在钢轨未建设前,宜照土路行车计划,先发执照"[6]。批准给予该公司长字第 11 号执照,准许瓜清路汽车长途客运业务由该公司经营。次月,该公司即开始营业。[7]公司还借用通济公司原开瓜镇之轮渡船只,中转接驳乘客由六圩前往镇江。1925 年改为租船使用,次年自购渡船,再次年租用定造的新式大轮船为渡船,从而打通镇扬全途,便利了民众。

20 世纪 30 年代前,江都县境内道路状况如下表:

表 5-6　　　　　　1929 年江都县道路状况一览表[8]

出城方向	终　点	可通达邻县何处	道路状况	车辆通行状况	里数
向南	六圩	渡江达镇江	煤屑路	通行汽车	40
向东南	霍家桥		土路	可以通行黄包车	18

[1] 周液芙:《镇扬长途汽车股份有限公司述略》,第 29 页。

[2] 周液芙:《镇扬长途汽车股份有限公司述略》,第 29 页。

[3] 周液芙:《镇扬长途汽车股份有限公司述略》,第 29 页。

[4] 周液芙:《镇扬长途汽车股份有限公司述略》,第 29 页。

[5]《镇扬汽车路状况》,《道路月刊》1923 年第 3 期,第 5 页。

[6]《镇扬汽车路状况》,《道路月刊》1923 年第 3 期,第 5 页。

[7]《扬州至镇江路》,交通铁道部交通史编纂委员会编:《交通史路政编　第 18 册》,第 111 页。

[8] 该表以陈肇燊:《江都县县政概况》,第 37—38 页数据整理而成。

续表 5-6

出城方向	终　点	可通达邻县何处	道路状况	车辆通行状况	里数
向东	嘶马	可以往泰兴	土路	可以通行黄包车	60
向东北	界沟	通泰县	土路	可以通行黄包车	78
向北	露筋镇	通高邮	土路	通小车	71
向北	庙头		土路	通小车	35
向西北	送驾桥	通高邮	土路	通小车	65
向西北	杭家集	通高邮	土路	勉强可通黄包车	60
向洗白	大仪集		土路	通黄包车	60
向西	陈家集	通安徽仁和集	土路	勉强可通黄包车	55
向西	移居集	可通六合县	土路	通小车	90
向西	通顺集	通仪征	土路	通小车	40

　　20年代中后期至30年代,扬州道路建设步伐明显提速,首先是一批市际公路得以开筑。

　　1924年春,扬州、淮安所属的高邮、宝应、淮阴、淮安、泗阳等8县绅商聚于清江开会,经各地地方政府同意,成立了半官方性质的江北路政总局。不久,该局实施修建扬清(扬州至清江)公路工程。1926年,修通了43公里的清江至宝应段。此后经历数年,陆续开建宝应至界首、界首至高邮、高邮至邵伯、邵伯至仙女庙段。至1933年5月,以上路段相继竣工。1935年,开始建筑邵伯至仙女庙段12.5公里,期间新建了木制活动孔开启式的三元桥。1936年5月21日,历经12年建设,扬清线全线通车。该线全长204公里,为当时江苏省内最长的公路。

　　1933年,扬众长途汽车公司开始修筑扬州至安徽天长的扬天线,因种种原因限制,仅修成宽度勉强可通汽车的土路。1935年,六合至扬州的六扬公路因滁河活动桥、运河活动桥都在建筑中,仅滁河东岸至运河西岸可以通车。同年,横穿扬州东西的浦(口)启(东)公路开工。建筑中途,该线被升格为省道级别,建设标准为当时国民政府所设立的公路标准最高等级。[1]江

---

　　[1]　虽然是最高等级,但限于当时的经济、技术条件,其建筑标准并不很高,以列为省道的浦启线建设标准为例,全线的桥梁大多是木制结构,只有部分为浆砌块石永久式桥台。

苏省建设厅为配合浦启线建设,在扬州城向东的淮河水道上先后建成了万福桥、头道桥、二道桥及江家桥等桥梁。次年,浦启线与扬清线相会于仙女庙。扬州境内实现了南北、东西交通动脉的十字交叉。

　　除以上较大规模的市际道路工程外,扬州的各县之间或与邻市属县之间也进行了一些道路建设。1937 年,泰县政府修建仙(仙女庙)泰(县)线,由上海华利公司出资 20 余万承建,后因抗战爆发而停止。高邮至兴化之间筑有 4.5 米宽的土路,仅能勉强通行汽车,抗战前夕,即已废弃。

　　一些乡镇之间的公路也建于此间。1932 年,江都县政府修筑了扬州至霍桥段的 9 公里土路。次年,兴扬公司开始运营这条线路,后转给镇扬公司专营。1934 年,仪征县修建了仪征至泗源沟的公路,路基宽 5 米,砂石路面宽 3 米。1936 年,时为江苏省建设厅厅长的王柏龄为了便于祭扫其祖坟,筑成了扬州至杨庙间的土路。经过 20 世纪 20—30 年代的建设,至抗战全面爆发前夕,扬州境内可以通达汽车的道路情况如下表:

表 5-7　　　　扬州可通汽车道路一览表（1936 年）[1]

路名	起讫地点	经过站名或地点	里程(公里)	路面种类	行车机构
镇扬路	扬州至镇江	扬州、施家桥、虹桥、六圩、镇江	23.63	碎砖	镇扬公司
扬霍路	扬州至霍家桥	扬州、徐凝门、宦家桥、高桥、霍家桥	10	碎砖	镇扬公司
扬清路	仙女庙至清江	仙女庙、邵伯、昭关、露筋、车逻、高邮、马棚、界首、氾水、宝应、泾河、平桥、淮安、清江	190	土路	公路管理处
扬靖路	扬州至靖江八圩	扬州、凹子街、万福桥、仙女庙、曹王寺、大桥、嘶马、口岸、泰兴、张家桥、昆卢市、生祠堂、靖江、中桥、八圩	110	土路煤屑	公路管理处

　　1937—1949 年间,地方政府曾对一些公路进行了修复。1942 年,日伪江都县政府对浦启路进行改造,铺设砖子路面 12.93 公里,厚度为 12 厘米。1943 年,日伪政权强迫乡民修建了临泽至沙沟的公路,共 20 公里长,两年后,该路废弃。抗战结束后,曾修复仙(仙女庙)泰(县)线上的桥梁 13 座,

[1]　参见邱毓珩:《江苏省公路事业之过去与将来》,第 16 页。

勉强恢复通行。

1946年,江都县政府修建了扬州至槐泗间的公路,次年延伸至黄珏,全长17公里,但因其间的桥梁涵洞未能建设,没有能够通车。江都宜陵至武坚间也将乡间小道改建为宽5.5米的公路,省政府旋将其升格为省道。该路也因其中的丁沟桥迟迟未建,未能全线贯通。当时还翻修了扬仙线的路面十余里。1947年,丁沟至樊川段公路建成,因为丁沟桥没有修建,土路逐渐荒废。1949年春,曾修复扬州至杨庙间的土路,并由合众汽车公司经营,旋路废。仪征至泗源沟的公路在抗战中遭到破坏,于1949年春夏间得以修复。

渡江战役前期,修建了一些临时性的土路。至中华人民共和国成立前夕,扬州全境的公路里程不足200公里,其中仅有14.5公里长的扬圩线为砂石路面,其余皆为土路,道路的交通配套设施十分简陋。

民国时期,配合道路建设,扬州兴建了一些重要的桥梁。1922年,复建了公道桥,共有29孔桥梁。9年后,该桥毁于大水,再由乡绅募捐复建。1934年,中华兴业公司承担了对被大水冲毁的万福桥进行重建的任务,新的万福桥有45孔,下部为钢筋混凝土桩排架墩,上部为二梁式钢筋混凝土桥面,宽6米,长455米,载重标准为15吨,桥下可通行船只,"该桥工程浩大,气势雄伟,名扬省内外"[1]。同时开始改建至1937年竣工的二道桥,有210.5米长,22个桥孔,桥下部为钢筋混凝土方桩排架墩,上部为木梁结构。该桥设置有活动孔,通过绞车齿轮传动开启活动孔,以供船舶通过。同年还修建了跨越古运河的八孔通扬桥,也为木制桥面,下为钢筋混凝土方桩排架墩。全长74.28米,桥面6米宽,中间两孔长24.4米,是平旋开启式活动孔。该桥造价4万余元,于次年通车。1935年,东亚工程公司以35159.39元国币的造价,承建了跨越高水河的引江桥。

扬州城边古运河上的大荣桥也颇有来历。因扬州沿运河的几个城门交通繁忙,仅靠摆渡不敷通行,一度采用渡船连接成浮桥的形式以维持交通。然而这种方式留有安全隐患,常年有人被挤落水,民间建桥呼声不断。1947年10月,江都县政府组织了建桥干事会,发文寻求社会人士募捐建桥。在

---

[1]　扬州市交通史志编纂委员会编:《扬州交通志》,人民交通出版社1992年版,第142页。

上海经营理发业的扬州人任大荣返乡时听闻此事,毅然捐款1亿元国币襄助建桥。受其感召,扬州钱业公会、人力车公会等组织也纷纷出钱赞助。县政府还在轮船、汽车客票中进行了附加征收,共募集三亿元建桥经费,于次年3月3日建成该桥。为表彰任大荣先生善举,特命名该桥为大荣桥。这是扬州城区第一座专门为行人设置的便桥。

修路、养路都需要大量资金,扬州各县政府曾采取多种形式筹集筑路及养护资金。1924—1926年间,扬州各县附征田赋附加税,每亩加征铜元一枚作为养路费用。1928年,又实行"筑路亩捐",每亩另加法币0.05元。

这些公路建设之后,养护情况并不理想。除了部分时期,部分实行专营的道路之外,其余道路的养护工作多属临时行为。如1936年,江都县政府曾动员民众2958人,在扬清公路两旁栽植苗木13425株,但并非所有道路都有此待遇。直至1937年,扬州境内公路的总体养护情况才有所改善。江都县政府遵照省令,组建了专职的养路队伍。设有二区"扬靖""扬六"各一队;四区"扬靖""扬清"各一队;五区"扬靖"一队;七区"扬清"一队;八区"扬天"一队;九区"扬天"一队的编制。[1]这从制度上为扬州道路的养护工作提供了基本的保障。

日军占领扬州,扬州各线养护队都自行解散。抗战胜利后,相关工作重新启动。1946年,江苏省公路局开始征收公路养路费。1947年,扬州设立了工务总段、工务段等一些道路养护机构。每个工务段有1—2个道班,每道班16人,人均养护公路里程为2公里。其中镇江工务总段第二工务段设于扬州,负责浦启、六圩至天长等地公路的养护。淮阴总务总段第三工务段设于高邮,负责仙女庙至界首、高兴线等。设于泰州的工务总段第一工务段还负责仙女庙至姜堰、仙女庙至口岸等地的公路的养护。

解放战争时期,扬州地区的各养路道班纷纷撤销。人民政府临时设有公路护路段组织,保障战场支前工作的道路养护。解放军南下长江后,扬州地区的公路护路段组织旋即解散。1949年6月,在泰州设立了苏北公路局,分扬州区、泰州区两个公路管理站。苏北公路局颁布了《养路费征收暂行办

---

[1]《扬州组养路队》,《长途》1937年第10期,第46页。

法》,以运营单位每月经营额的 5％ 为征收数额。不久,又按照车辆核载客位、吨位行驶里程的办法对养路费进行包征。7 月,扬州公路管理站成立,分为扬州、仙女庙、宝应、宜陵、六圩 5 个段,按线路设立养护工区,后又实行“包养组”制度,以工代赈。

扬州内河航运事业也有一定的进展。20 世纪 30 年代,扬州运河沿线各县政府曾组织民工,对扬州运河段河堤及运河浅段进行过疏浚与加固。1934 年 2 月,开始新建邵伯新船闸。至 1936 年 11 月,该工程竣工。新船闸位于邵伯镇西的里运河,整个工程包括拦水坝等附属项目,共耗资 87.8 万元国币。船闸闸室长 100 米,门宽 10 米,闸室内有效停船位置净宽 15.8 米。为木桩、钢板桩基础,闸墙为钢筋混凝土材质,人工手摇开关,年通过能力为 300 万吨。1935 年 6 月,导淮委员会开始兴建高邮船闸,该船闸位于高邮城区运河段西岸的越河,上游为里运河,下游为高邮湖。工程共耗资 10.7 万元国币,于次年建成。其船闸室为 30 米长,10 米宽。闸门为钢结构单扇旋转式平板门,年通过能力为 60 万吨。

民国扬州郊区曾有军用机场。抗战前夕,为了备战需要,国民政府选择扬州西郊大校场一带作为建设军用机场的地点之一。1935 年,机场开始建设,机场建设用地范围包括葛庄以西、经家圩以东、谢庄以北、大烟墩以南的 1360 亩土地。次年,机场建成,可以停驻军机 30 架,并有专用水泥路从机场直通扬州虹桥、西门。不久,空军第五大队大队长丁纪徐率第 24、25 两个中队由南昌青云浦机场转场进驻扬州机场,编制有霍克-3 战斗机 18 架。

三、城市与交通的发展

(一)交通工具的变迁

民国时期,扬州城内主要的客运交通工具为人力车(即黄包车)、自行车(时又称“自由车”)、脚踏车、脚踏三轮车等;货运以畜力车及独轮车为主。

1917 年,扬州城内即出现了人力车的身影。该年 8 月 14 日的《通海新报》有报道称:“扬城前有云飞橡皮人力车之组织,日来乘观音香市大盛时正经一体通行。”[1] 所谓的“橡皮人力车”即人力车。黄包车在扬州城区的兴起

---

[1] 扬州市交通史志编纂委员会编:《扬州交通志》,人民交通出版社 1992 年版,第 148 页。

压缩了传统轿舆的生存空间,使后者逐渐退出了扬州的交通舞台。"双轮人力车,俗呼东洋车,初仅通行于上海、南京等大都市,自公路勃兴,乃渐推行而至乡村,有代替单轮车之势。"[1]轿夫也纷纷改行做人力车夫,为民众提供了方便实惠的出行服务,"雇的时候,不用讲价,而是(以)一种和蔼的精神,请你坐上去,按照你告诉他的目的地拉了去,到了以后由雇车的随便付钱,可也得相当值得那么远的路程。——也从来没有少给钱的。"[2]至1929年,江都县已有人力车夫一千多人,形成了一股不小的力量,"城内商民之往来各街,专恃人力橡皮车"[3]。4月11日,扬州人力车夫为反对县政府征收车夫登记费而举行罢工,参加者千余人。6月18日,为反对收取赔偿费,扬州人力车夫再次罢工。这两次罢工都取得了胜利。1935年,扬州各县人力车已逾两千辆,成为扬州百姓,尤其是城市居民出行的重要选择。

表5-8 **1935年扬州地区人力车统计表**[4]

县别	租用营业车	自备营业车	自备车	合计
江都	873	833	168	1874
仪征	50	98		148
高邮	180	100	5	285
宝应	75		5	80
合计	1178	1031	178	2387

　　抗战结束后至1946年,江都县登记的人力车已经达到了1200辆,一度出现了运力过剩的情况。当年,扬州人力车车行同业公会成立,参会车行行主26人,每个车行的车数从20—200辆不等。次年,扬州人倪炳南、高永年从上海购买双人后座三轮车2俩,投入运营。这是扬州最早有三轮车的记载。至扬州解放之时,城内还有人力车900多辆。[5]同时,周边乡民短距离运输货物以及由护城河边运送物品入城者,大部分还是使用独轮手推车。

---

[1] 李长傅编:《分省地志·江苏》,第168页。

[2] 寒羽:《初到小扬州》,《吾友》1940年第3期,第7页。

[3] 《扬州经济状况》,第18页。

[4] 据《江苏年鉴》民国二十四年(1935)数据统计而来。

[5] 扬州市经济委员会,扬州工业交通志编纂委员会编:《扬州工业交通志》,第623页。

　　1921 年前后,扬城大汪边开设了自行车行,当时又称"自由车"行。国民党中央执行委员王柏龄的保镖是扬州城里最早拥有私人自行车的。[1]整个民国时期,自行车皆是作为一种高档而时髦的个人奢侈交通工具而存在于扬城。20 世纪 30 年代早期,省立扬州中学曾经设有自由车骑行社团,并在福运门组织过自由车骑行比赛,当时观者如潮,颇为轰动。

　　扬州也是民国苏北地区私营小汽车事业发展的中心城市之一。抗战前,扬州城所出现的汽车主要为各长途汽车公司所拥有的客运大小汽车。1945 年 10 月,江都县政府按照省府要求,在福运门设立汽车运输业管理处办事处,进行汽车和驾驶员的登记、检验、考核、发照等业务,为期 1 个月。共计登记、检验汽车 40 余辆。次年 4 月底至 5 月 2 日间,又在大华旅社设扬泰区汽车登记处,进行汽车登记工作。1948 年后,随着国民党党政官员的逐渐撤离,扬城小汽车的数量出现了锐减。

　　(二)市民长途出行条件的改善

　　经过一段时期的建设,至 20 世纪 30 年代,扬州市民长途出行的条件已经得到一定的改善。以扬州与镇江间的交通为例。1928 年,从镇江坐招商小轮船到扬州,40 公里的路程及渡江约需 3 小时才能到达。到了 30 年代中期,"由镇江坐长途汽车到扬州,连渡江须一小时的时光"[2]。路途时间缩短了三分之二。1935 年,郁达夫介绍了自己往来扬镇间的交通情况:"长江北岸,是有一条公共汽车路筑在那里的,一落渡船,就可以向北直驶,直达到扬州南门的福运门边。"[3]镇扬线已经成为大江南北往来的枢纽,"短短的四十多里的距离中,有二十八里的扬州——六圩江边的长途汽车,又有十余里的江面航程,水陆紧密地联系着"[4]。时人曾这样描述六圩至扬州这段公路的出行感受:"车在平坦的柏油路上飞驰着,道旁杨柳,拖着青青的柳丝,随风飘舞,从那柳丝底下望出去,青青的郊野上,尽是柳树扬丛,垂拂着累累的青

　　[1]　扬州市经济委员会,扬州工业交通志编纂委员会编:《扬州工业交通志》,第 626 页。

　　[2]　《苏行杂记》,《大公报(天津版)》1936 年 3 月 21 日,第 4 版。

　　[3]　郁达夫:《扬州旧梦》,《文化月刊》1935 年第 16 期,第 114 页。

　　[4]　《改善镇扬交通,六圩汽渡将迁瓜洲》,《大公报(上海版)》1946 年 5 月 21 日,第 5 版。

冢,像是安慰着它春的寂寞"[1]。至解放前夕的1948年,扬州仍为苏北水陆交通重镇。"北达清淮,沿运堤有长途汽车,南渡长江,可直达京(按:指南京)沪,俱为一日路程,乃成商贾往来必经之地。"[2]

除江都县以外,扬州其他各县的交通状况也有一定的提升。以1931年为例,此时的仪征县城已经建有东滁路扬州至仪征段、仪征至六合段等公路,其十二圩、泗源沟等主要市镇与仪征县城之间,都可以通行人力车。高邮在公路方面有邮界路(为瓜鱼省道之一段)以及60里长的时界路(时堡至界首镇),可通行汽车、人力车。水运除运河航线外,还开设有邮兴轮船,往来高邮与兴化之间,"商旅称便"[3]。宝应县境内已筑成70里瓜鱼省道的土基,可行汽车。北抵清江,南达高邮,人力车与汽车都可通行。该县因濒临运河,水道交通,较为便利,"有轮船公司九家,大半开往镇江,往来淮阴镇江之轮船,亦经过该城"[4]。

不过与相邻的苏南地区相比,扬州的公路建设还有较大差距。"考察过去数年间公路之建设事业,大都侧重江南。"[5]扬州地方政府虽然有心筑路,"只以经费无着,致一时无从着手"[6]。省政府为节约经费,"令驻防沿线之省保安团第一、四两团,于今年一月十八日起,利用兵工修筑"[7]。道路建设的质量标准上也有较大的差距,"惟江北诸路因限于财力,路面远逊色于江南耳"[8]。除了地方政府重视程度、财力投入等方面的原因,也有一些客观条件造成的困难,"历年建筑公路,不免有侧重江南之弊,推原其故,虽由于经济关系,但江北材料缺乏,运输困难,亦为主要原因"[9]。

［1］《扬州之行》,新运视察团编审组编著:《东南》1936年版,第50页。

［2］梦尘:《春光明媚话扬州》,《金声》1948年第35期,第2页。

［3］江苏省民政厅编:《江苏省各县概况一览》,第402页。

［4］江苏省民政厅编:《江苏省各县概况一览》,第410页。

［5］沈百先:《弁言》,《江苏省政建设月刊》1937年第1期,第1页。

［6］陈肇燊:《江都县县政概况》,第34页。

［7］《苏省最近之建设》,《大公报(天津版)》1934年2月8日,第9版。

［8］王勤堉:《民国以来之中国公路建设(续)》,学林第六辑抽印本,第146页。

［9］沈百先:《弁言》,第4页。

（三）影响民国扬州交通的几个因素

1. 自然条件与道路状况的影响

每到汛期，扬州一些公路面临严峻考验。扬州至清江一线，仅 1931 年 6 月扬众汽车公司开通过不及一个月的客运后，即因运河决堤、车站被毁而停止。因为高邮被水，该公司高邮总站全被淹没。待水退后，经过重新修整，扬众公司拟复业经营。但此时传出运河大堤不适宜汽车行驶，汽车有损堤身之说，民众复起阻路，遂复业无望。不久后，江苏省建设厅收回了该公司的扬清线路运营权，公司随之歇业。又如 1931 年，万福桥为大水冲垮道路中断。1936 年浦启线与扬清线交通后，遂由新路而行。

尤其是一到汛期，乡民认为航运及公路交通对于沿岸堤岸及农田安全有所影响，往往群起阻挡交通，"江北每年通行者七八月，冬季水落，不能航行。春夏水涨，亦禁航，因轮船之航行，易激动波浪，破坏河堤也"[1]。1921 年，航行镇扬之间的各公司小轮原本每日开行三班，但因 9 月汛期间运河水大，纷纷停航，汛期结束后才恢复航行。1931 年 8 月，"以轮渡激动江浪，堤岸易受影响"为由，乡民们要求暂时中止镇扬线的汽车与轮渡运输。诉求未得满足后，愤怒的乡民们"齐集汽车道上，一闻汽笛之声，登时横卧于地，使汽车不能通过"[2]，镇扬线交通因而停顿。直至 11 月，镇扬线路才恢复通行。扬清线也存在同样的问题，"且沿途民船轮船，往来如织，是以货物运输，多循水路，盖取其廉便也。每年客运以冬夏二季较为完胜，盖夏日河水盛涨，冬季则又凝结成冰，舟轮停航，水道阻塞，乃不得不藉汽车以利交通。"[3]曾有媒体这样描述了民国二十年（1931）间扬州交通受制于自然条件的尴尬之景：

　　江北交通，素称不便，即以清（江）扬（州）一段三百余里而论，平日仅恃运河小轮，为交通利器。且每年冬间，水小冰涸，即须停驶。伏秋汛至，水势又复高涨，几及堤面。小轮行驶，鼓浪与波，两岸农田，将受其殃，因此亦须停航。总计清镇（江）班小轮，每年开航时期仅七八

［1］　李长傅编：《分省地志·江苏》，第 185 页。

［2］　《组织镇扬汽车开行》，《新闻报》1931 年 7 月 29 日，第 10 版。

［3］　《扬清线二十四年度业务报告》，《江苏省政建设月刊》1936 年第 12 期，第 8 页。

个月耳。此外江北虽有所谓扬（州）众（泗阳与泰县）长途汽车，然由扬州至高邮一百二十余里，仍须轮渡。因此大江南北交通，水路既有时窒碍，陆路则绝无踪迹。[1]

由于长江岸线走势的关系，导致扬州段常见江岸塌方灾害，对于航运产生了较大影响。1947年9月19日8点30分，六圩沙滩码头突然坍塌，"约有二十五丈上下之面积，以致镇扬联运办事处之各航轮均告停驶，交通已告断绝"[2]。

在扬州各条公路上的汽车，经常受制于道路状况而影响行驶。镇扬公司在扬州至六圩线上行驶的车辆因为路况糟糕，常出现故障及损坏，以致于运营该线的车辆完好率仅有50%左右。由于是土基道路，一旦发生暴雨，土路汽车交通即刻中断，几成常态。1923年5月24日，因大雨如注，"沿途泥滑难行"[3]，扬六线只能暂停行驶。又如扬清线为土路，"虽一再修筑，阴雨时一有阻碍，交通即受影响"[4]。1934年，扬州至高邮的公路筑成，"若一经笨重土车行驶，即有损坏之虞"[5]。所以当时扬州的很多道路一般都禁止重载车辆行驶。

糟糕的道路状况对汽车通行也有一定的危险性。如扬清公路"系利用运河东堤，遇狭隘处车行稍一不慎，即出危险"[6]。扬州至六圩段公路"不甚坚固"，一旦阴雨，汽车则"行较迟缓，且车轮时常陷入泥中"[7]。1924年1月10日上午11时，由扬州发往镇江的镇扬汽车公司一号专车在施家桥附近，因前轮陷入泥中而翻车，一名议员及一名省署科员受重伤，车亦损坏。1936年1月6日，高邮七公殿路段发生翻车入水事故，溺死8人。1946年，《新闻报》刊发读者陈士章的来信，其中谈到兴化与高邮间公路驾驶的风险，"该段公路，地处下河，长约百里，两旁俱是大河，水与路面将平，汽车行驶路上，随

[1]　《清扬须另辟汽车路》，《大公报（天津版）》1932年5月30日，第4版。

[2]　《镇扬交通中断》，《导报（无锡）》1947年9月20日，第1版。

[3]　《镇扬汽车暂停》，《时报》1923年5月28日，第6版。

[4]　《外埠金融：扬州》，《金融周报》1936年第25期，第14页。

[5]　《扬邮公路完成，禁止重车行驶》，《民报》1934年5月24日，第4版。

[6]　《清镇公路全段修筑完竣》，《大公报（天津版）》1936年3月14日，第10版。

[7]　侯病骥：《扬州旅行记》，《江苏教育季刊》1931年第2期，第2页。

时随地有行入河中之危险。且该路甚狭,两车不能并驶于途中,汽车相让之际,危险之至"[1]。扬清线"因路面太狭,斜坡复多,屡有覆车情事"[2]。江苏建设厅甚至对运营该路的客车车厢进行了缩小改造,以期避免危险。

1937年,鉴于江北道路多为土路,通行效率不高,江苏省政府建设厅决定对清江至镇江的道路进行提升,改铺砖石路面,对其他路线也有相应的提升计划。"已在清江浦洋桥口设立工程处,并派员赴老子山一带采购碎石,江都、高邮、宝应、涟水、淮安等县采购碎砖。"[3]至7月底,完成了清江至镇江线路改铺砖石的工程。

运河封冻也与扬州老百姓的出行有很大关系。1922年1月20日,扬州洋子桥一带河道,因冰冻而致小轮船停驶,"致往还旅客,率由瓜洲渡江,取程旱道,颇感困苦云。"[4]1947年冬,也因为运河封冻,很多乘客弃船转乘汽车。

风浪也是造成运输障碍的原因之一。1946年1月22日7时,由镇江开往扬州的"达汕号"轮船在六圩附近遭遇风浪袭击而沉没,仅十余人被抢救上岸,死亡数百人。

2.各种事故的影响

在运营中的事故对公司业务有一定的影响。这些事故大多是人为因素造成的。1924年7月13日,镇扬汽车公司一辆晚上7时班次的小汽车在行驶途中,轧伤了一名乡民的头部。司机又惊慌操作,将汽车驶入了路边的池塘中。幸亏池塘水浅,司乘人员没有伤亡,"惟所带物件,悉遭损失,车亦毁坏"。事故会导致公司的声誉受损,"旅客以该车时常肇事,颇具戒心云"[5]。1946年6月4日下午1时许,由六圩开往泰州的胜利公司无篷大卡车在行驶至万福桥时候,车速较快,在避让一头受惊驴子时,撞上桥栏,数名旅客飞落桥下,7人死亡。同年11月14日,新苏公司的一辆客车在行经二道桥时,司机违反空车过桥的规定,未让乘客下车步行过桥,过桥途中,为避让一辆

---

[1] 陈士章:《兴化高邮间的公路行驶车辆危险万分》,《新闻报》1946年12月25日,第5版。

[2] 《沿线琐闻》,《京沪沪杭甬铁路日刊》1936年第1539期,第136页。

[3] 《改善江北公路,清镇路改铺砖石》,《大公报(天津版)》1937年4月28日,第10版。

[4] 《镇扬航路冰断》,《时报》1922年1月23日,第6版。

[5] 《镇扬汽车肇事》,《新闻报》1924年7月16日,第8版。

辎重马车,客车失控坠落河中,造成乘客 20 余人死亡的重大事故。1947 年 8 月 26 日下午 3 时,从镇江驶出前往高邮的民营福运公司所属的"阳华"号轮船,航行至扬州瓦窑铺段时,因未及时避让善后救济总署的拖船,两船发生碰撞,"华阳"号轮船机器被撞毁,随即沉没。仅 2 人被营救脱险,其余数十人全部溺亡。

也有一些事故可能是有人蓄意破坏造成的。1928 年 3 月 3 日下午 1 时,正风雨交加之际,镇扬汽车公司因车库着火而被焚毁各种车辆 18 辆,损失 3 万余元。[1] 这一事件给镇扬公司带了重大的挫折。因事发蹊跷,多有人为因素,也引发相关的调查,但案情错综复杂,最终不了了之。

3. 沿途乡民的阻挠

出于经济利益及其他原因的考量,民国扬州境内的筑路工程大多会受到沿途乡民的阻挠。主办者除了花钱开路之外,还须应对各种无理的要求与刁难。

1929 年,为保障筑路工程的推进,仪征县政府训令各坊坊董传达工程沿线农民,"不得再行插种秧禾,以利路工进行"[2]。1935 年,在仙女庙至邵伯公路修筑之前,江都县政府特意发布公告,告之沿线民众,"毋得阻扰"[3]。同年 4 月 29 日夜间,浦启公路扬靖段周边乡民为割麦而阻工,聚集七八百人,冲击了仙女庙镇。经政府弹压之后,才逐渐散去。公办筑路尚且如此,商办筑路则更如西天取经。扬镇长途汽车公司在开筑扬六公路之前,先购地纳银,给被占用土地的农户发放补偿款项后,才行开工。这其中,迁坟有费,让屋有费,一牛汪、一厕坑,桑麻竹,皆有迁移费。道路建设中的桥梁之宽窄、涵洞之大小,公司都事先告知乡民,协商办理,尽量顺从民意,但仍不能见谅于部分乡民。筑路途中,乡民一度鸣锣聚众,引发围攻风潮,主持路事者几遭不测。当时有人说:"镇扬一段路,性命换得来"[4]。有人说在民初镇扬筑路

---

[1] 《公牍》,《江苏建设公报》1928 年第 9 期,第 25 页。

[2] 《县政府训令各坊坊董传达知公路两旁不得插秧田》,《仪征县政公报》1929 年第 11 期,第 26 页。

[3] 《开筑仙邵公路线,布告民众毋阻工事》,《民报》1935 年 7 月 2 日,第 5 版。

[4] 周液芙:《纪扬众长途汽车公司之失败经过》,《长途》1936 年第 5 期,第 20 页。

时,扬州风气未开,乡间发生阻路事件并不足怪。但十余年后,江南各公路已次第兴筑,江北则扬霍线已经筑成,扬邮、扬仪、扬启各线,亦正在积极进行,然扬众长途公司兴路之际,"乃犹阻力横生,半途而止"[1],实为遗憾。

4.战争的影响

在国民革命军与孙传芳的"五省联军"作战期间以及抗战、解放战争期间,扬州交通事业的发展常为战争因素所左右。

1924年11月9日开始,镇扬一线军事运输任务繁忙。因为被强征运送军队,镇扬汽车公司的营业大受影响。"以军人乘车,日有二百余人之多"[2],几乎完全占用了该公司的全部运力。为减少损失,镇扬公司只能暂时停运。

1927年3月,国民革命军与孙传芳部争夺扬城期间,镇扬公司在六圩的车站被毁。孙传芳部为防止镇扬公司的车辆为国民革命军所用,竟破坏了该汽车公司的23辆汽车,并掳走1辆,"路树折而为爨,电线割以为绳,渡轮则拖去运兵,傢具则攘为己有,路基桥梁码头房屋,无不损坏,此一年间,实无营业之可言。"[3]经此一役,镇扬汽车公司损失高达37000余元,该公司资产几乎毁于一旦。这场浩劫期间,万福桥也被炮火所毁,扬城北上由仙女庙至邵伯的道路也一时受阻不便。

日军占领扬州后,扬城所有商办汽车公司的资产都被其霸占。汪伪江都县维持会成立了"江北长途汽车管理处",主任为周晋哉,以日本商人延原为顾问。该管理处有侵占来的各类汽车10余辆,负责"接管"扬州与六圩之间的公路汽车运输业务,还经营扬州至仙女庙、扬州至霍桥、扬州至天长等地的班车线路。

1940年,日资企业华中铁道公司图谋收买江北长途汽车业务,但没有成功。9月1日,该公司强行开通扬州至高邮的长途线路。12日,又强行"租用"镇扬公司全部房屋及附属土地,设立"扬州自动车区","江北长途汽车管理处"遂被"扬州自动车区"代替。"扬州自动车区"拥有丰田牌客车等汽车50—60辆,负责整个扬州地区的公路汽车运输业务,包括六圩至泰州、泰州

---

[1] 周液芙:《纪扬众长途汽车公司之失败经过》,第20页。

[2] 《镇扬汽车停驶》,《时报》1924年11月11日,第3版。

[3] 周液芙:《镇扬长途汽车股份有限公司述略》,第30页。

至盐城、泰州至龙窝口、扬州至仪征、扬州至天长、扬州至淮阴等地线路。其时，扬州境内凡是可以开通汽车线路的公路，都为日伪所占据。日本投降前，"扬州自动车区"疯狂转移和变卖资产、车辆，仅剩汽车 22 辆（客车 19 辆、货车 3 辆）。扬州地区的航线、航运公司也全部为汪伪政府所控制，一些航运企业直接倒闭关门。扬州地区的大部分航运线路停运。瓜洲与镇江间的渡船"善济"号为日军征用调离，改为小船"沙头丸"号承担渡江客运。

　　抗战时期，扬州道路几无保养可言，养护状态极差。各条公路路面的砖石材料，销蚀殆尽，而砂石亦均荡然无存。如扬州道路等级最高的浦启线因为长期没有养护，几近瘫痪。扬州邵伯船闸、高邮船闸也在此期间被破坏，设备全无，闸室倒塌。为了反"扫荡"、反"清乡"等军事目的，新四军也经常进行一些道路破袭行动。如 1941 年 2 月 15 日晚，新四军游击队"由施家桥向盘踞于新桥六圩之敌军进袭，将镇扬汽车路破坏"[1]。

　　解放战争时期，扬城对外交通也时常中断。1948 年，镇扬汽车公司借口汽油紧缺，"一度把车停了"[2]。同年，公道桥成为国共控制区的军事分界桥，长期不通。

　　"胜利之初，各路复多有破坏，情况已失旧观"[3]。抗战胜利后，有些道路部分地得到了修整。1946 年，江苏省公路局派员对全省部分道路进行了修复作业，使部分路段恢复通车，但是整体公路状况距离抗战爆发前仍有很大差距。时人曾抱怨当时扬州与镇江间的旅行已是一种煎熬，"朝南只有一条大路，还隔着一道长江。交通虽不算困难，又说不上便利。公路的窳坏不堪，半年如一日，汽车已接不上轮渡，要在距离码头将近半公里的地方停车，旅客下车步行到江边。"[4]而轮渡不但容易出事，一旦遇见风大浪高，时常停班，"来往旅客只有望江兴叹"[5]。

---

　[1]《扬州附近我活跃，破坏镇扬汽车路》，《新华日报》1941 年 2 月 23 日，第 1 版。原文为"亦圩"，当误，应为"六圩"。

　[2] 杨真：《战火威胁下的扬州》，《内幕新闻丛刊》1948 年第 9 期，第 28 页。

　[3] 沈学：《苏北公路路面问题》，《江苏公路》1947 年第 3 期，第 30 页。

　[4] 佚名：《风雨扬州》，《上海十日》1946 年第 3 期，第 11 页。

　[5] 佚名：《风雨扬州》，第 11 页。

1947 年至次年,江北运河复堤工程局以工代赈,招募乡民修复了邵伯、高邮船闸。在国民党军队败离扬州时,曾蓄意烧毁古运河上的通扬桥,在当地群众的积极保护与抢修下,这一阴谋受到挫败,仅有部分桥面受到了破坏。至解放战争后期,扬州境内的道路养护状况已经十分糟糕,如扬城至江边的扬圩路,"路面凸凹,行车时常翻覆。沿路的桥梁,亦多损朽"[1]。1949 年春,为配合渡江战役准备,人民政府组织民工抢修了浦启线中的部分木桥,保证了仙女庙至泰州口岸段的通车需要。为了保证军事运输的需要,中共华中二分区还组织了数万民工,对扬州至天长的土路(扬州—香沟桥段)、扬清线的沿线 11 座闸桥以及邵伯桥、三元桥等桥梁进行了突击抢修,同时整修了泾河至扬州段的 140 公里公路。经过努力,该年年初,由民营"合众""公利"汽车联营站负责运营,从扬州可以开行汽车至仪征安墩桥。修复工作也伴随着牺牲。在抢修万福桥时,因国民党飞机空袭,造成民工死伤十余人。

解放军发动渡江战役时,华中二分区(扬州区)的人民政府组织了木帆船 4000 余艘、船民 2 万人,参与支前运动。这些木帆船承载着解放军部队,在东从泰兴口岸镇,西到江都的长江岸线上向南进发,为渡江战役作出了重大贡献。

5. 治安问题带来的影响

战乱、灾荒、社会动乱等造成社会有效治理的缺失,导致民国时期扬州境内,尤其是乡村地区的治安状况并不理想,"匪势猖獗,殊属大患"[2],这也对当时扬州的交通事业带来了负面影响。

1927 年 10 月 22 日,镇扬班车在施家桥路段为 2 名持枪匪徒逼停,匪徒图谋抢劫。恰巧乘客中有一名携枪军官,被迫拔枪自卫,与之枪战,匪徒不敌方退。1930 年,仅 2、3 月间,在扬州五台山附近即发生轮船被抢劫案件 4 起,"查苏省内河匪氛颇炽,近来轮船被劫之案已有数起"[3]。该年有匪徒七八十人在江都县境的二十五里庙先后拦劫镇江镇福运公司清江班下水丰恒轮、宝应班

---

[1]《改善镇扬交通,六圩汽渡将迁瓜洲》,《大公报(上海版)》1946 年 5 月 21 日,第 5 版。

[2]《交通部咨(第 264 号)》,《交通公报》1930 年 132 期,第 15 页。

[3]《交通部咨(第 807 号)》,《交通公报》1930 年 193 期,第 17 页。

上水丰豫轮、镇通公司清江班下水吉林轮等轮船,造成"各轮机件被毁"[1],共损失数万元。其中重伤旅客二人,危在旦夕,轻伤者数人,"沪义振会放赈员乔孟乾被击伤"[2]。1932 年,又爆大案。1 月 27 日下午 5 时 30 分,6 名匪徒劫持了由镇江驶往扬州的长江渡船,逼令其开往丹徒,并在舱中抢劫,得款十万。

第五节 南京国民政府时期扬州盐务中心地位的旁落

北京政府时期,扬州仍为两淮盐务中心,盐业、金融业繁荣。1927 年南京国民政府成立后,加强盐务机构整顿,推进盐务改革。1931 年 2 月,两淮盐运使署由扬州移驻连云港之板浦镇,扬州在两淮盐务中的中心地位不再存在。1931 年 5 月,国民政府颁布新盐法,实行自由贸易,十二圩淮盐总栈的作用亦逐渐式微,到 1937 年 11 月下旬,日军占领十二圩,淮盐总栈于无形中消亡。

一、两淮盐务机构北迁

南京国民政府时期,两淮盐务管理机构发生一系列变动,其中最重要的变动是北伐过程中,为贯彻孙中山的革命政策,使中国盐政主权独立,国民政府实行撤销其管辖范围内各稽核所之政策。1927 年 6 月 28 日,国民党中央执行委员会政治会议议决"将各盐务稽核分所一律停止职权"[3]。扬州盐务稽核分所洋所长加藤在南京政府发出封闭命令以前,为维持稽核所现状起见,曾往来于上海和南京之间,稽核所之存在曾得到暂时之默认,但最后同样被封闭,加藤将一部分重要档案亲自携往镇江,"其余正拟俟机早日运走"[4]。在帝国主义与南京国民政府宋子文等多次周旋后,1928 年 1 月 30 日,南京国民政府财政部发出恢复盐务稽核机关的命令。同年 11 月 16 日,南京国民政府财政部长宋子文发表《盐税宣言》,宣布善后借款仍由关余偿付,

---

[1]《交通部咨(第 400 号)》,《交通公报》1930 年第 145 期,第 24 页。

[2]《三小轮在扬州被劫》,《兴华》1930 年第 18 期,第 45 页。

[3] 丁长清、唐仁粤主编:《中国盐业史》(近代当代编),第 91 页。

[4] 丁长清、唐仁粤主编:《中国盐业史》(近代当代编),第 93 页。

稽核总所"不再负保管任何款项之责任"[1]。北京政府时期,盐税由中国银行代收,每周折成上海银两,汇往上海五国银行团(汇丰、汇理、正金、德华、道胜)。第一次世界大战期间,中国对德宣战,德华银行清理,俄国十月革命后,道胜银行闭歇,1917年7月以后,善后借款本息改由关税支付,盐税与银行团已无多大关系,但各地稽核所仍把盐税汇往上海五国银行团。[2]宋子文的宣言终止了这种状况。同时,稽核所的洋员不再由银行团保荐,改为自由聘用,成为雇员。恢复后的盐务稽核分所开始摆脱帝国主义势力的控制,并扩权接办原属盐务行政系统的职能,从而统一了盐务事权。[3]

扬州盐务稽核分所于1928年1月奉令恢复,但其最重要的职能收税权却在封闭期间移到两淮运使手中,无法恢复。"扬州稽核机关收税职权自十六年七月(1927年7月)起停顿,在停顿期内,处理盐税手续,变更甚多,尤以关于拨付经费及外债摊额以及拨还当地借款等手续为最,故必须事先完全商量妥协,方可向行政机关将收税职权收回办理。惟因两淮运使在四月间曾具呈财政部提议会签发盐准单以及其他划分行政与稽核权限各条陈,遂使恢复税收职权一事,进行愈形复杂。然本所四月间所拟收税以及处置税款办法已奉部准,并于七月间令饬各运署及権运局将收税职权自八月一日起移交稽核机关办理,该分所遵即商请两淮运使于八月初旬实行移交"。[4]1929年1月17日,南京国民政府财政部公布盐务稽核总所章程,命令北平稽核总所南迁改组,直接隶属于财政部。新的稽核总所的职能是"征收盐税,发给放盐准单,汇编盐税报告、表册及清偿盐务外债等"[5]。直到1929年7月,财政部发出移交命令,扬州盐务稽核分所至1929年8月初才恢复收税职权。鉴于两淮盐务行政系统的庸腐,1930年四五月间,南京国民政府财政部命令稽核总所接管原属两淮运署的金陵掣验卡。[6]

---

[1]　丁长清、唐仁粤主编:《中国盐业史》(近代当代编),第95页。

[2]　丁长清:《盐务稽核所始末》,《近代史研究》1994年第2期,第139—149页。

[3]　鲁西奇:《民国时期盐务机构的演变》,《盐业史研究》1991年第1期,第32—39页。

[4]　《民国十八年盐务稽核所年报汇编(扬州)》,第29页。

[5]　丁长清、唐仁粤主编:《中国盐业史》(近代当代编),第96页。

[6]　丁长清、唐仁粤主编:《中国盐业史》(近代当代编),第97页。

在扬州两淮盐运使与扬州盐务稽核分所职能纠缠过程中,1931 年 1 月 9 日,南京国民政府财政部命令扬州两淮盐运使公署北迁至淮北灌云县板浦镇,扬州设淮南运副,以王章祐为两淮盐运使,胡星池为淮南运副,并要求两淮盐运使必须于 2 月 1 日迁署至淮北办公,可谓"急如星火"。同时淮南十一场(丰掘、栟茶、余中、东何、安梁、草堰、吕四、庙湾、新兴、丁溪、伍佑)并为六场(丰掘、余中、安梁、草堰、新兴、伍佑),通泰两总场长裁撤。此次两淮盐区整顿裁并的标准"系就产量、事务、交通三项通盘规划"[1]。此项命令骤使明清以来扬州在两淮盐业中不可撼动的"南主北副"之地位倒置为"北主南副"。两淮盐运使署北迁是清末以来淮盐产业格局变化的结果。

就产量而言,淮北盐产量超过淮南,淮南盐的衰落最为明显。由于海岸线东移,淮南盐区离海渐远,卤淡产薄,盐产量下降。而淮北盐区新滩不断淤现,产量增加,1908 年,淮北盐产量超过淮南。1911—1921 年,淮北盐区平均每年产盐约 763 万担,销盐近 600 万担。[2]到 20 世纪 30 年代,淮南盐区产量只够供应苏北食岸商号。[3]就产盐成本而言,淮北盐成本远远低于淮南盐。淮南产盐系煎制法,与淮北盐滩晒相比成本高很多,每担成本是淮北盐的 4—5 倍。时人调查巡视报告亦云:"淮南盐斤行销之区域,名为淮南食岸,内计江苏 20 县,安徽 1 县。所有该岸运售盐斤事宜,系由引商 8 家承办。淮南盐每年产额约 130 万担,惟其中出售于商人者,不过 57 万担之谱,其余必尽出于走私之一途。其最大原因,则以该区涵质淡薄,柴草昂贵,产盐成本较重。据称每桶计 220 斤,成本需洋 2 元,而商人所给之桶价,经公家规定者只 1.51 元至 2.17 元,平均不及 2 元,亏本可知,势必取赢于私销,以维生计,根本上甚难制止也。"[4]但是,淮南盐质量高,从盐的色味而论,"淮南为上,四川次之,浙东又次之"。淮盐以梁盐为上(梁垛盐场生产),质轻色白,谓之尖盐;其次为安盐(安丰盐场生产),安盐结于罄底,如炊饭之有锅焦者,谓之碱片;尖盐与碱片的掺和品,谓之和盐。总之,淮南盐质量上

[1]《两淮运署移驻板浦》,《大公报》(天津版)1931 年 2 月 4 日。

[2] 唐仁粤主编:《中国盐业史》(地方编),第 279 页。

[3] 王自立:《扬州盐业史话》,第 173 页。

[4] 陈省方、周倬编:《中国盐务改革史》,盐务缉私督察人民训练班印,1935 年,第 66 页。

乘,超过淮北盐。[1]

表 5-9　　　　　1929 年两淮盐场制盐成本统计表[2]

盐区	盐场名	平均成本（元/担）
淮南	吕四尖盐	1.312
	余中尖盐	1.584
	丰利尖盐	1.987
	栟茶尖盐	1.791
	富安尖盐	1.608
	东何和盐	1.598
	丁溪正场尖盐	1.553
	草堰尖和盐	1.547
	伍佑尖盐	1.760
	新兴尖盐	1.810
	庙湾尖盐	1.850
淮北	板浦晒盐	0.338
	中正晒盐	0.338
	临兴晒盐	0.338

　　就事务而言,淮北盐务管理更为规范。淮北在民初盐务改革中就试办自由贸易,开放引岸。1929 年 2 月,淮北盐场开始建立盐坨,整理场产,切实管理盐斤存放,杜绝场私走漏。因而,私盐锐减,税收日旺,1933 年,淮北盐场税收高达 2136.6 万余元。[3]而淮南盐走私严重,清末有大私枭徐宝山,陋规收受,积弊严重,盐务管理被形容为"盐糊涂",扬子四岸,素称弊薮。从盐务管理队伍看,淮北也超过淮南,淮北盐区有板浦、中正、临兴、济南 4 场,员役官弁 3393 人,其中缉私税警 2842 人,淮南 11 场,员役官弁 2181 人,其中缉私税警 1672 人。[4]

---

[1] 薛平、朱宗宙、黄继林、帅国华:《滨江名镇:盐都十二圩》,第 37 页。
[2] 丁长清、唐仁粤主编:《中国盐业史（近代当代编）》,第 120 页。
[3] 《盐务稽核所整理盐政之经过》,《中央银行月报》1935 年第 4 卷（1—6 期）,第 104 页。
[4] 唐仁粤主编:《中国盐业史》（地方编）,第 279 页。

就交通而言,淮北盐运输更为便捷。1925 年 7 月 1 日,陇海铁路徐海段建成通车。淮北盐可通过陇海线车运至安徽、河南引岸,数小时即达;可通过大浦港等港口轮运从长江上溯至十二圩和扬子四岸;可通过盐河水运至西坝。而淮南盐主要是通过运河和长江以帆船水运,风险大,价格高。

淮南盐业因产量降低、成本高昂等带来的一系列问题,引发了 1931 年初淮盐行政中心北移。唯一可幸之处为盐税依旧可在扬州征收。但地方人士对此还是很敏感,1931 年 1 月 24 日,以叶鸣远为首的十二圩商会与民众代表团赴财政部请愿,要求收回成命,财政部回以"淮南盐务仍旧归运使兼辖,其职权范围亦复照旧,与地方并无关碍"加以搪塞。[1]

由于盐务稽核所工作效率高,国民政府盐税收入逐年增加,1931 年 3 月,将盐警缉私职权划归稽核所接管。1932 年起,又把盐务行政系统与稽核系统合并,由淮北稽核分所经理兼任两淮盐运使。1934 年 7 月,两淮盐运使缪秋杰进而要求济南场七家盐业公司设在扬州的总部北迁板浦,这一举措与 3 年前运署北迁联在一起,终于触发扬城人民的巨大反弹。10 月 17 日,扬州全市罢工、罢课、罢市,反对七公司北迁。在巨大民情压力下,最终七公司北迁暂缓。[2] 1936 年 5 月,财政部将淮北淮南两区合并为两淮盐区,两淮盐运使仍驻灌云板浦,淮南盐运副使裁撤,所有盐务行政案件,由两淮运使接收保管,其灶地整理及清丈事务,改由通泰支所兼管。淮北盐务稽核分所与扬州盐务稽核分所合并,改称两淮盐务稽核分所,以现任淮北分所经理姚元纶为两淮分所经理,兼任运使。扬州稽核分所缩小范围,改为支所,归两淮分所管辖,将十二圩支所裁撤,改设放盐处。[3] 扬州在两淮盐务行政中变得微不足道。

二、1931 年新盐法出台前后两淮盐商的博弈

中国盐法制度复杂,其基本精神是延续管仲"官山海"政策,由国家对盐的生产、运输、销售加以控制,有的实行官专卖制,有的实行商专卖制,或者介乎两者之间,其最终目的都是要确保盐税收入有保障,以维持政权运

---

[1] 张鹏程:《近代两淮盐业市镇的因袭与变迁——以仪征十二圩为例》,《盐业史研究》2020 年第 4 期,第 14—25 页。

[2] 佚名:《七公司北迁事暂缓》,《商业日报》1934 年 10 月 19 日。

[3] 《裁撤淮南副使》,《大公报》(上海版),1936 年 5 月 5 日。

转。清末,李鸿章任两江总督兼两淮盐政时,为筹措军饷,推行循环转运法,将淮盐运销作为票商的专利权。产盐有定场、行盐有定引、销盐有定岸,形成垄断的引岸专商制度。如果他人染指淮盐的产、运、销,即被政府和专商视为贩私。民国初年,在淮北进行了"就场征税、自由贸易"初步改革,但引岸专商制继续垄断淮盐市场。北京政府末期,淮南 11 场有垣商 73 家,淮北 4 场有池商 440 家。两淮票商共 1370 名,但春秋两纲兼列 1 人之名者居多,且一家之中父子兄弟叔侄分列多名者又数见不鲜,故两淮票商总计不过三五百家而已。[1] 1929 年,扬子四岸票商通过缴纳验票费获得国民政府财政部"查验引票凭证",注明"永远照旧环运,俾资保障,附发司谕,载明条件,安心营业,以坚信用"[2]。专商权利继续得以保持。

南京国民政府中的有识之士如马寅初、庄崧甫等多次提出废除引岸、就场征税、自由贸易的建议。1931 年 3 月 21 日,国民政府立法院通过了新盐法,共 7 章(总则、场产、仓坨、场价、征税、盐务机关、附则)39 条。5 月 30 日,国民政府颁布了新盐法。新盐法的主旨在于"取消专商引岸,改为就场征税,任人民自由买卖,以期扫除数百年来民间积久之痛苦,而上符总理民生主义之精神"。其主要内容有三点:整理场产,改革运销,统一税率。改革运销规定"盐就场运销,任人民自由买卖,无论何人,不得垄断""自本法施行之日起,所有基于引商、包商、官运、官销及其他类似制度之一切法令,一律废止"。统一税率规定"食盐税每一百公斤征国币五元,不得重征或加征"。新盐法颁布后,"除少数拥护私利之引商外,全国人民无不额手称庆"[3]。但旧盐商勾串一致,四出活动,或以金钱贿赂政府官员,或舞文弄笔,函电盈尺,制造舆论,混淆视听。他们先是企图阻止新盐法的制订、通过、公布,尔后阻止其实施,将新盐法酌量延长以致遥遥无期。[4]由于国民政府的新盐法明确规定"本法施行日期以命令定之",实际上是对新盐法之实施留有余地,因而直到抗日战争全面爆发也未施行。面对新盐法,两淮盐商通过多种途

---

[1] 林振翰编:《淮盐纪要》,第 121 页。
[2] 丁长清、唐仁粤主编:《中国盐业史(近代当代编)》,第 143 页。
[3] 《中国近代盐务史资料选辑》(第二卷),南开大学出版社 1986 年版,第 101 页。
[4] 丁长清、唐仁粤主编:《中国盐业史(近代当代编)》,第 136 页。

径进行博弈,以期保持旧有特权和利益。

首先,阻止新盐法的制订和通过。国民政府的盐务改革之风由来已久,所以各地盐商对盐法制订特别敏感。1931年1月,立法院开始秘密组织盐务专家草拟新盐法,但还是被敏锐的记者获知其内容并刊登在《新闻报》上。各地盐商闻声而动,齐聚上海淮南四岸公所开会讨论,并组织芦东淮浙苏联合办事处,希望"政府取稳当手段,有引商可负筹款之责,稍加盐税,亦可办到"。在盐商的利诱、游说和所谓盐民意见压力下,立法院被迫采取特殊措施,最后在3月21日开会"以迅雷不及掩耳手段通过该法,并决定宣布全文,以免夜长梦多,一面呈请国府公布执行"[1]。

其次,阻止新盐法之公布。新盐法在立法院通过后,各地盐商纷纷组织起来。淮商代表周湘舲到南京请愿,盐商团体淮南四岸运商总会、淮南湘鄂西皖四岸运商总会、芦纲公所、东纲公所、淮南外江内河食岸公会、两浙盐业协会、苏五属盐商公会、通泰济南场盐商会都发出公呈,公呈由淮南四岸运商总会领衔,芦东浙苏等商连署。另外,盐务讨论会会员张习、周庆云、汪雯等也呈文国民政府,由张习领衔,连署者共11人。[2]这次个人请愿或以团体名义公呈都是两淮盐商打头,盐商为了自己的切身利益可谓奋不顾身。

最后,阻止新盐法之实施。由于新盐法的改革精神具有道义上的优势,旧盐商的活动未能扭转舆论导向,南京国民政府于1931年5月30日公布了新盐法。而国民政府内部而言,对新盐法的施行也是意见不一。财政部深恐改革后,税收或有短少之虞,借口长江大水和九一八事变,延迟实施新盐法。在遇到具体问题时,财政部还是维持原状。如徐州所属铜、萧、丰、沛、砀5县,在清末销鲁盐。民国以后,鲁盐经常脱运停售,当地人食盐无法有效保障。在这种情况下,有人提议徐属5县改销淮盐,"缘鲁盐来自山东,淮盐来自东海,虽津浦、陇海两路运输,均称便利,然以距离徐地计,鲁则远而海则近,其利一也。鲁运徐以隔省关系,每多阻梗,似属舍近而图远;海运徐系

---

[1]《新盐法全文宣布经过:集沪盐商尚谋最后救济》,《大陆(天津)》,1931年第1期,第51—54页。

[2]陈开江:《旧盐商对国民政府新〈盐法〉改革的舆论误导与阻扰探究》,《盐业史研究》2016年第3期,第42—50页。

供本省食用,人所欢迎,且可朝发夕至,其利二也。鲁远则成本重而价昂,海近则成本轻而价廉,其利三也。两两比较,似淮利多而鲁利少"。[1]财政部将之交给两淮盐运使和山东盐运使讨论。两淮运使认为淮北场区运盐至徐州,朝发夕至,改销淮盐极为便利。而山东运使严予驳斥,明确反对。财政部只好维持现状。[2]为了阻止新盐法实施,1934年4月23日,两淮盐商以"淮南四岸盐业事务所"名义向南京国民政府财政部部长发电报称"民十八年,政府征缴验票费四百万元,以济党国要需,奉发验票在案","各省政府历次认借税款,多至数百万元,迄未归偿。如将引票取消,应请将该项验票费、借款等项发还各商,以昭大信","现在四岸存盐各百数十万担,均因催缴场税,限期截网,遵令办理到岸,必须守候两年,内外方能销完,挤压成本约二千八百余万元。本年湘皖两岸预缴轮帆各税又四百余万元,大半贷自银行、钱庄,以引票、税单及盐斤抵押","政府准予犹豫期间,俾各商将存岸及缴税盐斤仍照向章轮售,收回成本"。[3]1934年,十二圩盐务各团体联合会推代表李一鸣于12月12日携《上五中全会书》赴中央党部请愿,请对新盐法展长施行期间,交国民代表大会复议。1935年,十二圩盐务各团体联合会之盐商竟派代表呈请国民党六中全会,公决将新盐法中止八年,"于中止期内,不得以单行命令变更旧制"。1935年11月初,西鄂湘岸淮盐运商代表沈塈和等等向国民党中央执行委员会递交呈文,请求维持食盐引岸及延长实行新盐法时期。[4]当然,最终让新盐法无法实施的竟是四川盐场盐民的强烈反应。四川各场煎盐分井火、炭火两种,制盐成本相差极大,各场成本大致分为2元左右、4元左右、6元左右、8元左右四个档次,各盐场"无论成本各有高下,均得因销场稳定,保持共存共荣而全活其各当地万千鬻力为生之劳工"。如果实行新盐法,四川盐民担心本省各场之间"势必以贱侵贵,以大吞小,供过

[1]《盐务汇刊》1933年第32期,第35—36页。

[2] 丁长清、唐仁粤主编:《中国盐业史》(近代当代编),第140页。

[3] 中国第二历史档案馆编:《中华民国史档案资料汇编》第五辑第一编《财政经济》(二),江苏古籍出版社1994年版,第194—197页。

[4] 张立杰:《探析南京国民政府未能实施新盐法的原因》,《盐业史研究》2007年第3期,第10—20页。

于求,强行弱亡"。而川盐与淮盐、芦盐相比,又因自然条件不同,川盐成本普遍高出淮盐、芦盐数倍,一旦实行新盐法,均税破岸,不啻宣告川盐死刑。进而导致依赖盐生活的工人六七百万全部失业,他们衣食无着,势将铤而走险,祸延全川。这对政府来说风险极大。最后四川盐运使缪秋杰权衡之后,也呈请财政部和盐务署缓行新盐法,以三年为筹备期。这样,国民政府的新盐法只能搁置,到抗战时期大后方实行盐官专卖制。

同样的情况亦发生在十二圩两淮盐务扬子总栈的轮运帆运之争上。

三、十二圩两淮盐务扬子总栈的兴衰

太平天国运动结束后,清政府于同治四年(1865)在瓜洲六濠口设淮盐总栈。但设栈仅仅五年,1870年,瓜洲发生坍江,此后两年时间内,瓜洲坍江越来越严重,瓜洲总栈内地基、墙壁多有开裂,"瓜栈有不能不迁之势",淮盐总栈须另觅他处重新设立。经多方考察和比较,1873年,淮盐总栈选定仪征县的长江岸边小滩圩十二圩为新址,当年十月,淮盐总栈衙署和江防巡检兵弁等迁往十二圩,初名"十二圩两淮盐务总栈",清末民初更名为"两淮盐务扬子总栈"。

淮盐总栈是管理两淮盐务和湘鄂西皖(扬子四岸)盐运工作的一个庞大的衙门,下设多个机构。新栈官署蔚为大观:有七进房子,每进正房都是三开间,并且都有左右厢房,共40间。东侧前面是盐捕营房,在仪门的外面。仪门里面有望江楼,后面还有东花厅、厨房,还有些余屋。东侧这一路也是七进,中间有分隔,有大小房屋47间。西侧前面为巡勇房,后面有六进。西侧这一路的西面(姑且称为西二)也有一路正房,六进,是作筹房用的,管盐斤进出统计征费的工作人员就住在这里。西二的西侧还有一路正房,五进,后面还有更棚,再往后就是内宅,这一路除了一些办公用房,其余都是幕友、官员和办事人员居住的。西侧三路共有房屋94间,整个淮盐总栈合计房屋共181间。[1]

1913年扬州盐务稽核分所成立,后又成立十二圩盐务稽核支所。当时规定:凡盐斤由淮南淮北运至十二圩者,其向来所征之各种课税皆一律取消。

---

[1] 巫晨:《十二圩两淮盐务总栈考》,《个园论盐——中国盐文化高峰论坛论文集》2017年。

改在扬州每担征收一次过之直接场商税二角。凡运商由十二圩运往扬子四岸之盐斤,则应每担征收一次过之直接运商税一元。所有在十二圩及泰扬所收之税款,皆应一律归入盐款账内,及应责成该两局之员司务须将款按时交付。而十二圩局将来无论如何应归两淮盐运使节制。[1]盐税集中收缴,通过十二圩流入和流出的盐斤数量,也随之明显提高。1918年,十二圩总栈实产(到)盐和实销(出)盐分别从上一年的81.8万引、56.7万引上升到104.6万引和67万引,并保持了增长势头。核算十二圩盐栈实到盐斤,最高峰出现在民国十年,达115万引,折5.06亿斤,最低谷在光绪元年(1875),也有37万引,折1.63亿斤。也就是说,数十年间平均每天有八九十万斤食盐在十二圩装卸、堆储及转运。[2]十二圩成为"两淮盐务根本之地"。[3]当时停泊在十二圩江面上的大小运盐船有2000多艘,加上200艘大小驳船,把十二圩江面挤得满满当当,帆樯林立,当地人戏说"船到十二圩小"。江船转运食盐时,为了维护自己的利益,他们以地域为纽带,结成船帮,在十二圩有江船"十八帮"之称,为便于装运食盐和船工上下,各江船帮在十二圩沿江一带建有30多个码头。盐业经济推动十二圩镇的商业繁荣,有"九街十八巷",单注册的店铺就有400多家,员工2000多人。十二圩有一个小型发电厂,有造船厂3家、钱庄5家、典当13家,外商经营的大美烟草、南洋烟草、德士古煤油、鹰牌煤油、壳牌煤油在十二圩设办事处,有大小饭店20余家、旅社5家、浴室5家。教育文化社会事业机构有如扬子中学、红十字医院、平民工艺厂、救生局、老人院、育婴堂等。其繁荣的程度远远超过仪征县城,被称为"盐都""小上海"。[4]十二圩有人口20余万,"南临大江,东接扬州,亦盐业之要区也。该镇有盐公司三十三家,搬运盐工五万余人,扫盐工人二万余人,帆运船户十四万余人,故该镇居民户直接间接几无一不赖盐以生活"。[5]

---

[1]　林振翰编:《淮盐纪要》专件:《丁恩改革两淮盐务报告书》,第43页。

[2]　张鹏程:《近代两淮盐业市镇的因袭与变迁——以仪征十二圩为例》,《盐业史研究》2020年第4期,第14—25页。

[3]　林振翰编:《淮盐纪要》专件:《丁恩改革两淮盐务报告书》,第41页。

[4]　薛平、朱宗宙、黄继林、帅国华:《滨江名镇:盐都十二圩》,第66—69页。

[5]　《淮南纪行》,《大公报》(天津版)1934年7月24日。

由于十二圩全镇人口几乎全赖盐以生存,所以任何有关盐务的风吹草动都会引发十二圩盐商和盐民的高度关注。其中最引人关注的是轮运帆运之争。清末轮船运输业兴起,淮北盐场所产之盐由轮船运输至十二圩堆放,再由各岸商雇帆船运往扬子四岸销售。淮北盐场由板浦西墅口、中正场垲子口和高公岛、临兴场临洪口、济南场灌河口用轮船运至十二圩,行程约为2000里,再由十二圩转运湘岸长沙榷运局,行程2470里,计4470里,转运岳州分局行程2110里,计4110里。[1]用帆船从十二圩运送淮盐至扬子四岸,单程短的要一个半月至两个月,长的则要三个月至四个月。为此,十二圩流传有"装运湖南盐,一去大半年"的说法。运输时间延长对盐务管理十分不利,大大增加了盐运风险和损耗,食岸人民亦有缓不济急淡食之虞,并且,帆船因为是木结构,不便于将盐仓封死,这就给私盐倒卖以极大空间。相反,直接轮运,既快又稳,且运输成本低。

表 5-10　1930 年代初淮盐轮运帆运扬子四岸运费比较[2]

(单位:元/担)

食岸	淮北轮运到十二圩运费	十二圩帆运到食岸运费	轮帆合运总计运费	淮北直接轮运运费	直接轮运较轮帆合运减少运费
湘岸	0.382	1.322	1.704	0.500	1.204
鄂岸	0.382	1.096	1.478	0.350	1.128
皖岸	0.382	0.572	0.954	0.250	0.704
西岸	0.382	0.966	1.348	0.300	1.048

北京政府时期,开始直接轮运淮北盐至销岸。1920 年,北京政府盐务署以"江船运输稽迟,缓不济急。经核定湘、鄂、西三岸每年公办轮运盐斤三百票,并得增加至五百票,以资兼顾"[3]。1930 年 12 月,民国政府为了增加盐税收入,将增加轮运缩减帆运列入整理淮卤计划。1931 年 6 月,将从前湘、鄂、赣三岸轮运一票、帆运二票的比例办法取消。

---

[1] 丁长清、唐仁粤主编:《中国盐业史（近代当代编)》,第 133 页。

[2] 张鹏程:《近代两淮盐业市镇的因袭与变迁——以仪征十二圩为例》,《盐业史研究》2020年第 4 期,第 14—25 页。

[3] 丁长清、唐仁粤主编:《中国盐业史》(近代当代编),第 133 页。

　　国民政府的这一决定立即遭到十二圩"帮董工头"和旧运盐商人的反对。1931年7月,鄂岸淮盐公所运商公开出面,反对淮北分所曾仰丰所拟轮运代替帆运办法。同年9月,湘岸淮盐运输同业工会又上书要求采取司定成案也即原先所定轮运一票、帆运二票之案章较为公允。[1]其实,早在1931年3月,十二圩各界风闻新盐法即将公布,特别是就场征税、自由贸易对十二圩盐民之生存简直是生死攸关,"千万盐民相惊失色,有若死囚","圩地十数万民众,千余艘江船,一旦失业,于国都沿江一带繁荣极有关系"[2]。为了十二圩之生存,盐商、盐民多次向两淮盐运使和国民政府呼吁,并到南京国民政府门前日夜静坐请愿,并聘请著名大律师章士钊担任请愿团首席大律师,与国民政府谈判。国民政府鉴于局势严重,十二圩地近首都南京,劳工生计不得不考虑。1934年3月,财政部拟定了救济十二圩盐务劳工生计标本兼治办法:一面对于轮运票数,只用递加办法。该办法一方面不立即全部取消帆运,实施轮运,而是对轮运票数采取递加办法;另一方面令两淮盐运使、淮南运副,在十二圩筹办工厂,为劳工另谋生计,俾各帮船户及时改图,以免失业。1934年6月,又具体拟定救济十二圩劳工生计三项办法:湘岸已经交税轮运二百票拨半数改办帆运,皖岸已经交税轮运二百票悉数改办帆运;鄂、西两岸应督商酌办帆运;轮运耗盐,向较帆运为多,应将轮运耗斤数减少,改为一律,以示公平。以后,财政部又制定了关于递减帆运及救济陆地劳工办法大纲,主要内容是:递减帆运,从1936年起,每年轮运递增二成,帆运递减二成,五年内消灭帆运;救济陆地劳工,由财政部拨款开办造纸厂,并资助工人转业。[3]这场轮帆之争,随着1937年日军侵占十二圩而无形消失。国民政府征用十二圩近千艘江船,装上石块沉于江阴与马当山江中,企图阻止日本海军西犯。失去江船的船主顿失生计的依赖,只得离开十二圩,返回原籍。1937年11月下旬,十二圩沦陷,盐商、盐民四散逃命,十二圩盐栈存盐10多万包被日军掠去。淮盐总栈在日寇的

　　[1]　丁长清、唐仁粤主编:《中国盐业史》(近代当代编),第134页。

　　[2]　《十二圩盐务劳工代表朱兆鸾季一鸣等上国民会议代表意见书》,仪征档案馆档案,档号:2.4-1-109-409-5,民国二十年三月。

　　[3]　丁长清、唐仁粤主编:《中国盐业史》(近代当代编),第135页。

炮火下无形消亡。抗战胜利后，新盐法得以推广，失去政策支持的十二圩再也不是盐都，变为仪征江边的普通乡镇。

民国时期两淮盐务使署、扬州盐务稽核分所的易位以及十二圩的兴衰表明，国家盐务政策在其中起着至关重要的作用，扬州是旧盐法的宠儿，是新盐法的弃儿。同时，随着中国现代化的发展，盐这个旧社会的专卖品日趋转为普通商品，盐及盐税在国民经济体系中的地位也由中心走向边缘。不仅扬州衰落了，整个以盐为生的两淮地区都衰落了。只有通属盐区因较早转型农垦事业而步入新的发展之路。

民国时期扬州经济的衰落是近代中国衰落的一个注脚。不过，对这种衰落要采取历史唯物主义和辩证唯物主义态度。

一方面，扬州从封建社会的"扬一益二""运河第一城""动关国计"的"首富"地位变为民国时期"中产阶级"，无论从哪方面看都是衰落的。繁盛时期的扬州做事轩昂，向曰"扬气"，"中国历史上最悠久最热闹的大城市，也正是扬州，并非上海。至于上海……三百年前比不上浏河，百五十年前只敢以苏州相比……至于扬州，实在太光辉了，高不可攀，怎么敢比拟得上？"[1]但到了民国时期，丰子恺的《扬州梦》和易君左的《闲话扬州》中，扬州已经成为民国文人感慨沧海桑田、社会变迁的主题之一，1936年，江苏省有纺织工业96家、饮食品工业50家、化学工业12家、机械工业19家、电气厂工业13家、其他工业16家，全省共206家现代化工厂，扬州只有振扬电气公司和扬州麦粉厂2家工厂。而无锡有65家工厂，常州有25家工厂，南通有7家工厂。[2]从传统转向现代的过程中，扬州没有与时俱进，被历史抛到了后面。

另一方面，民国时期扬州经济的衰落不是个案。曾与扬州经济地位相当的苏州、杭州在近代都衰落了，"苏、杭、扬等传统工商业城市由于多种原因而走向衰落，失去运河得天独厚的交通条件是三城衰落的共同原因之一。邻近的上海在五口通商后取代了苏、杭、扬的原有地位，在战争、政治、交通

---

[1]　曹聚仁：《上海春秋·开埠》，上海人民出版社1996年版，第3页。

[2]　《江苏省工厂检查初步计划及厂数统计》，《江苏省工业调查统计资料》（1927—1937），南京工学院出版社1987年版，第21—36页。

条件等一系列因素的共同作用下,两者开始了迅速的此消彼长,上海崛起吸引了大量苏、杭、扬的资源"。[1]上海吸附作用特别明显,江都仙女庙"皮毛骨角行收买牛皮猪鸭毛及各种骨角运销上海颇获利。近年仿广东制卤鸭略如琵琶形,由广东人收买转贩上海,岁数十万只",浦头镇"市之剖红白萝卜,每头为四,拌以盐曝干之,名萝卜干,运售苏沪各地"[2],"自邵伯以东,则有畜鹅取鱼者,秋时蟹最肥美,湖产为上,而野鸭亦为美味,以黑足为上、黄足次之。昔年盈筐入市,价甚廉,自轮船火车通行,贩运沪上,逐日减少,且甚贵云"。[3]高邮"阖境鸡鸭蛋甚多,为输出品之一。每年春夏本地炕坊出鸡鸭雏,运销江南各处,其蛋之双黄者尤为出产之特色"。[4]民国时期,从上海运到扬州的多为百杂货,每天运进800吨,而从扬州出口上海的货物大宗为粮食、鸡鸭、禽蛋、水鲜等农副产品,每天有2000吨。[5]正是因为上海的中心地位,扬州被边缘化了。

最后,扬州的衰落是相对的,扬州仍是全国重要商埠和著名的消费城市。绸缎业岁销银币约四十余万,布业约百五十余万,土布仅占三分之一。"除乡农外,中人之家亦衣绸缎,布则竞尚外货,人民服饰奢侈于此可征。估衣业岁销银币约三十万。染业专染青蓝元三色,从前用土靛,后用洋靛,近以洋靛价贵,又复参用土靛,一岁贸易约银币十余万。绣货多贩自苏州,谓之顾绣,亦曰苏绣,近年有来自湖南者为湘绣。湘绣价贵,惟富家用之,市上通行者仍以苏绣为多。除售本地外,兼批售淮安、清江各处,岁销银币约十五六万。帽业岁销银币约二十万。鞋业亦如之。昔时中人以下多着布履,乡

[1] 何一民:《中国传统工商业城市在近代的衰落——以苏州、杭州、扬州为例》,《西南民族大学学报》(人文社科版),2007年第4期。

[2] 钱保祥修,桂邦杰等纂:《〔民国〕江都县续志》卷六《实业考》,《扬州文库》第1辑第13册,第120页。

[3] 钱保祥等修,桂邦杰纂:《〔民国〕甘泉县续志》卷六《实业考》,《扬州文库》第1辑第16册,第106页。

[4] 胡为和、卢鸿钧修,高树敏纂:《〔民国〕三续高邮州志》卷一《实业志》,《扬州文库》第1辑第23册,第62页。

[5] 扬州市交通史志编纂委员会编:《扬州交通志》,人民交通出版社1992年,第80页。

民帽亦用布,近则不然,故鞋帽两业贸易甚盛,风俗为之也。金珠首饰业岁销银币约六十余万,习尚奢侈,妇女尤甚。漆器自卢葵生后为扬州特产,销行甚广,其仿制最善者近为梁福盛,郡城各肆岁销银币约三万,而梁福盛居其半焉。香粉亦扬州特产,岁销银币约八万余。昔时戴春林最有名,继起者薛天锡,最后则谢馥春。洋广货业物品来自东西洋及两广,以供富家陈设及妇女妆饰、小儿玩弄者为多,日用所需不及其半,岁销银币约五十万。茶业岁销银币约五十万,扬州风俗素喜饮茶,以举家日用计之,亦为大费。药业分两种,一药店,一药材行。药店岁销银币约三十万,药材行半之,近年百货腾踊,药价亦随之而贵,寻常饮片每剂亦须百钱以上,衡石而入,铢两而出,获利甚丰。烟叶分旱烟、水烟二种,旱烟岁销银币约十余万。水烟产自福建,名皮丝,岁销银币约二十万,在昔贸易甚盛,近年纸卷烟风行,遂致跌落。酒业有售土酒者,有售高粱及绍兴酒者,合计岁销银币约二十万。烟酒皆人民消耗之品,分之见少,集之亦成巨资,可惜也。槽酱业以酱为主,兼售酒醋,郡城最大者为何公益四美二家,徐恒大等次之,所制之酱运销各地,酱油、酱菜尤著名,岁销银币约五十万。茶食业初仅售糕点及糖食,近年增售蜜饯饼干、腌腊及罐头食物等,岁销银币约三十余万。各业合计一岁数逾千万,而茶肆酒馆及寻常食用之品,凡属于零星贸易者,尚不在内。"[1]每年1000多万元的消费额反映出扬州强大的经济实力。与国内众多地区相比,民国时期的扬州经济仍有许多可圈可点之处。诸如金融环境,扬州众多的银行、钱庄为经济发展注入活力。对比之下,1932年,整个淮北地区有钱庄27家(铜山、淮阴各10家,阜宁4家,灌云1家,东海2家),资本总额284600两白银,仅相当高邮县钱庄资本总额(565000两)的半数,扬州钱庄资本总额(829000两)的34%。

---

[1]　钱保祥修,桂邦杰等纂:《〔民国〕江都县续志》卷六《实业考》,《扬州文库》第1辑13册,第118—119页。

第六章　民国时期扬州的城乡建设

　　扬州在城市、市政、农林副业及水利等方面的建设,在民国时期都有较大的变化。城市建设与市政事业的进步使扬州逐步具有了近代城市的基本格局、形象与功能。扬州农村的农林副业虽遭受着社会环境的一些负面影响,总体上仍能保持生产,并在局部有所突破。民国时期扬州水利事业有所建设,但并没有给扬州民众带来绝对的安全保障和水利福祉。

第一节　民国时期扬州的城市建设

　　民国时期扬州城市规划与建设历程体现了中国大部分城市在走向近代化的过程中,既规旋矩折,也顽强地保留着城市独特风貌的步履。

一、抗战前扬州城市规划与管理

　　晚清扬州虽受盐政改革、战争蹂躏及社会动荡等因素的影响,哀感顽艳,但仍不失为江淮间一重镇。"扬城纵横约十里,屋宇栉比,舟车鳞次,固东南一大都会也。"[1]改元以后,沧桑更易,"富户徙海上者甚多,画舫钿车云寥落耳"[2]。民国初期,"在津浦、京沪两路未兴筑以前,南北往来舟楫,必经扬州,故商业为之一振"[3]。北伐军兴,扬州城亦成为战场,得失数度,再复和平。"中间虽经兵燹,而十年休养,亦可渐复旧观。"[4]"市廛栉比,学校林立,

---

　　[1]　周钰:《江都县地方生活状况说明书》,《江苏(省立)第四师范学校校友会杂志》1916年第1期,第26页。

　　[2]　司徒涧:《记扬州之行》,《江苏省立第一农业学校校友会杂志》1916年第2期,第1页。

　　[3]　《江都一瞥》,《江苏教育(苏州1932)》1932年第3、4期,第72页。

　　[4]　周钰:《江都县地方生活状况说明书》,第26页。

交通便利,公益勃兴,江淮间一大都会也。"[1]民国扬州与盛清扬州相比,地位已是寸木岑楼,但相对周边地区仍"可云乐土","其服食居处之奢,犹有百余年前承平气象"[2]。

民国江都县城厢大致延续了明清时扬州城的城厢格局。根据 1919 年的实测,此时的江都县(即扬州)城厢,"东西长四里又十七丈二尺,南北长三里又三十七丈七尺,面积计十四方里有奇"[3]。城区为方形,南北较短,东西较长。有 12 座城门,北有便益、广储、拱宸、镇淮等四门;南有安江、挹江、徐凝等三门;东有利津、通济等二门;西有通泗门。挹江门外,还有钞关门,为交通码头。从民国扬州城市总体发展的趋势看,"从清代后期至民国年间城区西部逐渐衰落,城区缓慢地向城厢以外扩建及东南古运河沿线发展"[4]。至中华人民共和国成立前夕,扬州城区建成区面积约为 6—7 平方公里。民国初年的扬州城,亦保留有不少清代宏伟建筑。"由其伟大的城阁,及历史的遗物,亦可想见当日的繁盛。"[5]这座城市以埂子街、多子街经教场至彩衣街一带为商业区,各类学校布局于西部的旧城区域,位于两者之间是官署区,钞关至东关街一线为商贾居住区,北门外西北方向则为蜀冈—瘦西湖一线风景区。这种独特的城市功能分区格局是历史的产物。

城厢内的主要街道有辕门桥、教场街、东关街、彩衣街、大东门街、西门街、便益门外街、北门外街、凤凰桥街、南门外街、参府街、得胜桥、新胜街、三义阁、湾子街、皮市街等。"繁盛区者,如辕门桥、教场街一带,肩摩踵接,熙来攘往,盖扬州商业之焦点也。就中大商店甚夥,不亚南京三山街黑廊街等。"[6]民国的扬州仍是当时江北的商业中心,"国内第一流商店,在此都有分号"[7]。百货贸易各有集聚之区,"辕门桥各业荟萃,教场街、多子街,次之。教场地近辕门桥,茶社林立,负贩云集。来此城者,均仁足焉。北门外凤凰桥,

[1]　武同举:《江都县城厢图附记》,《督办江苏运河工程局季刊》1925 年第 20—21 期,第 2 页。

[2]　周钰:《江都县地方生活状况说明书》,第 26—27 页。

[3]　武同举:《江都县城厢图附记》,第 2 页。

[4]　江苏省扬州市地方志编纂委员会编:《扬州市志(上册)》,第 309 页。

[5]　《沪宁道上:苏州,无锡,镇江,扬州》,《柯达杂志》1933 年第 5 期,第 8 页。

[6]　司徒涧:《记扬州之行》,第 1 页。

[7]　《苏行杂记》,第 4 版。

米肆林立,居民食米取给于此。东关外有蛋厂及鱼行果行,贸易颇盛。钞关外有轮船局、电灯厂,繁盛如之"[1]。在辕门桥的中段,有商务、中华等书店。左卫街有联合图书服务所,"开明、生活、文化的书都全"[2]。

扬州城区道路大多为条石路面,以砖砌方沟为排水设施,"雨不泞泥,晴无尘沙"[3]。雨水和污水主要排入古运河及城内的各条河道。一些里巷为砖铺路面,间有少数土路,有些巷道在条石盖板上铺一层泥土后再铺条石路面。背街里巷基本没有明排水沟,都为暗排水沟。萃园桥(小秦淮河)、老北门(北城河)、弥陀巷(北城河)、治淮新村(北城河)、田家巷(古运河)、居士巷(古运河)等处的方砖出水沟,常府巷、安家巷、通泗街等处的明清砖砌下水道都在使用。

民国时期扬州全境还分布有重要市镇数十处。如江都县,境内有"邗阳镇、仙女镇、大桥镇、宜陵镇、邵伯园镇、嘶马镇、南六集镇、北六集镇等,皆其著者"[4]。其中的仙女镇有大街、新街、中州街、河北米市和江家桥等5条街衢。镇区有一定规模,"东西长约三里许,南北亦如治"[5]。米市、木市、轮船公司、邮政局、电报局、警察区局等皆有设置。再如仪征县十二圩镇自古为盐业要区,据1934年的调查,该镇有盐公司33家,搬包盐工5万余人,扫盐工人2万余人,帆运船户14万余人,"故该镇居户,直接间接几无一不赖盐以生活"[6]。

从1912年的130万人至1947年的138万余人,江都全县人口数量总体上保持稳定,其间高峰期有1916年的150余万人,低谷期有1928年的

---

[1]　雷家骏:《江都县乡土志》,《江苏(省立)第四师范学校校友会杂志》1916年第1期,第154页。

[2]　凌羽:《扬州书店一瞥》,《大公报》(天津版)1947年2月12日,第12版。

[3]　雷家骏:《江都县乡土志》,第154页。

[4]　《江都一瞥》,《江苏教育(苏州1932)》1932年第3、4期,第72页。

[5]　王肇堂:《江都县仙女市乡土志》,《江苏(省立)第四师范学校校友会杂志》1916年第1期,第209页。

[6]　《淮南纪行》,《盐政杂志》1934年第59期,第4页。

114 万余人。[1]1919 年,江都县城区人口为 18 万 8 千多人。[2]1937 年,城区人口达到 33 万多,年均城区人口增加近万人。[3]其余所属各县人口较少,如 1934 年,宝应县全县人口计 40 余万人,城厢人口仅占十分之一强。[4]1937 年,高邮县有 66 万余人,城厢约有 11 万 7 千余人。[5]其间由于战争、灾荒等因素的干扰,有所波动,如 1947 年,宝应全县人口下降到 36 万多人[6],但在民国绝大部分年代中,各县的人口数量变动并不剧烈。

1.扬州城市规划与管理的初步尝试

与同时期的中国其他城市一样,扬州城也经历着近代转型期的破立之痛,"近代中国的城市化过程,在空间上表现为由以衙门官署为中心筑有城墙的传统型,向以商业区、金融区、工业区为中心,城区结构和功能出现明显的分工,并打破和拆去封闭的旧城墙的现代城市的演进过程"[7]。这是对民国时期扬州城厢发展演变的准确总结。

在这一演进过程中,无论政府,还是民间的主流之声,皆是希望扬州城能赶上近代城市发展进步的潮流,实现城市规模的扩大、人口的增加、建筑的扩充与城市内涵能量的提升。求大求洋之外,也有人提出扬州应独辟蹊径,走有自我魅力的城市发展道路,如曲艺理论家、扬州人陈汝衡就希望扬州保持现有的规模和环境,"成为纯粹的古色古香的名胜之区,没有丝毫近代工业主义的色彩,永远不见着工厂和从里面发出的黑烟"[8]。他憧憬理想中的扬州是充满人文味道的:"最好是利用他的幽静,在这里建设大规模的图书馆和大学校,使文人学者都可渡江到这里来安心著作,逐渐成为学术的中心。"[9]这些关于扬州城市发展目标的不同争论,体现了当时人们对于扬州这

[1] 参考《江苏省各县市历年人口数:江都县》,《内政统计月报》1948 年第 123 期,第 1 页。

[2] 武同举:《江都县城厢图附记》,第 2 页。

[3] 陆俊麟:《江都等十县经济调查报告书(一)》,《苏行旬报》1937 年第 4 期,第 1 页。

[4] 陈颜湘:《宝应社会鸟瞰》,《农行月刊》1934 年第 8 期,第 31 页。

[5] 陆俊麟:《江都等十县经济调查报告书(三)》,《苏行旬报》1937 年第 6 期,第 3 页。

[6] 《江苏省各县市历年人口数:宝应县》,《内政统计月报》1948 年第 123 期,第 1 页。

[7] 叶美兰:《柔橹轻篙——扬州早期城市现代化之路》,北京燕山出版社 2004 年版,第 59 页。

[8] 陈汝衡:《谈扬州(下篇)》,《文化通讯(上海)》1934 年第 2 期,第 27 页。

[9] 陈汝衡:《谈扬州(下篇)》,第 26—27 页。

座历史名城未来道路与命运的深切关注。

民国初年,借助近代测量技术,江都县政府绘制了万分之一比例的《扬州城市简要图》。1921年12月,淮扬徐海四属平剖面测量事务所制成《江都县城厢图》。这张图对城区中的砖城、房屋、凹地、贫民居留地、砖石路、砖石墙、大道、土墙、砖石堆、乱石墙、木棚、碑坊、池塘、湿水地、小道、水流方向、河道、桥梁、渡口、阔叶树林、针叶树林、杂树林、坟墓、学校议会、公署居所、警察居所、邮政电报局、税关厘卡、教堂医院、桑田、水田、旱田、菜园、水仓、米仓等都有标注,堪称精细。五年后,20万分之一的《江都县全图》制成,"全县地势之区分,市乡之界址,以及河流、道路、邮电、轮船、学校、集镇,均备列图中,其详另载调查报告"[1]。1931年,又制成了万分之一比例的《江都县城厢市图》,这些地图成为当时江都县政府规划与建设城区的得力工具。

北京政府时期,江都县城厢内建筑密集而错乱,道路十分狭窄,"无宽广之街衢"[2]。无论是旧城区域的院大街、南门街,还是新城区域的东关街、辕门桥、左卫街,"惟商店栉比,行人拥挤,殊甚。辕门桥街衢四通,尤为肩摩踵接之区"[3]。随着城市近代经济、生活与社会事业的发展,旧的城市建筑分布格局与道路状况都亟须新的规划与调整。

南京国民政府建立后,江都县政府开始谋划城市建设的规划,首要计划即是拓宽城市道路,但此一理想与现实发生了强烈的冲突。国民党县党部行政会议曾决定将扬州城内的各街市道路都改宽为三丈,需要拆除大量沿街商铺,影响到这些业主利益,阻力很大。如1927年11月12日下午,江都县政府召开府务会议讨论多子街的拓路问题,考虑到"如定放宽三丈,不免为人情所难",决定暂缓道路拓宽方案,"对于多子街新建市房,酌量缩让,并拟先将沿街雨棚拆去"[4]。会上还提出了拆除沿湖城墙、改修环湖马路等设想。两年后,江都县政府再图拓宽城区道路,但考虑到事势所难能,权宜之下,作出了三个决定:一是"取缔建筑",拟定了《取缔建筑章程》,施行逐渐让宽办法,

[1]《江都县全图》,《督办江苏运河工程局季刊》1926年第26—29期,第15页。

[2] 雷家骏:《江都县乡土志》,第154页。

[3] 雷家骏:《江都县乡土志》,第154页。

[4]《第一次府务会会议录》,《江都县政治月刊》1928年第1期,第8页。

凡在城厢内翻造或重建房屋时,都须退让至政府规定的应辟宽度,方准建筑。二是"酌量拆除",凡属交通冲衢,且两旁建筑物又均已倾圮危险者,即拟具计划呈请省建设厅核准,勒令两旁居户拆建,同时将该道辟筑。三是"拆城填河筑路",拟将江都城的城垣拆除,辟为马路,发展商业,便利交通。[1]

20世纪30年代初,经江苏省政府建设厅批准,江都县政府颁发了《江都县政府建筑查勘管理办法》《江都县城厢民房拆卖及拆卖后之整理办法》等规定,明确所有江都县城厢内新建、修理、拆卖房屋及建筑物的行为都须经过县政府批准,获得建设施工执照,方可动工。"城厢民房拆卖,应由产权人检呈该房契,遵章向建设局呈准,请领拆卸执照;如系自建房屋,应将地契呈验,或由街邻四家以上,出具证明书"。[2]这些规定初步限制了江都县城厢内私自对建筑进行拆建改造的行为。

城市管理与城市建设是相辅相成的,为了改变城市形象,江都县政府也推进了一些措施。1927年12月10日,因"本城乞丐日多,沿途讨化,殊形可厌,且与观瞻上治安上皆有莫大影响"[3],江都县府务会议议定:"拟仿照镇江,设置收容所,责令警察严行取缔"[4]。1929年,江都县政府又经省民政厅核准,明令:"当街晒晾衣物,广告单随处乱贴,电杆上拴系牲畜,均应切实禁止,饬据公安局拟具取缔街道规则。"[5]这些措施是否得到了长期有效的执行,难以查考,但1934年有到扬州的游客称:"扬地屋宇整洁,道路秩然"[6]。可见在某些年代,扬州城市环境有所改善。

二、抗战后扬州城市规划与管理

扬州城的规划与建设因日本侵华而陷于停滞,残山剩水之间,扬州城遭战火破坏,城建毫无建树。

抗战胜利后,依据国民政府的《都市计划法》及战后颁布的《收复区城

　[1]　陈肇燊:《江都县县政概况》,第35—36页。

　[2]　《江都城厢民房拆卖及拆卖之后整理办法》,《江苏省政府公报》1932年第1013期,第5页。

　[3]　《第一次府务会会议录》,第26页。

　[4]　《第一次府务会会议录》,第26页。

　[5]　陈肇燊:《江都县县政概况》,第47页。

　[6]　高梧轩:《绿杨城郭是扬州》,《旅行杂志》1934年第9期,第14页。

镇营建规则》《城镇重建规划须知》《地方政府恢复破坏城镇应行注意事项》《县乡镇营建实施纲要》《战后营建城镇提供资料要则》等政策的要求与规范,扬州各地县政府纷纷重整了城市的规划与管理工作。

　　1945 年 11 月,江都县政府拟定了《江都县城营建计划大纲》,第一次以近代城市建设理念,对江都县城厢进行了功能区划分及道路网络设计。次月,江苏省政府正式批复了该计划大纲[1]。

　　根据这份计划大纲,扬州城市被划分为功能各不相同的五区(政治区、工业区、风景区、商业区、住宅区)一带(绿化带),见下表[2]:

表 6-1《江都县城营建计划大纲》中的城市功能区划分设想表

功能区(带)	区　域
政治区	县政府及其附近地域
工业区	城南通扬桥南运河下游南岸
风景区	城北瘦西湖、平山堂、观音山一带
商业区	城内原有商业街道及教场附近公共商场
住宅区	原有小街小巷
绿化带	

　　这一城市功能区的划分仍属初级阶段,非常笼统,欠缺对各个功能区的属性定义与内涵描述。这份大纲将城区道路分为甲、乙、丙、丁四个等级,见下表[3]:

表 6-2　《江都县城营建计划大纲》中的道路等级及设计

等　级	规　格	路　名
甲级道路	路幅 12 米(车行道 8 米,人行道各 2 米)	福运路等 4 条
乙级道路	路幅 10 米(车行道 7 米,人行道各 1.5 米)	平山路、教场路、甘泉路、关西路、天宁路、县府路、蒋徐路、广储路等

---

[1] 该计划大纲在 1946 年 6 月、1947 年 5 月经过了两次修订。

[2] 参见《扬州市志(上册)》,第 315 页。

[3] 参考《扬州市志(上册)》,第 315 页。

续表 6-2

等　级	规　格	路　名
丙级道路	路幅 8 米（车行道 6 米，人行道各 1 米）	湾子路、琼花路、便益路、北河路、康山路、三新路、皮市路等 7 条
丁级道路	路幅 6 米	贤良路、苏丁路、府东路、三元路、地官路、达士路等 7 条
里巷	宽 4—5 米	130 余条

大纲还拟对城外的一些街道进行拓宽。包括将洼字街、缺口外街、福运门外街、西门外大街拓宽至 12 米；将南门外街、小码头、北门外大街、徐凝门外街、钞关外街、便益门外街拓宽至 10 米；将运河两岸拓宽至 8 米；将猪草坡拓宽至 6 米等。由于规划存在着自身技术性缺陷，又受制于当时环境，这份计划大纲如水投石，丝毫不入，几乎没有产生任何实际效果。

1946 年 7 月，江苏省政府训令各县执行《江苏省各县市取缔违章建筑罚款提奖办法》，以违章罚款所得的 7 成充市政经费，3 成奖励检举及相关人员。这一办法设立的初衷在于填补市政建设经费所缺，然收效甚微。1947 年，江都县修建城厢街道沟渠委员会成立，负责协调下水道的建设以及道路养护工作，《江都县修建城厢街道沟渠暂行办法》也同时出台。院大街、三元巷、七巷、五巷、稽家湾、南柳巷、多子街、县府街、北河下、南河下中段、皮市街南段、运司街北段、东圈门西段、彩衣街、中小街、常府巷、小东门街、李官人巷、引市街、砖街等街道沟渠为养护的重点。同年颁布的《江苏省建设马路人行道征费规则》《江苏省取缔妨碍人行道规则》《江苏省各县市马路阴沟管理规划》《江苏省县市道路修筑条例》等法规也为扬州的城市管理工作提供了更多的法律支持。

除了江都县城厢，扬州境内的其他属县也有类似的城市规划与管理举措。如 1929 年，高邮县为改良市政，维持公益起见，通过了《高邮县取缔建筑暂行章程》，获得了省建设厅的核准。各县所发文件大同小异，但对各县实际不无侧重，在各自的城市管理工作中发挥着作用。

（二）拆除城墙及城区道路桥梁的维护、改造与建设

民国江都县城厢拆除城墙，道路桥梁的维护、改造与建设是随着城市近

代化发育的需求而逐步推进的。

城市排水一直是重要的城建领域,为了改善城区部分区域的排水,民国初期,江都县建设了万寿寺至保安巷的砖砌方砖出水口,直通古运河,规格为 80 厘米乘 40 厘米。1916 年,为城区内部交通方便,拆除了小秦淮河西侧新旧城之间的城墙与城门。1923 年,拆除了钞关与徐凝门之间的城墙,为便利汽车站的交通,新辟福运门。1925 年,经过激烈的讨论,拆卖月城的决定获得了批准。两年后,又拆除了南门外挡军楼城墙。

在全国各个城市拓宽城厢道路的潮流中,1931 年,江都县政府正式启动了对城厢道路的大规模拓宽改造工程,将埂子街、大儒坊、多子街西段各拓宽了 8 米,铺设片石路面,建成了长 60 米的十字"模范马路",成为城市道路示范的一景。

1937 年 3 月至 8 月间,由江都县建设局规划,私营王殿记营造厂承建,修筑了全长 1.95 公里、路幅 12 米的道路。从新南门到新北门的新马路,路面为泥结碎砖。同步新建新北门桥,铺设了市区第一条混凝土管下水道。这一道路的建设,沟通了城南汽车站到城北风景区的联系,便利了外地游客的出行。

但限于财力,除了上述道路,江都县城厢内其他城墙、道路的改造、扩建实在寥寥,大致有以下一些工程:1946 年 3 月,对从嵇家湾到新桥的南柳巷道路进行了维护。8 月,整修倒塌城墙 18 处,近 800 米。1947 年,翻建多子街十字模范马路 82.8 米。4 月,修理南门外砖桥与南门城墙缺口。同年,翻修院大街路面及添修下水道工程,修理了徐凝门东首里城垣、龙头关城墙、新南门城墙、天宁门城墙、便益门城墙、小东门城墙等。抗战胜利后的第二年,曾坐镇扬州的国民革命军第二十五师师长黄百韬仍感觉扬州街道狭小,"没有近代都市阔大的雏形"[1]。

江都县城厢内多水道,各个河道上多有砖石、木结构的拱桥遍布城区,方便民众通行。民国时期,江都县政府除了对一些桥梁进行维护外,还新建和改建了通扬桥、新北门桥、新南门桥、新桥、公园桥、萃园桥、天宁门桥等一

---

[1] 天疯:《黄百韬语激扬州人》,《新上海》1946 年第 39 期,第 3 页。

批桥梁。

城区内河道的疏浚工作也断断续续地进行着。1934年,江都县建设局启动了历时半年的小秦淮河疏浚工程,使运河水从龙头关经小秦淮河,直通北水关,与瘦西湖相通。数年间,南河下中段、皮市街南段、运司街北段、东圈门西段、彩衣街、院大街、中小街、常府巷、小东门街、李官人巷、引市街、砖街、五巷、稽家湾、三元巷、北河下等地的下水道也得到了处理。

三、公共设施与公共建筑、场地、绿化建设

扬州城内清末建立起来的照明、用水、清洁卫生等公共设施在民国又有新的发展。以公共照明而论,1913年,江都振明电灯公司建设了两条路灯线路,覆盖了辕门桥、新胜街、教场街、古旗亭、萃园桥、埂子街、多子街、砖街、左卫街、康山街、北河下、南河下、引市街等街道区域,这是扬州城厢最早的电气照明路灯的设置。这些路灯主要安置在交叉路口和一些大商铺前,使用白炽灯泡,外套搪瓷罩,供电时间是晚上6点至12点。1928年,面对北伐战后,百端待举,"城市市政,日久废弛"的景况,江都县县长张士仁发布了积极整理市政的训令,要求职责所属各机构"认真办理,以重市政"[1]伐毛洗髓,以图再造城市环境。

1928年,扬州电灯公司已经装备了蒸汽发动机和内燃发动机两种动力装备。蒸汽发动机为六筒直置之煤气机,具有450HP动力,燃料为煤气,"固当世之最有功效之迪驰式引擎也"[2],为扬州城市照明的稳定性提供了保障。高邮、宝应等县也陆续开启了城市照明服务。路灯事业进展较快。1930年,江都县政府规定城厢内每户居民凡用电每千瓦时需加收5%的电费作为路灯建设及维护费用。起初这些路灯没有设置单独控制开关,在实现全日供电后,又添置了单独开关,增加了服务效率,减少了能源浪费。1936年,振扬电气公司在全城共有汽轮发电机2台,配电房11座,2300伏配电线3条,服务照明用户6753户,路灯608盏,服务范围除了城区,还扩展到了三汊河、高旻寺及霍桥镇等乡镇地区。至抗战前,扬州城内已有路灯近千盏。某种

[1] 张士仁:《积极整理市政之训令》,《江都县政治月刊》1928年第1期,第93页。

[2] 季丹:《扬州电灯公司实习记》,《交大半月刊》1928年第1期,第54页。

程度上也算是恢复了唐诗中"夜市千灯"的景象。

沦陷期间,扬州公共照明事业只减不增。1944年,为了防止空袭,实施灯火管制,日伪政府拆除了城内全部路灯。抗战胜利后,按照江都县政府的要求,振扬电气公司在城厢陆续安装了600余盏路灯,2300伏直配线路5条,延伸至北门外绿杨村、西门外飞机场、扬子桥等地。1946年12月17日,江都县政府还联合了警察局、县商会、第一区公所、振扬电气公司等单位,签订了江都县城厢路灯合约五条以规范相关业务。1949年,城厢大致恢复到千盏路灯的水平。

城区居民饮水以水井及古运河水为主要用水来源。扬州地下水资源丰富,城区有水井1400余口。1946年,江都县出台了《整理公私水井办法》七条,对城区的水井使用进行了规范与限制。除了饮用水井之外,还有一部分居民饮用运河水。运河水由运输者以木制手推独轮车,或通过茶水炉送水的形式送进居民家中,按年、季、月包水收费,或按照用水量计费。

扬州城内有专门的清道夫队伍,负责城厢主要街道的卫生清扫任务,清洁范围包括"南由福运门至运司街一线,东由东关至大东门一线,又东由缺口至小东门一线"[1]。大街小巷也设有垃圾桶,由清道夫"分头打扫,搬放垃圾"[2]。居民的日常生活垃圾,专门有人走街串巷地收倒。城内还有一些灰行,在固定的灰池扒灰。1929年,江都县开征清洁卫生捐,设卫生警察队,督察城区的清洁卫生工作。民国初期,城厢卫生情况不佳,尤其是公共厕所稀少且简陋,街头巷尾,"溲溺任其所之"[3]。1929年,在县长陈肇桑的推动下,县政府第六次政务会议决定征收城区垃圾粪捐,拟将所得之款用于建筑公共厕所便池。此后历届县府皆有增设公共厕所之议,然实效各不相同。

随着城市各项事业的发展,扬州城内新建了一批公共建筑,其中主要者见下表[4]:

---

[1]《扬州市志(上册)》,第353页。

[2] 陈肇桑:《江都县县政概况》,第46页。

[3] 张守仁:《积极整理市政之训令》,《江都县政治月刊》1928年第1期,第93页。

[4] 参考《扬州市志(上册)》,第370页;杨正福主编:《扬州民国建筑》,广陵书社2011年版,第106—127页。

表 6-3　　　　民国时期扬州城新建的公共建筑

建筑时间	建筑名称	建筑者/主持者	建筑概况
1919 年	美汉中学	美国人士	教学楼（西式砖木结构）1 座；小别墅 1 座。
1921 年	耶稣教浸会医院	美国人邰尔医师	采用美国约翰·霍普金斯医院设计图建造
1923 年	望火楼	马世杰（盐商）	西式砖木结构 5 层楼,时为扬州城内最高建筑。
1928 年	慕究理小学校舍楼	美国人士	
1928 年	江都县公共体育场（西区公共体育场）		面积 6000 平方米,有 340 米环形跑道及足球场、篮球场、乒乓球活动室、器材保管室等场馆。
1929 年	江都县东区体育场		
	天主教圣母院	奥国公主	3 层楼建筑
1930 年	耶稣教浸会医院	美国人士	砖木结构病房 1 栋,面积 2800 平方米。
	扬州中学"树人堂"	校友捐资	西式砖混结构 5 层楼
1931 年	同仁医院	扬州名医周凤书	门诊楼一栋,病房一进等建筑。
1935 年	震旦中学教学楼	法国人士	建筑面积 4000 平方米
	南京大戏院	扬州盐商张同兴后人张伯平	
1937 年	江苏省扬州蚕种场育种室		占地面积 454.3 平方米,建筑面积 1817.2 平方米,地上三层,地下一层。
1938 年	绿杨旅社		砖木结构 3 层楼房
1947 年	国民大戏院		竹草结构简易房屋
1929 年	中山纪念堂	县政府	西式二层砖木结构楼房,总面积 200 余平方米,三顶式门楼,坐北朝南。

　　此外,还有愿生寺、耶稣教堂、天主教堂等宗教建筑;王柏龄住宅、下铺街美式别墅等住宅建筑也都是民国时期所建的。这些建筑点缀于满是盐商住宅高墙的城市之中,别有一番韵味。

扬州古有"绿杨城郭"美誉,专享无边风月之情。战乱期间,城市绿化的管理维护无人问津,但在形势稳定的时候,也有一些恢复与进步。

扬州城内旧有公园,"地傍城河,堂榭精洁"[1]。地方政府也较重视绿地公园事业。1929年,江都县政府制定了《江都城厢草地公园计划》,当时中国城市中少有类似的文件。该计划先辟北门外城基地与县学前之空置二处为草地公园。扬州没有专设从事城市绿化的机构,而由江都县风景委员会负责城北风景区及城厢的绿化工作。1936年,江都县风景委员会沿着北城河两侧至蜀冈一带,种植了海桐、垂柳等树木,在北门外建了草地公园。次年,借着新马路建设之机,在该道路的南侧种植了悬铃木500棵作为行道树。在广储门至新北门沿河种植榆树、白杨、枫杨等树木1.2万余株。城区的梅花岭、蜀冈等处都是每年植树节期间江都县政府组织机关团体职员及学生集体植树的地方。这些公共绿地的建设为市民提供了休憩游玩的场所,美化了城市环境。

四、风景区与园林建设

扬州是一座自然风光与城市园林相得益彰的风景城市。民国时期人称"扬城风景,均系天然,毫无雕琢之处"[2]。也有人说:"扬州的风景线内,没有高山大水点缀着,全凭人工布置成功"[3]。为了保持这座风景城市的特色魅力,民国的扬州民众也付出了相当的努力。

一些驻扬官员和当地乡绅为追求泉石之乐而自发造园之举,从清末延续到了民国。民国初年,李鹤生将东关街个园西部住宅购买下来,建为逸圃。1915—1917年,在清初韩园、桃花坞的旧址之上,为纪念徐宝山而建的徐园竣工,园内多种梅、桃、李、紫藤、紫玉兰、牡丹、芍药等植物。乡绅杨丙炎沿着瘦西湖畔,补筑了"长堤春柳",沿堤遍植桃、柳,纷红骇绿。以上两个工程的完工,使得扬州城北风景再现,康有为等人亦曾到此观景。"于是海内名流道经邗上者,争买棹泛虹桥访徐园矣。是昔日虹桥之胜在倚虹园,今日

[1] 雷家骏:《江都县乡土志》,第154页。

[2] 孔昭玲:《游扬州记》,《崇中期刊》1943年第1期,第12页。

[3] 谢鹤松:《扬州剪影》,《甦(上海1937)》1937年第7期,第43—44页。

虹桥之胜则在徐园,二百年来北郊园林之兴废可于此见焉。"[1]1921年,陈重庆之子陈易于瘦西湖兴建别墅,在汀屿之上,清幽雅致,有无穷意趣,以《楚辞·卜居》中"将泛泛若水中之凫,与波上下,偷以全吾躯乎"为意,取名凫庄,又成一景。国民党高官、扬州人叶秀峰建设了占地72亩的万叶林园(叶园),林内多为悬铃木、松柏,并引进种植了美国的薄壳山核桃、日本的五针松、平山赤松、猿猴杉、柳杉、扁柏、花柏等品种,郁郁葱葱。1930年4月26日,为纪念辛亥革命先烈熊成基,在扬州城南小花园成立了熊园筹建会,时已募得2万8千余元,熊成基夫人程舜仪又从其抚恤金中拿出10万大洋捐助建院,拟建熊园。1931年6月28日,择瘦西湖长堤春柳东岸乾隆时期江氏净香园旧址上,举行奠基典礼。1947年6月28日,熊园及长堤春柳小亭建成。其他知名的民国时期扬州园林还有匏庐、萃园、杨氏小筑、平园、怡庐、蔚圃、可园等一大批。1918、1919年间,在原来大同戏馆的地址上,盐商们集资兴建了萃园,该园遍种竹树,有草亭五座,"是属消夏之一佳境"[2]。扬州沦陷期间,为汉奸熊育衡所占,一度改为"衡园"。盐商周静成在其住宅西侧辟有平园,其中有高大白玉兰两株及凌霄、黄杨、桂花、梧桐等,有漏窗、月洞门、小山、湖石等景。扬州实业家卢殿虎将其住宅名为匏庐,分为东、南两园,有山石、鱼塘、亭廊、花厅等设,园虽不大,但内涵丰富。1936年前后,王柏龄在新马路寓所建憩园,里面也有曲廊及很多名贵树木。其他扬州各界人士也积极建园,如扬州香粉业谢馥春老板谢济川的劝业堂、金融家李鹤生的逸圃、司法官员刘豫瑶建的八咏园等。虽然20世纪30年代,扬州园林之胜已难负盛名,但扬州城内仍一度再现了民间造园的盛景。当时叠石造园大师、扬州人余继之,因小见大,巧构园景,曾为卢殿虎营造匏庐,还设计了怡庐、蔚圃、杨氏小筑等。1936年成书的《扬州览胜录》,是受扬州风景整理委员会所托,由晚清诸生、扬州人王振世所撰,4年后,又补充了1937年之后的扬州园林景色而刊行。

---

[1]　王振志著,蒋孝达点校:《扬州览胜录》,江苏古籍出版社2002年版,第42页。

[2]　半酣:《广陵新建小花园名曰萃园》,《时报》1919年7月20日,第11版。

表 6-4 民国时期扬州部分新筑园林表

园林名称	修建者或拥有人	园林名称	修建者或拥有人
平园	周静成	徐园	杨丙炎
萃园	盐商集资	劝业堂	谢济川
楼西草堂	萧畏之	逸圃	李鹤生
息园	胡显伯	八咏园	刘豫瑶
匏庐	卢殿虎	憩园	王柏龄
樊圃	樊 灏	可园	丁荩臣
汪氏小苑	汪氏盐商	叶林	叶秀峰
凫庄	陈臣朔	熊园	王柏龄
怡庐	黄益之	邱园	邱氏商人
丁氏园	丁乃扬	徐氏园	徐宝山
小苑	汪伯屏	华氏园	华友梅
餐英别墅			

民国扬州的风景区整理修复工作是从江都县城北风景区管理委员会成立后才系统展开的，在此之前，“从前所有的名园，都成废址了；所有的富商名宦，他们的后裔都没落了”[1]。很多园林景点、名胜古迹如同尘饭涂羹一般，在民初的战火中荒废落寂，“扬州古迹素著，近以不事保存，渐就湮没。国粹之存亡，抑亦好古家之所忧也”[2]。就如五亭桥，“年久失修，半多颓败”[3]。有的园林名胜还长期为军队所占据。何园就曾“久为军队所驻”[4]，外人不得入内。而“王播题诗为碧纱所笼之石塔寺，现正驻兵，且厢房即为粥厂，为乞丐就食之所”[5]。甚至晚清战乱之际留下的痕迹仍存在，1928 年间，城内尚有“瓦砾堆”之地，此为太平军占领扬州时的疮痍。“瓦砾堆有二，均在教场相近。洪杨之役，房屋火毁，平后乃聚瓦砾而成堆”[6]。一些园林中

[1] 陈汝衡：《谈扬州（下篇）》，第 26 页。

[2] 雷家骏：《江都县乡土志》，第 157 页。

[3]《国内无线电》，《时报》1919 年 9 月 2 日，第 3 版。

[4] 高梧轩：《绿杨城郭是扬州》第 18 页。

[5] 高梧轩：《绿杨城郭是扬州》，第 21 页。

[6] 沈杏初：《扬州名胜志略》，《友声月刊（上海 1923）》1928 年第 4 期，第 20 页。

的名树被盗砍,湖石也被盗运或贱卖。1920年,扬州盐商黄金泰家中藏有很多名贵假山石,距开采已有200余年了,形状均甚奇异,"该石皆甚长大,有似人形者,有似龙头形者,种种奇状,玲珑而美观,惟其量甚重,每块须五十人方可搬动"[1],但却被北京人买去,装饰别墅。

20世纪20年代末开始,一些园林名胜陆续得到修复,抹去蛛网尘埃,再展魅力。小金山在北伐军与"五省联军"之役后,"劫后复修,风景极佳"[2]。1919年9月,法海寺僧众募集了千元资金,修理五亭桥(莲花桥)。王柏龄捐资重建平山堂,也是其中的重墨。1927年,五亭桥曾经被局部修复。1928年,商人公恒茂等,"以扬属沿河岸旁园林,时遭人民伐卖情事,殊非保存古迹之道"[3],于是向运署提出建议,要求查禁此事。1930年,因两年前遭受风雨袭击,五亭桥上的亭子相继倒塌。1932年,扬州成立重建五亭桥委员会,王柏龄为委员长,江都县长马镇邦为副,商会主席王敬庭等为常务委员,招商投标,克期兴建,盐务团体及时为中南银行总理的胡笔江也有捐献,江都风景整理委员会也拨付专款。1933年7月10日,大功告成,"顿复旧观"[4]。

城北瘦西湖一带是扬州风景的精华所在,时人评价扬州瘦西湖之美不亚于杭州西湖:"将它与杭州的西湖一比,则后者如一珠光宝气的盛妆贵妇人,前者如不施脂粉的素服乡下女,淡淡的,默默的,有楚楚动人之美。"[5]沿着瘦西湖一线,有徐园、小金山、观音阁、虹桥、法海寺塔(白塔)、吹台、二十四桥、隋堤、五亭桥、平山堂、谷林堂等景点。"泛舟一游,真有绝尘脱俗的概想。"[6]城北风景区建设为当时扬州风景规划的重中之重。1935年4月28日,江都县城北风景区管理委员会假城外香影廊举行了第一次常务会议,推余继之、周星北、张树思、舒仲民、辛止心等委员担任调查任务,将办事处设于北门外餐英别墅。会议还通过了《江都城北风景区域进行方案》,拟以《平

[1] 翰墨生:《扬州之奇石运京》,《时报》1920年7月6日,第11版。
[2] 沈杏初:《扬州名胜志略》,第16页。
[3] 《各县消息:扬州》,《时报》1921年6月26日,第6版。
[4] 王柏龄:《五亭桥记》,见许少飞:《扬州园林史话》,广陵书社2014年版,第199页。
[5] 洛川:《江都半日闲》,《杂志》1944年第3期,第92页。
[6] 云厂:《记扬州的名胜》,《上海小报》1940年12月8日,第2版。

山堂图志》《扬州画舫录》等历代记录扬州园林名胜的古籍为准,对其中有关风景名胜旧址,设立标记,进行保护。

《江都城北风景区域进行方案》也是近代扬州官方第一份旅游观光线路设计方案,以《平山堂图志》"第一总图"为规划范围,设计了三条旅游线路。第一条自史公祠、天宁寺、丰乐上街、北门街、叶公桥、第一茶亭,北至观音山,再由茶亭西至三贤祠。第二条从北门问月桥、大虹桥北至熊园,再由虹桥经长堤春柳至徐园。第三条自大虹桥经箭道至法海寺,过五亭桥至三道茶庵,再到达观音山。[1]此三条线路所游览的景点各有侧重,内涵丰富,沿途景点密集,风光秀美,能够较好地展示扬州人文历史底蕴与湖上园林之美。

也正是在这一时期,扬州城北一带很多景点都得到了开发,再现了水木清华盛景。"瘦西湖的美,美于天然,多于人工。"[2]城外另有荣萸湾、雷塘、绿杨邨、徐公祠等可供游人游览之地。如新建的餐英别墅,原为清代愚园旧址,余某购置后兴建茅屋、草亭、竹轩、板阁多所,"临溪水,背负竹园,极其雅致"[3]。城内则有康山、梅花岭、芍药湾、文选楼、蕃釐观、董井、谢安寺、云山阁、天宁寺、刘备井、何园、长牛寺、康山、富春园、净慧寺、萃园等景点。这些名胜风景之处多富含人文意蕴,各有千秋。以"甲天下"的园林而论,有上海媒体人士称:"何园为扬州诸园冠"[4]。以宗教丛林的幽静而论,净慧寺在扬州城南,始建于宋代,为清代扬州知名寺庙,"亦属扬州名寺之一"[5]。其游览方式,以水上更胜一筹,"以水为主,以船为主"[6]。有游船、餐饮等配套的服务,从业者众。扬州城北的游船业是有悠久历史的,20世纪30年代,再度复兴。其游船有多种样式,小者似西湖游艇,置藤榻于中,合船尾船首,可坐五六人,轻便易行。大者较小者大至一倍半,上盖铁皮,以御雨日,四周有木栏杆,而置四五藤榻,并列船中,更有方案,以供茶食之需。"水阁下的游船

[1]《江都城北风景区域进行方案》,《江都教育》1935年第6期,第10页。

[2]《旅行扬州杂记》,《沪江大学月刊》1935年第1期,第319页。

[3]《广陵城之新建筑》,《时报》1919年8月16日,第1版。

[4] 沈杏初:《扬州名胜志略》,第21页。

[5] 司徒涧:《记扬州之行》,《江苏省立第一农业学校校友会杂志》1916年第2期,第1页。

[6] 佩弦(朱自清):《说扬州》,《人世间》1934年第16期,第36页。

很整齐地排列在河内,船娘们在岸旁很妩媚地向游客兜揽着生意。"[1]瘦西湖的船娘名声在外。来扬州的游客行至城北,往往雇一游艇,"游山玩水,亦别有乐趣"[2]。在城内外的很多景点,游客们还可以购买到有特色的旅游纪念品。这些纪念品富含地方文化特色,颇不少脱俗之物,如在平山堂有欧阳修石像拓本出售,在史公祠有相关碑文的拓片出售。在富春茶苑出口的街头,有很多卖古董字画的店家,虽真赝混杂,也足以愉游人之目。扬州美丽的风景吸引了中外游客的青睐,不但国内人士以扬州为梦中的旅游目的地,国外人士也对扬州风景流连忘返。蒋介石曾不止一次游玩瘦西湖,来扬讲学的美国著名学者杜威也游览了瘦西湖。

仪征、高邮、宝应等县也有一些园林风景,如仪征的白沙园有奎光阁等景点。

但任何美丽的城市都经不起残暴的摧残,日军攻占扬州期间,焚毁、拆除房屋1500余间,魑魅魍魉,横行于城市园林景观、名胜佳处之间。日军将吴道台府的部分建筑改造为练兵场,花园、祠堂等皆被拆毁。汪氏小苑先后被日寇、伪军占用。逸圃、平园为日军侵占,萃园为伪军占据。扬州城的风景也朝攀暮折,残破不堪。"惟以八年以来,未加修葺,再受敌伪摧残,致破坏甚钜。"[3]抗战胜利后,文学家闻国新来扬州,见疮痍满目,慨然有感:"偌大的扬城,简直连一棵成材的树木也没有看见"[4]。他对比了隋堤树木的情形,"在我来的那一年(大概是民国十八九年间)这一路满栽着古老的杨柳树,在树下走,盛夏时光也穿射不透。事变时,这些树木都不知道跑到那里去了"[5]。他还描述了香影阁的残破之景,"我在一座月亮门上面发现了写着'香影廊'三个字的匾额,廊已无存。"[6]20世纪30年代常年植树的扬州城北郊,经战争洗礼后,"而今不但没有成林,连一株树影都不见"[7]。种种景象,不忍直视。抗战胜利后,扬州人民怀着对家乡美景的珍惜爱护之情,曾对部分名胜进行过

[1]　君平:《绿杨城郭是扬州》,《宇宙风》1938年第66期,第201页。

[2]　梦尘:《春光明媚话扬州》,《金声》1948年第35期,第2页。

[3]　《天南地北:扬州名胜》,《海潮周报》1946年第27期,第8页。

[4]　闻国新:《附郭纪行:扬州印象之二》,《读书青年》1945年第6期,第13页。

[5]　闻国新:《附郭纪行:扬州印象之二》,第13页。

[6]　闻国新:《附郭纪行:扬州印象之二》,第13页。

[7]　纪宜:《请看今日之扬州》,《南青》1948年第3期,第22页。

重修。1942 年,五亭桥曾经过一次修缮。1946 年 5 月 5 日,江都县政府通过了《江都县警察局管理瘦西湖游船规则》,拟通过规范游船运营,推动旅游业的发展。1947 年 6 月 28 日,修建了长堤春柳小亭。7 月 21 日,《江都县风景整理委员会组织规程》被省政府批准,这是扬州地方政府期待重振景区的一个动作。当年,瘦西湖周边及北城河沿线还种植了榆树、白杨、枫杨 1 万余株。扬州城还发起过一场"万元签名运动",以募集资金,用来修葺史公祠。[1] 短短两三年内,扬州城部分风景枯木逢春,有所恢复。

1948 年,《南京中央日报周刊》以《春风扬州十里》为题,专版登载了该报记者所摄的扬州风景照片,分别是"扬州观音山上紫竹林""扬州瘦西湖之法海寺""瘦西湖上远眺五亭桥""近看五亭桥""瘦西湖畔挤满了踏青仕女""瘦西湖上泛舟""自瘦西湖远眺观音山""扬州平山堂大门外景""平山堂内御碑亭畔之第五泉""扬州富春茶社为著名之茶食店""富春茶社内景""扬州梅花岭上有史可法墓古迹"。同时附文称:"扬州——这为古代骚人墨客艳游讴歌之地,多少人醉心于'十里春风'的享受,现在正逢暮春三月,江南草长的季节,梅花岭上,忠风健在,四方游客又群集瘦西湖畔,湖光山色,亭台楼阁,好一片锦绣山河"[2]。重温旧梦之间,时人对扬州也有这样的评价:"城北的瘦西湖,平山堂还永远是游人留连的胜迹。因此,扬城多少还保持了风雅,文化水准在江苏是有数的"[3]。

第二节　民国时期扬州的警政、消防与慈善救济事业

较之晚清,民国时期的扬州警政、消防与慈善救济事业都有较大的进步。扬州警察队伍力量不断加强,规范化程度有所提升,承担着越来越多的任务。扬州官办消防机构与民间救火会等组织共同守护着城市,减少了火灾损失。重组的救济院等机构在历次大灾大难中挽救了很多人的性命。

---

[1]《扬州点滴》,《大公报》(天津版)1947 年 4 月 7 日,第 8 版。

[2]《春风扬州十里》,《南京中央日报周刊》1948 年第 5 期,封面第 3 页。

[3] 凌羽:《扬州书店一瞥》,《大公报》(天津版)1947 年 2 月 12 日,第 12 版。

一、民国时期扬州的警政事业

伴随着行政机关的变动,扬州警察机关在民国时期也有相应的变化,在扬州城市的组织保甲、治安管理、社会秩序、查办案件等方面,所负责任也日渐增加。

1912 年,江都县警务公所在东关街安定书院内成立,县知事兼警务公所所长。1927 年,南京国民政府成立后,改警务所为公安局,局长由省政府委任,受县政府的监督。江都县公安局成立后,共设有三个科及督查室、消防组、侦缉队等部门,另在城厢及各乡镇设有 10 个分局。

1928 年 1 月 27 日通过的《各县公安队暂行组织条例》规定:"各县因维持治安之需要,除遵照县公安局组织条例设置普通警察之外,得组织县公安队"[1]。这支队伍归江苏全省水陆公安管理处统辖,就近由各县政府指挥监督。1912 年成立的江都县警备队遂改名为公安队,不久又改名为警察队。1934 年 7 月,再改编为保卫队。三个月后,名称又改变为保安队。这支辅助警力在其改编为保安队后,"除名义上仪征、六合两县警察队改归本县,为第三、四中队,不计外",实有一个大队部,两个中队,共计六个分队及一个水巡特务队(辖 6 个班),"总计官佐兵夫三百四十四员名,分配驻防地点计二十处"[2]。至 1929 年,江都县公安分局增加至 12 所,并有 28 个支局。

表 6-5　江都县公安局分局、分驻所情况表（1929 年）[3]

分　局	驻　地	分驻所数量	分　局	驻　地	分驻所数量
第一分局	三元宫		第七分局	邵伯镇	4
第二分局	三祝庵		第八分局	瓜洲镇	4
第三分局	九巷炎帝宫	第一至第五分局,在城内,不设分驻所。	第九分局	大桥镇	3
第四分局	文昌宫		第十分局	宜陵镇	4
第五分局	钞关城外		第十一分局	陈移谢	3
第六分局	仙女镇	4	第十二分局	大仪集	4

[1]《各县公安队组织条例》,《江都县政治月刊》1928 年第 1 期,期 50 页。

[2]《江苏省第五区江都县保安大队沿革状况调查表》,《江苏保安季刊》1935 年第 1 期,第 98 页。

[3] 陈肇燊:《江都县县政概况》,第 21 页。

1932年,江都县改公安局为警察局,设公安第一分局与瓜洲、大桥、仙女、宜陵、邵伯、大仪等6个镇分局。1937年春,警察局内设总务、行政、司法三科及督察处、刑警队、水警队、消防队、清洁队等机构,将第一分局改为分驻所,下设有12个派出所,并新增李典、黄珏两个镇分局。

在扬州境内,除了各县政府直接指挥的警察力量之外,还有一些其他部门的辅助警务队伍,曾直接或间接地参与了扬州的警务事宜。1913年,瓜洲江防水师统领赵洪熙奉命将其所部改编为水上警察,这一支警察队伍虽然驻地在扬州,但指挥权归江苏省警察厅所有,并不接受江都县政府的指令。此外,扬州境内还有淮南各盐场负责缉私责任的官办缉私营和官督商办的场警。扬州盐务稽核分所成立后,所有缉私营被改为税警队,由稽核分所直辖。场警机构则一度保留,后亦归于分所节制。1933年,在扬州城外五台山缉私统部旧址,成立了税警士兵训练所,负责对税警的训练任务。

经过招新、改组、整训等过程,至1931年,扬州各县基本都拥有了数百名的警察队伍及数量不等的保安团力量。江都县有公安警察520名,分驻城厢及各重要乡镇。另还有警察队260名,分驻江都城厢与宜陵镇。在各个乡镇还分散有总数为2500名的保卫团。仪征县除了城厢设有公安总局及4个派出所、十二圩设有分驻所外,还有警察队一个中队,各区也有保卫团设置。宝应县设有公安分局2所,分驻所7个。这些警务队伍的装备也有了一定的强化,以高邮县为例,该县警察有402人,配有各类枪支200余支,子弹三万余粒,全年经费44000多元,具体装备情况如下表:

表 6-6　　**高邮县警察力量及装备情况表（1931 年）**[1]

机 构		人数	枪支装备	经费（含临时费）
总局	直属	47	枪十余支,子弹 2000 余粒	39380 多元
	2 个分局	12	枪数支	
	8 个分驻所	74		
	3 个派出所	27		

［1］　根据江苏省民政厅编:《江苏省各县概况一览》,1931 年,第 403—404 页资料整理。

续表 6-6

机　构		人数	枪支装备	经费（含临时费）
县警察队	第一中队[1]	156	步枪 153 支,木壳枪 25 支,子弹两万余粒	2730 余元
	第二中队[2]	86	步枪 47 支,木壳枪 10 支,子弹万粒	2390 余元

扬州各县警务人员普遍要经过正规的训练,江都县规定新入职警员须经过县警察训练所的培训,在岗的警察也须经历定期会操的磨炼。江都警察训练所分期对新入职警员进行各种业务课程的培训及开展体能训练。民国初期该所培养的学生,"服装整洁、姿势严肃,颇有尚武精神"[3]。每期学员毕业之前,训练所会根据他们的训练成绩与操作表现,划分出最优生、优等生、及格与不及格学生的等第,然后分派各地分区进行实地练习,考验合格者才准予正式上岗。如 1914 年该所第五班警员学生毕业时,评定最优等生 5 名,优等生 7 名,及格 28 名。为了强化警队内部管理,增强警员的责任感,1915年,江都县公署订立了《警官功过章程》,"在各区辖境内,如果发生劫案,即行记过一次。一月不破,记大过。积至数大过,撤差"[4]。1931 年,江都县公安局长安铮等人,还因破案立功,被省政府要求江都县政府通令嘉奖。全县警察会操定于每周日进行,一、二区队伍在琼花观两淮高等小学堂操场,三、四区队伍在商团体操会外操场。扬州警察会操制一度执行良好,曾获得外界"枪支均尚精锐,训练亦称纯熟"[5]的赞誉。但随着时间的推移,经费的紧张,负责者日渐懈怠,会操制度随之废弛。到了 30 年代,扬州警察队伍训练久旷,警务日渐松弛。1932 年 12 月 6 日晚,驻扬州平山堂的省警察队发生哗变,杀害排长、班长,携械逃散,亦可反映出当时扬州警察队伍的管理与纪律问题。

1935 年,"为整饬警务、便利侦缉起见"[6],在江都县公安局局长张淑的

[1]　该中队由公安队改编而来。

[2]　该中队由水上警察队所改编而来。

[3]　《警生实地训练》,《警务丛报》1915 年第 32 期,第 32 页。

[4]　《订立警官功过章程（扬州）》,《警务丛报》1915 年第 10 期,第 34 页。

[5]　江苏省民政厅编:《江苏省各县概况一览》,1931 年,第 357 页。

[6]　《扬州公安局设女员警》,《妇女月报》1935 年第 4 期,第 32 页。

主持下，该局招收了第一批 8 名女警，"江都公安方面，设女警察及女职员，尚为破题第一遭"[1]。招收条件十分严格，除了要求报名者年龄应在 16 岁以上且具有小学毕业或初中肄业的资格之外，"尤侧重体格之健全，品行之纯良"[2]。随后该局专门辟出训练场所，由公安局司法科科长韩缙之按日教导，还委任澍任仪女士担任公安局秘书，兼负女警的训导事项。所授课程有算术、语文及侦探常识、违警罚法、防空要义等科目。

扬州各县有巡警负责维护市面的日常秩序。为提升巡逻效率，1913 年江都县开始采用新的巡逻制度，每一排巡警定额 11 人，其中设巡长 1 名，巡士 10 名，平时以 9 名巡士站岗，1 名轮流休息。全城有巡警岗哨 20 多处，分布于城厢辕门桥、教场街、三义阁等地，在模范马路中段有交通岗亭一处，为木柱支撑的 2 米六角形伞状瞭望台。

除了日常任务外，扬州警察也参与了调查户籍、保护外侨、查报枪械、查拿烟贩、协助征收营业税、查禁轻质铜元、公共卫生宣传等工作。以查拿烟贩为例，虽然警方有此职责，也一度有所积极行为，但烟毒泛滥，环境难变，时间一久，"公安人员，狃于积习，大都漠视。故每奉查拿之令，莫不敷衍塞责"[3]，以致扬州烟禁，废弛已久。1934 年，在县长的严令之下，江都县警察局采取了一次大规模的查拿烟贩行动。仅半日即查获烟贩 125 名，处置收取保护费的警士 2 名。警局还负责纠正社会风化，打击不良恶俗之任。1924 年，在江都县的迎神庙会上有人假托神灵附体，恐吓老幼，借机敛财，"扬城近有一般无耻之徒，以此种伤风败俗之举为生涯之计"[4]。江都县警务所奉令出动，对此类不法行径进行扫荡。

清末扬州巡警经费以盐款收入为大宗，"自光复后，盐政总理，未经承认，以致经济异常困难"[5]。民国成立之初，扬州各县警察用费大多依靠地方

[1]《扬州公安局设女员警》，第 32 页。

[2]《扬州女警》，《警察月刊》1935 年第 1—2 期，第 142 页。

[3]《江都县大举捕烟贩》，《新苏政》1934 年第 4 期，第 46 页。

[4] 曹元鼎：《江都县警察所训令城乡各分所严禁花鼓淫戏以正风俗文》，《警务旬报（江都）》1924 年底 46 期，第 9 页。

[5]《商拨警察经费》，《警务丛报》1912 年第 11 期，第 24 页。

营业捐,往往不足敷用。如1929年度,江都县公安总局及城厢内的5个分局,每个月名义上有数千元经费,然"总局职员颇多浮滥,历任县长不加监督,遂至虚糜饷项,训练毫无"[1]。警局经费分拨使用向无定例,没有统一标准,"江都各乡区公安分支局经费向无定额,是以各局警察人数不一,或领微饷,或尽义务"[2]。各乡区局没有固定经费,不能措手,只能各自就地筹款,而致弊端丛生。各县警队常年被经费支绌所困,业务、士气多受影响。1932年,江都县警队欠薪积至六个月以上,警队上下皆怨言满腹。"某次有某警士在受训时,教官问其须发已长,何不修整,某警士则答谓无钱,其窘况可知。"[3]各县为筹措警队经费,各显神通。1931年5月11日,省财政厅曾核准宝应县政府可以随粮带征水巡队的经费。江都县则靠山吃山,放开绿灯,允许一些有安保需求的机构和个人可申请获得有偿的警务安保服务。如1930年省立扬州中学高、初中部请求在学校门口设置警岗,以资维护校园安全。江都县公安局提出该校须承担设立警岗警察之津贴及各季服装费,获得该校同意后,遂设立警岗。[4]

1937年,扬州沦陷,各地警察局随各县政府撤往乡间,进行游击活动。扬州沦陷各县设立了"维持会"、警保局等一批汪伪机构。1938年,伪江都县警保局改名为伪警察总所,设有总务、行政、司法三课及督察处、翻译室、水巡、侦缉、消防队等机构,在城厢内设有教场、西门、北门、新北门四个分所。主要职责是充当爪牙,配合日伪政权对沦陷区人民进行统治与镇压,并抓捕杀害抗日进步人士。

1945年8月,日本投降后,江都县警察局重建,有总务、行政、司法、外事诸科及督察处、刑警、水警、消防、清洁、义务警察队等部门。在城厢内的城南、城北与仙女、大桥、邵伯、大仪、瓜洲等镇设有分局,在李典、宜陵、黄珏等地设分驻所。1948年3月,江都县内还设18个巡守所,强化城市治安。9月,江都县警察局开始筹备撤退计划,大规模缩编,在乡间仅保留了仙女、邵伯、

[1] 陈肇燊:《江都县县政概况》,第16页。
[2] 陈肇燊:《江都县县政概况》,第25页。
[3] 华谷:《江都县政治今昔观》,《邗潮》1942年第19期,第7页。
[4] 《校门设立警岗》,《扬州中学校刊》1930年第50期,第65页。

瓜洲三个分局,在六圩、霍桥设分驻所,全县有警察 824 人。年底,大部分警察机构与警员都撤往瓜洲。不久,渡江南逃。

二、民国时期扬州的消防事业

在民国警政序列中,消防也居于其中。民初江都县警察局(公安局)内设有消防警察组(队),常年保持有数十人的消防警察队伍。1925 年某日下午三时,江都县城厢北河下头条巷后家大院不慎失火,延烧一百余家。同时,城外大街忽又起火,延烧北首民居、商铺数十家,"烧死男女大小七口,烧伤男女不计其数,而被焚烧之户,皆以贫苦居多,悲号之惨,实不忍闻"[1]。有鉴于此,南京国民政府成立后,扬州各县都加强了官方的消防力量。1927 年,江都县开始专设消防队,队部位于准提寺、后左卫街,成为县城及近郊最主要的官方消防力量。抗战胜利后,1948 年,江都县警察局成立江都县防护团消防大队,下设有 4 个中队,30 个分队。

除了官办消防机构外,民间消防组织在民国时期扬州各地也广泛存在。1932 年间,江都城厢内有 36 处水会、救火会组织。它们与各个乡区的十余个水会在运司街体仁堂水会内联合组建了江都县救火联合会。江都城内的民间消防力量从此有了一个统一的协调机构。其他如高邮、仪征、宝应等县也有若干水会及相应机构。

表 6-7 扬州城水会(救火会)名称、地点[2]

名 称	地 点	名 称	地 点	名 称	地 点
体仁堂水会	今运司街	普安堂水会	今广陵路	宝丰水会	今广陵路
济安堂水会	今田家巷	公善堂水会	今观巷	枭善堂水会	今埂子街
保安堂水会	今广陵路	积善堂水会	今羊胡巷	公义堂水会	今大东门街
同仁堂水会	今彩衣街	襄善堂水会	今新胜街	保凝堂水会	今钞关
通汇堂水会	今东关外	全安救火会	今教场	公安堂水会	今皮市街
永德堂水会	今钞关	安安堂水会	今南门外	太平水会	今徐凝门外
公益堂水会	今便益门外	聚福救火会	今运司街	永安堂水会	今广陵路

---

[1]《空前之大火劫》,《警务旬报(江都)》1925 年第 72 期,第 10 页。
[2]《扬州市志(下册)》,第 2321 页。

续表 6-7

名　称	地　点	名　称	地　点	名　称	地　点
同善堂水会	今丁家湾	同义堂水会	今湾子街	众善堂水会	今埂子街
义善堂水会	今北门外	普善堂水会	今洼子街	安定堂水会	今广陵路
回春堂水会	今贤良街	公定堂水会	今院大街	公益水会	今甘泉路
慈济救火会	今马市口	万安堂水会	今渡江北路	长安救火会	今文昌路
同安堂太平水会	今头巷	全节堂自卫水会	今广陵路	栖流所自卫水会	今崇德巷

各水会、救火会常备有水龙 1—3 架及水桶、扁担、水带、火叉、竹梯等辅助工具，救火人员救火时，身穿桐油雨衣、头戴铁帽为防护，以各种河水及水井、贮水水缸等为水源。

1923 年，盐商马世杰在教场北首、雀笼巷西的全安救火会捐资建设了"望火楼"，楼高五层，为砖木结构西洋风格建筑。这栋楼上有人全天候执勤，在顶楼，可以俯瞰全城，楼内设有警钟，以备有火警时报警。全城分为四个救火区，若某区失火，即敲打失火所在区域的信号（东区为一声，西区为二声，南区为三声，北区为四声）。一旦有警，城内各处水会、救火会就集结人员，循着钟声指示的方位前往扑救。江都城区有电话局后，这些水会、救火会还安装了磁石电话，以提升救火效率。

各县水会、救火会都由责任心强、灭火经验丰富的人士自愿组成，如江都县全安救火会会长为吴伯璋，该会有会员 20 余人。灭火为公益，会员们自愿奉献社会，不拿报酬。但社会上也有热心人士会为这些英勇的城市守护者提供一些"福利"，以代表全城民众感谢他们为这个城市的付出。在江都县城内，每次灭火后，几乎是约定俗成的惯例，教场浴室会为这些参与救火的水会、救火会会员提供免费洗浴服务一次，次日早晨如意园面馆也会为他们提供阳春面一碗，代表民众对他们的奖励。

抗战期间，扬州各地大部分的水会、救火会解体。抗战胜利后，这些救火组织虽有恢复，但规模及组织程度都不及战前。

三、民国时期扬州的慈善救济事业

扬州慈善事业历来以盐商为出款大宗，民国初年，湖南人魏仲蕃主其事。随着盐商群体的衰落，各项慈善事业的主办权为本邑人士所掌握。1927

年 7 月 26 日通过的《市乡行政组织大纲》规定了市乡行政范畴,慈善事业成为其中一环。1927 年,扬州各县县政府设第一科,负责民政慈善事宜。1928年 5 月,南京国民政府内政部颁布了《救济院规则》。6 月,发布了管理地方设立慈善机构的系列相关法令。次年,扬州各县遵照以上政策,普设了救济院机构,规模最大、机制最全者,当属江都县救济院。江都县救济院以张允和为院长,郭兰石、邹守和为副院长,借东关街止马桥前两淮中学校址办公,每年经费额定 2400 元。根据国民政府的指令,慈善事业需统一管理,江都县内原有及新设各慈善公益机关皆隶属于它。

表 6-8　　　　　江都县救济院下属城厢机构（1929 年）[1]

机构名称	原名/职能	机构名称	原名/职能	机构名称	原名/职能
施医所	务本堂	施棺掩埋所	附设于施医所内	育婴所	育婴堂
第一接婴所		第二接婴所		第三接婴所	
第四接婴所		孤儿所	贫儿院	贫儿习艺所	贫儿负贩团
残废所	扶持局	妇女救济所	济（保）良所	游民感化所	游民习艺所
贷款所	因利局	第一妇孺教养所	立贞堂	第二妇孺教养所	崇节堂
第一养老所	全节堂	第二养老所	养生堂	第三养老所	妪栖所
贫民习艺所	栖流所	第二残废所	寔济局	公善堂东厂	原施粥,改为施米
公善堂西厂	原施粥,改为施米	怀少堂	收教贫寒子弟	乐善中医院	送诊施医
怀赤堂	教贫寒子弟兼施药	世界红十字会江都分会		因利贷款处	附设于红十字会内
私立贷款所		中国红十字会扬州分会		扬州医院	
存心堂	送诊施药	同德医院	送诊施药	僧立慈济医院	
崇善堂		接婴堂		保墓局	
寔济堂	施棺材等	德因堂	施棺材等	同庆堂	施棺材等

［1］《扬州民政志》编纂委员会编:《扬州民政志》,黄山书社 1993 年版,第 256—257 页。

续表 6-8

机构名称	原名/职能	机构名称	原名/职能	机构名称	原名/职能
布业施材所		馈梓所		施材所[1]	
积荫施材所		饼业施材所		资生局	施棺材等
同德堂	施棺材等				

这些机构名目繁多,功能各异,来源也不尽相同。育婴所是由盐业团体所办的育婴堂改名而来,残疾局、施药所则分别由扶持局、务本堂改设而成。其他还包括设立于1913年的私办施药的怀赤堂、1916年设立的公办妇女救济所、1919年设立的官办接婴所与私办贫儿习艺所、1921年设立的公办接婴所、1923年设立的私办因利贷济处、1924年设立的公办养生堂、1928年设立的公办游民感化所等。救济院成立后,在接管运作现存机构的基础上,为了应对不断增长的需求,不断增设分支机构。如1930年,施医所就在蒋家桥、文昌楼街增设了第一、第二分所,扩大了服务范围与施药能力。

江都县救济院的服务范围不仅局限于城厢,在各市乡也陆续建立了不少分支机构。

表 6-9　　　江都县救济院下属市乡机构（1929 年）[2]

市乡	机　构	市乡	机　构
瓜洲	至善堂、接婴堂、拾骨局	虹桥	同善堂
常家集	接婴所	头桥	接婴堂
沙头	接婴堂	杭家集	接婴堂
仙女庙	暂栖所、同仁堂	砖桥	来福堂
湾头	来善堂	张纲	接婴堂、基善堂
马桥	福善堂	大桥	敦善堂、接婴堂、因利局
宜陵	安福堂、接婴局	广福桥	接婴局
黄花岭	复初堂、普济堂、原本堂	丁沟	积善堂
邵仙女	留养所	乔墅	义善堂、同治堂
陈家甸	保安堂	邵伯	文节堂、文德堂、红十字会分会

[1] 有二郎庙、西门外双桥两处。
[2]《扬州民政志》编纂委员会编:第257—258 页。

续表 6-9

市乡	机　构	市乡	机　构
公道桥	保婴自乳所	送驾桥	公济堂
大仪	接婴堂	陈家集	接婴堂
槐泗桥	保婴自乳所		

　　扬州其余各县的救济院虽然在规模上不如江都县救济院这般宏大,但基本机构也都健全。如仪征县救济院就设有安老所(养老)、残疾教养所(收养残疾)、孤儿所(收养孤儿)、育婴所(收养弃婴)、施医所、小本贷款所(贷款)等。在人口较多的乡镇中也有一些当地所办的小型慈善机构。

　　除了各县救济院,扬州各地也有一些官办或私办的救济机构。江都县地方上有华洋义赈会、水灾救济会等民间救济组织,还设有栖流所、暂栖所及乞丐收容所、留养局、难民生计局等,负责收留难民流浪人员。1937 年,江苏省设立非常时期难民救济委员会江苏分会,在扬州各县也设有组织,专事办理救济难民。

表 6-10　　　　　　　　　　民国扬州各地主要灾情[1]

年代	灾类	受灾地区	灾　情
1916	水灾	江都、高邮、宝应	
1917	旱灾	高邮、宝应	
	冰雹	江都	田禾受损
1921	旱灾	江都、高邮、宝应、仪征	里运河水竭、航运断航,打坝拆坝、矛盾迭出,里下河地区,所有河港湖荡大部见底,蝗螟害稼,卤潮倒灌,岁大饥,民多流亡。
	水灾	江都、高邮、宝应	高邮湖东湖西均成泽国,秋季颗粒无收,屋舍漂流,人畜死亡,不可计数。江都圩决。
1924	江潮汛涨	江都	《民国日报》(7 月 27 日):"溃堤决闸受灾田亩有千余之多,而临近江面长途汽车站亦塌卸。"
1926	水灾	江都、高邮、宝应	

---

[1]　根据《扬州民政志》编纂委员会编:《扬州民政志》,第 206—225 页数据整理。

续表 6-10

年代	灾类	受灾地区	灾　情
1929	虫害	江都、高邮、宝应、仪征	各县普受旱蝗危害
1931	水灾	江都、高邮、宝应	高邮、宝应几乎全境淹没,江都淹没大半。灾民百万,死亡数千。
1933	旱灾 虫害	高邮	旱灾、蝗灾齐袭
1934	旱灾	江都、仪征、高邮、宝应	《苏浙皖赣闽赈济清赈》:"今年苦旱无雨,农田产物悉已干枯。赤地千里,灾情惨重之县如仪征、江都等大部山田颗粒无收。被灾之民,牛衣对泣,血泪俱枯,卖女鬻口,流离载道,江都西北西南两乡受灾奇重,灾民约十万余口。"
	虫害	高邮	先后遭旱灾蝗灾。
1942	塌江	江都	
1946	水灾	高邮	临泽、官垛、三垛北部荡圩堤均淹没,76 万亩农田被淹,损失稻谷 3.89 亿斤。
	塌江潮涨	江都	八、九区淹没田禾 10 万亩
1947	旱灾	仪征、江都	仪征受灾 10 万多人。江都秋播干旱,三夏受灾面积 121 万亩。
	虫害	高邮	

　　民国时期的扬州,民众们安富尊荣的岁月不多,天灾人祸的日子频仍。在历次较大的灾难面前,扬州各地相关的慈善救济机构有一定的作为。1921年,扬州各地连续遭受水旱灾害,江都县在城内设立粥厂三处,为嗷嗷待哺的逃灾难民施粥,为期一个月,救活无数。1925年,因长江洪汛,江堤崩塌,很多乡民失去住所。加上扬州缺口城门火灾,市民损失惨重,为此,扬州士绅同江都县知事电求上海赈灾组织拨款救济,得款 3000 元,连同扬州士绅募款 2000 元,一同发放。1931年7月,江北发生大规模水灾,沉灶产蛙,扬州几乎全境受灾。江都县城内街市全成泽国,汽车交通全部停运。8月23日,江都红十字会筹款购办大批干粮,散发灾民,并向全国救济总会、慈善机构和个人乞助赈款。不久,高邮湖西圩破,运河大堤决口 40 多处,造成里下河地区 1226 万亩农田失收,倒塌房屋 260 万间,淹死、饿死 7.7 万多人,运河浮尸盈河。数十万难民南下扬州等地逃难。8月31日,扬州各界在县商会

组织商议成立全县水灾急赈委员会（内分总务、收容、散放三股），由县长陈肇燊任主席，推举王敬庭、胡显伯等 21 人为常委，组织难民赈济等事宜。9月 18 日，国民政府救济水灾委员会派成静生为江北区专员，在扬州组织"江北区办事处"，协调救灾事宜。在这次水灾救济工作中，扬州各地的慈善救济机构都力所能及踊跃行动，挽救了不少生命。

1936 年苏北大水灾期间，扬州等地设立遣送站，设立过境难民临时招待所，仅江都县城区就有 23 处招待所，成为难民们遮风避雨，勉可就食的暂栖之处。

表 6-11　　扬州地区难民招待所概况表（1936 年）[1]

名　　称	所　　址	成立时间	发放款（急赈）(元)
涟水县第一难民招待所	东圈门 14 号	3 月 28 日	29650000
涟水县第二难民招待所	羊巷陈家祠堂	3 月 28 日	700000
兴化县难民招待所	黄家园 13 号	4 月 25 日	7450000
宝应县第一难民招待所	皮市街地藏庵	4 月 25 日	2040000
宝应县第二难民招待所	刁家巷 6 号	4 月 25 日	1485000
宝应县第三难民招待所	便益门外护国寺	5 月 25 日	1275000
宝应县第四难民招待所	愿生寺	8 月 4 日	不详
盐城第一难民招待所	永宁宫	5 月 1 日	785000
盐城第二难民招待所	石榴巷 8 号	5 月 1 日	570000
盐城第三难民招待所	宛虹桥烟业公所	5 月 1 日	740000
盐城第四难民招待所	洼子街救生寺	5 月 1 日	770000
盐城第五难民招待所	愿生寺	8 月 10 日	不详
泗阳县难民招待所	地藏寺	5 月 2 日	11900000
阜宁县第一难民招待所	槐树脚 25 号	4 月 13 日	715000
阜宁县第二难民招待所	万寿寺张家巷 4 号	4 月 13 日	835000
阜宁县第三难民招待所	羊巷 7 号	4 月 13 日	500000
高邮县第一难民招待所	羊巷陈氏宗祠	5 月 15 日	650000
高邮县第二难民招待所	便益门外街 31 号	5 月 15 日	205000

---

[1]《扬州市志（中册）》，第 2237 页。

续表 6-11

名　称	所　址	成立时间	发放款（急赈）(元)
淮安县第一难民招待所	薛家巷大准提寺	5 月 25 日	1050000
宿迁县难民招待所	宛虹桥都天庙	5 月 15 日	10900000
淮阴县第一难民招待所	缺口门外智珠寺	6 月 2 日	1420000
淮阴县第二难民招待所	阮公祠	8 月 10 日	不详
天长县临时招待所	旧城七巷	8 月 4 日	不详

无论岁月静好，还是多灾多祸，扬州的普通民众中存在大爱善念者并不少见。1916 年，商人朱在东在樊川镇办了朱氏粥厂，以自己的田庄租粮、油坊房屋租金作为粥厂的运作资金，从每年冬至至次年清明间向穷人施粥，并每天向难民施早饭一顿。朱在东去世前，还将田产及所有房产契约交给粥厂保管，以保证这一万本无利的事业能够长期延续下去。1930 年，原系因利局更名改组的江都县贷款所，频年以来，因经办者不能合法，且捐款所入供不应求，基金难以独立。善士王明甫个人捐款铜元约合 1650 元，以供基金。"赖上项捐资接济，贫民受益匪浅。"[1] 这一善举也获得了省政府的褒奖。1937 年，江都县仁丰里私塾全体学生在塾师的带领下，为全国各省灾民募捐，所募之款交由中国银行捐给全国灾区。小朋友们还向全国民众呼吁："某等幸生乐土，食足衣丰，以视灾区小友，直有霄壤之别，同属黄帝子孙，闻彼饥寒交迫，宁能无动于衷？"[2] 省立扬州中学童子军每年都会利用课余时间，分成若干小队，整装外出，为全国受灾民众向各店户劝募。凡此种种，举不胜举。这些普通民众的善举善行善念实是扬州城礼仪教化、道德熏陶底蕴的彰显。

1945 年抗战胜利后，慈善救济机构陆续恢复，仅江都县即有相关机构28 处。该年国民政府设立江苏省冬令救济委员会，在扬州设救济站，专办冬令救济。1946 年 11 月 16 日，在镇江成立了行政院善后救济总署江苏省苏宁分署。扬州成立"绥靖区难民急赈苏北区大队部第二中队"，在江都成立了区工作队，在仪征设立区工作站，在高邮、宝应设立查放站，在江都育婴

---

[1]《令准褒奖捐助善款》，《江苏省政府公报》1930 年第 465 期，第 8 页。

[2]《江都小学生节饵助赈》，《救灾会刊》1937 年第 9 期，第 88 页。

堂、麦粉厂、宝应南门外、高邮及仪征大码头等地都建立了救济仓库,负责战后救济事宜。

表 6-12 江都县社会局救济院所辖社会救济机构的情况（1947 年）[1]

机构名称	收容人数
江都县救济院	管辖全县慈善机构
江都县育幼所	收容贫苦幼童 114 人
江都县育幼所	收容婴儿 57 人
江都县第一妇女教养所	收容贫苦无依嫠妇 220 人
江都县第二妇女教养所	收容贫苦无依嫠妇 108 人
江都县第三妇女教养所	收容贫苦无依嫠妇 176 人
江都县第一残废所	收容残废男性 112 人
江都县第二残废所	收容残废女性 83 人
江都县第一安老所	收容男性 56 人
江都县第二安老所	收容女性 132 人

　　1946 年 10 月,善后救济总署苏宁分署决定由扬州遣送站负责遣送运河沿线淮安、淮阴、东台、兴化、高邮、宝应、泗阳等 7 县难民。根据 1946 年 12 月《苏北难民救济会工作报告》的记载,当时滞留于扬州地区各县的难民数量如下：江都县 6.54 万人,高邮县 1.25 万,宝应县 1.34 万人,总计超过 9 万人。江都县城内的难民大部分被安置于护国寺、愿生寺、地藏寺、阮公祠、大准提寺,以及永宁宫、万寿寺、羊巷、陈家祠堂等地,这些难民以少壮居多,老弱妇孺、六尺之孤次之,一路过来,大都无衣无食,境况悲惨。扬州的各种慈善救济机构筹集资金,组织力量,拨付了大批赈灾物资,给予救济。

　　以 1946 年为例,苏北难民救济会扬州办事处发放的难民救济款有扬州办事处赈款 121277246.67 元;高邮县急赈款 3000 万元;高邮县救济款 700 万元;宝应县救济款 600 万元;各县流亡扬州难民救济促进会补助费 50 万元;扬州福利事业中心站平民食堂补助费 500 万元;省立扬州中学苏北流

――――――――――
　　[1]《扬州民政志》编纂委员会编:《扬州民政志》,第 263 页。

亡学生救济款 428 万元^[1],合计 1.7405 亿。在物资方面,扬州办事处领取了面粉 11000 吨,薏菜饼干 90 箱,旧衣 500 件。苏北难民救济会还分配给省立扬州医院奎宁 1 万粒、消炎片 1 万片、纱布 4 卷、棉花 7 卷、乐尔老 4 瓶;江都卫生院奎宁 1 万粒、消炎片 1 万片、纱布 4 卷、棉花 5 卷、乐尔老 2 瓶。在扬州发放了急赈款 91642000 元,急赈免费面粉 53091 袋,救济人数 53222 人。治疗了 25794 人,注射防疫针人数为 8120 人。还为散居流亡难民发放赈款:江都县 535 人 2285000 元;宝应县 1005 人 4575000 元;高邮县 1189 人 433000 元;司徒庙 350 人 700000 元等。而 1947 年,该办事处又拨给仪征县赈济款 3000 万元及价值 5700 万元的小麦、面粉等物资。

当年,善后救济总署苏宁分署也派员至宝应,在南门外仓库、县公共体育场等地,向残疾老人堂、救济院、苦儿院、育婴堂等慈善机构及各学校教职员、学生配发救济布。1948 年,新成立的江苏省救济福利事业审议委员会运用国际救济经费办理难民救济,也惠及了扬州各地。

第三节　民国时期扬州的农林副业

扬州的农林副业具有良好的资源禀赋,在整个民国时期,它的生产历经风雨飘零,总体上坚持进行并获得了较好的收获。一些农业改良机构在引进新技术、改良新品种上留下了历史的新声。但在一些灾荒及动乱年代,扬州农林副业也遭受过严重的挫折。

一、民国时期扬州的农林副业管理及改良指导机构

扬州各县政府先后设立的实业课及第三科负责全县农业行政事务。民国成立至 1920 年期间,扬州宝应、江都、仪征、高邮各县先后成立县农场。如江都县农场面积为 144 亩,每年有经费 4400 余元。南京国民政府成立后不久,各县农业行政工作归各县建设科管理,业务上接受江苏省建设厅所属农业改进所的指导,期盼很久的专项农业经费也得到了落实。在各县政府中,还设有农业推广所等具有相对独立性质的农业改良机构。各县的农机事

---

[1]《扬州民政志》编纂委员会编:《扬州民政志》,第 233—234 页。

务则由江苏省第五督察专员公署建设科兼管。1927年,省农矿厅通令各县农场改为县农业改良场。名称之变,寓意这些农场从此多了农业技术推广、品种改良的职责。1933年,国民政府农矿、内政、教育三部联合公布了《农业推广章程》。同年,江苏省政府通过了修订的《江苏省农业推广所通则》13条。扬州各县的农业改良场陆续改组为农业推广所。这些县农业推广所的主要职能是开展农业调查;指导农业改良种植及饲养方法;散发优良种苗;指导改良畜牧事业并防治兽疫;指导防治农作物病虫害;指导施肥方法并应用新式农具;办理特约示范农田;举办农产品展览比赛会和奖励事项及其他农村改进事项。1934年,宝应县农业推广所在县建设科的支持下,在玉露庵西首新设了面积为104.5亩的县农业试验示范场,其中稻麦二熟田64.9亩,苗圃17.6亩,场基22亩。这个农场专门从事当地稻、麦品种的改良和栽培试验,也倡导农村林、副业生产。

再以高邮农场为例,该农场系1927年由县农场、蚕桑试验场、苗圃稻麦作试验场合并而来。其中,县苗圃桑蚕试验场成立于1912年,1925年改农场为稻麦作试验场,后租用县城东门外30余亩学田作为主要业务基地。数年后,高邮农场已颇有规模。总计面积57亩7分3厘。共分四个部分:一为稻作部,在车门外傅公桥旁;二为蚕桑部,在城内水布楼西;三为杂谷部,在北门外三元桥;四为苗圃部,在西门内。且各处地点皆当通衢,便利推广。

表6-13　　高邮县农场职员及薪金表（1930年）[1]

姓　名	性别	学　历	经　历	职务	薪给（元）	到职年月	退职年月
王恂	男	北京农业专门学校	无锡育蚕所主任	主任	120	1931.1[2]	
华天祺	男	东南大学植棉专科毕业	东南大学第四农场主任技术员、邳县建设局局长	技术员	50	1931.1	1931.6
谢扬	男	省立第三农校毕业	高邮县农场技术员	技术员	50	1929.9	

[1]《高邮县农场十九年度工作总报告》,中国第二历史档案馆馆藏档案,卷宗号:四二二（2）-793-35。

[2] 该报告撰写时为1931年,很多职员的入职年月在1931年。

续表 6-13

姓　名	性别	学　历	经　历	职务	薪给（元）	到职年月	退职年月
金瑞筠	男	省立第一农校毕业	高邮稻麦作试验场主任	技术员	40	1931.1	
陈启昌	男	国立京师大学校农科毕业	江西第二农校教员	技术员	60	1931.1	
黄　礼	男	震旦大学预科毕业	高邮建设局事务员	事务员	30	1929.2	
周维崧	男	泰州中学肄业		事务员	40	1931.1	
戴湘畹	女	中国合众蚕桑改良会讲习所毕业		指导员	40	1931.1	
杨淑贞	女	高邮女子蚕桑讲习所毕业		指导员	40	1931.4	
另有公役2人、农夫4人，短工无定额。							

　　该农场主要的事业有育种、森林经营、栽培试验、推广等项。以 1930 年该农场育种言之，有稻麦两项：稻种的选良繁殖系采选本地品种"矮子五"良穗而繁殖培育，另有将江宁洋山、帽子头、东莞白三个品种，加入本地堆子和、大秈子、矮子秈、红壳子，以本地"矮子五"为对照区，进行重检。小麦育种试验则以南京赤谷全大二十六号、武进无芒、萧县火燎芒及本地的玉皮青芒子、红芒子、和尚头、火燎头、车挞子等品种共同比较，结果以全大二十六号为最优品种，但其余各部各有优劣，实验仍在继续。1930 年，全场全年支出 7340.919 元，收入 7772.82 元，略有盈余。

　　一些辅助农业发展的半官方组织也逐渐兴起，如江都县的市乡治蝗会[1]组织民众防治田间虫害。有的年代，特殊的农情，也会催生一些特殊的农林副业改良指导机构。1931 年，大水退后，"田禾淹没，耕牛牲畜亦多淹毙"[2]，为了保护耕牛这个特殊的生产资料，防止农民随意屠宰，江都县红卍分会、县绅士赈灾会，合议创立县保牛所。恰在此时，江苏省政府也下令禁止各县宰杀耕牛，要求各地封闭宰坊。江都保牛会借此契机，以江都县农业改良场为

----

[1]　该会后奉省政府令而改名为防除虫害会。

[2]　《江都保牛所求助红卍会》，《农业周报》1931 年第 33 期，第 1317 页。

收容耕牛场所,陆续收容了 100 余头耕牛,该会订立了《灾用耕牛办法》,于冬播期间将耕牛贷给农民使用,获得极大效益。江苏省农矿厅在参观考察了这一做法后,专门发文各地,要求江宁等 15 个县参酌江都县办法,积极办理。

以技术要求较高的蚕桑业为例,20 世纪 20 年代,就设立了蚕桑改良机构。1934 年,设立了江都县蚕桑改良区,并将办事处就设在县政府内。其余各县也在这一时期内设立了蚕桑改良机构,每年各有经费 4 千到 7 千元,以助推广。1918 年,高邮县通过垦荒,获得百亩土地,作为蚕桑试验场的用地。1930 年,高邮县蚕种制种场开始在高邮推广一代杂交蚕。这些农业管理与推广机构中不乏具有省立性质的。1917 年,省立蚕桑模范场在江都县五台山成立。"关于养蚕者,分饲育春夏秋蚕外,尚有制种缫丝等事。关于栽桑者,除有桑园外,又有苗圃三区,分作播种、移植、接苗之用。"[1]1930 年 11 月,省立蚕业实验场扬州蚕种部再获独立身份,以江苏省立原蚕种制造所之名开展工作。

在扬州的农林副业中,各类农会、渔业公会等行会组织是普遍存在的。早在 1913 年,江都县就成立了农会,其余各县农会也在此后不久陆续成立。江都、仪征、高邮、宝应等县及域外的泰县等县合办了江泰仪高茧业公所,在江都丁家湾设立了公所通讯会。高邮、宝应等县没有专门管理渔业的政府机构,当地的渔业公会也在一定程度上代行了不少相关的管理职能。

这些农业管理与改良指导机构虽然并不算多,专职工作队伍也不庞大,但它们确有价值,没有辜负其设立初衷。江都县蚕桑改良区就是其中的典范。

1934 年,江都县蚕桑改良区设立,设主任、副主任各一人,下设总务(庶务、文书、编辑、会计)、技术各部。技术部有中心指导所,下设指导所,该所职能为蚕业指导(育蚕指导、蚕业合作指导、蚕户训练、调查统计)、蚕种公卖。该区草创之初,因经费有限,除办事处外,只是在蚕期,才在各地乡间设临时指导所,指导蚕户饲育。但推行蚕桑改进事业,重在乡村,而办事处设

---

[1] 李毓珍、曹慈如:《江都县蚕桑调查报告》,《江苏省立育蚕试验所汇刊》1921 年第 3 期,第 6 页。

于城内,"蚕户散居各乡,城乡远隔,殊感不便"[1]。故于1935春季,在第三区之老坝镇、第五区之五家桥,设立中心指导所两所,专任销种、催青、指导及其他宣传调查等事。

该改良区没有成立前,江都的蚕桑业由县农业推广所负责,在该县第一、二区六号桥老坝、义兴镇等处,设有指导所,分段指导,并借济善洲迁垦局,为各蚕户催青。1935年将春种六千张分发二千余蚕户饲育,成茧约一千六百余担。该改良区成立后,与合乘蚕桑改良会共组五县蚕业改进区之设,贷放春种五千余张,设所指导,以资提倡,"在指导饲育方面,已稍引起蚕户信仰"[2]。

表6-14　江都县蚕桑改良区秋季饲育平均成绩表(1934年)[3]

自治区别	指导所地点	蚕种牌号	品种名	每张平均收茧量(公斤)
第三区	济善洲	三叶	华六x诸桂	11.0
		三叶	华五x诸桂	12.7
	老坝	三叶	新桂x华五	12.0
		三叶	华六x诸桂	13.0
第五区	大桥	三叶	华六x诸桂	12.0
		三羊	华五x诸桂	11.5
		三葫芦	华六x诸桂	13.0
第六区	白塔河	三叶	华六x诸桂	12.7
		三叶	新桂x华五	13.0
		三羊	华六x诸桂	6.5
		三羊	新桂x华五	2.5
		轮船	华六x诸桂	12.0
	彭家庄	三叶	华五x诸桂	12.0
		松鹤	华五x诸桂	11.0

---

[1]《江都县蚕桑改良区》,《江苏建设》1936年第3期,第239页。

[2]《江都县蚕桑改良区二十三年工作总报告》,《江苏建设》1935年第3期,第205页。

[3]《江都县蚕桑改良区二十三年工作总报告》,第207页。

这个改良区还举办了蚕户训练班,原计划在1934年度内办两个训练班,一在第五区大桥镇,一在第六区宜陵镇,各招收50名学员,灌输育蚕知识。但由于经费不足,改为每班收蚕户学员20名,由各区区公所保送受训。

改良区开办未满一年,遇因丝价暴跌而引发蚕农动荡弃养,育蚕量大减之事。"甚有砍伐桑树,改种他种作物者"[1]。经过改良区同仁努力,逐渐稳定局面,期间努力,亦可见从事农业指导推广工作其中的艰辛。

尽管不少农林副业管理、改良指导机构辛劳有功,但就扬州如此规模与种类的农林副业生产而言,绝大部分农林副业仍处于粗放空白式或传统经验式的生产状态。这些农业行政、改良指导机构在抗战时期又都遭到了破坏,纷纷停止了运作。如宝应县农业试验示范场的场地、用房被伪宝应县第五区自卫团团部和区公所占据,业务停办。示范场的田地荒芜多年后,由地方招佃承种。

宝应等地的抗日民主政府成立后,曾设有生建科,负责农业生产、管理与改良指导。1948年9月,由中共宝应县委民运部改设而来的中共苏北区宝应县委农村工作委员会开始承担相应职能。扬州国统区各地部分相关机构也恢复了运转。1947年1月,宝应县农业试验示范场在县城东门外观音律寺后院办公,有试验田18亩,员工5人。1947年,江苏省蚕业改进管理委员会在高邮重新设立蚕桑中心指导所。次年的1—2月间,该所举办了有50人参加的蚕农训练班,还在湖西地区试办蚕业合作社,在试验场内嫁接湖桑。这一年,高邮蚕农增长到1624户,种植湖桑田8700多亩。

二、民国时期扬州的农林副业资源基本情况

扬州处于肥沃的长江三角洲冲积平原,膏腴之地,拥有丰裕的农林副业资源。从农林土地资源上看,江都、宝应、高邮等地属于全国前列。江都的土地,十分之九属于可耕农地,"全县农田共计一百五十六万五千余亩"[2],荒地极少。而宝应县耕地也常年维持在150万亩以上。1934年,该县农作物总耕地面积153.88万亩,至1949年,上升至159.05万亩。扬州沿江一带有芦田,

---

[1] 《江都县蚕桑改良区》,第238页。

[2] 陈肇桑:《江都县县政概况》,第39页。

只是涨坍不常,不能完全依赖。但具体到各县的田地土壤情况,也是肥瘠不等的。如仪征就多山地,土地情况较他县有差异,亦有不食之地存在。

表 6-15 　　　　民国扬州地区部分农业作物主要品种[1]

大　类		主要品种
水稻	籼稻	六十日、万儿籼、黄梗籼、芦梗籼、桂花籼、芦叶籼、洋籼等百余种
	粳稻	细子晚、白芒晚、白壳梗、桂花黄、望江南、鸟红早、爱菊香等十数种
	糯稻	竹梗糯、红壳糯、麻觔糯、扇子白、早黄粘、红嘴糯、乌全糯等十数种
麦类	大麦	六棱大麦、乔墅大麦、三月黄、烂芒子、老来光、雁来红等十数种
	小麦	大黄皮、和尚头、火烧头、无芒四穗、矮秆小麦、钻子头等数十种
棉花		以中棉品种青茎鸡脚棉为主,还有部分洋棉和地方品种小乌籽
油菜		瓢儿白、三月不老、羊耳朵等

民国初年,因为常年动乱,毁林多发,扬州各地的林地存量资源并不多,如江都县林地资源,"为数绝少"[2]。其他各县情况也大体相似,如仪征县有一些成片林和沿江地区的竹林。民国政府为倡导植树造林,以每年的4月5日为植树节。1928年又改以孙中山先生逝世纪念日的3月12日为植树节。当年,江都县政府在县衙西门等处栽树3000株,设立"中山林"木牌,以资纪念。此后数年间,扬州各县在每年的植树节前后,都会组织规模不等的造林活动,所种树种主要有杨、枫杨、榉、朴、乔木桑、槐等。

表 6-16 　　　　民国部分年代扬州植树情况[3]

县别	1931 年		1934 年		1935 年		1936 年	
	面积（亩）	株数（万）	面积（亩）	株数（万）	面积（亩）	株数（万）	面积（亩）	株数（万）
江都	40.0	2.08	500	10.03	1.48	0.22	431.0	16.8
仪征	19.8	0.30	—	0.10	683.0	14.40	62.0	1.0
高邮	45.0	0.78	18	0.03	289.0	7.60	172.0	7.06
宝应	127.0	2.45	10	0.25	2033.0	69.6	787.0	30.80

[1] 根据《扬州市志（中册）》,第800—803页资料整理。
[2] 陈肇燊:《江都县县政概况》,第39页。
[3] 《扬州市志》(上册),第852页。

经过数年的辛劳,终有所获。扬州沦陷前,仅仪征县域内,在陡山、青山、十里长山、月塘、移居、谢集、马集一带已有平均胸径23厘米左右的成片林、栎林15万亩,统计活立木蓄积量达到了270万立方米。果木也有较大栽种面积,仅仪征县城东门桃坞就有成片桃林1300多亩。其他各县也行鲁卫之政,情况大同小异。

家禽牲畜业的发展在扬州已有千年,种类丰富,产出可观。高邮的咸鸭蛋鳌里夺尊,全国闻名。扬州的蛋制品在巴拿马万国博览会、南洋劝业会展出,远销美国、日本等多个国家。扬州的猪、牛、羊、马、驴等饲养业也较为发达,尤以养猪业在全省的地位至关重要。运河、长江、高邮湖、邵伯湖、宝应湖等江川河湖支撑着扬州渔业的持续发展,民间还有利用田间河塘、山塘、河沟进行鱼塘养育的习惯。宝应等地的湖民,"尚有专门捕杀湖中野鸭及鱼虾之类为其职业者"[1]。

表6-17   **民国扬州各县主要农业情况**[2]

区域	地区	田地类型	主要粮食作物及耕作制度
里下河区域	宝应县、高邮县运东、湖西地区	沤田、洼地	多为生育期短、成熟期早、耐涝、需肥少的早籼稻、早熟的中籼稻品种。水稻一年一熟或稻麦一年两熟。
	宝应县、高邮县沿运;高邮县东南地区	高地	
沿江区域	仪征县、江都县沿江圩区	洼田	水稻一年一熟。仪征部分圩田常年积水,种植席草。
	江都北部、仪征北部、高邮湖西地区的丘陵区	冲田洼地	水稻一年一熟
		塝田	稻麦一年两熟
		冈地	水稻、旱谷,受天气影响大,不稳定。
高沙土区域	江都县通扬河以南及东南地区	地块零碎,河道稀少	元麦、大麦、小麦轮作复种,搭配大豆、花生、蚕豆、豌豆、高粱、山芋、花生、胡萝卜、荞麦、籽瓜等。

蔬菜的种植遍及扬州农村各地,仅1934年,宝应县就有蔬菜种植面积3.42万亩。扬州的农户几乎家家都辟有小块菜地,自家食用,多余的出售。在各县城城厢、集镇的近郊,农户们大量栽种蔬菜,以供应城镇居民。扬州

---

[1] 陈颜湘:《宝应社会鸟瞰》,《农行月刊》1934年第8期,第32页。

[2] 根据《扬州市志(中册)》,第785—787页资料整理。

的蔬菜品种也十分庞杂，数量不下百种。包括白菜类、甘蓝类、根茎类、绿叶菜类、豆类、薯芋类、水生蔬菜类、芥菜类、茄果类、葱蒜类、瓜类等类。地方品种有扬州乳黄瓜、扬州大头红萝卜、扬州青、扬州高脚白菜、二青、老乌、青菜薹、六十子早大白菜等。还有一些独具本地风味的经济作物，如藕、菱角（邵伯菱）、芡实、荸荠等。宝应县有藕田数万亩，所产荷藕在明清时皆为贡品，制成的藕粉，因其质量高，品质好，被誉为"鹅毛雪片"。其他还有芦编、蒲编、草编、麻编、禾草编、竹、柳、藤制品等，也有可人风情。20世纪30年代，仪征朴席有织席机户近2000户，贩席商家170余家，以此为衣食之业。

从1918年冬开始，江都知县赵邦彦通令各乡镇学校于操场隙地，种植桑秧，以资提倡。"由是民间渐知蚕桑利益，相率饲育"[1]当时江都县有茧所5所，分别是位于恩余洲的公记隆余仁和、新洲乡的大纶、天伏洲的公和与宜陵的振兴。蚕民们的蚕种有模范场发给的，也有向邻县或湖州等地购买的，还有民间自制的。蚕室并没有专设的，多以住宅充用。育法多为传统天然之术，少数采用蚕桑模范场所教之法。民间仅育春蚕，育夏蚕者少见。20年代，扬州各县政府鼓励民众发展蚕桑生产，部分地区出现了成片桑田。仪征的新城、胥浦、真州等地是蚕茧的重要产区，县城内外有3条乔木桑带和一块占地30多亩的桑园。该地以桑园坊为名。城内（真州镇）开设了扬子、正祥两家茧行，收购蚕茧。1935年，仪征还建立了协和蚕种场，生产三角牌蚕种，在全国市场有一定名气。

在宝应、高邮等县，野外狩猎也是当地农民谋生的一个应时之技。据统计，1933年一年，宝应县的农民就猎获了野兔20万只，野鸡70万只，野鸭60万只。甚至鹰尾羽、野鸭绒等名声在外，成为了宝应特产。

三、民国时期扬州的农林副业生产情况

扬州自古就是鱼米之仓，农业重镇。民国时期，拥有着丰富的耕地水域资源，扬州农林副业生产也在全国、全省有着重要的地位。

北京政府时期，对扬州农业生产威胁较大的因素是军事行动与灾荒，但

---

[1]　李毓珍、曹慈如：《江都县蚕桑调查报告》，《江苏省立育蚕试验所汇刊》1921年第3期，第4页。

两者皆未动摇扬州农业生产的根本。总体上,这个时期的扬州农业生产还是平稳的。以仪征为例,1925年,该县种植了水稻30万亩,总产量达到28500吨,亩产95公斤。另种植了黄豆、绿豆等旱谷作物25万亩,总产11000吨,亩产44公斤,在当时的生产技术条件下,可算丰收。

扬州人民努力走出水旱灾害的影响,不违农时,服田力穑,使农业生产在大多数年代维持在较高的水平。在1931年大水灾过后的1933—1936年间,扬州各县的粮食产量登上了民国时期的顶峰。1934年,宝应全县秋收稻谷、高粱、玉米、豆类、芝麻、花生、甘薯、烟草等农作物的面积达到了109.19万亩[1],"可出产稻四百五十万石,麦六十万石"[2]。蔬菜种植也有3.42万亩,产出了1.71万吨。还有油菜7000亩,产量7000担,生产茨菰750吨等。

表6-18　　　　宝应县农作物播种情况（1934年）[3]

种　类		面　积	占总播种面积
粮食作物	水稻	100万亩	71.21%
	大麦、小麦、裸麦、豆类、高粱、玉蜀黍等	39.95万亩	28.45%
	荞麦、甘薯、胡萝卜	0.48万亩	0.34%
特用作物	油菜、芝麻、落花生、烟草、蒲、藕	9.86万亩	6.4%
果类作物	桃、杏、枇杷、葡萄	0.01万亩	0.01%
园蔬作物	菜类、瓜类、葱、蒜、茄、甘蓝、萝卜、茼蒿、莴苣、辣椒等	3.58万亩	2.33%

其余各县也各显其能,1935年,江都县"年产稻麦三百三十余万担"[4]。其仙女庙镇附近就种植蔬菜3000多亩,产量7000吨。高邮县的早稻最高产量达到了每亩245公斤,晚稻最高产量为228公斤,每亩平均产量在100公斤左右。1936年,仪征种植水稻50.5万亩,总产75750吨,亩产150公斤;种植小麦28.5万亩,总产11820吨,亩产41.5公斤。丰收之年,扬州的粮食蔬菜自用之余,也销往外埠。如宝应的粮食外销镇江、无锡、上海等地;仪

---

[1]　宝应县地方志编纂委员会编:《宝应县志》,江苏人民出版社1994年版,第225页。

[2]　《交通银行支行所在地金融物产调查录:宝应》,《交行通信》1935年第2期,第143页。

[3]　宝应县地方志编纂委员会编:《宝应县志》,第227页。

[4]　北强:《江都》,《江苏儿童》1936年第27期,第4页。

征真州的万年等蔬菜销往镇江、南京。

同期，扬州林业副业也多丰产之年。1931年，仪征县产桃100吨，杏100吨，花红150吨，枇杷30吨，银杏17.5吨，收获果实累累。

30年代，扬州六畜兴旺。1933年，扬州地区养猪存栏量近30万头，其中高邮10万头，江都9.8万头，宝应8.5万头，仪征1.6万头，所养品种多为姜曲海猪、山猪等。养猪业的发达衍生出了火腿制造产业，江都县等地的火腿栈也异常红火。扬州农民养牛也继世而传，1921年，江都县内有牛集市7处，仅大仪牛集市就每年出售2万多头牛。至1933年，扬州地区养牛存栏量为6.7万头，其中江都4.7万头、高邮0.8万头、宝应0.8万头、仪征0.4万头。扬州各县农民还少量饲养马、长白山羊与山羊等牲畜，但各县存栏数差距较大。1932年，高邮县饲养有1万头羊，宝应仅有千余头。江都养马6200余匹，而宝应县未过千匹。但这些数据也在不断变化之中。日异月殊，短短两年后，宝应县农户所饲养的羊数就达到了3千余只。在江苏省的各县中，扬州的牲畜饲养业有一席地位，江都县饲养马、骡数量仅次于泰兴与铜山县；养驴数量为全省之首。

表6-19　　　　　1933年扬州地区马、驴、骡饲养量[1]

（单位：万匹）

	江都	高邮	宝应	仪征	合计
马	0.620	—	—	—	0.620
驴	4.048	0.5	0.15	0.05	4.748
骡	0.120	—	—	—	0.120
合计	4.788	0.5	0.15	0.05	5.488

30年代，扬州的家禽饲养业继续扩大生产，各县都对外输出鲜蛋、蛋黄、蛋白等相关商品。1933年，扬州地区家禽的总产量为190万只，其中江都80万只，高邮50万只，宝应30万只，仪征30万只。这些家禽共产蛋7250万只，其中高邮2500万只，江都2400万只，宝应2000万只，仪征350万只。农民饲养家禽的积极性很高，仅一年后，宝应县的家禽饲养量就从1933年

[1]《扬州市志》（上册），第885页。

的 30 万只增长到了 1934 年的 40 万只,增幅惊人。

渔板声声,渔采丰厚,扬州渔民不敢告劳。1932 年间,宝应县仅河蟹就外销 400 吨。次年,该县水产品捕捞量高达 1500 吨,"数量本多,无如不能干制,无法储藏,以致输出不畅,特产如虾子藕粉蒲合等,虽久经驰名多地,然因出品不加讲求,装潢未臻完美,销路亦只少数"[1]。其他各县也努力从水中寻利,如仪征县十二圩先后设有私人经营的启新公塘、西大塘、东西大划 3 个养殖场,水面达 275 亩,养殖各种经济鱼类。

抗战爆发后,扬州农林副业生产所需的环境被严重破坏,产量也大受影响。各县的水稻小麦总产量、亩产量都每况愈下。虽然有些地区因为日产纱布倾销,土布销量下降,被迫退棉种粮,但仍无法阻止稻麦粮食总量的下降。仪征、江都等县的林业资源被日军大量破坏,果木良种多已不存,仅少量种植枇杷、樱桃、柿树、苹果、葡萄与山核桃等。至抗战结束前夕,全市森林覆盖率仅有 0.28%,原本有 15 万亩成片林的仪征只剩残次生林 12553 亩,存留者不足十分之一。曾经遍布扬州的茶树,除双桥乡一带尚有零星栽培外,其他均遭日军砍伐、破坏。

在中国共产党的领导下,苏中根据地人民努力坚持农业生产,尤其是在 1940 年黄桥战役之后,开始有序恢复根据地的农业生产。至 1945 年,苏中行政公署境内的农业生产已接近于 1935 年的水平。解放战争期间,由于国民党军队的进攻,根据地的农业生产遭受较大影响。大批农村青壮劳力参军支前,以及 1949 年春季突降大雪冰雹,农业生产也有一定程度的下降。但随着形势的扭转,解放后的扬州农业很快迎来了复苏与进步。

四、民国时期扬州的农林副业技术进步

20 世纪 20—30 年代,扬州各县的农场及随后成立的农业改良场、农业推广所在肥料施加、品种改良、病虫害防治与家禽牲畜病、农具改进等方面进行了一些工作,耕耘树艺,在部分地区、部分领域推动了扬州农林副业的技术进步。

---

[1]　周敦礼:《宝应县物产概况及改进计划》,《江苏月报》1934 年第 6 期,第 38 页。

（一）肥料施加的突破

与清末一样，人畜粪、河塘泥沙仍是民国时期扬州大部分地区农民种田施加的传统肥料，有些地区的农民因地制宜，添加草木灰、豆饼或家禽粪便作为辅助肥料。豆饼肥的品种较多，有豆饼、花生饼、菜籽饼、棉籽饼等。具体的品种是与当地农产品结构相联系的。在扬州境内的各个农业区域内，肥料的施用也存在着明显的差异。一般来说，里下河地区多栽种水稻，所以肥料多作为水稻秧池基肥；沿江地区及高沙土地区的一些较为富裕的农民会在种植水稻、芋头时施加肥料；还有一些地区的农民将稻草与河塘的泥土进行混合，再下塘沤制为肥料，或用稻麦秸秆圈垫猪脚灰，以此为水稻基肥。在肥料施加的分量上，各地农民都有一些常年积累下来的经验做法，如宝应县农民在实施稻麦二熟制种植的过程中，每亩农田会施加猪厩粪10—15担，而种植一熟制的水稻则每亩施加约15吨左右的河泥渣。在施肥技术上，粪肥采用泼施法，也有农民打塘施粪后掩盖，以提高肥效。实际上，民国时期扬州的稻麦种植方式仍十分粗放与原始，仅有半数的耕种田地会得到施肥，还有很大面积的农作物没有得到肥料的滋润。

虽然在20世纪30年代，扬州各地的农业改良指导机构就已经完全清楚施肥种类的差异性、施肥覆盖率、施肥技术对于农业生产的重要性，但民国时期扬州施肥技术的最大进步主要发生于1947、1948年间。1947年，江苏省农业改进所配送给宝应县农业推广所磷铵92吨，这批磷铵的使用成为该县农田施用化肥之始。1948年，高邮县稻作试验分场蚕桑中心指导所使用了肥田粉为水稻和桑苗施肥，也是一大突破。

（二）品种改良的突破

民国时期扬州农林副业品种改良的主力军是各地的农业指导机构。1929年，江都县农场已经开始这项工作，"先注意稻作之育种，以期改良本县稻作品种，增加米谷产量。"[1]20世纪30年代中期前，扬州农民蹈常习故，种植稻麦的种子均为农家自己筛选保存。如仪征农民种植水稻的种子有百叶籼、五天齐、毛尖稞、胡皮籼、大稻等，搭配种植的品种有早熟籼稻六十子、四十子、三十子、

---

[1]　陈肇燊：《江都县县政概况》，第39页。

八十子。所栽种的糯稻品种有芒胡子、小红糯、麻鸡糯等。农民们并不区分种、粮,通过亲友邻里间串换种植。种子的品种十分混杂,质量也不高。30 年代中期后,扬州各农业指导机构所推广的稻麦良种也有一些成效,造福了一方农民。在稻麦品种改良的实施下,1936 年,仪征县农业生产的各项数据都比 10 年前有了极大的提升,尤其是水稻总产量增加了 2.66 倍,亩产增加了 50% 多,不能不说是一个惊人的进步。1937 年,高邮农业生产中心推广过红壳子、帽子头、胜利籼、中农四号等良种,也获得了较好的口碑。扬州还从市域外引进种植了大椒、苜蓿、隔壁香毛豆等蔬菜品种,丰富了民众的餐桌。

　　民国时期扬州林业品种的改良也主要依靠官方力量。20 世纪 20 年代末至 30 年代初,扬州各县政府纷纷兴办小面积的苗圃,培育苗木品种,或以县立农场、桑场代行其事。1929 年,宝应县成立占地 5 亩的官办苗圃。1930 年,江都县立农场育苗面积达到 1.95 亩,高邮县农场为 1.52 亩。数年后,这些苗圃或农业改良场即开始向农户提供苗木。1933 年,仪征农业改良场向当地农民输出了少量的松、柏树苗。1934 年 2 月初,仪征农业推广所向当地农民无偿推广的苗木达到了 5000 余株。同时,该所还保育了 700 余株野树。同年,高邮稻作试验场为该县湖西第八区蚕农无偿提供了桑苗 5 万株;向湖东农民提供了青杨 2000 株、榆苗 3000 株、桑苗 1.8 万株,还为农民从外地代购了桃树苗 5000 余株。1934 年至抗战前,榉、乌桕、枫杨、刺槐、梓、三角枫等树种也在宝应县农业推广所的引进下,进入了该县种植。江都县也有类似的举动。民间也有个人参与这类工作。1933 年,扬州著名金融家、中南银行行长胡笔江从浙江湖州采购了 50 万株优质湖桑,赠送给家乡胡家墩的农民们栽种,以改善扬州桑树品质。林业品种的改良热潮一直持续至扬州沦陷,才被迫告一段落。

　　在民国时期,扬州家禽牲畜的品种引进上也有不少新闻。1934 年,宝应县引进了来克航鸡,推广给农户,进行养殖。1935 年,该县又引进了巴克夏猪种。1936 年,高邮县农业推广所引进英国约克夏种猪 2 头与当地的土种猪进行杂交,但未能有效推广。民初,扬州农民刘襄谷从国外购回 10 箱意大利蜜蜂,民国扬州蜂业由此肇始。"当地养蜂业素来无人注意,最近由刘襄谷氏极力提倡,颇为社会人士所注意。"[1]1936年,扬州的几名教育界人士,"购买蜂群巢础蜂具,以供学生实习研究"[2],无形中也促进了扬州蜂业的发展。1948年,高邮县三垛三百六村张余从南通农学院购买长毛兔40多只,进行饲养,这是民国扬州从市域外购买兔种的最早记录。

（三）防治病虫害、家禽牲畜病的突破

威胁扬州农作物的虫害很多,民国时期常见的有蝗害、蝼蛄等数十种。虫害也时常伴随着水旱灾害同时发生,破坏着扬州的农业生产。1929年,江都县大旱灾,引发了大蝗灾,导致全县粮食大面积减产。田地里的草害也种类繁多,有禾本科的稗草、千金子、双穗雀稗,菊科的鳢肠,玄参科的母草,莎草科的水莎草、碱草等稻田杂草;也有禾本科的早熟禾、看麦娘、棒头草、鹅冠草,紫草科的多苞斑种草等麦田杂草;还有菊科的鳢肠、莎草科的香附子、豆科的鸡根菜等旱田杂草。家禽牲畜也是瘟病频发,经常造成饲养农户的损失。1936年,高邮发生牛瘟;江都出现血脾胀、草胀等病。抗战前,虽然扬州各县都有农业改良指导机构,但在病虫害防治、兽医、植保等方面的投入几乎为零。40年代中后期,这些事业在扬州才有星星点点的火光。1945年6月,高邮、江都等地蝗蝻爆发,苏中军区发动干部群众与军队一起消灭蝗虫,减轻了损失。1948年,江苏农改所技士赵宾国来到江都,与江都县督导员吴联生一起,对江都蔬菜虫害进行防治。江都县农业推广所得到配发的砒酸铅一桶、5%D.D.T一桶,以及背囊喷雾器两架。杀虫防治应用后,实际应用效果令人满意,"预计减轻损失可达一成以上"[3]。

（四）农具改进的突破

民国成立后的十余年间,扬州农民手中的各类农业工具并没有根本改变,传统农具仍是农民们的亲密伙伴。但近代新式农具也开始走进扬州,在使用中逐渐展示它们的优势。其中,相对变化最大的是戽水工具。原本扬州农田灌溉的戽水工具绝大部分是依靠各种人力、牲畜力与不可控自然力为动力的脚车、风车、手车、牛车。民国初年,扬州南郊一位马姓商人使用了一

［1］《各省蜂讯:江苏》,《中国养蜂杂志》1936年第9期,第308页。

［2］《各省蜂讯:江苏》,第308页。

［3］《丹阳、江都防治虫害效果良好》,《粮食增产简讯》1948年第11期,第2页。

台 3 马力的内燃机,在高邮县车逻镇包田戽水,该机器被当地农民称为"洋龙"。1919 年,宝应县射阳乡的蔡新地购买了一台带 8 寸离心泵的 20 马力煤油机,安装在木船上,以船机的方式戽水。1926 年,高邮一沟乡双庙村的沈学仪、郑兴辉从上海惠工铁工厂购置一台 12 马力柴油机,替周边农民加工大米,还用这个机器进行农田打水。这些近代新式戽水农具很快收获了扬州农民的信赖。30 年代,扬州各县一些农村富户、城厢商户陆续购置国产内燃机,为农民戽水灌田,包田营业;为商户加工粮油。至 1949 年,扬州全境已有此类农具数百台。1948 年,高邮人李兆森打算以风车作为动力,通过绳索的牵引带动犁,进行耕翻沤田,虽然他的试验失败了,但这种奇思妙想展示了扬州人民在时代更替的浪潮中,敢于创新、积极进取的精神,亦可于薄物细故中看到扬州农业的未来。

五、民国时期扬州的农民生活状态

民国时期扬州大部分地区的农村结构,"可说仍为十八世纪的标准农村"[1]。处于农村社会金字塔上层的为少数大地主,中层为自耕农,下层为半自耕农、佃农、雇农。各县农民中的自耕农比重不一,但都不超过半数。江都县自耕农约为农户总数的 30%—40%;宝应自耕农为 29178 户,占农户总数的 40%;高邮自耕农比重较高,为 132351 户,占农户总数的 45%。超过半数以上的农户为半自耕农、佃农与雇农。扬州农村的地主以每年收租数百石的中小地主为主体,能够每年收租稻数千石以上的大地主并不多,即如粮食大县宝应也是如此,"河东每年可收租稻数千石以上者,实有二十余户"[2]。其租佃情形大致如下:地主供给佃户田地,承佃形式分为永佃与期佃两种,以后者居多。小工具及人工、肥料、草灰等皆由佃户自理,大工具由地主提供。稻种的保管分为佃农保管或地主所设仓廒保管两种。土地所得按照约定,分比例交给地主。

从技术层面去看民国扬州的农林副业发展,无疑是有进步的,但从社会生活层面去看当时扬州农民的实际状态,则难以乐观。农民生活状态不但

---

[1] 陈颜湘:《宝应社会鸟瞰》,《农行月刊》1934 年第 8 期,第 32 页。
[2] 陈颜湘:《宝应社会鸟瞰》,第 32 页。

与农林副业生产状况紧密联系,在很大程度上更与社会结构、社会环境、社会发展的程度息息相关。

一般而言,水稻的收成情况是民国时期扬州农民最在意的事情,这是扬州大部分地区"以稻为主,麦豆芝麻等为辅"的粮食作物种植结构所决定的。小麦、棉花、豆类、芝麻的收成也关系农民的生活,但是,"至生命所系,大家皆从事而不能有丝毫影响的,就是稻的收成。收成好,则每人皆可丰衣足食,否则皆告匮乏"[1]。1931 年的大水灾,"正值麦市繁盛时期,因之麦粉两项,被水冲刷,损失颇为不赀"[2]直接引发扬州农民纷纷破产,携家逃难者以万数,"一遇旱潦虫患,则粮食顿虞不足"[3],农村残破,甚至城镇也受到巨大的冲击。

民国扬州农民如牛负重,头会箕赋,承受着沉重的赋税。从民国成立至抗战前,各种附税杂捐不断添加,名目繁杂,积至 20 余种。尽管政府也曾在某些阶段、部分地废除了一些附税加征,但扬州农民平均纳税每亩较高者已达八角,远超省政府收税不得高于地价百分之一的标准。田地买卖也有高昂成本,土地交易契税,"已达百分之十六以上"[4]。1932 年 11 月,江都农民反对清理田赋,聚集数万人,捣毁国民党县党部及县长的家,引发了轰动全国的江都田赋事件,只是这个矛盾的一个缩影。如果我们观察民国部分年代中农民生活与社会环境的影响,则其利害就十分直接了。1922 年至 1928年间,除了 1928 年收成一般,其余年份大抵可以算是丰收之年。但是农民的生活水平却并没有得到多少提升,仅无须像荒时暴月间那样东奔西走、逃荒奔难而已。相较而言,比之苏北一些地区的农民,扬州农民的生活及收入还算是较好的。"江都的居民十分之八九是农民,因为地土肥沃,在江北一带是比较优裕的区域。不过东乡接近山地,比较贫苦。农民只把杂粮作为食品。"[5]1922 年至 1926 年,扬州粮食丰产,由于周边地区的灾荒频繁,作物歉收,大量商贩涌入扬州购买粮食,结果导致扬州本地粮食价格高昂,农民

[1] 薛鸿远:《扬州八邑近年农民经济概况》,《经济汇报》1928 年第 2 期,第 168 页。
[2] 《产业状况:扬州》,《中央银行旬报》1931 年第 26 期,第 23 页。
[3] 陈肇燊:《江都县县政概况》,第 39 页。
[4] 王世琨:《农村通讯:江都县农村土地状况》,《农业周报》1935 年第 11 期,第 389 页。
[5] 北强:《江都》,《江苏儿童》1936 年第 27 期,第 4 页。

所售粮价也水涨船高,生活尚可。1927 年,形势瞬变。孙传芳的"五省联军"与国民革命军在扬州发生激烈交战,拉锯数个来回,对扬州农业生产有极大破坏。当时民间传言国民革命军"赤化"严重,如果占领扬州,将会收归田地为公有,以致不少有田民众纷纷抛售手中的田地,"把以前值得一百元一亩的田,只值了七八十元"[1]。面对这一状况,有钱的不敢去买,有田的无处可卖。一些佃农因为国民革命军的宣传,与地主谈减租,而地主则抱着观望的态度,不肯减租。一些佃农因此担心自己的租田被地主收回,转而被迫接受增加了少许佃租,"这是从田价与田租方面观察农民经济情形,还没有什么减低"[2]。1928 年,稻谷价格走低,物价提升,民不堪命。"一般农民,既受生活程度增高的压迫,又受稻价阻滞的影响"[3],生活之窘迫可想而知,"这种情形,正不特农民大受打击,不过农民尤甚罢了"[4],绝大部分扬州农民的生活"大异往昔,甚至叫苦连天,弃耕种而去做另外营业者,比比皆是"[5]。

抗日战争时期,除了战争对农业的破坏,日军还在沦陷区实行粮食统制政策,在根据地实施"清乡"扫荡,给扬州人民,尤其是农民,造成了深重的灾难。抗战胜利后,扬州很多农村已经残破不堪。农民们"多受战祸摧残,种籽之不足,耕牛之缺少,农具之陈腐破烂,实在皆须政府扶助也"[6]。解放战争后期,国民党政府对扬州等地百姓横征暴敛,对农村资源拼命搜刮。"人民因被沦陷时代,受日人蹂躏,性格温和,见有军事命令,更不敢懈怠,恐怕杀头充军"[7],以致负担深重。以 1948 年江都县某地为例,700 余户农户有水田二万多亩,平均每户 3 亩几分田地。田赋比往年加重,捐税名目繁多,不胜枚举,即田地质量一等中下者,所获收入也与租田无异。

民国时期扬州入不敷出者很多,农民依靠借贷度日,遭受高利贷的盘剥。每年秋收,稻麦等粮食作物的收成与市价决定着大部分扬州农户一年

[1] 薛鸿远:《扬州八邑近年农民经济概况》,《经济汇报》1928 年第 2 期,第 170 页。
[2] 薛鸿远:《扬州八邑近年农民经济概况》,第 170 页。
[3] 薛鸿远:《扬州八邑近年农民经济概况》,第 171 页。
[4] 薛鸿远:《扬州八邑近年农民经济概况》,第 171 页。
[5] 薛鸿远:《扬州八邑近年农民经济概况》,第 169 页。
[6] 赵会升:《江都县农产品调查记录》,《苏农通讯》1946 年第 1 期,第 30 页。
[7] 包九成:《江都税重灾多》,《现代农民》1948 年第 9 期,第 17 页。

中的主要收入情况。从此时到次年初春,为农闲时期。婚嫁买卖一般都在农闲进行,在民间大操大办风俗的影响下,加之打牌麻将赌博等恶习的流行,一般农户即使当年丰收,"虽有积蓄,已告罄尽"[1]。一旦开始新的一年生产时,他们无力购买生产资料,只有借贷一途。因为农民的信用不固,难以借贷,只能去借那些认重利的高利贷。等粮食收割了,又须贱售偿债,"可惜善良之农民,不能努力副产,不能俭约,即遭利债剥削,如此因循无已,乃迄难自拔矣"[2]。丰裕的年岁还好,"一遇灾荒,他们就要受几重的痛苦了"[3]。20 世纪 30 年代中期,即使是粮食产量不断攀升,扬州各地农户的经济情况都已经糟糕到极点,"负债者占十之九,利贷均在二三分以上,典当利息亦提高至二分五厘"[4]。农户们已经没有办法按期计算本金,牵萝补屋,"农村金融已陷于周转不灵之状态"[5]。

为了解决包括扬州地区在内的农村高利贷问题,南京国民政府曾经加以干预与治理,希望通过推动农民合作事业,打破农村的发展瓶颈。这些尝试在部分试验区获得了良好的回馈,但是并非全国所有地区都能获取到这些示范区所享受的政策倾斜与资源投入。在大部分地区,没有巨大的资源投入,则意味着农民合作事业只是一场戴着面具的游戏而已。1928 年之后,扬州各地开始建立农民合作事业,本意是为了整合农村资源,增大合作经济,提升农民福利,改善农村环境,但实际上,在水火中煎熬的农民最为看重的只是其中的借贷服务。由于缺乏愿意从事此类贷款的机构,虽然农民办理合作事业数年,却几无实效。如从 1928 年至 1934 年,宝应县所办的农民合作社数目仅有十几个,且因信用问题,纷纷停歇,"其中弊端,一半由于指导者不能尽其责,一半则由少数狡诈之徒,利用组织,遂其私愿也"[6]。1934年,江苏省农民银行开始介入农民合作社贷款业务后,终于有了一些进展。以

[1]　赵会升:《江都县农产品调查记录》,第 30 页。
[2]　赵会升:《江都县农产品调查记录》,第 30 页。
[3]　薛鸿远:《扬州八邑近年农民经济概况》,第 172 页。
[4]　王世琨:《农村通讯:江都县农村土地状况》,《农业周报》1935年第 11 期,第 390 页。
[5]　王世琨:《农村通讯:江都县农村土地状况》,第 390 页。
[6]　陈润民:《宝应合作事业概况》,《农行月刊》1935年第 11 期,第 32 页。

宝应最早开始实行的芦村改进试验区为例,短短数月后,已经组织了八个合作社。但这些合作社的业务,不治根本,大多是能向江苏农民银行贷款而已。扬州一些地区的农民合作社,"虽有合作社其名,然实以挂羊头卖狗肉为幌子"[1]。抗战时,在日伪占据区也建有中国合作社江都分社等机构,这些机构的业务主要为日伪统治服务,不但收集经济情报,也配合日伪政府的经济统制政策,变相压榨中国农民,并不能算是严格意义上的农村合作组织。可以说,民国时期扬州农村的合作事业除了借贷业务以及通俗教育外,没有什么积极的作为与明显成效。

第四节　民国时期扬州的水利建设

扬州水系众多,水旱灾害频繁,水利历来为当地政府和民众所关心的事业。民国时期,扬州在淮河入江水道、长江扬州段、京杭大运河扬州段进行了一些固堤、疏浚及船闸建设。

一、民国时期扬州的水利管理机构

扬州境内有淮河、长江两大水系及京杭大运河这条南北水道,三者交错贯通。民国时期,淮河入江水道从高邮湖西北进入扬州境内,经过高邮湖、邵伯湖及归江河道,自三江营入江。长江则从仪征小河口入境,蜿蜒曲折,江岸绵长。京杭大运河扬州段从宝应县小涵洞至江都县六圩,南北长达120余公里[2],为苏北运河全长的34%。扬州全境大部分地区地势平坦、低洼、湖泊众多,水系丰富,圩塘密布,河道纵横。这样的地理形势使得自古以来,水利建设都是扬州官府与民众的一项重负。

中华民国成立后,扬州各县并没有设立水利工作的专门机构,水利事务由各县建设局负责。1927年11月,宝应县政府设立建设局,负责全县农田水利工程及交通、建筑等工程。1931年后,宝应、高邮、江都等3县的建设局被裁撤,每县仅保留了一名技术员。1934年,各县又陆续成立建设科,水利

---

[1]　陈润民:《宝应合作事业概况》,第35页。
[2]　京杭运河淮安杨庄至瓜洲段,又称为里运河。

事项属于其负责。按照规定,江堤、圩堤、涵闸、塘坝等中小型的水利工程皆由各县进行管理。归江河道上有坝10座(壁虎坝、新河坝、凤凰坝、东湾坝、西湾坝、金湾坝、拦江坝、褚山坝、老坝、沙河坝)。除新河坝归河务机关管辖外,其余各坝归盐务机关管辖。1929年后,统归河务机关管辖。事实上,这样的制度安排使地方无能力也无格局去实施较大规模的水利工程。

南京国民政府或江苏省政府先后设立过专门治理淮河、长江及运河的工作机构。1929年,国民政府成立导淮委员会,制定导淮入江计划。在长江水利方面,1922年,成立了扬子江水道讨论委员会。1928年改名为扬子江水道整理委员会。1935年,扬子江水利委员会成立,长江扬州段也归其管理。京杭运河的管辖与治理,也与地方无关,是由省政府派出机构进行统一的管理。1912年,江苏省设苏北运河上下游堤工事务所。其中下游堤工事务所专管黄浦以南运堤修防事宜,设于高邮,下分各汛,如黄浦至朱马湾为"宝应汛",朱马湾至子婴闸为"氾水汛"等,每汛各有正、副汛员及队目兵丁若干。自宝应汛黄浦至江都汛瓜洲口,军民分治。1927年6月,改苏北运河上下游堤工事务所坐办为所长,隶属于江北运河工程局。1928年8月,划上下游堤工事务所的上下"两游制"为"四段制",即分江都段、高宝段、淮泗段、宿邳段事务所,并改所长制为工程师制。1929年1月,又恢复"四段制"为"两游制"。1929年1月,将江北运河工程局改为江北运河工程处。1930年9月,再改"两游制"为"三段制",即江都段(露筋镇至瓜洲口)、高宝段(黄浦至露筋镇)、淮邳段工务所,每段设工程师兼所长1人,技士1人。这些工程事务所主要负责为运河春修土埽砖石工程、运河夏防抢险工程、沿运闸坝涵洞修建及启闭、河水涨落志椿尺寸报告及工程局交办的工程、测绘事项等。[1]1932年7月,江苏省政府再改江北运河工程处为江北运河工程局,以江都县为驻地。1936年3月,江北运河工程局迁往淮阴,江都段工务所并入高宝段工务所,改成江宝段工务所,所址设于高邮。

民国时期,扬州地域内的广大圩区管理也多为民间自主进行,这些管理

---

[1]《江北运河工程局江都、高邮、宝应三段工程事务所组织规则》,《江北运河工程局年刊》1935年第3期,第25—26页。

者自有名称。如宝应运东圩区就设有圩董,该县运西诸湖圩则有丘首,他们专司圩务,且以每户田亩数的多寡为标准,征收圩堤管理维护的费用。

在扬州境内还设有一些水文观测站点。1912年,江淮水利测量局在宝应设立水位站。次年,陆续增设高邮、六闸、瓜洲水位站及沙头河八江口潮水位站。1915年,为了测量淮河入江水道总流量,而增设流量站。同时新设三江营水位站。1917年,六闸站增加了一批测降水量的设备。江都建立了雨量站,开始用雨量器观测降雨量。20世纪20年代开始,扬州各地各类水文观测站点和测量项目逐渐增加,但受行政机构隶属关系的影响,这些站点的布局变动十分频繁,且设备与方法并不精准可靠,观测记录也时断时续,没有形成较为全面的连贯的扬州区域性的水文测量数据。

二、民国时期扬州的主要水利工程

面对扬州在内的苏北地区严峻的防汛防洪现实,北京国民政府及南京国民政府都曾筹划过系统的区域水利工程。1913年,时为导淮局督办的张謇提出:"导淮必须兼治沂泗, …… 兼须规及运河。"1919年,张謇在大规模调研与全面思考的基础上,发表了《江淮水利施工计画书》,主张淮水七分入江,三分入海,规划出了具体的淮河入江入海路线。1925年,全国水利局发布《治淮计画》,打算对淮河进行系统整治。1935年,在整理四省运河讨论会上,总工程师汪胡桢发表了《整理运河工程计划》,将淮河治理的思路进一步明确与细化。但这些区域性的宏观构想并未完全付诸实践,仅实施了一些零星的局部水利工程,大多成为具文。从民国成立到扬州沦陷,民国政府主要在淮河入江水道及圩堤建设、京杭运河扬州段及长江下游扬州段开展了以下一些水利工程建设。

(一)淮河入江水道建设

黄河夺淮入海后,冲刷出一条新的淮河入江水道,水系的改流导致宝应、高邮等地水患加剧。淮河入江水道的干流整治工程迫在眉睫,这项工程主要涉及对归海坝的整修,该坝由南关坝、新坝、五里中坝、车逻坝、昭关坝等组成。以往,每次遇见淮河大水,不得不决堤泄洪时,当地就打开归海坝,由里下河地区泄洪入海。1927年,战火刚停,扬州地方当局就组织力量,对车逻坝、新坝、南关坝进行了强化工程,以混凝土对各坝进行修补,将原为条石浆砌的坝底改以混凝土建筑。1931年,大洪水过后,江北运河工程善后委员会展开归海坝堵复工程,耗资21.4万元,先后完成车逻坝、新坝、南关坝等坝土方上万立方米、混凝土上百立方米的工程量。1933年,导淮委员会公布导淮工程入海水道计划,计划从1934年开始浚挖废黄河。因经费困难,将堤距由原计划的350米减为230米,河底宽35米,进行施工,工程于次年5月竣工。

（二）长江下游扬州段的固堤建设

长江扬州段岸线长、弯道多,沙洲大而河港汊道更替频繁,江堤涨坍时有发生。民国时期,扬州沿江发生多次坍岸,总计有数万亩土地坍入江中。尤其是六圩、嘶马一带属于重灾区域。1931年由于洪水的冲刷,还造成了六圩弯道的形成。1921年春,江都县政府对江堤进行过一次加固修筑。1932年,再次大修仪征与江都等地的江堤。1933年,江水早涨,江都沿江江堤再次得到加固。1936年,仪征、江都两地政府又一次发动民众,对江堤进行维护,并对六圩江岸实施了退筑护堤的工程。

（三）京杭大运河扬州段疏浚、固堤及船闸建设

民国初期,京杭大运河扬州段淤塞严重,长期泄洪困难,航运不畅。1914年,筹浚江北运河工程局购买了4艘挖泥机船,分别命名为"运平""运济""运通""运安"号。其中,"运平""运通"号为机械挖泥船,每船每小时可挖泥12吨。"运济"为手摇起重机,每小时仅挖泥半吨左右。"运安"为连珠斗,在运河水深七八尺时适用。从1915年开始,这些挖泥船被用于里运河各浅段疏浚,常年投入作业。1916年,筹浚江北运河工程局又添购2艘挖泥船,同时将"运济"号改为起重机,改变作业模式。但这些挖泥船的工作效率并不理想,从1915年6月至1917年6月的两年间,仅挖泥3.40万余立方米,不能满足需要。1918年后,该局曾招人包工与自办工程同时并举的方式,拟提高疏浚效率,但实施后的效果仍未达到目标。

1920年,督办江苏运河工程局制定了疏浚运河、培固运堤的计划草案,提交上级部门,申请经费与支持,但未能实施。1921年2月15日至3月31日,督办江苏运河工程局启动完成了界首至高邮的运河切滩工程,该工程自界首子婴闸至张家湾为北端,张家湾至高邮西门为南段,用工数千人,分段施工。该年秋,大水之中,宝应沿运东堤多处漫堤。抢险期间,加筑了子埝。

大水退后,督办运河工程局对宝应运堤部分地段进行了帮戗插坡、填缺加高、加筑子埝、做防风埽等工程 195 处,总长 3821 米。1922—1923 年,督办江苏运河工程局对高宝界运河南北段进行挑浚,从高邮城至救生港,工程实施范围共长 30 里。1924 年冬,继续对东西堤进行加固,将运堤帮宽加高 45 段,总长达到 843.3 米。1931 年,里运河决堤,"高邮邵伯六七十里之间,决口至二十七处,宽度至八百余丈之多,实为运河空前之浩劫"[1]。宝应县黄浦至氾水西堤漫、决口 21 处,计长 92.6 米。宝应县组织民工全力堵修,于次年修复。在高邮县境内,江苏省江北运河工程善后委员会十四区工赈局、华洋义赈会等机构,联合出力,进行堵复 40 余日,方始告竣。

表 6-20　　运堤修复江都段工程料物一览表（1931 年）[2]

种类	数　量	共　价	种类	数　量	共　价
河砖	192572000 块	38514400 元	条石	1320010 丈	21120160 元
碎石	11363080 方	181809280 元	正料	17069 堆	7646912 元
杂料		1911728 元	水泥	6105000 桶	51892500 元
黄砂	589603 方	9433648 元	石子	524023 方	9432414 元
椿木	5656000 根	254609256 元	合计		344701242 元

1931 年大水后,对运河堤岸扬州段的加固工程仍没有停歇。1932 年,江北运河工程局又对东堤决口处进行埽工、土工加固工程。次年冬,江北运河工程局商请华洋义赈会拨款,对部分高邮运河东堤石土进行改建工程,至1934 年 5 月完成。1934 年,为了实现里运河航段的全部渠化,有关当局将运河西堤 9 座通湖港口全部关闭填塞。1935 年还在越河港建设一座小型船闸,从而使河湖分隔后的河湖通航问题得到解决。该年,将运河东西堤埽工全部改为土坡与乱石护坡的工程启动,共分两期进行。第一期工程从 4 月分段开工,7 月完工。第二期工程 11 月开工,次年 4 月完工。工程总计改良护岸工程 17 处,改良涵洞护岸工程 28 处,改埽工为土坡工程 23 处,计支工费 25.2 万元,极大地提升了运堤的耐冲刷能力。

---

[1] 韩国钧:《江都高宝东西堤各段患工摘要报告》,《运工周刊》1932 年第 11 期,第 29 页。

[2] 《江都段工程料物一览表》,《江北运河工程善后委员会汇刊》1931 年第 2 期,第 1 页。

在沿运河一线也零散实施了一些闸洞工程。宝应县修建老新民洞、朱马耳洞，维修了泾河闸、乔洞与学洞。江都县疏浚了宝塔湾等浅段，兴建瓜洲运河石驳岸，修筑东堤邵伯镇条石混凝土驳岸等小工程。

运河船闸的建设投入相对是巨大的，有邵伯船闸、高邮运西小船闸等工程，其中邵伯船闸是一大亮点。为使运河能够常年通航，国民政府导淮委员会决定在运河上建设一批"新式船闸"，包括在扬州境内的邵伯船闸以及在高邮城西运河右岸支线航道上的高邮船闸。为了修建邵伯船闸，导淮委员会专门成立了邵伯船闸工程局，以英国减免的"庚子赔款"中的部分款项作为修建资金，由导淮委员会工程处实施工程设计，施工单位为上海陶馥记营造厂。邵伯船闸安装的闸门、启闭机等设备都购自英国，工程预算为60万元，实际造价87.8万元。1934年1月28日，江都县政府完成邵伯古运河西岸230亩征地任务，工程正式开工。经过两年多的昼夜施工，至1936年8月放水验收，12月正式通航。船只通过该船闸的时间约为1小时，在当时堪属先进，被称为"新式船闸"。但邵伯船闸的建造也有遗憾，由于闸室容量有限、上游门槛偏高及斜坡式闸室容水面积较大，存在着闸室容量较低、对水位要求高且浪费水资源等弊端，制约着船闸的运行效率。该船闸建成后仅一年，即因战争原因而不能使用。1939年春，船闸再次启用。解放战争时期，该船闸部分设施在邵伯保卫战中被炮火破坏，后经修复，重新投入使用。

三、抗战、解放战争时期扬州水利建设状况

抗战时期，在扬州的各级各类水利建设机构如江北运河工程局等纷纷内迁或终止运作。汪伪政府在扬州设立了江北运河江宝段工务处，负责对运河大堤的维护工作。各县伪政府以第三科负责水利事宜。扬州沦陷期间，除了一些小规模的补漏项目之外，没有实施任何大规模的水利工程。1942年，淮河归海坝的新坝坝底漏水。汪伪政府建设部水利署应伪高邮县政府所请，对新坝实施了部分整修工作。主要工作是在坝底南段百米间抛块石，以填平跌塘，以及在坝面上增加了30厘米厚的水泥砂浆。汪伪政府还将国民政府所封闭的运河西堤港口9处全部破开，即越河港、贾家港、陈家港、四汊港、车逻港、车逻南港、水庙子港、二十里铺港、江都中洲会馆港等，计长692米，破坏了整个运河干线的渠化状态。

1945 年,宝应、高邮县城解放。苏皖边区政府动员两县沿运地区人民修堤防汛。1946 年 1 月,苏皖边区政府第二行政专员公署成立运河春修工程处,抢修运堤,工程内容包括平碉堡、填战壕、加险段、翻旧埽、修石坡等。在工程实施过程中,遭到国民党军机轰炸,牺牲民工 29 人。国民党军第二十五师当时驻扎在邵伯,打算破坏运堤,水淹里下河解放区,阻止解放军战略转移为人民群众的力量所阻止。3 月,苏皖边区政府在新坝外坡另筑越堤一道,进行了埽工作业。宝应、高邮、樊川等 3 县人民政府在运河宝应段补修堤坡 59 处。5 月,苏皖边区第二专署又成立了防汛办事处,积极筹划防汛事宜。

1946 年夏,洪水紧急。苏皖边区政府急电周恩来,请求国民党当局速开归江各坝。9 月 2 日,周恩来致电国民政府行政院院长宋子文,指出"运河入江各坝,政府既不开放,复加以飞机不断轰炸河堤,致运河有决堤之极大可能"[1]。敦促国民党当局立即开放归江坝,并警告说:"如因此而造成苏北重大水灾,国民党及政府要负完全责任。……勿再以此为政争及战争之武器"[2]。

1945 年至 1948 年间,人民民主政府、国民党县政府先后在宝应设立兼管水利的生建科、建设科。1947 年,扬子江水利委员会改组为长江水利工程总局,从事水道测量、水位测验及堵口复堤工作。当年 2 月,国民政府导淮委员会、江北运河工程局、行总苏宁分署三方联合对运河部分堵口进行复堤工程。4 月至 8 月间,国民党政府的复堤工程局曾对淮河归海三坝进行了培修,将原来的土堤进行了加高、加厚处理,堤顶被加宽至 5 米。这次培修中,南关坝、新坝、车逻坝等三个坝共完成了 1800 立方米的工作量。还在新坝和车逻坝临河的一面增加了埽工作业,使大坝更加稳固。新坝完成埽工 742 立方米,车逻坝完成埽工 2832 立方米。该年,国民党政府还计划将日伪政府破开的里运河港口全部再行封堵,因经费不足,最终只堵塞了车逻南港与二十里铺港两处。

国民党政府重新开始了运河水文站的建设,拟在运河沿线设瓜洲、三江营等水文水位站,计划仅完成了部分。1936 年后陆续建成了瓜洲水位站、三

[1]　扬州市水利史志编纂委员会编:《扬州水利志》,中华书局 1999 年版,第 463 页。

[2]　扬州市水利史志编纂委员会编:《扬州水利志》,第 463 页。

江营水位站,于次年1937年1月1日启用。

1949年1月,人民军队再次解放宝应、高邮、江都等地后,军管会接管国民政府的运河工程处,第二行政区专员公署决定成立苏北运河南段工程处,在江都、高邮、宝应等县成立运河工程事务所。7月,扬州专署设建设处,兼管水利工作。该年秋,扬州专署还成立了扬州专区农田水利工程队。

扬州各地水利部门在苏北运河工程南段工程处、苏北行署水利局等机构的指导下,充分发动群众,积极抢修水利工程,配合解放军渡江南下。1949年3月30日,完成拦江坝堵闭。4月8日,江都等县完成万福桥、二道桥、头道桥、江家桥修复,在运河大堤上填埋战壕63处,修筑土方5.5万立方米,还在汤问洞、七里闸等处河岸做埽工1592立方米。高邮动员民工2025人,投资2.33万元,完成土方5.58万立方米。这些工作有力地配合了人民解放军的渡江军事部署。当年夏季,江都、高邮、宝应3县发动了民工和各类技术工人6280人,征集船只616艘,对各类水利工程进行培修施工,共积土7179立方米,培修土方5284立方米,筑子埝2331立方米,捆防风埽枕1694立方米,加厢埽466米,修石工300米,有力地保障了解放军南下后的水路后勤运输及扬州等地民众的生命财产安全。

四、民国时期扬州水利建设难以满足城乡生活生产需要

北京政府及南京国民政府时期,以偌大的水系而论,扬州实施的大规模水利工程并不多,工程效益也较低。这就导致20世纪20—30年代间,扬州的水旱灾害仍很严重。有的年份洪水漫流,一片汪洋,农田城镇尽成泽国;有的年份河流枯竭,赤地千里,洪涝旱灾交相为害。无论是淮河入江水道,还是长江岸线,以及里下河地区的圩区,都经常性地爆发严重的洪涝灾害,"圩区三年两头淹,山区十年九年旱"[1],给当地民众的生活生产带来了巨大的损失。

因为淮河水量暴涨,民国时期也数次开启归海坝,泄洪区的民众家园数次被毁。1916年8月11日,高邮湖水位达到8.68米,开启车逻坝,泄洪区内被淹农田水深数尺,农作物全毁。积水直至次年农历三月,方才退尽。1921年8月22日,复因大水,再次启放车逻坝。24日、26日,南关坝、新坝

---

[1] 扬州市水利史志编纂委员会编:《扬州水利志》,第2页。

也先后启放。1931 年扬州特大洪灾期间,先后开启了车逻坝、新坝,泄洪区民众再遭浩劫。8 月 5 日,南关坝被风浪冲击刷成沟槽,大水漫堤,等同启放。1938 年洪灾,8 月 25 日,省政府建设厅徐谟嘉主任赶赴高邮,打算开启车逻坝,消息传出,里下河地区的数千百姓聚集于坝头,阻止开坝。9 月 5 日,开启新坝,这是民国时期最后一次开归海坝泄洪。每次归海坝的开启都意味着泄洪区民众家园的毁灭,但客观来看,这一时期,对淮水水道的治理也起到了一定的作用,归海坝的开启频率远远低于清代。同期,归江坝也时常开启。据资料显示,1914—1933 年、1943—1948 年间,归江坝开坝近百次。仅 1921 年 5—8 月间,归江坝就先后启放及漫坝 8 次。

在宝应湖、高邮湖、邵伯湖三个圩堤建设区内有大大小小的圩口 200 多个。因为河港杂乱,排水不畅,引流不通,且各个圩口难以定型,治理确有难度。这些圩区地势低洼,一般高于地面 1—2 米,圩堤都是依靠群众自发建筑,比较单薄,大水期间往往早于运河大堤就已经溃决。如在 1921、1931、1938 等年间,里下河圩区大部分溃圩淹没。尤其是 1931 年水灾,"为数百年所罕见"[1],里下河地区几乎全军覆灭,损失惨重。

表 6-21　　　　1931 年里运河东西堤决口情况表[2]

堤别	漫口				决口				漫决口合计			
	江都段		高宝段		江都段		高宝段		江都段		高宝段	
	处	长(丈)	处	长(丈)	处	长(丈)	处	长(丈)	处	长(丈)	处	长(丈)
东堤	—	—	—	—	20	476.8	6	397	20	476.8	6	397
西堤	2	146.8	24	1057.5	11	206.4	14	286	13	353.2	38	1343.5
合计	2	146.8	24	1057.5	31	683.2	20	683	33	830.0	44	1740.5

长江沿岸,尽管有所治理,但因江潮的冲刷势久力猛,造成堤岸险情不断,坍江时有发生。沿江圩区也和里下河圩区一样,常年遭受破圩之灾。如

---

［1］《扬州产业状况》,《中央银行旬报》1931 年第 26 期,第 23 页。

［2］扬州市水利史志编纂委员会编:《扬州水利志》,第 346 页。

1949年汛期间,扬州沿江圩区几乎全部陆沉。

战争也会促成或加大水患,人祸有时甚于天灾,最典型的莫过于1938年6月6日,国民党军队炸开黄河花园口,造成黄河再次夺淮入海。7月,扬州里运河以西部分区域遭殃,洼地积水1米左右,灾民达10多万人。

尽管扬州在民国时期修建了一些水利工程,但无论是数量,还是质量,都没有办法满足扬州人民生活安全、生产发展的水利需要,水患一直是民国扬州城市、经济、社会建设与发展的现实包袱。

第七章　民国时期的扬州教育

第一节　民国初期的扬州教育（1912—1927）

在南京临时政府及北京政府时期，扬州境内虽政局波动频繁，受战火纷扰，但在全国近代教育发展的推动下，加之自身崇文重教的传统底蕴，其教育事业的进步也很明显。

一、民国初期扬州教育的政策、行政制度与经费

（一）教育政策的推动

1912年，中华民国南京临时政府教育部成立，不久即公布国民政府教育的宗旨为"注重道德教育，以实利教育、军国民教育辅之，更以美感教育完成其道德"[1]，这是对传统"忠君""尊孔"等封建教育理念的颠覆。民国教育部还出台了新的学校系统，即"壬子学制"。1913年，将其修订为"壬子癸丑学制"。同期还陆续发布了《普通教育暂行办法》《普通教育暂行课程标准》及"小学校令""中学校令""大学校令"等系列教育改革法令，对各类学校的建立、归属、学制、规范等都作了详细的规定。1919年，民国教育部开始推行分期筹办义务教育年限。江苏随之制定了《义务教育施行程序》，要求在1923年试行，"各县同时举办，以儿童数之增加为期限数之正比"。后因水灾而推迟一年举行。1922年，北京政府教育部又颁布了"壬戌学制"。这些学制的调整与具体政策制度，为近代新式教育在全国及扬州的推行奠定了基础。

（二）行政制度的更新

中华民国临时政府与北京政府在教育行政上也进行了制度更新。民国成立后，即撤销了各地的劝学所，改以学务课承担其职能。1912年3月，临

---

[1]　朱有瓛主编：《中国近代学制史料》（第3辑），华东师范大学出版社1990年版，第90—91页。

时江苏省议会议决江苏都督府暂行官制,以教育事宜隶属民政司。"自光绪以后,以军政统民政,而教育附焉"[1]。这也是一种临时举措。1913年,再改以各县署第三科负责教育行政。1914年6月,民政公署改为巡按使公署,设政务厅,厅下设教育科,专责其事。1916年7月,巡按使改称省长,教育科仍为旧制。同时,由省道尹委任各县视学。次年12月,江苏省设教育厅,执行全省教育行政事务,监督所属职员及各县负责办理教育事务的知事。不久,各县又恢复了劝学所。江都县劝学所设于董子祠内,时人因其脱离县署机关,称劝学所再设为扬州"教育行政机关独立之始"[2]。1923年,江都县政府成立了教育局,内设总务科、教育科、社会教育科等三科,对学校教育与社会教育进行专门的管理指导,是当时教育行政的创新。

较为特殊的是此时扬州各县级教育行政机制分设了城厢与市乡两个系统。两者统属于一县教育行政之内,但有各自的学区分属。1916年,除城厢系统外,江都县的市乡教育系统分为十个学区,每个学区设有学董、学委各一人,"学委监察学务,学董则司财政"[3],当然,无论城厢、市乡,全县学校都接受县视学的监督考察,共同构成扬州教育事业整体。

(三)教育经费的保障

民国成立后,临时省议会议定以地丁银的六分之一、漕粮的五分之一附加税作为各县教育的财政经费。除了征收田亩附加税之外,各县还获准可以从学田、盐厘、牛捐、房捐等各种捐税中获取教育经费。理论上,扬州教育事业的经费获得了制度上的保障,这绝对是一笔很可观的收入。由于经费数额较大,款用支出频繁,江苏省要求各县设教育款产管理处,专款专理。1914年,江都县也遵照省令,设教育款产管理处,行使管理教育经费的职责,"凡属教育款产,悉归经理"[4],由于经费的使用中出现了一些争议与矛盾,4年后,该处撤销,教育经费使用与管理的权限复归劝学所。1923年,各县教

---

[1] 蒋维乔:《江苏教育行政概况》,商务印书馆1924年版,第3页。
[2] 郭孝魁:《江都县教育行政状况调查报告书》,《县政研究》1939年第9期,第41页。
[3] 凌树勋等:《江都县教育概况说明书(民国三年六月)》,《江苏(省立)第四师范学校校友会杂志》1916年第1期,第254页。
[4] 蒋维乔:《江苏教育行政概况》,第9页。

育局成立后，教育经费的分拨使用则由教育局总务科直接负责。

十余年内，扬州各县教育经费呈现逐年增加的态势。1914年，江都县教育经费占到了忙漕附税的十分之三，总额为二万多元。而1921至1924年间，宝应县教育经费从9510元增长至31215元，三年增加了三倍多，增速可谓惊人。这些经费中除各县教育局提拨三成外，余归于各市乡教育事业支用。各市乡还另有杂捐之款，以为补充。

兴办学校是扬州各县教育经费支出的大头。扬州各公立学校的经费以省、县两级政府的财政拨款为主。私立学校多自筹资金，除收取学生学费外，也接受政府的补助。如民初江都县内部分学校的经费拨付情况见下表：

表7-1　　　江都县部分学校经费拨付情况（民初）[1]

拨付性质	学校（每年经费数额）
省拨公立	省立第八中学（约2.5万元）、省立第五师范学校及其附属小学（约数万元）
县拨公立	教育会（360元）、县立中学（约6000元）、县立师范讲习科（约6000元）、县立高等小学9所（不详）
县助私立	女子公学、育英女学、乐群小学、求新小学、作新小学、启智小学等校（300~1500元不等）
省立代用商业学校每年由省拨经费二成，另由江都县每年从两淮盐引中拨支4000元（后逐年增加）	

江都县政府还从两淮盐引中拨款资助了淮扬合一中学、运商旅扬中学、安徽旅扬中学等校。美汉中学、震旦大学扬州预科等办学机构主要依靠教会力量维持经营。乙丑公学、梅英公学等私立学校则完全自筹经费。除省立八中、省立五师等"巨无霸"学校之外，扬州各地公私立学校经费之间差距并不大。如1921年私立运商旅扬高等小学校的经费约为1500元，与同时期经费较多的公立小学相仿。且扬州历来是崇文重教之乡，"士绅对于教育，不乏热心维护之人"[2]，他们的捐助也有助于扬州教育事业的发展。

虽然教育经费的来源有了制度上的保障，但受战争、灾荒等因素的影

[1]《扬州市志》（下册），第2869页。

[2]《省视学问荣生视察江都县教育状况报告书》，《江苏教育公报》1924年第5期，"报告"第10页。

响,扬州各地粮赋、捐税的征收并不正常,时有亏欠。1918 年,因盐厘收入不旺,教费紧张,江都县政府甚至有人提出合并学校的建议。为此,江都县知事特呈请省长。经省议会议决,一度将田亩附加税二成增为七成。到了 20 年代,扬州教育经费的征收更加困难,经费使用时有入不敷出之虞,行政当局不得不随时增列征收款目。1920 年,江都县教育经费预算总额为 51613 元,市乡教育经费预算总额 35476 元。"比较上年经费总额未见增加,惟现除议加茶捐外,并于中赀及登录税各加一分[1]。"当年,江都全县学校教职员因薪俸拖欠而全体请辞。县署第三科科长吴召封奉命召集扬城学界领袖十余人共谋解决办法,议决所欠款项先由县政府向钱庄借贷补发,以救燃眉。次年,江都县教费情况并没有根本好转,"秋令水灾,田禾淹没,附税多半减收,淮盐停运,盐引捐项收入亦减"[2],导致当年教育经费不能如期发放。虽经县知事筹挪款项,陆续补发,"如无根本整顿收款之计划,则有岌岌可危之势"[3]。1922 年,江都县教育经费预算总额为 105000 元。然该年教育经费"仅敷维持现状之用"[4],加以上年附税、串捐、杂捐、田租等项征收均有短缺,教育经常费亏欠已达两月。1923 年,教育经费征收形势持续恶化,江都县署收入来源一度断绝,"恐慌尤甚"[5]。江都县小学教员再因收入拖欠而罢教。8 月 12日,江都学校教职员联合会用快邮方式催促县署拨款。江都县政府当局仿苏南等地他县做法,以地方巨绅担保,"向钱庄往来三万金为限度,以月收盐厘作抵押品,俾资按月给发教费"[6]。1924 年,尽管该年扬州各地没有进行大规模的教育事业投资,然经费拮据较上年尤甚。"入不敷出,年亏一年。"[7]至 1925 年,扬州各地教育经费不足已呈常态。该年江都县未受战争影响,且全年县教育经费已增至 15 万。但至 6 月底,该县教育经费已欠发四个半月。

---

[1]《省视学费玄韫视察江都县教育状况报告书》,《江苏教育公报》1921 年第 2 期,"报告"第24 页。

[2]《省视学费玄韫视察江都县教育状况报告书》,"报告"第 4 页。

[3]《省视学费玄韫视察江都县教育状况报告书》,"报告"第 4 页。

[4]《省视学问荣生视察江都县教育状况报告书》,"报告"第 16 页。

[5]《省视学问荣生视察江都县教育状况报告书》,"报告"第 16 页。

[6]《江都会议教育局经济问题》,《申报》1923 年 10 月 18 日,第 10 版。

[7]《省视学问荣生视察江都县教育状况报告书》,"报告"第 10 页。

当年省视学按例巡察江都教育时,所至各校,"无不愁穷说苦"[1]。

客观而论,20世纪20年代,扬州教育经费的短缺虽在很大程度上归于天灾频仍,税源不丰,但历年来教育经费支出递增的态势也从另一个角度反映出当时扬州教育事业的发展。

二、近代新式学校教育的迅速发展

民国成立后,扬州的近代新式学校教育得到了地方政府与社会各界的重视,逐渐获得了民众的理解支持。五四新文化运动及一系列近代教育思潮的宣传效应也为扬州近代新式学校教育发展增添了动力。

(一)整顿私塾

由于当时部分民众对于近代新式学校缺少认知,并不信任,传统的私塾教育仍有一定的吸引力。时人曾对当时扬州教育生态有这样的评价:"论者多谓办教育(按:指近代新式学校教育)者,不能与社会以可信仰之道,故社会对于教育无感情。"[2]这导致传统的私塾教育还有很强的生命力,吸引了不少生源。1915年间,"江都教育尚未发达,城内私塾遍地皆是。"[3]1915年8月,第二次江苏省教育行政会议召开。会上曾专门议决整理私塾案,制定出整理私塾规程十五条。扬州教育当局随即通谕各私塾,限三个月以内完成改编,所有规程照私立小学章程办理。"如塾师不谙科学,准其聘同毕业师范人员合办,办满一定年限,办有成效时,得依照补助私立学校定章酌给补助费。"[4]尽管如此,长期的思维定式与教育习惯仍使民众对私塾抱有期望。拥有政策红利、财政资源与质量优势的近代新式学校教育想在扬州深入人心,仍需要时间的积累。直至1924年,扬州各地乡村,"多半信仰私塾,不信仰学校,以致学校生徒数有反不如私塾生数之发达。"[5]事实上,这种情形也并非扬城一地所独有,江苏传统私塾教育的规模直至20世纪30年代初期仍

---

[1]《省视学章慰高视察江都县教育状况报告书》,"报告"第25页。

[2]凌树勋等:《江都县教育概况说明书(民国三年六月)》,第254页。

[3]《扬州取缔私塾》,《教育周报(杭州)》1915年第77期,第31页。

[4]《扬州取缔私塾》,第32页。

[5]《厅令:训令第七九七号:令江都县知事:呈送十二年度上学期县视学视察学校状况表祈鉴核由》,《江苏教育公报》1924年第3期,第74页。

与近代新式学校旗鼓相当,30 年代后其占比方逐步下降,抗战后成为少数,直至解放前夕,私塾教育仍未绝迹。

(二)学校数量的显著增加

清末就已出现在扬州的蒙养院(幼稚园)继续发展,各县都出现了新的幼稚园。1912 年,宝应人王楷珊创立的私立勤业小学就附设了蒙养班(后改为幼稚班)。1913 年,省立第五师范学校附属小学开设了附属幼稚园,有教师 2 人,常年养育儿童约 40 人。其他如宝应县实验小学、宝应县第一、第二小学、高邮三所县立完全小学所附设的幼稚园等都是其中的成员。

与幼稚园相比,近代新式小学有了爆发式的成长。民国成立后不久,仅江都县境内,就新办有江苏省第五师范附属小学校、县立高等小学校、国民小学校及一些私立、教会小学校数十所。1913 年 4 月,一种新型的具有教育试验目的的全新小学——省立扬州中学实验小学成立了,这所小学是民国较早举办的实验小学之一,代表着当时江苏省小学办学的较高水准。1914 年,仅江都县已有小学 70 余所,其中高等小学 7 所。这一迅速增长的趋势持续了十余年。至 1925 年,江都县小学数量已达 101 所,分编为 160 余级。扬州其他各县的小学学校发展态势也与江都县相类似。如 1924 年,宝应县已有小学 60 余所,除公办学校外,另有私立鲍氏思补小学、私立朱敦睦小学、私立增设初级小学、私立旅宝小学等私立学校及县立女子小学校等,兴旺一时。

表 7-2　高邮县县立、区立小学情况一览(1917 年 10 月)[1]

开办时期	学校名录	职员数	在校生数
清末	县立第一高等小学;第四学区经正高等小学校、经正国民学校、第一、第七、第八国民学校;第六学区益群高等小学校、益群国民学校、第一、第二国民学校	30 人	366 人
1913 年	第一学区第一、第二、第三、第四、第五、第七、第九国民学校;第二学区第二、第三、第四国民学校;第四学区第二、第三、第五、第九国民学校;第六学区第三、第四国民学校	40 人	581 人

[1] 根据王业修编:《县立学校一览表》《区立学校一览表》,《教育杂志(高邮)》1918 年第 1 期,"图表"第 5—14 页资料整理。

续表 7-2

开办时期	学校名录	职员数	在校生数
1914 年	第二学区第一、第六、第十国民学校、第一女子国民学校；第二学区第五、第六国民学校；第三学区第一、第三、第四、第五、第七、第九国民学校；第四学区第四、第十、第十一、第十二、第十三、第十五、第十六、第十七、第十八、第十九国民学校；第五学区第一国民学校	49 人	657 人
1915 年	第一学区第八国民学校；第二学区第七、第八、第九、第十、第十一、第十二国民学校；第三学区第二、第八国民学校；第四学区第六、第十四、第二十国民学校；第五学区第二国民学校	26 人	377 人
1916 年	县立国民学校、第二高等小学校；第二学区第十三、第十四、第十五、第十六国民学校；第三学区第六、第十一国民学校；第五学区回立国民学校	22 人	327 人
1917 年	县立第一高等小学分校；第一学区私立公益国民学校；第二学区第十七国民学校、私立第一国民学校；第三学区第十、第十二国民学校	13 人	151 人
总计	77 所	180 人	2459 人

（教职员、在校生数为 1917 年 10 月数据）

　　扬州各中等学校的发展也有值得称道之处。在公立学校方面，扬州两淮中学堂和扬州府中学堂合并为淮扬合一中学，后又改为省立第八中学。江都县立第一高等小学改设为县立初级中学。其他还有高邮县立初级中学、仪征十二圩的淮盐扬子总栈公立初级中学等。在私立学校方面，有乙丑公学（1925 年创办）[1]、梅英中学（1925 年创办）、私立扬州中学（1926 年创办）等校。另有天主教会所办的震旦大学扬州预科（1918 年创办）[2]及英国耶稣教会所办的崇德女学堂增设了中学部（1920 年）等。在宝应等地则有扬州美汉中学宝应分校等中学。

　　扬州各地在师范教育事业方面出现了新的亮点。1912 年，在江苏省长官公署教育司长黄炎培的倡导下，在扬州设立了江苏省立第五师范学校，首

---

[1]　1925 年，美汉中学停办，地方人士为免学生失学，遂创办该校。
[2]　毕业生可以免试直接升入上海震旦大学。

任校长姚明辉,后为任诚。该校初设讲习科,后增加师范本科。以高小毕业生为招生对象,实施预科 1 年、本科 4 年的学制,并数次开设过学制 2 年的师范讲习所。1922 年,该校停办预科,增设初中,设有数理专修科,专门招收两年制的中学及师范本科毕业生,主要为培养初中师资。扬州各县还陆续设立了江都、高邮、宝应等县立师范讲习所。1919 年,为促进女子教育发展,倡导教育潮流,江都县政府曾开会决定:"如有余款,创办女子高等学校"[1],可惜,后无动议。1923 年 8 月,宝应县师范学校成立,首届招收学生 40 人,因种种原因,仅办理了 3 年。1925 年,江都县立第二高等小学改为江都县立师范讲习科,郭坚忍女士所办的女子公学添设两年制女子师范讲习科,两者皆同样未能长久,在 2 年后停办。1923 年,江苏省政府教育厅以五所省立师范学校为母体,指导它们设立各自的乡村师范分校。省立第五师范学校乡村师范学校定址于高邮界首镇,该校是全国较早兴办的乡村师范学校之一,这所乡村师范学校主要为培养乡村小学师资,学制两年。数年后,省立第五师范学校合并进入省立扬州中学,界首乡师也随之成了省立扬州中学的乡村师范科,继续办学。

这一时期,江苏高等教育事业迅猛发展。1922 年,全省已经有专科以上高校 10 所,占到了全国总数的 1/4。但扬州的高等教育事业几乎是空白,与周边的南京、南通、无锡、苏州等兄弟城市相比,存在着较大差距。1913 年,曾有扬州地方人士向省行政公署递交申请,拟筹设高等教育性质的扬州法政专门学校,由于办学规模、理念与"部订规程不符"[2],未能获得教育厅的批准,这所学校只得"胎死腹中"。1923 年,省立第五师范开设的两年制数理专修科具有高等教育性质,然名不正言不顺,障碍重重。1927 年,该校只能弃办这一专修科。

此外,民国初期扬城地区还出现了几所实业教育类型的学校。1914 年春,扬城的一些士绅以两淮盐引捐为经费,兴办了县立甲种商业学校。同年秋,在扬州的安徽籍商人于安徽商馆内联合创办了安徽旅扬甲种商业学校,

---

[1]《核准教育会议案》,《申报》1919 年 9 月 15 日,第 7 版。

[2]《江苏省行政公署批第五百六十三号》,《江苏省公报》1913 年第 113 期,第 16 页。

但该校仅延续了一年,各方面几无建树。1922 年,省立代用商业学校在江都县成立,教职员一共 16 人,学生 138 人,分预科一级、本科三级进行教学。美国基督教浸会医院创办了扬州浸会高级护士职业学校,培养专业护理人才。其他此类学校还有高邮商会私立乙种商业学校等。

在这种快速发展的潮流下,至 1919 年前后,扬州各县的学校数已达到 300 所左右,学生数量突破万人。从下表所列数据,大体可见民国初期各类近代新式学校在扬州部分县份发展的大体规模。

表 7-3　扬州部分地区学校、学生数量（1917—1923 年）[1]

年　度	江都县		宝应县		仪征县	
	学校数	学生数	学校数	学生数	学校数	学生数
1917 年	127	4758	58	1720	31	
1918 年	128	5073	56	1776	31	
1919 年	128	5046	58	1958	32	1464
1920 年	130	5046	59	2070	33	1676
1921 年	134	6022	62	2057	34	1677
1922 年	137	6937	64	2800	34	1782
1923 年	121	6085	65	3196	35	1912
1924 年	122	6439	65	3341	35	1936
1925 年	122	6349				

（三）办学条件的提升与制约

短时期内的大规模教育投入,虽使扬州各地办学条件得到了全面的提升,但仍然不能完全满足办学要求,出现了一定程度上的办学紧张情况。

扬州的很多新办学校是租用民房进行教学的,也有一些学校借用以前

---

[1]　根据以下数据整理:《江苏各县九年度教育概况表》,《江苏省教育会年鉴》1922 年第 7 期,第 67、59、60 页;《江苏各县七年度教育概况表》,《江苏省教育会年鉴》1920 年第 5 期,第 59、60、67 页;《江苏各县十年度教育概况表》,《江苏省教育会年鉴》1923 年第 8 期,第 59、61、68 页;《江苏各县十一年度教育概况表》,《江苏省教育会年鉴》1924 年第 9 期,第 52、53、54、60 页;《江苏各县十二年度教育概况表》,《江苏省教育会年鉴》1925 年第 10 期,第 49、54 页;《江苏各县十三年度教育概况表》,《江苏省教育会年鉴》1926 年第 11 期,第 52、53、60 页;《省视学章慰高视察江都县教育状况报告书》,《江苏教育公报》1925 年第 7 期,"报告"第 25 页。

学堂旧址进行办学,如省立第五师范学校即创办于左卫街两淮师范学堂旧址。一些资金条件尚可的学校会选择新建校舍,为数亦不少。其中有租建兼备类型的学校,如省立扬州中学实验小学新建了一批教室,"尚朴实合用"[1],同时借用了梅花书院的旧址。南京国民政府还发起了庙产兴学运动,重点是将汉传佛教、道教的寺庙道观征用作为校舍使用。这些旧址上的老建筑大多并不符合近代新式学校开展教学活动的要求。省立扬中实验小学大礼堂是梅花书院旧屋,房屋规模虽大,但不能容纳全校儿童。"且光线因受两旁房屋之掩蔽,亦嫌过于暗淡。空气因后方无墙壁,故尚流通。但冬季不足避寒风,亦殊不适用。"[2]此外,缺乏宽敞的体育运动场地,这是当时扬州很多学校的通弊,如江都第一区第二十二国民学校"校舍尚合,惟操场宜添辟"[3]。办学场所的这些现实困难,没有阻止当时扬州的兴学热潮,大部分学校的场所条件,较诸清末私塾、书院,已是改善许多。

　　学校数量增加的同时,扬州教师数量也有较大的增长。各县教师数量约在100~300人之间,扬州城区教师有200人左右。因为学校规模都不是很大,各校教师人数亦少,一些教师在各校之间相互兼课的现象比较常见。宝应县城厢内,"城市小学教员颇多兼职,甚有一人而兼数校者"[4]。教师待遇也因学校性质不同而略有差别,一般国民学校(初等小学)主任教员月俸约20元,高等小学主任教员月俸40元,中学教员的月薪则根据工作量多少而定,在10元—30元间。农村学校的教师待遇相对城镇教师偏低一些。经费紧张之时,教育部门首保城镇教育开支,"减费则市乡而不减城厢,于是人羡城厢而鄙市乡"[5]。

　　与清末相比,扬州整体师资水平确有提高,其中以省立第五师范学校、省立第八中学两校最为佼佼者。省立第五师范学校校长任诚毕业于日本东

　　[1]　陈锡芳、吴稣:《省立扬州中学实验小学》,《江苏教育(苏州1932)》1935年第1、2期,第240页。

　　[2]　陈锡芳、吴稣:《省立扬州中学实验小学》,第240页。

　　[3]　《省视学费玄韫视察江都县教育状况报告书》,"报告"第5页。

　　[4]　《省视学苏简视察宝应县教育状况报告书》,"报告"第5页。

　　[5]　凌树勋等:《江都县教育概况说明书(民国三年六月)》,第255页。

京高等师范学校数学系,曾赴欧美考察教育。任诚担任了江苏省立第五师范学校校长 14 年,"从一片荒地建设了一个理想的学校,影响到了江苏全省的教育"[1]。他提倡科学教育不遗余力,尤其是对于基本科学的训练。"对于学生的身体,注重积极的锻炼,不注重消极的优柔保育。"[2]他邀请了共产主义战士恽代英、国家主义派陈启夫、国民党中央研究院总干事杨杏佛、职业教育家黄炎培、国故派柳诒徵、中国民社党党魁张君劢等人来校演讲。教师中不乏毕业于两江优级师范、南洋公学等校者,多有德才兼备者,如国文教员李涵秋、徐慕杜、叶贻谷、吴铁楼,数学教员陈怀书,物理教员谢芳晖,生物教员顾仲起,教育学、心理学教员曹刍、薛钟泰,音乐教员任子羣,美术教师吕凤子、杨洁馨等。同期的省立第八中学也不遑多让。1917 年开始任职该校校长的李更生是著名的近代教育家,他倡导民众、科学的校园精神,以身作则,遵守校园规则。提出"教师以言教人,不如以身教人"[3]。同时他注重延揽人才,真诚对待每一位教师,无微不至。有教师偶然染病,他"的的确确做到亲视汤药的地步"[4]。坊间流传他曾经为了挽留因老母生病而辞职的董伯度老师,连夜冒雪过江前往常州,跪求董母。董母大受感动,敦促董伯度返校任教。不久,李更生与董母商议,将其家属搬迁扬州,彻底免除董伯度的后顾之忧。时人曾对李更生下跪一事颇有议论,认为一校之长不应如此屈尊,李更生慨然道:"我为学生而跪,何卑之有?况彼母亦我母也!教师是金,金中之金"。在他的感召下,朱自清、徐谟、陈赞清、韩忏明、桂邦杰、胡子濛、张震南、董伯度等一大批优秀教师任教省立八中。而对于滥竽充数、业务不精的教师,他也不徇私情,及时淘汰,"其教学不力者,悉被解聘;新聘教员,乃凭能力,不顾人情"[5]。此外,省立第五师范界首乡师的校长黄质夫,也是一位学贯中西的农业教育家、乡村教育家。

---

[1]　陈邦贤:《自勉斋随笔》,世界书局 1947 年,第 111 页。

[2]　陈邦贤:《自勉斋随笔》,世界书局 1947 年,第 112 页。

[3]　李更生:《第六师范甲种讲习科毕业训词》,《李更生纪念文集》,江苏教育出版社 1987 年版,第 38 页。

[4]　承允:《记八中校长李更生先生》,《李更生纪念文集》,第 96 页。

[5]　承允:《记八中校长李更生先生》,《李更生纪念文集》,第 95 页。

不过,师资队伍质量参差不齐的情况,在扬州大多数学校普遍存在。据1916年的相关调查,扬州小学教师的学历情况大致如此:"彼以塾师而充小学教师者,十之六;以中学生而充小学教师者,十之三;以师范生而充小学教师者,十之一耳。夫中学生犹具普通智识,果于教育稍加研究,尚不失为良教师也。至塾师则学识本无,流品甚杂。"[1] 1918年,高邮县182名校长及教员的出身资历,以未入学校者最多,占1/3;师范传习所及讲习所毕业者占1/3;高等小学毕业者占1/6;短期专科及各专业学校毕业、中学毕业者各为1/13左右;师范毕业者仅为4人。[2]

扬州曾组织数次中小学教师资历能力的检定工作。1918年,江都等7县对182名教师进行了检定。此后,几乎每年都进行此项工作,但直至1921年,在江都县举办的教师检定中,仍有临试规避不合格之教员达16人之多。教师的业务水平城乡差距较大,乡镇市乡小学教师水平堪忧,"市乡小学教员,稍有学识者,多不为也。彼不学无术者之滥竽其间,无足怪焉"[3]。这种情况与扬州新式学校教育发展较快有关,一时难解。

1920年2月1日,"为联络感情,交换智识,藉谋发展教育一切事业"[4],江都县学校教职员联合会于公共体育场成立,莅会者280余人。这是扬州教师第一次团结起来,有了自己的组织。在随后的历次因教费拖欠而引发的罢教运动以及其他维护教师权益的斗争中,这个组织都发挥了重要的作用。

(四)学校课程与教学改革

在民国教育部的政策要求下,扬州各近代新式学校的课程不断进行着调整。民国初期,扬州各校废除了读经科。袁世凯行"洪宪帝制"复辟期间,扬州各校曾一度恢复读经科,袁世凯倒台后,再次废除。这一时期,扬州各级学校的主要课程如下表:

[1]　凌树勋等:《江都县教育概况说明书(民国三年六月)》,第254页。
[2]　王业修:《全县校长教员出身比较图》,《教育杂志(高邮)》1918年第1期,第12页。
[3]　凌树勋等:《江都县教育概况说明书(民国三年六月)》,第255页。
[4]　《教职员联合会成立》,《申报》1920年2月4日,第7版。

表7-4 扬州近代新式学校的主要课程设置（1912—1923年）

学段	开设的课程
初等小学	修身、国文、算术、体操、游戏、图画、手工、唱歌等课程。
高等小学	增加了历史、地理、博物、理化、外国语及一些实业课程。
中学	修身、国文、外国语、历史、数学、博物、理化、体操、法制、经济等课程。
师范学校	修身、教育、国文、外国文、历史、地理、数学、理化、博物、法制、图画、手工、音乐、体操等课程，另有女子家政、女子裁缝及各种工农商业课程。

1923年，依据北京政府教育部公布的"壬戌学制"，扬州各中小学校的课程再次调整。小学设国语、算术、社会（公民、卫生、历史、地理）、自然（自然、园艺）、工用艺术、形象艺术、音乐、体育等。中学则取消了修身科，增加了公民、生理卫生科，改体操为体育。

表7-5   扬州近代新式学校课程设置（1923年后）

学段	开设的课程
初中	分社会（公民、历史、地理）、言文科（国语、外语）、算学科、自然科、艺术课（图画、手工、音乐）、体育科（体育、生理卫生）等6科。
高中	公共必修科（国语、外语、人生哲学、社会问题、文化史、科学概论、体育等）、分科必修课（三角、几何、代数、解析几何大意、物理、化学等）及选修科（生理卫生、图画、音乐）。

这些课程的设置使得扬州教育脱胎换骨，跟上了全国近代教育的步伐，也使清代以来长期中断的科学教育再次回到了扬州学子的学习计划中。

民国成立之前，在全国教育联合会的指导下，扬州各地已有教育会组织，以"体察国内教育状况，并应世界趋势，讨论全国教育事宜，共同进行"为宗旨，开展相关的教育活动。民初，江苏省教育会是当时全国教育会组织中最完备、影响最大的省级教育会组织，其下有英文教授研究会、小学教育研究会、理科教授研究会、体育研究会等各类研究会。扬州各县教育会参与了江苏教育会的一些活动。如1912年2月5日、6日间，在省立第五师范校长任诚的主持下，江都、高邮、宝应、仪征、兴化、东台等6县代表集于省立第五师范附属小学，成立了扬州师范区小学教育研究会。且扬州各县教育会在不同程度上获得了各县的财政资助，如江都县教育会每年可以从县政府获得 360 元左右的财政支持,这些经费足够组织开展一些教学研究活动所需。

在当时教育改革勃兴,各类教育教学思潮的推动下,扬州的一些学校也力争上游,自主创新,在课程设置、教学方法等领域进行了实验探索。省立第五师范学校在课程的设置上突出数理化学科,采用英文原版教材,实行双语教学,还增设了天文、测量、统计等课程,极大地拓展了学生的自然科学视野。该校高年级教材直接采用北京清华大学、上海交通大学的预科教本,使其毕业生颇受这两所高校青睐。省立第八中学校长李更生对当时西方流行的教育理论论著进行学习与借鉴,在校园内大力推动教学实验,根据学生学习方面的特点,编级为甲(文科)乙(理科)两组,实施教学。这种教学模式"不仅为先生所首创,实亦多年间全国所仅见"[1]。他还提出在具体的教学过程中,教师应"为了学生们听懂,最好讲慢些,讲清楚,深入浅出","讲解用词用句,不宜太难,简明扼要"[2]。省立扬州中学实验小学的低级幼稚园采用中心单元的设计教学法,高中级采用分组自学法,单级采用复式教学法,"编有六年单级实施概要,及中心单元设计教学做法"[3]。这些都是大胆而前卫的尝试。1919 年后,在新文化运动及杜威等一批国外教育专家中国行的影响下,扬州学界探索教学新方法的风气更加浓烈。1920 年 5 月 20 日,美国知名教育家杜威来到了扬州,入住何园,在浸会医院等处先后作了《教育与社会进化底关系》《自动底真义》等主题演讲,受到了扬州学界的热烈追捧。也就在这个时期,启发式教学法、道尔顿制等近代西方流行的教育方法、教育管理方法陆续进入了扬城校园。如第五师范学校附属小学在扬州率先"吃螃蟹",采用了道尔顿制。而陶行知的"生活教育"理念及"教学做合一""小先生制"等教学模式,在扬州学校亦风靡一时。

一些教师也主动适应形势,自我提升,努力提高业务能力。宝应县第一区第十二初级小学的国语教员元昱,多以比喻启发学生。上课时"以碗碟之

---

[1] 刘承汉:《追忆民初教育家李更生二三事》,《李更生纪念文集》,第 127 页。

[2] 张云谷:《忆先师李更生先生》,《李更生纪念文集》,第 116 页。

[3] 陈锡芳、吴龢:《省立扬州中学实验小学》,第 240 页。

正放喻月之圆缺,儿童颇觉有趣"[1]。私立朱氏敦睦小学教员刘蓉镜教授语文时,针对不同学级的学生采用不同的教学方法。在讲授"打秋千"三字,教一二年级学生时,"先讨论其音义笔顺,后由儿童自习,教者发问"[2];给三四年级讲授"放风筝"时,"先由谈话引起动机,然后出题,方法甚合"[3]。这些方法生动活泼,效果明显。与清代私塾、书院教育的传统教学方法相比,有了明显的进步。

三、扬州社会教育开始起步

民国初期,在通俗教育运动的热潮下,扬州各地陆续举办了一批近代通俗教育机构,为扬州社会带来了一股新风尚。

一批通俗教育机构在扬州各地建立起来。1914年,高邮县办通俗教育馆。1916年,扬州通俗图书馆面世,该馆馆藏图书主要来自停办的两淮中学。1919年,仪征县通俗教育馆于鼓楼成立。1928年,于扬州府学尊经阁的旧址,江都古物品保存所成立了。扬州普通图书馆已有中文藏书1万余本。1929年,吴庚鑫创办芸智通俗书报社,下设演讲、编辑、体育、音乐、文牍等内设机构。

表 7-6　　**高邮县社会教育机构一览表（1918 年）**[4]

名　称	设立时间	职员数	名　称	设立时间	职员数
县立通俗教育馆	1916年	7	县立公共体育场	1917年	3
第一学区区立阅报社	1914年	1	第四学区区立阅报社	1915年	1
第一学区区立宣讲所	1913年	3	第二学区区立宣讲所	1914年	3
第三学区区立宣讲所	1914年	3	第四学区区立宣讲所	1914年	3
第五学区区立宣讲所	1914年	2	第六学区区立宣讲所	1914年	2

1923年6月,陶行知、朱其慧创办南京平民教育促进会,半年后改名为江苏省平民教育促进会,全国平民教育运动一度成为教界潮流。次年,江都平民教育促进会成立大会在县公共体育场举行,到会者数百人。至1926年

---

[1]《国语指导员马昌期、秦凤翔视察宝应县教育状况报告书》,《江苏教育公报》1924年第7期,第9页。

[2]《国语指导员马昌期、秦凤翔视察宝应县教育状况报告书》,第10页。

[3]《国语指导员马昌期、秦凤翔视察宝应县教育状况报告书》,第10页。

[4]《全县社会教育一览表》,《教育杂志(高邮)》1918年第2期,第9页。

后,该会逐渐停止活动。

五四运动前后,扬州各地近代通俗教育场馆的建设不断推进,质量、数量都有显著提升。如江都、高邮、宝应等县都建立了公共体育场等一批民众体育活动场所。1921 年,芸智通俗书报社改为江都公立通俗教育馆。5 月,高邮县图书馆成立。一批通俗图书馆、民众教育馆被改造成为公共图书馆。各县地方政府也加大了对通俗教育场馆经费的支持力度。如江都县每年拨给县立通俗图书馆约 300 元,公共体育场约 1000 元,公立通俗教育馆约 120元。

除了开通民智、普及文化,通俗教育机构还负有戏剧改良、社会风化之责。如江都县通俗教育馆于 1924 年新春之际,致函扬州著名的大舞台剧场,搬出江都县署曾发下的"(戏剧)如有涉及淫秽及或有妨道德者,应即前往纠正,或请行政官厅取缔"的训令,指出本馆人员近日至剧场观戏,发觉"扮演之剧情,已不免有乖厅令",要求剧场切实改良。该函甚至还将剧情中"男女合演",斥为流弊,认为"尤足使观客之情感冲动"[1]。

四、对民国初期扬州教育事业的评价

民国成立后,扬州各地近代教育事业确有发展,但并非一蹴而就,"清之末,创办学校。吾邑得风气之先,父老晓然知教育为立国之本"[2]。辛亥光复伊始,扬州各地社会行政皆紊乱难定。经数年整理后,元气渐复,教育发展才得以复振,"旧有学校,既已开办。未设之处,推广亦多"[3]。

虽然兴学有成,但弊端仍存。江都县教育局局长陈冠同曾坦言,由于种种原因,江都教育事业存在严重弊端:"十余年来,表面上由数十校增至百余校,经费由五六万扩至十一万有奇,究其实际,半属腐败,非但设备不完,甚或有校无生,坐食干俸。"[4]客观上,扬州近代新式教育事业有了很大的发展,学校林立,师生众多,但源于贫穷与家长愚昧,失学儿童仍在扬州大量存在。近代新式教育中也存在着教育空间失衡、受教育学生男女比例失衡及部

---

[1]《江都通俗教育馆函请改良戏剧》,《通俗旬报》1924 年第 14 号,"各县通讯",第 5 页。

[2] 凌树勋等:《江都县教育概况说明书（民国三年六月）》,第 253 页。

[3] 凌树勋等:《江都县教育概况说明书（民国三年六月）》,第 253 页。

[4] 陈冠同:《改进江都教育计划书》,《江都县政治月刊》1928 年第 1 期,"行政"第 32 页。

分毕业生就业难等问题。社会教育领域也存在此类情况,所办事业大多重形式,轻内涵,缺乏实效。陈冠同对此有犀利的批评:"本邑社会教育,亦属有名无实。图书馆之书籍,多不完全"[1],"体育场之陈设,亦欠周备"[2]等等。图书馆只有旧书若干,"久已名存实亡"[3]。1921 年,省视学费玄韫巡查江都公立通俗教育馆,考评指出:"该馆设备较前未见添置,房屋亦欠清洁"[4]。两年后,省视学问荣生更是直斥江都通俗图书馆:"有馆无书,年支经费二百四十元,于教育事业毫无裨益"[5]。这些虽是个人评价,亦不无偏激,但管中窥豹,可见当时扬州教育事业在很多方面存在着缺陷。

近代新式学校与传统私塾、书院的管理模式有着根本的差异,且由于学校新办,各方利益尚未调和,难免会产生一些争端。1917 年 2 月,因省立第五师范学校校方规定遵照阳历新年放假,而于阴历年内即谋开课,导致学生不满,发生了有人向学校食堂饭菜倾泼煤油一事,"学生厨役相率扰攘,顿将平日肃静无哗之地变为评理之区"[6]。这一类事件时有发生,反映出当时教育管理模式的更新与教育传统之间的矛盾。

总体上,在民国初期的十数年间,扬州教育事业不断地进步,尤其是 20 年代后,出现了很多新的气象。1923 年,江苏省教育厅视学问荣生在报告中提及江都县教育成就,称:"江都县教育从大体上观察,视淮扬道属各县较为发达。"[7]这个评价较为中肯,客观反映了民初扬州教育事业进展。十数年间,这些学校培养了大批学生,仅省立第五师范附属小学即毕业学生千余人,"成为苏北有名学府和江苏省中小学师资培养的重要基地之一"[8]。在一些热心认真、积极负责的教育工作者的努力下,扬州教育界出现了一批办学质量较好、社会声誉较高的学校。这些学校毕业生的质量受到了社会的好评,如江

---

[1] 陈冠同:《改进江都教育计划书》,"行政"第 35 页。
[2] 陈冠同:《改进江都教育计划书》,"行政"第 35 页。
[3] 陈冠同:《改进江都教育计划书》,"行政"第 35 页。
[4] 《省视学费玄韫视察江都县教育状况报告书》,"报告"第 29 页。
[5] 《省视学问荣生视察江都县教育状况报告书》,"报告"第 16 页。
[6] 《扬州师范学校之风潮》,《大公报》(天津版)1917 年 2 月 10 日,第 9 版。
[7] 《省视学问荣生视察江都县教育状况报告书》,"报告"第 16 页。
[8] 扬州市教育委员会编:《扬州市教育志》,新华出版社 2000 年版,第 120 页。

都县立第一小学办学"成绩斐然"[1],宝应县第一区第十二初级小学获得省视学"全县小学中比较最为优良"[2]的赞誉。甚至有学校名闻江淮,跻身江苏名校,受到求学者的追捧,如省立第八中学培养出胡乔木、朱物华、王葆仁、朱恩隆等杰出人物。江苏省立第五师范学校虽以旧扬州府属各县为主要招生区域,但整个江苏省都有学生投考该校,其毕业生也服务于全国各地。

扬州也有不少学子在这一时期踏上了海外留学的路途。1919年,仪征人吴南轩出国,在加利福尼亚大学学习教育心理学,后曾任清华大学、复旦大学校长。1923年,仪征人许心武留学美国加州大学柏克莱分校,旋入依阿华大学研究院,获得硕士学位,回国后曾任河南大学校长等职。1924年,扬州人许幸之前往日本东京大学学习美术。仪征人柳大纲求学辗转至美国罗切斯特大学。这些仅是当时留学海外扬州学子中的几个代表。同时期,亦有学成归国者,如1912年仪征人卞寿孙在布朗大学毕业后回国。这些留学异国的学人也是民国初期扬州教育发展与变革的组成部分。

近代新式学校的学生逐渐成长为一股有社会影响的力量,对扬州社会的发展、进步事业具有独特的作用。1917年1月28日,在新胜街金星人寿保险公司洋花厅,扬州近代第一个学生联合组织"扬州学生会"成立,程善之被推为主席。1919年,巴黎和会召开。中国的国家主权遭到列强的践踏,国家权益受到严重侵害。五四运动爆发后,扬城的学生也组织了大规模的游行宣传活动。省立第八中学等校学生还在城厢内外张贴"中国将危"等警示标语,发动同胞购用国货。省立第八中学、省立第五师范学校、商业中学等学校的学生,组建了扬州学生联合会,以提倡国货、抵制日货、发扬民气、恢复国权为宗旨,积极开展活动。当年7月,扬州旅外学生会也致电全国,倡言救国方法,包括解散安福部、恢复国内和平、提倡救国储金、继续抵制日货等建议。7月15日晚,扬州学生联合会讲演部十余人在观音山做通宵演讲,至16日晨7时方止,内容为"抵制日货""国与国民之关系""亡国惨痛"等,"听者总计万人"[3]。10月10日,扬州学生联合会举行全城范围内的提灯

[1]《省视学问荣生视察江都县教育状况报告书》,"报告"第19页。

[2]《省视学苏简视察宝应县教育状况报告书》,"报告"第7页。

[3]《学生通宵演讲》,《申报》1919年7月18日,第8版。

游行。10 月 15 日,担任日货检查员的扬州学生联合会学生在钞关外码头查获了一批日货,为 31 箱茶杯、洋皂、火柴等物。为教育市民,次日进行了公开的集中焚毁。1920 年 4 月 25 日,扬州美汉中学学生罢课,要求驳回中国与日本直接交涉之通牒,交涉闽案、苏案赔偿、严惩凶手等。

此后数年间,扬州学界都组织了五四运动的纪念活动。1921 年 5 月 4 日,扬州学生联合会举行了五四运动纪念式,出席者有省立第八中学、省立第五师范学校等校的师生,会后举行了盛大的环城游行。1923 年 3 月 28 日上午,为抗议日本拒绝将旅顺、大连两处租借地归还中国,扬城众多学校师生集中于公共体育场,举行对日示威大游行,"沿途白旗招展,歌声悲壮,见者动容"[1]。一些学校还创办了自己的刊物,宣传科学知识与进步思想。如省立第八中学出版了月刊《智识界》,内容分思潮、科学、卫生、杂俎、校闻等类,以期改革社会。

第二节　南京国民政府时期的扬州学校教育

一、教育政策与制度规范

1927 年,南京国民政府开始试行大学区制,省立中学全部改为"大学区立",相应则有一系列的教育行政权力的调整,各"中山大学"取得了原来省级教育部门的一些权力。该年,江都教育局将城区分为 5 个学区,各设有教育委员。1928 年,江都县教育局曾拟定《改进江都教育计划书》,对全县的教育发展进行了近代以来第一次的整体设计。南京国民政府成立后,在教育领域也频频用力,变革颇多,影响较大。1929 年 3 月 15 日,中国国民党第三次全国代表大会通过了中华民国教育宗旨为:"根据三民主义,以充实人民生活,扶植社会生存,发展国民生计,延续民族生命为目的:务期民族独立,民权普遍,民生发展,以促进世界大同。"[2]随后,一轮新的教育制度改革也在这个宗旨的指导下开展起来。1929 年 8 月,由于教育系统内部利益群体的争斗不断,试行了不久的大学区制被废除。各省立中学复改为以地名

---

[1]《学生游行示威旅大及二十一条问题》,《申报》1923 年 3 月 30 日,第 11 版。

[2] 教育部社会教育司:《社会教育法令汇编》,商务印书馆 1936 年版,第 2 页。

命名,扬州各县教育局长仍先由各县荐任,再由省教育厅加委。不久后,江都县政府公布了《县教育局暂行条例》,对教育局长等教育行政人员的任职资格规定了要求。执行数年后,有一定成效,强化了教育行政官员的专业性。以 1934 年江都县教育局为例,该局职员大多毕业于师范专业,多具有基层学校教学经历。较诸其他科局,教育局职员的专业水准明显较高。

表 7-7　　　　　　江都县教育局职员表（1934 年）[1]

姓　名	年龄	籍贯	履　历	现任职务
辛　芳	41	江都	前苏四师本科毕业,曾任前江苏省立六师附小主任教员、江都县立城区第五小学校长及县立实验小学校长、江都县督学。	局长
刘宗勋	38	江都	前苏六师本科毕业,曾任苏六师附小教员、扬州中学乡师教员及江都县立北区邵伯小学校长、江都县教育委员。	督学
范学桢	39	宝应	前苏六师本科毕业,曾任安徽鲍氏私立思辅小学级任教员、宝应公立第一小学教员、县立师范教务主任、县立第一小学校长、第一学区教育委员、省立扬中实小高级部主任。	教育委员
高　宜	35	江都	前苏五师本科毕业,曾任省立九师附小教员、县立第十九小学、仓巷小学等校校长。	教育委员
孙　斌	39	江都	前苏五师本科毕业,曾任前苏四、五师附小教员、江都县立第一女子高小、第四、五、七、十二各小学教员及县立公共讲演所讲演员、私立梅英公学初中教员、安徽省立第三中学教员、私立镇中教员。	教育委员
罗会仁	50	江都	前两江优级师范本科毕业,曾任扬州府两淮淮安府扬州两淮合一等中学堂教员、江都县一区公立第八、第五小学校长、江都县立初中学校教员。	教育委员
邱世杰	54	江都	前苏六师数理教员	局员
许荣第	56	江都	前苏六师国文教员	局员
吴郁枢	38	江都	省立第八中学毕业,曾任江都、如皋等县教育局收发员。	局员
张恒富	33	江都	前省立九师本科毕业,曾任本县地方小学教员、省立扬中实小教导系主任、省立扬中初中部训育员兼教员、界首乡师指导员兼教员、扬州私立平中教员。	局员

[1]《江都县教育局职员一览表》,《江都教育》1934 年第 1 期,第 3—4 页。

续表 7-7

姓　名	年龄	籍贯	履　历	现任职务
辛德增	28	江都	前县实小书记、江都县教育局管卷员。	局员
钱燕庆	39	江都	上海师范学校讲习科毕业,曾任江都县城区小学校校长、教员。	局员
冯朴	32	江都	南通大有晋盐垦公司文书	缮写员
徐静	22	江都	六合县党部干事、青年会执行委员。	缮写员
蔡问渠	56	江都	前江都县教费管理委员会经征员	清理学田员
陈瑟斋	40	江都	江仪高宝印花税局稽查员、宝应支局主任。	清理学田员

　　在教育行政部门的机构调整方面,扬州各地也有一些动作。1934年时的江都县教育局下设教育科、总务科两科,另有教育委员、督学等岗位。教育科下设学籍、推广、测验、编辑、调查、视察、研究、卫生、审查等9股;总务科下设稽核、款产、经征、表册、统计、校具、书报、集会等8股。此外,还有局务会议、视导会议及教育行政委员会、教育经费稽核委员会等各种工作委员会[1]。这些工作委员会因某项专门任务而设立,委员主要由行政官员、专业人士充任。如1936年,依据南京国民政府教育部《实施义务教育暂行办法大纲》,为推行义务教育,成立了江都县义务教育委员会。委员会组成人员包括县长(任委员会主席)、教育局局长(任委员会副主席)、公安局局长、县督学教育委员、省立实验小学校长及三至五名对于义务教育有特殊经历者或研究者。其他各县也大同小异,如高邮县教育局下设教育行政委员会、教费稽核委员会、义务教育委员会、儿童年实施委员会、识字运动委员会、卫生教育委员会等专门委员会。与北京政府时期一样,各个县依旧执行学区制。1934年间,江都县就设5个学区,除三四学区合设教育委员一人外,其余各区设教育委员一人,主管全区一切教育事宜。

　　在这一时期,扬州各地教育行政机构的规范化水平也逐渐提升,一些配套政策措施陆续出台。以高邮县为例,1933至1935年,该县制定了《高邮

[1]《江都县教育局组织系统表》,《江都教育》1934年第1期,第1页。

县小学训育标准》《高邮县灾后各小学整顿暂行标准》《高邮县县立小学校长服务简约》等一系列标准与规章。

这一时期,扬州教育政策与制度规范的执行力度较北京政府时期有了很大的进步。

二、近代新式学校教育持续发展

(一)整顿私塾

20世纪20、30年代,江苏私塾教育依然颇具影响。扬州各地私塾数量较多,令人吃惊。1928年,宝应县仍有私塾742所,学生17823人,学生数比该县学校学生数多9倍。"若私塾在一时完全取消,则失学儿童至少有一万人"[1]。扬州一些地区的私塾与当地乡村社会有着密切的联系,深得当地民众的信仰与依赖,是传统乡村社会的重要组成部分,无法一时急遽废除。"现在私塾为乡村最高之知识机关,农民无论何事,总请教于塾师,受塾师之指挥,故塾师恒足以支配乡人之思想,有无上之威权。塾师于乡村社会之关系,至为密切。"[2]

正是因为考虑到以上因素的影响,南京国民政府允许包括扬州在内的江苏各地仍保留私塾教育。但这些私塾无论是在教学理念上,还是在教学内容上,都无法契合近代教育的步伐,与民国教育系统格格不入,矛盾频繁,在一定程度上阻碍着整个社会的进步。尤其是很多塾师无法胜任培养近代国民的育人资质,故守旧法,不思进取,误人子弟者不在少数。"一般塾师,程度较优,堪以胜任者百之一二"[3],大部分塾师不但程度肤浅,其人格亦欠修养。除了科举出身从事塾师者,大多为"一般失业商人,及略读几年四书五经者"。这些人"设馆敛钱,视新法如弁髦,奉《百姓》《千文》为善本,鲁鱼亥豕,数见不鲜"[4],且他们几乎无一不反对新式学校,"实为学校进行唯一之障碍"[5]。

---

[1]《宝应县普及教育实施程序》,《第四中山大学教育行政周刊》1928年第29期,第7页。

[2]《宝应县普及教育实施程序》,第7页。

[3]《宝应县普及教育实施程序》,第7页。

[4]《宝应县普及教育实施程序》,第7页。

[5]《宝应县普及教育实施程序》,第7页。

表 7-8　　　**宝应县塾师资格调查统计表（1928 年）**[1]

资　格		人数
学校出身者	县立师范毕业者	7
	县立师范修业者	27
	中等以上学校毕业者	3
	中等以上学校修业者	15
	前清师范传习所毕业者	4
	高级小学毕业或修业者	49
	初级小学毕业或修业者	57
学校出身者	陆军学校修业者	1
	自治研究所毕业者	8
	优级师范毕业者	2
	警务学校及其他学校毕业者	5
非学校出身者	学者	13
	商人	127
	军人	11
	清举贡员生	57
	职员	53
	医生	18
	其他	285

　　由上表可见，所调查的 742 名宝应县塾师中，学校出身者 178 人，占总数的 24%，而非学校出身者占 76%，流品杂乱。学校出身者中经过师范教育培养的为 40 人，仅为所调查塾师数的 5.4%。

　　对于私塾，既不能全部废除，又不能放任不管，"所以逐年取缔，逐渐减少，敦促改良，以补学校之不足，亦方法中之至要者"[2]。随着近代新式学校事业在扬州的持续推进，传统私塾教育的空间也受到了进一步地压缩。1927年、1928 年，江苏省及扬州各县都陆续出台了一些私塾整顿的政策，对私塾在

---

[1]《宝应县塾师资格调查统计表》，第 7 页。
[2]《宝应县普及教育实施程序》，第 7 页。

设备、用具、分级、用法定书籍等方面作出了整改的要求。各县还不定期开设了改造私塾的训练班。1933 年春,在江都城区开办了第一届塾师训练班,对 47 名塾师进行近代教育教学方面的业务培训,效果不错。第二届扩展至城乡各一班。第三届至第五届,则只办乡区,每届一班,"各科讲习时,遇有相关之机会,即旁征博引,以利用第三者之刺激,再继以以身作则,施行人格之感化"[1]。组织参加训练班的塾师去学校参观,实习党义、教育、国语、算术、常识等科。一些私塾在政府的要求下,开始采用新学教材进行教学。

表 7-9 　　　　　　 江都县部分私塾情况（1935 年）[2]

私塾名	塾师	地 点	情　况
张氏私塾	张次青	瓜洲	该塾地方狭小,且欠布置,应用教具表册缺乏。学生成绩,亦极低劣,办理欠合,宜令知改进。
起新学社	夏鼎九	水源巷	该塾学生发达,课桌椅排列整齐,学生成绩,亦有可观,惟宜备痰盂及教室张贴成绩。
天宁学塾	武裕权	彩衣镇[3]	该塾所贴标语尚合用,惟地方狭小,不敷支配,课桌椅宜排列,所授课文,宜注意复讲。
周氏学塾	周 杰	彩衣镇	该塾学生程度甚佳,教学亦能认真,学生数亦称发达。宜备教学日志,作文及各科改订,宜用色笔。
杨氏私塾	梅禹宫	城厢	该塾办理未能合法,作文尚能注意应用文字,惟馆舍宜加修缮,教具缺乏,宜添置。
季氏私塾	季学普	瓜洲	该塾师思想陈腐,缺乏新知识。宜入塾师训练班受训,宜订日课表,并备痰盂。
青光私塾	骆镜仙	彩衣街	该塾布置整齐,大小黑板完备,教桌排列整齐,各科成绩,亦有可观,宜备教学日志。教室宜张贴成绩。

经过数年整顿,扬州各地私塾教学情况已有一定改观,但仍不能令政府满意。1935 年 6 月,国民政府教育部提出:"将原有私塾整理改良,一律依照短期小学或普通小学课程办理,对成绩较优者,升格为短期小学或普通小学。"1937 年 6 月,教育部颁布《改良私塾办法》,进一步加强和规范私塾整

---

[1] 符宗翰:《江都县教育局塾师训练班概况》,《江都教育》1935 年第 2、3 期,第 2 页。

[2] 数据整理自《泰县督学陈德洪视察江都县教育机关报告》,《江都教育》1936 年第 5、6 期,第 36—38 页。

[3] 表中的两处"彩衣镇"应为彩衣街。

顿工作。当年 9 月,江都县内还有许可私塾 143 所,整顿私塾仍为扬州各地教育局的"中心工作之一"[1]。该年,江都县教育局在城乡各区继续举办塾师训练班,并在各学区设立管理私塾委员会,根据《江都县第二、三学区管理私塾委员会整顿私塾初步计划大纲》等规定的要求,分调查登记、申请设塾、核许设塾、考查办法、注意事项等步骤实施。该局还在偏僻地区增设了私塾巡回教师 1 人,轮赴各塾,协助教学体育、音乐、自然等科。当年暑假,教育部通令各县利用暑假开办塾师训练班。江都县未遵部令举办暑期塾师训练班,仍按照自己的节奏,举办了城区第三届、乡区第六届塾师训练班。其他各县也同样设立了管理私塾委员会,主持登记、调查、训练、检定塾师等事宜,加大对私塾教育的整顿力度。1936 年,江苏省仍有塾师 24259 人,在塾学生436647 人。[2]1943 年,宝应县仍有私塾 150 所,学生 2250 名。这项工作一直持续至抗战全面爆发。

（二）近代新式学校的发展

民初新式学校在扬州的发展势头得到了延续,各类近代教育机构都展现出蓬勃的生机。省立扬州中学实验小学附设幼稚园、慕究理学校附设幼幼院、石桥中心国民学校所设幼稚班、宝应县立第二小学附设幼稚班等一批近代托幼机构陆续开办。

在改造私塾、普及教育运动等一波波潮流的冲击下,民众们对近代新式学校的认知也逐渐明朗。扬州各地也大力鼓励家长们将孩子送入学堂。1928 年,宝应在每个普及教育学区设一名劝学专员,专任劝导民众子弟入学之事,"凡学童父兄,必须送其子弟入学"[3]。同时在每一学区增设 5—7 名学董,力行督促,"乡村人对于乡董,素所信仰。乡董令其入学,即有不得不遵守之习惯"[4]。宝应县制定了《家长须知》,挨家分送,使父母们明了孩子接受教育的意义,"凡幼童年龄满足七岁,无论男女,无残废疾病者,就应送入附

---

［1］《第一学区管理私塾委员会组织成立》,《江都教育》1935 年第 5 期,第 4 页。

［2］《中华民国史档案资料汇编:第五辑第一编》,第 266 页。

［3］《宝应县普及教育实施程序》,第 11 页。

［4］《宝应县普及教育实施程序》,第 11 页。

近小学校读书"[1]。

经历了短暂的以数字为序冠名公立城厢小学，以路线为序冠名乡区公立小学阶段之后，1929 年复以学校所在地冠名。该年，江都县有城区公立小学 22 所，乡区小学 98 所，教职员 369 人，学生 7396 人，还有私立小学 4 所。[2]1930 年，江都县小学校增加到 116 所，其中城区约为 35 所。这一时期，宝应县、仪征县、高邮县有约 200 所小学。1930 年，民国政府全国第二次教育会议召开，提出突进义务教育、成年补习教育，整理充实中等教育、高等教育。此后，扬州近代新式学校继续发展。

表 7-10　　江都县学校教育基本情况表（1934 年 9 月）[3]

	类　别		校数	级数	教职员数	常费数（元）
中等教育	生活学校		1	2	7	4800
	县立初中		1	8	31	11725.92
	县立职业		1	1		4016.60
	私立扬中	高级	1	3	27	50
		初级		4		
	私立初中		2	7		
	私立职业		1	6	12	
	合计		7	31	77	20592.52

	类　别	校数		教职员数	常费数（元）
		高级	初级		
初等教育	县立标准小学	4	9	45	17880
	县立完全小学	11	21	89	15060
	县立初级小学	75	109		56328
	私立完全小学	5	7	43	984
	私立初级小学	2		5	120
	区立高等小学	1	1		
	合计	98	38	291	90372

---

[1]《宝应县普及教育实施程序》，第 11 页。

[2] 依据陈肇燊：《江都县县政概况》，第 30—34 页数据整理。

[3]《江都县教育概况表》，《江都教育》1934 年第 1 期，第 1 页。

1931 年,特大洪灾袭击扬州,很多小学因灾停办,水退后学生入学率下降较多。如高邮学龄前儿童入学率由灾前的9.4%下降到灾后的2.85%。[1]宝应仅余7所小学,后恢复至69所,但学龄前入学率仍有大幅度下降。江都县 213150 名小学学龄儿童中入学的只有 9232 名,入学率为4.33%。[2]

1934 年,江苏省教育厅为增进小学效率,提高学生成绩,特指定江都县设立标准小学。该县为此制定了《江都县标准小学设立暂行办法》,于每学区各设立一所标准小学。这类学校成为当时扬州小学的样板。抗战前,扬州各地小学又迎来一个数量增加的小高峰。江都县学校数量约在 120 所以上,城区学校数量为 37 所,具体名单如下表:

表 7-11　　　　　　　抗战前夕扬州城区小学情况[3]

学校性质	校　名
公立	省立扬州实验小学、城东小学、城中小学、城西小学、城南小学、东关街小学、北柳巷小学、下铺街小学、埂子街小学、羊肉巷小学、仓巷小学、便益门小学、县庙小学、府庙小学、府西街小学、荷花池小学、康山小学、北牌楼小学、左卫街义务小学、第九小学、第十六小学、第二十二国民小学
私立	镇江旅扬小学、安徽旅扬公学、运商旅扬公学、正谊小学、新群小学、启智小学、怀少小学、青光小学、三育小学、江都贫儿院小学
教会办学	达德小学、慕究理小学、懿德小学、崇德小学、惠民小学

抗战前夕的 1937 年,宝应县有小学 112 所,全县小学生有 6000 余人。

扬州各地中学的进步更加明显。除省立中学之外,江都县还有县立初级中学1所,私立中学1所。[4]另有仪征、高邮、宝应等县立中学校及宝应私立画川初级中学、高邮女子中学等校。

扬州其他各县也是如此趋势。以高邮为例,1933 年高邮县有学校 75 所,学生总数 5215 人;1936 年,该县有学校 91 所,学生 6084 人。[5]

在这些学校之中,以省立扬州中学最为翘楚。"该校依城垣为黉舍,距市

---

[1] 扬州市教育委员会编:《扬州市教育志》,第 56 页。

[2] 扬州市教育委员会编:《扬州市教育志》,第 56 页。

[3] 《扬州市志》(下册),第 2814 页。

[4] 依据陈肇桑:《江都县县政概况》,第 30—34 页数据整理。

[5] 《高邮县教育现状统计》,《高邮教育》1936 年第 6 期,第 162 页。

廛较远,喧阗之声,尘嚣之气,皆无由相接,实为最宜讲学之所。"[1]1931 年 9 月,该校初中有男生 336 人,女生 118 人;高中男生 401 人,女生 57 人,合计 912 人。[2]但省立扬州中学不是一所单纯的中学。除了常规的初、高中之外,其高中阶段中有师范科与工程科及乡村师范科。1932 年,省立扬州中学师范科停止招生,新设土木工程科,以中等专业教育为内容。1934 年,该校还试办了女子生活学级。"以我国女子教育,未为社会所重视,各级学校亦多侧重于社会人之培植,而忽视家庭人之养成,致结果造成多数女子只事消费不事生产。"为了弥补学校教育过于重视"社会人"的培养,忽视家庭教育的不足。1934 年,江苏省立扬州中学举办女子生活学级。[3]选择品行端正、身体健全、能刻苦耐劳的小学毕业女生,或具有相当学习程度的 15 至 20 岁间的女子入学教育,但不依照普通学校的组织、制度、课程标准与教材编制,一切教材与教学以适合家庭需要为中心。该学级除主持人员、教员及指导员外,不用职员与校工,一切事务及劳役皆由学生分工承担。学生必须住校,课外学习家庭工艺、园艺、育养、农产、制造等技能,所做的产品,放在学校的小商店里贩卖。通过这种方式,使学校生活,彻底家庭化。高年级的学生会去一些家庭访问与实习,增强实践能力。学校还对附近妇孺负推广之责,"传授生产技能,灌输识字与公民知识"。[4]1937 年,该校还增设了高中层次的机械电工科。

一些中学与国内大学合作举办预科及专门培养项目,取得了很好的效果。如江苏扬州震旦高中开设上海震旦大学预科课程,获得教育部立案。江苏省立扬州中学与同济大学合作举办了普通科德文班,其中 1935 年扬州中学德文班学生为 58 人。[5]扬州还有一些乡村师范及县立师范学校,如后来独立设校的江苏省立界首乡村师范学校等。

江都的生活教育有一定的规模与特色。除了省立扬州中学女子生活学

---

[1]《江苏省立扬州中学鸟瞰》,《江苏教育（苏州 1932）》1932 年第 1 期,第 103 页。

[2]《本校高初中现有学生数统计》,《扬州中学校刊》1931 年第 57 期,第 12 页。

[3]《生活教育在扬州》,《民族先锋》1936 年第 4 期,第 12 页。

[4]《扬州中学试办女子生活学级》,《中华教育界》1934 年第 4 期,第 188 页。

[5]《本校合作浙江省立杭州高中及江苏省立扬州中学本年度德文班新生名单》,《国立同济大学旬刊》1935 年第 72 期,第 5 页。

级外,江都生活学校也是其中的典型。1934 年,江苏省和江都县合办江都生活学校,招生对象为高小毕业生,采用半工半读的形式,以道德、健康、政治、经济为教学原则,以制酱、农业为主要学习内容,"在本省六十一县当中,要算是一个创举"[1]。这所学校希望能够培养出"以谋生为中心,造成有技能能自立的人才","成立以来,颇著成绩"[2]。1939 年该校改为江苏省扬州初级农产制造学校,抗战前夕停办。同期,江都县立初级中学的女子缝纫班也进行了相关的生计教育。

1934 年,蒋太华等人创办了扬州国学专修学校,先后在埂子街太平码头、巴总门等地办学,开设有中文与历史两个专业,有文选、文字小学、古文及书法等科,教师有教《文选》的陈含光、教文字小学的张羽屏、教古文的陈赐卿、教书法的张华父等人。该校分为 3 个班,初期学生 80 多人,后期接近200 人。沦陷后停办。

越来越多的外地学子来扬州求学,女生比例逐渐升高。每届投考人数,皆超出预期。"而最称新纪录者,则为二十年秋季,人数竟达一千八百八十五人至多。于此足见一般学子倾向斯校之热诚;而其办理之核实,名誉之昭著,亦不难于此见之。"[3]1932 年,省立扬州中学招生时,江都籍学生仅占31%,其他皆为外地户籍,"莘莘学子,来自四远,而班级之数,年有增益。是则该校环境之优良,从可知矣"[4]。

表 7-12省立扬州中学投考及录取人数比较（1927 年至 1931 年）[5]

	1927年秋	1928年春	1928年秋	1929年春	1929年秋	1930年春	1930年秋	1931年秋
报名人数	291	60	769	55	721	158	1107	1885
录取人数	176	31	257	29	251	48	231	319
百分比	60.5%	51.7%	33.4%	52.7%	34.8%	30.4%	20.9%	16.9%

[1]《江都县生活学校办理的意义》,《江都教育》1934 年第 4 期,第 3 页。

[2]《江苏教育（苏州）》1935 年第 7 期,第 124 页。

[3]《江苏省立扬州中学鸟瞰》,第 125 页。

[4]《江苏省立扬州中学鸟瞰》,第 103 页。

[5]《江苏省立扬州中学鸟瞰》,第 125 页。

1935 年 1 月 28 日,江都县立中学举行第十六届新生入学试验,在 149 名报考生中,女生 34 人,占 22.8%。此次招考中,江都县籍贯的考生只有 63.8%。

表 7-13　　江都县立中学新生投考生籍贯（1935 年）[1]

籍贯	投考	正取	备取	共取	籍贯	投考	正取	备取	共取
江都	95	40	8	48	镇江	16	3	1	4
仪征	13	4	0	4	宝应	2	1	0	1
淮阴	1	1	0	1	南通	1	1	0	1
六合	2	1	0	1	淮安	2	0	0	0
高邮	1	0	0	0	江宁	1	0	0	0
河北	2	1	0	0	江西	2	1	0	1
安徽	5	1	1	2	合计	149	55	10	65

（三）教育经费

1927 年后,扬州各县的教育经费主要仍由县府代征的田亩附加税为支撑,其他还包括各县教育局直接征收的学田、盐厘、茶宴、屠宰、牛捐、房捐等收入。除钱粮附税串捐中资契、纸验契、牙税等项,由县政府带征汇领外,其余如盐半厘、屠宰税、肉捐等项,悉由管理处管理。1927 年,江都县全年征收教育经费数仅次于如皋县,为全省第二。至 1929 年,江都县该年教育经费已达 10 万元左右。为了推广普及教育,又新征八分亩捐,"年约十一万三千元有奇"[2]。1936 年,江都县教育经费达 30 万元。"在江北各县中,除如皋、盐城、南通外,实为经费最多之县"[3]。

---

[1]《江都县中第十六届新生入学试验统计第六表儿童籍贯表》,《江都教育》1935 年第 5 期,第 11 页。

[2] 陈肇燊:《江都县县政概况》,第 30 页。

[3]《吴县江都两县教育整理办法》,《江苏教育季刊》1931 年第 4 期,第 59 页。

表 7-14　　　　　江都县教育经费（1934 年 9 月）[1]

（单位：元）

岁　入		岁　出	
类　别	数　目	类　别	数　目
附税及带征各款	162926	行政及特别费	29379.6
杂税附税	692	普通教育费	44454
特捐	46905	义务教育费	82575
杂捐	7320	社会教育费	25866
款产	8063	预备费	43653.6
学宿费	8160	临时费	14237.8
总计	234066	总计	240166

1934 年，宝应县教育经费总收入为 139065 元，包括田赋 116678 元，杂税附税 3720 元，特捐 6016 元，教育款产（学田、市房）11851 元，学宿费 800元。[2]

民国时期，扬州各地教育经费开支增大也是一个不争的事实。20 世纪 30 年代，由于学校数量及规模都在增加，扬州教育经费的支出总额也在不断攀升。以江都县教育经费占县财政支出的比例来看，教育经费的支出已经是地方财政的主要支出。

表 7-15　　1936、1937 年江都县教育事业经费占地方财政总支出比例表[3]

（单位：万元）

年份	地方财政支出	教育事业经费支出	教育经费占中支出的 %
1936 年	75.9105	24.1429	31.80
1937 年	81.5828	26.6124	32.26

1934 年，宝应县教育支出包括教育行政费、义务教育费、普通教育费、

---

[1]《江都县教育概况表》，《江都教育》1934 年第 1 期，第 1—2 页。

[2]《宝应县志》，江苏人民出版社 1994 年版，第 745—755 页。

[3]《扬州市志》（下册），第 2870 页。

社会教育费、临时费、基金等,总计 137576 元。[1]再以高邮为例,1935 年,高邮教育经费当年预算 188716 元,收入中县府代征各款 167486 元,自身收入 19280 元,共 186766 元。支出经常费 104467 元,临时费 84249 人元。[2]也是当地财政的主要支出。与此相联系的是,扬州各地的一些学校的开支有了较大幅度的增长。不但每所中学开支在万元以上,甚至出现了万元开支的小学。1932 年,高邮县立初级中学全年经费达到了 13193.355 元。1934 年,江都县立城中小学全年开支合计 10251.56 元。[3]

扬州教育经费的征收虽有制度保障,当时人称"教育经费非常稳定"[4],其数额也在江苏各县中居于中上流。但由于经费经常被挪用、部分年份征收不足及教育开支增大等原因,使得扬州各县教育经费常年处于入不敷出的窘境。1931 年的大水灾导致附税骤然减少,以致当年江都县教育收入不足应收的 1/3,"遂造成恐慌的局面"[5]。20 世纪 30 年代的教费问题已然成为当时扬州各县的一个重要社会问题,产生了严重的后果。

(四)办学条件显著提升

随着学校数量与学生数的增加,扬州各中小学教师的队伍也随之日益庞大。1931 年,扬州城区已有教师 300 多人。高邮县有小学教师 304 人,中学教师及界首乡师教师 65 人。1937 年,宝应县已有中小学教职员 270 余名。尽管教师数量在增加,但优质的师资仍然供不应求,尤其是师范专业的学生更是抢手。因为教师待遇与地位并不高,加上外地亦有教师需求,以致师范出身的师资供不应求。各校不得已借用一般非师范毕业者充当教师。为解决这一难题,除了继续开展各级教师的检定工作,扬州各县也有很多师资培养方面的动作。1928 年,宝应县就提出了中小学师资培养计划。该计划包括在中学添设师范部、举办假期讲习会、举行参观团、举办定期刊物、举办教育研究会、组织教育同人俱乐部等内容。经过数年整顿,到了 30 年代中期,

[1]《宝应县志》,第 755 页。

[2]《高邮县教育现状统计》,第 162 页。

[3]《江都县立城中小学校概况》,《江都教育》1935 年第 7 期,第 4 页。

[4] 谢鹤松:《扬州剪影》,第 42 页。

[5] 城北:《江都县最近教育概况》,《江苏教育(1932)》1932 年第 7、8 期,第 2 页。

扬州中小学教师队伍的业务水平有了明显的改进。各校招聘教师的门槛也逐渐在提高。1934 年,江都标准小学招聘教师时,明确要求:"教员以聘请学验丰富、成绩优良之师范毕业生为原则"[1]。1935 年,江都生活学校在开办即将一年的时候,特意函聘相菊潭、徐公美、周星北、曹漱逸、薛翘东、尹连堂、鲍芹士、唐叔梅、龚子勤等九位教育专家,为该校设计委员,以专业眼光计划一切进行事宜。[2]1933 年,高邮县小学教师中学历为师范大学或大学教育科毕业者 1 人,师范学校毕业者 57 人,短期师范毕业(县师)者 84 人,专科以上学校毕业者 6 人,中学毕业者 16 人,试验鉴定及格者 11 人,其他 8 人。[3]师范出身或有师范教育经历者已接近高邮县小学教师总数的八成,初级中学教师中大学、专门学校及师范出身者已达七成。

表 7-16　　高邮县立初级中学教职员资格(1932 年)[4]

资格	国内大学毕业	专门学校毕业	高中师范科或旧制师范科毕业	其他	总计
人数	10	6	7	10	33
百分比	30.3%	18.2%	21.2%	30.3%	100%

20 世纪 30 年代,省立扬州中学名师荟萃,教师队伍整体水平在全国位居前茅。"教师类皆授课在十年以上者,其经验之丰富,自不待言。教学时,极注重平时练习,而于临时试验及考试,亦能执法不贷。"[5]其英文、德文课程甚至直接聘请外籍教师执教。毕业于东南大学的黄泰 1927 年开始在省立扬州中学任教,在教学之余,他编写、出版了《初中代数》《高中解析几何》《高中复习数学》《黄氏初中几何》《高中立体几何》《几何分类习题》《抛物线、椭圆、双曲线的几何讨论》等著作。

---

[1]《江都县标准小学设立暂行办法》,《江都教育》1934 年第 1 期,第 20 页。

[2]《聘请生活学校设计委员》,《江都教育》1935 年第 7 期,第 6 页。

[3]《二十二年度高邮县初等教育统计表》,《高邮教育》1935 年第 4 期,第 167—168 页。

[4]《高邮县立初级中学概况》,《高邮教育》1933 年第 1 期,第 28 页。

[5]《江苏省立扬州中学鸟瞰》,第 109 页。

表7-17 省立扬州中学新聘师资情况（1931年9月）[1]

姓 名	年龄	籍贯	学 历	经 历
葛承训	32	无锡	国立东南大学教育学士	江苏省立第四中学太仓中学师范科主任、中央大学教育助教、无锡中学实验大学教长、浙江教育厅科员、安徽省立第一女中教员兼小学主任
叶启祥	26	吴县	北平燕京大学文学士	曾任苏州桃坞中学英文教员
黄作舟	31	六合	国立东南大学文学士	六合县教育局长、江苏省立南京中学乡村师范扩充教育主任、扬州中学乡师科主任、安徽省立第二乡师训育主任
顾天赞	30	江都	国立东南大学理学士	曾任中央陆军军官学校中校物理教官、江都县立中学教务训育主任、江都县教育局督学代理教育局长，现任江都县中校长
杨定宇	38	南京		前任本校教员
龚子勤	37	江都		前任本校教员
张雅焜	26	江都	东吴大学文学士	曾任江苏省立无锡中学、南汇女子中学、淮阴成志中学、苏州桃坞中学教员
姚明华	22	松江	苏州美术专科学校毕业	
韩闻瘌	23	镇江	国立暨南大学文学士	国立暨南大学秘书处佐理、社会科学杂志编辑、中国社会科学会秘书
文慕山	28	淮安	前省立六师肄业、淮安甲种师范讲习所毕业	曾任江苏省立九师书记员、办事员、图书管理员、江苏省立镇江中学书记员、炊事员、庶务员
华德安	23	盐城	本校第四届普通科毕业	
陈柱馨	26	江都	前江苏省立代用商业学校初中职业科毕业	国民党江都县文书助理
刘百川	28	阜宁	江苏省立第八师范后期毕业	曾任阜宁教育课主任、阜宁县师教务主任、海中实小校长、东海县教育会执行委员等职
朱汉爵			美国华盛顿州立大学土木工程科学士	曾任沪杭路胶济路工程职务、中华职业学校教员

但当时扬州各地城乡师资队伍质量不平衡的情况仍很突出。直至抗战

---

[1]《本校新聘教职员履历及任务表》,《扬州中学校刊》1931年第57期,第7—8页。

前夕,扬州各地优质师资大部分集中于城镇,乡村学校中的教职员则多由资历较差或能力较弱者充任,"以致城镇小学与乡村初小办理成绩,相差甚远"[1],这一不平衡现象可谓当时扬州各种社会事业的一个共性。

这一时期,扬州各校的校舍场地与教学设备条件比民国初期有了更大的改善。

1928年,江都县教育局长陈述战后扬州学校校舍及设备条件,指出:"惟城厢各校之设备简陋不敷应用者甚多,想系去年因军事之后,恢复不易。"[2]不久,扬州各地教育部门开始加大对教育基础设施的投入。

20世纪30年代,江都县教育局专门实施了教育机关房屋建设两年计划,招标建设一批学校建筑工程。如该计划的第二期从1936年开始实施,拟建设城区城东、城中、城西、府庙四所完全小学,北柳巷、便益门、南门外三所初小之一部或全部校舍。建筑乡区大桥、仙女镇、谢桥、头桥四所完全小学;吴家桥、丁伙、新集三初小之一部或全部校舍;增建本局、体育场、县初中之一部分房屋。该期计划耗资三万四千余元,足见其宏大规模。

表7-18　　江都县教育机关学校建筑计划(1936年)[3]

机　构	建筑情况	机　构	建筑情况
城东小学	楼房八栋	城中小学	楼房十栋
城西小学	平房七间	府庙小学	楼房三栋
缝纫科职校	平房十二间	北柳巷初小	平房五间
大桥小学	平房五间	谢桥小学	平房五间
丁家伙初小	平房五间	新集初小	平房七间,厕所二间
吴家桥初小	平房九间	仙人庵初小	平房三间
体育场	平房三间二厢	教育局办公室	平房五间
头桥义务小学	平房七间,厕所二间,又购基地六亩	仙女镇小学	平房十二间,厕所二间,又购基地七亩

[1]　督学唐道海、指导员董嘉谋:《视察江都县教育报告》,《江都教育》1937年第4期,第1页。

[2]　江都县教育局局长:《指令江都县教育局局长据转呈县督学十六年度上学期视察学校录学校状况表及教学记载表准予存查》,《国立中央大学教育行政周刊》1928年第45期,第7页。

[3]　参考《第二期建筑各教育机关房屋》,《江都教育》1936年第1期,第2页。

续表 7-18

机　构	建筑情况	机　构	建筑情况
便益门初小	平房七间,厕所一间,又购基地二亩三分	南门外初小	平房七间,厕所一间,又购基地二亩
六浅仓房	平房三间二厢		

宝应等县也有类似计划。1935 年,位于文昌宫河东的宝应县氾水中心小学扩建校舍工程竣工,校园内设有图书馆、科学馆、工艺美术馆、成绩展览馆等。图书馆藏书万余册,教学设施比较完备。

省立扬州中学成为当时全国中学中的规模大校,“校基之大为苏北之冠”[1]。该校占地约 260 亩,如果再加上乡村师范及所属各实验小学,“其面积之辽阔,更不待言矣”[2]。自 1927 年建校以来,“校舍兴筑改建,尤多足称”[3]。十余年来,该校建设者“于物质方面,则补茸添设,惟恐不周”[4]。校园主体建筑分为一院、二院,一院中央为口形楼一所,有 48 间教室及办公室。口形楼北有新建的楼房宿舍 25 栋及平房宿舍 29 栋,另有厨房、盥洗室、浴室、饭厅、手工教室、音乐教室、风雨操场、农场等,“亭台假山,应有尽有”[5]。南边有 15 栋教员宿舍及 40 亩运动场。新建有科学馆、大会堂,“二项建筑,合为一座,构造坚实,位于第一院口形楼之西南,占地约二亩有奇”[6]。大会堂高达五层,规模宏伟,式样新颖。该建筑多用水泥钢骨,前辟电影机室,后辟化妆室,足容千余听众,是江苏省各省立学校中最大的建筑物之一。上为平顶,“登临远眺,不独扬州全城在目,且可南望金、焦,北瞩蜀冈”[7]。科学馆楼高五层,附有自来水等项设备。其中有物理、化学、生物实验室各一间;科学阶梯教室二间、普通教室二间、工科制图室一间,还有陈列仪器、标本、图书的各种房间。二

---

[1]《江都通讯》,《学友（上海）》1946 年第 10 期,第 3 页。
[2]《江苏省立扬州中学鸟瞰》,第 104 页。
[3] 曹书田、沈祓:《视察省立扬州中学报告》,《江苏教育（苏州 1932）》1937 年第 4 期,第 155 页。
[4]《江苏省立扬州中学鸟瞰》,第 103 页。
[5]《江苏省立扬州中学鸟瞰》,第 104 页。
[6]《江苏省立扬州中学鸟瞰》,第 104 页。
[7]《江苏省立扬州中学鸟瞰》,第 104 页。

院中央有东南两座锁形楼：东楼为教室、图书馆及办公室；西楼为教室、自修室及教员宿舍。西楼之后为一字型楼，亦作为教室及自修室。校外亦有宿舍，为女生宿舍。多用新式铁床，复装纱门纱窗，以避蚊蝇。1937 年，《江苏教育》曾专门刊载了江苏省立扬州中学的校舍照片，并大赞其"壮观"[1]。

省立扬州中学的教具及藏书也有了极大的充实。该校有关于自然学科之仪器、药品、标本、模型、测量仪器及真空管无线电收音机等教具万余件，"即以近四年所购者而论，价值已在二万。模型之类，大半皆直接购自东西洋各国"[2]。仅在 1930 年，该校即向美国中央科学彝器公司订购了价值千余元的大批物理、化学仪器，经上海运送到达。1932 年，"是校理科设备，今年添置最多。……化学彝器有一百五十组，物理彝器有八组，生物显微镜二十余架，足供学生自动实验之用"。[3]省立扬州中学有初、高中两所图书馆。1936 年，该校图书馆高中馆有中西图书 22834 册，杂志 83 种，报纸 14 种。初中馆有中西图书 6506 册，杂志 62 种，报纸 3 种，"以中等学校而有如此巨量之藏书，庶几博览勤搜，有所资已"[4]。

相对来说，小学的校园规模、教具图书等条件与中学不在一个层次上。其中虽亦有突出者，如江都县立城中小学作为一所县立小学，拥有普通作业室 10 间、宿舍 1 间、教导处 1 间（附图书室）、事务处 1 间、应接室 1 间。在教具方面，有黑板 24 块、桌椅 720 套、仪器 280 件、标本模型 60 件、挂图 497幅、其他教便物 10 件、普通用具 1774 件、体育用具 14 件、教师参考书 36 册、儿童读物 2157 册。[5]"有如是之设备，在该县小学中已属不可多得"。[6]但由于根基薄弱，新式学校事业开展较快，扬州大部分中小学的校园建筑、教具条件，属于马尘不及的状况。如私立扬州中学，"图书备有四千册，阅览室尚付缺如。理化仪器设备简陋，学生实习时须向省立扬中借用，不免稍感困

---

［１］《各校壮观》，《江苏教育（苏州 1932）》1937 年第 1、2 期，第 1 页。

［２］《江苏省立扬州中学鸟瞰》，第 105 页。

［３］《江苏省立扬州中学鸟瞰》，第 105 页。

［４］《江苏省立扬州中学鸟瞰》，第 106 页。

［５］《江都县立城中小学校概况》，《江都教育》1935 年第 7 期，第 1 页。

［６］督学唐道海、指导员董嘉谋：《视察江都县教育报告》，第 8 页。

难"[1]。小学则情况更加不理想。"全县各小学设备大多简陋,尤以乡村各初级小学为甚,儿童图书未备一册者,竟比比皆是。"[2]

表 7-19 江都县部分中等学校校舍、设备情况(1933 年)[3]

学 校	校 舍	设 备
私立扬州中学校	校舍敷用	图书仪器,本年度略有增加,惟高中应用,尚嫌不敷。
私立扬州平民初级中学校	校舍系租用庙宇,三教室尚敷应用。	图书有两千册,仪器化学部分,已购置千元;物理部分,尚付缺如。

(三)课程、教材的新变化

扬州幼稚园的课程一般是音乐、故事、儿歌、游戏、社会自然等,其中穿插有各种静息、餐点等。

1928 年,根据国民政府《小学暂行条例》《中学课程暂行标准》《学校施行党化教育办法草案》等政策的规定,扬州所有的中学、高等初等小学开始增加"三民主义""童子军"及图画手工、乐歌等课程,高等小学并加授职业科目。初中课程为党义、国文、外语、历史、地理、算术、自然、生理卫生、图画、体育、公益、童子军;高中普通科课程为党义、国文、外语、数学、本国史、外国史、本国地理、外国地理、物理、化学、生物学、军事训练、体育等。1929 年,课程又经调整,有党义、国语、社会、自然、算术、工作、美术、体育、音乐等 9 门课程。1931 年,扬州各学校按照国民党政府指令,开始在学校实施训育教育。1932 年,《小学课程标准》《中学法》等法规提出要求取消党义课,将其内容融合于国语、社会、自然等科目的教学中,小学增加公民训练、卫生两科,将工作科改为劳作科。中学课程标准也有调整。以省立扬州中学为例,其初中课程为公民、国文、英语、算学、历史、地理、物理、化学、动物、植物、生理卫生、音乐、体育、图画、劳作(女生为家事课),第三年可以开设职业科目,减去音乐、图画、劳作学时。高中课程为公民、国文、英语、数学、本国史、外国

---

[1] 督学唐道海、指导员董嘉谋:《视察江都县教育报告》,第 7 页。

[2] 督学唐道海、指导员董嘉谋:《视察江都县教育报告》,第 2 页。

[3] 《江都县教育局长视察中等学校报告》,《江都教育》1935 年第 5 期,第 2—3 页。

史、本国地理、外国地理、物理、化学、生物学、军事训练、体育等。高中第二年分为甲乙两组,甲组多选习算学科,乙组多选习国文、伦理、英文等科。第三年开始设简易职业科目。省立扬州中学也因此取消文理分科,改为选修科目制度。1936 年,民国教育部将初级小学的社会、自然合并为常识科;劳作、美术合并为工作科;体育、音乐合并为唱游科;取消了卫生科,并在四年级开始增加珠算内容。在这些规定课程之外,一些学校还有自己独特的课程设计。

1934 年 8 月,在羊巷内创立江都县立初级女子缝纫科职业学校。教职员 17 人,首批学员 30 人,以小学毕业或相当程度为招生对象。该校课程设计紧密围绕职业而展开,以缝法的学习为重要任务。

表 7-20　　江都县立初级女子缝纫科职业学校课程设计[1]

学年	课　程
一	公民、算术、地理、音乐、缝纫法、历史、卫生、国文、体育、图画、珠算、谈话、实习
二	国文、算术、缝纫法、体育、音乐、地理、珠算、卫生、公民、图画、历史、谈话、实习

省立扬州中学在 1931 年添设高中工科土木工程组,每年招收一班 30余人。该工程组的培养目标为:"养成刻苦耐劳之习惯、培养服务忠诚之人才、熟练各项土木工程技能、通晓各项土木工程学理。"[2]1933 年,两位土木工程专家茅唐臣、卢孝侯以理论与实验并重为原则,拟定了省立扬州中学工科土木工程组的课程,所授课程注重实际工作的需要。"多由教师博采西文教本之所长,并顾及我国实际上之需要,自编讲义。一方面则由图书馆多备中西文书籍,以作课内教材之补充,及学生课外之参考。"[3]

---

[1]　根据中华职业教育社编:《民国二十四年度全国职业教育学校概况》,商务印书馆 1937 年版,第 291 页数据整理。

[2]　周星北:《江苏省立扬州中学工科土木工程组实施概况》,《江苏教育(苏州 1932)》1933 年第 5 期,第 13 页。

[3]　周星北:《江苏省立扬州中学工科土木工程组实施概况》,第 13 页。

表 7-21　　　　省立扬州中学高级土木工程科课程设计[1]

学年	课　程
一	公民、国文、英文、工程书法、三角、本国地理、工用地质、几何、高等代数、初等数学解析、物理、制图、平面测量、暑期测量实习、体育、军事训练
二	国文、英文、制图、平面测量、暑期测量实习、体育、军事训练、应用力学、材料力学、材料学及实验、土石工学、道路工学及设计、化学、水力学、河海工学
三	国文、英文、制图、体育、热机大意、土石工学、大地测量及水纹测量、工业管理及经济、电机大意、结构理论及设计、河海工学、市政及卫生工程、铁道测量及实习、铁道学大意、工程估计及合同、钢骨筋混凝土及设计、房屋建筑、铁道学大意、天文学

该校女子生活学级课程除必修者外,还有珠算、簿记、看护、缝纫、洗染、烹饪、园艺等,并以实习课程为主。

扬州各中小学采用的教材是民国政府教育部指定或各出版机构所出版的,前期选材相对自由,后期则统一采用部审教材。此外,部分中学选用了一些高校的预科教材,也进行部分自编教材的尝试。省立扬州中学实验小学的高年级教材大抵采用部审课本,低年级则多为自编。受全国中等学校国文学科会议联合会委托,省立扬州中学国文学科会议还编辑《高中国文》《初中国文》教材各一部,这两部教材的内容,"均经编者于扬州中学累年试验,认为合用,并经省校国文教本编订委员会审查通过"[2]。该教材共计 12 册,由南京书店出版,"为各中校乐于采用之国文教本"[3]。该校教师黄泰所编的《初中代数》被国民政府教育部选定为固定教科书。他编写的《高中解析几何》是第一部中国人编写的解析几何相关教材,广受欢迎,且为东南亚很多华侨学校采用。1935 年,为"引起儿童爱护乡土的目的,发扬儿童爱国爱民族之精神,增加其生产技能",江都县教育局乡土教材编纂委员会经过一年的努力,按照部颁小学课程标准,以"适合时代需要,适合儿童生活环境,适

[1] 根据中华职业教育社编:《民国二十四年度全国职业教育学校概况》,商务印书馆 1937 年版,第 149—150 页数据整理。

[2] 《本校国文分科会议主编国文教科书出版》,《扬州中学校刊》1931 年第 57 期,第 12 页。

[3] 《江苏省立扬州中学鸟瞰》,第 122 页。

合儿童程度"[1]为三个要件,编纂了一套 12 册的小学乡土教材。该教材按照小学六年为序,每学期安排 16 课,共计 192 课,对于江都的过去及现在情形,叙述殆尽。其材料取材广泛、排列有序,设有学生思考与研究等板块。虽然有人批评其"课文编制不一致""参用文言和白话""选材深浅无标准",但仍不失为一次成功的尝试。

表 7-22　　　　江都县乡土教材主要内容[2]

单元内容	课数	单元内容	课数
本地名胜古迹的研究及其所包含历史故事的讲述	23	本地革命史略	1
有关江都的故事欣赏和表演	2	本地名宦	2
本地的名人及其故事	29	著名学者	1
抗御异族的故事	3	江都沿革的讲述	1
本地街市的观察研究	3	水利和民生	4
本地重要的集镇及市乡交通	7	本地的交通	3
江都在地理上的位置和变迁	7	本地儿歌谜语等的欣赏和表演	1
江都儿童杂歌等的欣赏吟咏	1	有关江都诗歌的吟咏欣赏	3
有关江都文学的欣赏和表演	7	有关江都笑话杂记游记等的欣赏或表演	2
家庭生活的研究	2	学校生活的研究	2
邻里生活的研究	1	本地公共场所的观察及其事业的研究	17
本地的风俗习惯	1	本地工厂的研究	2
本地自治的研究	4	本地人民生活和研究	4
社会问题的观察调查讨论研究	3	社会经济状况的观察讨论研究	4
地方风俗习惯的观察调查和改善方法的研究	2	市政的观察与研究	2
本地主要易栽蔬菜	3	本地农产的研究	14

---

[1] 池卜音:《江都教育局编乡土课本的检讨》,《江都教育》1935 年第 6 期,第 2 页。

[2] 资料整理自王骧:《江都县乡土教材研究与实施》,《江苏教育(苏州 1932)》1936 年第 5、6 期,第 262—263 页。

续表 7-22

单元内容	课数	单元内容	课数
本地物产的观察研究	7	本地简易工艺品制作练习	7
本地手工业和工人生活的改良研究	5		

（四）日新月异的教学方法

扬州教育界延续民国初年以来的教学改革潮流,不断推进、深化。1927年秋,江都县教育会改为江都县教育协会,设立委员会,每三年改选一次,主要任务是进行教育调查,举办教师讲习会及讨论具体的教育制度、计划与措施。1929年10月10日,江都小学教育研究会在省立扬州中学实验小学成立。这个研究会在各个学区皆有分会组织,参加者包括该学区所属公私立小学校长、教员及本区教育委员等,大张旗鼓地推行各种教育教学实验。主要研究内容包括与教学训导、学校行政、读书进修、改进私塾及其他有关小学教育有关的一切研究事项。1934年,江都县教育局所办的《江都教育》发刊,这部刊物也具有教学交流的功能,"作本县教育上传播消息,公布法规,研究教育,选载文艺等的一个机关,用以切磋琢磨,增进本县各级学校之教学效率"[1]。其他各县也有类似组织。宝应县教育会研究改进小学教育的措施,在部分小学短暂推行了"设计教学法"。1933年,高邮教育局通过了《高邮县各区教育研究会通则》,对相关组织活动进行规范。1931年后,扬州各地各级教育研究会陆续成立,相继开展活动,对教育教学问题进行规划与指导。1935年4月7日,江都县第一四学区第二次区教育研究会就开会讨论乡村初小纪念周教材、如何实施农忙教学、如何施行劳作课中之农事实习、乡村初小亦应举办乡村巡回文库以利教育等问题。[2]4月14日,在第一学区第三次教育研究会会议上,重点讨论了儿童清洁及礼貌等有关新生活公约应如何切实训练的问题。[3]4月21日,第五学区分区教育研究会开会讨论的主题是乡村初级小学义教建立之后如何实施、贫困儿童受教育等问题。[4]

---

[1]《编辑室谈话》,《江都教育》1934年第1期,第1页。

[2]《本县各学区分区教育研究会汇志》,《江都教育》1935年第7期,第4页。

[3]《本县各学区分区教育研究会汇志》,《江都教育》1935年第7期,第1页。

[4]《本县各学区分区教育研究会汇志》,第5页。

扬州各县教育部门组织了各种教育类的竞赛与参观、协作活动,引导师生踊跃参加,也有一番积极景象。1934 年 6 月 10 日举办了江都城区各小学校四六年级算术竞赛,参加学生 1052 人。城西小学姚国全、正谊小学陈恭综、李振芳获得并列第一。[1]1929 年,省立扬州中学乡村师范与中央大学农学院交换农业实验品种,扬中乡村师范培育的牛脚秈稻种具有"早熟,丰收且能抵抗螟虫等优点"[2],送给中央大学农学院进行专门研究。1933 年,省立上海中学英文科全体教员赴扬州参观公私立中学的英文教学状况,进行交流。1934 年,省立扬州中学组织了 20 多名教师,参观了国立同济大学附设高级职业学校。1935 年 5 月 13 日,中央政治学校教育系学员夏昌涛等 5 人,来江都县参观了生活学校、县初中、县女子缝纫科、私立扬州中学等学校。省立扬州中学还设有"名人来校演讲"系列活动,经常邀请各行各业的专家来校讲演,启迪师生。如 1930 年的某一天,吴迈在一院风雨操场讲演"收回治外法权问题","庄谐并作,闻者称快"。而程天放、张道藩则在一院大教室演讲"对于青年心理之谬误"。[3]1927 年 11 月 1 日至 3 日,江苏省立学校第三次联合运动会在省立第五师范举行,参赛学校有省立师范 8 所,省立中学 9 所,农业学校 3 所,工业学校 2 所,其他学校若干所,共 37 所学校。"在江南各校,得游览河山之胜,以补旅行之所不逮。在江北父老,得以开从前未有之盛观,是得益于社会,岂浅鲜哉。"[4]这些比赛、参观、演讲与协作活动是扬州教育界与全国教育界交流的窗口与平台,为扬州教育界带来了新鲜的信息与生气。

具体到每一所学校,也有一些教学上的改进。1934 年夏,省教育厅令江都县试行生活教育。该县制定了"革命化、社会化、平民化、科学化、生产化"的五大生活教育目标,将城内五学区改为四学区,每区设一标准小学,以"培养儿童之基本知识技能,以适应社会生活"。[5]同年,江都生活学校秉持"训

---

[1] 蔚民:《城区各校四六年级算术竞赛报告》,《江都教育》1934 年第 1 期,第 1 页。

[2] 《省立扬州中学乡村师范与中大农学院交换品种》,《农矿通讯》1929 年第 10 期,第 8 页。

[3] 《扬州中学校刊》1930 年 50 期,第 62 页。

[4] 徐宗谔:《江都游记》,《江苏省立第三中学杂志》1917 年第 2 期,第 13 页。

[5] 《第二区标准小学校之概况》,《江都教育》1935 年第 5 期,第 6 页。

做学教"合一的教育理念,在普通课程之外,附设技能科,试办了酿造、腌制、制罐、种植、营业等课程,并采用新式教学方法,将全校学生编为一个劳动大队,两个劳动中队,八个小队。每天下午进行集体讨论及实践操作。希望培养出能各就所长,经营一种职业的学生。

省立扬州中学因其办学之宏伟目标,在教学改革领域走在扬州各校前列,内容十分丰富,形式也颇新颖。

1927—1937 年,省立扬州中学开展了名目繁多的教学实验活动。校内成立了各门学科的研究会,如自然科学、社会科学、摄影、西乐、国乐、合作银行、昆曲、英语等研究会及各种课外活动小组。实行了学分制改革,初中为180 学分,高中为 150 学分,上课 1 小时或实习 2 小时可获得 1 学分。在全国领先创设了"导师制",以"刚、健、质、实"的学生品性为培养目标,努力塑造"正直向上、热于求知"的校风。

在教学法的研究上,省立扬州中学有多种平台供教师们进行研讨。除了教务会议外,还有各种普通科会议、师范科会议、初中教师会议、高中教师会议等多种层次的教学研讨会议,皆是热烈研究教学的机会。尤其是在教学实践方面,该校试行能力分组制、分组选科制,以谋适应学生之个性的最佳教学方法。如理科教学注重学生自行实验,以直观法练习而引起学生心手相应的研究兴趣。文学与社会科学教学则辟有文科研究室,购备参考书,提出研究题,由教师指导探讨的方法,诱发学生自动研究的兴味。艺术教学更注重实地与实物写生及意匠的创造,以启迪学生练习并谋进步。

该校的女子生活学级采用实地练习、指定学习、分团组作、分组研究、个别指导、先做后学等方法来进行教学。该校工科土木工程组的学习计划中安排了大量的参观实习教学任务。城区的电灯厂、乡间的砖窑、运河水利工程及各处道路桥梁房屋等建筑工程都是他们参观教学的对象。关于测绘方面,学生们平时随处练习,且为公共机关义务工作。除了为省立扬中实小测绘平面图、为扬州北门至平山堂之汽车路线图进行测量外,指导教师们还在寒暑假中率领学生至镇江、南京、杭州等地作长期之参观实习,藉增学识与经验。

省立扬州中学各科教师平日的各种教学研究,形成专著者不下数十种,大多由上海各书坊出版。该校出版的《扬中校刊》(半月刊)专载是校校闻及师生学术与教学研究作品,也出版过教学专号。

省立扬州中学附属实验小学以其身份为实验性质,并含推广职能,明确提出要办"中国式的实验小学""合理而有效的实验小学"。在该校1934年的年度实验研究推广计划中,批判了以往中国实验小学的错误道路,对中国与西方实验小学的差异进行了分析,认为中国的实验小学与西洋的实验学校完全不同,"西洋的实验学校,是纯粹试验的性质,先树立了教育的理想,因为要实现理想,才产生一个学校来试验。中国的实验小学,适得其反。是先有了学校,然后才想设法去试验,这如何能够办到?"[1]该校按年度制定了实验研究推广计划,作专题、集会、调查、通讯四种专题研究,"实验小学的使命,一方面在实验研究新教育方法,发明新教育原理。一方面在表现具体的合理的方法,推行到一般地方小学,俾谋中国整个小学教育的改进"[2]。他们通过组织各部研究会,对江都县各市乡学校进行调查,展开实验。该校还参与组织地方教育研究会,积极组织教育演讲,出版了《实验研究月刊》《儿童周报》等杂志,分赠各校,以资参考。

表7-23　　　省立扬州中学附属实验小学各部专题研究

学　部	研究专题
高级部	高级小学算术教科书、高级国语教科书、高级社会教科书、童子军训练的内容、小问题实验结果核算法等问题
中级部	中级算术教科书、中级国语教科书、中级社会教材、实验问题选择法、麦柯尔教育实验方式等问题
低级部	低级算术教科书、低级国语教科书、低级社会教科书、低级唱游教学法、幼稚园设备问题等问题
单级部	低级自然教科书、中级自然教科书、高级自然教科书、新生活运动与公民训练相互关系、小学体育教材等问题

这些教学改革收到了很好的成效。在历届各种成绩展览会及竞赛会上,

---

[1] 徐阶平:《江苏省立扬州实验小学二十三年度实验研究计划》,《河南教育月刊》1934年第11期,第43页。

[2] 徐阶平:《江苏省立扬州实验小学二十三年度实验研究计划》,第61页。

省立扬州中学皆获得褒奖,"督学熊子容先生对于该校学生文学研究作品,曾谓:'此种方法实为中学生练习研究探讨之新方法'。名艺术家李毅士先生对于艺术成绩曾曰:'为中学生中所罕见,专门学生所难能。'"[1]于此可见一斑。

经过十年建设,尽管时有教费缺乏等问题的困扰,但整体上扬州教育事业面目一新,涌现出省立扬州中学这样蜚声全国的品牌名校。省立扬州中学"誉闻南北,校基之大为苏北之冠"[2]。省立扬州中学尤以自然科学教育优异而为全国教育界所称道,"该校学生读书空气浓厚,数理学科尤具特殊成绩"[3]。这所学校不但追求教学卓越,还教导学生全面发展,"毕业生之应升学考试或就业各地者,均深得社会之赞许"[4]。"毕业生升入注重理科大学如交通大学等,其百分数恒冠他校也。"[5]该校办学立意高峻,教育质量优秀。毕业生服务于江苏、浙江、安徽等省市,其中升入国内著名大学如南京中央大学、上海交通大学、唐山交通大学等学校的比例很高。"扬州中学毕业生结果如此,或亦谈教育者之所乐闻欤"?[6]

作为在政治、经济上相对衰落的江北城市,扬州教育却积极用事,没有消沉,获得了不少赞誉。"扬州人多尚学,虽工人子弟,亦多识字,盖子弟习艺之先,必先遣习书数。以中国之劳动阶级言之,识字者或以扬州为最多。"[7]时人曾评价当时的扬州教育,"可以算是发达的了"[8]。

第三节　南京国民政府时期的社会教育与其他

南京国民政府时期,扬州在社会教育领域开展了很多工作,其中尤以江都县立民众教育实验区别有新意。其他诸如童子军建设、儿童年运动,也成

---

[1]《江苏省立扬州中学鸟瞰》,第125页。

[2]《江都通讯》,《学友(上海)》1946年第10期,第3页。

[3]曹书田、沈袯:《视察省立扬州中学报告》,第157页。

[4]《江苏省立扬州中学鸟瞰》,第125页。

[5]《江苏省立扬州中学鸟瞰》,第109页。

[6]《江苏省立扬州中学鸟瞰》,第126页。

[7]高梧轩:《绿杨城郭是扬州》,第12页。

[8]谢鹤松:《扬州剪影》,第42页。

为扬州教育领域的亮点。

一、社会教育

（一）民众教育

1928 年，国民党颁布《训政纲领》，宣布进入"训政时期"。为了建立有效的政权组织，并对民众进行"新国民"的改造，推进了一系列的以民众教育为名的社会教育运动。

相关文件规定："社会教育必须使人民认识国际情况，了解民族意义，并具备近代都市及农村生活常识，家庭经济改善之技能，公民自治必备之资格，保证公共事业及森林园地之习惯，养老恤贫、防灾互助之美德。"[1] 1930 年，国民政府教育部教育方案委员会为社会教育确立了公民教育、农工商人补习教育、识字教育、健康教育、美化教育、低能残疾者特殊教育及罪犯之感化教育、家事教育等七个目标。[2] 1931 年，国民会议通过教育设施趋向案，认为社会教育"应以增加生产为中心目标，就人民现有之程度与实际生活辅助其生产知识与技能之增进"[3]。此后，国民政府对于社会教育的定义与目标时有变动，但大体不离以上诸点。

1927 年之后，扬州乃至全国的民众教育都有了很多新的内容。1927 年至 1929 年，江苏省政府先后出台了《民众教育实施纲要》《民众教育馆实施注意》《民众学校实施纲则》等文件，在全省推广民众教育。1937 年 2 月，教育厅又先后颁布《江苏省民众教育分区研究会规程》《江苏省各民众教育区辅导机关实施电化教育暂行办法》，在全省设 8 个电化教育实施区。江都、高邮、仪征等县属于第八区，由省立南京民众教育馆负责指导实施；宝应属于第五区，由省立靖江民众教育馆负责实施。江苏的民众教育工作是走在全国前列的。1934 年底，江苏即有民众教育馆 262 所，数量占据全国总数的1/3。[4]

---

[1]　教育部社会教育司编：《社会教育法令汇编》，第 3 页。

[2]　钟灵秀：《社会教育行政》，上海国立编译馆 1947 年版，第 164—167 页。

[3]　教育部教育年鉴编纂委员会编：《第一次中国教育年鉴（甲编）》，上海开明书店 1934 年版，教育总述第 17 页。

[4]　中华图书馆协会编：《全国图书馆及民众教育馆调查表》，1935 年版，封 3 页。

扬州各县的民众教育机构以各县教育局为主管机关,有民众教育馆、图书馆、博物馆、国术馆、体育场(馆)、电影院、通俗讲演所、民众茶园、阅报处、科学馆、社会教育实验区等机构。

1927 年后,江都县民众教育事业得到扩充。民众教育馆及民众图书馆相继设立,陈冠同、吴鸿铨分任馆长,"公共讲演所、巡回文库、巡回讲演团、壁报、农民补习学校、商民补习学校等,亦皆先后成立"[1]。以前所办的通俗教育馆,并入了民众教育馆,还在仙女镇新设一所农民教育馆。1928 年 10 月 15 日,江都县巡回书库开始在各个学校进行巡回工作。扬州第一个具有近代博物馆性质的机构江都古物保存所成立。10 月 18 日,江都县通俗教育馆扩充成立,有 15 间房,14 名职员,设图书馆、博物馆、理科实验室等机构。1932 年,江苏省教育厅派出 5 名督学来江都整顿教育,将民众图书馆合并入民众教育馆内。同时,公共讲演所、巡回文库、巡回讲演团、壁报、农民补习学校等,"均予停办"[2]。1934 年,江都县樊川镇民众教育馆成立,内设图书室、阅览室、乒乓球室、壁报栏等。

作为扬州地区较大规模的民众教育馆,1933 年后,江都县立民众教育馆在新任馆长唐叔梅的运作下,"内部焕然一新,井然有序,确有新兴气象也"[3]。该馆设有生计部、教导部、康乐部、展览部等部门,兴办民众储蓄会、针织班、养蜂传习班、民众诊疗室、民众学校、识字班、壁报、体育会、同乐会、巡回书库、消夏会、施药处、国术团、识字调查。举行公民训练、种痘、防疫注射、乒乓球比赛、卫生运动等多项活动。当时几乎所有的民众教育形式,都在该馆的业务中有所体现。

1933 年 7 月 24 日至 8 月 10 日,该馆举办了民众消夏会,通过演讲、猜灯谜、化装表演、戏曲演出等形式,为民众普及各类卫生、科学知识,既喜闻乐见,又寓教于乐,吸引了 3 万 4 千多人次参加。具体活动安排见下表:

---

[1] 张心弼、焦逸云:《江都县社会教育概况》,《教育辅导》1936 年第 7 期,第 12 页。

[2] 张心弼、焦逸云:《江都县社会教育概况》,第 12 页。

[3] 绮雪:《江都等县社教机关对于生计教育推行之概况》,《民众教育通讯》1933 年第 6 期,第 51 页。

表7-24　1933年江都县立民众教育馆民众消夏会活动安排表[1]

日　期	活动事项	经过实况
7月24日	开幕式	讲消夏会之意义及希望,另有各种表演。
7月25日	卫生演讲	由张馆长讲夏令卫生撮要,另有国乐、说书、平曲、双簧等。
7月26日	谜语征射	揭三十二则,射中十九则,另有说书、口琴、国术、平曲等。
7月27日	常识讲演	讲述赤膊既碍卫生,又失礼貌,另有双簧、平曲、国术等。
7月28日	国术表演	特请中央国术馆女学员表演,颇为精彩。
7月29日	灯谜征射	揭三十二则,射中十三则,另有各种表演。
7月30日	公民演讲	何为"公民"?另有小曲、口琴、双簧等。
7月31日	灯谜征射	揭三十二则,射中二十二则,另有各种表演。
8月1日	公民演讲	"不识字的苦处",另有说书、平曲、国术等。
8月2日	化装表演	"为国争光"新剧。
8月3日	灯谜征射	揭三十二则,射中二十三则,另有各种国术、平曲等。
8月4日	卫生演讲	"霍乱及预防注射",另有各种表演。
8月5日	化装平剧	"化子拾金",另有口琴、说书、国乐等。
8月6日	公民演讲	"职业和人生",另有平曲、国乐、双簧等。
8月7日	灯谜征射	揭三十二则,射中二十五则,另有各种表演等。
8月8日	演唱平曲	化装演唱平曲,另有国术、口琴等。
8月9日	演唱平曲	化装演唱平曲,另有国术、说书、国乐等。
8月10日	闭幕式	报告、演讲、余兴。

　　1933年,江都、高邮等县陆续出台《民众阅报处规程》等民众教育场馆规则,进一步规范相关事业发展。高邮民众图书馆藏有丛书类1755册,经类969册,史地类1586册,哲学及宗教类517册,文学类1914册,社会科学类391册,自然科学类227册,应用科学类382册,艺术类112册。[2]每日到馆人数为20人左右,民众阅报社每日约30人阅报。

---

[1].《江都县立民众教育馆二十二年度工作概况》,《江都教育》1934年第2期,第8—9页。

[2].《高邮县立民众图书馆》,《高邮教育》1933年第1期,第43页。

表 7-25　　　　高邮县各民众阅报处概况表（1932 年）[1]

马棚湾民众阅报处	马棚湾	12 月 15 日	夏同庆	专任
樊川民众阅报处	樊川镇	12 月 15 日	周学臻	专任
临泽民众阅报处	临泽镇	12 月 15 日	张虎卿	专任

此后，不但各个县治所在地，就是在一些较大的乡镇，如宝应的氾水、曹甸、芦村、仁和；江都的仙女庙、真武庙；仪征的十二圩；高邮的界首、临泽、三垛等地，也建立了民众教育馆。"除设有关于农事方面的展览品以资观摩外，其他业经办理及在计划中者。"[2] 为了能给广大农民提供科普教育，以农民为对象的教育馆——农民教育馆也在扬州各个县、乡镇普遍建立起来。至 1928 年，宝应县即有民众（农民）教育馆 6 所。

表 7-26　　　江都县社会民众教育概况（1934 年 9 月）[3]

类　别	数目	职员数	常费数（元）	类　别	数目	职员数	常费数（元）
民众教育馆	1	8	6264	体育场	1	4	2700
农民教育馆	1	4	2700	职业补校	1	1	280
民教实验区	1	4	3036	民众学校	20	20	2400

1933 年 7 月，江苏省教育厅设立了 6 个民众教育区，每区由一所省立民众教育馆或省立教育学院承担辅导民众教育之责。江都县隶属于第一民众教育区，由省立镇江民众教育馆负责辅导。仪征县隶属于第二民众教育区，由省立南京民众教育馆负责辅导。宝应、高邮县隶属于第四民众教育区，由省立清江民众教育馆负责辅导。1934 年 7 月，省教育厅重新划分了 8 个民众教育区，其中江都、仪征县划入隶属于第一民众教育区，归省立镇江民众教育馆辅导。高邮、宝应县隶属于第六民众教育辅导区，仍为省立清江民众教育馆负责辅导。1935 年，扬州各地遵照上级指示，统一更定各民众教育馆名称，如府庙民众教育馆（原民众教育馆）、仙女镇民众教育馆（原农民教育馆）、真武镇民众教育馆（原民众教育实验区）等。1937 年 5 月，再次划分民

[1]《高邮县各民众学校、民众阅报处概况表》，《高邮教育》1933 年第 1 期，第 45 页。

[2] 绮雪：《江都等县社教机关对于生计教育推行之概况》，第 53 页。

[3]《江都县教育概况表》，第 1 页。

众教育区,除宝应县仍由省立清江民众教育馆辅导外,江都、仪征、高邮三县改为由省立南京民众教育馆辅导。

办理民众教育需要大量经费,但显然,各地在民众教育领域的投入远不及学校教育领域。1929年,南京国民政府要求社会教育经费在各地教育经费中的占比达到在10%—20%。据南京国民政府教育部统计,1929年,社教经费占比达到10%的省市仅有福建省与南京市。1932年,江苏省社教占比达到了10%,但据20%的目标仍是遥不可及,且因为社会教育机关经费的支配,无具体的标准,以致全部经费,大都用于薪工方面,事业就无从举办。从教育经费的投入来看,扬州各地民众教育的投入与学校投入相比,并不充分。1936年,江都县社会教育经费预算为30151元,另加国民党江都县党部移拨经费5440元,合计35591元,远不及办学经费[1]。各个民众教育馆的经费差异也很大。如宝应县第一民众教育区画川民众教育馆,该馆每年经费4320元。宝应县第二民众教育区氾水民众教育馆,经费常年1800元,为前者的41.7%。因此,很多民众教育机构的场馆条件与活动开展并不理想,等因奉此,仅是凑合与应付。类似宝应县第二民众教育馆"馆舍狭隘"[2]的机构比比皆是。就如高邮县教育局社教股主任居秉镕所述:"社教经费自不能外,故对于生计教育之推行,拟有计划,尚未能进展云云"[3]。经费的不足,必然限制了扬州民众教育的开展,但与民国初期相比,这一时期的扬州民众教育在民众学校、民众教育试验区等领域仍有相当的进步。

(二)民众学校与识字教育

在民国政府社会教育体系中,民众学校作为一种综采传统文化教育与西方成人教育的教育模式,"根据三民主义,授予年长失学者以简易之知识技能,使适应社会生活为宗旨"[4]。以识字教育为主要教育内容,以训政时期国民义务为激励,以培养"明了国家大事,报效国家"的"新国民"为主要目标,得到了迅速的发展。

[1] 张心弼、焦逸云:《江都县社会教育概况》,第13页。

[2] 《宝应教育之整顿》,第24页。

[3] 绮雪:《江都等县社教机关对于生计教育推行之概况》,第52页。

[4] 中国第二历史档案馆编:《中华民国史档案资料汇编:第五辑第一编教育二》,第692页。

　　民众学校作为国民政府的一项免费的社会教育事业,在扬州各县广泛设立,其经费、书籍全部由政府负担。一般都是附设于各小学内,由小学教员兼任民众学校教员,或由县教育局派员担任。"凡年在十二岁以上五十岁以下之男女失学者,均应入民众学校"。[1]民众学校每天上课时间大多为下午6—7时开始,授课2小时左右,科目以文字教育、公民教育、生计教育为主。

　　1928年9月10日,江都城区的左卫街、弥陀巷、砖街、参府街、曾公祠、大汪边及乡区的大桥、宜陵、邵伯等地的10所民众学校陆续开学。高邮、宝应、仪征等地的民众学校也如火如荼地建立起来。当年,宝应就开办了民众夜校56所。

表7-27　　　　　**高邮县各民众学校概况表（1932年）**[2]

名　　称	所在地	开办时间	负责人	专任或兼任
第一民众学校	车逻镇	11月15日	宋　浩	兼任
第二民众学校	公田张家庄	11月15日	高　倬	兼任
第三民众学校	徐官庄	11月15日	徐伯润	兼任
第四民众学校	桑树头	11月15日	刘世隆	兼任
第五民众学校	界首镇	11月1日	张连科	兼任
第六民众学校	三垛镇	11月15日	郭守田	兼任
第七民众学校	樊川镇	11月15日	李书云	兼任
第八民众学校	姚费庄	11月15日	姚长兴	兼任
第九民众学校	马踏港	11月15日	殷念劬	兼任
第十民众学校	郑渡镇	11月15日	郑五桥	兼任
第十一民众学校	菱塘桥镇	11月15日	薛森裕	兼任
工友商友补习学校	城内北越城	12月10日		

　　1933年,扬州各县在民国教育部、省政府相关政策的要求下,总结数年来举办民众学校的经验,陆续出台了《民众学校考核标准》《民众学校试办办法》等规章。

---

　　[1]晏阳初:《平民教育的真义》,马秋帆、熊明安编:《晏阳初教育论著选》,人民教育出版社1993年版,第28页。

　　[2]《高邮县各民众学校、民众阅报处概况表》,第45页。

　　1935 年 6 月 19—20 日,江都教育局派张鹤年、刘兆樾、顾德富、刘兆梧等各社会教育机关主管人士参加江苏省第一民众教育区民教研究会,与全省同行交流相关业务。同时,扬州也开始加大民众学校校长的培养力度。1936 年 3 月,江都公民师资养成所举行毕业典礼,370 名毕业学员中的大部分成了各乡镇民众学校校长。一批在省会受训的民众学校校长也于 7 月 6 日毕业返回扬州。1936 年 8 月,江都县教育局在城区新设 9 所中心民众学校,当年即开展了两期教学工作。9 月初,又开设了 15 所乡镇民众学校,新增学员 1800 人。

表 7-28　　江都县中心民众学校概况表（1936 年）[1]

校　名	校　址	成立时期	校　长	经费数（元）	教员数	学生数
第一区中心民众学校	城内府学	1936 年 8 月	焦逸云	1300	2	120
第二区中心民众学校	瓜洲关帝庙	1936 年 8 月	郑森荣	1300	2	120
第三区中心民众学校	北三圩龙王庙	1936 年 8 月	吴　玥	1300	2	120
第四区中心民众学校	仙女庙文昌宫	1936 年 8 月	顾德富	1300	2	120
第五区中心民众学校	大桥都天庙	1936 年 8 月	吴高富	1300	2	120
第六区中心民众学校	宜陵镇慈云寺	1936 年 8 月	刘仁波	1048	1	120
第七区中心民众学校	邵伯镇来鹤寺	1936 年 8 月	刘殿林	1300	2	120
第八区中心民众学校	大仙镇三义阁	1936 年 8 月	花汝舟	1048	1	120
第九区中心民众学校	黄珏镇火星庙	1936 年 8 月	李兆林	1048	1	120

　　在建设民众学校的同时,南京国民政府推行的识字教育运动也在扬州展开。1928 年 6 月,国民党将“厉行识字运动”列为民众训练案的专条。1929 年,国民党中央党部以识字教育“为各项训政建设之基本设施”[2]。南京国民政府教育部出台《识字运动宣传计划大纲》,要求各省市县设立识字运动宣传委员会,以负责识字运动的宣传发动。1928 年 10 月 16 日,江都县已有 2 所农民补习学校陆续开学,分别是东区的杨桥乡农民补习学校（附设于

[1] 张心弼、焦逸云:《江都县社会教育概况》,第 14 页。
[2] 教育部教育年鉴编纂委员会编:《第一次中国教育年鉴》,上海开明书店 1934 年版,丙编,第 555—557 页。

东一路第六小学校内）与西区的头桥乡农民补习学校（附设于西一路第七小学校内）。这两所农民补习学校所使用教材与民众学校类似，只是将千字课本改用农民版千字课本。1929年10月12日，附设于第十八小学校园内的江都县妇女补习学校也正式开课。这所学校由女学改造而来，教员都是女性。当年学生有20余名，都是20—30岁左右的妇女，也有少数10余岁的少女学生。这所学校课程为三民主义、国语、珠算、常识等，每天教学2小时，4个月即可毕业。当年，江都县还设立了马神庙和琼花观2所露天学校，每校有教师1人，每天下午5点开始上课，学习科目为三民主义、浅近国语、识数唱歌等。

1930年1月，《江苏省识字运动实施办法大纲》亮相，计划以兴办民众学校、施行流动教学、设立识字处及施行茶园识字、组织扫除文盲团等形式开展活动。1932年，江苏省政府颁布《江苏各县三年内推设民众学校具体方案》。扬州各地的识字运动也掀起了新的高潮。1931年，扬州各县举行识字运动周活动。4月21日，该县举行了五千人规模的识字运动宣传游行。26日，仪征县立民众教育馆在县公共体育场举行了识字运动化装宣传，参加者逾二千人。1935年，江苏省政府通过《各县强迫识字办法》，开始实质性推行强迫识字教育，也是这场运动中全国最为活跃的省份。根据省政府的要求，扬州各县县长、教育局长、公安局长对强迫识字教育负有绝对责任，各区区长、县立社教机关主任、公安分局长、乡镇长等组成区乡普及识字教育委员会，承担筹划、督促、指导、考核与奖惩等职能。[1]

1931年，扬州各县开始开办识字班。11月，江都县第一届识字班开学，全县各机关团体、学校共举办识字班63处。1932年3月，该县37处识字班参加了测试，742名学员中准予毕业者610人，不及格者46人，年龄不合格者46人。[2]1936年，江苏省江都区公民训练识字养成所成立。2月23日，江都县乡镇识字委员会通过了《各乡镇普及识字教育委员会组织规程（修正）》，将识字运动向乡村推广。随后筹办民众识字班，每班以三十至五十人

---

［1］《江苏省各县实施强迫识字教育初步办法》，《新江苏报》1935年6月16日，第5版。

［2］《江都第一届识字班毕业人数统计》，《民众教育通讯》1936年第3期，第81页。

为限,每个乡镇长为民众识字班当然教员外,还聘请社会热心教育人士充任教员。这些识字班每期学时三个月,测试合格者发给证书。

(三)江都县立民众教育实验区

1930 年 8 月,江都县教育局委任无锡教育学院毕业生陈耕心为主任,负责江都县立民众教育实验区的筹备工作。1931 年 3 月 6 日,该试验区正式在江都南乡济善洲成立。在济善洲工作期间,实验区组织了养鱼合作社、群乐棋社等组织,引导周边村民在业余时间参与各类活动,如群乐棋社有社员 20 余人,曾集体研究棋谱。还在实验区内的济善洲小学中开辟园圃,多植花草树木,让地方民众游览观赏。实验区的各项事业本在进行之中,然一年不到,突因江水泛滥,所有业务陷入停顿,损失甚巨。陈耕心随即辞职,江都县教育局改委省立教育学院毕业生刘兆梧接任主持。该实验区迁至真武庙,于 1932 年 11 月 12 日重行开始。

搬迁后的实验区设有总务、教导、研究三科,在真武庙先后兴建了办公区(由真武庙改建);育蚕示范室一座;基本施教区办事处(设于前塘子头村),内有阅书报室、教室、办公室等,全年经费 2700 元。

在该实验区基本施教区的周围还划分了 8 个推广区,制定了分期推广及普及计划。在这片区域内,计有特约浴室二处、特约民众茶园二处、特约理发处一处、特约改良私塾四处、特约示范良田四处、特约徐氏俱乐部一处,配备有特约医士、讲演员、摄影员各一人,还树立了特约模范家庭两家。

基本施教区的事业包括生计教育(生计调查、农事指导、提倡副业、提倡合作、提倡储蓄、贫民贷款所获农产品抵押贷款);语文教育(识字调查、举办民众学校、流动教学、读书会、指导民众阅报);公民教育(指导组织乡镇改进会、实施集团训练、举行各种纪念会、举行常识演讲);健康教育(指导体育、卫生运动、设立施药处);家事教育(育儿指导、特约模范家庭);休闲教育(娱乐室等)。在八个推广区,也同样开展这些项事业。以识字教育为例,实验区在前塘子头、中塘子头、后塘子头、史家庄、仓房庄、真武镇、周家庄、南戴庄、吉家庄等地,以民众教育区基本施教区总干事袁叶中为导师,以妇女班甲组学生郑福兰、周德娟、徐道韫为教师,自行编制教材,于每天下午 2 点至 4 点实行流动识字教育。这一举措实施良好,"识字最多者,已能认得普通书信,并能写出日常民众用字。识字少者,为二百字至七百字"[1]。"该区于每一工作之事前事后有规划、有记录,益见其办事认真,有条不紊。"[2]1934 年 4 月,江苏省教育厅对江都县立民众教育实验区进行嘉奖,足见实验区兴办有功。

二、其他

(一)童子军

江苏童子军肇始于 1915 年无锡省立第三师范附属小学。不久,扬州各校陆续举办了童子军组织,如省立扬州中学将初中全体男女学生,一律编为童子军。按照相应的规定,扬州的各校童子军在国民党中央机关进行了登记,完善了组织制度。

表 7-29　　　　　　江都县童子军状况(1930 年)[3]

番　号	成立时间	主办机关	团　长	团员数	组　织
59 团	1929 年 5 月	江都县立初级中学	杜召棠	430 多	有设计、评判委员会
60 团	1929 年 5 月	江苏省立扬州中学	叶养源	330 多	组织设计、评判委员会
123 团	1930 年 4 月	江都县立实验小学	王　澄	80 人	各股尚健全
201 团	1930 年 5 月	私立扬州中学	夏长第	186 人	有五股
203 团	1930 年 5 月	江都城区第六小学	吴大朋		
97 团	1930 年 6 月	省立扬中实验小学	张开福	360 人[4]	各股有组织
204 团	1930 年 6 月	江都城区第十小学	臧文峻[5]		
206 团	1930 年 6 月	江都城区第一小学	严　攸	44 人	有设计、评判委员会

这些童子军的经费主要由所办机关承担。如第 97 团经费由省立扬州中学实验小学从体育费中拨充,第 204 团经费由江都城区第十小学校长私人捐助,第 206 团经费出于江都城区第一小学贩卖部盈余及私人捐助。由

---

[1] 民教实验区编辑股:《本区实施流动教学概况》,《江都教育》1934 年第 2 期,第 14 页。

[2] 本馆辅导委员会:《江都县立民众教育实验区调查报告》,《民众教育通讯》1934 年第 10 期,第 81 页。

[3] 根据曾干生《监选江都县童子军理事会及视察该县各团报告》(《中央训练部公报》1930 年第 6 期)第 32—34 页数据整理。

[4] 另有男女幼童子军约 200 人。

[5] 原为吴大朋,其辞职后,由臧文峻代理。

于各主持机关财力不等,各团的经费情况也不相同。如 59 团"尚敷应用",123 团则"经济不甚宽裕"。[1]

扬州各校童子军中的佼佼者为省立扬州中学所办的中国童子军第 60 团。从 1934 年开始,江苏省立扬州中学初中部采用了教训童合一的一种教育培训模式。通过组织教训童联席会议,由校长、教导主任、训育主任、童子军团长及各级级任导师共同参与,将童子军训练与学生的日常教育相结合,对学生进行纪律训练与礼貌训练。该团设有设计委员会、评判委员会,聘请军学界闻人、童子军先进人物或童子军团员家长分任委员。团部分设传令、文书、会计、事务、保管五股。有营部和辎重车、自行车、炊事器具等装备及军乐队之组织。以每 6—9 人为一小队,每二至四小队编为一中队。其他另有鼓号、国乐、救护、旗语、工程、测验、传讯等特队。队务由公举之队长负责主持,训练则商诸专科教练进行。

第 60 团团员训练水平较高,"对于团员训练,除三级课程外,尚有电学、音乐、育蚕、号角、击技等专科"[2]。该团自 1929 年 5 月举行第一次童子军宣誓典礼后,历年参加全省童子军大露营及江都县大会操,风樯阵马,屡摘桂冠。1930 年,省立扬州中学从童子军第 60 团先后参加了县、省童子军大露营及全国童子军大检阅。1931 年 4 月 25—26 日,江都县在西门外大校场举行全县第二次童子军大露营,有 11 个团,43 个小队,371 人参加。5 月 13 日至 20 日,童子军第 60 团再次代表扬州参加了第二次全省童子军大露营活动,获得多项第一,并受任搭建总营营门。

(二)儿童年运动

1931 年,中华慈幼协会提议将每年的 4 月 4 日定为儿童节,后为国民政府采纳。1933 年 11 月 15 日,为进一步增进民众对儿童事业的关心,推动中国儿童福祉建设,中华慈幼协会上海本会向国民政府提出实施"儿童年运动"的呈请,并于 1934 年 5 月 14 日,制定了儿童年实施委员会与地方儿童年实施委员会组织大纲,由行政院通过,确定于 1935 年 8 月 1 日起实施儿

---

[1] 曾干生:《监选江都县童子军理事会及视察该县各团报告》,第 32 页。
[2] 曾干生:《监选江都县童子军理事会及视察该县各团报告》,第 34 页。

童年,为期一年。

扬州各地也遵照上级命令,精心筹划,实施了儿童年的各项活动。

1935年,《全国儿童年实施办法大纲》及全国儿童年实施委员会组织规程在全国下达后,扬州各县政府、教育部门都明文要求所属单位、学校遵照执行。江都县政府发布了第1747号训令,要求教育局具体执行。5月21日,江都县教育局局长辛芳发布"教字第5号"训令,布置了具体的工作任务。各县还陆续成立了儿童年实施委员会,编订了各县的儿童年组织规程。

为了使广大民众知晓儿童年即将开始的消息与内涵,扬州的各大报刊都登载了一些介绍儿童年由来及科普近代儿童教育知识的文章。江都县教育局所办的《江都教育》发布了儿童年的宣传标语,包括"儿童年是儿童世纪的开始""儿童年是复兴民族的初基""儿童幸福肇始于儿童年""尊重儿童的人格与人权等"[1],为扬州儿童年活动造势。

表7-30　　　　　　　　　　儿童年标语[2]

关于儿童健康的标语	关于保障儿童救济贫儿的标语
儿童教育应以保健为中心	全力保障童工
充实关于儿童的卫生设备	彻底改善学徒制
青年男女都得有育婴常识	绝对禁止蓄婢
助产育婴都得用新法	铲除虐待儿童的恶魔
母乳是婴儿的上品	严缉拐卖儿童的匪类
适当的衣食先尽儿童享用	救济大多数的苦儿孤儿
对于儿童要定期施行健康检查	不让全国有一个流浪儿童
身体的缺点应从小矫治	男女儿童待遇平等
要免天花快种牛痘	拿办溺婴的罪人
禁绝小贩卖不洁食品给儿童吃	拿办伤残儿童哄众卖技的江湖恶棍
卫生的习惯应从小养成	
注意学徒及童工的健康	
多数贫苦儿童也需要康乐	

---

[1]《儿童年标语》,《江都教育》1935年第8期,第6页。

[2]《儿童年标语》,第3页。

　　在儿童年运动初期,扬州各县都组织了声势浩大的儿童年启动宣传大会等活动。如 1935 年 8 月 1 日,江都县在城区民众教育馆,各乡区在所在区的较大学校里,举行了多场儿童年开幕式活动。一些地方官员、社会名流到场致辞,也开展了很多游艺表演,并发放了儿童年的纪念品。高邮县的儿童年开幕式选在该县公共讲演厅举行。事先就在《民国日报》《淮海日报》《大众日报》等报纸上登载了高邮县儿童年实施委员会的《儿童年宣言》。9 月 29 日上午,开幕典礼会场到会者,以县长为首,各机关代表二十余人及千余儿童。该县同时创办了半月刊《高邮儿童》,附印于《民国日报》,其办刊宗旨为:"一、指导儿童修学;二、发表儿童写作;三、介绍儿童文学。"该刊除了成人撰稿人之外,"儿童投稿,亦殊踊跃"[1]。县政府并组织发动社会人士及儿童捐助寒衣,救济灾区儿童。

　　扬州各县在儿童年实施期间,有组织地举行了数十次关于儿童健康、儿童教育、儿童保育、儿童福利等方面的活动。1935 年 9 月 20 日,江都县举行了面向儿童的高、中、低级演说竞赛会,高级演说以科学问题为主题,中级、低级演说以民族英雄故事为主题。10 月 18 日,举行江都全县儿童运动会。10 月 10 日至 11 月 10 日,开展了救济灾区儿童募捐活动。1936 年元旦,举行了音乐会、玩具会。1 月 15 日,分类举行全城儿童卫生文艺竞赛,低级为卫生习惯为主题的诗歌竞赛,中级为个人卫生的故事,高级为公共卫生主题的演说。4 月 4 日,江都县在体育场举办了儿童节庆祝仪式,各机关团体、学校都积极参与。会后还有儿童美术展览会、提灯会等活动。当日,全城商店内的儿童用品一律减价销售,让利儿童。6 月 3 日,又举办了禁烟宣传演说会、儿童游艺会。6 月底,为促进家长们健康育儿观念,江都县儿童健康比赛在府庙小学举行,根据身长、体重、胸围、营养、清洁、心、肺、牙、鼻、耳、种痘、健康美、言语等标准,评选出全城男女标准儿童,颁发奖品,以为榜样,"各得奖儿童莫不满载而归,皆大欢喜"[2]。

　　儿童年期间,扬州教育界还积极开展儿童教育科学研究,也对儿童福利

---

［1］《高邮儿童年实施委员会》,《高邮教育》1936 年第 6 期,第 86 页。

［2］《儿童健康比赛结果揭晓》,《民众教育通讯》1936 年第 4—5 期,第 189 页。

方面提出了很多改进意见。第一师范区教育研究会儿童幸福会曾在江都县召开会议,通过了涉及儿童教育、福利领域的很多提案。江都县第一学区第五次研究会倡导"绝对废除体罚"。为注重儿童卫生问题,经过江都县各校校长联席会议等决定,拟定了一种《小学卫生设置最低限度表》,分发各校:"教室运动场所厕所及饮水的卫生;卫生习惯训练基本条目;体格检查项目;卫生知识的教学;健身运动的规定;儿童卫生组织及活动要项;指导家庭注意儿童卫生大纲;学校卫生教具清洁用品;普通疾病及药用品名称;卫生重要表格。"[1]同期,江都县教育局主办及各学校编辑的刊物,亦多能发表关于儿童问题的研究心得。

(三)教费问题

20世纪20—30年代,在制度保障下,扬州各地的教育经费总额不断攀升,但由于天灾导致税收减少、政府挪用及教育事业扩张等因素的影响,赤字高升,在很大程度上影响了扬州教师的生活质量及教育事业的正常发展。

虽然在1927年前还未有严重的教师薪资欠发问题,但至30年代,扬州教育经费不足问题愈发严重,造成了严重的社会后果。

1930年,江都县城区小学教育员辛芳等147人因薪水欠发,向教育局请辞,坦陈生活已受极大影响,无法维持:"待遇降低,生活困苦,不得已全体辞职,以让贤能事。窃以江都教费……教职员待遇,最多者不过月得三十元左右。即使按月发给,毫无拖欠,已虞不给"[2]。

1931年1月中旬,江都全县城乡小学教师积欠薪水数月,据江都县教育局长陈达所说:"积欠约达十一万二千余元"[3],小学教师们团结起来,召开全县教职员大会,决议一致停课索薪。同时,选出教师代表,赴省教育厅要求补发欠薪,以不低于1919年度的教师待遇为限。2月初,江苏省教育厅提出处理江都县小学教师罢教的办法,拟在2月15日前至少发放所欠小学教师薪水三个半月,以后力谋月清月款,并努力维持小学教师待遇与1919年水

---

[1] 陈子鸣:《江都县实施儿童年工作的检讨》,《江苏省小学教师》(半月刊)1936年第21期,第4页。

[2]《江都小学教师之生活难》,《教育杂志》1930年第8期,第135页。

[3]《教育厅处理江都小学罢课办法》,第22页。

平持平。要求江都县县政府"应即迅照前令筹足三个月欠费,即日发放"[1],同时要求教师们"以儿童学业为重,先行复课"[2]。但江都县政府实无力完成此项任务,"查积欠原因,重在附税不能年清年款,即以田亩一项而论:由十六年度至十八年度止,其欠在粮柜者,已达五万余元;而县、局两方,无法使其清缴;长此以往,积欠日多"[3]。且江都教育局账目混乱,从1927年至1930年,前后更换四任局长,"经手款项,均未交代清楚"[4]。2月9日,江都县小学教师们发布宣言,称:"我邑教育同人辍教索薪达四星期之久。……回忆儿童无辜,何堪再事荒误"[5],在欠薪没有足额到账的情况下,为了不影响学生学业,先行复课。3月,江苏教育厅令江都县拟定《江都县教育经费清理积欠及整理善后办法》,准予办理。后又成立了江都县教育款产管理委员会,拟于7月15日前清还全部积欠教费136700元。为此,江都县在固有收入中,关于田赋附税及田租杂捐,不论新旧,共征起六万六千七百元;收回各教育机关预借款六千余元,十九年度学费约三千余元,共一万元;发行教育借券六万元。这些举措在一定程度上缓解了江都小学教师欠薪问题。

发生在1931年的江都县小学教师教费风波是民国扬州历史上规模、影响较大的一次,但不仅限于当年,早在1923年、1929年,江都等县就发生小学教员因薪水欠发而罢教的风波。也不仅限于该县,1933年,由于历年虚收实支,宝应县的教育经费"已经欠发各校馆达二十余月"[6]。当然,以全省而言,教育经费问题并不仅限于扬州地区,1931年,吴江等地也爆发了教师欠薪而罢教的事件。"一年之内,(吴江、江都)罢教两次,声势汹汹,不可终日"[7]。可见包括扬州在内的江苏省各地教育经费拖欠现象颇为普遍,这一状况一直持续到了抗战全面爆发。

---

[1]《教育厅处理江都小学罢课办法》,第22页。

[2]《教育厅处理江都小学罢课办法》,第22页。

[3]《令江苏速发积欠教费》,《江苏省政府公报》1931年第649期,第7页。

[4]《吴县江都两县教育整理办法》,第51页。

[5]《江都小学教员忍痛复课》,《苏政》1931年第9期,第45页。

[6]《宝应教育之整顿》,第22页。

[7]《吴县江都两县教育整理办法》,第59页。

第四节　全面抗战和解放战争时期的扬州教育

自抗战全面爆发，直至扬州解放之前，扬州教育事业的近代进程被打断，进入了一个倒退与进步剧烈冲突的曲折时期。

一、扬州教育界的抗日救亡运动

扬州是一座英雄的城市，这座城市流淌着不屈的血脉。在日本入侵中国的进程中，包括教育界师生在内的扬州人民就始终保持着高昂的爱国热情，为这个城市、这个国家鼓与呼。

扬州很多学校的校长、教职员接受了新式教育思想的熏陶，坚持爱国主义立场，有爱国热情，支持学生的爱国举动。他们对学生的影响潜移默化，润物无声。省立第八中学校长李更生除了在日常的校园管理、教学工作中对师生进行爱国主义教育外，还通过一些其他方式强化这种教育。他在自己办公室走廊的墙壁上嵌上刻有"汝忘五月九日下午六时乎"的石碑，在自己的卧室里挂上"竖起脊梁担事"的横额，并发誓"终身不买日货"[1]。他教导学生以民族利益为重，勉励学生"诸生爱国之心重于自爱其身"[2]，甚至为学生订购了《新青年》在内的进步杂志，"随着扬子的高潮输灌到运河流域，八中的学生无人不充满德谟克拉西的观念在脑子里，后来竟自动编印了多种刊物"[3]。

20世纪30年代，在那种国家危难的大环境下，培养学生的爱国情怀更是成了扬州各个学校育人的重要内容。除了教师们在课堂内外以身作则，鼓舞学生外，很多学校也注意在校园环境上营造爱国主义教育氛围，在校园内设立了很多标语。如省立扬州中学就是如此：

---

[1] 李更生：《更生八不箴》，《李更生纪念文集》，第41页。

[2] 李更生：《赠别六师本科毕业生序》，《李更生纪念文集》，第42页。

[3] 张震南：《李更生先生事略》，《李更生纪念文集》，第32页。

表 7-31　　　**上世纪 30 年代省立扬州中学校园爱国标语**[1]

标语地点	标语内容
大门口	"求学最终目的,在争民族生存。" "你如何做收回东北的准备? 决心从做人、求学、健身上做起。"
校园内要道口	"日本人说:'中国是无组织的国家。'我们要雪此耻,应该:服从纪律,实行自治,拥护正义,团结意志,恢宏气度,彻底合作,舍己为群,努力救国。" "西洋人说:'中国是东亚病夫。'我们要雪此耻,应该:锻炼健全体魄! 加紧军事训练! 振奋义勇精神! 养成劳动习惯! 提倡高尚娱乐! 注意公众卫生! " "外国人说:'中国只有五分钟的热度。'我们要雪此耻,应该:终身不买日货,终身不坐日船,终身不忘国耻,终身自强不息,终身求学不倦,终身服务不懈。" "外人公共场所有禁止华人入内的揭示。我们要雪此耻,应该:讲究礼貌,爱惜公物,仪容整洁,态度安详,鱼贯进退,轻步低声,不吸纸烟,不乱吐痰。"
女生宿舍	"扬中女生是:不慕虚荣的,不爱装饰的,不甘依赖的,不屑盲从的,勤苦耐劳的,活泼庄重的,气度宽宏的,勇敢有为的,躬操家事的,服务人群的。"

　　一些在外地读书求学的扬州人也返回家乡,宣传爱国主义精神。1919年,正在北京大学读书的任中敏先生,专程返回扬州,在扬州各校师生们中传播北京等地的最新形势,弘扬爱国思想。外地进步学者、革命家也对扬州教育界有积极影响。如 1925 年五卅运动后不久,恽代英来到扬州,在省立八中、省立第五师范作了题为"师范生和饭碗问题"的讲演,宣传马列主义。听过恽代英演讲的人说:"代英同志的报告影响很大,把我们从梦中惊醒,对我们是一个思想启蒙,使我们懂得了读书不是为个人饭碗而是为革命的道理"[2]。1928 年,中共党员王守约等人在宝应县氾水中心小学任教,期间秘密传播革命思想,并在 1929 年建立中共氾水小组,开展革命活动。

　　在这样的氛围下,扬州各校都积极开展了很多爱国主义教育活动。省立扬州实验小学教师编写了《非常国语选》教材,学生自办了《救亡三日刊》。他们还组织了各类演讲会、故事会,编排了《岳飞精忠报国》《史可法血战扬州》等话剧,以激励同学们努力奋斗。1931 年 11 月,《扬中校刊》曾出"抗日专号",刊载了 20 多篇抗战主题的文章。其"文艺"专栏有 16 岁学生吴

　　[1]　健光:《江苏省立扬州中学教育标语》,《陕西教育月刊(西安 1927)》1936 年第 1 期,第 4 页。
　　[2]　黄应韶回忆,见范崇山、苏鹤虎:《"五四"运动在扬州》,《扬州史志资料》(第 1 辑),内部资料 1981 年版,第 45 页。

征镒所作的千言《救亡歌》。1955 年,吴征镒当选为中国科学院院士,是中国著名的植物学家,而当时这首《救亡歌》充分反映出吴征镒在省立扬州中学所接受的爱国主义精神的熏陶。1933 年,扬州一些在外地的进步大学生和知识青年组织了晨鸣社,社员 40 余人,实际负责人为上海大夏大学学生王友梅。晨鸣社与圣三一堂合办了一个图书馆。这个图书馆设在左卫街,增加了很多抗日救亡的书籍报刊,"1934 年冬,扬州正谊小学教师(李石君)等一批年轻师生和职工,常去晨鸣社图书馆借阅书刊,并在一起交流读书心得,议论当前时局,关心抗日救亡,逐步形成读书会。……他们联系自己周围的进步青年,开展读书活动。"[1] 1937 年 7 月中旬,正式成立了晨鸣社圣三一堂图书馆读者会,进行抗日宣传。

正是因为扬州教育界有这样的爱国基础,所以在民国历次重大的爱国主义运动中,扬州的师生们都能奋起而呼,积极作为。而在省立第八中学出现了扬州第一个中共党支部,也不是历史的偶然。

1919 年,五四运动热潮兴起,北京、上海、南京等城市的学生运动风起云涌。作为紧邻宁沪的江北桥头堡,扬州教育界在第一时间就全面发动,紧随潮流,开展了轰轰烈烈的抗日救亡运动。5 月 6 日,省立第八中学就首先宣布罢课,以支持北京学界的斗争。省立第五师范、省立代用商业学校等校立刻响应,也纷纷宣布罢课。10 日,刚成立不久的扬州学生联合会代表扬州各校师生意志,向全国各界发出通电,对北京学生进行声援,还举行了全城游行。为鼓舞民众,发扬志气,扬州各校学生都有很多特殊举动。如省立第八中学全体学生茹素一日,以示斗争决心。

扬州学生联合会通电[2]

国事鼎沸,外交失败,举国惊惶。我京津宁沪各地同学,创为首义,挥扬国魂,振我士气。闻风之余,且痛且愧。加以东瀛留学诸君,被重辱于海外。凡我同胞,能不眦裂发指者乎。同人僻处江北,闻问无从,

---

[1] 中共扬州市委党史办公室编:《江淮永志民族魂——扬州人民抗战史事》,第 47 页。
[2] 《五四爱国运动》(上册),中国社会科学出版社 1979 年版,第 202 页。

爱集扬州各校组织学生联合会,以恢复国权,发扬士气,提倡国货,抵制日货为宗旨。凭热心毅力,发为真诚,步诸君子之后尘,尽微力为万一。

5月19日,北京中等以上各校学生再次举行联盟总罢课,反对北京政府撤换各大学校长的图谋。扬州学生联合会也积极联络扬州各界,于24日上午,在江都县公共体育场召开了声援北京学生总罢课的集会,参加的各校师生达到了2000余人。参会师生们在大会结束后,巡行全城,呼吁并促成了全城总罢工。数日后,扬州全市国民大会在扬州学联等组织的联合策划、推动下,成功举行。在会场的一万多群众中,有来自省立第八中学、省立第五师范、代用商业学校、美汉中学等4所中等学校的师生,还有来自县立第一、第二高等小学及丹徒旅扬、友基、女子公学、育英、开敏女校等学校的师生。据《申报》1915年5月31日的报道:大会通过了宣言,提出:"(一)要求政府对青岛问题勿签字;(二)请南北继开和议;(三)不买日货;(四)要求政府勿苛待学生,阻抑士气。"在北京政府发动"六三"镇压事件后,扬州教育界没有气馁,而是在6月6日继续开展了罢课斗争。《新闻报》1919年6月9日报道:扬州学联组织学生走上街头,开展演讲、散发传单。并通电北京政府,请求释放被捕学生:"爱国被捕,群情愤激,恳释,以纾民气"。在学生们的行动感召下,扬州商界、工界很快加入斗争行列,开展了罢市、罢工。10日下午4时,扬州学联团结参加国民大会的诸团体,发动了又一次的全市大游行,向北京政府施加压力。16日,扬州学联总干事孔庆洙参加了在上海召开的全国学联成立大会,共同协商各地学生的协作事宜。扬州城区的学生运动也感染了其他县。6月上旬,宝应等地先后罢课,学生们纷纷行动起来,走上街头进行宣传。6月7日,仪征县城学生与十二圩高等小学学生一起,在城区各地执旗游行。6月19日,仪征县立第二女校召开了女子十人团谈话会,师生演说,宣传争回青岛、废除"二十一条"的正义要求。

1925年5月30日,五卅惨案发生,愁云惨雾之下,扬州教育界也迅疾反应。各校学生们出于爱国义愤,"多罢课退学,作消极之抵抗"[1]。舆论界评

---

[1]《全省民众热烈援助沪汉粤案》,《大公报》(天津版)1925年7月15日,第5版。

价扬州美汉中学与上海圣约翰、北京萃文等校,"皆其著者"[1]。

1931年,全国很多地方遭受特大水灾,损失惨重。8月30日,《大公报》天津版刊发了省立扬州中学学生的《为大水灾告全国学生》,号召:"全国学生诸君,在此新学年入学之始,应人人抱定一种新觉悟:觉悟己身为危机被难民族之一分子,同时为负责复兴与建设责任之一分子!"[2]

"九一八"事变震惊国人,扬州教育界同样汇入了反抗日本侵略的洪流之中。消息传到扬州后,9月20日,省立扬州中学、私立扬州中学率先罢课,各校很快就跟进罢课。扬州各校师生组织了上百个小分队,分赴扬州各地城乡进行演讲与宣传。同时,印发了《抗日救国专号》刊物,散发给市民阅读。10月19日下午,在江都县公共讲演厅,来自包括扬州教育界在内的300余名社会各界人士,举行了反日宣传大会。

1932年1月28日,淞沪会战爆发,扬州各校学生组织纠察队上街宣传,抵制日货,举行抗日义演活动。很多学校创办杂志,鼓舞士气,推动抗日运动的发展。扬州中学高中部学生创办了《民锋周报》,曹寅亮等创办《新世纪周刊》。此外,宝应等县也进行了大规模的查禁日货运动。

1935年"一二·九"抗日救亡运动热潮中,扬州各校也罢课支持。在省立扬州中学的树人堂前,召开了扬州各校学生万人誓师大会,会后示威游行,声援北京学生运动。

1937年8月,卢沟桥事变后,扬州私立平民中学教师江上青、陈素等人等主办《抗敌周刊》,编辑部设在扬州平民中学校内,实际上在扬州谢家巷陈素家中。9月,江上青、陈素等组成"江都县文化界救亡协会流动宣传团",溯江而上,徒步宣传抗日。中共党员居荟明、进步教师杜干全等人带领宝应省立芦村小学的学生,多次走上街头宣传抗日,并出版了《每日战讯》,报道前线情况。1938年6月,教师蔡公正、蔡公杰等组成"江都青年抗日救亡团",从事抗日宣传工作。

除了不断举行集会游行,开展罢课等活动,声援响应各类爱国主义运动

---

[1]《全省民众热烈援助沪汉粤案》,《大公报》(天津版)1925年7月15日,第5版。
[2]《为大水灾告全国学生》,《扬州中学校刊》1931年第57期,第6页。

外,扬州教育界还在经济上给予抗日前线很多实际支援。在近代历次爱国运动中,扬州教育界皆有募捐之举。如1936年绥远抗战期间,扬州各界踊跃捐款,支持中国军队。扬州教育界发起了援绥运动,在各校都获得了热烈的响应。仅省立扬州实验小学学生就捐款326.445元,教师捐款40余元,"此次捐款,儿童以平时储蓄之扑满送来者,共二十七人,藉知各家长平时已积极提倡儿童储蓄,且慷慨以储蓄所集,全部捐出,此种侠义,尤为难得"[1]。在短短六年内,经济上并不富裕的该校师生就参加了5次大规模的爱国募捐,包括1931年全国水灾、淞沪抗战、援助马占山将军等。

在整个抗战期间,无论是抗日根据地,还是国民党统治区域,乃至日伪所控制的沦陷区,扬州爱国师生的抗日救亡运动就一直没有停止过,这也是扬州人民不屈不挠斗争精神的一个反映。

二、沦陷区教育事业的损失与日伪傀儡教育的实施

(一)扬州沦陷区教育事业的损失

扬州沦陷前,因为各种原因,中断了扬州教育事业的发展势头,一些学校停办或转移。仅就扬州城区停办的小学而言,就有乐群小学、求新小学、第二高等小学、第六小学、第五国民小学、第九国民小学、梅英公学、扬州女子学校、育英女子公学、开敏女学、第六国民小学、作新小学、忾明小学等13所。

1937年11月17日,江都县教育局发出通知,解散了全县所有中小学。便益门小学、康山小学、正谊小学等一大批学校随即宣布停止办学。12月,扬州被日军占领。1940年,国民政府江都县实施"新县制",取消教育局,由教育科执行相应职能。次年,教育科随县政府而消亡。沦陷期间,扬州各地教育事业受到极大摧残。大批学校停止办学,校舍毁损严重。很多学校在日军进攻之中或占领之后被炸毁。1939年,高邮县城中小学、县立实验小学、宝应县省立芦村小学及高邮县金家桥小学部分校舍被日机炸毁。江都县甘露小学、东门小学、沙漫洲濂溪小学、仪征第五区大同小学、仪征第五区龙和小学、第五区新民小学校舍及设备皆被日军焚毁。扬州私立慕究理小学被

---

[1]《江苏省立扬州实验小学援绥运动各级儿童捐款统计表》,《实验研究月刊》1936年第4期,第6页。

焚毁校舍 4 间、礼堂 1 间、宿舍 2 间,教学设备全部损失。

一些学校被日军占为军营或用作军事用途,在日军占据期间,这些学校的校舍、教具都遭受到了严重的损坏。省立扬州中学"敌伪时为日本宪兵队所占,各项设备皆被毁坏"[1]。城东小学、镇江旅扬小学等校校园被日军占为军营。日军还因烤火引发火灾,烧毁了城东小学校园建筑"怀戊楼"。某小学被日军改造为"富冈队兵舍","小学内一切依旧如旧! 各室中墙上的标语、表格、簿籍……都仍然静静挂着,但看上去也似乎合了无限的隐痛,都在叹息流泪。各室中进进出出的不是那活泼天真的儿童,而换了这一群如禽如兽的'皇军'! 正在如疯如狂地把室内不顺眼的桌椅等向外面抛弃,换上新抢来的红木家具……把整匹的布绸,撕碎了糊在墙上做装饰,又挂起了不伦不类的字画,忙得十分得意"[2]。还有一批学校,尤其是教会所办学校的校园成了难民收容所,如慕究理小学、达德小学等。对学校资产的抢劫也成为日军公开的行为。1937 年 12 月 17 日,日军在扬州崇德女学抢走风琴 4 架、地球仪 2 架,化学仪器 1 套,总价 2100 美元。12 月底,日军抢劫江都县北柳巷小学、康山国民学校等校,造成损失 400 余万元。仪征文山小学损失办公器材教具等 482 件,计 1008 元。1938 年,仪征县民众教育馆所有办公设备、教育器材及图书、挂图等都遭受日军抢劫和破坏。1941 年,随着太平洋战争的爆发,扬州城区的英美教会学校停办,校舍被占领,部分成为集中营。

省立扬州中学分别在泰县及上海、四川等地分散办学。县立江都中学、私立扬州中学、私立扬州平民中学、私立德风中学等学校迁往江都农村办学,后陆续停办。1939 年,宝应被占领后,孔庙、城中小学迁至乡村继续办学。宝应氾水中心小学为日军占据后,该校教师夏际青等人继续在邬阳庄等地坚持办学。至 1941 年,在日军的扫荡下,宝应各小学先后停办。

抗战初期,在上海、南京等地教学的部分扬州籍教师返回扬州避难,他们继续服务家乡教育事业。日军占领扬州各地后,这些教师大多失业或改行。

可以说,在沦陷区内,扬州近代教育事业遭受了全面的打击,成果几乎

[1]　《江都通讯》,《学友(上海)》1946 年第 10 期,第 3 页。

[2]　林君:《沦陷时的扬州》,《战时民众(重庆)》1938 年第 24 期,第 384 页。

毁于一旦。但在广大的敌后抗日根据地,教育燏火仍在燃烧。在国统区,也有零星的举措。1940 年,国民党政府在宝应县潼口举办战时教育训练班,受训教师 199 名,也勉为一种成果。

(二)日伪傀儡教育在扬州的实施

日军陆续占领扬州各地县城后,为了巩固统治,开始建立与其傀儡政权相配套,服从其奴化教育目标的学校。经历了一段时间的调整,扬州城区内的部分幼稚园、中小学陆续复学。如慕究理学校附设幼幼院等。如 1938 年 8 月,在原来省立实验小学校址上,成立了模范小学,有学生 645 人。其附属幼稚园也改为模范小学幼稚园。1939 年 8 月,该园复改为苏北区立小学幼稚园。

1938 年 8 月 1 日,汪伪江都县公署成立,下设有教育科。1938 年 9 月,伪江都县教育局被裁撤,由县知事担任一县教育事务最高负责人,第二负责人为该县教育科长。教育科设科长 1 人,督学 1 人,科员 2 人,教育委员 2 人,事务员 5 人,书记 4 人,收租员 2 人,一共 17 人,设总务、学校教育、社会教育三股。

汪伪政府通过对原来扬州各学校校园、设备的征用、掠夺,粉饰太平,举办了苏北公立扬州中学、县立初级中学、私立竞进中学、私立春晖中学、私立慎思中学、私立震旦中学及日本国民、航运、育婴、竞进等小学。至 1939 年,江都县有学校 32 所,内有补习学校(中学程度)1 所,完全小学 9 所,初级小学 16 所,私立小学 6 所,学生 5035 人。[1]私立扬州浸会高级护士职业学校也一度停办。1939 年复校后,不久就为日伪政府所接管。其他如高邮、宝应等县也有类似学校创办。汪伪政府在高邮城乡建了 40 多所小学,复建了高邮初中。在仪征强迫学校复课,于 1942 创办仪征初级中学,在十二圩创办一所安乐初级中学。在宝应县城和氾水设立了 5 所完全小学,3 所初级小学。还办了 3 所中学,分别是县立初级中学、私立苏北中学、私立格物补习社与致知补习社(前者不久并入后者),分别于二真宫、范氏宗祠、小关帝庙等处办学。

---

[1] 郭孝魁:《江都县教育行政状况调查报告》,第 43 页。

表 7-32　　　　　沦陷前后江都县初等教育学校比较[1]

	学校数量		学级数量		学生数量	
1937 年沦陷前	县立 105	115	县立 235	274	县立 13320	14924
	私立 10		私立 39		私立 1604	
1939 年	县立 26	31	县立 75	85	县立 3278	3621
	私立 5		私立 10		私立 343	
1939 年数据占沦陷前的比例	约 27%		约 31%		24.3%	

除了学校教育,日伪政府也力图通过社会教育来深化其奴化教育的效果。1938 年 9 月 1 日,伪江都县政府成立了社会教育机关图书馆文庙公共娱乐事项审查委员会,专任审查电影、市景小戏、扬州小剧等内容。他们以图书馆作为该县唯一社教机关,展开工作。该馆于 1938 年 9 月成立,1939年元月开放,有书籍 15948 册,但每日阅览者仅 30 人左右,其余社会教育事业则几为空白。

与抗战前相比,此时教育事务已经不再是县政的主要内容,其经费与事业规模也有明显的压缩,日伪当局只是希望能够为其非法统治培养一些有一定文化水平的“走狗”与顺民。从经费上看,扬州各地教育经费被压缩为至少限度。以 1938 年为例,江都县教育经费预算经常费约为每月 7034 元 1 角,临时费每月 1000 元。“实际上临时费无,而经常费亦不照上数支给。”[2]1939年,教育经费为 60024 元,为 1936 年的 1/5,来源全靠杂捐一项维持。

根据汪伪江苏省教育厅《中学暂行规程》的规定,扬州各地所设立的中学必修日语科目,初二以上年级开设读经科,实施复古尊孔教育。学校普遍使用汪伪政权所编的“新教育课本”,篡改中国历史、地理,推行“大东亚共荣”“和平反共救国”等内容的奴化教育。1942 年,汪伪政府还策划了所谓的“新国民”教育运动,推行“和平反共建国及新国民运动东亚联盟运动”的奴化教育,希望进一步强化对沦陷区内人民思想的控制,这些运动不得人

---

[1]　王傅灿:《视察江都县教育概况报告》,《新江苏教育》1939 年第 2 期,“报告”第 3 页。

[2]　郭孝魁:《江都县教育行政状况调查报告》,第 39 页。

心,随着日本投降而失败。总体上,扬州沦陷区内的学校教育完全被日伪绑架,"教育设备简陋,课程设置不全,师资不敷,教学质量极其低下"[1]。

三、解放战争时期扬州城的教育状况

抗战期间,中国共产党与国民党在教育领域的斗争也很激烈。在扬州的抗日根据地里有人民民主政权所办的学校,而在国统区也有一些学校在坚持办学。

日本投降后,国民党政府召开了全国教育善后复员会议,要求将内迁的学校迁回原地;停办的学校要逐渐恢复;对于日伪政权所办的学校,有的接收,有的停办。扬州各地的国民党政权也按照这个精神,开展了教育事业的恢复工作。

在宝应、高邮等县,国共双方在教育的控制权上也有一个反复的过程。以宝应为例,1943年,宝应县人民政府曾建立了一批小学及苏皖边区第二行政区区立宝应中学。1946年秋,国民政府重新占领县城后,在县城及沿运河城镇一线设立了县立初级中学、私立画川中学2所中学及乡镇中心小学9所,国民学校38所,另有私立敦睦、增设小学等小学,合计50余所,学生4948名。在社会教育领域同样如此。宝应县人民民主政府设立县城及11个区的民众教育馆。高邮县人民民主政府也办了民众教育馆及界首、临泽、三垛等乡镇民众教育馆。但在国民党军队占领这些县城后,被迫停止了活动。

抗战胜利后,扬州各县的学校教育重见天日,逐渐恢复。扬州实验小学幼稚园、慕究理学校小学部附设幼幼院等幼稚园继续办学。1947年3月,石桥中心国民学校还增设了1个幼稚班。仪征县也开办了1所幼稚园。为推动幼稚园事业的发展,1948年5月,国民党江都县临时参议会第七次全体会议曾决议在各中心国民学校办幼稚园,但无下文。

1945年9月18日,江都城厢及周边乡镇小学开始复课。1945年10月,省立扬州中学、扬州实验小学、县立江都中学、县立仪征中学恢复办学,私立竞进中学、私立春晖中学等先后改办或停办。界首乡村师范学校也恢复办学。新办了私立祝同中学(1947年改名为同仁中学),并在扬州设省立淮安

---

[1] 陈乃林、周新国主编:《江苏教育史》,江苏人民出版社2007年版,第432页。

中学。1946 年 2 月,城区的完全小学改为中心国民学校,初级小学改为国民学校。创办于外地的私立邗江初级中学也迁至城内。1946 年底,江都城区内有中心国民学校 10 所,国民学校 5 所,私立小学 13 所。有省立扬州中学、江都县立中学、私立扬州中学、同仁中学、平民中学、震旦中学、美汉中学、信成女子中学、慕究理中学、邗江初级中学、崇实中学等 11 所中学。合计初中 65 班,学生 3095 人;高中 36 班,学生 1190 人,教职员 300 人。1947 年,私立正谊中学复课,江都县立简易师范学校单设办学,大批新办国民小学成立。1948 年,私立崇实中学外迁。至 1948 年底,江都城区内有小学 58 所,其中完全小学 24 所,初级小学 34 所,有 258 个班级,448 名教职员。[1]至解放前,城内共有中学 11 所,学生 4349 人,教职员 301 人。

在扬州各中小学复学的过程中,为了对沦陷区内的师生进行甄别与改造,国民党江苏省政府组织了甄审委员会,制定了《全省中等学校教职员及学生甄审办法》,对教职员与学生进行政治审查。但这项工作遭受到师生抵制,没有全面开展起来,在扬州也是如此。

这一时期,扬州教育事业在恢复中也有新的发展与生机。如宝应城内,"男女学生,活跃在每个角落里,显出一种蓬勃的气象"[2]。除了一些学校的复建,也有一些新的学校出现,如在三祝庵街,新办了江都县立高级护士职业学校。1947 年 5 月 20 日,扬州慕究理中学暨小学举行创校四十年纪念。也就在该年,江都聋哑联谊会设立了江都聋哑联谊会附设补习学校,次年搬迁至小东门巷,这是扬州历史上最早的聋哑人教育学校。1947 年,国民党第六次全国代表大会还提出要加紧推进社会教育,"尤注重社会风气之改善,民族道德之发扬,及一般文化水准之提高"[3]。对于失学民众,省立扬州实验小学办理了初高级民众班。"关于本校所在地附近镇保,由本校函商江都县政府指定委本校民众教育施教区。本校施教区内失学民众,由本校函商得各该镇保长统一,会同各该镇保长,挨户切实调查统计,令其分批入学。"[4]

---

[1] 扬州市教育委员会编:《扬州市教育志》,第 58 页。
[2] 钟澄:《宝应素描》,《苏北》1945 年第 1 期,第 36 页。
[3] 相菊潭:《社会教育》,中正书局 1958 年,第 27—28 页。
[4] 《国民学校的失学民众补习教育怎样办?》,《国民教育辅导月刊》1947 年第 2 期,第 18 页。

经过扬州教育界的努力,扬州教育事业在短短两三年内有了一定程度上的恢复,"胜利后积极整理,提高水准与战前相等,经一年来的努力,现在成绩已相当可观矣"[1]。

随着学校的增加,扬州各地中小学教师的数量也有所回升。据抗战胜利后不久统计,江都县有中学教师 326 人,其中具有合格学历的 107 人,经检验合格的 43 人,经考试合格的 21 人,合格教师占总数的 52.4%。全县小学教师 899 人,学历合格的 191 人,高中毕业工作二年以上经验合格的 187 人,不合格的 521 人,合格教师占小学教师总数的 42%[2],且城区教师的水平更高一些。至 1948 年 7 月,江都县城区中有中小学教师总数 722 人,其中中等学校教师 326 人(中学教师 301 人,简易师范教师 11 人,护士学校教师 14 人)。小学教师 396 人,其中公立小学教师 284 人,私立小学及教会办小学教师 109 人,聋哑小学教师 3 人。[3]1948 年,刘百川为江都县立师范毕业生作演讲,提出:"教师的责职,是在为全体人类谋福利,是要增进全人类的智慧,不是造就'人上人',而是要教育健全明达'人中人'。"[4]这也是当时教师工作的一个进步表现。

与沦陷时期一样,由于战争环境的影响,教育支出已经不再是地方县政的主要财政支出。1948 年 4 月后,大部分学校办学即不稳定。该年年底,大部分学校停止办学。

表 7-33　1947—1948 年江都县教育事业经费占地方财政总支出比例表[5]

(单位:万元)

年份	地方财政支出	教育事业经费支出	教育经费占中支出的%
1947 年	123845.4242	14396.543	11.62
1948 年	5678046.3	1144088.3	20.15

---

[1]《江都通讯》,《学友(上海)》1946 年第 10 期,第 3 页。

[2] 扬州市教育委员会编:《扬州市教育志》,第 179 页。

[3] 扬州市教育委员会编:《扬州市教育志》,第 173 页。

[4] 刘百川:《教师职业的认识:对江都县立师范毕业学生讲词》,《国民教育辅导月刊(镇江)》1948 年第 5、6 期,第 5 页。

[5]《扬州市志》(下册),第 2870 页。

第八章　民国时期的扬州文化

民国时期的扬州文化，既是该时期扬州历史的重要组成部分，又在扬州文化发展史上有重要地位，同时，在民国时期中国文化发展史上也拥有一定的地位。这一时期，随着经济的凋敝、社会的动荡、交通的衰落，造成信息的闭塞，导致扬州的地方文化与清代早、中期的繁荣已经不可同日而语。清末民初，随着西学东渐，西方科技、文化、思想不断涌进中国的沿海城市，特别是近代上海的崛起、新式交通的兴盛，扬州在全国的地位有所下降。这一时期的扬州文化与艺术总体上呈现了与其在全国的社会经济发展地位相匹配的状况。扬州是一座历史悠久的文化古城，崇文重教的传统根深蒂固，随着晚清科举制度的废除和新式教育的兴起与普及，以刘师培、朱自清为代表的一批走出去的扬州籍文化人，在各自的学术研究领域做出了非凡的成就。与此同时，坚守在扬州本地的一些文化人，在捍卫扬州地方文化传统的基础上，将文化活动搞得有声有色。民国时期的每一次全国性重大文化活动或文化思潮，如五四新文化运动等，在文化古城扬州均有不同程度的反应和互动。

第一节　学术文化

民国时期，就学术文化而言，扬州涌现出了刘师培、朱自清等颇具影响力的学术文化大师。刘师培幼承家学，被誉为扬州学派殿军，其在诸多学术领域取得建树。朱自清是五四新文学具有标志性的代表人物，其创作的散文、诗歌成为一代又一代学子传诵的经典。任中敏的曲学研究成果卓著，初步构建了"任氏散曲学"的学术体系，为其后来在散曲学及唐代文艺学等领域的巨大成就奠定了坚实基础。其他,如盛成先生在中法文化交流方面产生重大影响,洪为法兼事创作与文学研究成就显著,王绳祖的欧美历史和国际关系史的研究受到学界好评,余冠英的文史研究已在学术界崭露头角,他们成为扬州籍学人的佼佼者。虽然他们的成长环境、生活年代、教育背景、研究的领域、研究的方法及研究成果等各不相同,但他们对该时期的学术文化发展作出了积极贡献。

一、刘师培的学术思想及主要成就

刘师培(1884—1919),字申叔,又名光汉,号左盦。1884 年 6 月 24 日出生于扬州的经学世家。其曾祖刘文淇、祖父刘毓崧、伯父刘寿曾等三世相续专治《左氏春秋》,成就斐然,闻名于学界,成为清代扬州学派的后期代表人物。[1]在浓郁的家学渊源影响下,刘师培自幼立志承继家学,"未冠,即耽思著述,服膺汉学,以绍述先业、昌洋扬州学派自任"。[2]

刘师培成长和生活于中国历史处于大变动的时代,是中西文化、新旧思想和学术理念大碰撞、大冲突的时代。刘师培早年至上海,与章太炎、蔡元培、陈独秀等人交游,完成《中华民族志》书稿,并出任《警钟日报》编辑部主任。此间,还出版了《攘书》(十六篇)、《匪风集》、《中国民约精义》等,加入光复会,宣传资产阶级民主主义思想。1905 年,参与发起国学保存会,担任新创刊的《国粹学报》主笔。时与章太炎(字枚叔)切磋学问,人称"二叔"。后来宣传无政府主义,甚至挑拨革命队伍的关系,出卖革命党人,投靠清朝贵族,政治上走了弯路,生活上也曾一度陷入绝境。1917 年,蔡元培执掌北京大学,聘请刘师培为北大中国文学门(1919 年改为中国文学系)教授,兼任文科研究所的指导教师,主讲汉魏六朝文学和文选学等课程。"余长北京大学后,聘君任教授。君是时病瘵已深,不能高声讲演,然所编讲义,元元本本,甚为学生所欢迎。"[3]刘师培的最后三年是在北大度过的。1919 年 11 月 20 日,因肺病在北京去世,享年 36 岁。刘师培去世后,他的旧友南

---

[1] 陈锺凡《刘先生行述》,刘师培著、万仕国点校:《仪征刘申叔遗书》,广陵书社 2014 年版,第 1 册,第 32 页。

[2] 尹炎武:《刘师培外传》,刘师培著、万仕国点校:《仪征刘申叔遗书》,第 1 册,第 39 页。

[3] 蔡元培:《刘君申叔事略》,刘师培著、万仕国点校:《仪征刘申叔遗书》,第 1 册,第 43 页。

桂馨、弟子钱玄同等将其著述进行了搜集,共得 74 种,于 1936 年编印为《刘申叔先生遗书》行世。[1]

作为一个动荡时期活跃于政、学两界的历史人物,刘师培的生命尽管短暂,但其政治思想比较复杂,有学者将其称为中国近代文化中的一种悲剧。[2]但就其学术研究而言,涉猎范围广泛,学术视角恢宏,在很多方面都有所建树。他的学术思想"基本上是一种'不中不西,又中又西;不新不旧,又新又旧'的思想,或者说,是一种'混合型''过渡型''转型型'的学术思想,不折不扣的是晚清中西文化'交融互释'的产物"[3]。既有旧学根底,又吸收了新学元素,具有鲜明的时代特色。

纵观刘师培的学术研究,其所涉及的领域非常广泛,简略归纳如下:

(一)刘师培的经学研究

刘师培出身于经学世家,自幼深受家学熏陶。与先辈们研究路径有所不同,刘师培对《左传》的研究已经不仅仅限于对旧注旧疏的梳理,而是与时代的需要,与革命斗争的需要结合起来。1905—1906 年,他在《国粹学报》连载《读左札记》,以《左传》研究为核心,阐述自己对当时经学研究的态度。他驳斥了今文经学家们对《左传》的诬蔑,认为《左传》并非刘歆伪造,《左传》在刘歆之前就存在学术传承关系。同时指出,《左传》所载历史事实以及解释《春秋》的语句在刘歆以前的历史著作中不断被人征引。他说:"自刘申受谓刘歆以前,《左氏》之学不显于世。近儒附会其说,谓《史记》所引《左传》,皆刘、班所附益。此说不然。"[4]他还撰写《周秦诸子述〈左传〉考》《左氏学行于西汉考》《孔子作春秋说》《春秋三传先后考》《左氏不传春秋辨》等文章,论述先秦诸子如《韩非子》《荀子》《吕氏春秋》以及西汉《淮南子》《春秋繁露》等书籍中对于《左传》的直接或间接引用,从而证明《左传》

---

[1] 南桂馨等编的《刘申叔先生遗书》简称宁武南氏刻本。1997 年,江苏古籍出版社影印了《刘申叔遗书》(二册)。2008 年广陵书社出版万仕国辑校的《刘申叔遗书补遗》。2014 年,广陵书社出版了万仕国点校的《仪征刘申叔遗书》(15 册)。

[2] 方光华:《刘师培评传》,百花洲文艺出版社 1996 年版,第 261 页。

[3] 刘桂生:《刘师培与中西学术·序二》,李帆:《刘师培与中西学术》,北京师范大学出版社 2014 年版,第 1 页。

[4] 刘师培《读左札记》,《仪征刘申叔遗书》,第 2 册,第 842 页。

早就存在。同时,他还研究了《左传》的政治、文化思想,证明其与孔子思想的一致性,认为要扭转人们对于《左传》的误解,关键在于依据《左传》学的特点,对《左传》进行实事求是的研究。

1905—1908 年,刘师培在经学史研究中提出了一系列重要创见,对当时和后来经学史研究产生过重大影响。首先,他认为在汉代之前经无今古文之分,今古文经的差异主要是文字差异。他在《汉代古文学辨诬》一文中写道:"盖'今文''古文',为汉儒之恒言,犹今日所谓'旧板书''新板书'也。汉代之所谓'古文经',乃秦代之时,未易古文为秦文者也,其故本至汉犹存。"[1]其次,他论证了汉代今文经基本可信,并针对龚自珍等主张《周礼》不可信的观点,从九个方面举出证据,进行论证,认为《周易》的真实性。[2]1906年,刘师培在《国粹学报》发表《论孔子无改制之事》,指出孔子并非素王,亦非宗教家。另外,刘师培还试图将西方社会学进化论的某些观点运用于对儒家经典的诠释。在他生命的后期,在经学研究方面,全面梳理古文经学的历史线索,撰写了《尚书源流考》《周书补正》《礼经旧说》《逸礼考》《两汉周官师说考》《周礼古注集疏》等著作,对《春秋》等经学上的一些争端问题提出新的见解。

(二)刘师培的史学研究

20 世纪初,以梁启超、章太炎等为代表的学者大力倡导新史学,标志着传统史学逐步向近代新史学的转变。在这样的大潮下,刘师培于 1905—1906 年撰写了《中国历史教科书》。该书分为三册,第一册为原始社会至殷商时期的历史,第二、三册为西周时期历史。该教科书是刘师培对于新史学的一次尝试,体现了其对新史学的基本看法。他认为历史是进化的,史学应该以西方进化论的历史观为指导。他指出"西国史书,多区分时代,而所作文明史,复多分析事类。盖区分时代,近于中史编年体,而分析事类,则近于中国'三通'体也。今所编各课,咸以时代区分先后。既偶涉制度、文物,于分类之中,亦隐寓分时之意,庶观者易于瞭然"[3]。他还认为史学研究,需要

---

[1] 刘师培:《汉代古文学辨诬》,《仪征刘申叔遗书》,第 10 册,第 4205 页。

[2] 方光华:《刘师培评传》,第 159 页。

[3] 刘师培:《中国历史教科书·凡例》,《仪征刘申叔遗书》,第 14 册,第 6303 页。

不断更新史料观念,加强史学研究者的修养,吸收和消化西方各门学科的研究方法。他在书中叙述西周历史,除了取裁以《六经》为最多,又以《三礼》为最,还广采汉唐注疏,重视文物资料的引用。对于西方学者撰写的中国历史等著述,认为"今日治史,不专赖中国典籍。西人作中国史者,详述太古事迹,颇足补中史之遗。今所编各课,于征引中国典籍外,复参考西籍,兼及宗教、社会之书,庶人群进化之理可以稍明"[1]。有学者认为,在 20 世纪初年的教科书编撰热潮中,刘师培和夏曾佑的两部历史教科书比较好地体现了历史和观点相统一的特色。[2]

（三）刘师培对语言文字和文学的研究

1903—1908 年间,刘师培在总结乾嘉学者研究成果的基础上,提出了"字义起于字音"的观点。在《小学发微补》一文中,指出凡音相同或相近的字,其意义相近。[3]同时,提出古人以义象为本的汉字创造说。他说:"夫论事物之起源,既有此形,乃有此义;既有此义,然后象其形、义而立名。是义由形生,声又由形、义而生也。论文字之起源,则先有此名,然后援字音以造字,既有此字,乃有注释之文,是字形后于字音,而字义又起于字形既造之后也。"[4]他在《论中土文字有益于世界》《字诠自序》等文章中还试图以汉字字形演变为依据,对汉字进行社会学分析,阐释中国社会历史的演进过程,成为历史语言分析方法的先驱者。

关于文学,刘师培早年认为文学是一个自然变化的历史过程,不同历史时期有不同的文学形式。但 1907 年后,他认为只有汉魏六朝文学才足以反映中国文学的特色。他在其代表作《中国中古文学史讲义》中对魏晋六朝文学作了具体研究,认为建安文学是汉魏之际文学转变的关键,而建安文学出现的原因是:"两汉之世,户习《七经》,虽及子家,必缘经术。魏武治国,颇杂刑名,文体因之,渐趋清峻,一也。建武以还,士民秉礼,迄及建安,渐尚通倪。倪则侈陈哀乐,通则渐藻玄思,二也。献帝之初,诸方棋峙,乘时之士,颇慕纵

---

[1] 刘师培:《中国历史教科书·凡例》,《仪征刘申叔遗书》,第 14 册,第 6303 页。
[2] 方光华:《刘师培评传》,第 193 页。
[3] 刘师培:《小学发微补》,《仪征刘申叔遗书》,第 3 册,第 1225 页。
[4] 刘师培:《正名隅论》,《仪征刘申叔遗书》,第 10 册,第 4310 页。

横,骋词之风,肇端于此,三也。又,汉之灵帝,颇好俳词,下习其风,盖尚华靡,虽迄魏初,其风未革,四也。"[1]也就是说,他认为汉末经学体系的瓦解和曹操新的执政理念所造成的社会大环境的改变,是导致建安文学出现的主要原因。他除了分析中古文学代表性作品、概括建安文学风骨、指出魏晋文学变迁大势,在研究方法上还以独到的眼光、辅以现代性的学术手法,开创了不同于传统士人、具有现代性特征的学术路径,打开了关注社会思想、人士心态、生活习俗的新的研究路向,呈现出了中国现代学术传统在新旧不同思想的碰撞中形成新形态的历史轨迹,对其后的文学史研究产生了深远影响。[2]

4.刘师培的学术史研究

刘师培的学术史研究涉猎甚广,从先秦迄于清代,皆有所述。从 1903—1906 年,相继发表了《近儒学案序目》《国学发微》《周末学术史序》《南北学派不同论》《汉宋学术异同论》《古学起原论》《两汉学术发微论》《中国哲学起原考》等一系列学术史论著,成为当时学术史领域发表论著最多和影响最大的学者。[3]在其学术史著述中,又以清代学术用功最勤、篇幅最多。具体来说,既有通论清代学术之由来、变迁及流派衍化的《近儒学术统系论》《清儒得失论》《近代汉学变迁论》等,也有以学案体纵论清代学术史的《近儒学案序目》《习斋学案序》《幽蓟颜门学案序》《并青雍豫颜门学案序》《东原学案序》等,还有《颜李二先生传》《戴震传》《全祖望传》《戴望传》《崔述传》等学界名家传记类著述。在清代众多的学者和学派中,刘师培最为认同和推崇戴震和皖派。他自"束发受书,即服膺东原之训",[4]认为戴震之学"探赜索隐,提要钩玄,郑、朱以还,一人而已"。[5]对于皖学,刘师培评价甚高,"惟江、戴、程、凌,起于徽歙,所著之书,均具条理界说,博征其材,约守其例,而所标之义、所析之词,必融会贯通以求其审。缜密严栗,略与哲种之科学

---

[1] 刘师培:《中国中古文学史讲义》,《仪征刘申叔遗书》,第 15 册,第 6839 页。

[2] 史钰:《略论刘师培的中古文学研究方法——从一个侧面看中国现代学术传统之现代意义》,《中国政法大学学报》,2014 年第 4 期。

[3] 李帆:《刘师培与中西学术》,第 115 页。

[4] 刘师培:《东原学案序》,《仪征刘申叔遗书》,第 12 册,第 5198 页。

[5] 刘师培:《戴震传》,《仪征刘师培遗书》,第 12 册,第 5328 页。

相同,近儒考证之精,恃有此耳"[1]。

作为清末民初从扬州走出去的著名学者和政治人物,刘师培的学术思想和学术成就正受到学术界越来越多研究者的关注和重视。

二、任中敏的散曲学研究

任中敏（1897—1991）,名讷,字中敏,别号二北、半塘,是近现代散曲学的奠基人、唐代音乐文艺学的宗师和杰出的教育家、社会活动家。

1897 年 6 月 6 日,任中敏出生于扬州的一个商人家庭。1918 年夏,考入北京大学国文系。在北大求学期间,任中敏深受曲学大师吴梅的影响,专攻词曲,并得到吴梅的赏识。北大毕业后,任中敏先在扬州、南京等地教书,后在上海大学、复旦大学、南方大学等地教授词曲。1923 年,寓居苏州吴梅家中,如饥似渴地研读吴氏"奢摩他室"珍藏的各类词曲典籍,并得吴梅亲炙,整理成《读曲概录》一稿,为此后的词曲研究打下了坚实基础。

任中敏在民国时期的学术成就,主要集中在 1923 年至 1930 年前后。这是他从事中国戏曲研究,建立散曲学的时期。[2]主要著述有:《元名家散曲六种》(上海中原书局 1926 年)、《元曲三百首》(上海民智书局 1927 年)、《词曲论集四种》(广州国立广东大学铅印本)、《革命与腐化》(上海民智书局 1928 年)、《词曲通义》(上海商务印书馆 1931 年)、《荡气回肠曲》(上海大江书铺 1931 年)、《散曲丛刊》十五种（上海中华书局 1931 年)、《词学研究法》(上海商务印书馆 1935 年)、《新曲苑》三十四种（上海中华书局 1940 年)、《散曲集丛》(与卢前合作,上海商务印书馆 1941 年),另在《东方杂志》《国闻周报》等刊物发表论文《散曲之研究》《南宋词之音谱拍眼考》《曲录补正》《增订词律之商榷》《词曲合并研究》等多篇。在这些论著中,以《散曲丛刊》影响最大。《散曲丛刊》共收录散曲著作 15 种,其中,收元代选本两种:杨朝英《阳春白雪》《乐府群玉》;元代专集 4 种:马致远《东篱乐府》,乔吉《梦符散曲》,张可久《小山乐府》,贯云石、徐再思《酸甜乐府》;明人专集 5 种:康海《东乐府》、王磐《王西楼先生乐府》、冯惟敏《海浮山堂词

---

[1] 刘师培:《崔述传》,《仪征刘申叔遗书》,第 12 册,第 5334 页。

[2] 王小盾、李昌集:《任中敏先生和他所建立的散曲学、唐代文艺学》,陈文和、邓杰编:《从二北到半塘——文史学家任中敏》,南京大学出版社 2000 年版,第 182 页。

稿》、沈仕《唾窗绒》、施绍莘《花影集》；清人总集 1 种：《清人散曲选刊》；任中敏自己的论著 3 种：《作词十法疏证》《散曲概论》《曲谐》。[1]

以上这些著述，是任中敏早期的主要学术研究成果。其中，《新曲苑》这套资料集成性质的曲学理论著作，为其日后的曲学研究打下了深厚基础。《词学研究法》则是一部词学方法论的专著，建立了一个全面立体的文化研究模式。而《散曲丛刊》则是任中敏在这一时期最重要的一部著作。这部书不仅在于其史料价值（是当时最为完备的散曲资料集成），而且更在于其理论价值，其中的《散曲概论》奠定了任中敏在该领域的学术地位，同时也是近代第一部系统研究散曲的理论著作。他庄重宣告：此书是关于全部散曲的"概观"。原先被传统士大夫视为"小道""敝精神于无用"的散曲，经过任中敏的辛勤工作和深入研究，从此系统地进入了学术视野。而由《散曲概论》《词曲通义》《曲谐》等著作构成的"任氏散曲学"，则成了曲学研究者必读的经典专业书目。这些学术研究成果，奠定了任中敏在词曲研究方面的学术地位，同时为他后来取得的惊人学术成就打下了坚实的基础。[2]

三、朱自清的文学成就和主要学术研究

朱自清（1898—1948），原名自华，号秋实，后改名自清，字佩弦。现代著名学者、散文家、诗人、教育家，杰出的爱国民主战士，是民国时期最为知名的扬州籍文化名人之一。

朱自清祖籍浙江绍兴，1898 年 11 月 22 日出生于连云港的东海县。幼年随家人定居扬州。1918 年，考入北京大学哲学门（后改为哲学系）。大学毕业后，朱自清先后在家乡扬州、浙江杭州、温州等地任教。1925 年，经好友俞平伯的推荐，朱自清至清华大学任教，讲授李杜诗和国文，从此，与清华大学结下了不解之缘，同时，身份也由中学教师向高校学者转换，诗歌、散文创作与学术研究并重。

朱自清的学术成就主要体现在以下几个方面：

对新文学的贡献。朱自清是五四新文学的积极参与者，是新文学的标志

---

[1]　陈文和、邓杰：《从二北到半塘——文史学家任中敏》，第 305—308 页。

[2]　任中敏先生在新中国成立后长期在四川大学执教。1980 年调入家乡的扬州师范学院（扬州大学前身）中文系。1991 年 12 月 13 日在扬州因病去世，享年 95 岁。

性人物。1920 年 11 月,加入郑振铎、茅盾、叶圣陶等发起成立的文学研究会,成为文学研究会的早期会员之一。1922 年初,朱自清与叶圣陶、俞平伯、刘延陵等人创办了我国新文化运动史上第一个诗刊——《诗》月刊,并在创刊号上发表了诗四首(《转眼》及《杂诗》三首)。同年 6 月,朱自清与俞平伯、叶圣陶、周作人、郑振铎、郭绍虞等人的诗合集《雪朝》,由上海商务印书馆印行。其早期的诗作主要收在《雪朝》和《踪迹》等诗集中。大约自 1923 年后,朱自清开始转向散文创作,以自己独特的语言艺术风格,为中国现代散文增添了瑰丽的色彩,成了五四以来最优秀散文作家之一,为读者奉献了《荷塘月色》《背影》等大批脍炙人口的散文名篇。"朱自清虽则是一个诗人,可是他的散文,仍能够满贮着那一种诗意,文学研究会的散文作家中,除冰心女士外,文字之美,要算他了。以江北人的坚忍的头脑,能写出江南风景似的秀丽的文章来者,大约是因为他在浙江各地住久了的缘故。"[1]有的学者认为,"'五四'以来直到今天,除了朱先生,我看不容易找出第二个人来。表面上看起来普通平常,琢磨起来意味深长;读朱先生的散文,读了一遍还想读一遍,叫人百读不厌。语言文字里好像潜藏着许多宝物,每读一遍便发现一些"[2]。

对古典文学及语言文学教育的研究。朱自清自 1925 年入清华大学任教职,至 1948 年去世,先后 23 年,其中,很长时间兼任中文系主任。对于他来说,身份由作家而学者,工作的重心转到教书育人和学术研究。由于教学工作的需要,朱自清走上了研究"国学"的道路,从此,以"国学为职业,以文学为娱乐"。[3]朱自清的学术论著主要有《经典常谈》《诗言志辨》《新诗杂话》《标准与尺度》《语文零拾》《论雅俗共赏》以及与叶圣陶合著的《精读指导举隅》《国文教学》等。这些大多是论文集,算不上鸿篇巨制。但每部著作乃至每篇文章,都有其独到之处,处处体现了朱自清的严谨和公允。朱先

---

[1] 郁达夫:《中国新文学大系·散文二集·导言》,载郭良夫编:《完美的人格——朱自清的治学和为人》,清华大学出版社 2003 年版,第 21 页。

[2] 郭良夫:《完美的人格——朱自清的治学与人格·序》,郭良夫编:《完美的人格——朱自清的治学和人格》,第 22 页。

[3] 季镇淮:《回忆朱佩弦自清先生》,郭良夫编:《完美的人格——朱自清的治学和为人》,第65 页。

生"对人对事对文章,他一切处理得那么公允、妥当,恰到好处。他文如其人,风华是从朴素出来,幽默是从忠厚出来,腴厚是从平淡出来"[1]。朱先生对古典文学的研究非常广泛,包含中国文学史和中国文学批评史两个方面。但他没有写过系统的史的专著,而只是进行广泛的个别的专题的研究。[2]朱先生自谦为从"小处"下手,实际上是必不可缺的基础功夫。有了这个基础,而后才便于构建批评史的大厦。[3]有学者将朱自清的治学精神和治学方法进行了总结和概括,认为他的治学精神主要包括两个方面:第一,严谨、踏实的、纯正的学风。这种精神通过"大量地占用材料""小处下手""考辨字句"等几方面表现出来;第二,求真的精神。敢于对权威性或约定俗成的见解提出疑问,绝不盲从。至于其治学的方法,主要包括:一是"新旧贯通与中外融合",把国学研究同现代生活联系起来;二是考据与批评结合;三是把语义分析和考据结合。[4]

通过文学作品表达民族气节和爱国主义精神。作为知名学者和著名诗人、散文家,朱自清极富同情心和爱国心,是一位正直的、具有民族气节和民主精神的知识分子。1925年,帝国主义反动派在上海制造了骇人听闻的"五卅"惨案,为抗议帝国主义暴行,朱自清于6月10日写下了《血歌——为五卅惨剧作》一诗,愤怒控诉帝国主义反动派的凶残。诗中说他们的暴行使"太阳在发抖"!在他们的镇压下,革命群众的血像"长长的扬子江,黄海的茫茫"!诗人把"五卅"这一特定的表示时间概念的词语借代为"血歌",说它是用血谱写而成的,获得了形象可感的效果。在整篇作品中,诗人以"血"字为轴心,展开抒情,是声讨帝国主义侵略者的战斗檄文,也是反帝反封建斗争的动员令,那种激情澎湃,热血奔涌的呼号,具有强烈的艺术冲击力和感召力。1946年李公朴、闻一多在昆明被国民党特务暗杀后,朱自清强忍悲伤和愤懑,先后写下了《中国学术的大损失》《挽闻一多先生》,以悼念好友

[1] 杨振声:《朱自清先生与现代散文》,载郭良夫编:《完美的人格——朱自清的治学与为人》,第104页。

[2] 季镇淮:《闻朱年谱》,清华大学出版社1986年版,第190页。

[3] 朱金顺:《朱自清研究资料》,北京师范大学出版社1981年版,第80页。

[4] 李少雍:《朱自清先生古典文学研究的贡献》,《文学评论》,1991年第1期,第108—117页。

闻一多先生。其中,《挽闻一多先生》更是朱自清在新诗方面搁笔 20 多年后,重新拿起笔,写的一首诗,诗中歌颂闻一多是"一团火","照彻了深渊","照见了魔鬼",相信在这火的"遗烬里",必将"爆出个新中国!",表达了朱先生对闻一多的深深怀念和对国民党政府的反动统治的严重不满,对中国革命的未来充满信心和希望。1940 年至 1942 年,他携家眷在成都休假。由于天旱,青黄不接,加之国民政府的腐朽统治,导致物价飞涨,百姓生活异常困难,看到一些饥民抢米仓、吃大户,他颇有感慨,后来专门写了《论吃饭》,描绘了当时的真实情形,对吃大户的平民深表同情。

对家乡扬州的深厚情谊。作为从扬州走出去的知名学者兼文学大家,朱自清的文学作品中有不少关于家乡扬州的名作,如《扬州的夏日》《看花》《说扬州》《我是扬州人》等,在另一些描写个人家庭生活的散文里,如《择偶记》《笑的历史》《儿女》《给亡妇》等也涉及不少扬州的文字,在这些美文作品中,朱自清向读者热情地描写和介绍扬州的风土人情、风景名胜、美食文化及地方特产等。在《我是扬州人》中,他写到:"就只有扬州可以算是我的故乡了。何况我的家又是'生于斯,死于斯,歌哭于斯'呢? 所以扬州好也罢,歹也罢,我总算是扬州人的。"他在《说扬州》中写到:自己 6 岁时随父母搬迁至扬州,在扬州生活了 13 年,在这里度过了童年、少年,完成了小学、中学的学业,并在扬州与武钟谦女士完婚,甚至大学毕业后,还回到母校江苏省立第八中学(即扬州中学的前身)短暂执教。作为在扬州成长起来的朱自清,扬州厚重的文化底蕴给了他很多有益的养分,他所创作的大量脍炙人口的名篇佳作,"与扬州地方文化有着割不断的关系"。[1]

扬州悠久而深厚的文化熏陶和滋养了朱自清,朱自清以朴实而优美的诗歌散文开创了新文学的新局面。朱自清公开以"我是扬州人"为荣,同样,古城扬州也以涌现出朱自清这样文学大家为荣。文人与家乡的关系相互依赖、相得益彰。

---

[1] 吴周文、张王飞、林道立:《朱自清美文与"五四"记忆》,社会科学文献出版社 2018 年版,第 203 页。

四、盛成与中法文化交流

盛成（1899—1996）是 20 世纪享誉中西方的著名作家、诗人、翻译家、语言学家、汉学家，同时，也是推动和践行中西文化交流尤其是中法文化交流的重要代表性人物。

1899 年 2 月 6 日，盛成出生于扬州仪征的一个家境没落的书香之家。其兄盛延年（1894—1923），又名延祺，字白沙，早年在烟台、吴淞、南京等地海军学校学习。1911 年加入中国同盟会、参与策动南京下关海军起义，深得孙中山先生的赏识，1923 年 4 月因汕头海军叛变而殉难。弟弟盛延武（1905—1942），字止戈，1924 年参加孙中山的护法海军，1926 年随军北伐。盛成自幼聪颖好学，幼年入私塾，11 岁到南京汇文书院学习，同年加入同盟会，并参加攻克南京之役。南京光复后，盛成被誉为"辛亥革命三童子"之一，并受到孙中山的褒奖和鼓励。1914 年，盛成考入上海震旦学院，读法语预科。1919 年 11 月，盛成满怀寻求科学救国之道的理想，开始充满艰辛的留法勤工俭学之路。

盛成先后求学于法国蒙彼利埃农业专科学校、意大利巴都大学和蒙彼利埃大学，并以优异成绩获得高等理学硕士学位。1928 年，盛成应聘至巴黎大学，讲授中国科学、比较蚕桑学等课程。同年 6 月，他的成名作《我的母亲》由巴黎亚丁阶印书局出版、发行。该书甫一面世，好评如潮，很快轰动了法国与欧洲文坛。法国象征派大师、法兰西科学院院士、"20 世纪法国最伟大的诗人"。瓦乃理为该书亲自作序，序言长达万言，计 16 页，盛赞这部作品改变了西方人对中国长期持有的偏见和误解。该书还得到著名作家纪德、罗曼·罗兰、萧伯纳、海明威、罗素等人的高度评价；并先后被译成英、德、西、荷、希伯来等 16 种文字在世界各地出版发行。先后有 20 多种文字的西方多国报刊予以报道，一时间，西方世界形成了一股以盛成和《我的母亲》为中心的"中国热"。《我的母亲》共印行 100 多万册。其所取得的巨大成功和反响，大大超出盛成自己的预料。出版当年，盛成很快被吸收加入了法国文人协会。这本书亦被视为法国文学的典范作品之一，其部分章节被收进法国中小学课本，还灌录发行了他本人用标准的法语朗读的有关章节的录音带。在法国大学文科必读书的"世界名著"一栏中，《我的母亲》迄今赫然在列。

1929 年 4 月 14 日晚,法国著名作家纪德在送别盛成的临别晚宴上,动情地讲到:"世界文学必定产生于民族文学;民族文学一定产生于地方文学。地方文学是民族文学的根源;民族文学又是世界文学的根源。例如盛成的《我的母亲》,就是地方文学的一个典范,同时,也是民族文学和世界文学必不可少的佳作。"[1]

盛成在《我的母亲》一书中,向人们特别是西方读者叙述了他一家的故事,同时,也穿插了许多中国社会的种种事件,将读者带入到了鸦片战争以来半个多世纪中国历史的进程中去,从而可以窥视一个浓缩的中国社会。[2]正如盛成在 1930 年美国纽约英文版《我的母亲》出版前言中写道:"东方文明和西方文明要结合,特别是中国文化和欧洲文化要结合。""若无内在的相互渗透,这样的结合是不可能的。迄今为止,欧洲人对中国并无正确的了解,中国人也不理解欧洲人,他们只能表面地互相判断。""我的目的就是要剔除人类大家庭的这种外壳,实现内在的归一。"[3]其目的是要向西方介绍真实的中国文化,让更多的西方人了解中国。

1930 年 10 月 10 日,盛成从欧洲载誉回到上海。1931 年,应邀出任北京大学法语系教授,讲授法文诗、法文小说和法国文学史课程。[4]1932 年,"一·二八事变"爆发后,主动辞去北大教职,积极奔赴淞沪抗日战场,任十九路军义勇军联合政治部主任。同年下半年,再回北平,担任北平大学农学院昆虫学教授,兼任清华、北师大法语教师。1932 年 8 月,其纪实文学作品《海外工读十年纪实》由上海的中华书局出版。该书由欧阳竟无题签、徐悲鸿封面设计。1935 年 7 月,中华书局为盛成出版了其成名作《我的母亲》中文版。章太炎为中文版《我的母亲》题签"盛母郭太夫人",徐悲鸿亲绘盛母像。1937年 7 月,中华书局出版了盛成的新作《意国留踪记》。1940 年 3 月,中华书局又出版了盛成抗战前翻译的法国著名作家巴尔扎克的《村教士》。全面抗战

[1]　盛成:《盛成回忆录》,山西人民出版社 2012 年版,第 13—14 页。

[2]　许宗元:《〈盛成文集〉与盛成研究》,《新文学史料》1998 年第 2 期,第 93—103 页。

[3]　张德鑫:《盛成和他的〈我的母亲〉》,《新文学史料》1983 年第 11 期,第 135—143 页。

[4]　盛成:《盛成回忆录》,第 27 页。

爆发后,盛成全身心地投入抗日工作。"八一三"事变后的次日,盛成与胡愈之等人筹备成立从事抗战宣传工作的国际宣传委员会,蔡元培任会长,盛成任总干事。1938 年 2 月,盛成与老舍等一批文化人在汉口共同发起成立全国文艺界抗敌协会,并任常务理事等职。1939 年至 1945 年,先后任广西大学、中山大学教授,主要讲授国际政治、中国政治思想史、中国传统哲学、唐诗等课程。抗战胜利后,去兰州大学短暂执教。1947 年,盛成应邀赴台湾大学担任教授,主要讲授中国政治思想史、西洋政治思想史、孔孟荀哲学等课程。[1]

盛成一生笔耕不辍,主要从事法国语言文学、马来—波利尼西亚言语文化研究。除了震动西方文坛的《我的母亲》,还出版了《母亲与我》《海外工读十年纪实》《意国留踪记》《巴黎忆语》《东南西北中》《旧世新书——盛成回忆录》等。1998 年,安徽文艺出版社将盛成的著述汇编成四卷本《盛成文集》,依次分为纪实文学卷、散文随笔卷、译文卷、学术卷,公开出版发行。

五、洪为法的文学创作与学术研究

洪为法(1900—1970),曾用名炳炎,字式良、石梁,著名文学家、文史专家、文艺评论家,创造社中后期重要成员。

洪为法于 1900 年出生于扬州的一个贫寒的知识分子家庭,自幼接受良好的家庭启蒙教育。1914 年至 1919 年,进入江苏省立第五师范学校(该校于 1927 年与江苏省立第八中学合并为江苏省立扬州中学)读书。幸遇对其影响颇深的国文老师、著名通俗小说家李涵秋,并深得李涵秋的器重和栽培。李涵秋为了鼓励这位弟子,特地为洪为法撰写了"庶子春华,家丞秋实"的八个大字对联,洪为法视之为珍宝。在李涵秋的鼓励下,洪为法系统阅读了《唐代丛书》《红楼梦》《茶花女遗事》《双城记》《夜雨秋灯录》以及李涵秋自己的《广陵潮》等大量中外小说,同时,开始小说习作。最早刊发的一篇小说,以韩愈《石鼓歌》中"宣王奋起挥天戈"的诗句中取"天戈"为笔名,

---

[1] 1978 年,盛成回到中国,担任北京语言学院教授。1985 年获得法国总统签发授予的法兰西共和国荣誉军团一级骑士勋章。1996 年 12 月 26 日因病在京去世。

发表在上海的《亚洲日报》上。[1]文章的顺利刊发,大大激发了洪为法的创作热情和动力。

1921 年,洪为法辞去小学教职,考取武昌大学国文系。[2]在校期间,洪为法不仅系统接受了汉语言文学的专业训练,而且广泛阅读了郭沫若的《女神》、郁达夫的《沉沦》、张资平的《冲击期化石》等新文学作家的大量作品,更加坚定了从事文学创作和文学研究的信心和决心。1922 年,洪为法慕名给远在日本的郭沫若写了一封热情洋溢的信,并附上自己创作的五首新诗,通过上海泰东书局转交到郭沫若手中。郭沫若接到信件后,很快给洪为法回复了很长的信,并表达了对洪为法的诗作的赞赏。不久,洪为法的这些诗作被郭沫若推荐发表在《创造》季刊第 1 卷第 2 期上。同时,这一阶段洪为法与郭沫若的通信,大都公开刊载于《创造周报》和《创造日》。这是洪为法与新文学界第一次发生直接的联系,对他后来加入新文学队伍起了决定性的作用。他此后一生所从事的文学创作和文学研究活动都是从这里开始的。[3]

在洪为法的文学创作经历中,与郭沫若等新文学代表人物的交往是非常值得关注的。郭沫若之所以赏识洪为法的早期诗作,也反映了洪为法在诗歌风格上与创造社诗人相近,气味相投。除了前面提到的五首诗,洪为法在《创造季刊》及创造社相关刊物发表了大量作品,如发表在《创造》季刊第 1 卷第 3 期上的小说《呆鹅》,诗《他与她》;在《创造周报》上先后发表的《哭父》《这工头阿桂》《读都德的〈小物件〉》等;在《创造日》上先后发表的《我谈国风》《诅咒》《泥污里的花》等,都见证了洪为法与创造社之间的亲密关系。洪为法与创造社其他主要成员的相识、交往也是从这个时期开始的。

---

[1]　关于洪为法最早发表作品的时间,学术界有几种说法。其女儿洪美在《偃蹇生涯一文人——追忆父亲洪为法往事》、闫莉莉《洪为法文学创作研究》(扬州大学 2017 年现当代文学专业硕士论文,中国知网)等文,认为该文发表于洪为法 17 岁时,也就是 1916 年。顾一平在《洪为法年表简编》一文中记为 1918 年。复旦大学中文系教授王永生在《洪为法传略》(载于《新文学史料》1989 年第 4 期)一文中,认为是 1919 年前后。

[2]　武昌大学的前身为武昌高等师范学校,为当时国内名校。大革命时期,该校一度改名为"第二中山大学"。1928 年改称武汉大学。

[3]　洪美:《偃蹇生涯一文人——追记父亲洪为法往事》,政协扬州市文史和学习委员会编:《扬州文史资料》,第 29 辑,2009 年,第 260 页。

1925年,洪为法从武昌大学毕业,回到家乡扬州,担任母校江苏省立第五师范学校初中部国文教员。同时,一度利用业余时间与他人共同负责编辑创造社刊物《洪水》。在《洪水》前三卷中几乎每期都有他撰写的文字,如《漆黑一团》《真的艺术家》《友人与敌人》《向自己挑战》《"林中"的序》《伟大的批评者》《乌鸦的埋藏》《作品与作家》,等等。这一时期的作品,后来被洪为法收入小说散文集《长跪》,并由光华书局于1926年出版。另外,他的其他作品《做父亲去》由金屋书店于1928年出版,《为法小品集》由北新书局于1936年出版,诗集《他、她》由世界文艺书社于1933年出版,精心编选的我国历代情诗选《莲子集》则由北新书局于1929年出版。

大学毕业后至抗战爆发,由于家庭经济压力较大,为了养家糊口,洪为法很长时间主要从事中等学校语文教学,业余从事文学创作。同时,由于他个性较为清高自傲,不善圆通处世,几度短暂失业。抗战全面爆发后,举家逃亡泰州乡下,曾在流亡的江苏省政府教育厅担任过"教育视察",并参与创办江苏省立第一临时中学。抗战胜利后,先后在江苏省教育厅民众教育馆和镇江文化公司工作。这期间除了继续兼职教书外,他将大量的精力投入到对中华传统文化的研究之中。1946年,洪为法陆续在《申报》的《春秋》副刊上连载系列散文小品文《扬州续梦》,每篇千字左右,前后共有28篇,向读者介绍家乡扬州的风土人情、地方掌故、饮食文化等。在此前后,还在该报连载过旧体诗《双玉轩词剩》。[1]

作为五四成长起来的作家、评论家,创造社中后期重要成员,洪为法一生笔耕不辍,所创作的文学体裁十分广泛,既有短篇小说、散文、随笔,也有新诗和旧体诗词,后期转入对中国古代文学和扬州地方乡土文化的研究。据不完全统计,其出版的作品有散文随笔集4部、短篇小说集1部、诗集2部、学术专著6部、编著7部,另外,还有大量发表于各类报刊、未收入文集的文

---

[1]《双玉轩词剩》为洪为法创作的旧体诗诗集,共有20余阕,1944年春编定,未正式出版。1947年2月28日、4月14日、5月3日《申报》副刊《春秋》刊发其中15阕。1992年,顾一平将所收集的洪为法先生《双玉轩词剩》诗作共29阕印行。

章多篇。[1]除了上面所列几种著作外,他在民国年间还撰写并出版了《曹子建及其诗》(光华书局 1931 年)、《绝句论》(商务印书馆 1934 年)、《律诗论》(商务印书馆 1935 年)、《古诗论》(商务印书馆 1937 年)、《李渔文选》(上海北新书局 1937 年)、《国文学习法》(亚细亚书局 1933 年)、《谈文人》(永祥印书馆 1945 年)、《中国文人故事选》(北新书局 1934 年)等。[2]

六、王绳祖与世界史和国际关系史研究

王绳祖(1905—1990),字伯武,著名历史学家,我国国际关系史学科的开拓者和奠基人。

王绳祖于 1905 年 12 月 8 日出生在高邮城焦家巷的一个书香门第。小学毕业后,因当地没有中学,经同乡介绍,他只身一人去南京,考入美国教会创办的金陵大学附属中学(今南京市金陵中学)。1923 年顺利考入金陵大学。因受当时科学救国思潮的影响,他选择了化学专业。次年 9 月,因身体原因,改换历史专业。大学期间,他深受系主任、美籍教授贝德士的影响,对西洋史特别是近代欧洲史兴趣浓厚。大学毕业后,王绳祖曾先后去福建厦门集美中学、江苏镇江崇实女子中学短暂任教。1929 年 9 月,应恩师贝德士教授的邀请,回母系执教。从此,开始了学术研究的道路。

在金陵大学从事教学和科学研究期间,是王绳祖学术飞跃的第一个台阶。[3]当时,王绳祖先后给金陵大学文学院和理学院的学生开设欧洲近代史、西洋近现代史等课程,同时给历史系本科生辅导英国史、美国史等,有感于当时国内缺少相应的世界历史方面的中文教材,王绳祖结合自己的教学和研究心得,积七年搜罗、考订之功,并两易其稿,终于完成了《欧洲近代史》的撰写。此书共六卷二十六篇一章导论,50 余万字,综述 18 世纪末至 20 世纪 30 年代欧洲政治、经济及社会之变迁。资料翔实,条理清晰,文字优美,深得学术界好评,"论其品质,宜为此类书中佳者""书中所述,不持一方

[1] 顾一平:《洪为法作品要目》,洪为法著、顾一平编:《双玉轩词剩》(内部编印),1992 年,第 41—46 页。

[2] 新中国成立后,洪为法调往苏北师范专科学校(扬州大学前身)中文系任教。1970 年 7 月 16 日因病去世。

[3] 朱瀛泉、计秋枫编:《硕学清操——历史学家王绳祖》,南京大学出版社 2003 年版,第 5 页。

成见,不表任何学理,惟以冷静头脑,研究事实,作精确之记载而已"[1]。该书1936年由上海的商务印书馆列入大学教材之一正式出版,成为当时采用最广的大学教材之一,改变了当时大学世界史教材基本由外国教科书或译本垄断的状况。20世纪80年代,台湾商务印书馆还重版了该书。

由于王先生在西洋史研究方面已经崭露头角,他本有机会以金陵大学神学院"教会史"教员的身份赴美国留学三年,但前提是要加入基督教并愿意以后从事牧师传道。而王绳祖虽然长期在教会大学学习、工作,但对于加入基督教毫无兴趣,于是,婉言放弃极为难得的赴美留学机会。1936年,王绳祖终于不负所望,考取了当年中英庚款官费留学生。他选择了牛津大学布拉斯诺斯学院,师从蜚声国际学界的外交史大家W·C·科斯廷教授,专攻国际关系史。当时的西方学术界,对欧洲外交史的研究比较热门,有关国家为了推卸一战的"战争责任",相继公布了50年以前的外交档案,这给学者们进行学术研究提供了资料上的便利。英国伦敦档案馆所藏外交档案当时公开到1886年。有关公开的中英关系档案,1833年至1860年、1880年至1885年两段已有人做专题研究,而19世纪60至70年代一段尚无人问津。在导师的建议下,王绳祖选择了19世纪70年代马嘉理案件为研究选题和方向,决心填补这一时期中英关系史的空白。他在掌握大量中文资料的基础上,充分利用伦敦档案馆所藏的英国议会文书、外交部和印度事务部的外交文件,尽可能穷尽所有能够搜集到的资料。据其回忆,两年中间,他经常利用假期到伦敦档案馆查阅资料,常常连续几十天查找、研读、辨别那些尚未被人利用的原始档案。他是我国利用中外档案进行专题研究的早期开拓者之一。经过辛勤努力,终于于1938年用英文完成了硕士论文*The Margary Affair and the Chefoo Agreement*(《马嘉理案与烟台条约》),并由牛津大学出版社于1940年出版发行。这是牛津大学出版社出版的第一本中国学者撰写的学位论文。全书共七章,详细考察了马嘉理案的来龙去脉以及《中英烟台条约》签订的原委经过,揭示了英国利用此案、胁迫清政府榨取侵略性

[1] 贝德士:《〈欧洲近代史〉序》(译文),转引自朱瀛泉、计秋枫编:《硕学清操——历史学家王绳祖》,第137页。

权益的全过程。此书考释精当,论证严密,被公认为是中外关系史上对相关问题进行了卓越的开创性研究。时至今日,该书在中外学界仍被列为中外关系史研究的必读参考书之一。

1939 年夏,圆满完成了牛津大学学业的王绳祖与同在英国剑桥大学留学的好友、扬州籍化学家吴征铠一起踏上归国征途,于 1939 年 10 月安全抵达成都。其时,由于日本帝国主义的侵略,金陵大学已西迁至成都,王绳祖应金陵大学文学院之邀,出任金陵大学历史系教授兼任系主任。从 1939 年 10 月至 1946 年执教成都金大期间,王绳祖除了忙于系务,还亲临课堂,讲授世界通史、欧洲外交史、史学方法以及几门国别史的课程,编撰了又一部大学教科书《欧洲近代外交史》,由时在重庆的商务印书馆于 1945 年出版。除此之外,王绳祖还在《斯文》《世界政治》《星期评论》等刊物发表了不少时评和学术文章。

1945 年 5 月,王绳祖随金陵大学迁回南京。1949 年 9 月,曾出任金陵大学文学院院长。[1]

七、余冠英与文史研究

余冠英(1906—1995),乳名松寿,学名冠英,字绍生,笔名灌婴、白眼,扬州人,当代著名文史学家。

1926 年,余冠英以优异成绩考入清华大学历史系,后转入中国语言文学系。当时的清华园名师荟萃,鸿儒云集,为众多学子向往之学府。余冠英在清华读书期间,对其影响最大、交往最多的当数同乡朱自清。当时朱先生已经早一年开始执教清华大学中文系,后来担任清华大学中文系主任 10 多年。余冠英与朱自清之间,除了师生关系,还有扬州这一方养育他们的水土,以及父辈们之间的金兰之交,使得他们的共同语言很多,关系非常亲密。年长 8 岁的朱自清视余冠英为平辈,而余先生对朱先生始终执弟子礼。

1931 年夏,余冠英以《论新诗》为题通过了毕业论文答辩,并获留校担

---

[1]　1952 年,随着全国高等院校院系调整,王绳祖出任南京大学历史系教授。改革开放后,担任全国首批国际关系史专业的硕士生、博士生指导教师,连续三次担任中国国际关系史研究会的理事长,主编《国际关系史(17 世纪中叶—1945 年)》及配套教学参考书,筹划、主编 300 多万字的十卷本《国际关系史》等。1990 年 12 月 19 日于南京逝世。

任助教。抗日战争爆发后,日本帝国主义侵占华北,清华大学被迫内迁昆明。在西南联大期间,余冠英除了讲授中国文学史、各体文习作、历代文选和国文教学实习指导等课程,还主编《国文月刊》(第3期至40期),同时发表了《七言诗起源新论》《关于七言诗起源问题的讨论》《谈"成语错误"》《评刘大杰〈中国文学发展史〉上卷》《信与达》《比较的读文法示例》《坊间中学国文教科书中白话文教材之批评》《谈新乐府》等论文,还发表了《潜广新乐府》,运用新乐府的手法愤怒声讨日寇与汉奸的罪行。1946年,清华大学复校,余冠英继续担任清华大学国文系教授,讲授中国文学史、汉魏六朝诗等课程,主编《新生报》副刊《语言与文学》,并发表了《乐府歌辞的拼凑和分割》《汉魏诗里的偏义复词》《说"公输与鲁班"》《说"小子无官职,衣冠仕洛阳"》《吴声歌曲里的男女赠答》和《谈〈西洲曲〉》等论文,[1]在文史学术界已经崭露头角。

第二节　文学创作

民国时期,扬州在文学创作方面的成就主要体现在以下几个方面:一是以李涵秋为代表的鸳鸯蝴蝶派扬州社会小说作家群体,他们大多旅居上海,主要从事新闻报刊和编辑出版行业的工作,各自发表和出版了大量反映社会生活的通俗文学作品。他们的文学作品立足社会现实、反映市井生活,以描写、揭示晚清民国的市井社会文化生活为特色。他们既不同于以文言文为话语表述方式的旧文学,也有别于五四文化大潮中崛起的新文学,[2]大致是处于晚清政治小说、谴责小说与五四新文学的过渡阶段,其中,李涵秋是这个群体的杰出代表,被誉为"维扬小说之泰斗""民国第一小说大家"。除了李涵秋,鸳鸯蝴蝶派扬州作家群体还有贡少芹、毕倚虹、张丹斧、张碧梧、张秋虫等中坚力量;二是以朱自清创作的一系列诗歌、散文为代表,这些作

---

[1]　新中国成立后,随着高等院校院系调整,余冠英长期在中国社科院文学研究所工作,主持编写了《中国文学史》(3卷本),对古代诗歌做了大量选注工作。1995年9月2日因病在北京去世。

[2]　赵昌智:《文化扬州》,广陵书社2006年版,第135页。

品早已成为中国现代文学史上的经典之作,深深影响着五四以来的文学作品的创作;三是扬州一些本地文化人士以"冶春后社"这个比较松散的文化社团为阵地,诗词唱和,吟诗作赋,以文会友,构成了扬州民国年间本土文化的重要组成部分和鲜明特色。

一、以李涵秋为代表的扬州鸳鸯蝴蝶派社会小说作家群体

李涵秋,乳名大和子,学名应漳,字涵秋,别号韵花馆主,别署沁香阁主人,清末民初著名文学家、鸳鸯蝴蝶派重要代表人物。

1874年3月5日,李涵秋出生于扬州的一个小商人家庭,祖籍安徽庐州(今合肥)。祖父于太平天国年间移居江都,经商为业,父亲继承祖业。6岁入私塾,12岁学作八股文,20岁中秀才。曾到安庆、武昌做家庭教师。1910年,任两淮高等小学文史地教员。1913年,高等小学奉部令改组为江苏省立第五师范学校,李涵秋兼任该校国文教师。1914年,其小说《双鹃血》和《过渡镜》先后在上海《大共和日报》连载(《过渡镜》公开发表时改名为《广陵潮》),一时洛阳纸贵,好评如潮,李涵秋成为上海小说界家喻户晓的人物。贡少芹著《李涵秋》,称"此编一出,欢迎者众,而君享受海内第一流大小说家之嘉谥,亦因是而传矣"。此后,上海《新闻报》副刊《快活林》敏锐发现李涵秋小说的潜在读者群和广阔市场,与李涵秋长期合作,刊发了李涵秋的《并头莲》《梨云劫》《沁香阁笔记》《侠凤奇缘》《战地莺花录》《魅镜》《好青年》《镜中人影》等作品。《新闻报》通过刊发李涵秋系列作品,销路日广,影响更大,跻身上海三大名报之列。李涵秋通过刊发大量作品,声誉日隆,两者形成良性的共赢局面。与此同时,李涵秋还在《晶报》《商报》《小时报》《小说时报》《小说季报》《小说新潮》《消闲月刊》《妇女旬刊》《华北新闻》《快活》(旬刊)等报刊发表大量文学作品,成为那个时代炙手可热的文学大家,各方面约稿不断。1920年,李涵秋辞去教职,专事写作。1921年赴上海,主编《小时报》,兼为《小说时报》及《快活》(旬刊)等报刊撰写小说。次年秋,辞职返扬州。1923年5月13日,因脑溢血去世,享年五十岁。有学者将李涵秋短暂一生划分为四个阶段:1874—1904年为求学侍亲阶段,1905—1909年为坐馆游幕阶段,1910—1920年为教书写作阶段,1921—1923年为

编辑写作阶段。[1]

李涵秋一生勤于笔耕,作品等身,先后著有长篇小说 36 部、短篇小说 20 部、诗集 5 卷、杂著 5 篇、笔记 20 篇。其中,长篇小说主要有《双花记》《雌蝶影》《广陵潮》《琵琶怨》《并头莲》《梨云劫》《双鹃血》《好青年》《怪家庭》《还娇记》《众生像》《平沙梦》《怪姻缘》《青萍吼》《滑稽魂》《瑶瑟夫人》《姐妹花骨》《侠凤奇缘》《孽海鸳鸯》《镜中人影》《情天孽镜》《秋冰别传》《玉痕小史》《雪莲日记》《无可奈何》《绿林怪杰》《战地莺花录》《爱克司光录》《社会罪恶史》《近十年目睹之怪现状》《剑钏双侠记》等。短篇小说有《奇童记》《儿泪血》《磁菩萨》《怨偶记》《林芝祥的妻子》《一千个闹时髦的笑剧》等,此外,还有《我之小说观》《沁香阁笔记》《沁香阁诗集》等诗文杂著。其作品数量之多、影响之大,在同时代的作家中极为罕见。"在这颇长的年代下,李涵秋能继续他的创作力,先不用在质上说,就是数量和毅力的方面也颇可赞叹了。"[2]当时上海报界有"无白不郑补,无李不开张"之说,意思是报刊补白没有郑逸梅不行,而副刊全要仰仗李涵秋,可见其影响力。

李涵秋的作品大多以描写和反映社会现实为立足点,"以社会逸闻,成民国信史",作品本身就是清末民初社会过渡的一面镜子。他开创了那个时代社会言情小说的新局面,结束了晚清社会小说太侧重于揭露但言情不足,而言情小说过于注重男女情感,忽视社会的弊端。他的社会小说的特点主要体现在以下几个方面:以社会为经,言情为纬,开创清末民初社会小说结构的先河;如实记载重大历史事件,并予以客观叙述,在字里行间透露出作者的思想倾向;小说主人公的市民化、平民化。以平民和小人物代替才子佳人及达官显贵作为小说主体,将处于社会中低层的普通人的生活来反映时代、揭示主题;小说主题的市井化。他开创了将市民生活作为长篇小说的主题,侧重于对城市市民生活进行描写的方式;侧重对生活史、风俗史的描写,淡化不同社会阶层的激烈对立;具有朦胧的思想启蒙意识,试图寻找知识分

---

[1] 伍大福:《扬州才子李涵秋文学研究》,山西人民出版社 2010 年版,第 11—18 页。

[2] 引文系胡适对李涵秋的评价,参见王俊年编:《中国近代文学论文集（1919—1949）》(《小说卷》),中国社会科学出版社 1988 年版,第 117 页。

子的理想形象。[1]

在清末民初的鸳鸯蝴蝶派扬州社会小说作家群体中,李涵秋是公认的领袖,除了李涵秋,还有张丹斧、贡少芹、毕倚虹、张碧梧、张秋虫等骨干力量。"民初写小说的,分苏、扬两派:……扬派以李涵秋为首,有贡少芹、毕倚虹、张丹斧、张碧梧、张秋虫等,可谓旗鼓相当,功力悉敌"。[2]至于另几位的情况,大致如下:

张丹斧(1868—1937),本名扆,又名延礼,晚号后乐笑翁、无厄道人、张无为等,自称"丹翁",扬州仪征人,曾参加扬州冶春后社,发表诗、文、小说多篇,是民国初年扬州鸳鸯蝴蝶派作家群的代表人物之一。与李涵秋、贡少芹被时人称为"扬州三杰"。

辛亥前,张丹斧在上海参与创办或编辑《竞业旬报》《灿花集》《江南时报》等报刊。辛亥革命前来到上海,曾在《新闻报》当编辑,主编《庄谐丛录》,参与编辑副刊《快活林》。1919年4月,在上海主编《小日报》。《小日报》系鸳鸯蝴蝶派报刊,日报,每日四版。由于奉行"报有大小,立言无大小""日报虽小,却能给大人先生以当头棒喝"的办报理念,针砭社会,不随波逐流,在当时的上海报业界独树一帜,吸引了许多新闻界、文化界、艺术界知名人物的青睐。另外,还担任《神州日报》编辑和《大共和日报》主编。1919年《晶报》独立发行后,张丹斧负责报纸的具体编辑工作,前后达10余年,将报纸办得有声有色,使该报成为"熔新闻、文艺、知识、娱乐为一炉"的综合性小报。此外,他还担任《星光报》《钟报》《光报》《大报》《小日报》《红豆报》《世界小报》的特约撰述人,是20世纪二三十年代上海报界的著名人物。

张丹斧还兼好金石古董,喜爱古玩收藏,精通书法、绘画和篆刻,但为人玩世不恭,爱搞恶作剧,被时人视为"文坛怪物"。其撰述虽多,但流传的作品不多,只有小说《拆白党》曾由国学书室出版。

1937年,全面抗战爆发后,因敌机乱掷炸弹,张丹斧受惊致疾而死,享年

---

[1] 刘明坤、武和兴:《简论李涵秋小说对现代文学的影响》,《当代文坛》2009年第2期,第56—58页。

[2] 严芙孙:《民国旧派小说名家小史》,转引自赵昌智主编:《扬州文化通论》,广陵书社2011年版,第109页。

61 岁。

贡少芹（1879—?），名璧，号少芹，别署天忏生、天忏室主人，扬州人，南社成员，也是扬州鸳鸯蝴蝶派作家群重要成员之一，与李涵秋、张丹斧被时人并称"扬州三杰"。辛亥前，曾主编《中西日报》并在该报连载自己撰写的小说。辛亥革命后，在武汉与友人合办《新汉民报》。后由同乡兼好友李涵秋介绍，至上海进步书局、国华书局担任编辑，并主编《小说新报》。由于与创办人在稿酬及发行等方面意见不合，任职不久便辞职。此后数年，专心写作。其写作范围甚广，收获颇丰。在当时上海的《小说季报》《清闲月刊》、《星光》（后改为《星华》）、《小说新潮》、《小说月报》等文学刊物上发表多篇文学作品。其子贡芹孙亦喜写作，文采斐然，也常在《小说月报》等杂志发表文章，被熟知底细的人戏称扬州"贡家父子兵"。抗战前，贡氏父子在上海合编了几年《风人报》，办报期间，贡少芹不仅自编自写，还要自撰有关时事评论方面的旧体诗，编、印、发每一个环节都要亲力亲为。创办之初，报纸销路很好，有人将其与当时上海风行的《晶报》《钻报》《罗宾汉报》相提并论，称为报界"四大金刚"。后因资金周转出现困难，报馆被迫关闭。

贡少芹一生勤于笔耕，著有小说《亡国恨传奇》《苏台柳》《刀环梦》《傻儿游沪记》《尘海燃犀录》《盗盗》《春梦》《鸳鸯梦》《美人劫》《假面具》《秘密女子》《恨海鹃声谱》《女学生之秘密记》《新社会现形记》《天忏室稗乘》《血泪》《近五十年见闻录》《复辟之黑幕》《洪宪宫闱秘史》等，编有《李涵秋》《广陵潮索隐》等。

毕倚虹（1892—1926），名振达，号几庵，又署清波、婆婆生、春明逐客，扬州仪征人。少年时，因父亲在浙江做官，随父生活于杭州。15 岁随父赴京，官至陆军部郎中。1911 年，作为清廷的外交部随员，准备出使新加坡。到了上海，因武昌起义成功，遂弃官从学，入上海中国公学法政科，准备毕业后去日本留学深造。后由于家境发生变化，潜心写作和编辑报刊，成为民国早年蜚声文坛的高产通俗文学作家。可惜，天妒英才，1926 年英年早逝，享年 35 岁。

民国初年，毕倚虹参与编辑《银灯》《时报》《小时报》《上海夜报》等报纸杂志。1925 年 6 月 6 日首创《上海画报》三日刊，掀起了上海的一股画报热。同时创作了数百万字的文学作品，这些文学作品中，既有长篇小说，也有短篇小说、诗集、杂著等。仅长篇小说就有 10 部（其中只有两部完稿，大多都是未竟之作，即使代表作《人间地狱》也未及杀青，即已谢世）。[1] 其中长篇小说有《人间地狱》《十年回首》《黑暗上海》《苦恼家庭》《极乐世界》《写意朋友》《春江花月夜》《红粉金戈记》和《猩红》等。短篇小说有《捕马记》《傀儡婚姻》《名流牙慧》《贫儿院长》《金屋啼痕》《崔将军之妾》《一星期的买办》《七个自杀的妇人》等，后来汇刊为《毕倚虹小说集》问世。诗集有《销魂词》《光绪宫词》《几庵绝句》等。毕倚虹主张撰写社会小说，如同摄影，强调反映社会现实生活的真实性。

张碧梧（1897—？），出生于扬州仪征，是毕倚虹的表弟。祖上为富豪之家，号称仪征首富。其父是个纨绔子弟，贪图享受，挥霍无度，家道迅速衰落，一下子由富豪沦为贫民。张碧梧从小饱受了人间冷暖、世态炎凉。所幸母亲通晓事理，希望儿子通过读书改变命运，并将儿子送往扬州，就读两淮高等小学，当时，李涵秋正在这所学校任教。高小毕业，因家境贫穷无法继续学业。离开学校，刻苦自学，广泛阅读古代笔记小说和人物传记，并自学英语。其境遇引起了侨寓上海的表兄毕倚虹的关注。毕氏当时主编《小说时报》，早已在上海小说界崭露头角。在毕倚虹的关心、帮助下，张碧梧试译了表兄指定的几部英文侦探小说，并经毕氏修改、润色，相继发表在《小说大观》和《小说时报》等杂志，获得读者好评。从此，张碧梧坚定信心，决定走文学之路。他的文学之路是从翻译开始的。主要译著有《电贼》《海盗软》《断指手印》等中长篇小说。在翻译界稍有名气后，在朋友们的鼓励下，开始尝试短篇小说创作，作品经常出现在《乐园日报》、《星报》（三日刊，苏州）、《社会之花》、《商务日报》、《梁溪日报》、《小说世界》、《蔷薇花》、《半月》、《紫罗兰》报刊上。张碧梧还通过毕倚虹的介绍，前往无锡担任《商务日报》《梁溪日报》的主笔。几年后，无锡两报停刊，张碧梧去浙江萧山担任社会事务，因难以适应，旋即回沪，继续重操旧业，从事笔耕生活。其作品主要以当时中国社会的现实为背景。他的侦探小说系列在民国文学界有一定影响。其

---

[1] 范伯群：《通俗文坛上一颗早殒的星——毕倚虹评传》，《苏州大学学报》（哲学社会科学版）1990 年第 4 期，第 86—93 页。

主要作品有侦探小说《家庭侦探宋悟奇探案》(系列)、《白室记》等,历史小说有《国民军北伐演义》,短篇小说有《张碧梧小说集》等。

张秋虫(1902—1974),笔名有姜公、一沤、藕丝,出生于浙江余姚,祖籍扬州。因出生于农历二月十二,相传这一天为百花生日,俗称"花朝",所以,他自称"百花同日生",有时以此作笔名。与鸳鸯蝴蝶派扬州作家群体的大多数人一样,张秋虫的文学之路也是从上海开始的。他在上海创办过《万岁》半月刊,后又主编过《商馀》《春华》《响报》等。其作品主要有《初夜》《秋波》《芳时》《嫁魅记》《离恨天》《非非想》《新山海经》《海市莺花》《水银灯》《银海潮》《捆仙绳》《未婚之妻》《银海新潮》《海市人妖》《海上红楼》《假凤虚凰》《花月春风》《病花狂叶》《墙西梦影》《江上芙蓉记》《梅雪争芳记》《藕丝织恨记》《关盼楼头》《惊弦私记》《孽雁惊弦》等,其中,以《新山海经》和《海市莺花》影响最大。张秋虫以写黑幕小说见长,揭示社会现实。以《新山海经》为例,其尽情收罗了1928年前发生在北京的一切怪异之事,向读者展示各种奇异之事、奇异之情、奇异之人,呈现出了一种具有独特性格的人物,为中国现代文学史上知识分子系列增添了新的人物形象,从而使其具有一定的价值和地位。[1]

二、关于冶春后社及其主要活动

进入民国时期,扬州经济凋零,交通不便,信息闭塞,在全国的地位总体呈下降的态势,往日的辉煌早已风光不再。在这种情况下,一些扬州的文人纷纷前往更加开放、包容的上海或其他大城市,寻找机会,谋求更好的发展。而坚守在扬州的一些本土文人,他们自娱自乐,以诗文会友,以民间松散性的诗人社团——冶春后社为阵地,成为民国年间扬州本土文化的重要组成部分。

冶春后社大约成立于清光绪中叶,[2]其名称的来历与清早、中期扬州冶春诗社有密切的关系。顺治十七年(1660),进士出身的山东人王士禛为

---

[1] 汤哲声:《睁着眼睛走向死亡的"明白糊涂人"——〈新山海经〉及其作者张秋虫》,《苏州大学学报》(哲学社会科学版),1990年第4期,第99—102页。

[2] 关于冶春后社的成立时间,有多种说法,包括当年冶春后社的几位重要成员王世振、杜召棠、董玉书等人的说法也各不相同。此处采用顾一平的观点。参见顾一平:《关于冶春后社》,载《扬州文化研究论丛》(第15辑),广陵书社2015年版,第147页。

官扬州,先后两次主持诗文酒会,史称"红桥修禊",参加者皆当时文坛名流。其中,康熙三年(1664)春,王士禛主持第二次红桥修禊,赋《冶春绝句二十首》,冶春诗社由此得名。后经孔尚任、卢见曾、曾燠、阮元、方濬颐等后继者薪火相传,冶春诗社成为康乾盛世之时扬州文化的一大亮点。当然,这与清代前期扬州社会安定、经济繁盛、文化发达有很大关系。可惜,太平天国运动之后,扬州社会、经济、文化发生急剧变化,文人墨客们纷纷隐居闭门谢客,或僻居乡野,或远走他乡,一度冶春诗社的活动难觅踪影,诗文酒会亦烟消云散。到了晚清光绪中叶,臧谷、马伯良等扬州地方文化名流为了追慕和继承清初大诗人王士禛的遗风,重振扬州文坛,萌发了复兴冶春诗社的想法。臧谷曾赋诗云:"人影衣香又一时,渔洋以后久无诗","竹西歌吹由来久,结社联吟岂待言?"[1]当初议论诗社取名时,书画名家吉亮工倡议"社名仍号冶春,何必改作"。这样,冶春后社正式问世。

冶春后社不同于稍后在苏州成立、以上海为主要活动中心的南社。它是一个主要由本地文人组成的比较松散性的民间诗人社团,既没有组织机构,也没有章程,社员往往是相互介绍,来去自由,不需要填写任何表格,也不需要任何手续,没有设立准入门槛。

冶春后社成立后,最初的盟主是主要创始人之一、德高望重的臧谷。[2]其时,成员不多,仅十余人,活动地点多在臧谷的私家桥西花墅[3],"每逢花晨月夕,醵金为文酒之会,相与尖叉斗韵,刻烛成诗,以为乐"[4]。

1910年,臧谷去世,历史很快进入民国时期。继臧谷之后,冶春后社盟主相继为马伯良、萧畏之,其间,凌仁山、孔剑秋等共襄其事。这一时期大约

---

[1]　罗加岭:《日落下的挽歌:论冶春后社与扬州近现代文化》,江苏凤凰文艺出版社2014年版,第40页。

[2]　臧谷(1834—1910),江都人,谱名肇庸,字怡孙,亦作宜孙,号雪溪,因爱菊自称种菊生、菊隐翁。同治四年(1865)中进士,任翰林院庶吉士,旋即辞官告归,以诗书自娱。居扬州府东街(今通泗街北段),筑有桥西花墅。著有《雪溪残稿》《咏史偶编》《咏菊诗》《消寒分咏诗》各1卷,《湖上杂诗》200首、《续扬州竹枝词》100首。

[3]　顾一平:《关于冶春后社》,《扬州文化研究论丛》(第15辑),第147页。

[4]　董玉书:《芜城怀旧录》,《芜城怀旧录　扬州风土记略》,江苏古籍出版社2002年版,第17页。

持续至 1931 年。这是冶春后社活动的鼎盛阶段,参与人数多,活动频率高,留下了许多珍贵资料。时人《扬州览胜录》有载:"自臧太史归道山后,冶春后社平日召集诗会,多在县东街社友萧君畏之之萧斋。民国初年唱和最盛之时,则多集于城内左卫街(今广陵路)花局巷之风来堂及南门城楼。二十年后,则多集于公园之草亭,或集于社友斋中。"[1]抗日战争期间,冶春后社只有少数成员之间零零星星的来往,整体来说名存实亡。抗战胜利后,由杜召棠、戴天球等会员主持,恢复诗社正常活动。

1947 年 8 月 27 日,扬州《苏北日报》副刊《梅花岭》载:"(冶春)社中诸子,若孔剑秋、凌仁山、马伯良、萧畏之等均下世,继起者仍为冶春后社,主持者为林小圃(别号髯佛)……"林小圃(1874—1953),原名作霖,字小圃,又作筱圃,晚年号髯翁,先世为闽中巨族,后定居扬州,曾留学日本,修习体育,回国后任教扬州省立八中,教授体育与音乐。喜诗词,精武艺,文武双全。林小圃成了冶春后社的最后一任盟主,在其之后,几乎无人主持。20 世纪 50 年代初,由于诗社内部两位成员为争盟主之位而致冶春后社解散。

冶春后社活跃于整个民国时期,吸引和集聚了清末民初扬州文化界名流,成为那个时期享有盛名的扬州文化标志性的文人雅集。先后加入的成员在百人以上,[2]成员身份比较复杂,经历各异,既有教师(塾师),还有幕僚、秘书、中下层官吏、书画家、医生、实业家、小业主、报人、律师及部分无业人员。[3]有些人曾经赴日留学,有些人去了其他大城市,也有五人在新中国成立前去了台湾。这些人大多为经济并不宽裕的文化人,但他们几乎人人都是饱学之士,个个身怀绝技,不仅是作诗作文的高手,而且多才多艺,具有多方面学识。有的擅长金石书画,有的喜好收藏、精于鉴赏,有的精通版本目录之学,也有的通晓医术,等等,可谓人才济济。"吾乡冶春后社,当清末

---

[1] 王振世著、蒋孝达校点:《扬州览胜录》,《扬州览胜录 扬州名胜录》,江苏古籍出版社 2002 年版,第 46 页。

[2] 关于冶春后社的成员数量,也是学术界有争议的问题。王振世《扬州览胜录》列出 90 人;董玉书《芜城怀旧录》列出 110 人;顾一平根据掌握的资料并进行了考辨,提出 126 人,同时指出,是否就是 126 人,还不能肯定。罗加岭在《日落下的挽歌:论冶春后社与扬州近现代文化》一书中,在附录部分专列《冶春后社成员一览表》,列出 125 人。本处为表述方便,采用约数。

[3] 罗加岭:《日落下的挽歌:论冶春后社与扬州近现代文化》,第 64—65 页。

民初时,人才之盛,几济美乾嘉。"[1]他们留下了大量诗文著述和书画作品,成为民国时期扬州文化发展和艺术成就的重要精神财富。有学者统计,冶春后社有71人著有诗文集,共计有250余种,其中,由于种种原因,遗失不少。现存有关图书馆或后人、亲友收藏的主要有:臧谷的《雪溪先生诗稿》《扬州劫馀小志》,朱菊坪的《樗庵诗草》《樗庵文存》,汪二丘的《二丘诗草》《万古愁曲注》,梁公约的《红雪楼诗馀》,许幼樵的《扬州辛亥吟》,桂邦杰的《天香阁诗草》,吴邦俊的《索园诗存》,高乃超的《惜馀春见闻录》,陈臣朔的《医懒诗草》《药闲诗馀》,黄养之的《青春集》《语心集》,张曙生的《爽斋吟草》《爽斋文存》《爽斋唱和集》,张羽屏的《日记》《心塘词存》,张景庭的《瑾厂诗存》等。[2]

第三节 书画艺术

作为一座历史文化名城,扬州的书画艺术具有辉煌的历史。这里曾经涌现出了石涛和扬州八怪,一度成为全国书画艺术的中心,代表着书画艺术的最高水准,吸引了无数的书画家和书画爱好者前来学习、创作、交流和定居。稍后,邓石如、包世臣、伊秉绶、吴让之等书画名家的艺术成就,使扬州的书画艺术持续繁荣。进入晚清民国时期,由于各方面的原因,大量有才华、有胆识的艺术家纷纷走向上海等大城市,有的甚至赴海外求学,寻求更好的发展,扬州逐渐沦落为江北的一座封闭小城。在这样的大背景下,"在康乾盛世曾经标新立异的扬州画派,此时失去了创新的锐气"。[3]但是,扬州毕竟是一座有文化底蕴的城市,书画艺术具有深厚的民间基础和传统,"堂前无字画,不是旧人家"是扬州普通百姓的基本共识。民国时期,扬州在书画艺术方面有成就的艺术家很多,代表人物主要有吉亮工、陈含光、鲍娄先、王景琦、何其愚、顾伯逵、潘玉良、戈湘岚、许幸之等。另外,扬州书画界在民国年间先后成立了"晴社"和"涛社"两个同人社团,成为艺术家们相互交流、

---

[1] 顾一平:《关于冶春后社》,载《扬州文化研究论丛》(第15辑),第150页。

[2] 顾一平:《关于冶春后社》,载《扬州文化研究论丛》(第15辑),第150页。

[3] 扬州市档案局、扬州市地方志办公室编:《落日辉煌话扬州》,黄山书社2001年版,第239页。

相互切磋的平台和纽带。

一、民国时期的扬州书坛

民国时期,扬州书风基本沿袭晚清,受包世臣、吴让之等人影响较深,崇尚碑学,偏重于传统。有些书法名家一专多长,除了书法,绘画、诗文乃至篆刻,皆有所长。比较著名的主要有以下几位:

吉亮工(1857—1915),字柱臣,一字住岑,别署莽书生,晚清民国初期扬州著名书画家。自幼受到良好教育,少年时即精通诗文书画。光绪十七年(1891)中举。其个性清高孤傲,特立独行,言谈举止,往往异于常人,被人称为"疯子"。中年以后,自称"风先生",并撰《风先生传》。一生穷困潦倒,以卖字画、授徒为生。工诗文书画,为冶春后社早期成员。书法多为狂草,有"龙章凤篆"之称。扬州瘦西湖著名景点"徐园"二字即出自吉亮工之手,"不拘形迹中寓法度,极富神韵,为他人所不及"[1]。画承"扬州八怪"遗风,善写苍松怪柏、飞禽走兽及佛像等,往往不拘成法,随意气所之。喜题画,几乎无画不题,且所题画作的诗文寓意深刻,诙谐幽默。

陈含光(1879—1957),名延韡,号移孙,后改含光,以字行,别号淮海客。扬州民国年间著名书画家、诗人、学者,有诗书画"三绝"之称,是民国扬州文化界举足轻重的人物,被誉为"扬州名儒"。"博学通才,工诗古文辞,诗书画并称三绝,近世作者罕与其匹"。[2]

陈含光出身于扬州科举世家,曾祖陈嘉树、祖父陈六舟分别是道光、同治年间的殿试第四名,有"父子传胪"的美谈。父陈重庆亦为扬州名士,清光绪年间举人,官至道台。其家族被称为"维扬世家",但其终身不仕。民国初年因学识渊博曾受聘于北京清史馆,参与编纂《清史稿》,两年后南归故里,从此隐居扬州,以诗书画自娱,为冶春后社重要骨干。1935年受聘于扬州国学专修学校,讲授骈体文。因讲课认真、精彩,颇受学生喜爱。抗战期间,一再拒绝日伪政府邀请出山任职,以卖字画度日。曾刻闲章自称"沦隐者",遇日军强索字画,则事先毁笔、破砚、裂纸等以拒之。抗战胜利后,书

---

[1] 朱福烓:《笔墨见风神——扬州书法艺术》,广陵书社2012年版,第79页。

[2] 董玉书:《芜城怀旧录》,第79页。

联"八年坚卧,一旦升平"以庆贺,并与书画友人筹划成立"涛社",亲撰《涛社记》。陈含光的书法一方面来自家学,其父亲陈重庆的书法功力深厚,名重一时;另一方面源于自己的天赋及勤学苦练。其6岁学书,反复临写《怀仁集王书圣教序》《乐毅论》,打下坚实基础。其后独辟蹊径,自成一家。楷书坚挺紧密,篆书苍劲秀拔,具有浓厚的金石气韵。其画以山水为主,意境清幽、深远,带有鲜明的文人气息。1948年冬,陈含光随子陈康迁居台湾。

王景琦(1879—1960),字容庵,号蓉湘,以字行,江都仙女庙人,出身于仕宦家庭。清光绪二十八年(1902)举人,以知县赴广东任职,辛亥革命后归里。承家学,书艺超绝,能诗善书,长于行楷。楷书工秀,赏心悦目,有"字冠八邑"之誉("八邑"指当时扬州治下的高邮州、泰州、江都、甘泉、仪征、兴化、宝应、东台)。时人有诗评价:"名场年少早抽身,襟带飘飘迥出尘。换得笼鹅今几许,怀仁《圣教》有传人。"[1]但其早年楷书略有馆阁体气息,后期转向遒劲,一扫馆阁习气。[2]因其书法雅俗共赏,求字者甚众。扬州冶春园门额"冶春"两字,为王景琦所书。

王启明(1890—1959),名载东,号俗道士,扬州人,工书法,尤擅擘窠大字,力透纸背。常书写名言警句作品送人,人称"书界君子"。

另外,吴孟节的小楷、高老侗的甲骨文、李梅阁的隶书等皆名重一时。

二、民国时期的扬州绘画

民国前期,扬州一些画家纷纷前往上海等大城市谋求发展,在坚守传统的基础上,吸收一些新的创作元素。代表性人物主要有:

吴笠仙(1869—1938),名树本,号秋圃老农、东篱野叟等,扬州人。擅人物、山水、花鸟,亦工诗及篆刻。中年以后主攻菊花,人称"吴菊仙"。吴笠仙深得海派名家王一亭赏识,卖画于上海。晚年居上海,与缪谷瑛、谢公展并称"海上三菊"。吴笠仙在吸收前人画菊的传统基础上,通过长期的仔细观察和反复实践,开创了"以色画花、以墨点叶"的重彩写意画法,具有鲜明的个性色彩。其所绘菊花造型丰富优美,构图饱满多变,色彩艳而不媚,顺

[1] 刘介春撰,顾一平编注:《扬州艺坛点将录》(修订本)(2012年3月内部印刷,未公开发行),第8页。

[2] 朱福烓:《笔墨见风神——扬州书法艺术》,第82页。

应了大众审美需求,在当时的苏、沪市场广受欢迎。其女吴砚耕女承父业,亦以画菊名世,为扬州民国年间著名的女书画家。

陈康侯(1866—1937),字锡蕃,扬州人。自幼聪慧好学,喜诗书绘画,拜晚清扬州名家王小某为师。工山水、人物、花鸟。其作品用笔洒脱,清新秀丽,质朴自然,神韵俱佳。其花鸟画更是生动传神,神形兼备,栩栩如生,名播海上,成为海上名家之一。

梁公约(1864—1927),原名菼,又名梁英,号饮真,斋名端虚堂。工书画,尤以画芍药、菊花见长,有"梁芍药"之美誉。其擅长运用精湛画法和简洁构图,画面清新秀丽,格调高雅。有《藤苑图》《瓶菊图》《芍药图》等传世。

民国后期,虽然历经抗日战争,但扬州从事画作的画家人数有所增加,特别是抗战胜利后,画坛活动增多。当时比较活跃的画家主要有:

鲍娄先(1874—1958),原名曲襄,又名奎,字星南,50岁后改字娄先。祖籍安徽歙县,世居扬州,为扬州近现代著名画家。

鲍娄先出身于一个破落的盐商家庭。早年从塾师李瑞泉攻读古文。17岁在家乡参加岁试,获第一名。其文学素养很高,颇得文坛前辈赞赏。辛亥革命后,剪去长辫,去武昌师范学堂读书。毕业后,任扬州两淮中学、江苏省立第八中学等校国文、国画教员。在从事教育工作之余,利用业余时间坚持创作。在其住宅后院,种植花草树木,每天必作观察写生,构思作画心得。40岁后,应盐商周扶九聘请,去上海周家坐馆教书,与海上著名画家吴昌硕、王一亭等交往,相互切磋技艺。擅画花果、古藤、枯树,用笔苍劲有力,设色厚重,具有丰富的绘画实践和理论。他认为"作画之病,在乎俗、平、弱、薄、庸、蛮、怪、杂,前后不明,远近不分,位置失宜,大小失察等",又说"对花写照,不仅取形,更要识其花性,赏其花容,风前姿势,雨后精神,日中光彩等,均须观察"。[1]鲍娄先为人正派,做人有底线。宁可生活贫困,绝不放弃原则。曾教馆于金融家胡笔江家,待遇甚高,但胡家对其作画有诸多限制,鲍娄先不能忍受,遂告辞回扬州家中。50岁辞去教职,专事绘画。他一生不愿卖画,以课徒为生。抗战期间,深居简出,"宁可在家饿死,也不去捧鬼子的饭碗。"

---

[1] 尹文、薛锋:《笔墨写新异——扬州绘画艺术》,广陵书社 2009 年版,第 134 页。

日军驻扬州总司令天谷要他画一幅《百桃图》并题"天谷将军教正"。他却作枯树一株,上结干瘪毛桃两只,题款用狂草将"天谷"二字连写,看似"天哭",吓得伪维持会会长不敢转送,成为一时佳话。《扬州艺坛点将录》有诗曰:"清淡雅度总超群,老去情怀懒卧云。一自丹青名噪世,诗才谁复识参军。"[1]

何其愚(1891—1958),名如,字学衡、学恨,号其愚,以号行。原籍镇江,后随父寓居扬州。民国时期花鸟画大家。自幼受其父熏陶,后又拜陈康侯为师,兼擅浅刻。早年曾任上海中华书局推广部职员、广州《大同日报》图书主任、山西太原盐税局汉文秘书。1923年后转入书画界,专事书画创作,兼浅刻牙竹。何其愚的书法追"二王"之风,格调清秀,点划秀美;绘画以小写意花鸟为主题,擅长把握那富有情趣的物象运动的瞬间,笔墨丰富,构思严谨,讲究"气韵生动",画风清新秀逸,用笔简洁利落,具有白阳山人、新罗山人笔意。诗、书、画、篆刻及浅刻均有造诣,无所不精。1929年,作品《红梅》还入选教育部全国美术展览会,1937年作品《月季芭蕉瓦雀》立轴再次入选教育部第二次全国美术展览会。

顾伯逵(1892—1969),名鸿书,号九峰居士,晚号片石斋老人。祖籍苏州,出生于扬州,为近现代著名画家。早年随其舅父金山寺画僧竺仙和尚学画,并云游四方。成年后由友人推荐到上海哈同花园,在园中专设的动物园中,专注观察各类动物的特性,热衷于动物题材的表现,尤擅长画猴,所作猴画,惟妙惟肖,为时人高度赞赏。在哈同花园时期,海派绘画风格对他产生了很大的影响。1913年前后回扬定居,以绘画为业。1928年至1937年间,多次参与上海赈灾活动组织的书画募捐。其绘画才能全面,山水、人物、花鸟无所不能,尤其以画猿猴、松鼠著称。画风清新活脱、激情奔放。[2]

潘玉良(1895—1977),1895年6月14日出生于扬州广储门外。本姓张,名世秀,字玉良。婚后改从夫姓"潘"。晚年自署"潘张玉良"。中国现当代著名女画家、雕塑家。

---

[1] 刘介春撰,顾一平编注:《扬州艺坛点将录》(修订本),第3页。

[2] 宋力:《流风余韵——以鲍娄先、何其愚、顾伯逵为中心的区域绘画考察》,《书画艺术》2020年第5期,第38—41页。

潘玉良的幼年非常凄苦。其父是制作毡帽的手艺人,母亲有刺绣手艺。幼年不幸父母双亡,过早成了孤儿。14 岁时被狠心的舅舅卖给了芜湖的青楼。17 岁时幸被芜湖海关监督潘赞化赎出,纳为小妾,改名潘玉良。因潘氏与陈独秀同学关系,陈独秀作为潘氏与张玉良喜结连理的唯一嘉宾和证婚人,发现张玉良有绘画天赋,建议其去上海从洪野先生学画。

1918 年,张玉良以素描第一名、色彩高分的成绩考进上海图画美术院(后改为上海美术专科学校)。1920 年 8 月,她随吴稚晖去法国,次年,入吴稚晖所办里昂中法大学,师从德卡教授学习油画。两年后,考入巴黎国立高等美术专科学校,成为油画班的插班生,师从达仰·西蒙教授。1925 年她以第一名的成绩获取罗马奖学金,进入意大利罗马皇家美术学院,跟随康洛马蒂学习油画。1926 年创作油画《法国少女》《水果》《罗马残迹》等。1927 年,获意大利教育部一年津贴奖励金,并开始学习雕塑,创作油画《威尼斯》《卖花女》《安眠》《闲钓》《海岸》等,作品《酒徒》《女音乐家》等入选罗马美术展览会,画作多次入选意大利国家展览会,成为获此殊荣的第一位中国女画家。[1]

1928 年 7 月,张玉良学成回国,被聘为上海美术专科学校西洋画系主任。同年 11 月底,在上海举办"潘玉良女士留欧回国纪念绘画展览会",这是潘玉良的第一次个人画展,也是中国女性西画家的第一个画展。次年,辞去上海美专系主任职务,担任中央大学艺术科兼任教师和"艺苑绘画研究所"导师,参加教育部在上海举办的第一届全国美术展览会,参展作品分别为油画《酒徒》《黑女》及色粉画《顾影》《歌罢》《灯下卧男》等五幅作品。同年,受日本著名画家藤岛武二、满谷国四郎等邀请,在东京举办个人画展,参展作品有油画《黑女》《威尼斯》《清晨》《春》等。1930 年至 1935 年,任教于南京中央大学教育学院艺术科。1934 年 4 月,《潘玉良油画集》由上海中华书局出版,次年再版。在南京期间,她举办过四次个人画展,协助蔡元培先生组织"中国美术会"。1935 年 7 月,辞去中央大学教职,在国内游历,同时,不断创作,参与很多大型美术展览。

---

[1]　董松:《潘玉良年谱前编(1895 年—1937 年)》,《书画世界》2010 年 3 月号(总第 138 期)第 25—27 页。

1937年，为参加巴黎万国艺术博览会和筹办个人画展，同时，为了回避世俗观念的冷嘲热讽，潘玉良途经苏联、德国，再次赴法国。1940年，巴黎沦陷，画室被占，被迫迁居郊外，创作油画《屠杀》，以揭露德国法西斯暴行。1942年，潘玉良赴苏联参加绘画交流活动，《苏联妇女》杂志刊文，赞扬其绘画精神和艺术成就。1945年3月，她在中国留法艺术学会第58次会议上，当选为会长。这一时期，潘玉良进入了一个创作高峰期，留下了许多创作精品，成为海外最具影响力的中国女性艺术家，被誉为"一代画魂""中国女梵高"。

潘玉良作为近现代颇有影响的艺术家，她既有中国传统书画艺术的基础，又接受了西方现代主义的艺术教育，在中西方艺术文化不断碰撞、融合的过程中，经过个人的反复实践、归纳和总结，逐步形成了个人的艺术风格和特点，体现了她"中西合于一冶"的绘画创作理念。她的油画不论是气度、修养，还是技术，在中国早期女西画家中，独树一帜。她的画风基本以印象派的外光技法为基础，再融合自己的情感，不妩媚、不纤柔。用笔干脆利落，用色主观大胆，但又非常美观大方。所涉及的美术形式多种多样，风景、人物、静物、雕塑、版画、国画，无所不精，显示了深厚功力。其代表作有《花卉》《菊花和女人体》《浴女》《瓶花》《月夜琴声》等。

戈湘岚（1904—1964），原名绍荃，又名荃，自号东亭居士，别号赏神骏斋主，东台安丰镇人，出身书香门第。定居沪上。抗战期间曾寄寓扬州湾子街，与扬州书画界来往频繁，为近现代著名画家，以画马名世。

戈湘岚自幼聪慧，酷爱绘画，尤爱画马。1919年报考上海美专时，以画马为卷，名列第一，深得刘海粟等名师赏识。次年，因家贫肄业，考入上海商务印书馆印刷所学习设计，并在印刷所下属图画部从事装帧设计。1932年，与友人创办"上海学友图书社"，从事教学挂图编绘与出版发行，开创我国教育教学挂图的先河。"一·二八"淞沪战争爆发，日军侵犯上海，戈湘岚编绘了"九一八"事变日军在东北的暴行挂图、十九路军将士浴血奋战四行仓库等抗日题材的教育挂图，激发全国人民的爱国热情。工作之余，潜心绘画，临摹唐代曹霸、韩干、宋代李公麟、元代赵孟頫、清代任伯年及西洋画师郎世宁等历代名家画马技法，同时吸收岭南画派的一些特长，博采众家之长，兼收并蓄，融会贯通，自成一家。1940年在上海举办首次个人画展，引起极大反响,令吴湖帆、赵叔孺等海上名家赞赏不已。在此次展会上,被沪上大画家赵叔孺吸纳为入室弟子。1942 年,为避战乱,举家迁居其太太袁素贞的家乡扬州,先后分别暂居扬州观巷和湾子街灯草行 41 号。在扬期间,戈湘岚虚心向"扬州名儒"陈含光学习书法,与扬州书画界鲍娄先、顾伯逵、何其愚、江轸光、蔡易庵等来往频繁,积极参加抗战胜利后扬州书画界同人的社团组织——"涛社"。

戈湘岚是近现代画马大师,所画的马不配马鞍,不戴笼头,或卧或立,或嘶或浴,姿势各异,自由自在,意态闲适,令人心旷神怡。时人常将其与徐悲鸿并称为"北徐南戈"。代表作有《春耕》《八骏图》《群马图》《马》《斑马》等。

许幸之(1904—1991),学名许达,笔名霓璐、天马、屈文、丹沙,祖籍安徽歙县,出生于扬州,现当代著名画家、美术评论家、电影导演、作家。

1904 年 4 月 5 日,许幸之出生于扬州板井巷,自幼爱好绘画。读完私塾后,于 1917 年拜丹阳著名美术教育家吕凤子为师。1919 年至 1923 年,考入上海美专和东方艺术研究所学习。1923 年 4 月,在东方艺术研究所师生作品展览会上,许幸之参展的《母与子》《落霞》《天光》等作品,获得郭沫若、郁达夫、成仿吾等人的好评。1924 年,赴日勤工俭学,先入日本有名的川端画会专学素描,后又考入东京美术学校。1926 年在日本东京创作的油画《晚步》,笔力柔和,光彩炫目,深受好评。

1927 年春,应郭沫若电召回国,前往北伐军总政治部从事美术工作。遇"四·一二"政变,被疑为共产党员,深陷囹圄三月,后经东京美术学校校长致函保释出狱,重返日本东京美术学校,受业于著名油画家藤岛武二,学习油画写实主义传统和一些现代派的表现手法,创作了油画《失业者》(又称《彷徨》)和抒情长诗《牧歌》,并参与话剧《怒吼吧! 中国》的演出。

1929 年,许幸之回国,任上海中华艺术大学西洋画科主任、副教授。1930 年 2 月,与友人发起组织左翼美术团体"时代美术社",还先后参加了左联、剧联、美联、文总等左翼文化运动,并被推为左翼美术家联盟主席。1930 年 6 月,他在《沙龙》月刊第 1 卷第 1 期发表《中国美术运动的展望》一文,大声疾呼:"新兴美术家还应该亲自体验工人劳动者的勤劳状态和被压迫的酸苦,从自己的作品中传达出来。新兴的美术运动要和新兴阶级的革命运动合流,才是唯一的出路。"1930 年至 1934 年,他创作了《工人之家》《逃荒者》《铺路者》等现实主义油画,并于 1934 年初冬,在上海八仙桥举办画展,大获成功。作为有成就的画家,许幸之非常重视实践,崇尚写实,经常深入实际,体验生活。他的油画色调高雅,笔触细腻,尤其擅长运用典雅的灰色调,给人以美的享受。

许幸之是现当代具有多方面成就的艺术家,除了绘画和美术理论方面,在电影编导和诗歌创作方面也是硕果累累。上世纪三四十年代,著有叙事长诗《卖血的人》和《大板井》,抒情长诗有《扬子江》《万里长城》《打起你的战鼓吧,同志!》《春雷》《飓风》《不平等的列车》等,还出版了《永生永世之歌》及散文集《归来》。电影编导方面,1935 年,他在上海成功导演了轰动一时的《风云儿女》(田汉编剧),其主题歌《义勇军进行曲》(田汉词、聂耳曲)随着影片风靡全国,影响深远,后来《义勇军进行曲》成为中华人民共和国国歌。抗日战争爆发后,他和吴印咸不顾个人安危,摄制了大型抗战纪录片《中国万岁》,广泛地宣传爱国主义。随后,改编了《阿Q正传》《天长地久》等多幕剧本,导演了《雷雨》《日出》《原野》《爱与死的搏斗》《一年间》等话剧,编写了《电影导演论》《电影编剧法》《电影概论》等讲稿。

三、民国时期的扬州书画社团

民国年间,扬州书画艺术界先后成立了晴社、涛社两个社团组织,成为书画家联系和交流的桥梁与平台,对于推动本地书画艺术的发展、提升书画艺术的影响力,发挥了比较好的作用。晴社成立于民国初年,[1]当时社会为之一新,新式教育在城市蓬勃兴起。扬州两淮高小奉命改为江苏省立第五师范学校,具有改革创新意识的教育家任诚于 1913 年出任第二任校长,力主教育革新,聘请优秀师资,倡导"三育"并重。正是在这样的背景下,著名画

[1] 关于晴社的相关资料较少。关于其成立时间,《扬州市志》第 2528 页、《笔墨写新异——扬州绘画艺术》第 117 页等均称民国二十五年前后,有些著作写为民国后期。民国画家张宴公(1899—1970)(既是晴社成员,又是涛社成员)在其《论扬州画派》一文中写到"至民国初年……始创晴社"。戴求所撰《关于"晴社"》一文中,提出晴社成立于吕凤子在扬州省立第五师范执教期间,也即 1914—1918 年,认为成立于民国初年。参见戴求《关于"晴社"》,《扬州微视听》,2021 年 7 月 21 日。

家、现代美术教育的奠基人吕凤子从江南来到江北扬州的第五师范学校执教，担任美工科首席教师。吕凤子虽然在扬州任教时间仅有四年，但对扬州美术界影响甚大，不仅培养了众多书画爱好者，而且培育了广大师生对于美育与人生的诸多思考。吕凤子的美育思想启发了扬州一些学校的美术老师，他们于是组织了这样一个松散的、纯民间的同人社团，相互间交流、切磋，取长补短。随着影响日益扩大，不断有社会各界名流加入晴社。晴社成员不仅"昌明艺术，怡情悦性"，而且积极参与社会公益事业。1931年，苏北里下河地区发生特大洪涝灾害，晴社号召成员积极捐赠作品赈灾，"全扬艺人积极响应，下河灾黎，稍获挽救"。晴社曾组织成员在扬州、镇江、上海、南京及华中各地举办画展，"足迹所至，载誉亦多"。

1939年6月，晴社在扬州私立同仁中学举办中国历代书法展览，陈列甲骨、石鼓、钟鼎拓片，以及书家所临碑帖墨迹近200件，其中以晋、唐法帖、清名人手迹等精品尤为珍贵。这次活动正处于抗战艰难时期，因而非常难得，也非常有意义，对于扬州当时比较寂静的艺术界来说，是一件轰动性的盛事。

晴社的活动一直持续到抗战结束。1945年9月，涛社成立，晴社渐渐淡出，大多数成员转入涛社。关于"晴社"的成员，主要有贾剑青、朱鹏、周斯达、史鉴、张宴公、石楚青、江轸光、赵复先、张度、禹德培、王友竹、朱小云、蔡易庵、刘声如、蒋谔士等。

涛社是民国年间扬州书画界自发组织的又一个民间松散性的同人社团。根据陈含光的《涛社记》，涛社成立于"乙酉秋八月"，即公历1945年9月。众所周知，1945年8月15日，日本军国主义宣布无条件投降，9月2日，日方代表在东京湾美军密苏里号军舰上签署并向盟国代表递交投降书，抗日战争宣告结束。一时举国同庆，欢欣鼓舞。涛社正是在抗战已经取得胜利的大背景下宣告成立的。至于社团取名涛字，《涛社记》记述得清清楚楚，主要为了仰慕和纪念明末清初大画家石涛上人的高超绘画艺术和可贵的民族气节；同时，涛社成立于秋八月，正合枚乘《七发》"八月之望"，"观涛乎广陵之曲江"之说，"斯社适以八月成，则涛之名，为尤合也"。当然，取名"涛社"也表达了扬州书画同人积极进取，奋发向上，努力复兴中国书画艺术的信心和决心。"同人等方将抒蕴蓄之愫，发新兴之光，为艺苑一洗颓靡消沉之旧,同声相应,靡间方隅,中国之绘画,其将因而复兴乎!"[1]

前后大约有 20 多位书画家加入涛社,大多为当时扬州名家或寓居扬州的名家,包括陈含光、江轸光、石楚青、张宴公、蔡巨川、刘声如、鲍娄先、张甘亭、王启明、卞仲飞、陈悔之、张迹冷、戈湘岚、林雪岩、耿鉴庭、凌绍夔、史鉴、吴砚耕、刘苑华、赵八雁、孙龙父、徐干如、卞绍梓等。[2]涛社的成立对当时扬州艺术界来说,无疑是一个重大的事件,大大推动和促进了扬州书画艺术的交流和提高,打破了自抗战以来画坛的沉寂,也扩展了普通百姓与书画艺术的直接接触。

涛社成立后,除了成员间正常开展书画交流、相互切磋外,还多次举办书画社团活动。如 1946 年 3 月、8 月,涛社先后举办两次雅集,社内外画家积极参与,鲍娄先、何其愚、顾伯逵、张允和、耿鉴庭、戈湘岚、陈含光、林雪岩、金佩鱼等均参加,共庆抗战胜利。1946 年 8 月,陈含光、鲍娄先、耿鉴庭、张允和发起"尊师"书画义展义卖,有 50 多位画家参加,200 余件作品参展,规模空前。1947 年 8 月,在圣三一堂(广西巡护张联桂故居)举办的旨在为纪念抗战胜利的书画展暨涛社成立两周年纪念活动,本地《苏北日报》予以详细报道,影响广泛。后因时局动荡变化,人员流动性大,涛社活动基本停息。

第四节 出版文化

进入近代以后,随着西学东渐,西方传教士的大量涌入,西方的思想、文化乃至科学技术不断传入我国,对我国的许多行业产生了重大影响。其中,图书出版就是深受影响的行业之一。西方传教士带来了较为先进的铅活字排版和机械化印刷技术,大大改变了我国传统的图书制作方式。清末民初,印刷技术进一步革新,传统的雕版印刷遇到前所未有的挑战,并很快走向衰落。在这一大潮的冲击之下,虽然"扬地近来百业凋零,书业更是不堪设想了",[3]但依然有一批继续从事雕版印刷的艺人,仍然出版了一些官刻、家刻

---

[1] 顾一平:《关于涛社》,《邗上杂记》(上),第 156—158 页。

[2] 顾一平:《关于涛社》,《邗上杂记》(上),第 156—158 页。

[3] 钮东:《扬州书肆》,《民国日报》1946 年 4 月 24 日第 4 版"觉悟"副刊。

和坊刻图书,可谓"余风犹存"。[1]另外,"小书店和书摊随地点缀,旧书破籍汗牛充栋"[2],书肆林立,吸引了许多藏书家和学者前来淘书,展示了文化古城的特有魅力。

一、图书出版

扬州自古就是我国东南出版重镇之一,至清代前、中期达到鼎盛。康熙年间设立的扬州诗局,由曹寅在扬州天宁寺主持刻印的《全唐诗》,集中国内各路高手,写、刻、校、印俱佳,被誉为"康版",从而开创了扬州历史上最为辉煌的图书出版历史。随后的扬州书局、淮南书局都曾出版过一批精品图书。进入晚清民国时期,随着印刷技术的突飞猛进,传统的雕版印刷制作图书的方式日益走向没落。相比于其他城市,扬州由于文化积淀深厚,有着良好的刻书之风,刻书尚有不小的市场。同时,以扬州东郊杭集镇为主的一大批刻书艺人从近代开始就形成了团队力量,他们工种齐全,分工明确,技艺高超,走南闯北,被业界称为"杭集扬帮"。一大批雕版艺人储备了充裕的人才优势。另外,民国时期,由于铁路、公路等新式交通的兴起,扬州与周边南京、镇江、常州、无锡、苏州等城市的差距迅速拉大,成了一座交通相对比较落后、信息相对比较闭塞的城市,新技术、新产业等吸收和引进相对滞后。在新的印刷技术尚未广泛普及之前,传统的雕版印刷仍然是图书出版的一种重要方式。

民国时期,扬州刻印的官刻本图书主要有民国十年(1921)《〔民国〕甘泉县续志》、民国十五年(1926)《〔民国〕江都县续志》、民国二十六年(1937)《〔民国〕江都县新志》等,这几部官刻志书,在以前志书的基础上,有所创新和突破。[3]家刻本图书较多,据王澄《扬州刻书考》记述,大约有40多部,[4]如闵尔昌刻《独诵堂遗集》《五续疑年录》《云海楼诗存》《江子屏(江藩)先生年谱》《高邮王氏父子年谱》等,尹恭寿刻《尹和靖文集》、王鉴修补重印《黄氏逸书考》(原名《汉学堂丛书》)等。至于坊刻本,民国初年,

---

[1]《扬州文化志》编纂委员会:《扬州文化志》,江苏文艺出版社1996年版,第529页。

[2]易君左:《闲话扬州》,《扬州文库》,第2辑第45册,第350页。

[3]许卫平:《扬州地方志研究》,黄山书社1993年版,第126、127、137页。

[4]王澄:《扬州刻书考》,广陵书社2003年版,第327—336页。

已寥寥无几。民国元年（1912）揖峰书屋刻木活字本《卞微君集》（七卷）为这一时期坊刻本为数不多的代表作。云蓝阁等老字号继续从事木版年画、诗笺刻印制作，另外，文枢堂等个别店家刻印《大学》《中庸》《左传》等启蒙读物，发行各地。大多数商家在新旧社会转换之际，进行经营项目的转向，逐渐由雕版印刷转为收售新旧图书，兼营文具业务。但是，到了民国中期，随着陈恒和及其经营的陈恒和书林的崛起，为扬州民国时期的图书出版书写了极为靓丽的篇章。

陈恒和（1883—1937），扬州杭集人，自幼颖慧，初通文字。18岁，随舅舅学习目录学。由于杭集一带近代以来以雕版印书闻名，从事刻书为业的人众多，陈恒和从小耳濡目染，掌握了修补旧书的技艺，后来也走上了以书为业的道路。他早年在周边的兴化、高邮、宝应等地做一些黄历生意（带有季节性）。30岁时，离开家乡，到上海的忠厚书庄，专事修补古书。忠厚书庄老板李紫东是北京人，为人厚道，精通古籍版本，陈恒和在修补古书之余，经常跟随李氏外出收购古书，不时得到李氏指点，眼界渐开，对版本目录之学和古旧书实务方面长进颇大。

1923年，陈恒和从上海回到扬州，在今埂子街与南柳巷交汇处开设了一家小书坊，以销售、编刻图书为主业，并以自己姓名为店名，号"陈恒和书林"。因其精通古籍版本知识，又具有经营意识，业务和影响不断扩大。不久，他举债800元，在当时最繁华的地段教场街南买下一处门面房子，将书店业务进行了扩展，除了继续经营古旧书籍，还增加了新书及文化用品的销售。

在经营古旧书业务的过程中，陈恒和一直留心乡邦文献，多方访求扬州历代珍本典籍，经多年坚持不懈，终于获得地方文献稿本多种。通过仔细比对版本，校勘文字，决定以个人力量，自筹资金，选择24种乡邦文献，刊刻发行，以存后世。刊刻工作始于1929年，1934年大功告成，前后历时五年之久。刻工多来自陈恒和的家乡杭集，写样、刻版、刷印、装订等每道工序，他都要亲自把关。其子陈履恒主要负责校对工作。为了完成这一相当浩大的文化工程，陈恒和花费了多年经营书店的积蓄，甚至其妻"亲脱簪珥以助"，其热心乡梓文化的壮举，令人感佩。扬州名贤陈含光在《扬州丛刻》序中写到："陈君恒和，以业书自隐于市肆。慨然念此，乃哀集先哲以扬人而述扬事者，为书若干种,合刊之,为《扬州丛刻》。于是吾郡之掌故,与纪吾郡掌故之前贤,皆得托以不朽!夫使人不朽者,天必以不朽报之,则千秋后之陈君,其必不居常熟毛、姑苏席两氏之后也。"[1]对陈恒和刊刻《扬州丛刻》予以高度评价。

《扬州丛刻》共收录扬州历代典籍二十四种,包括李斗《扬州名胜录》、焦循《邗记》、吴绮《扬州鼓吹词序》、刘文淇《项羽都江都考》、杨丕复《扬州舆地沿革表》、戴名世《扬州城守纪略》、乔吉《杜牧之扬州梦》、倪在田《扬州御寇录》、郑章云《扬州殉难续录》、黄鼎铭《望江南百调》、王秀楚《扬州十日记》、阮先《扬州北湖续志》、董伟业《扬州竹枝词》、汪鋆《扬州画苑录》、阙名《扬州水利论》、于邺《扬州梦记》、王观《扬州芍药谱》、曹璿《扬州琼花集》、阙名《广陵小正》、源印《扬州黄湾胜览》、阙名《扬州水利论》、张鹏翮《治下河水论》、叶机《洩湖水入江议》、俞正燮《高家堰记》和齐召南《运河水道编》等,内容涉及扬州历史、地理、名胜、文学、水利、风俗等方方面面。尽管篇幅都不大,文字校对亦有错讹,但仍然具有重要的版本价值与资料价值,特别是一些珍贵的稿本、抄本,正是因为《扬州丛刻》的收录,才得以流传下来。

陈恒和主持刊刻的《扬州丛刻》不仅是近代以来扬州地方文献的首次大规模结集出版,同时也是一部校刻俱佳的精品之作,代表了民国时期扬州图书出版的主要成就。

除了《扬州丛刻》,陈恒和书林还于 1933 年租版重印了清代江都蒋超伯撰、清同治三年(1864)刻本《通斋全集》十二种,刻印了《十五家年谱丛书》,这是清代杨希闵所辑,内载徐稚、诸葛亮、陶潜、李泌、陆贽、欧阳修、韩琦、王安石、曾巩、黄庭坚、李纲、陆九渊、吴与弼、胡居仁、王守仁等 15 人的年谱及附录文章。[2]陈恒和曾着手辑刻《扬州丛刻续编》,可惜尚未动手,因突发脑溢血于 1937 年秋去世,享年 55 岁。

民国年间的扬州图书出版,还值得一提的是易君左和他的《闲话扬州》,引发了上世纪 30 年代一场轰动全国、震惊文坛的轩然大波。

---

　[1]　陈含光:《扬州丛刻·序》,陈恒和辑:《扬州丛刻》,广陵书社 2010 年版,第 5—6 页。
　[2]　《扬州文化志》编纂委员会编:《扬州文化志》,第 537 页。

易君左（1898—1972），名家钺，字君左，笔名康匋文、意园，湖南龙阳（今汉寿）人。幼时随父亲易顺鼎到广东读书，不久回乡，先后至长沙、北京求学，受新思潮影响。后赴日本留学，就读于东京早稻田大学，与同窗创办华瀛通讯社。回国后，任上海中国公学教职兼上海泰东书局编辑。1924年，受聘至安庆法政专门学校任教。1926年，投笔从戎，参加北伐战争，任国民革命军第四十军军部主任秘书兼政治部主任。北伐后回湖南主办《国民日报》，任社长，并创办《长沙晚报》。1932年应同乡、同学且时任江苏省教育厅厅长的周佛海的邀请，辞去安徽省民政厅的职务，出任江苏省教育厅编审室主任，主持江苏省文艺社工作。当时，江苏省会设在镇江，"一·二八"事变后，江苏省级机关一度疏散，易君左随教育厅的部分工作人员暂时迁移扬州。在扬期间，他对扬州秀丽的景色和独特的历史文化产生了浓厚兴趣，一面纵情游览，深入观察，一面借机阅读关于扬州的笔记文稿和历代地方史志，写下大量的日记、诗歌和小品文。回到镇江之后，易君左将客居扬州的见闻，补充、完善而成《闲话扬州》一书，并由上海的中华书局于1934年3月出版。[1]

《闲话扬州》篇幅不大，全书三万多字，分为扬州人的生活、扬州的风景（上）、扬州的风景（下）三个主要部分，另有附录四篇，分别为：关于扬州的参考书一斑、扬州的形势、扬州的沿革、扬州的杂话。客观地说，这是一部风情游记，文史兼顾，笔调优美。但在"扬州人的生活"一节，作者以一个外地人的视角，对扬州人的日常生活的描写有些轻佻和调侃，尤其说了些"全国的妓女好像是由扬州包办，实则扬州的娼妓也未见得比旁的地方高明"[2]之类的闲话，激起扬州旅沪同乡会和扬州本地人的公愤。扬州以妇女界领袖郭坚忍为首发起了声势浩大的"扬州人民追究易君左法律责任代表团"，俗称"扬州究易团"，[3]以侮辱扬州人人格罪将作者易君左和出版商中华书局控告至江苏地方法院。同时，1934年6月12日，扬州八邑旅沪同乡会致信中华书局，就该书局出版的易君左《闲话扬州》侮辱扬州民众进行责问，提

---

[1] 李为扬：《记"闲话扬州"风波》，政协扬州市文史资料委员会编：《扬州文史资料》第4辑，1985年，第111—112页。

[2] 易君左：《闲话扬州》，《扬州文库》第2辑第45册，第348页。

[3] 许凤仪：《〈闲话扬州〉风波的台前幕后》，宗金林主编：《民国扬州旧事》，第170页。

起诉讼。[1]法院分别于1934年8月7日、8月30日两次开庭,结果达成调解:易君左在京、沪、镇及扬属七县报纸上道歉,并辞职离开江苏;中华书局毁版并停止销售《闲话扬州》,在上述各报登报道歉,并向扬属七县民教馆赠送价值2500元书籍。

后来,按照法院判定,易君左分别于1934年10月14日在《新江苏报》、1934年10月15日,在《申报》亦刊登道歉启事。

> 敬启者:君左去年曾著《闲话扬州》一书,本属游记小品,其中见闻不周,观察疏略,对于扬州社会之批评颇多失实之处,以致激起扬州人士之公愤,引起纠纷。事后详加检点,亦自觉下笔轻率,实铸大错,抚躬自省,愧悔交深,揆诸人情事理,自应坦白谢过,以明心志。荷蒙中委王茂如先生本息事宁人之善意,爱惜君左之苦心,不辞烦累,毅然出面斡旋。而扬州人士亦深喻君左自责之诚意,承蒙谅解,撤回诉讼。君左辞去现职,以明歉意,并致谢忱。谨此公布,希鉴谅为幸。

至此,轰动全国的易君左《闲话扬州》笔墨官司告以平息。

二、书店概况

清末民初,扬州社会动荡不安,经济凋敝,文化已相对滞后。书店作为一个城市的重要文化地标,某种程度上能够反映当时的文化发展状况。总体来说,扬州民国时期的书店分布及经营状况,与扬州的城市地位是相对应的。

"清末至民国时期,扬州书店较多,主要街道上书肆林立。民国后期,扬州的书店多以经销、代销上海商务印书馆、中华书局、世界书局的图书为主,形式多种多样。其时上海、南京等地的新书、教科书以扬州为中转站,向苏北各地发行;扬州众多的私家藏书,也需要向外出售,所以一时书店、书摊特别多。在众多书店中,首推'三文'即文枢堂、文富堂、文海楼,三家牌子老、资本大、版本齐,店主都是通晓古籍的行家。这些书店在经营中还培养了一

---

[1]　中华书局编辑部:《中华书局1912—2012百年大事记》,中华书局2012年版,第78页。

批有图书业务知识的人才"。[1]

其中,文富堂店址位于市区繁华的辕门桥附近,店主邱恒礼为人热情,精通古籍、版本学。店内经销经、史、子、集等各类古籍,名气大,影响广,因善于经营,与镇江善化堂、南京萃文书店并列,声名远播。[2]1927年暑假,回扬度假的余冠英先生正是在这家书店邂逅自己的恩师朱自清先生的,并应朱先生要求,安排朱自清与扬州名贤陈含光会面。[3]1931年3月,日本学者吉川幸次郎去高邮途经扬州,经苏州书店友人介绍,也光顾了该店,并买了二三种图书,店主邱氏还招待他品尝了扬州点心。[4]

文枢堂也位于辕门桥头,店主汤伯和,擅长刻书印刷。店内有一整套手工印刷设备,刻有《左传》《四书》《五经》之类的书,发行各地。后因后继无人而关闭。[5]

文海楼书局,店址位于市区教场,店主陆德发,善于经营,主要销售古籍图书。后儿子陆荣海子承父业,增加了新书、教科书、文具用品等,扩大经营范围。新中国成立后参加公私合营,并入扬州古旧书店。

1946年4月24日,《民国日报》在当天的第4版"觉悟"副刊刊发了署名"钮东"的《扬州书肆》一文。作者自称"嗜书成癖",到了扬州,先去当时繁华的左卫街,发现了一家名"顺昌"的书铺,这是一家销售图书兼文具的店铺,专售正中书局的新书。作者在这家店淘到一本《中学生》杂志第171期。向西不远,是一家店名为"扬州书店"的店,"新书不多,价格也贵","没有多停留"。再向前半里路,是"会文堂书局",摊上不少新书,"上海新出版的期刊更多",作者在此以满意的价格买了一本王云五的《访英日记》。再往前走,是联华书局和几家小书铺,出售大东世界书局的图书,也卖一些打折的翻版旧小说,"前进的新文艺刊物,似乎很少"。路至小东门,在警察玻璃岗亭附近又发现了两家店门相对的旧书店,虽然"书并不很多,有价值

[1] 江苏省扬州市地方志编纂委员会编:《扬州市志》(下册),第2661页。
[2] 徐雁:《中国旧书业百年》,科学出版社2005年版,第261页。
[3] 余冠英:《忆朱佩弦先生》,《完美的人格——朱自清的治学和人格》,第88页。
[4] 吉川幸次郎著、钱婉约译:《高邮旧梦》,《我的留学记》,光明日报出版社1999年版,第110页。
[5] 扬州市地方志编纂委员会编:《扬州市志》(下册),第2661页。

的更少",但作者还是在一家选购了光绪三十二年（1906）商务印书馆出版的四大册的《天方夜谈》初印本,无论书的译校质量还是版式、品相和价格,令作者心满意足。后来他又去了万众书店、陈恒和书林、世界书局的特约所、商务印书馆扬州分馆等店。

这篇在扬州访书的文章,大致反映了抗战胜利后不久扬州主城区书店概况。作者在文章的结尾处还特别强调"当然,扬州书铺,尚不止这许多……我想等到居此稍久,街道较熟之后,再有续游的机会"[1]。

另据《扬州文化志》记载,除了上述提到的书店外,民国年间扬州还出现了一些私营书店,主要有:

1. 文魁堂书局,位于小东门32号,店主袁广森,1896年开设,主要经营文具和古旧书。

2. 鸿文堂书庄,位于小东门13号,店主李伯琴,1912年开设,以出售古旧书为主。

3. 聚盛堂,位于小东门3号,店主陈殿麟,1919年开设,主要经营书籍和文具。

4. 耀文堂书庄,位于小东门20号,店主汤新桃,开设于1922年,以收、卖古旧书、法帖为主。1956年公私合营。

5. 朱玉山笔庄,位于多子街79号,店主朱国庆,1925年开设,经营书籍、文具和纸张。

6. 会文堂书局,位于多子街35号,店主邵发樵,开设于1929年,主要经营书籍和文具。1956年公私合营。

7. 韦月记书局,位于得胜桥62号,店主韦树春,开设于1935年8月,以经销上海连环画、电影图书为主。

8. 大华书局,位于埂子街166号,店主杜效牧,开设于1940年4月,经营古旧书和文具。

9. 万众文具社,位于左卫街49号,店主丁藏琳,开设于1945年3月,经营文具和书籍。

---

[1]　钮东:《扬州书肆》,《民国日报》1946年4月24日（民国35年4月24日,星期三）,第4版。

10.开明文具社,位于院大街 528 号,店主纪南锴,开设于 1946 年 4 月,经营书籍、文具和纸张。

11.锦华书局,位于多子街 75 号,店主徐锦华,开设于 1946 年 5 月,经营古旧书。1956 年公私合营。

12.复兴书局,位于左卫街 57 号,店主颜树声,开设于 1946 年 5 月,经营书籍和文具。

13.中国书店,位于左卫街 137 号,店主张成和,开设于 1947 年 5 月,经营书籍和文具。

14.文海书局,位于左卫街 110 号,店主陆汇川,开设于 1948 年 6 月,经营文具和书籍。1956 年公私合营。

15.光明文具书局。位于左卫街,店主张玉书,开设于 1949 年 8 月,经营书籍、文具。

16.群益书局,位于左卫街 15 号,店主王智敏,开设于 1949 年 8 月,经营书籍和文具。

17.老天宝,位于教场街 83 号,店主孔海山,开设于 1949 年 12 月,经营书籍、文具。[1]

还有几家如位于小东门的文奎楼、多子街的中正书局扬州代销店及会仙堂、运司街大众书局、左卫街大上海书店等,具体开设时间不详。

此外,国民党官办的建国书店于 1946 年夏在扬州开设建国书店扬州支店,地点位于教场街,负责人为张祖恒,有两间门面房,8 名员工,主要销售南京建国书店刊印的课本、中正书局、商务印书馆等出版社的图书,同时兼营文具。1948 年初,在高邮、泰州设立分店,但时间不长即关闭。1949 年初,扬州解放,由扬州市军事管制委员会接收,在此店店址上成立了扬州新华书店。

另外,还有一家中国共产党华中二分区地下党组织领导的进步书店——扬州联合图书服务社,创立于 1945 年 8 月,负责人是杨克久。社址初设萃园桥,翌年下半年迁至左卫街。开始出租图书,以后逐步增加了阅览并销售图书、文具等,其中有不少进步书籍和苏联小说,经销《世界知识》

---

[1]《扬州市文化志》编纂委员会编:《扬州文化志》,第 545—547 页。

《展望》《观察》等进步期刊。1947年,由于国民党的破坏,被迫停止公开借阅,只为少数读者借阅。扬州解放前夕,做了不少宣传工作,从外地调集一批革命书籍销售。新中国成立后,并入扬州新华书店。

第五节　曲艺和戏剧

扬州作为古老的文化城市,其曲艺和戏剧文化历史悠久,影响深远,素有曲艺之乡、戏剧之乡的荣光。扬州曲艺包括评话、弹词、清曲等。戏剧以扬剧为主,扬剧又分高、金、华等分支。民国时期,由于社会动荡不安,自然灾害频仍,扬州百业凋零,艺人们的生活朝不保夕,时常面临各种风险和挑战。为了生存,为了养家糊口,不少艺人被迫背井离乡,纷纷走出扬州,有的在周边的镇江、天长、盐城、淮安、南京等城市落脚,有的远走上海等大城市谋生。在这个过程中,扬州的艺人们不断吸收其他地区甚至国外文艺流派之所长,兼收并蓄,博采众长,形成自身的特色,涌现了扬州评话名家王少堂、康又华,清曲名家黎子云、王万青,戏剧名家崔少华、臧雪梅等一批远近闻名的名家。

一、扬州评话

扬州评话又称"维扬评话""扬州评词",俗称"说书"。是"以扬州方言与表演相结合叙述故事的语言艺术"[1],具有浓郁的地方风味和鲜明的地方特色。扬州评话多为一人表演,坐说不唱,以充分发挥语言功能,说表细腻,动作传神,借助肢体语言,着意塑造各类人物为特色。其主要流行于苏北、镇江、南京、上海和安徽省东北部地区。其传授方式分为家传和师承两种,都是采用口传心授的方式。

扬州评话大约形成于明代后期,明末清初泰州说书艺人柳敬亭被誉为扬州评话的鼻祖。[2]到了清代康乾之际,名家辈出,流派纷呈,达到鼎盛时期。时有"书词到处说《隋唐》,好汉英雄各一方。诸葛花园疏理道,弥陀寺

---

[1] 李真、徐德明:《笑谈古今事——扬州评话艺术》,广陵书社2009年版,第4页。
[2] 赵昌智主编:《扬州文化通论》,第155页。

巷斗鸡场"[1]的说书场景描绘,可见当时扬州评话之盛况。

进入晚清时期,由于盐业改制、漕运改道,加之社会动荡,经济凋敝,扬州渐渐失去了原先的繁盛,一大批以艺为生的艺人不得不远走他乡,谋求新的生机。在这一过程中,"扬州评话却凭借着乡音的优势,凭借着拥有一个优秀艺术家群体,凭借着拥有一批优秀的传统书目,凭借着几代人在三百多年的艺术竞争中创立起来的表演体系,仍能站稳脚,为他们的后辈在民国前期的发展,奠定下深厚的基础"[2]。

民国早期,扬州虽已凄凉、冷落,但老百姓依然保持原有的生活节奏,扬州评话仍然有较大的听众需求。1930 年、1931 年,由于国民党政府镇压通、如、靖、泰等八县农民起义,加之苏北里下河地区惨遭特大水灾,广大苏中地区的扬州评话演出场所遭到严重摧毁。当时的很多说书艺人克服重重困难,在夹缝中求生存,被迫南下镇江、上海。民国中期,镇江、上海成为扬州评话的主要演出中心。王少堂在上海萝春阁书场开讲《水浒传》时,"每夜客满,足有三百多位听客"[3]。镇江与扬州一江之隔,交通便利,语音相通,民风相近,镇江又是当时的江苏省政府所在地,扬州评话听众市场巨大。镇江当时有书场 20 多家,[4]扬州评话的不少著名艺人王少堂、康又华、戴善章、朱德春、吴少良等都在此争相献艺,一时名家荟萃,其盛况远远超过扬州。

1937 年冬,扬州沦陷之后,扬州评话遭遇了严重困难,有些老辈名家相继去世,有些艺人到上海谋生,还有些艺人被迫改行转业,扬州评话再遭重创。抗战胜利后,由于连年战争,经济萧条,物价飞涨,艺人们的正常演出受到极大干扰,很多艺人的生活难以保障,说书人数日减,一些书场纷纷歇业。新中国成立前夕,原先有二三百名从事扬州评话的艺人,仅剩 40 来人,扬州评话濒临生存绝境。新中国成立后,由于党和政府的重视和扶持,20 世纪50 年代,扬州市成立曲艺团,使扬州评话获得了新生。

关于民国时期扬州评话的发展,有学者总结、归纳如下:"扬州评话的传

---

[1]　〔清〕董伟业:《扬州竹枝词》,《扬州文库》第 2 辑,第 55 册,第 167 页。
[2]　李真、徐德明:《笑谈古今事——扬州评话艺术》,第 22 页。
[3]　小三子:《闲话扬州书》,《现世报》1940 年第 100 期,第 6 页。
[4]　《扬州市文化志》编纂委员会编:《扬州文化志》,第 217 页。

播是由内向外放射状的,由城及乡,由扬州至泰州、淮安等地城乡,这拓展了扬州评话的地域,扩大了听众基础;扬州评话艺人的成名是由外向内内敛状的,由城郊到城内,由城内到教场,由教场的一般书场到主要书场,这促进了书场的相互竞争,推动了人才辈出、流派纷呈兴盛景象的出现;扬州评话的发展则是线型呈上行状的,由以扬州为老营,发展到以民国江苏省会镇江为主阵地,再发展到以'十里洋场'著称的上海滩,……这三种状态又是由地理因素、政治因素、经济因素、人文因素等综合作用的结果。"[1]

民国年间,扬州评话涌现了一批代表性艺术名家,其中,以王少堂最为著名。王少堂(1889—1968),乳名桂生,谱名熙和,字德庄,艺名少堂。祖籍江都,生于扬州安乐巷的一个说书世家。七岁随父学艺,接受严格训练,九岁登台演出,十二岁正式行艺。他在长期的艺术实践中,不仅继承父亲和伯父的书艺长处,而且博采同行之长,取长补短,同时,深入现实生活,善于观察和思考,不断改进,不断完善,不断提高,终于自成一家,成为扬州评话"王派"《水浒》的旗帜性人物。

民国年间,除了王少堂,还有说《三国》的康又华(1898—1951)、吴少良(1889—1936),说《西游记》的戴善章(1880—1938),说《西汉》的刘春山(1880—1926),说《八窍珠》的朱德春(1884—1934),说《清风闸》的仲松岩(1990—1949),说《绿牡丹》的郎照明(1881—1953)等说书名家。王少堂、康又华、戴善章,被称为扬州"书坛三杰",他们的评话艺术各有特色,各有所长,对于扬州评话的书词内容和表演技巧,都有创新和提升,对于扬州评话这一本地主要曲艺的传承和发展做出了重要贡献。

二、扬州弹词

扬州弹词属于扬州地方曲种,原名"弦词",又有"小书""对白""弹词"等名称。最初为一人说唱,唱时自弹三弦伴奏,故称"弦词"。后来,其表演形式由单档发展为二人双档,增加了琵琶伴奏,称为"对白弦词"。据学者们考证,其大约产生于明代后期,与扬州评话的兴起有着密切的关系,主要流

---

[1] 赵昌智:《道也者,不可须臾离也——扬州评话〈王少堂〉序》,李真、徐德明:《王少堂》,第2页。

行于扬州、镇江、南京及苏北里下河地区。[1]

扬州弹词有单人演出和双人演出两种形式,即所谓"单档"和"双档"。单档演出时,演员居中面书台坐着演出。双档演出时,演员分坐台中间竖放着的条桌两边,右侧演员称"上手",左侧演员称为"下手"。演唱时,上手弹三弦,下手弹琵琶。

扬州弹词以说表为主,弹唱为辅。其表演方面的艺术特色,可以概括成另四个字,即:"表""俏""巧""裊"。"表"就是说表;"俏"即为酷肖;"巧"就是巧妙;"裊"就是裊娜。[2]

扬州弹词的音乐是牌子曲,常用曲牌有【三七梨花】、【锁南枝】、【沉水】、【海曲】、【道情】等,以羽调和商调居多。曲调朴实典雅,古色古香,虽历经多年,但变化不大,基本保持原汁原味。扬州弹词的传统书目有《玉蜻蜓》《珍珠塔》《双金锭》《刁刘氏》《双珠凤》《双剪发》《白蛇传》等。这些传统书目大多讲述才子佳人的爱情、婚姻和家庭故事,扬善惩恶,褒忠贬奸,具有某些积极的现实教育寓意。一般每部书目可演 15 至 20 场不等,只有《玉蜻蜓》《双剪发》等少数书词较长,分别可演 60 多场。

民国年间,扬州只有三家弹词,分别为张家、周家和孔家。三家书目不尽相同,唱腔也略有差异,各有所长。周、孔两家祖上原为江南说唱艺人,同治年间先后来到苏北,改用扬州方言说唱弹词,演出重心多在里下河一带。张门弹词主要在扬州、镇江一带演出,历史最久,人才最盛。张氏弹词以演出《珍珠塔》《双金锭》《落金扇》《刁刘氏》四部书最为出色,有"张家四宝"之誉。20 世纪 40 年代,张派代表人物张继青的二位女公子若珍、淑曾登台对白,说唱俱佳,开扬州弹词女演员演出之先河。

三、扬州清曲

扬州清曲,又名"广陵清曲""维扬清曲",旧时俗称"小唱"或"小曲",属于扬州地方曲种。形成于明代,清代康乾之际达到鼎盛。[3]主要流行于扬州、镇江、上海等地。

---

[1] 曹永森主编:《扬州特色文化》,苏州大学出版社 2006 年版,第 361 页。

[2] 韦明铧:《弦歌不了情——扬州弹词艺术》,广陵书社 2009 年版,第 24—25 页。

[3] 曹永森主编:《扬州特色文化》,第 372—373 页。

扬州清曲源于民歌。起初,是广为流行的民歌从简单的传唱上升为演出艺术,伴奏也从单一乐器发展为数件乐器,并讲究演唱技巧,有了经常演唱的曲目。

从晚清到民国年间,小曲有了很大发展,影响日益扩大。有不少小曲曲牌流传到四川、湖北、湖南、江西等省;同时本地小曲也汲取了一些外地民歌,从而使曲牌和曲调更加丰富多彩。在所使用的数十支曲牌中,有的曲调简洁明快,有的旋律婉转优美。如【南调】、【满江红】、【梳妆台】等曲牌,配以多种唱词,成为久唱不衰的单支曲。在曲牌丰富的基础上,又出现了大量用多支曲牌连缀的"套曲",以及由数首套曲组成的连本套曲,可演唱长篇故事,表现各种人物的思想情感。

民国年间,涌现了一批各具专长的小曲名家。如黎子云、王万青以唱腔柔美、感情真挚,深得观众喜爱;陆长山清亮尖脆,曾名噪上海;钟培贤嗓音洪亮,韵味浓郁;其他如尹老巴子、葛锦华、张国宝、裴福康、尤庆乐、马福如等人也是各有所长,享有盛名。此外,朱少臣擅敲酒盅、卢国才巧击瓦碟,皆为当时一绝。20世纪30年代初,黎子云、王万青、葛锦华、陆长山、尹老巴子等人的代表唱段,如《风儿呀》《秦雪梅吊孝》《小尼姑下山》《活捉张三郎》《武松杀嫂》《宝玉哭灵》等,曾由上海百代、大中华、蓓开等唱片公司灌制唱片发行。1940年,扬州一批小曲名家首次在扬州教场南首老龙泉茶社对外公演,为区别以往的小曲、小唱,正式挂牌"扬州清曲",并曾先后到镇江、南京、上海、芜湖、汉口、蚌埠等地公演。

民国年间,扬州的清曲爱好者还有自愿自发结合的群体,分别称为"南局"和"北局"。除自娱外,"南局"常在城里受聘唱堂会,"北局"常去周边乡间集镇演唱。

四、扬剧

扬剧是扬州的地方传统戏剧,有着悠久的历史。其源头可以追溯到康熙年间的扬州乱弹。[1]在其形成和发展过程中,曾使用过"扬州香火戏""扬

---

[1]《中国戏剧年鉴》编辑部编:《中国戏剧年鉴》(1981年),中国戏剧出版社1981年版,第267页。

州花鼓戏""维扬大班""维扬文戏""维扬戏""扬州戏"等名称。[1]新中国建立后,改称为扬剧。扬剧不仅是扬州传统文化的重要组成部分,而且在中国地方戏剧发展史上占有重要的地位。扬剧主要流行于扬州、镇江、南京、上海、安徽东北地区及苏北里下河地区。

扬州、泰州地方戏种花鼓戏是一种以舞为主、以唱为辅的农民过节的自娱活动。辛亥革命前,仅在扬州城内有 10 多个半业余的戏班,一直没有形成自己的独立的戏种。清末民初,扬州各方面衰退明显,香火戏和花鼓戏的艺人们不得不离开曾经繁华的扬州,到外地寻求发展。1911 年,崔少华等率领扬州香火戏一班人马到上海演出。1917 年 7 月,扬州花鼓戏应约在上海大世界游乐场演出,演出中,艺人陆长山等采用扬州清曲的声调演唱了《洋烟自叹》《小尼姑下山》《活捉张三郎》等曲目,大受观众欢迎。受到启发的花鼓戏艺人开始有意识的吸收扬州清曲的曲牌及曲目,增添伴奏乐曲,又因为它的唱腔柔婉细腻,被人称为"小开口"。1917 年,陆云霞带领扬州花鼓戏艺人去汉口演出。1920 年,在镇江龙云楼首次进行了公演。同年,扬州、镇江两地的花鼓艺人又应杭州美记公司游艺场的邀请前往演出,为此,两地艺人特地组成 16 人的凤鸣社。1922 年,该社再次赴杭州演出,并第一次挂出了"扬州新戏"的牌子。1921 年 6 月 1 日,扬州擅长清曲的花鼓戏人王长青、陆长山、吕正才等也应邀赴上海大世界公演。从此扬州花鼓戏艺人不断被邀请去上海等地演出,并且在演出过程中,花鼓戏原有的音乐逐步被扬州清曲曲牌所代替,成为花鼓戏固定的曲牌。由于在大城市演出,为迎合观众需要,又吸收了京剧的化妆、行头、剧目等艺术形式,从此,在外地尤其是在上海的扬州花鼓戏改名为"维扬文戏",相继出现了新新社、民鸣社、永乐社、霞字班、鸾字班等维扬戏科班。从此以后,长江中下游的许多大中城市如上海、镇江、南京、马鞍山、芜湖、铜陵、安庆、汉口等,都留下了许多扬州艺人的足迹和身影。

源于民间香火会的香火戏,其中的主要曲调[七字句]、[十字句],因为演奏时只用锣鼓伴奏,唱腔高昂,也被称为"大开口"。扬州的"大开口"因

---

[1] 韦人:《维扬一枝花——扬州扬剧艺术》,广陵书社 2009 年版,第 4 页。

为被清政府认为曾经帮助太平天国反清,因而加以驱逐,"大开口"艺人曾一度流落农村。辛亥革命后,"大开口"开始进入大城市。最早的是1919年秋,香火戏人周松亭、李有庆、姚淦卿等人在上海南市方浜路华云茶馆演出。同年,崔少华、胡玉梅、刘捷三等开始在上海老西门的齐云戏馆演出。到1926年左右,上海的扬州香火戏班已经有13个之多。1931年,香火戏改称为"维扬大班",表演方法已经与原来的香火戏大为不同。

其中,上海由于独特的地位和庞大的市场,吸引了大量扬州戏剧艺人。上海当时有维扬大舞台、维扬共舞台等专演扬州香火戏的剧场,有专门培训扬州花鼓戏的新新社、民鸣社、永乐社等。"维扬大班"与"维扬文戏"在上海滩分别有10多个班之多。1927年,维扬大班头面人物崔少华、潘喜云、吴再喜等发起筹组"上海市维扬伶界联谊会",并于3月18日正式成立。同日,有6个班社200多名艺人参加,并在闸北义和戏园举行三天义演。首场演出结束后,发生了扬州香火戏艺人王月华无辜被歹徒枪杀的事件,此事激起了旅居上海的扬州戏剧艺人公愤,促使了扬州香火戏与扬州花鼓戏的大联合。"扬州戏及今在各地小戏中,已成为必要之一种,俨然有立足之地矣。"[1]1931年秋,经双方几经磋商,扬州香火戏和花鼓戏艺人以"维扬戏"(后又称为"扬州戏")名称挂牌,并于上海聚宝楼联合演出《十美图》。1937年春,在"上海市维扬伶界联谊会"的基础上,重新建立包括香火戏和花鼓戏艺人在内的联合组织"上海维扬戏剧公会",推举代表香火戏的潘喜云为正会长,代表花鼓戏的臧雪梅、葛锦华为副会长。从此,一个全新的、统一的"扬州戏"或"维扬戏"出现在上海演艺界。1936年前后,维扬戏班社已发展到34个,生、旦、净、丑四行皆备,行头考究,演出亦具规模,拥有《孟丽君》《王清明》《庵堂相会》《书房会》等长戏,也有《活捉张三郎》《小孤孀上坟》《小尼姑下山》等小戏剧目近500个,这些班社分布在上海、扬州、镇江、南京一带。"扬州戏"因其部分内容及表演形式有伤风化,曾被南京等地当局禁演,但其也有忠孝节义、劝人为善之处,不能一概而论。

总体来说,民国年间扬州从事演艺的艺人们主要以卖艺为生,生活没

---

[1] 梦觉生:《扬州戏》,《戏剧月刊》1929年第11期,第85页。

有保障,社会地位不高。特别是抗日战争爆发后,维扬戏艺人不得不撤离上海,大都回乡避难。只有少数艺人转向武汉、宜昌、重庆、成都等内地城市,过着动荡不安的生活,直到抗战胜利才重回上海。其中,有的艺人因病贫交困,客死他乡,有的被迫停止演艺生涯,另谋职业。以评话为例,"著名艺人仲松岩衣食无着,病死街头;杨啸臣贫病交加,双目失明;很多艺人被迫改行,另谋生计"[1]。到了新中国成立前夕,曾经盛极一时的维扬戏,历经坎坷,濒临困境。

民国时期的扬州,由于多方面的原因,在全国的地位和影响力远不如清代早、中期,日益趋于边缘化的状态,呈现出一种老迈、衰微的迹象,难以吸引各方面的文化精英,形成某一方面的文化中心。相反,以朱自清为代表的本地文化人才纷纷涌向大城市,取得了不俗成就。当然,生活在本地的文化人,他们在坚守传统的基础上,也有所突破,有所创新,体现了扬州作为文化古城的文化底蕴和魅力。总体上看,一座城市某个阶段文化的发展,既与这座城市的文化传统有关,更与这座城市的经济发展水平密切相关。从这个角度看,扬州民国时期的文化与其城市的整体发展状况及在全国的地位相匹配的。

---

[1]　韦人、韦明铧:《扬州曲艺史话》,中国曲艺出版社 1985 年版,第 14 页。

第九章　民国时期扬州人的社会生活与思想观念

　　扬州民风历来醇厚朴实,虽城厢风气稍显雅靡,总体社会氛围仍重道德伦理,多有古风古貌。扬城民间素来文风猎猎,重教之中不失尚武之风,崇农轻商。民国以来,随着近代新式工商业的发展,躬耕之余,扬州民众也开始从事其中。繁文缛节的旧时风俗仍在传承,但日渐被新风所替。扬州的各个宗教在民国时期遭遇颇多,书写各自命运。民国时期的扬州报刊、社团事业多姿多彩,对扬州社会进步贡献颇大。在剧烈的社会转型期中,扬州保留着城市的风骨,妇女开始觉醒,民众也逐渐加深了对于国家、民族的认同。

第一节　民国时期的扬州宗教

　　1912 年开始,学界、政界对宗教的价值进行了讨论,将反宗教与反帝国主义、反封建主义相联系,并在五四新文化运动的催化下,演变为一场反宗教运动。直至南京国民政府成立,方才停息。南京国民政府时期,制定了一系列的宗教管理政策,对于汉传佛教、道教的管理比较严格,而对于伊斯兰教、天主教及基督新教,更强调其自我管理。1928 年,南京国民政府颁布第64 号训令,取消了反对基督教等教的口号。1930 年 10 月,《中华民国约法草案》第 39 条明确提出:“人民有信教之自由,非违背良善风俗及扰害社会秩序,不得干涉。”[1]但随后展开的破除迷信运动、庙产兴学运动等,都对中国佛教、道教有一定的制约。可以说,在民国时期,各个宗教都面临着变化

---

[1] 荣孟源主编:《中国国民党历次代表大会及中央全会资料:上》,光明日报出版社 1985 年版,第 861 页。

动荡的社会环境,也经历了多次战争的冲击,由于各自社会基础、法律约束、组织程度、应对策略及精英人物的表现不同,从而呈现出不一样的面貌,扬州地区的宗教亦大体是如此。

一、民国时期扬州宗教的基本情况

民国时期,各个宗教在扬州的发展情况不尽相同。佛教、道教虽然持续衰落,仍是扬州社会的重要信仰方式。根据 1914 年的调查,江都县具有宗教信仰的男性比例为 20%,女性为 80%。[1]可以说,几乎一半的群众具有各种宗教信仰,一些地区"佞佛拜神,其风尤甚"[2]。经过五四新文化运动、南京国民政府破除迷信及识字扫盲、通俗教育等运动的洗礼,扬州地区佛教、道教之风有所减弱。1929 年,已有报道称江都县民众迷信情况,"逐见减少"[3]。相邻的仪征县则"城市中已无迎神赛会之风",仅"乡间偶有之"[4]。扬州伊斯兰教在民国时期发展无显著表现,以天主教、基督教(新教)为代表的西方宗教在扬州有了新的发展,影响不断扩大。

清帝退位后,佛教天台宗(法华宗)、净土宗等宗派在扬州继续传播。作为扬州信仰人数最多的宗教,仅江都城厢,佛教就拥有 300 多处寺庙庵堂。如高邮放生寺为天台宗之业,扬州长生寺、愿生寺等则为净土宗的道场。由于时局动荡,百姓供养乏力,民国时期扬州僧尼人数出现了大幅度的下降,"像天宁寺这样的大寺,也只有八九个僧人,一些小庙仅余一两个僧尼而已"[5]。在新中国成立前,旌忠寺只有 2 名僧人,添香扫院。普陀寺则仅有 1 名僧人。除了高旻寺、观音山等少数寺庙香火较旺之外,大部分的寺庙庵堂都是惨淡维持。

---

[1] 《各县风俗制度调查报告表》,《江苏教育行政月报》1914 年第 12 期,"报"第 15 页。

[2] 袁锡瑶等:《江都县大桥镇乡土志》,《江苏(省立)第四师范学校校友会杂志》1916 年第 1 期,第 227 页。

[3] 《各县经济状况及风俗习惯调查简要报告》,《区政导报》1929 年第 3 期,"报"第 43 页。

[4] 《各县经济状况及风俗习惯调查简要报告》,《区政导报》1929 年第 4 期,"报"第 32 页。

[5] 江苏省政协文史委员会等编:《扬州宗教》,《江苏文史资料》编辑部 1999 年版,第 11 页。

表 9-1　　　民国时期扬州新建、存续佛教寺庙庵堂（部分）

名　称	始建时间	地　址	名　称	始建时间	地　址
大明寺	南朝宋	蜀冈中峰	观音寺	元代	蜀冈东峰
旌忠寺	南朝陈	仁丰里	莲性寺	隋代	瘦西湖凫庄
祇陀林	1919年	引市街84号	天宁寺	东晋	北郊
重宁寺	清代	长征路北侧	万寿寺	唐代	万寿寺街
山光寺	隋代	湾头镇	铁佛寺	唐代	城北
西方寺	隋代	驼岭巷	石塔寺	晋代	西门东
普照寺	不详	通运闸南	文峰寺	明代	南郊
宝轮寺	明代	文峰村	准提寺	明代	盐阜路
长生寺	清代	古运河东岸	愿生寺	民国	埂子街146号
救生寺	隋代	洼子街	普陀寺	清代	二郎庙北街24号
龙衣庵	清代	西南角裴庄村	灵通庵	明末清初	沙口村东庄
东林庵	清代	沙口村	华严庵	民国	凤凰桥街73号
观音庵	明代	综合村大陆庄	众香庵	清代	宛虹桥37号
紫竹观音庵	民国	小井巷5号	地藏庵	唐代	宛虹桥
藏经院	明代	宛虹桥53号	静慧寺	宋代	南门外
福缘寺	明代	南门外	建隆寺	宋代	梅岭西路
慧因寺	宋代	北门外	禅智寺	隋代	城北
兴教寺	清代	万寿街	香阜寺	三国	五台山
隆庆寺	不详	扬大瘦西湖校区	智珠寺	清代	施井村
卧佛寺	唐代	江都路	菩提寺	唐代	城东北
连华寺	唐代	渡江村联谊庄	太平寺	清代	皮坊街
五里庙	明代	城东太平村	吉祥庵	清代	双井巷8号
秋雨庵	清代	扫垢山	法华庵	不详	凤凰桥街
净业精舍	民国	清白流芳巷1号	高旻寺	清代	三湾
开元寺	唐代	方巷镇	甘泉山寺	唐代	甘泉老山
得胜庵	明代	头桥镇	香照寺	清代	仪征奎光巷
诸公庙	明代	大仪镇	仪征天宁寺	唐代	仪征前进路
资福寺	宋代	仪征解放路	隆觉寺	宋代	朴树湾
东林寺	唐代	刘集镇	江都开元寺	唐代	三丰村

续表 9-1

名　称	始建时间	地　址	名　称	始建时间	地　址
投子寺	宋代	宜陵镇	慈云寺	清代	宜陵镇
大圣寺	唐代	仙女庙镇	水陆寺	唐代	樊川镇
大悲寺	唐代	永安镇	护国寺	宋代	界首镇石桥街
光福寺	宋代	高邮县三垛镇	净土寺	宋代	高邮城奎楼东南
镇国寺	唐代	高邮城西	天王寺	宋代	高邮城北门外
善因寺	宋代	高邮城北门外	宁国寺	唐代	宝应县城
莲池庵	明代	宝应城外曙光村	龙竿寺	唐代	宝应射阳镇
宝应万寿寺	清代	宝应氾水镇	潼口寺	唐代	宝应县城东南
一宿庵	明代	宝应罗巷口	宝应观音庵	明代	宝应城东门外

　　扬州有修建寺庙的传统,即在不稳定的社会环境下,修庙建寺之事仍未停辍。民国初年,旌忠寺僧人法权募资重建了寺内的文选楼。仙女庙的大圣寺由方丈仁山、宏模等募资重修。胡笔江、邱惟卿等扬州名人出资重建了连华寺(俗称莲花庵)。1919 年,徐宝山二夫人孙阆仙长斋绣佛,将住宅改为祇陀林。华严庵等一批庵堂也在此时新建。1925 年,维修江都开元寺。1930 年,扬州盐商萧玉峰妻子出资兴建愿生寺。该寺有房屋 90 余间,是民国期间扬州建造的最大庙宇。1933 年,高旻寺住持来果启动了扩建高旻寺、复建天中塔的工程,发愿称:"无论僧俗各界,尽可竭尽能力,栽培胜因。……所募功德无分大小,万千不辞其多,分文不论其少。直期速成大业。"[1]这一工程甚为浩大,仅以复建天中塔而论,工程完全仿湖北黄州石塔修建之法,宝塔全身以石砌成,连接处则以钢铁镶嵌,并在石面上精刻有《法华经》经文。此塔每层有八门,每门供玉佛一尊。这些玉佛都是心月、福如法师在缅甸募化的,造塔之石皆产自苏州,"名避火石,质料坚苍,价值昂贵",加上运费、工费,每块石头,"须洋二十元,方能完成"。当时舆论认为:"工程可谓钜矣"[2]。这一工程启动数年后,因抗战而中止。1934 年,江都人王茂如重修大明寺。1935 年,开元寺翻建。1936 年,新建了有 46 间房间的紫竹观音庵。

---

[1]　来果:《扬州高旻寺募修塔殿启》,《佛学半月刊》1932 年第 45 期,第 286 页。

[2]　《高旻寺天中塔之修建》,《海潮音》1933 年第 8 期,第 124 页。

有些寺庙也在这一期间继续增置田地,扩大庙产。1936 年改名的圆通寺,经历次购置,拥有田产 4970 多亩。抗战时期,扬州仍有个别寺庙继续扩建。如发展到房屋 100 余间,占地 10 余亩,有僧众六七十人,另有田产 1100 多亩的水陆寺。除了上述各寺,民国时期规模较大的佛庙还有万寿寺、仪征天宁寺等,这些寺庙或有房百间,或有庙产数百亩。由于国民政府规定各级政府对寺庙只有监督权,而无处置权,且严格划分了寺产与私人产业的界限,使得这些寺庙财产得到了法律的保护。

相比佛教,扬州道教则明显式微。新文化运动中,陈独秀、钱玄同、胡适等人都对道教大加鞭挞。1927 年开始,南京国民政府开展了破除迷信的活动,道教首当其冲,活动大受限制。1928 年公布的《废除卜筮星相巫觋堪舆办法》《神祠存废标准》[1]等,直接对道教活动进行打击。1929 年,宝应县发起废除偶像运动,国民党宝应县第一区党部开会决定:"凡不在祀典之偶像,一律废除。"[2]随后即连同该县公安队将宝应城隍庙神像全部捣毁,将庙址占为己用。1931 年农历正月间,国民党高邮县党部书记黄松涛要求全县各国民党机关团体及学校代表,冲击高邮县城内的城隍庙,将神像拽倒,封闭庙门。虽然此事引发高邮道教信徒的游行抗议,庙宇得以修复,但亦可见当时国民党地方政府对道教活动的控制。除了 1922 年堡城城隍庙重修大殿,20 世纪 30 年代湾头镇百姓集资新建三茅宫,主供三茅真君外,仅存的一些道教观宇都日渐寥落。西汉所建的蕃釐观仅余部分建筑,且无香火。东关街的武当行宫被学校所占用。仪征东岳庙、宝应城隍庙、高邮城隍庙、甘思坛、小纪镇真武庙、东陵圣母祠、仙女庙、邵伯大王庙等道观,有的为和尚所居用,有的仅一两名道士住庙。至中华人民共和国建立前夕,江都县城内只余 10 余座道观,有道士 27 人,全扬州境内也只有百余名道士。

在中国境内被称为"回教""清真教""天方教"的伊斯兰教在扬州的活动也远逊于清代。上世纪 20—30 年代,江都县城内有礼拜寺 3 所,城外有 3 所,另有 1 所女寺,"回教徒在扬州,目前还有三四千人"[3]。1914 年,宝

---

[1]　该《标准》因民众反对激烈,南京国民政府后将之改为参考标准,不再强制执行。

[2]　《宝应县废除偶像运动》,《真光杂志》1929 年第 2 期,第 84 页。

[3]　卿:《扬州仙鹤寺杨哲臣阿訇访问记》,《突崛》1937 年第 5 期,第 24 页。

应回民集资建成清真寺。20世纪20年代,回民实业家金树滋侧室萧月恒创建供女性信徒做礼拜的清真寺,又名女寺,但该寺活动不多,"不过徒有其名"[1]。1921年秋,菱塘回教联合会募捐3400元银元,将菱塘北乡清真寺进行了整修扩建,耗时三年之久。这些清真寺中,以仙鹤寺、马监巷、卸甲桥三座清真寺最为重要。仙鹤寺地基为扬州各清真寺之冠,"内部栋梁伟大,建筑雄壮"[2]。北伐军曾驻扎于此,在抗战时期为民居占用,部门建筑被改建。1948年,寺内为回民协会所办幼幼小学使用,只有大殿可以作为宗教活动场所。该寺还附属有回教联合会扬州支部、清真第一小学等机构。马监巷清真寺设有回教丧葬所、北平《震宗报》扬州第二分社、伊斯兰书报社。卸甲桥清真寺开办有经学研究社。

表9-2　　　　民国时期扬州伊斯兰教清真寺（1935年）[3]

名　称	地　址	名　称	地　址
江都城仙鹤寺	流芳巷口	东关大街马监巷清真寺	马监巷
江都城卸甲桥清真寺	卸甲桥	江都城太傅桥女寺	太傅桥
江都东关城外先贤墓	城外沙坝南	江都南门外清真寺	南门外
江都钞关门外清真寺	钞关门外河南	江都瓜洲镇北涵洞口寺	瓜洲镇
仙女庙宁波会馆	仙女庙镇	邵伯镇清真寺	邵伯镇
高邮县清真寺	高邮城内后街	仪征县城内大街清真寺	城内大街
仪征城外大街清真寺	仪征城外大街	仪征十二圩尾帮清真寺	十二圩
宝应清真寺	宝应县南门外河堤		

　　民国初期,不但教务几乎停滞,"教势之颓,与他处相较,瞠乎其后矣"[4]。几个清真寺之间还互生芥蒂,守旧复古两派争斗不断。至礼拜寺联合会成立后,两派首领方渐渐携手。扬州沦陷期间,日军持续对伊斯兰教的宗教活动进行盘问搜查,使得该教业务难以开展。

　　根据1931年制定的《指导外人传教团体办法》,南京国民政府要求天

［1］ 扬健美:《扬州回教概况》,《晨熹》1936年第5期,第31页。

［2］ 卿:《扬州仙鹤寺杨哲臣阿訇访问记》,第22页。

［3］ 养吾:《扬属各县回教之概况》,《晨熹》1935年第3期,第16—17页。

［4］ 养吾:《扬属各县回教之概况》,第16页。

主教、基督教等在中国传道时，"应受党部之指导，政府之监督"，"总会及其所属之各地团体章程、职员履历表等件呈请中央党部登记"[1]。

　　民国时期，天主教传教活动在扬州有很大进展。1933年后，扬州总铎区[2]的教务直接由上海宗座代牧区主教管理。1935年，法国天主教拯亡会的一名修女奉命来到扬州，开始建造扬州圣母院。次年，新院舍落成。抗战时期，扬州总铎区的天主教信徒人数不断攀升，最高达三千余人。在江都城内，教民的分布以"新城较多，旧城次之，亦有散居城外乡间者"[3]。此后，扬州总铎区的会务先后由法国巴黎省耶稣会、美国加利福尼亚耶稣会负责。1946年，中国天主教组织被罗马教廷由"传教区体制"改为"圣统制"。1949年7月18日，罗马教廷将扬州升格为宗座监牧区，下辖淮阴、淮安、宝应、高邮、仪征、仙女庙等区域。

　　基督教新教各派在清咸丰、同治年间传入扬州，在扬州活动的宗派有内地会、浸礼会、圣公会、基督复临安息日会、神的教会等。浸礼会、内地会、圣公会在扬州的影响较大，遍及扬州各县。如属于中华圣公会江苏教区苏北总办事处管理的扬州圣公会陆续在扬州各县成立组织。1913年，宝应圣公会成立。乡镇各地也有新教宗派组织，1923年，大桥镇长老会成立，短短数年间，慕道友已达一二百人，受洗礼者数十人。1928年，内地会曾组织过一次自治运动，将所有会务移交给华人教士，所有外国传教士退为顾问。扬州内地会也同样改革。1931年前后，浸礼会扬州教区成立，也是新教扬州事业的一件大事。相比较其他宗教，民国新教在扬州的布道比较顺利。1921年，内地会英籍传教士索行仁创办福音堂两年后，受过洗礼的信徒已有60人，慕道者超过170人。其中社会名流有女子公学校长郭坚忍女士等人。但新教各派在扬州的发展并不均衡，以1949年为例，扬州圣公会有教徒353人，其中新受洗者47人，而神的教会仅有徒众30人左右。这也是与新教各宗

──────────

　　[1]《指导外人传教团体办法》，中国第二历史档案馆编：《中华民国史档案资料汇编：第五辑第一编之"文化"》，第1030页。

　　[2]　民国时期，扬州江都、仪征、高邮、宝应与兴化、泰州、东台等县合为一个扬州总铎区。1946年，泰州划归海州建牧区。抗战时期，苏北设立四个总铎区，扬州是其中之一。

　　[3]　扬健美：《扬州回教概况》，第30页。

派自身实力及对扬州业务的重视程度呈正相关的。除了清代延续下来的教堂之外，新教各宗派在扬州还新建、改建了一些宗教场所。

表 9-3 民国时期新教各宗派在扬州新建、改建的部分宗教场所

年代	名　称	创立者、负责人、宗派	地　址
1917	圣三一堂	圣公会董选青[1]	左卫街
1919	福音堂	内地会英籍传教士索行仁	多子街
1923	萃园路礼拜堂	浸礼会美籍传教士毕尔士	萃园路
1934	教堂	内地会	南门街
1924	神在堂	圣公会改建	便益门外
1931	东关街布道所	圣公会	东关街
1933	真道堂	神的教会董子坚牧师	北柳巷
1948	教堂	基督复临安息日会传道人丁长源	小双巷 10 号[2]

民国扬州各宗教之间亦有竞争。1929 年，有内地会英国籍传教士借观音山香会人气旺盛之机，来到观音山传道，受到显慈和尚的接待。在有关上帝灵魂的问题上，两人有过一番辩论，不欢而散。1935 年，新教内地会再次趁观音山香会期间，前往布道。其城中福音堂全体出动，还"特函邀高邮、泰县等处传道暨热心信徒数位，前来帮同工作"[3]，十日传道，售出福音书三百本，散去劝世文 12000 多张。

民国扬州宗教界也出现了一些杰出人物。住持高旻寺的来果和尚，"禅定功深，宗门龙象"[4]。扬州救生寺的住持慧如和尚，为救生寺住持 20 多年，没有坐过一回人力车，"在扬州的僧界中任何人都敬重他"[5]。内地会英籍传教士索行仁在扬州创立城中福音堂，在高邮、泰州亦有布道，颇有影响。他于 1934 年 4 月 29 日逝世。次年，扬州内地会在城中福音堂为其立铜碑，百

---

[1] 1926 年后，该教堂教务由美汉学校傅师德会长主持。1927 年，陈友渔、于冠群教士来扬，协助教务。

[2] 1949 年迁至徐凝门 107 号。

[3] 李本色：《观音山布道情形》，《通问报》1935 年 1652 期，第 11 页。

[4] 方子藩：《扬州高旻寺来果老和尚参访记》，《觉讯》1948 年第 2 期，第 6 页。

[5] 大醒：《扬州慧如商人传》，《海潮音》1936 年第 11 期，第 94 页。

余人参加了铜碑开幕礼。

二、民国时期扬州宗教的主要组织

民国时期，扬州的各个宗教及派别组建了一些宗教组织。这些组织在传教、教育、慈善等方面发挥了独特作用。

民国扬州各宗教中，以佛教的各类组织最多，活动频繁。

1912 年 2 月，全国佛教协进会在一江之隔的镇江江天寺成立，扬州万寿寺住持寂山与会。1913 年，全国佛教协进会与其他市县僧教育会合并，改组为中华佛教总会，扬州天宁寺文希和尚被聘为总务主任。寂山、文希两位不但是扬州佛教组织的主要人物，也是全国佛教组织的筹建者。在他们的带动下，扬州各县也陆续成立了县佛教会。第一届江都县佛教会会长为大财神庙住持久安。1928 年，宝应县僧会司改为该县佛教教育会，会长为一宿庵方丈丰汉，名誉会长为福寿寺方丈智定。1931 年，高邮县成立佛教会，理事长为铁桥和尚。除了遵从国民政府所制定的《寺庙管理条例》（1929 年制定，后改为《监督寺庙条例》）外，这些组织大多制订有各自的章程规范。如1927 年，大圣寺僧宏模等拟组织教务议会。经上报县政府审核，批准后，照例办理。[1]1929 年，《宝应县佛教委员会章程》规定该会的宗旨为："整理佛教、兴办教育慈善事业，以期达到利众救世之目的"[2]。

佛教居士们也自发组织了居士林等团体。20 世纪 30 年代初，沈性善居士建议成立中华佛教居士林，扬州愿生寺可端和尚决定将愿生寺客厅、法堂等屋让给该居士林使用。扬州城内的信教群众"莫不欢喜拥护，踊跃加入"[3]，公推韩国钧、王柏龄为正副林长，"内部组织，大概仿照上海世界佛教居士林办理，六时念佛，并时请缁素名流讲演大乘教义，宣扬佛化"[4]。1934 年，扬州佛教徒众们组织了菩提念佛社，"冀凭众生愿力，上邀佛力加被。挽此无边浩劫而使众生安宁"[5]。1937 年，江都县虹桥乡佛教居士林成立，也发

---

[1]《扬州寺僧组教务议会》，《海潮音》1929 年第 3 期，第 17 页。

[2]《宝应县佛教委员会章程》，《金山法海波澜》1929 年第 1 期，第 78 页。

[3]《扬州愿生寺中华佛教居士林成立》，《慈航画报》1934 年第 50 期，第 1 页。

[4]《扬州创设中华佛教居士林》，《海潮音》1933 年第 6 期，第 110 页。

[5]《扬州佛教界组织菩提念佛社》，《威音》1934 年第 57 期，第 4 页。

起念佛会。同年,宝应县城的一些居士组成念佛团,在各位居士的住宅如自在庵和明志佛堂等地活动。

扬州沦陷后,各县佛教会先后停止活动。抗战胜利后,中国佛教整理委员会成立。江都县政府、国民党江都县党部任命心禅、润田、仁海、昌泉、复真为该县佛教整理委员会委员。公推德胜庵住持心禅为会长,以居士朱干臣、陈含光为委员。会址设于旌忠寺,下设文书、经济、登记、交际四股。该会后定名为"中国佛教会江苏省江都县支会整理委员会",于1946年9月16日正式成立,有会员271人,以心禅、松山、宝光、仁海、朱干臣、润田、让之、弘度、妙安等为理事,陈含光、松涛、来果为监事。至1947年,该会在江都县下属的9个区都建立了办事处组织,共有会员646人。同年3月,中国佛教会江苏省高邮县支会、宝应县支会相继成立。扬州各地的居士林团体也得以恢复。1947年,江都县临时参议会议长朱干臣、胡显伯等25人发起成立居士林,后定名为净业精舍,理事会会长为朱干臣。不久,租借南门街自在庵作为女信徒修行场所,为净业分舍。净业精舍中既有出家僧尼,也有在家居士。1947年,自在庵主人李振海、明志佛堂主人吴密善先后将房产献给念佛团。念佛团将其改造为居士林址,分男女部。居士刘普导等人向宝应县政府申请成立"宝应佛教居士林",获得批准。

民国成立后,全国性、地方性的道教组织相继成立。由于人数较少,民国扬州道教组织相对简单。抗战前,道教具体组织情况不详。1947年10月13日,江都县道教会成立,有会员87人,以邵伯镇罗令堂为会址,在江都县城隍庙、斗姥宫设立办事处。以邵伯镇罗令堂住持佘远朗为会长,城隍庙住持孙归源、纪寿宫住持陈元吉为常务理事。该会制定了《江都县道教会章程》,规定凡本县全真派、正一派各宫观道士、祖门斋供等都可以加入该会。同年,有14名宝应县道教徒在该县佛教会内成立了附属道教组,负责人为东都天庙吴道纯道士。

扬州回教联合会最早成立于1913年,属于设在南京的全国回教联合会的支部,以南门街礼拜寺(仙鹤寺)为会址。1919年,高邮菱塘桥回教联合会成立,杨子源为会长。1925年,扬州穆斯林刘彬如在上海参与发起成立中国回教学会,和马众闻、沈俊臣、张少哲等人联合成立了江都县回民协会。刘彬如等人还曾去镇江,参加了江苏省回民协会成立大会。1929年,宝应县回民协会支会成立。1933年前后,中国回教公会高邮县分会、菱塘桥支分会建立。1936年,中国回教协会高邮支会、高邮支会菱塘区会等组织成立。1936年春,为了团结联合江都城内的清真寺,消弭分歧,江都县的穆民领袖组织了一个聚礼会,集合全城的穆斯林轮流在城内的六个清真寺里聚礼,"这会的宗旨当然也负有一种宣传宗教、发扬回教精神的庞大重责"[1]。但到年底即宣告解散。抗战时期,上述很多组织都停止了活动。扬州沦陷期间,刘彬如担任了扬州回教公会的主任、李荣华为宝应回民协会宝应支会的负责人。抗战胜利后的1946年,中国回教协会江都县支会成立,刘彬如为理事长,沈俊臣等人为理事,仍以马监巷清真寺为会址。1947年,成立了中国回民青年会江苏省江都县支会。这个支会与回教协会江都县支会同用马监巷清真寺为会址,并有很多合作。

民国时期,天主教在扬州总本堂区的神父名单如下:

表9-4　　　　　扬州总本堂区神父（1900—1951年）[2]

时　间	神　父
1900—1920年	法籍黄神父、明神父、晋神父;瑞士籍贝锦章神父（仙女庙）
1920—1938年	山宗机、邱多廉（总本堂）、蔡蔼（本堂）
1938—1941年	达亦文（总本堂）、雷伯雍（本堂）、桑敝翰、鲁志道（陈家集）
1941—1945年	洛维水（总本堂）、丁汝仁（本堂）、金鲁贤（副本堂）
1945—1948年	干孟德（总本堂）
1948—1951年	费济时（监牧主教）、陶雅谷（总本堂）、山宗机（本堂）、杨耐安（理家）

圣体军作为天主教的一个特色组织,在扬州亦有活动。1939年,仙女庙圣体军预备队成立,成员12人,这可能是民国扬州最早的圣体军团体。1942年5月1日,扬州震旦中学圣体军成立,16名成员穿着白衣,跪在圣体栏杆前,行投军仪式。虽然圣体军成员不多,但成员的宗教热情较高,成为民国扬州天主教事业中的一股骨干力量。

---

[1] 晓扬:《对江都聚礼会今后之愿望》,《震宗报月报》1937年第5期,第24页。
[2] 政协江苏省文史资料委员会等编:《扬州宗教》,第279页。

新教各派在民国时期的各种组织也有很多,几乎每个宗派都有很多活跃的附属团体。如约在 1917 年后,圣公会在扬州左卫街武城巷口建立了友基社俱乐部。1927 年,为在军乱之中团结教友,维护权益,新教各派特组织了扬州中华基督徒协会,会址设于彩衣街真道堂。浸礼会是对此最为着力的宗派。1931 年后,浸礼会在扬州女信徒群体中建立了女传道会,在青少年群体中建立了日光会。1935 年,扬州浸会的少年团已经颇有规模。抗战期间,由美国西差会提供经费,成立了扬州区浸会联合会。抗战胜利后,1946 年,浸礼会组织了扬州信望爱少年团,1947 年因团员增加,后分为两个少年团,将二团改名晨星高级少年团。至 1948 年,扬州浸礼会已有慕究理中学信爱男高级少年团、晨星男高级少年团、恩光女高级团、浸会医院灵风女高级团、圣经学院圣光青年团契、中级少年团、初级少年团等少年团组织。10 月 3 日,"为使工作加强,敦睦团谊起见"[1],这些少年团成员 300 余人,集中在慕究理中学大礼堂,组建了扬州区基督教浸会少年团联合会。

三、民国时期扬州的宗教活动

扬州各项佛事活动在民国期间仍持续进行,这些活动包括寺庙的放戒、朝暮功课、香期佛事(诸佛菩萨的诞日、出家日、成道日、涅槃日等);应施主要求而举办的各类念经拜忏活动。其中观音菩萨的成道日香期最为扬州民间重视,每年六月十九日在观音山寺举办,延续半个月,参与民众数以万计,尤以 1935 年、1936 年最为热闹。

放戒是民国扬州各大寺庙的常规宗教活动。1932 年,宝应观音庵住持雪源组织放戒活动,请仁山法师说戒。1934 年,宝应龙竿寺举行放戒活动,受戒者 170 人。抗战前夕,高邮县佛教会曾组织全县 18 岁至 30 岁的和尚参加僧伽学经班,持续 30 多天。随后进行放戒活动,受戒者 200 多人。一些讲经法会也不断举行。1933 年,宝应净居寺住持灯戒和尚"领众薰修,关于宏法利生事业,积极举办"[2]。还邀请界首佛学院教务主任融高大法师来寺讲演《大乘金刚般若尊经》。从同年 7 月 4 日开始,扬州商学各界为消弭

---

[1]《江苏省扬州区基督教浸会少年团联会成立大会梗概》,《浸会通讯》1948 年第 11—12 期,第 8 页。

[2]《宝应净居寺请融高大法师讲经》,《海潮音》1933 年第 6 期,第 110 页。

灾难,在三义阁启建净土念佛法会,请莫如法师演讲《大方广圆觉了义经》。1936年,宝应唐代古刹永明寺启建观音佛七道场,邀请淮安上生寺中恒和尚主七。每日下午,该寺住持融高法师宣讲《大乘妙法莲华经》《观世音菩萨普门品》。期内还有接引佛像及伽蓝圣像装金开光之喜,也是一番佛教盛事[1]。扬州的居士们也有很多积极的传道活动。1933年,江都县王楚臣居士购置了凉席,送往江都地方监狱。他在监狱中,"以最浅显佛法,向诸人开导,听者莫不感动"[2]。1940年,江都县居士汪道益自筹经费,举办百日圆满般若道场,有较大影响。

民国时期,举行了一些重大的佛事活动。1929年6月1日,扬州佛教徒为孙中山总理奉安举行祈祷典礼,设立了总理奉安江都僧界祈祷会筹备处。江都全境佛教僧众,假长生寺举行总理奉安祈祷大会,并邀请各界前往拈香。[3]1935年10月,江都县佛教会在天宁寺召开全县各寺庵住持大会,会期三日,出席者848人。以王柏龄、法权、朱幹臣、雨山、让之、稻香、来果等7人组成主席团。大会办事处分议事、管理、会计、庶务四科,职员数十人。这次会议通过了严密组织佛教会案、规定云林住持资格及任期案、严禁收养未成年者出家案、加紧佛教徒修持案、整顿应赴佛事案、各寺庙年终应呈报收支案等议案,"如能一一照案施行,则江都一县不但形见为佛教模范之区,而全中国佛教之整理,亦将以江都一县整理之成效为借镜了"[4]。事实上,1936年1月,国民政府才出台了《寺庙登记规则》,取代了《寺庙登记条例》,其中很多内容与这场大会的议案暗合,可见扬州佛教界当时的敏锐。1946年9月30日上午,扬州佛教会于万寿寺为抗日阵亡将士举行追悼大会。这些重大的佛事活动是与当时的社会政治环境相联系的,也体现出扬州佛教界关注民生、慈悲大众的胸怀。

民国时期道教的宗教活动开展较少,除了诵经与在一些重要的道教神灵的诞辰日摆设道场之外,最多的就是应居民的要求而做经忏。位于宛虹

---

[1]《宝应永明寺启建观音佛七道场》,《大生报》1936年第2期,第17页。

[2]《王居士入狱讲佛法》,《海潮音》1933年第9期,第125页。

[3]《扬州佛教举行奉安祈祷会》,《海潮音》1929年第5期,第18页。

[4] 大醒:《江都住持大会》,《海潮音》1935年第12期,第1页。

桥 24 号的都天庙（又称都天行宫）在每年农历五月十八日，皆由江都裁缝业牵头，举行庙会。每年农历三月二十八日是湾头镇三茅宫、东岳庙的庙会期，出会人群从三茅宫走到东岳庙，颇为热闹。

伊斯兰教的宗教活动主要是日常的念功、礼功、斋功、课功、朝功，以及在圣纪节、开斋节、古尔邦节等一些重要的宗教节日中，教徒们去清真寺内参加宗教活动。民国时期，扬州伊斯兰教的各项日常及宗教节日活动仍在开展，只是规模及频率皆较清代有所下降。为了振作宗教精神，维持团结。1933 年，扬州各礼拜寺的教长及教友 20 余人在南门街仙鹤寺召开会议，呼吁各清真寺教长们摒弃前嫌，合作工作。1934 年，扬州马监巷清真寺的阿訇阮德昌，从上海出发，去麦加朝觐了克尔白天房，这也是当时扬州伊斯兰教界的一件大事。

天主教、新教的宗教活动如主日崇拜、祷告会、查经会、唱诗班、洗礼、圣餐等活动都比较频繁，尤其是新教各派在扬州的传教布道活动丰富多彩。

1919 年 3 月 2 日下午，扬州内地会在皮市街耶稣堂举行了第一次男女勉励合会，到会者有本堂、南门支堂及男女教友、慕道者 70 余人。1928 年，扬州圣公会举办了一次新春布道仪式，参加机构有彩衣街真道堂、古旗亭懿德女校、东关街圣公会、多子街福音堂等，日夜讲道，"来者踊跃，听者动容"[1]。1931 年 6 月 7 日，扬州圣心堂举行了迎圣体的典礼。1936 年，扬州内地会徐复生等人在曹王市、谢家桥等地进行布道，他们在曹王市讲道一个月，售卖了福音书数百本。在谢家桥讲道 2 个月，受众踊跃。其中有一名赌徒受到感召，幡然悔悟。抗战时期，这些教会布道没有中止。如 1939 年 11 月 4 日，扬州浸礼会德玛利小姐、吉爱英小姐、何应全小姐、杨素卿女士前往仙女镇浸会堂，布道 7 天。战后不久，扬州各天主教、新教的活动就已经恢复。1947 年，神在堂每次主日有 20 余人参加，早祷讲经也有 200 余人，还恢复了妇女团。当年夏季，神在堂还举行了大布道活动，并继续举行十日短期训练班。浸会扬州信望爱少年团在布道方面，有布道团、祈祷团、圣乐团等机构，每个季度的第一周会在教会担任布道。每日还举行灵修读经班、晨祷会，办

---

[1]《新春布道记》，《圣公会报》1928 年第 5 期，第 18 页。

有《信望爱（半月刊）》。此外，还有各种同工退修会、感恩会、儿童圣经班等活动。1947 年，扬州浸礼会组织了暑期孩童圣经班，参加儿童 120 余人，分为卸甲桥、贤良街两班，"授以圣经知识"[1]。1948 年，基督教扬州各教会联合举办了奋兴布道大会。由浸会、内地会、神的教会、圣公会等各推出牧师执事为代表，先成立了筹备会。以浸会吴继孝牧师为大会主席，内地会孟恒真为司库，桑钦孟为招待，神的教会的谢颂三牧师为会务干事。1 月 6 日，中华基督徒布道会会长徐复生应邀来扬。次日晚间开始在多子街福音堂布道。7 日间，扬城信徒踊跃听讲。"信成女中有六十余人立志研究《圣经》，追寻主道。美汉中学有签名悔改者计四十五人，慕究理、崇实两中学立志信道或研究《圣经》者，亦各数十人"[2]。

四、民国时期扬州各宗教的文化教育、慈善医疗事业

（一）闻名全国的佛教刻经事业

清代扬州即以刻经闻名，民国仍有江北刻经处、扬州藏经院及众香庵刻经流通处三处刻经机构，虽然受到战争及营业成本等因素的影响，其业务仍得以维持。扬州砖桥法藏寺江北刻经处规模最大，在抗战期间，刻经处的前院被日军焚毁，但幸运的是放置在后院的雕版没有受到损坏。住持定一、润之等人随后将这些雕版转移至砖桥广庆庵，继续印经。抗战胜利后，这批雕版被转运至扬州东关街无量寿佛院保存，后被国民党军队作为柴火使用，烧毁大半。残余雕版又被迁至宛虹桥藏经院，仍余 2 万余片。扬州藏经院坚持印制佛经，发往各地佛学书局。众香庵则与藏经院隔街相望，有房屋三十多间，所刻印的经籍也流传国内外。以上三个刻经处的雕版形制，与南京金陵刻经处的形制基本相同，采用册页线装本。三处的雕版尺寸也大致相同，版高 17 厘米，每行 20 字，每单面宽 12.5 厘米，10 行或 9 行，字体为仿宋字。几个刻经流通处的刻印经籍质量精良，很少鲁鱼帝虎，享有盛誉，被宗教界、学术界称为"扬州刻本""砖桥刻本"。

---

[1]《扬州夏令营儿童圣经班》，《浸会通讯》1947 年第 10 期，第 7 页。

[2]《扬州各教会联合奋兴布道大会》，《浸会通讯》1948 年第 2—3 期，第 9 页。

（二）教育事业

几大宗教在扬州组织兴办了一些教育事业,这些教育事业都是配合其宗教宣传、符合其传道利益的,在客观上则为民国扬州教育事业的一部分,有着一定的积极贡献。

1922 年,仁山在高邮放生寺创办四弘学院,专弘天台教义,一时兴盛。四年后,由其弟子能净继续住持。1931 年水灾期间,放生寺被淹。灾后,仁山、能净募资重建,续办天台学院,直至抗战爆发后停办。1923 年 4 月,扬州长生寺拟开设华严大学院,出版了《佛光日报》,后改名《佛化觉世报》《狮子吼丛刊》《大中华佛学公报》等,刊期不定。1926 年夏,华严大学院正式开办。长生寺住持可端和尚为院长,愚谷、雨山、寂山、性莲为院督,稻香、至岸、久安、法雨为监理。出家僧尼及在家居士都可以前来听讲,并不收膳宿费用。1929 年,华严大学院改组更名为江都佛教传习所。设所长 1 人,监督住持全所一切事宜,主任 1 人,讲师 4 人,会计、所监、书记、庶务各 1 人。该讲习所学制三年,入学者年龄从 18 至 30 岁间,须住过禅堂,学过教典,品行端正,无不良嗜好。在家人报名听讲须为居士,有一定佛学根底者。

表 9—5　　　　　**江都佛教讲习所课程（1929 年）**[1]

学年	课　程
第一年 专科	经学（楞严经、法华经、维摩经、华严经、涅槃经） 论学（大乘起信论、百法明门论、八识规矩颂） 戒律学（四分戒本） 禅宗学（教外别传大意、坐香参禅） 念佛学（弥陀疏钞、念佛经行） 教义学（贤首五教仪、天台四教仪） 国文（古文、国文典、作文） 党化（三民主义党纲） 历史（国民党史、佛教历史） 地理（佛教专门地理）

[1]《江都佛教传习所简章》,《大云》1929 年第 29 期,第 84—86 页。

续表 9-5

学年	课　程
第二年专科	经学（楞伽经、唐译华严经、涅槃经、十不二门指要钞、四教仪集注、摩诃止观） 论学（成唯识论、因明论、百论） 戒律学（梵网经菩萨戒） 禅宗学（历代禅门宗祖心要、坐香参禅） 念佛学（净土十要、弥陀要解、念佛经行） 教义学（贤首五教仪、天台四教仪） 国文（古文、国文典、作文） 党化（五权宪法） 历史（国民党党史的研究、本国史、外国侵略史） 布教法（佛教传布之方法）
第三年专修科	经学（唐译华严经、涅槃经） 论学（十二门论、宗致义记、中观释论、般若灯论） 戒律学（梵网经前分） 禅宗学（参究公案、证明心经） 念佛学（净土语录、高僧传） 教义学（法华玄义、教观纲宗） 国文（古文、古诗、作诗、作文、发挥经义） 党化（国民党政纲、施设方针） 地理（本国地理、外国简要地理） 布教法（佛教传布之仪式、研究东西各国之布教方法）

　　根据国民政府教育部颁布的《宗教团体兴办教育事业办法》，该传习所以传戒习教为目的。其课程既以佛教知识为主，也涉及国民党党义、国文、历史、地理等其他内容。可见当时国民政府对宗教团体所兴办教育事业的管控。1930 年，僧人月慧记载了自己在江都佛教讲习所听可端法师逐日讲演《维摩经》的感受："师精神勇耀，心光透露，法音微妙，如狮之吼，所演《维摩经》无我疏，语句流畅，义理详明，玄谈幽深，不可思议。在所学人各得法雨，普被三根，闻之者心开意解，无不欣喜。"[1]足见该所在宗教教育上的成就。1946 年，中国佛教会江苏省江都县支会筹备建立扬州佛学院，制定了相应的简章，但无下文。

　　扬州的伊斯兰教教民中识字者甚少，"其无力受教育及无暇受教育者占

---

　　[1]　月慧：《参礼江都佛教传习所见闻议习记》，《大佛学报》1930 年第 2 期，第 67 页。

百分之九十以上"[1]。1933年,马监巷清真寺举办了回民文化传习所,由扬州回教联合会支部刘彬如主持。教学科目除了阿拉伯文外,还有中文、英文、算术、珠算等,以课堂讲授代替个别传授的旧教育形式,相当于高小至初中阶段的学习水平。该传习所一年后停办。卸甲桥礼拜寺内附设有经学研究社。"原为传播教义,宣扬正道之地",但"来学者殊不踊跃,效力未显"[2]。金树滋以自己仁丰洲的收入及太傅街的三进住房为校舍,资助清真小学。回教联合会扬州支部在南门街礼拜寺建立了清真第一小学,在东关外建立了清真第二小学。1947年后,中国回教协会江都县支会还创办了3所小学。中国回民青年会江都支会则创办了私立生生小学。

民国时期,天主教在扬州兴办的教育事业中最重要的是震旦中学。1920年,法国耶稣会士山宗机在扬州创设震旦中学,始称为圣约翰伯尔各满中学,后称"扬州震旦大学预科"。1931年改为"私立震旦大学附属扬州震旦中学"。初仅有高中部,1932年后,增设初中部,1949年停办。1936年秋,天主教拯亡会修女在扬州所办的达德初级女子中学开学,有学生百余人。

新教各宗派在扬州办了很多学校。1919年,宝应圣公会试办圣公会小学,两年后,因经费问题而停办,后又办美汉附属学校。1929年,圣公会所办的江都县友基学校,"该校既不设施党义教育,又不受教育行政机关之指导"[3],遭到政府取缔,但这一事例并没有阻止新教各派创办教育事业的势头。"扬州是苏北的重镇,是江苏省浸会事业最多的地方,这更加重了扬州教会的责任。浸会教会的宣教、医药、教育、慈善事业应以扬州为中心,推广到广大的苏北各乡镇。"[4]1906年创办的扬州浸会慕究理中学在抗战时,一切设备,荡然无存,被迫停顿。抗战胜利后,学校即行恢复。1946年,在校初高中生673人,教职员41人。[5]该校的学习内容仍以教育部的课程标准为主,但增加了上圣经课、礼拜日全体参加主日学校、大礼拜、少年团聚会等宗

[1]　养吾:《扬属各县回教之概况》,《晨熹》1935年第3期,第16页。

[2]　养吾:《扬属各县回教之概况》,第16页。

[3]　《取缔江都友基学校原因》,《江苏省政府公报》1929年第136期,第10页。

[4]　肇琳:《扬州归来》,《浸会通讯》1947年第12期,第19页。

[5]　《扬州慕究理中学》,《浸会通讯》1946年第3期,第6页。

教活动。浸礼会在扬州贤良街创办了懿德高初两等学堂,聘请镇江崇实女学堂毕业生樊舜英女士为教习,教育各种科学。并有传道张仲溥教习中文,有生徒 30 余人。1948 年,扬州浸会在仙女镇举办短期圣经学校,主持者为吉爱英教士、江苏浸会圣经学院学生马荷真女士、慕究理中学学生徐方正、上海中华浸会女传道会联会事务干事马郑爱琳女士等。有为信徒所办的"怎样做浸会教友"班,为儿童所办的"耶稣的祖国"班,还有"约翰一书之研究"与识字社。[1]其他宗派也有一些教育机构,如内地会办有女子中学等。

(三)慈善医疗事业

慈善与医疗卫生也是当时扬州各宗教服务社会的一个重要领域。甚至国民政府还专门制定了《寺庙兴办公益慈善事业实施办法》(1932 年 9 月公布,1935 年修订为《佛教寺庙兴办慈善公益事业规则》),加以引导与规范。中国佛教会也订有《佛教寺庙兴办慈善公益事业规则》,规定寺庙定期缴纳费用,用于慈善公益事业,但南京国民政府并没有对伊斯兰教、天主教、新教提出相应要求。

一些宗教组织、人士或信徒通过团体或个人财产,普施慈善。江都人、著名回族实业家金树滋做了大量的慈善事业。1915 年,江都贫儿院由金树滋举办,以收容9—12 岁回族子弟为主,兼收部分非回民贫儿。占地 10 余亩,设施齐全,每期收养儿童约 100 多名。实施完小教育,在文化教育之外,还教导每名学生学一门手艺。凡在该院考上中学及大学的学生,费用皆由该院承担。1923 年秋,金树滋病逝。继任院长为陈臣朔、金宝之。再如徐宝山二夫人孙阆仙,信奉佛祖,曾变卖家财,修筑了瓜洲河堤 30 里,为修整"长堤春柳"捐款种树。回教联合会扬州支部设立了回教丧葬所、六善公墓、金陵义园等。江都县回民协会对缺少回家路费及当地失业回民有些补助,于一些回民有丧葬补助,或免费安葬服务。1939 年 8 月,道教信徒孙海在仪征陈集乡汪营村周庄,自费砌 12 平方米化身窑 1 座,用于死后愿意火葬的教徒火化。后因旱灾被群众捣毁,1946 年重建。1943 年,扬州城内 3 名市民在西门外隆庆寺内设"饬终助念火葬社",为贫苦市民及佛教徒举行火葬。嗣后,

---

[1]《扬州仙女镇短期圣经学校》,《浸会通讯》1948 年第 5 期,第 8 页。

扬州北门外重宁寺附近和南门外通扬桥附近皆设立私办火葬场。万寿寺的能勤等僧人们不定期地向城内的立贞堂、崇节堂、小人堂、老人堂、残废局等机构送柴米油盐。孙阆仙居士也时常为穷人散发米票、钱财。1946年，圣公会扬州神在堂接受美国援华会、联合国救济总署苏宁分署的援助物资，对全县民众进行发放，不少在马监巷清真寺避难的回民得到了以阿訇阮德昌为首的清真寺的资助。印成和尚在旧城二巷创办一所念佛堂，作为男女居士参修的场所。堂内聘请名医施诊，开展小本贷款，接济贫民，还创办了义务小学，专门培育无力上学的贫苦儿童。1947年2月，中国佛教会江苏省江都县支会建立了扬州饬终助念火葬社。1947年成立的净业精舍举办了很多慈善事业。当年创办了施诊所，设在九巷乐善堂内。此诊所由老中医卢善夫坐诊，免费为贫苦市民服务，患者如无钱买药，还可以凭该所处方直接去大德生药店免费取药。1947、1948年冬天，净业精舍免费施粥，地点在彩衣街大财神庙，每天下午施放一石多米，发卡按人数取粥，每日受益者不下二三百人。同时发放棉衣棉裤数百套，帮助穷人度过严冬。

在遭遇重大灾荒时，扬州宗教界常有善举。1931年大水灾，江都长生寺收容了三千余灾民，予以住宿、饮食。[1]9月7日，扬州基督教组织了水灾救济会，设事务所于左卫街圣公会内，"各信徒减衣缩食，尽力捐输"[2]。将募集而来的面粉等物在霍家桥、中洲乡一带施放给灾民。首期放赈共15个村庄123户478人，每人得面粉10斤，可维持半月所用，并向上海传道联会、苏州基督教水灾救济会等请援。宝应圣公会王绍汉、傅师德牧师及长老会牧师，向各方呼吁，请求接济，"嗣承各方善士慈爱为怀，慷慨解囊，达数万金。灾黎受其惠者不可胜数"[3]。

在医疗卫生领域，天主教、新教以其独特优势，有所作为。天主教拯亡会修女来扬创办达德女子初级中学，"平日对于慈善救灵工作，甚为热心。除办理教育外，又施诊给药，嘉惠贫病，扬州外教育婴堂，已邀请修女为堂

---

[1]　芷薰：《江都长生寺容三千余灾民》，《中央画刊》1931年第113期，第1页。

[2]　《扬州基督教水灾救济会第一次工作报告》，《兴华》1931年第40期，第31—32页。

[3]　茆采卿、张盛镳：《宝应新会址落成暨创办经过概述》，《圣公会报》1935年第9期，第23—24页。

医,故能乘医治婴儿之便,代洗病孩云"[1]。扬州浸会医院"北伐前为苏省首屈一指的医院"[2]。抗战胜利后,在安鼐森(Dr.N.A.Bryan)院长、杨承之医师及如碧(Miss Ruby Wheat)护士长等人的努力下,医院业务得到恢复,并继续发展,每日门诊病人数以百计,"医师们纷忙忘食,习以为常"[3]。

五、乱世中的扬州宗教

在民国动乱年代,扬州宗教场所遭受了破坏与摧残。1935 年 7 月颁布的《中华民国刑法》规定:"对于坛庙、寺观、教堂、坟墓或公众纪念处所,公然侮辱者,处六月以下有期徒刑、拘役或三百元以下罚金。妨害丧葬、祭礼、说教、礼拜者亦同。"[4]实际上,在动乱状态下,这些法律完全沦为具文。

北伐军与孙传芳争夺扬州期间,扬州各县的大部分宗教场所都被军队所占用。一些军人"任意破坏,什物被毁一空"[5]。即以新教为例,其各宗派在扬州的宗教场所几乎都被征用,"浸会医院、内地会官话学校、便益门圣公会之神在堂,损失极巨"[6]。1936年,为修建扬六公路,切断了静慧寺的后部。樊川镇的水陆寺在抗战时候曾经作为私立扬州中学的所在。潼口寺也曾接纳宝应县中,到了 1938 年冬,该寺又成了江苏省保安第三旅教导大队的驻扎地。

抗战时期,日军炸毁、拆除了很多宗教场所。禅智寺被伪军拆除了两进殿房及部分厢房。慈云寺建筑大部分被日军拆毁。甘泉山寺、净土寺及大悲寺楼房等被日军焚毁,龙竿寺、潼口寺被日军飞机炸毁。宜陵镇投子寺的大雄宝殿、藏经楼等建筑都毁于战火。江都县礼拜寺也在抗战中遭到毁坏。很多宗教场所被征用为日伪军营,如佛教的福缘寺、静慧寺、护国寺,道教的城隍庙、堡城城隍庙等。解放战争时期,道教小茅山庙为国民党军队拆毁,所拆砖石用于修筑碉堡。1947 年,江都县第六区区公所占用道教圣母祠,不

---

[1]《上海拯亡会修女在扬州之新事业》,《圣教杂志》1936 年第 2 期,第 125 页。

[2]《扬州浸会医院》,《浸会通讯》1947 年第 10 期,第 7 页。

[3]《扬州浸会医院》,第 7 页。

[4]《中华民国刑法》,中国第二历史档案馆编:《中华民国史档案资料汇编:第五辑第一编(政治)》,第 493 页。

[5] 作新:《扬州教会近闻片片》,《通问报》1927 年第 1270 期,第 7 页。

[6] 作新:《扬州教会近闻片片》,第 7 页。

久,将该祠拆毁。1946年,邵伯大王庙的戏台、串楼等建筑在邵伯保卫战中被毁,仅余大殿。1943年冬,人民武装高邮、江都独立团歼灭驻扎在该寺的伪军,为防止敌人继续占据该寺,遂拆除全部建筑。1945年10月,开元寺前进被拆除,其砖石用于铺设街道。1948年,为了建筑军事工事,国民党军队拆除了观音庵的前一进建筑。

在抗战中扬州各宗教组织多有积极作为。

抗战初期,天宁寺作为抗战伤兵治疗之地,僧人悉心照顾伤员,日军获悉后,进行残酷杀戮。1937年12月27日,日军封闭寺门,杀害了伤员58人及部分僧人,并强迫剩余的僧人埋尸灭迹。扬州天主堂孙培安神父在日寇进入扬州时,在震旦中学组织难民收容所,"在敌人奸抢烧杀淫威之下,挺身冒险,抵抗凶焰,救护难民,保全妇女贞节"[1]。1947年7月3日,孙神父再次来到扬州时,为表谢忱,扬州各界特地在江都县商会举行欢迎会。

扬州的很多爱国僧人、信徒纷纷走出庙门,组织或加入抗日武装队伍,开展抗日斗争。在扬州沦陷后不久,一些信教群众就组织了"大刀会""花篮会"等具有佛教色彩的农民抗日武装,在扬州四乡都有活动。江都人雪松和尚在盐城自费创办抗日救护队,并考入江苏省第六区民校师资养成所,学习军事知识。他历任盐城佛教救护队主任教官、民主政权盐城参议会参议员等职,获得了新四军代军长陈毅的赞誉:"雪松先生对我们的工作帮助很大。"[2]重宁寺住持恒海法师出家前曾在保定军官学校学习,官至师长。抗战期间,组织僧抗队抵抗日寇,牺牲在太湖地区。1943年,广洋湖乡观音庵的德祥等人加入了射阳区游击队,在激烈的战斗中英勇牺牲。1944年,宝应射阳镇龙竿寺住持天祥组织爱国僧人,成立"僧抗会",进行抗日斗争。该会还建设起一所利生纱厂,为抗日军民生产土布。淮阴江苏省第七区的觉醒寺组织了僧众抗日武装训练班,设有"抗日救护队",其中有来自宝应的100多名僧众。1946年9月30日,中国佛教会江苏省江都县支会在万寿寺召开抗日阵亡将士追悼大会,超度亡灵,体现了扬州宗教界的爱国之心。

[1]《扬州各界欢迎孙培安神父》,《圣心报》1947年第8期,第267页。
[2] 政协江苏省文史资料委员会等编:《扬州宗教》,第321页。

在日军胁迫威逼或鼓动诱惑下,也有宗教人士忘却本来面目,或与敌合作,或卖身投靠,为虎作伥。日伪组织了日华佛教联盟,在扬州设有分会,企图以此作为联络佛教力量,为其张目的工具。首任会长为愿生寺住持可端,继任者为天宁寺住持让之,副会长为大准提寺住持宝光。该分会常驻有一名日本僧人监督。最为恶劣的是时任高邮县佛教会会长的善因寺方丈铁桥与其徒孙住持太醒,两人直接沦为日寇走狗,祸害百姓。1945年,铁桥被人民政府镇压,大醒逃走。

第二节　民国时期的扬州报刊

近代报刊[1]对民国时期扬州的社会舆论具有广泛的影响。民国成立以前,扬州报刊事业已经开始萌芽。清末扬州本埠办有《淮南日报》《广陵涛》《文明汇报》等近代报刊。光绪元年(1875),上海《申报》将扬州作为其最早聘请特约记者的城市之一。不久,《新闻报》等报刊也在扬州布点记者站与售报处,积极开展相关业务。光绪六年(1880)前后,《申报》在扬城设立三处售报馆。[2]20世纪初,随着报禁的松弛,借助扬州沟通南北、邻近宁、沪的地理位置,以及相当数量的士绅读者群体等条件,民国扬州报刊事业开始起步。

一、五四运动前的扬州报刊

从民国成立到五四运动前,扬州共存在着10余种报刊,约占同时期全省报刊数量的1/10。这些报刊发行时间大部分在两年以上,最长的《扬州日报》达到了25年。朝代更替、社会变革导致的新闻信息量大增以及民众对于报刊发展的支持态度,使得这一时期扬州的报刊数量比之清末有了较大的增加。

---

　　[1]　"近代报刊"是为了区别于传统"邸报"等媒介,为了方便读者理解,以下简称"报刊",略去"近代"。

　　[2]　王庆云、费昌华:《扬州报刊志》,人民日报出版社1993年版,第13页。

表 9-6 部分民初扬州报刊（1912 年至五四运动前）

报刊名	年 代	地点	报刊名	年 代	地点
民声报[1]	1912 年	扬州	十里春风报	1916 年	扬州
安宜日报	1912 年	宝应	大江北日报[2]	1917 年	扬州
扬州日报	1913 年	扬州	江北商务报	1918 年	扬州
江淮新报	1913 年	扬州	淮扬日报	1918 年	扬州
自治报	1914 年	扬州	大声报	1918 年	扬州
扬州	1915 年	扬州	高邮日报	1918 年	高邮
教育杂志	1915 年	高邮	维扬日报	1918 年	扬州
邗江周刊	1916 年	扬州			

这些报刊发行类型多样,有《扬州日报》等日报,《江北商务报》等间日刊,《邗江周刊》等周刊,《扬州》等月刊。它们在发行量上的差别较大,多者近千份,少者仅几份。《扬州日报》《大江北日报》《淮扬日报》等报刊的每期发行量都在 200 份以上。除了在本埠发行,也有部分报刊行销周边地区。如在公道镇即设有扬州《大江北日报》的代销点,每天通过邮寄以代销。

这些报刊的经费来源包括个人独资或多人合资、在个人出资的基础上接受政府部门或组织的津贴、完全由政府部门或组织津贴支持等多种方式。江都县教育会、江都县通俗教育馆、校友会等是最热衷办报的政府部门、组织。

各个报馆的人员多在 2—10 人间,类似《江淮新报》[3]这般只有两个职员的报馆不在少数。创办者、主笔、编辑、记者、校对等岗位,在报馆业务中并没有严格的划分,有的报人集数职于一身。也有一些业务权责划分明确、职员人数较多的大报。《大江北日报》先后聘请叶德真、陆希圃为主笔,戴有怀、钱莜平、吴立藩、杨植之、沈铨为记者,厉少庭为校对。经理职位也在一些报馆中出现,意味着在民国扬州兴办报刊已是一种有利可图的事业。

在版面的安排上,大多参考上海等地大报格局。一般为广告、时评、科普、本埠新闻、外地新闻、杂谈、连载小说等。如《江北商务报》为"游戏

---

[1]《民声报》原名《江淮报》,1912 年改此名。

[2]《大江北日报》原名《市厢公报》,1927 年左右改为此名。

[3] 王庆云、费昌华:《扬州报刊志》,第 30 页。

林""谐作""无线电""花事琐闻""里巷趣闻""杂俎""小说""文苑""本埠商情""时评"等。约在1913年前后，扬州各大报不再仅是转载《申报》等外埠大报的内容，开始广泛运用电讯接受外地新闻信息。《淮扬日报》还委托镇江通讯社经办代销及通信事宜。

由于技术与工艺的原因，这段时期的扬州报刊纸张质量低劣，印刷粗糙。印刷方式以石印、油印居多，少有铅印。如《扬州》就是初为油印，后改石印。但也有一些资金比较充裕的大报为赶潮流之先，以铅印面世。《大江北日报》先后由扬州贫儿院印刷所、集贤斋印刷所代印。《淮扬日报》创办人陈臣塑在扬州辕门桥创办飞狮公司，代印《淮扬日报》，飞狮公司关门后，《淮扬日报》改由扬州贫儿院印刷所印刷，这几份报纸皆为铅印。

这些报刊的创办者多为教师、商人与自由知识分子。这种身份分布具有鲜明的时代特色，是较早接触并接受新知识、新的社会改良事业的群体之一。如扬州盐商后代徐公时，担任安徽旅扬公学首任堂长，具有维新思想，创办《民声报》是其政治思想的一种展示。张少斋创办《扬州日报》前曾任南京大总统府禁卫团书记，临时政府解散后回扬任上海《新闻报》驻扬记者，是受到民主革命思想熏陶的新闻业人士。

这些报刊的宗旨与清代邸报有根本不同，其立意大多为启迪民智、寓教于乐、传达政讯之类。也有报刊力图以此鼓动舆论，推动社会进步。《邗江周刊》的出版启事就自诩本报："说理详明，记载确实，选择颇精""足以开通风气，别开生面"。显然，报刊主办者希望自己的报刊能够达到为社会服务、为时代倡言的目的。但在实际操作中，这些宗旨往往难以落实，只是一种想像。

此时的扬州报刊既具有一定的进步性，又表现出一定的落后性与不成熟性。进步性体现在一些报刊开始尝试发挥近代报刊监督社会、发挥舆论的功能。其典型者如《扬州日报》仿《申报》"自由谈"辟"自由语"栏目，对社会现象进行评论。其落后性则表现在当时一些报刊的报道中还存在着不少封建守旧的文字。如《十里春风报》以登载社会新闻为主，但其中不乏诲淫诲盗的内容。其不成熟性则表现为这些报刊在运营时的幼稚。1917年，《自治报》创办人茅幼安与江都县知事周光雄发生争执，被后者抓进牢房，后经他人说情才得以保释。《自治报》也因此一厄，顿遭停办。这种现象虽不多见，但绝非偶然。

不同于晚清时期，扬州各报馆很少再向读者赠送报纸，除部分批发给报贩零售外，大多由订户向报社直接订阅。广告费也成为各报的主要经济来源，读者群的数量直接影响广告收入，以质量吸引更多读者成为扬州各报尤其是商业性报纸的必然选择。《怡情报》立足于扬州本地市场，多编扬州本地新闻，尤其致力于办好副刊，其文字诙谐，妙趣横生。创办人之一杜少棠时在该报副刊连载小说《青丝发》，受到读者追捧，一时"扬州小杜"名满扬城，报纸销量也随之上升。在扬州本埠报馆短兵相接，互相竞争的同时，它们还要面对来自外地尤其是沪、宁等地大报的挑战。《新闻报》《申报》《时事新报》《时报》《新江苏报》《江苏省报》《苏报》等报刊在扬州各城镇皆有销售网络，无形中增加了同行之间的竞争热度。

清末民初，扬州报人也开始了其职业化的起步。扬州籍报业人士樊遁园、刘师培、徐公时、张少斋等四人，办报时间大致相沿，他们的身份与办报经历正好展示了这一时期扬州报业人员的职业化进程。樊遁园先后担任《镇江商务报》编辑、《扬子江丛报》及《扬子江白话报》发起人、芜湖《商务日报》主笔，最后为淮北票盐笔墨代表。刘师培先后任《俄事警闻》编辑、《警钟日报》编辑主任、《国粹学报》主笔、安徽公学、皖江中学等中学历史或伦理学课程的教员、《民报》撰述、《天义报》(《衡报》)主办人、端方幕府幕僚、四川国学院教授、《四川学杂志》主笔、阎锡山的高级顾问等职。徐公时先为安徽旅扬公学堂长，后为《江淮报》(《民声报》)报馆主任。张少斋先后担任南京大总统府禁卫团司书、《扬州日报》创办人、《新闻报》驻扬记者，其间曾任江都县商会会长。樊遁园屡受政府、官僚压制，几次办报皆无善终。刘师培虽曾为报人，但国学为其用心所在，一生为政治理想而奔波。樊遁园、刘师培为报业非职业化人物的代表。而徐公时、张少斋则一生几近全部精力致力于报业，可谓专职。1912年，徐公时还作为扬州新闻界代表参加了在上海召开的中国报界俱进会特别大会，以职业新闻人为自己的身份。

二、五四运动至沦陷前的扬州报刊

五四运动至扬州沦陷前，扬州报业迎来了一段短暂的"黄金"时期，新办报刊数量有大幅度增长，出现了两次办报高潮。五四运动时，扬州民主活动十分活跃,报业受到刺激亦有很大进步,出现了第一次创刊高潮。1927年,国民革命军与孙传芳在扬州拉锯作战。由于扬州报刊大多倾向共和民主,遭受孙的仇恨,普遍受其打击压制而出现了暂时的办报低谷。1927年8月,"上海《申报》驻扬记者许蔼如和上海《新闻报》驻扬记者、《扬州日报》社长张少斋,因得悉孙传芳军队将渡江与北伐军交战于龙潭,发电稿到上海报馆,被孙传芳所部刘士林下令逮捕,张少斋深夜幸得走脱,许蔼如被捕遇难"[1]。国民革命军控制扬州后,扬城报业重新勃兴,出现了第二次创刊高潮。

这一时期,扬州创办及存续的报刊有80余种,其中扬州市区有50余种,高邮、宝应、仪征等县也各有建树。尤其是在1931—1934年间,无论是办报总量,还是县均办报数,扬城报业都在位居全国前列。更多的扬州报刊开始不满足于仅在本埠发行,逐渐向周边城市扩散。《邗江杂志》于全省设分售处,在盐城等地设发行处。《写作与阅读》从第2卷开始由上海新知书店发行全国。这种景况比起五四运动前,是有明显进步的。

表9-7　　　　五四运动至1937年扬州部分报刊

报刊名	年　代	地点	报刊名	年　代	地点
新扬报	1920年	扬州	劲草	1932年	高邮
扬州新报	1921年	扬州	高邮民治报	1932年	高邮
扬州启新报	1924年[2]	扬州	民众报	1932年	宝应
邗江杂志	不详[3]	扬州	中华日报	1933年	扬州
龙川小报	1924年	江都	觉报	1933年	江都
透视报	1925年	扬州	宝应民众报	1933年	宝应
卧薪尝胆	1925年	扬州	江都两淮新闻通讯	1933年	扬州
小言报	1925年	扬州	江都民报	1933年	扬州
快报	1925年	扬州	江淮日报	1933年	高邮
新民报	1926年	扬州	高邮晚报	1933年	高邮

[1]　王庆云、费昌华:《扬州报刊志》,第5页。

[2]　王庆云、费昌华:《扬州报刊志》,第38页。据1934年1月《江苏月报》1卷3期载,《扬州启新报》为1924年1月创办。另据《报学季刊》1935年1月1卷2期载,《扬州启新报》为1922年3月创办。

[3]　据王庆云、费昌华:《扬州报刊志》考证,该报创刊约在19世纪20年代。

续表9-7

报刊名	年　代	地点	报刊名	年　代	地点
新声报	1926年	高邮	高邮江淮日报☆	1933年	高邮
淮海日报	1926年[1]	高邮	快报	1933年	宝应
邗涛	1927年	扬州	正气日报	1933年	扬州
通俗报	1927年	扬州	公言报[2]	1933年	江都
医学周刊	1928年	扬州	仪征评论周刊☆	1934年	仪征
江都日报	1929年[3]	扬州	导报	1934年	扬州
江都县教育公报	1929年	江都	宝镜报	1934年	宝应
宝光报	1929年	宝应	江北市乡	1934年	江都
江都国医报	1930年	扬州	邗东通讯	1934年	扬州
正言报	1930年	扬州	江都新闻通讯	1934年	扬州
大佛学报	1930年	扬州	江都导报	1934年	扬州
珠湖报	1931年	高邮	民众日报	1935年	宝应
圩钟报	1931年	仪征	扬中校刊	不详	扬州
新江都日报	1931年[4]	扬州	实验研究月刊	不详	扬州
联友周刊	1931年	扬州	江都县中校刊	不详	扬州
南强报	1931年	高邮	高邮商报☆	不详	高邮
高邮新报	1932年	高邮	江都教育	不详	江都
淮南导报	1932年	高邮	江北公论	不详	扬州
民意日报[5]	1932年	扬州	晨报	不详	扬州
大华报	1932年	扬州	大江淮日报	不详	扬州

[1] 另据《报学季刊》1934年调查记载，该报为1927年2月创刊。

[2] 1922年12月，高邮曾有创建《公言报》之议，见《高邮组设公言报》，载《时报》1922年11月4日第6版。但该报是否如期创立，与江都《公言报》的关联如何，待考。

[3] 据王庆云、费昌华：《扬州报刊志》第83页："据《江都日报》报头刊载：'本报创办于民国十八年七月'。另据民国二十四年一月《报学季刊》一卷二期和《江苏月报》民国二十三年一月一卷三期记载，《江都日报》民国十六年北伐胜利后惠东升当县长时创刊。"

[4] 据王庆云、费昌华：《扬州报刊志》第46页："据广陵区公安分局保存的王涧泉自传称，《新江都日报》民国二十六年六月创办。另据1935年1月《报学季刊》一卷二期和《江苏月刊》1934年1月一卷三期载，《新江都日报》民国十九年八月创办，三日刊。"

[5] 原名《江都民意报》，1933年改名《民意日报》。

续表9-7

报刊名	年　代	地点	报刊名	年　代	地点
淮醝报	1932年	扬州	朝报（高邮）	不详	高邮
民强报	1932年	扬州	江苏扬中小校刊	不详	扬州
大众报	1932年	高邮	江都卫生报	不详	扬州
大淮海报	1932年	高邮	商报（高邮）	不详	高邮

民国初期所创办的扬州报刊中至少有6种延续至五四运动后，如下表：

表9-8　　民国初期创办且延续至五四运动后的扬州报刊

报刊名	结束年代	地点	报刊名	结束年代	地点
扬州日报	1938年	扬州	十里春风报	1920年左右	扬州
淮扬日报	1937年	扬州	大江北日报	1937年	扬州
江淮新报	至少1935年	扬州	高邮日报	至少1925年	高邮

这一时期的扬州报刊，在发行量上也较五四运动前上了一个台阶，期发行量在数百份的报刊比比皆是，"扬州城内销数最多"[1]的《透视报》甚至每期销售过千，"这在内地报纸，已属不可多得了"[2]。

表9-9　　部分扬州报刊期发行量（1919—1937年）

发行份数（每期）	报刊名
1000份以上	《透视报》[3]《轰报》《写作与阅读》
500—1000份	《联友周刊》《江都日报》
100—500份	《新扬报》《扬州启新报》《宝光报》《正言报》《珠湖报》《圩钟报》《新江都日报》《南强报》《高邮新报》《淮南导报》《民意日报》《淮醝报》《民强报》《大众报》《江都民报》《党报》《江淮日报》（高邮）《正气日报》《公言报》《快报》《导报》《宝镜报》《江北市乡》《高邮民国日报》
100份以下	《大淮海报》

真正意义上的扬州官办报刊也开始出现，如国民党江都县党部的《江都

［1］ 王庆云、费昌华：《扬州报刊志》，第39页。
［2］ 墨衫：《杂谭扬州报纸》，《晶报》1936年11月15日，第3版。
［3］ 实为《淮扬日报》副刊，未查到具体出版期数，笔者据王庆云、费昌华：《扬州报刊志》第39页："（《透视报》）为扬州城内销数最多的一种报纸。"推断其每期刊数应在1000份以上。

日报》、江都县政府的《江都县政治月刊》等。各报社人员比五四运动前也有增加。十几人乃至数十人的大报社出现了。《江都国医报》就有社长、主编、编辑、医药访事、校对、发行主任等有名可查者16人。《医学月刊》有编辑主任、编辑、特约编辑等30余人[1]。《新扬报》由邑人姚志仁等创办，联系了江都县很多学校的校长参与其事，因此，"各部职员，纯粹义务"[2]，人数众多。

为适应日趋激烈的报业竞争环境，除专业报刊外，扬州各报刊特别是日报纷纷扩大了新闻版面，增加新闻报道量。在副刊方面，各报也普遍有意充实提高，开辟了一批有一定影响、较高档次的副刊，如1935年，《中华日报》开辟了《银灯周刊》，"专载电影文字及消息，内容尚称丰富"[3]。也出现了《透视报》这样纯粹文娱性质的报刊。

扬州电话局于1919年开通了长途服务，各报在接收电讯的基础上展开了新闻时效性的竞赛。一些大报为吸引读者，不惜在上海等地聘请通讯员，以求获取最新咨讯。《淮扬日报》通过无线电收集新闻，"可以与京沪各报同日登出"[4]。其所刊发的省会新闻，每天由镇江东南通讯社通过客运末班车送来，和本埠的新闻同时编辑。但这时的扬州报界中，也存在一些以刊登广告为主，新闻很少，甚至于全盘抄袭外埠大报新闻内容，而被称为所谓"搬版"的小报。"还有一种搬版的方法，就是等人家报纸印好，仍旧原版，换上自己的报头，刷印一过，既可省编排之劳，又毋须采访稿件，不过内容窳败，自无精彩可言了"[5]。

随着时代进步，印刷技术也在不断提升，铅印被扬州各报刊所广泛采用。有一些报刊专门委托专业印刷机构承担印刷工作，如《联友周刊》（扬州印书馆、大成印刷所）、《宝光报》（宝应民生工厂印刷部）、《江都日报》（扬州胜业、集贤斋印刷所）。有一些报刊则是自备印刷机印刷。

扬州报刊的广告作为经济社会事业的晴雨表，在这一阶段特别是第二

---

[1]　王庆云、费昌华：《扬州报刊志》，第43页。

[2]　《新扬报之内容》，《民国日报》1920年3月17日，第7版。

[3]　《麦格尔风来稿》，《时代日报》1935年10月21日，第8版。

[4]　墨衫：《杂谭扬州报纸》，《晶报》1936年11月15日，第3版。

[5]　墨衫：《杂谭扬州报纸》，《晶报》1936年11月15日，第3版。

次创刊高潮中有了显著的发展。广告会带来直接的经济价值,所以各报纷纷在显要位置安排广告,一般直接在各报的第1版刊登广告,之后才是新闻、社论等。初期的扬城报刊广告无插图,仅在文字的字体、字号上进行简单设计,以吸引读者。20世纪30年代,扬州报刊的扬城报刊开始大量出现插图,图案大多为寿星、美女与商品构图等。在广告业务的承接上,有两种途径:一是广告客户自己上门;二是通过广告捐客来招揽业务。如《大江北日报》就是通过这些中介商的运作,经常刊登上海大英药房、五洲药房的广告。官办报刊由于有政府津贴,对于广告经营收入还不是过于倚重,而私营报刊则更为在意广告的收益。曾经有人统计了该阶段扬城部分报刊的广告价格,"登一则普通广告相当于一个月到一个半月的报费"[1]。这一价格并不昂贵,反映出当时扬州报业广告业务的激烈竞争。

此时一些专业类、特色类报刊的出现,满足了扬城读者的更多需求。《江都国医报》的内容除了中医学理论、临床实验数据、卫生常识等,还刊登江都国医学术研究会、中西医药研究社的各类信息等。登载的文章有《国药前途之展望》《黑热病与中国医籍中固有名称之讨论》《卫生要素下篇(起居类)》《国药单方实验研究社宣言》等。这个刊物对传承与发扬中国中医学术,起到了平台与推广的作用。江都县佛教传习所发行的《大佛学报》,虽然仅存在了两个月,但也为提倡佛教学术、发扬中国大乘佛学作出了贡献。

由于五四运动的启迪,有些报刊已不满足于单纯的开启民智、普及知识等功能,而是尝试进行舆论监督甚至展开对国家大事的讨论。扬州《大江日报》经理朱达哉曾公开向全国民众呼吁:"我同胞不欲再受宰割之痛苦,苛政之蹂乎,其速起赞助中山先生之国民会议"[2]。上海"五卅"惨案后,扬州学联创办的《卧薪尝胆》就号召扬州各界以卧薪尝胆的精神将斗争坚持到底。一些专业报刊虽受专业局限,但也力求能在本专业领域开扬城风气。如《写作与阅读》"创刊号"云:"用我们大家的心血点上一个火把,想在照耀下消除这国文教学界的阴霾瘴气"[3]。由于报业竞争的日趋激烈,也难免存在以报媚

---

[1] 王庆云、费昌华:《扬州报刊志》,第326页。

[2] 《扬州〈大江日报〉经理之表示》,《民国日报》1925年1月12日,第3版。

[3] 王庆云、费昌华:《扬州报刊志》,第65页。

人的报刊,如《透视报》之流,这也是该阶段报业竞争的负面影响之一。至于一些官办报刊的争斗更是直接反映了当时军政派系的斗争。一些报刊在舆论监督、时政鞭笞等方面为世人所瞩目。扬州秘密共产党员罗青创办的《邗涛》专门揭露当时江都县县长张士仁与国民党江都县党部的右派代表人物王兆俊、王兆杰等人的劣迹,并直接抨击"四·一二"反革命政变后上台的国民党右派。扬州《轰报》以无党派面目出现,专门针砭社会时弊与上层丑闻,颇受读者欢迎。其创刊号要目有"审县长""朱八戒耀武扬威""郭兰石口中之王敬庭"[1]等,并对当时的江都县长马镇邦进行批评。全面抗战爆发前夕,不少报刊积极投身抗日宣传,如《卧薪尝胆》《圩钟报》《联友周刊》等。此外,部分报刊尤其是官报具有明显的政治派别倾向,这种现象从另一个角度揭示了该阶段官方报刊出现的原因。

三、抗日战争全面爆发阶段、解放战争中的扬州报刊

在抗日战争全面爆发阶段,扬州地区由国、共、日伪三方力量所分割控制,大部分县城、市镇由日伪控制着。由于日军入侵,原有的扬州报刊大部分停刊、转移。围绕着宣传舆论阵地的争夺,三方力量也作出了各自的努力。日军控制的汪伪政权先后网罗了一批文化汉奸,创办了一些为伪政权服务的报刊。1939 年新四军挺进江北,在苏中地区建立抗日根据地,各级根据地机关报、军报在根据地陆续创办。国民党江苏省党部和江苏省政府也办有数份报纸。1945 年 8 月 15 日,日本法西斯投降,中国人民抗日战争取得最后的胜利,但是新闻战线的斗争并没有随着抗日战争的结束而停止,而是进入了一个新的斗争时期,中共领导的人民报刊最终成为扬州地区报刊的主流,国民党政权所办报刊则在这一历史进程中最终覆灭。

在这一时期,扬州每年新创办的报刊数较少,大部分报刊发行的随意性很大。1937 年,扬州地区主要城镇陆续陷落,大批报刊停刊。1940 年前后,各方力量又重新整合,创办了一批新的报刊。此后的几年,由于斗争的艰苦与物质的匮乏,扬州报刊数量始终没有大的突破。1946 年、1947 年,报刊数量有所增加,但为时甚短。

---

[1]　王庆云、费昌华:《扬州报刊志》,第 63 页。

表 9-10　　　1937—1945 年抗战期间扬州部分报刊[1]

报刊名	年代	地点	报刊名	年代	地点
前进报	1938	高邮	高邮新报	1942	高邮
扬州新报[2]	1938	扬州	苏北民众	不详	扬州
宝应新报[3]	1941	宝应	江都战报	1940	扬州
江都青年	1940	扬州	仪征战报	1940	仪征
新仪征报	1940	仪征	湖东报	1942	苏中一地委
江都导报	1943	江都	布尔塞维克	1943	苏中一地委[4]
人民报	1944	苏中一地委	整风	1943	江都
抗敌周刊	1937	扬州	群众报	1943	苏中二地委
每日战讯	1939	宝应			

一些在抗战全面爆发前就存在的部分报刊延续到了该阶段,如下表:

表 9-11　　　抗战全面爆发前所办报刊延续至抗战时期者

报刊名	地点	发行时间段	发行延续时间
新声报	高邮	1926 年—1938 年	12 年
宝光报	宝应	1929 年 9 月—1940 年	11 年
民众日报	宝应	1935 年—1940 年	5 年
写作与阅读	扬州	1936 年 11 月—1937 年 9 月	10 个月
扬州日报	扬州	1913 年 3 月—1938 年	25 年

从发行刊期上来看,该阶段扬州不定期发行的报刊增多,日报减少,周刊、旬刊、半月刊、月刊等有所增加。这些报刊的单报发行量有所提高,期发行量在 1000 份以上的有《江都导报》等报刊。但是由于整体数量的下降,发行总数有了很大的下降。由于战争的原因,各方力量控制的实际地域具有很强的突变性,很多报刊发行区域是与其创办者那一方势力范围紧密联

---

[1] 中共根据地报刊具有一定的流动性,有时其办报地点、发行区域涉及扬州区域内,该表所列报刊具有一定的典型性。

[2] 1944 年底改名为《苏北新报》。

[3] 又称《宝应日报》。

[4] 原为中共江都县委所办,后改为苏中中共第一地委的党刊。

系的。各方对于敌方所办报刊一律采取严格的封闭措施，造成了各自独立的发行区域格局。

在机关报与军队报为主流的状况下，此时的扬州民营报刊已经寥若晨星，仅有的几份也隶属于各个政治派别，接受政治势力的指导与津贴。完全独立的民营报刊在当时的扬州地区是难以立足的。如《每日战讯》，由宝应县朱广愈、刘启初、芮和师、顾梦依等于 1939 年春合办，国民党宝应县党部一直企图吞并该报，但未得逞，主办人顾梦依遭日军飞机轰炸身亡后，该报遭停办。

在广大的根据地，进步报刊的实干家们采取了多种方式以保证报刊的通联。如《人民日报》设在各地的记者站负责人（宝应站梁光景、江都站邱〔秋〕枫等）都对自己负责的区域的地理人文十分熟悉，与各通讯员的联系十分密切，有时候他们之间的联系往往较电讯来得更加快捷。当时扬州地区的中共党委对于报刊的通联问题还是比较重视的。1966 年，高邮县委书记张英在一次县委扩大会议上，明确要求将向《人民报》供稿作为县委任务之一，布置各区乡积极完成。1944 年 9 月 11 日，高邮县委发通知，要求各区区委、区公所、区游击连开会讨论组织通讯组，加强通讯工作，内容包括各区选定通讯员 8 名，其中工农通讯员 1 名，区委每月要写稿 2 篇等。很快，高邮县委、县政府、高邮团及各区都建立了通讯组，县通讯社也改称通讯站。"如高邮五区通讯组有束帛、葛怀元、张松秀、高鹏飞、史克海、查克明、史纯信、查正衡、沐玉峰等 9 人，县查减团（检查减租减息工作团）有方农高、郭冰、陈之炎、郭杰 4 人"[1]。

解放战争初期，出于战略上的考虑，苏中解放区的主力部队曾一度撤退山东，国民党军队对扬州地区进行了大规模残酷的扫荡与搜索，苏中各地县委所办报刊事业受到一定的影响。1948 年底，苏中解放区各刊物都奉命停刊，扬州地区国民党报刊事业则有所恢复。1949 年 1 月前后，随着扬州地区的解放，国民党报刊全部停刊。

这一阶段，除军队报刊外，扬州地区共创办报刊约 24 种[2]，分别由解放

---

[1]　王庆云、费昌华：《扬州报刊志》，第 309 页。
[2]　考虑到研究的方便，该表未列入人民军队所办报刊。

区报刊、国统区报刊以及扬州解放后建国前所办报刊3部分组成。列表如下：

表9-12　　　　　　　　　解放战争时期扬州部分报刊

报刊名	年代	地点	报刊名	年代	地点
新宝应报[1]	1945年	宝应	高邮导报	1947年	高邮
前线报	1945年	扬州	生根报	1948年	高邮
军光日报[2]	1945年	扬州	快报	1947年	高邮
夏季通讯	1946年	高邮	生根	1947年	高邮
芜城晚报	1947年	扬州	大光报	1947年	扬州
新苏北	1947年	扬州	扬报（铅印）	1947年	扬州
新声报	1947年	高邮	战斗	1947年	扬州
明伦	1947年	高邮	高邮大众	1947年	高邮
苏北日报[3]	1947年	扬州	扬报（石印）	1947年	扬州
大家看	1947年	高邮	锻炼	1948年	高邮
宝应大众	1947年	宝应	高邮民报	1948年	高邮
人民画报	1947年	扬州	电讯	1949年	扬州
战友	1947年	宝应	真州报	不详[4]	仪征

　　这一阶段这些报刊关注的主题由抗日战争转为了解放战争。一些民办报刊也努力发出自己的声音，如《扬报》（石印），"该报的创刊宗旨，创刊号上'打开无声的扬州'和'个斋偶话'两文作了明确概述，认为'扬州什么都好，就是没有声音，这一座古城已经和现代的世界，现在的中国隔绝了'，因此，几个年轻人，为了不甘于寂寞，不甘于静止，高举起'扬报'的旗帜，想打开'无声的扬州'。'扬报在这单纯的新年下毅然地出版了'，并称'从今天起，我们抱着准备随时被迫停刊的命运！'"[5]

---

　　[1]　该报为接受原汪伪宝应日报社后创办。

　　[2]　王庆云、费昌华：《扬州报刊志》第92页："被蒋介石收编为陆军第二军的伪军孙良诚部，接受了汪伪江都县的《苏北心包》器材设备，改为《军光日报》出版，派纪岱峰为负责人。《军光日报》为对开两版，只出版几个月时间，到1945年底，《军光日报》停刊，部分印刷设备被《新江苏报》接受。"

　　[3]　1947年，原《江都日报》扩充版面，改名为《苏北日报》。

　　[4]　王庆云、费昌华：《扬州报刊志》第96页考其创刊时间为1939—1940年春。

　　[5]　王庆云、费昌华主编：《扬州报刊志》，第70—71页。

在宣传报道上，各报依然明显的分为三大阵营，主要是中共领导的人民报刊与国民党所办的反动报刊的竞争，所谓的中间阵营，即所谓民营报刊，因其稀少，难以形成太大的影响力。除了战争新闻，各报也对其他政治经济文化社会等方面的新闻有所报道，并且因为报刊性质的不同而有所侧重。中共领导的人民报刊，在正面报道解放战争的同时，比较注重对于解放区的经济文化社会建设事业的报道。国民党所办的报刊除了战争的报道外，还侧重于攻击诬蔑中共党政、解放区政权及人民的报道。民营报刊则侧重于社会新闻以及某些特定的专业性内容。如社址在扬州贤良街（今扬州萃园路）的《大光报》，"该报只有文字，没有锌版照片，内容芜杂，被群众称之为'热说大三光'报纸"[1]。又如《芜城晚报》，该报1版为国内新闻及地方新闻内幕、专访、扬州闲话、连载等，2版为社会新闻、特写等，3、4版为副刊。"当时曾约请上海、南京等地知名作家撰稿，如丰子恺曾在该报上发表过四五幅漫画，沈从文发表过散文。"[2]《芜城晚报》因而一度受到读者喜爱，发行区域一度由扬州扩大到泰州、镇江、高邮、兴化、宝应、天长等地。由于后来该报内容逐渐颓废，除反共新闻外，甚至刊载桃色新闻、黄色小说，报刊销路一路下滑，最终黯然收场。

在民国扬州报业的发展进程中，报界间曾尝试进行了一些交流。

表9-13　　　　　民国时期扬州报业联合组织

名　称	成立时间	解散时间	会员数	成立地址
宝应新闻记者公会	1930-7	不详	56	宝应城射圃体育场
江都县新闻记者公会（抗战前）	1931-3-30	1937-12	81	《扬州日报》馆内
高邮新闻记者公会	1931-4	不详	50	高邮城内中市口
江都县新闻记者公会（抗战后）	1946-4-10	不详	20多	《江都日报》馆内
江都县派报业工会	1946-4-28	不详	不详	扬州引市街
江都县报业同业公会（日报公会）	不详	扬州沦陷	不详	不详
外埠驻扬各报社联谊会	1948-11-4	不详	不详	不详

---

[1]　王庆云、费昌华：《扬州报刊志》，第70页。

[2]　王庆云、费昌华：《扬州报刊志》，第72页。

这其中,以江都县新闻记者公会(抗战前)最为有名,活动最为频繁,社会影响也最大。这是当时江都县[1]新闻界的职业新闻团体,其成员包括江都县的官方、民办报刊或通讯社以及外地报刊、通讯社驻扬的新闻从业人员。其组织机构设有理事会,推选了地方报刊界名人张少斋、张济传、李荫堂、常隐泉等为常务干事,王汉辅、陆希圃、戴有怀等为候补干事,以张少斋为干事主席。江都县新闻记者公会的办会目的是促进新闻界交往,维护记者利益,保障会员福利,争取优惠待遇。该团体开展了一些有益的活动,如1931年的淮河洪灾中,记者公会在积极报道灾民情况的同时,还组织了几次募捐,解救灾民的燃眉之急。但该团体在管理上也存在一些漏洞,如为了得到会员才有的一些优惠待遇,如免费进影剧院、免费乘坐镇扬汽车公司的汽车等,有些不肖之徒不惜通过各种手段混取会员身份,以占小便宜。不过,总体而言,江都县新闻记者公会对于加强同业联谊,促进报业进步方面是有贡献的。

抗战胜利后,以《江都日报》为首的江都报界发起成立了江都县记者公会,参与的新闻机构有:江都日报、苏北新闻通讯社、江都新闻通讯社、苏报、江苏建设、江苏正报、江苏省报、新江苏报、前线日报、大公报、文汇报、南京大中日报、申报、江苏新闻通讯社等。以高豫、曹国平、潘春、孙蔷薇、陈志逊等为理事,潘振声、何香林为候补理事,以羊絮、经家瑞、凌绍夔为监事,蒋作平为候补监事。以曹国平为常务理事,孙蔷薇为秘书。该协会存在时间不久即消亡。

1945年夏天,在宝应县的鹤儿湾,根据地新闻界举行苏中记者会议,代表着民众报业未来的发展方向,具有预示扬州报业新时代的意义。

第三节　民国时期扬州民众的生活与风尚

扬州城市在民国时期失去了蓬勃的发展态势,人才流失严重,经济活力缺乏,富裕的盐商们将资金转移到上海等城市。一些传统的农业、行业风俗

---

[1]　今扬州市区(含江都区)范围。

延续下来,在一些新兴的近代工商行业中也产生了一些新的行业风俗。饮食、沐浴、修脚等"三把刀"文化兴盛不衰,娼妓、吸毒、赌博等蛛网尘埃虽不如清代规模,却依旧存在。传统生活、节日风俗与一些新产生的生活、节日风俗共存,共同构成民国时期扬州风俗的主体。扬州妇女开始觉醒,承担更多的社会责任。各种政治、商业、科文卫体、宗教类近代社团组织在扬州逐渐兴起,虽然存在着很多不足,但对民国时期扬州的政治、社会、文化产生了影响。随着近代工商业的发展,人们也开始对商业、实业产生兴趣。扬州民众的国家、民族观念意识逐渐提升,共和主义精神日渐普及,民风依旧淳朴,城市风骨仍存。

一、民国时期扬州人的生活

(一)民国扬州城乡民众的生活水平

清代中后期扬州城市的辉煌与地位,到了民国已面目全非。清末民初,在政治、商业、金融、盐业等多个领域遭受冲击而日趋衰落的背景下,扬州城市的资金、人才等资源不断外移。津浦铁路开通后,扬州虽然还占据着运河与长江交汇的地利,但在近代铁路、公路交通夺走运河运输专利的状况下,扬州逐步落后于上海、南京、苏州、无锡等周边城市已是难以改变的现实。经济格局的重塑,导致扬州民众的生活方式也出现了一些微妙但持久的变化。

上海开埠后,在各种因素的共同作用下,奠定了其长三角龙头城市的地位。在整个民国时期,上海都在不断承接从扬州等城市转移的高端资源。扬州,不再是盛清时期长三角区域的经济、商业、文化中心。民国时期的扬州城保持着传统都市风貌,城厢内随处可见盐商们所建筑的高大住宅,但这些建筑已经只是盐业经济崩坏之余所残存的城市图腾象征。淮盐轮运实施后,扬州也失去了盐业经济版图中的枢纽地位,支撑扬州城历史上第三次复兴的支柱轰然倒塌,城市失去了发展的动力。扬州盐商们不断贱卖着他们在扬州的豪门大宅,向往并逗留于上海、南京等地,长年在外,乐不思扬。在盐业中获取厚利的盐商和他们的后代也不再留恋这些似雪之物,他们的商业方式与盐业脱钩而愈加多元化,所有的积蓄与利润不再用于扬州的风花雪月,而是被投入于上海、无锡、南通等地的房地产、商业、金融业与实业之中。他们的子女与扬州的关系也越来越淡薄与疏离。做一个扬州人已经不再是盐商子弟们的理所当然,更不是盛清时全国民众的向往。

盐业传统经济支柱的倒塌与新兴经济支柱产业的幼稚,使得民国时期的扬州缺乏大量的就业机会,"靠着市面繁荣而生活的中下阶级,包括商人茶馆酒馆等,在不景气之下,生活是非常困顿的"[1]。如果盐务机关仍在扬州,城市工商金融有所依靠,经济发展总有希望。而盐业不复往昔规制,本埠商品又产出不多,兼之交通不便,则城市经济状况必定日益艰窘。清末民初,扬州的城市经济已露出颓势。1914年,江都县劳动人口的失业率高达12%左右,民众收入普遍不高。当年,江都县富裕人家仅占总数的5%,小康之家为30%,而贫穷之家占比为65%。[2]同期的高邮等县基本情况类似,贫穷户口也约在2/3左右。在里下河县区,民众收入更加拮据,宝应县贫不聊生者甚至约居十之三。[3]此时的扬州,筚门圭窦之家并不少见,即盐商中也有败光家产,沦为流民乞丐者。1918年冬天,有人在扬州绿杨村西头遇见一个盐商的子孙沿街乞讨,该人以囊无多资,"仅与以八百文,心为之怵"[4]。

与同时期的上海相比较,扬州物价与之基本持平,但市民收入差距巨大,无论是中小学教师、产业工人等职业,扬州地区的收入水平都比上海要低很多,甚至有数倍之差,可见扬城生活之不易。

表9-14 扬州、上海基本生活物资价格对照比较(1928年)[5]

物品类别	扬州	上海
上等粳米(石)	10.5元	10.62元
牛肉(斤)	0.11元	0.12元
食盐(斤)	0.05元	0.03元
糖(斤)	0.16元	0.11—0.13元

[1] 湘子:《〈闲话扬州〉中的江都》,《长城》1934年第15期,第294页。

[2]《各县风俗制度调查报告表》,第14页。

[3]《各县风俗制度调查报告表》,《江苏教育行政月报》1914年第13期,第50页。

[4] 石翁:《扬州盐商今昔谈》,《申报》1931年5月13日,第17版。

[5] 关于扬州的资料来源于日本东亚同文会编纂发行的《支那省别全志》第十五卷,第二十七章;关于上海的资料来源于《全国物价统计》,载《中国劳动年鉴》,1928年12月版。转引自叶美兰:《柔橹轻篙:扬州早期城市现代化之路》,第215页。

依靠运河物流与盐业经济发展起来的诸多扬州市镇,也逐渐黯淡下去。如江都县仙女市,"各业衰微,谋生乏术。中户以下,朝餐夕飧,往往不给。即富家亦多中落焉"[1]。也有市镇暂时维持着表面的繁华,如仪征县十二圩,仍以盐业中转维持,但也好景不长。至民国成立二十多年后的1935年,扬州百姓的整体生活水平并没有多少改变,"农民大都勤俭耐劳,习性淳厚,布衣粗服,不尚奢华。食物以米麦及杂种为大宗,一切支出,均紧缩至最低限度,而尚不免陷于饥饿线上者,仍比比是也"[2]。然抗战军兴后,兵燹之余,日削月朘,民生凋敝,扬州几乎所有的市镇都消沉下去。

国民党政府在大陆统治末期,政治腐败,经济不振,物价飞腾,米珠薪桂,"商店破产倒闭者日众"[3],民众生活水平大幅度下降。扬州民众连温饱都难以保障,产米之区的普通民众也吃不起大米,只得以杂粮充饥,并日而食,改三餐为两餐,一些人为了生存,不得不典卖房屋、家具、衣物,破产逃难者并不少见。

（二）民国时期扬州的行业习俗

在农业、工商业等领域,清代的很多习俗在民国继续延续,且随着民国社会的发展而有了新的改造。

1.农业习俗

一些农业方面的传统生产风俗是因为生产效率不发达,为了和自然界和解而产生的,在民国时期,若是某一具体农业领域的生产效率没有得到质的提升,这些领域的农业风俗也会顽固的得以保存。如扬州农村有每年二月初二"喂百虫"的风俗。农民将米面制成寿桃等形状,蒸熟后在黄昏时插于田间地头,以求"百虫之神"在享用之后,能够约束其他害虫不再祸害庄稼。再如,在一些山区和缺少水源的地区,为了抢到足够的水,农夫们在踩水车时,往往歇车不歇人。为了便利,一些男子在车水时会裸身干活。出门的妇女为了可以随时遮挡视线,则会不论雨晴,都随身带上一把伞。牲畜是重要的农业生产资

[1] 王肇堂:《江都县仙女市乡土志》,《江苏(省立)第四师范学校校友会杂志》1916年第1期,第211页。

[2] 王世琨:《江都县农村土地状况》,《农业周报》1935年第11期,第390页。

[3] 扬州市商业局编:《扬州市商业志(送审稿)》,1990年,第38页。

料,自然也衍生出很多与牲畜有关的风俗。牛是扬州地区最宝贵的牲畜,农户们对其极其重视。1925 年以前,每年在立春时,高邮县都在东门外举行开犁仪式,由知县为耕牛披红挂绿,扶犁开耕,名为"应芒种,劝春耕"。每年的农历十月初八日为沐牛节,扬州有牛的农户们会让耕牛休息一天。他们给牛洗刷全身,并喂以白米饭,所谓"打一千,骂一万,浴牛节吃顿白米饭"。诸如此类。

民国时期扬州农业发展的所有条件与清末没有本质的区别。尽管在部分地区运用了机器提水的技术,农药化肥也已开始使用,但这些转变仍是星星之火,农业生产技术在大部分地区的原地踏步为扬州农业风俗的延续保留了土壤。

2.行业习俗

伴随着近代工商业的兴起,一些行业内的新规矩、讲究、暗语、禁忌,也成为工商行业的风俗符号,流传开来。

民国时期扬州的行会主要有鲁班会(瓦、木、石匠)、轩辕会(裁缝、绸布业)、老君会(打金、银、铜、铁)、孙祖会(靴鞋业)、罗祖会(理发业)等,多与百姓的生活有关。市肆的分布也较为集中。粮行集中于北门外街、凤凰桥;鱼行集中于黄金坝、便益门、缺口街;棉布绸缎业集中于多子街、辕门桥、彩衣街;皮货业集中于皮市街、皮坊街;帽业集中于埂子街;锻打业集中于打铜巷、铁货巷、得胜桥等。此外,还有茶业、烟业、酒业、酱业、茶食业、嫁妆皮箱业、香粉业等行会。这些行会主导这些行业的运作,执行着行业的规矩。无论是行业内的市声、市招、哨语、学生意、商店禁忌等,都有独特的规定,成为扬州行会中人约定俗成的习尚。

表 9-15　　　　民国高邮县表示数量的行业暗语表[1]

行业＼数量	一	二	三	四	五	六	七	八	九	十
棉布	旦	竺	春	罗	语	交	皂	公	旭	田
南货北货	杂	地	川	门	马	立	斜	哄	课	杂
牙行	爪	拐	川	叉	空	溜	满	眉	丰	枕

---

[1]《高邮市志》,第 688 页。

续表 9-15

数量 行业	一	二	三	四	五	六	七	八	九	十
饮服	溜	月	汪	直	中	神	仙	张	爱	台
八鲜灰行	一枝花	二郎神	三鲜花	四香马	五门口	六少子	七花台	八不拢	九公鸡	十枝花
鱼行	断大	抽工	平川	如意	破丑	叉脚	毛根	眉数	丸空	田心
陆陈行	起	鼻	非	盘	拐	雍	草	范	羊	起

(三)民国时期扬州民众生活消费的特色

民国时期扬州民众在生活方面有着独特的消费特色,尤以"三把刀"最为标签化。"扬州的'三把刀'——厨刀、剃头刀、修脚刀,是全国负盛名的,或者是全世界。这并不是夸张,你无论到甚么地方,酒菜馆的招牌都写着'维扬×××酒菜馆'。再问一问喝过海水的朋友,在外国华侨开的理发社都有'家头人'在内主持。在'三把刀'发源地的三把刀,你说是怎样的情形?"[1]清代盐业经济与盐商的消费方式对扬州一般民众的生活方式有很大的影响。扬州的休闲消费文化氛围是被一代一代的盐商们营造出来的。除了附庸风雅之外,追求生活的极致享受,是盐商们的人生目标。盐商的时代虽然过去了,但这种极致的烙印却已经深深刻在了扬州的社会之中。"剪纸、雕刻、绘画、装裱、园林、盆景是为了满足视觉官能的享受;古琴、清曲、评话是为了满足听觉官能的享受;烹饪是为了满足味觉官能的享受;戏剧则是为了满足视觉、听觉两种官能的同时享受。澡堂和茶馆的发达,与其说是为了洁身和解渴,毋宁说为了消遣和享受。"[2]

驰名的扬州"三把刀",是民国时期扬州人的精神追求、物质生活的一个注脚。这是城市衰落之后,那些"贵族"们最后的身份象征,"关于扬州人的生活,因为历史的关系,念四桥头本多有闲的名士,早半天坐在茶馆里谈天,下午则在浴室中会文,有'皮包水、水包皮'的谚语"[3]。一些闲散的扬州人还停留

---

[1] 谢鹤松:《扬州剪影》,第42页。

[2] 韦明铧:《扬州文化谈片》,生活·读书·新知三联书店1994年版,第144页。

[3] 湘子:《〈闲话扬州〉中的江都》,《长城》1934年第15期,第294页。

在风花雪月的时代，"他们所谈的，是旧诗，是对联，优哉游哉的不知有汉"[1]。

民国时期扬州人的休闲生活首推澡堂，"浴室之多，与沪上相等"[2]。澡堂所提供服务的目标人群既包括高门大族，也包括贩夫走卒，更多的则是普通中产民众。清代开始进入澡堂的扬州修脚刀技艺尤为沐浴过程中的重要环节，在民国持续传承。这种所谓"肉上雕花"的功夫既满足了人们正常的修脚需要，也与按摩、捶背等一起，成为一种放松、享受的共同体，是当时扬州人休闲、交谊、信息交流的必备场所。

在理发领域，扬州的理发师们不但理发，还兼备修面、剃须、挖耳、捶背、按摩等服务。剪辫之后的扬州人对于发型有着相对统一的审美品位。男子多喜欢剪光头与平顶头，青年以中分"高庄头"、四六分头"飞机头"（又称菲律宾头）为时尚；中年男子以向后梳的"短马厚"为主。女性未婚者普遍留辫，少女多留刘海及剪"童花头"，中老年妇女则盘髻或烫发。扬州的理发师傅除了不断走向外埠，以手艺谋生，也积极地将外埠时兴的发型引入扬州。1911年开业的紫罗兰理发店从上海引进了烫发技术，"以新的发型吸引顾客"[3]。

从宋元时期就开始成名的扬州美食，不只是菜品，是包括面点、酱菜、炒饭等种类的集大成的综合美食体系，持续繁荣了千年，直至民国，仍是扬州城市文化的骄傲代表。民国时，"吃在扬州"这四个字不仅传于百姓口中，更是充斥于各类美食文章之间。"有很多人想，扬州是吃得好的地方。这个保你没错儿。"[4]以至于民国时期来扬州的游客最需要做的两件事，除了游瘦西湖，就是吃扬州美食了。

扬州菜的口味以鲜甜为主，色、香、味、形、养、器、质俱佳，盐商的奢侈精致做派使扬州饮食具有无限的发挥空间。"扬州的吃，就是盐商培养起来的。"扬州顶级的厨师必是盐商的家厨，在扬州盐商家中掌过大勺的经历，是应聘上海等大城市高档饭店大厨师的过硬资本。普通扬州人的家常饭菜虽没有盐商厨房的那些贵重的食材，也有自己的考究。"不仅仅是有资产

---

［1］　湘子：《〈闲话扬州〉中的江都》，第294页。

［2］　颂予：《扬州风俗记》，《民权素》1916年第4期，第5页。

［3］　扬州商业局编印：《扬州商业志》，第364页。

［4］　佩弦：《说扬州》，《人间世》1934年第16期，第35—36页。

的人家,普通人家也都是这样。虽然是一汤一菜之微,也必须要弄得精致绝伦"[1]。即使是最为普通的红烧狮子头,其做法也很考究:一是讲求食材正宗,二是注重刀功精细,三是放面的分量要均匀,四是火工的配合。民国时期流行在扬州的一些菜品还包括扒烧猪头、蟹粉狮子头、拆烩鲢鱼头、芙蓉鸡片、三套鸭、大煮干丝、文思豆腐、葫芦虾蟹、马鞍桥(烧长鱼段)、三丝鸽松、将军过桥(黑鱼两吃)、荷包鲫鱼、炖金银蹄、河蚌菜薹、香椿拌豆腐、烧杂烩、咸鱼烧肉、冰糖百合、茭白炒肉、桂花蜜汁藕、雪冬山鸡片等。扬州美食的食材大都来自当地,高邮鸭、扬州鹅、河豚、菜薹、莲藕、荸荠、茨菰、水芹、萝卜、茭白、黄鳝、鲟鳇鱼、螃蟹、河虾、鲫鱼、螺蛳、鲥鱼、刀鱼等,无不是扬州大地所产之物。扬州酱菜中的宝塔菜、乳黄瓜,也是扬州特有之物。

　　民国时期,扬州的茶楼透着扬州这座城市的雅气,扬州包子种类不下二十种,三丁包子、千层油糕、翡翠烧卖、蒸饺、蟹黄汤包、荠菜圆子、春卷等都是食客们心头所爱。"可口的油糕、豆泥包子、鸡肉火腿卷子等各色点心,诚不愧为扬州名物。"[2]扬州的知名茶楼有富春、九如分座、新丰斋、双乐园、颐园、月明轩、桃花宫、如意园、菜根香、安乐园、中华园、绿杨村、香影廊等。富春最享有盛誉,"扬州点心,素负盛名,富春其尤著者"。[3]"南来北往过客,仕宦行台,莫不以吃富春包子为快"[4]晚清成立的富春花局在民国时期由陈步云主持,先后改名藏春坞茶社、借园俱乐部,最终定名富春茶社。"规模虽小,却成为扬州茶社之首席"[5]。

　　朱自清曾这样描写过扬州的茶馆,在他的笔下,烫干丝、扬州小菜是那么的鲜活美味:

　　　　扬州最著名的是茶馆,早上去下午去都是满满的。吃的花样最多。
　　坐定了沏上茶,便有卖零碎的来兜揽,手臂上挽着一个黯淡的柳条筐,

[1]　江北佬:《天赋特性的实写》,《社会周报(上海)》1934年第9期,第174页。
[2]　洛川:《镇扬二日游:江都半日间》,《杂志》1944年第3期,第94页。
[3]　灵犀:《富春名点甲扬州》,《小日报》1947年6月23日,第3版。
[4]　《富春点心》,《导报(无锡)》,1949年1月12日,第2版。
[5]　苏苏:《扬州点心》,《海报》1942年6月13日,第2版。

筐子里摆满了一些小蒲包分放着瓜子、花生、炒盐豆之类。又有炒白果子的,在担子上铁锅爆着白果,一片铲子的声音。得先告诉他,才给你炒。……烫干丝先将一大块方的白豆腐干飞快地片成薄片,再切为细丝,放在小碗里,用开水一浇,干丝便熟了;逼去了水,抟成圆锥似的,再倒上麻酱油,搁一撮虾米和干笋丝在尖儿,就成。说时迟,那时快,刚瞧着在切豆腐干,一眨眼已端来了。烫干丝就是清得好,不妨碍你吃别的。……小笼点心……这么着每样吃点儿也并不太多。要是有饭局,还尽可以从容地去。但是要老资格的茶客才能这样有分寸;偶尔上一回茶馆的本地人外地人,却忍不住狼吞虎咽,到了儿捧着肚子走出。[1]

扬州的面馆也是食客流连的地方,金魁园、春园、戴名居等都是知名的面馆。"扬州又以面馆著名。好在汤味醇厚;是所谓白汤,由种种出汤的东西如鸡鸭鱼肉等熬成,好在它的厚,和啖熊掌一般。也有清汤,就是一味鸡汤,倒并不出奇。"[2]而面上的浇头,各式各样,有脆长鱼、野鸭、蟹粉、虾仁、鱼片、笋片等。此外,阳春面既常见又好吃,也是寻常家常面食。至于糕点,也是扬州美食的一大招牌。扬式糕点是与粤式、苏式齐名的点心,有油果子、大京果子、云片糕、雪片糕、金刚脐、蜂糖糕、芝麻饼、水晶糕、大徽子、桃酥、春香糕、水发糕、牛皮糖,等等。林语堂曾经对扬州点心的名目进行过统计,至少有50余种。"初到扬州的人,常以种类繁多、无从选择为苦。"[3]

扬州的点心比较广东等其他区域美食点心而言,更加精巧,如同工艺品。"大江南北,无与伦比"[4]。上素、五仁、枣泥、黑麻、豆沙等品种的扬州月饼已流传数百年。扬州大麒麟阁建于民国时期,前店后坊,现做现卖,是当时扬州最著名的糕点店。新的扬州糕点也不断被创新出来,民国时期在上海曾流行一种名为"一二三"的扬式点心,盖用猪油一斤、糖二斤、面粉三斤而制成的圆子糕点。1927年,上海市南京路新开一家面点公司,名曰"四五

---

[1] 佩弦:《说扬州》,第36页。
[2] 佩弦:《说扬州》,第35—36页。
[3] 戴沧洛:《吃在扬州》,《力报》1938年1月18日,第2版。
[4] 小阮:《扬州点心》,《新闻报本埠附刊》1935年12月4日,第2版。

六公司",则较之"一二三",更加原料丰盛了。而扬州炒饭更是驰名海内外,几乎成为蛋炒饭的经典代名词。扬州炒饭有"金裹银""什锦蛋炒饭""青菜炒饭"等种类。甚至连烧饼这类百姓日用食品,在扬州也能做成美味。左卫街陈小四子烧饼就别创一格,以铁盘烤制,清洁卫生。

从扬州大餐到扬州包子,从早茶面点到扬州炒饭,不胜枚举,食在扬州,确已成为扬州的招牌。即便是普通的酱菜,扬州人以其为佐粥饭的搭配,也是闻名全国,何公盛、三和等都是知名的品牌。继晚清时期,脆、甜、嫩的扬州酱菜获得南洋物产交流会奖状后,1915年,扬州酱菜又夺得了巴拿马国际博览会奖章。20世纪20年代末,扬州酱菜先后拿到江苏农矿产品展览会的金质奖章和西湖博览会的奖状。扬州酱菜的制作方法有三个关键的步骤:甜酱的制作,鲜菜的腌渍和最终的酱菜合成,扬州人都把握得恰到好处,其中著名的酱小菜有水生姜、萝卜头、宝塔菜等。民国时期,三和酱菜已经在全国开了不少分店。

民国时期,扬州面馆、菜馆、点心店已经在上海、南京等地遍地开花,并为当地百姓所喜爱。"扬州馆,在上海已到处而有,'维扬名点,确属著名'"[1]。曾有上海人以"狼吞虎咽,美味无穷"[2]形容吃扬州点心的感受。"上海市场上亦多有以扬州点心标榜者,口味一新,颇足以资号召,大有与西点、粤点鼎足而三之势。"[3]"可可"食品店就是当时上海知名的扬州点心店。1941年,上海成立了维扬菜业职工会,为在上海的扬州菜从业人员提供了维护权益、抱团取暖的地方。扬州菜是当时的高端菜品,上海人常以请吃扬州菜为一种高雅的待客之道。1947年,著名京剧演员童芷苓曾在上海报纸上谈自己被邀参加饭局,席间"都是扬州菜"。[4]"老半斋""莫有才厨房"皆是当时上海滩享有盛誉的扬州菜饭店。曹聚仁曾说在香港,"称扬州菜是上海菜"[5]。也有人说:"南菜一般是指维扬菜,抒而大之,就是扬州菜、苏州菜的

[1]　海天一鸥:《扬州之包子》,《奋报》1940年1月30日,第3版。

[2]　王曾鲋:《上海的扬州点心》,《时报》1934年2月2日,第1版。

[3]　小阮:《扬州点心》,《新闻报本埠附刊》1935年12月4日,第2版。

[4]　童芷苓:《都是扬州菜》,《大风报》1947年4月17日,第4版。

[5]　曹聚仁:《食在扬州》,转引自顾一平等编:《扬州游记散文选》,邗江印刷厂印,第98页。

正宗,就是所谓'维扬帮'。"[1]这些议论,无非是指扬州美食所包含的地域范围的差异。其实在民国时期,只有"扬州菜""维扬菜"的说法,扬州古称维扬,维扬菜就是扬州菜,几乎没有"淮扬菜"这种当代流传的菜系称谓。有关"扬州菜""维扬菜""淮扬菜"的争论,只是扬州美食名气大了之后,在经济、文化区域竞争之下引发的当代热议。有民国文人称扬州菜借鉴了淮安菜个别菜品,后之学者因此将之作为淮扬菜系一家的佐证,不但牵强,而且完全罔顾了扬州菜本身就是借鉴了四川、安徽、北京、江西、湖北等地菜系精华而成一家的事实,扬州与淮安千年以来地近人亲,以"淮扬菜"命名两地菜系,从城市推介的角度来看,有其价值,但从尊重历史的角度来看,显然,至少在20世纪40年代末期,扬州菜仍享有着一个独立菜系的地位与精致的身份。

　　服饰是体现民众社会生活方式、社会时代变化的一种形式。辛亥革命之后,扬州民众在衣着鞋帽的式样、颜色与质料上有较大的改变。一般民众皆为布衣,色尚蓝黑,富贵者衣绸缕的传统虽然没有太大改变,但是清末的长袍马褂已经逐渐从扬州百姓的衣柜中淡出。四乡农民由于生产与经济的需要,平日穿着仍多以中式褂裤为主。但以蓝色、灰色为主色调的中山装、学生装、西式裤在扬州城的街头随处可见,着西装者亦不再让人觉得新鲜。在鞋袜的样式上,无论男女,皆以穿黑色布制的方口、圆口鞋为主,即"兔脸鞋""圆口鞋"等。极少数裹小脚的妇女穿着尖口布鞋。贫穷者买不起或舍不得穿布鞋,日常赤脚或穿草鞋。穿皮鞋、皮底布鞋、皮靴者一般是富贵者或公职人员。袜子以棉纱长筒袜及白布自制袜为主。城市男性起初时髦戴瓜皮帽,后以戴礼帽、罗宋帽、鸭舌帽、八角帽为主,女子一般不戴帽,多扎头巾,大多为青布头巾。抗战期间,绒线帽为民众所青睐,男女不同式样,男性为尖顶,女性为平顶。虽然民国民众的服饰相对清代服饰更加简洁、便利,但任何时代,人类在服饰上,都不乏追求时尚与制造潮流者:"昔人尚俭朴,衣喜雀衣,其式上布下绸,夏日衣式同。今则踵事增华,虽贫者亦不衣之,幼稚者且未见也。"[2]

---

　　[1]　邓云乡:《鲁迅与北京风土》,转引自韦明铧:《扬州文化谈片》,生活·读书·新知三联书店1994年版,第134页。

　　[2]　徐谦芳:《扬州风土记略·风俗》,1945年江都手抄本。

在女性的打扮上更多一些内容，少数女性描眉、抹口红、涂胭脂。扬州女性本就精致，鸭蛋香粉、桂花油这类化妆品也是扬州有名的土产。扬州最早的香粉业名字号为戴春林，扬名于乾隆时期。清中叶又有薛天春，道光年间复有谢馥春。民国成立后，前两家陆续衰落，而谢馥春风景独好，甚至出口国外。

（四）民国时期扬州的传统节日风俗

千百年来，扬州既有"古城风俗"，也有里下河地区的"水乡风俗"，还有仪征等地后山区的"山村风俗"，"扬州地处江淮要冲，四面八方的风俗向这里渗透，在这里积淀，逐渐为扬州的风俗所吸收"[1]。这些风俗的大部分在民国扬州继续传承。

表9-16　　　　　　　　**民国扬州主要节庆状况表**[2]

日期（农历）	风俗名	内　　容
元月初一至元宵	春节	闭户歇业。有开财门、压岁钱、拜年、敬香、发利市、祭祖等诸多习俗。
元月初五	财神日	用金元宝陈诸香案，接财神。
元月初七	人胜节	宴会登高。将彩步剪为人形，贴于墙上，戴于头上，以求祥瑞。
元月十三	上灯	家家户户、街道马路张灯结彩。凡新嫁者，其娘家必送灯三年，以为多子之兆。早餐全家共吃汤圆。灯会期间有"高灯""扯天灯""扯桅灯""走三桥"等习俗。
元月十五	元宵	家家吃汤圆。迎"坑三姑娘"（紫姑）。"上灯圆子落灯面，十五元宵赛小年"。
元月十八	落灯	家家晚餐共食面条
二月初二	龙头节	闹土地灯，作扮榆社。民谣有"二月二，龙抬头，家家带活猴（外孙）"。已出嫁的女儿携带孩子回娘家探亲。
二月十二	花朝	树上皆挂红志喜，以申南山之祝。
三月三	上巳节	在江渚池沼间，为流杯曲水之饮。还有"瞎子出会"之俗。
四月	清明节	祭扫祖坟

---

[1]《扬州市志》（下册），第3121页。

[2] 参考颂予：《扬州风俗纪》，《民权素》1915年第4期，第5—10页；《扬州市志》（下册），第3146页；《广陵区志》，第745—758页。

续表 9-16

日期（农历）	风俗名	内　容
五月初五	端午节	龙舟竞渡,包粽子,以吊屈原。采艾草悬户上,以菖蒲泛酒或用雄黄酒以辟疫,或以艾为虎形,或剪为小虎,粘艾叶以戴之,贴钟馗像,防"五毒"。
五月十三	龙生日	又谓之竹醉日,可以种竹。
六月六	天贶节	文人晒书,百姓晒衣。
七月七	乞巧节	妇女结彩缕,传七孔针。门口放乞巧牌,陈瓜果于庭中,以乞巧。妇女儿童各捉蜘蛛于小盒中,至晓开视。蛛网密者,言得巧多;稀者,言得巧少。
七月十五	中元节	作盂兰盆会,祭祖先,"放河灯",请僧道设道场超度亡魂。有迎神赛会。
七月三十	地藏王生日	家家插香及蜡烛于地,以资忏悔。
八月十五	中秋	全家团圆,做"团圆饼""子孙饼"。闾里儿童用风灯、宝塔灯,连宵嬉戏,拜月吃月饼。夜市至于通晓。
九月初九	重阳节	佩戴茱萸囊、持鳌赏菊、吃重阳糕、登高踏青、放风筝等。
十月初一	十月朝	祭祖,并以纸扎彩衣烧祭死者,又为"寒衣节"。有敲太平鼓、吃豆制品、酿造药酒等习俗。
冬至	大冬	"大冬大似年,家家吃汤圆"。
腊月初八	腊八节	煮腊八粥
腊月二十四	小年	祭祀灶神,即"送灶"。
腊月三十	除夕	"辞年""谢神",理发、洗澡,置办年货,商家办"谢神酒",在外地的家人赶回家,喝"守岁酒",吃"团圆饭",放鞭炮等。

民国时期,在和平年份,一些传统的节庆依旧嘈杂热闹,充满人间烟火气息。如各类庙会是一个城厢、市镇的全民交易大集。动辄数十人、数百人的迎神队伍,四镇八乡数以万计的集会群众,烘托出民间热烈喜庆的气氛。民国时期,仅江都县城厢及附近乡镇的庙会就有 40 多个,全市区域内则有百余个活跃的庙会。有的地处交通要道或人口众多的市镇每年举行数个庙会,热闹不断,铺张扬厉。江都县瓜洲镇从农历三月到七月半,除了麦收、插秧的农忙季节外,每月都有庙会,"参加瓜洲庙会活动的人多不胜数,甚至仪

征县十二圩的也组织文艺队伍到瓜洲庙会表演,故有‘瓜洲出会人抬人’之说"[1]。城隍土地是扬州各地百姓都信奉的神灵,相传每年的农历二月初二是土地公公的生日,民众们除了去各个土地庙进行祭拜外,还会组织土地神驾的出会游行。农历七月十五日则是城隍出庙巡行的日子。1917年的中元节江都县迎神赛会上,城厢内举行了城隍老爷出巡仪式,规模宏大。除了各种依仗执事外,还有抬阁三架、玉器担三副并花担等类。随行的还有许多幼童所装扮的种种戏剧人物、护卫的阴曹鬼卒等,"入夜则灯火焰耀,如同白昼,一时观者如堵"[2]。始于明代的观音山香会在民国时期仍很兴盛。农历的二、六、九三个月的十九日,是观音菩萨的诞生、得道与出家日,民间都会举办香会。其他著名的庙会还有江都县杭集东岳庙庙会、高邮县泰山庙会、宝应县东岳庙庙会、宝应县塔儿头庙会等。

与庙会的热闹相媲美的是扬州的灯市。"广陵灯市最盛",正月上灯的习俗千百年来雅俗共赏。每届会期,有舞龙灯者、桃花担者、花鼓戏者,张灯结彩,笑语喧哗,"妇女儿童,观而忘倦"[3]。扬州的灯市在民国依旧很出名,"扬州对于花灯,似乎确是特别的讲究"[4]。即使是与当时中国最热闹的都市上海相比,也高过一头,"上海的花灯,虽然细致的很不少,然而和扬州的比较,那就得逊色不少了"[5]。在劳动人民的智慧创造下,灯的种类很多,"有薄如玻璃的琉璃灯,有绢灯,有鱼皮蛇皮灯,更有上饰猫皮,里裱花纸的皮老虎灯。扎制的都巧夺天工,普通的纸花灯,花样多得不胜枚举"[6]。扬州花灯的式样与时俱进,层出不穷,既保持着扬州花灯的传统风格,也出乎人们的意料之外。"近年来老式的已不多见,所扎的大都是飞机灯、船灯、火车灯。新年内的灯会,一个行常有上千个灯不等,龙灯在扬州也扎得比别处不同,工程非常细致。"[7]

————————————————

［１］《扬州市文化志》编纂委员会编:《扬州文化志》,第 571 页。

［２］《中元节之迎神赛会》,《申报》1917 年 9 月 4 日,第 7 版。

［３］参考颂予:《扬州风俗纪》,第 6 页。

［４］《扬州花灯》,《东南风》1947 年,第 39 期,第 3 页。

［５］《扬州花灯》,第 3 页。

［６］《扬州花灯》,第 3 页。

［７］《扬州花灯》,第 3 页。

　　民国时期扬州人的人生礼仪也包罗了生活的各个方面，如生育方面的祈子、怀孕、分娩、洗三、满月、过百露、拜干亲、命名等；生日方面的寿诞、做大寿、做冥寿等。其中最为重要的婚丧礼制，则"俱遵古法"[1]。

　　民国时期扬州人的男女初婚年龄均约在20岁左右，江都、仪征早婚者不多，高邮、宝应率多早婚，有1.6%的多婚比例。一般富家子弟多早婚，有十六七岁即为之授室者，贫家子弟则大多晚婚。大多数的婚姻仍是由父母家长们决定，自由恋爱的比例很低。无论贫富，为求得兰因絮果，婚礼都有一些固定程序不可减少。首先是由媒人将女子生辰年月日写在帖上，送于男方，名曰"发帖"。如果男方认可这门婚事，则以茶叶、花糕、金银如意回复。此为"下小定"，或曰"回好"。其次，男方选择吉日，以聘金并女子首饰衣服、鱼牲枣栗等物，及男子生辰月日时，由媒人送于女方，是为"下大定"，这就是正式聘礼。中上之家以金饰为聘请，中下之家则以银饰。有同日将婚期告知女性者，亦有另日告知者。名曰"过日期"。婚期日，女方准备妆奁送男方，名曰"铺房"。吉日之夕，请亲友二人为新娘着紫冠，名"上头"。然后新娘乘坐彩舆前往男宅，入门后有坐床、合卺、拜堂、送房等名称。有女嫔，又名"搀亲喜娘"，引导行礼。女家亲族并互相馈赠礼物，名曰"圆茶"。结婚三日后，夫妇相偕，拜谒娘家，为"回门"。如系男方入赘，则男子于结婚当晚诣女姓，其余礼节相同。也有一些旧式婚俗，如新娘出嫁当日或从前一日开始，即不能进食，避免当日大小便，还有"闷性子"等。但此等婚俗仅在扬州的僻静乡间流行，城厢及大市镇皆不通行。若不在意齐大非偶，以自由恋爱或以爱情为婚姻理由者，倡导文明结婚，则不拘此例，"当日回门，晚间会亲，为省费计，美其名曰'一天圆'"[2]。

　　丧礼操办的规模阔俭不等，基本需要遵循以下几个程序。首先是由丧家将死者逝世时日告知亲友，为"报丧"。在入殓前，亲族成员要选择时间成服，为"破孝"。入殓时，一般会雇僧道相礼，亦有鼓乐相伴。男性逝者由族长或子执钉。女性逝者由母家执钉，丧家以礼帛馈之，为"煞钉礼"。逝者所

---

[1]　雷家骏：《江都县乡土志》，第156页。
[2]　徐谦芳：《扬州风土记略·风俗》，1945年江都手抄本。

着之衣,上身五件,下身三件。收敛后三日,亲友祭奠,为"上香"。丧家择日给亲友送讣文,为"开吊"。每七日谓之逢七,逢七一祭,七七而止。出殡时,亦有僧道、鼓乐。安葬之地多有种植松柏、冬青、石楠等树,也有树立碑碣者。唪经之俗较为兴盛,所谓将死时有开路经,每逢七日,有拜忏施食等经。男子死,有破地狱经,女子死,有破血污经。如是道士唪经,则曰打醮。随着民国破除迷信运动的开展,亦有人家不行此术。孝服沿用前清规制,宦家大族甚至仆役也着白衣。葬地多由堪舆家所选,三日下葬。停葬之俗较少。贫者随敛随葬,中者以百日为限,富者有停一至三年者,称为堂葬。

其他诸如清明节,家家插柳,人人踏青;端阳节,户户门前悬挂菖蒲。这些风俗与周边城市大同小异,唯"迎神赛会、婚丧嫁娶、种种举动,靡费殊多"[1]。当时,传统风俗观念受到移风易俗、反迷信运动的冲击,出现了一些追求新潮流、新观念的人,不受任何传统风俗的约束。

民国时期的扬城社会增加了一些新的节日纪念日与仪式。如每年的1月1日是中华民国开国纪念日,3月12日是孙中山总理逝世纪念日,4月4日是儿童节,4月18日是国民政府建都南京纪念日,5月12日是国际母亲节,6月1日是孙中山先生奉安纪念,10月10日是国庆纪念日等。这些新增加的节日都附有特殊的意义,进而衍生出一些特定的仪式,成为扬州民国风俗的特色。

二、民国时期扬州的社团生活

晚清新政后,清廷逐渐放开对民间办社的控制。辛亥革命后,《中华民国临时约法》规定人民有"结社之自由",第一次赋予人民结社的合法权利,民国扬州各类政治、教育、文学、工商、科技、宗教等社团组织也益发群起。

（一）民国时期扬州社团的兴起

19世纪末期,扬州地区曾短暂出现过一些近代社团,如扬州医时学会（1898年）等,但存续时间太短,没有太多影响。进入20世纪,扬州的社团开始大量出现,大致有如下一些类型:

1.政治类社团

民国成立后,一系列政治社团在扬州地区建立起来,其中主要是各地的

---

[1]　王世琨:《江都县农村土地状况》,《农业周报》1935年第11期,第390页。

自治会组织。20 世纪二三十年代至 1949 年前,国民党、共产党在扬州建立了各自的政治性社团组织。

国民党在扬州主要建有三民主义青年团、童子军等组织。1939 年,三民主义青年团江苏省江都分团成立,该组织至 1948 年 9—10 月间逐渐消亡。国民党还领导着一些工会社团,如 1927 年成立的江都县总工会(下辖泰县、宝应、高邮、泰兴、仪征等分会或筹设分会),1946 年 9 月该会仅在江都县城区(今扬州市区)即有会员 2846 人,1948 年底达到 4412 人。

中国共产党在扬州建立了共产主义青年团及革命青年社等外围组织与社团。同时,在中共的领导下,扬州活跃着青年联合会、青年抗日救国会(青年抗敌协会)等一批青年社团以及工农社团。1938 年,江都一些进步青年和工人成立了江都民众抗日同盟。同年,江都郭村青年抗日救亡团成立,该团成员大多加入了共产党。1939 年,仪征县青年抗敌协会成立。1940 年,江都青抗会陆续成立。共产党领导的工人政治类社团数量更多,如 1943 年成立宝应射阳木业工人抗日联合会、宝应射阳工人抗日联合会。1944 年,成立江都真武区工人抗日联合会。1945 年,成立宝应县职工总会。1946 年,成立高邮县总工会。同期,扬州建立了大量的农抗会组织。

此外,扬州尚有一些相对独立的政治类社团,其中以学生联合会最有影响力。1919 年 5 月 8 日,扬州学生联合会成立。民间还有一些自发性的工会与农会,代表者如 1919 年成立的仪征十二圩盐业、船业工会,1921 年成立的江都药业工友联合会等。

2.商会类社团

戊戌变法时期,维新派提出了建立商会的主张,光绪皇帝饬令在沿海地区筹办商会。光绪二十九年(1903),清政府设立的《商部简明章程》规定:"凡属商务繁富之区,不论系会垣、系城埠,宜设立商务总会"。扬州通江达海,加上悠久的商业结社传统,为商会类社团的建立奠定了基础。

民国建立后,清末成立的扬州商务总会继续存在。1928 年,扬州商务总会改称江都县商会。抗战期间,扬州成立了日伪商会组织。解放战争期间,扬州各地又恢复了各商会或商务整理委员会的设置。

扬州地区的商会一般为其会员谋求经营、生产利益,同时兼办各行业的开业、变更、闭歇等事宜。关于商会的权限,民国期间,江苏省政府曾经向工商、司法两部进行咨询,得到的答复是商会虽在地位上较同级行政组织为低,但实际权力则足以与后者分庭抗礼。如在会长或处(商事公断处)长处事不公时,地方长官无权干涉,只有法院才有权干涉,商会也不接受地方行政的任何调处、命令等。

3.科文卫体类社团

清末至中华人民共和国成立前,扬州也应时而生了不少此类社团。文化类社团有扬州冶春后社(清末民初)等;卫生类社团有中国红十字会扬州分会(1912年)、扬州医时学会(清末)、江都医药改进会(30年代初)等;体育类社团有瓜洲国术研究会(1935年)等。

4.宗教类社团

宗教社团作为一种独特的社团组织而存在,佛教、道教、伊斯兰教、天主教、基督教(新教)是中国流行的5大宗教。民国以来,扬州各地宗教结社传统依旧,主要宗教社团名称、会址及创办年代大致为:佛教的江都县佛教会(扬州旌忠寺,1929年)、中国佛教会江都县支会(扬州旌忠寺,1946年)、中国佛教会高邮支会(善因寺,1947年)等;道教的宝应县佛教会附属道教组(东都天庙,1947年)、江都县道教会(邵伯罗令堂,1947年);伊斯兰教的回教联合会扬州支部(扬州仙鹤寺,1913年)、中国回民协会宝应县支会(宝应,1929年)、江都县回教总会(扬州抗战期间)、中国回教协会江都县支会(马监巷清真寺,1946年)、中国回民青年会江都县支会(马监巷清真寺,1947年)等。

(二)对民国时期扬州社团的分析

民国以前,扬州已经存在很多传统的社团组织。尤其是明清两代,扬州传统社团曾经一度兴盛,经济界有各类盐、棉、土布、漕运等行帮,还有数目众多的外地同乡组织,如徽商会馆等;军事类有民间乡团等;文化类有各类诗文画琴社等。在中国近代化历程中,社团组织表现出过渡性、反帝反封建性与不断进步性等特征。相比较古代社团,民国扬州社团组织表现出三个方面的特征。首先,民国扬州社团尚有古代传统社团的残余,如社团组织不稳定、规章不完善、成员成分繁杂等。其次,在组成区域上,民国扬州社团尚较为分散,一般以地缘关系为纽带,除了个别社团之外,大型的跨区域社团组织极少。再次,民国扬州社团起步之初即受到政府强权的干涉,民间结社的强烈意愿时常被政府所压制,有些民间结社愿望则被直接扼杀。

清末民初、新文化运动以及后来的抗日战争,都是民国扬州社团大发展的时期,促成这种发展的社会内因就是反帝反封建的社会潮流。如"五卅"运动发生后,6月10日,扬州旅外学生联合会、江都县教育会、地方学校联合会、第一区教育会、平民教育促进会等发起的江都(扬州)外交后援会成立,并积极为"五卅"运动募捐、呼号。五四运动中,扬州各地的学生联合会作为扬州学生群体的主要组织者,立下了汗马功劳。各工会、商会也与学联一起为五四运动在扬州的发展作出贡献。抗战阶段,扬州成立了许多民间抗日社团,如1931年9月下旬,扬州成立了江都青年反日会,为抗日作出了很大的贡献。

民国扬州社团也不断加强自身建设,自我完善。相较以往,民国扬州社团成立时普遍注意社团宗旨的明确性,其宗旨一般属于长期目标,因而使得其能在一个较长的时期内保持凝聚力。这不但是一个社团建立的理由与发展方向,很大程度上也是维系社团存在的基础。民国扬州社团普遍制定了较为详尽的规章,多采用委员制,工会、农会、商会等各类社团都有自己的委员会,不再是一人堂的家长制模式。如1930年,仪征十二圩盐工自发组织的"十二圩盐铺业工会",设23名委员,1名总干事,文娱宣传、组织干事各2名。这是社团自身建设的进步,其中一些制度完善的扬州社团还配有执行、监察等委员会机构,如1928年由扬州商务总会所改称的江都县商会即是如此。规章制度与约束机制的不断完善,保证了社团成员的相对稳定,为社团的发展奠定了良好的组织基础。

民国时期扬州社团在具有近代中国社团普遍特征的同时,也有着鲜明的地域特色。虽然没有形成像南学会、湘学会那样有全国影响与规模的社团,但拥有上千、上万成员的大社团已不在少数。

这些社团对民国时期扬州的政治生态有着较大的影响力,在特定历史时期甚至左右过扬州的政治生活。从1920年江都药业工友联合会因店东拒绝承认联合会会章而爆发罢工开始,扬州各类工会组织的罢工便此起彼伏,从追求工人经济权益到关注工人的政治权益,在形式与内容上不断升级。民国时期扬州罢市出现的频率没有罢工高,但在一些重大的历史时刻,扬州的商会组织也表现出了强烈的政治热情。以学生为主要力量的青年社团,一直是政治运动的弄潮儿,罢学是他们表达政治立场的主要形式。1928年,发生在扬州的"五一"暴动,是扬州农会组织的一次力量展示。无论是工会、商会、学生会、农会,这些组织在北伐、国内大革命、抗战、解放战争等历史阶段都有所作为。

在罢工、罢市、罢学等活动外,民国时期扬州各社团还积极以多种形式,扩大自身的影响。青年、政治类社团主要通过各类讲演会、文学雅集、政治辩论等活动,对民众实施教育。农民类社团主要通过农村互助、农业合作等活动,增加农民收入、加强农民互助、提升农民福利。宗教类社团则主要通过布道、礼拜等活动,增强信徒对信仰的坚持。民国时期各扬州社团在一些较大的政治运动时期,会联合行动,共同进退。以五卅运动为例,1925年6月7日,扬州学生联合会决定:通函扬州总工会,注意如何维持工人生活;通函扬州商会,注意经济绝交,提倡国货。6月25日,扬州学生联合会再派学生代表与商会会长交流、决议:全城罢业一天;联合募捐接济上海工人10万元;商会当众宣誓永远帮助学生爱国运动,负责制止各商号再进英、日货。6月30日,扬州旅外学生联合会、江都县教育会、地方学校联合会、第一区市教育会、平民教育促进会等社团联合成立江都外交后援会,组织了万人大游行。同时工人罢工,学生臂缠黑纱,商界及其他团体手持白旗,军警倒枪致哀。不难看出,在这场运动中,扬州的各个社团联合在一起,相互呼应,通过各自领域的作为为同一个政治目标而努力。这样类似的联合还有很多,也是民国时期扬州社团活动的一大特色。

历经半个世纪的发展,这些社团为民国扬州的政治、文化、社会、经济等诸方面生活增添了丰富的色彩。

三、民国时期扬州民众的思想观念

（一）民国时期扬州民众的风气

民国时期,扬州民众普遍勤劳,民风淳厚,"志云扬州之民其性轻扬,自杨隋平陈,俗变淳厚。宋欧苏刘吕递守是邦,其俗朴厚而不争,好学而有文,故至今民气稍纯厚"[1]。扬州人民俗尚简朴,相与诚信,至于欺诈投机之事,"中上人士均所不许"[2]。虽然扬州各县民众习性亦有相异之处,但总体上仍属一类,"合而言之,刚健而诚笃而淳厚者居多数,柔弱而虚伪而浮夸者居少数"[3]。在江南这个习尚纷华的区域里,与那些通都大邑相比,扬州社会古风犹存,民众性情温厚。一些地区的民众还保持着传统的生活方式,如宝应县的乡间农民依然榛榛狉狉,尚俭习勤,日出而作,日入而息。江都县城厢居民因城市盐业发达,受前朝商业鼎盛的影响,生活方式,"稍近奢侈",但"居乡者多简朴"[4]。扬州士商乐衷慈善事业,城乡争举。扬州各县的里巷间传诵着忠义、廉节、仁让、信实之士的事迹。民国扬州乡贤良人的懿言佳行,虽不逮于古,然较之他邑,仍属上乘。

扬州区域东北界联淮徐,西北逼近皖省,此地民众性刚,而东南之民性柔,以故扬州崇文尚武,皆有所长。清代扬州即有习弓马、拳术之风,民国时期,体育仍为扬州民众广泛接纳和喜爱。新式学校设立后,各类体育运动、赛事也为扬州城增添了不少生气。而扬州民众亦崇文重教,尊重彬雅之士。虽工商贩夫、村农野叟,都崇拜儒者,社会上为教师、知识分子让座让先,形于气色,"虽下至牧竖村童未受教育,偶遇塾师,于路无不拱立其旁。野人礼貌大半率真,更可见人心之尊崇儒教也"[5]。有人曾记载了这样一则扬州人读书风气浓烈的佳话:扬州左卫街有一个以卖烧饼为生的陈小四子,所养的三个儿子都求学不辍,直至大学毕业。长子从清华大学毕业后,赴日本留学,二儿子、三儿子在沪江大学等校读书,"三个儿子的教育费,都是靠着陈小四子做烧饼赚来的钱"[6]。扬州人即便迁居他乡,仍不忘故乡的这些风尚,扬州的藏书家寓居外地,有条件者往往兴建藏书楼,将崇文重教的风气继续传承。

扬州仍以农人居多,但民国时期,事商贾者也逐渐增加,又以仪征、江都

---

[1]《各县风俗制度调查报告表》,第15页。

[2]《各县风俗制度调查报告表》,第15页。

[3]《各县风俗制度调查报告表》,《江苏教育行政月报》1914年第13期,第51页。

[4]《各县风俗制度调查报告表》,第13页。

[5]《各县风俗制度调查报告表》,《江苏教育行政月报》1914年第13期,第50页。

[6] 报人:《扬州人的吃》,《星华》1936年第9期,第11页。

等地最为明显。高邮、宝应等县虽然当地风气重视农业，人民勤于稼穑，但从事商业的人数也在逐渐增加。"近代扬州人口职业构成表明，扬州处于一个从传统向现代的过渡期。"[1]

表 9-17　　　　　　　　1914 年高邮县民众就业情况[2]

行　业	从业人数	占　比
农业	114560 人	45.51%
儒业（含学校职业）	12700 人	5.05%
商业	80490 人	31.97%
军政各界	4500 人	1.79%
工业	39458 人	15.68%
合计	251708 人	100%

在生活旨趣上，民国时期的扬州社会中依旧存在着"居城镇者近雅，居乡辟者近俗"[3]的特点。民众娱乐休闲的场所已由传统的戏院、茶楼向公园、体育场转移，只是雅俗鸿沟仍然存在。虽然此时扬州已不是中国文化的中心城市，但文化传承仍代有其人，十步芳草，藏龙卧虎。民间多各类书画琴棋艺术、漆器玉器刺绣高手。就以雕刻小技而言，江都人、雕刻家于硕以其雕刻技术，名扬中国，曾获得"古之核舟不能专美于前"[4]的赞誉。只是与清代中后期相比，文学、武艺、技术的大家之门日显凋零。虽然"扬气"已经不再代表时尚，但作为江苏中部重镇，无论上海、广州所流行的任何时尚形式，扬州总是在苏中、苏北地区第一个得风气之先，"上海的冲击不仅仅体现在追求物质层面的效果，高楼洋房，时装新车……这只是上海对扬州的一种层面的追求，沪上的民主时尚，开化风气，新学的昌盛也是扬州效仿的重要方面"[5]。即以风行一时的"轧"字而言，上海的"轧风"，早已传播到扬州，所以"轧

［1］叶美兰：《柔橹轻篙：扬州早期城市现代化之路》，第 199—200 页。

［2］《各县风俗制度调查报告表》，第 22 页。

［3］《各县风俗制度调查报告表》，第 14 页。

［4］紫琅：《为扬州人吐气》，《大亚画报》1929 年第 138 期，第 2 页。

［5］叶美兰：《柔橹轻篙：扬州早期城市现代化之路》，第 147 页。

碗"轧米""轧油""轧火柴"等话语,都先后在扬州实现。[1]扬州时髦女性称呼女友的丈夫为"某人的黑漆板凳"[2],这就是从英文"husband"英译而来的。"五四运动前后的青年学生,称自己的或友人之妻为'瓦窑铺',这便是英语wife(妻子)的音译"[3]。但民国的扬州社会风尚又是始终步上海与苏南城市后尘的,扬州士女的服装,"是没有苏沪那样摩登,等到她们学会装点起来时,苏沪又在那里演进,花样翻新了。所以扬州始终居于落伍的地方"。[4]

白云苍狗,世事无常,民国时期的扬州楚才晋用,也是一个缺乏引领潮流的先锋人才的城市,尤其是能够对这城市的前进产生巨大引领作用的人物,几乎没有看到。"从前扬州是个大地方,……现在盐务不行了,简直就算个'没落儿'的小城。"[5]城市的这股消沉劲传染给了居住在这里的民众,行事小手小脚,一时无药可医。"人民乐保守而乏进取"[6],这是一种委婉的评价,扬州人陈汝衡则直言不讳:"最堪痛心的,便是人才的贫乏。"[7]扬州的繁荣历史与底蕴积淀没有成为城市发展前进的动力,反而在一定程度上成为了沉重的历史包袱,扬州人既舍不得丢弃以前的记忆,又无法看到未来的道路,"胶柱鼓瑟、墨守旧章、因陋就简、安于鄙野,盖习惯使然也。社会之进步迟滞,利不能兴,弊不能除,其以此叹"[8]。容头过身,得过且过之人最为常见。

(二)民国时期扬州妇女的新风貌

近代时期,外人对扬州妇女多有一种误解,以为扬州满城皆是靡颜腻理的"瘦马",遍地灯红酒绿的青楼。易君左在《闲话扬州》中竟武断地说扬州妇女多是以做娼妓为出路的。胡适曾写《扬州的小曲》[9],也以扬州妓女

---

[1]《轧香烟风潮在扬州》,《尖兵》1943 年第 3—4 期,第 16 页。

[2] 洪为溥:《江都方言辑要》,世界书局出版社 1980 年版,第 91 页。

[3] 叶美兰:《柔橹轻篙:扬州早期城市现代化之路》,第 146 页。

[4] 陈汝衡:《谈扬州(下篇)》,第 26 页。

[5] 佩弦:《说扬州》,第 35 页。

[6] 雷家骏:《江都县乡土志》,第 156 页。

[7] 陈汝衡:《谈扬州(下篇)》,第 26 页。

[8] 王肇堂:《江都县仙女市乡土志》,《江苏(省立)第四师范学校校友会杂志》1916 年第 1 期,第 210 页。

[9] 胡适:《扬州的小曲》,《国语周刊》1925 年第 8 期,第 25 页。

为挪揄。前者狭隘偏激,恶意中伤;后者也失品格,纯属耳食之谈,其他一些别有目的的地域偏见者的附和,都是不经之论。

实际上,扬州女性从来就不是那么狭义与单调的一种形象,民国时期扬州的先锋女性已经走上了觉醒的道路。女界革命者郭坚忍女士如出水芙蓉,不但是扬州妇女的表率,也是当时江苏乃至全国少有的时代女性。她率领江都妇女会对易君左之流的反击,既是扬州城市民意的表现,更是近代以来扬州女性自我意识觉醒与自主抗争的一次运动。

民国时期,扬州一般的妇女们,也与全国大部分内地城市一样,由于受教育程度、所处群体、生活环境等条件的不同,在觉醒的程度上也有所不同。即在生活方式上,就有明显的差异。"城市间的太太小姐有的染了摩登风气,乡下妇女则度着前世纪的刻苦生活"[1]。清末,"扬州脚、苏州头"这句谚语一度作为男性畸形欣赏女性美的招牌,但其实大部分的扬州乡村妇女是不缠足的,她们与男性同胞一样,常年从事生活与生产劳动,甚至是体力消耗程度相等的劳动。扬州传统妇女仍然被纲常礼教所束缚,在婚姻与家庭的权益中处于弱势地位。丈夫去世后,妇女多重名节,以守贞为重,之死靡它,终身不嫁的传统在扬州农村仍然得以延续、固守。在城市中,这一"戒律"则有所松动,虽然还有全节堂、崇节堂这类收养既寡且贫妇女的机构,但已远不及清代规模。20世纪20—30年代,曾经恬不为怪的堕胎溺女之事在扬州已是偶然发生,不成气候了,且当事人还会受到社会舆论的猛烈谴责,甚至有牢狱风险。"瘦马"早无踪迹,青楼场所也与其他城市一般,且纳妾卖淫之风日衰。只是扬州的一些摩登妇女们在追求时尚的道路上,被传染了上海等都市一些"名媛"的不良观念,以涂脂抹粉卖弄风情,以依傍男人为立身之道,或彻底"解放",视家庭相夫教子的责任为负担,追求享乐主义,"有钱的太太们是整天地坐在家里打牌,偶尔出门也是被请去吃酒打牌的"[2]。这些妇女,"她们的时间自然顶好是花费在打扮上面,上海女人的旗袍、皮夹、头发、鞋子,换了什么样子,粉应该怎么搽法,口红应该怎么涂法,也成为她们顶爱

---

[1] 湘子:《〈闲话扬州〉中的江都》,《长城》1934年第15期,第294页。
[2] 陈素:《扬州的女人和瘦西湖》,《现代新闻》1934年第4期,第75页。

研究的问题"[1]。这样的女性自然称不上是妇女解放的正面形象了。

虽然整体上,民国时期扬州人的受教育群体与程度都有了提升,但是女性受教育者比例与年限仍远低于同年龄的男性,且下层民众中受教育的女性数量极低,但这并不妨碍职业女性在扬州的出现与价值展现,"她们大多任职在机关、学校、报社以及医院,其职务有校长、教师、职员、编辑、护士等"[2]。

妇女的觉醒需要社会的进步与接纳,在这一过程中出现了一些互相矛盾乃至极端偏激的现象也是不足为奇的。如民国时期女性曾一度盛行穿着旗袍,扬州也是如此,"城厢妇女,无论老少妍媸,莫不身御旗袍一袭以为荣"[3],但由于扬州妇女身着旗袍而被绊跌入水、坠车等事时有发生,遂引发了扬州妇女抵制穿着旗袍的运动。有一女子中学学生国俞穿旗袍随其父游平山堂,被同学窥见而告密,结果国俞被学校记大过,并要求向孙中山遗像行敬礼,罚做算学一条,以示悔过。扬州的女学生,在扬州最好的中学里的学生,她们依然认为在读书时恋爱是不道德的。一个女学生无意间和男学生谈了一句话,都可以被当作新闻传遍全校,当事人需要承受巨大的心理负担和社会压力。可见,扬州妇女的真正解放在民国时期仍是一个艰巨的任务。

这一时期,扬州妇女界最具代表性的潮流先锋无疑是郭坚忍女士,她在20多岁就和秋瑾女士一起奔走革命,办《妇女日报》。民国成立后,郭坚忍在国民党上海特区党部妇女部服务,后因事返扬,留在扬州坚持妇女运动。她在扬州组织了不缠足劝告团,创办幼女学校和女子公学、家庭妇女补习班,是江都县妇女会的领袖。在孙传芳军队占领扬州期间,她曾因为倡导共和,支持国民革命军北伐而遭到孙传芳的通缉,一度避入寺庙。她积极参加抗日爱国运动,于1937年在扬州成立了妇女训练委员会,这一组织隶属于扬州民众组织委员会,开办了女子护士训练班,其中救护训练班是六个月毕业,临时训练班是一星期毕业,"组织家庭妇女访问团,内容包括政治训练、

[1] 陈素:《扬州的女人和瘦西湖》,第75页。

[2] 叶美兰:《柔橹轻篙:扬州早期城市现代化之路》,第196页。

[3] 树春:《打倒旗袍之扬州》,《联益之友》1929年第135期,第1页。

防空防毒常识以及劝募救国公债"[1]。组织女子歌咏团,时常去四乡进行抗日宣传。郭坚忍的言行与活动影响及于全国,鼓舞了一大批中国女性,体现了那个时期扬州女性的时代风采。

（三）民国时期城市风骨的传承与嬗变

历史上的扬州一直是南北思想文化交流融通、外域文化输入及本土文化输出的重要区域,特定的地理区位、政治地位、经济结构、文化积累、民风人情等多种因素孕育了扬州的城市风骨。

民国时期,扬州先后经历了辛亥革命、军阀混战、五四运动、抗日战争、解放战争等一系列重大的历史事件。其间,社会转型期带来的巨大震撼、城市命运的频繁变动,使得当时所有扬州人的思想观念都在经历着冲击、调适与转变。封建经济为主的城市经济结构使得扬州缺乏资本主义实业家群体的强力推动,来自经济层面的变革动力并不强大,但文化层面的变革动力同样面临着先天的不足。扬州曾是中国盛清最为繁盛的城市之一,聚集在盐商集团周围的知识分子群体人数众多,广大民众也受城市文化熏陶,多知书达礼,热衷科业。民国时期,盐业经济退潮后,原本庞大的扬州传统知识分子群体在数量上出现了明显的萎缩,有的固步自封,沉迷于过往难以自拔;有的闭关却扫,与社会相隔离。新兴的具有近代知识素养的知识分子群体增长缓慢,与封建社会休戚与共的"传统士大夫的一些开明绅士"[2]抱残守缺,把控着扬州社会舆论与民间治理的大局。

近代社会转型,天翻地覆,普通民众必然会对自己固有的政治立场、价值观念、道德伦理、大众风俗等发生怀疑、动摇与更新。民国时期,扬州社会传统信仰体系开始解体,而新的信仰、道德与文化体制还没有建立,破与立的暂时失衡造成了社会文化价值失范的危机,演化出很多社会问题。有人认为这是由于废弃了孔孟之道而造成的,故袁氏上台后,大倡孔教。尊孔活动在扬州也一度再兴,1917 年,江都县教育会会长汤浒伯更是提议将孔教永远定为

---

[1]　韩学章:《扬州妇女革命的老前辈——郭坚忍女士访问记》,《战时妇女》1937 年第 8 期,第 4 页。

[2]　龚书铎主编:《中国近代文化概论》,中华书局 1997 版,第 3 页。

教育教范,"江都县教育会召集会议,首即公定各校逢朔望,行洒扫谒圣礼"[1]。但也有一批扬州人意识到这是一种社会转型时期思想观念转换、文化价值重塑的过程,他们主动去追随上海、北京等城市的新思潮并实践于桑梓建设。对外域思想潮流、文化观念的戒备与对传统思想观念的坚持的影响,使得一些新的思想观念最终为扬州社会所接受,成为一个长期的变动的过程。

从民智角度观察,民国初期的扬州仍是一种"城居者智,乡居者愚"[2]的状况。随着各市乡自治运动的开展以及各种乡村教育、民众教育的熏染,扬州乡民的知识水平也有了一定的进步,到了 20 世纪 30 年代,扬州"乡居者"中也不乏明智知世之人。民国时期,扬州教育界学风大变,不再提倡偏重文学、经学的教育模式,各学校逐渐趋重于道德教育、实利教育、军国民教育等。师生们习尚纯谨,不尚腐儒,提倡耐劳,不再为表面上的矜式所束缚,尤其是清代所中断的科学教育在扬州再度起航,春风风人,为这座城市带来了理性之光。但城市之中遗老遗少也不在少数,少数老者直至 20 世纪 30 年代仍留着清代长辫。

光复之前,扬州民众多将个人利益放在第一位,鲜有国家、民族意识,熙熙攘攘,追名逐利,无非志在温饱,"毫无国家观念,既贫且愚,良可悯叹"[3]。光复后,民众观念为之荡涤。很多留过洋的学者在扬州任教,倡导国家社会观念,主张蓦不恤纬,为国家民族大众利益牺牲者亦不乏其人。扬州学界、工界、商界在对国家、民族的观念认同上有很大进步,留心时局者甚有世界观念。城市中能够通晓共和之意的民众大约占到五分之一[4],就城市风气开化而言,扬州虽然赶不上上海等通商大埠,但较之其他内地城市,并不落后。

---

[1]《扬州县教育会尊孔之热诚》,《宗圣学报》1917 年第 6 期,第 63 页。

[2]《各县风俗制度调查报告表》,"报"第 13 页。

[3] 袁锡瑀等:《江都县大桥镇乡土志》,《江苏 (省立)第四师范学校校友会杂志》1916 年第 1期,第 228 页。

[4]《各县风俗制度调查报告表》,"报"第 19 页。

参考文献

一、档案、方志、公报、史料集

中国第二历史档案馆馆藏档案

江苏省档案馆馆藏档案

扬州市档案馆馆藏档案

仪征市档案馆馆藏档案

国民政府公报

浙江军政府公报

江苏省政府公报

江苏省公报

江苏党务周刊

江苏教育公报

交通公报

仪征县政公报

中央训练部公报

扬州史志资料

江苏文史资料

时事新报馆.革命文牍类编:第10册[M].上海自由社,1911.

刘振东.县政资料汇编:上册[G].中央政治学校,1939.

中国社会科学院近代史研究所,中国第二历史档案馆史料编辑部.五四爱国运动档案资料[M].北京:中国社会科学出版社,1980.

杜迈之,等.自立会史料集[M].长沙:岳麓书社,1983.

高邮县编史修志领导小组.高邮县志[M].南京:江苏人民出版社,1990.

扬州市商业局.扬州市商业志:送审稿[M].扬州:内部印行,1990.

财政科学研究所,中国第二历史档案馆.民国外债档案史料:第4卷[M].北京:档案出版社,1990.

中国第二历史档案馆.中华民国史档案资料汇编:第5辑[G].南京:江苏古籍出版社,1994.

扬州市交通史志编纂委员会.扬州交通志[M].北京:人民交通出版社,1992.

扬州市税务局.扬州税务志[M].南京:南京大学出版社,1993.

扬州市广陵区地方志编纂委员会.广陵区志[M].北京:中华书局,1993.

王庆云,费昌华.扬州报刊志[M].北京:人民日报出版社,1993.

中国第二历史档案馆.中华民国史档案资料汇编:第5辑[G].南京:江苏古籍出版社,1994.

宝应县地方志编纂委员会.宝应县志[M].南京:江苏人民出版社,1994.

仪征市市志编纂委员会.仪征市志[M].南京:江苏科学技术出版社,1994.

扬州市经济委员会,扬州工业交通志编纂委员会.扬州工业交通志[M].上海:中国大百科全书出版社上海分社,1995.

镇江市地方志编纂委员会.镇江市志[M].上海:上海社会科学院出版社,1995.

扬州金融志编纂委员会.扬州金融志[M].北京:中国金融出版社,1995.

江都市地方志编纂委员会.江都县志[M].南京:江苏人民出版社,1996.

江苏省扬州市地方志编纂委员会.扬州市志[M].上海:中国大百科全书出版社上海分社,1997.

扬州市水利史志编纂委员会.扬州水利志［M］.北京：中华书局,1999.

宝应城镇志编纂委员会.宝应城镇志［M］.扬州：内部印刷,1999.

扬州市教育委员会.扬州市教育志［M］.北京：新华出版社,2000.

高邮市民政局.高邮市民政志［M］.北京：方志出版社,2010.

祁龙威,周新国.辛亥革命江苏地区史料合集［M］.南京：江苏人民出版社,2011.

江苏省地方志编纂委员会.江苏建置志［M］.南京：江苏人民出版社,2013.

钱祥保,桂邦杰.〔民国〕甘泉县续志［M］//卢桂平.扬州文库：第1辑16册,扬州：广陵书社,2015.

胡为和,卢鸿钧,高树敏.〔民国〕三续高邮州志［M］//卢桂平.扬州文库：第1辑第23册,扬州：广陵书社,2015.

钱祥保,桂邦杰,等.〔民国〕江都县续志［M］//卢桂平.扬州文库：第1辑13册,广陵书社2015.

二、著作

霜民.徐宝山［M］.上海：普及书局,1913.

贡少芹.李涵秋［M］.上海：明星书局,1923.

蒋维乔.江苏教育行政概况［M］.上海：商务印书馆,1924.

印水心.近代史读本［M］.上海：世界书局,1926.

张孝若.南通张季直先生传记［M］.上海：中华书局,1931.

江苏省民政厅.江苏省各县概况一览［M］.上海：商务印书馆,1931.

行政院农村复兴委员会.江苏省农村调查［M］.上海：商务印书馆,1934.

殷惟龢.江苏省六十一县志［M］.上海：商务印书馆,1936.

教育部社会教育司.社会教育法令汇编［G］.上海：商务印书馆,1936.

实业部中国经济年鉴编纂委员会.中国经济年鉴［M］.上海：商务印书馆,1936.

龙发甲.乡村教育概论［M］.上海：商务印书馆,1937.

金家凤.中国交通之发展及其趋向［M］.上海：正中书局,1937.

中华职业教育社.民国二十四年度全国职业教育学校概况［M］.上海：商务印书馆，1937.

程方.中国县政概论［M］.上海：商务印书馆，1939.

高亨庸.县政机构之改造［M］.南京：正中书局，1941.

陈之迈.中国政府（三）［M］.上海：商务印书馆，1946.

陈邦贤.自勉斋随笔［M］.上海：世界书局出版社，1947.

钟灵秀.社会教育行政［M］.上海：上海国立编译馆，1947.

中国社会科学院近代史研究所近代史资料编辑组.五四爱国运动：上册［M］.北京：中国社会科学出版社，1979.

洪为溥.江都方言辑要［M］.台北：世界书局出版社，1980.

朱金顺.朱自清研究资料［M］.北京：北京师范大学出版社，1981.

杨格，陈泽宪，陈霞飞.一九二七至一九三七年中国财政经济情况［M］.北京：中国社会科学出版社，1981.

冯自由.革命逸史：第二集［M］.北京：中华书局，1981.

戴伯韬.解放战争初期苏皖边区教育［M］.北京：人民教育出版社，1982.

丁文江，赵丰田.梁启超年谱长编［M］.上海：上海人民出版社，1983.

中国社会科学院近代研究所中华民国史研究室，等.孙中山全集：第3卷［M］.北京：中华书局，1984.

朱福烓，许凤仪.扬州史话［M］.南京：江苏古籍出版社，1985.

韦人，韦明铧.扬州曲艺史话［M］.北京：中国曲艺出版社，1985.

樊百川.中国轮船航运业的兴起［M］.成都：四川人民出版社，1985.

南开大学经济研究所经济史研究室.中国近代盐务史资料选辑：第2卷［M］.天津：南开大学出版社，1991.

李更生纪念文集编辑组.李更生纪念文集［M］.南京：江苏教育出版社，1987.

史全生.中华民国经济史［M］.南京：江苏人民出版社，1989.

洪葭管，张继凤.近代上海金融市场［M］.上海：上海人民出版社，1989.

江苏省交通史志编纂委员会.江苏公路交通史：第一册［M］.北京：人

民交通出版社,1989.

中共江苏省委党史工作办公室.中共江苏历史大事记（1919—1949）[M].北京:中共党史出版社,1990.

丁长清.民国盐务史稿[M].北京:人民出版社,1990.

郭孝义.江苏航运史:近代部分[M].北京:人民交通出版社,1990.

朱有瓛.中国近代学制史料:第3辑[M].上海:华东师范大学出版社,1990.

杜恂诚.民族资本主义与旧中国政府（1840—1937)[M].上海:上海社会科学院出版社,1991.

中共江苏省委党史工作委员会,中国第二历史档案馆.五四运动在江苏[M].南京:江苏古籍出版社,1992.

中共扬州市委组织部,等.中国共产党江苏省扬州市组织史资料（1926—1987)[M].北京:中共党史出版社,1992.

江苏省金融志编辑室.江苏典当钱庄[M].南京:南京大学出版社,1992.

江苏省金融志编辑室.江苏民国行库局[M].南京:南京大学出版社,1992.

马秋帆,熊明安.晏阳初教育论著选[M].北京:人民教育出版社,1993.

郑师渠.晚清国粹派文化思想研究[M].北京:北京师范大学出版社,1993.

许卫平.扬州地方志研究[M].合肥:黄山书社,1993.

〔美〕费正清.剑桥中华民国史:下卷[M].北京:中国社会科学出版社,1994.

韦明铧.扬州文化谈片[M].北京:生活·读书·新知三联书店,1994.

朱自清.朱自清全集[M].南京:江苏教育出版社,1996.

单杰华.风云激越三十年:扬州、泰州人民革命斗争纪事[M].扬州:内部印刷,1997.

唐仁粤.中国盐业史:地方编[M].北京:人民出版社,1997.

龚书铎.中国近代文化概论[M].北京:中华书局,1997.

丁长清,唐仁粤.中国盐业史:近代当代编[M].北京:人民出版社,

1997.

　　孙宅巍,蒋顺兴,王卫星.江苏近代民族工业史[M].南京:南京师范大学出版社,1999.

　　陈文和,邓杰.从二北到半塘:文史学家任中敏[M].南京:南京大学出版社,2000.

　　中共扬州市委党史办公室.中国共产党扬州史:第一卷[M].北京:中共党史出版社,2001.

　　扬州市档案局,扬州市地方志办公室.落日辉煌话扬州[M].合肥:黄山书社,2001.

　　吴子辉.扬州建置笔谈[M].南京:江苏古籍出版社,2002.

　　肖景祥.新四军征战图集[M].北京:长城出版社,2003.

　　郭良夫.完美的人格[M].北京:清华大学出版社,2003.

　　王澄.扬州刻书考[M].扬州:广陵书社,2003.

　　朱瀛泉,计秋枫.硕学清操[M].南京:南京大学出版社,2003.

　　叶美兰.柔橹轻篙[M].北京:燕山出版社,2004.

　　中共扬州市委党史办公室,等.江淮永志民族魂:扬州人民抗战史事[M].北京:国家行政学院出版社,2005.

　　徐雁.中国旧书业百年[M].北京:科学出版社,2005.

　　苏皖边区政府旧址纪念馆.苏皖边区史略[M].北京:中国文史出版社,2005.

　　黄美真.日伪对华中沦陷区经济的掠夺与统制[M].北京:社会科学文献出版社,2005.

　　赵昌智.文化扬州[M].扬州:广陵书社,2006.

　　中共扬州市委党史办公室,中共扬州市财经史编审组.扬泰解放区财经简史[M].北京:方志出版社,2006.

　　中共江苏省委党史工作办公室.粟裕年谱[M].北京:当代中国出版社,2006.

　　陈曾年.近代上海金融中心的形成和发展[M].上海社会科学院出版社,2006.

曹永森.扬州特色文化［M］.苏州：苏州大学出版社,2006.

江苏省中共党史学会.江苏抗日战争史［M］.北京：中共党史出版社,2007.

陈乃林,周新国.江苏教育史［M］.南京：江苏人民出版社,2007.

薛平,等.滨江名镇：盐都十二圩［M］.扬州：广陵书社,2007.

李真,徐德明.笑谈古今事：扬州评话艺术［M］.扬州：广陵书社,2009.

韦明铧.弦歌不了情：扬州弹词艺术［M］.扬州：广陵书社,2009.

尹文,薛锋.笔墨写新异：扬州绘画艺术［M］.扬州：广陵书社,2009.

韦人.维扬一枝花：扬州扬剧艺术［M］.扬州：广陵书社,2009.

宗金林.民国扬州旧事［M］.扬州：广陵书社,2010.

陈恒和.扬州丛刻［M］.扬州：广陵书社,2010.

中国人民解放军档案馆.城市解放［M］.北京：中国档案出版社,2010.

杨正福.扬州民国建筑［M］.扬州：广陵书社,2011.

赵昌智.扬州文化通论［M］.扬州：广陵书社,2011.

盛成.盛成回忆录［M］.太原：山西人民出版社,2012.

李明勋,尤世玮,张謇全集编纂委员会.张謇全集［M］.上海辞书出版社,2012.

刘介春,顾一平.扬州艺坛点将录：修订本［M］.扬州：内部印刷,2012.

朱福烓.笔墨见风神：扬州书法艺术［M］.扬州：广陵书社,2012.

孙宅巍,王卫星,崔巍.江苏通史：中华民国卷［M］.南京：凤凰出版社,2012.

罗加岭.日落下的挽歌：论冶春后社与扬州近现代文化［M］.南京：江苏凤凰文艺出版社,2014.

刘师培.仪征刘申叔遗书［M］.万仕国点校.扬州：广陵书社,2014.

王自立.扬州盐业史话［M］.扬州：广陵书社,2014.

许少飞.扬州园林史话［M］.扬州：广陵书社,2014.

张树军,常浩如.中国抗日战争全景录：江苏卷［M］.南京：江苏人民出版社,2016.

陈国灿.江南城镇通史：民国卷［M］.上海人民出版社,2017.

陈锴竑,姜龙,卢桂平.扬州历史文化大辞典［M］.扬州：广陵书社,2017.

三、民国报纸、期刊[1]

江都日报

苏北日报

申报

新闻报

大公报

时报

民报

民国日报

大同报（上海）

小时报

晶报

小日报

导报（无锡）

新江苏报

民声报

江淮报

大江北日报

江都民意报

淮扬日报

苏北新报

时代日报

宝应日报

江都日报

苏北日报

---

［1］ 部分报纸、期刊为汪伪政权所办。

大风报

东方杂志

江苏（省立）第四师范学校校友会杂志

神州

兴华

观察

江苏保甲

保甲半月刊

指导（南京）

江苏党务

江苏党声

泗华月刊

宗圣汇志

上海画报

浙江战事画报

银行周报

学生文艺丛刊

江苏

无锡县政公报

妇女新生活月刊

民众教育通讯

医事公论

中医科学

新医药杂志

高邮教育

政治月刊

苏民周报

和平月刊

苏讯月刊

外交公报

工商公报

中央经济月刊

县政研究

教育周报（杭州）

农行月刊

江北运河工程局年刊

运工周刊

经济汇报

中央银行旬报

苏农通讯

农业周报

现代农民

江苏儿童

教育杂志（高邮）

江北运河工程善后委员会汇刊

江苏省教育会年鉴

江苏教育（苏州1932）

江都县政治月刊

通俗旬报

江都教育

第四中山大学教育行政周刊

江苏实业月志

中华农学会丛刊

苏行旬报

江苏实业月志

交行通信

钱业月报

江苏建设公报

江苏省政建设月刊

中外经济周刊

中央银行月报

统计通讯

银行月刊

柯达杂志

交通银行月刊

京沪沪杭甬铁路日刊

中国建设（上海 1930）

江苏建设

航业月刊

道路月刊

长途

吾友

文化月刊

东南

江苏教育季刊

内幕新闻丛刊

江苏公路

上海十日

江苏省立第一农业学校校友会杂志

督办江苏运河工程局季刊

盐政杂志

内政统计月报

文化通讯（上海）

金声

旅行杂志

新上海

交大半月刊

崇中期刊

友声月刊（上海）

上海小报

沪江大学月刊

人世间

宇宙风

海潮周报

读书青年

南青

江苏保安季刊

南京中央日报周刊

警务丛报

妇女月报

邗潮

警察月刊

扬州中学校刊

救灾会刊

警务旬报（江都）

农业周报

江苏省立育蚕试验所汇刊

江苏月报

中国养蜂

粮食增产简讯

国立同济大学旬刊

中华教育界

民族先锋

国立中央大学教育行政周刊

农矿通讯

江苏省立第三中学杂志

河南教育月刊

学友（上海）

民众教育通讯

教育辅导

民教半月刊

教育杂志

苏政

江苏省小学教师半月刊

陕西教育月刊（西安 1927）

实验研究（月刊）

战时民众（重庆）

新江苏教育

国民教育辅导月刊

国货评论刊

江苏蚕业

商业日报

盐务汇刊

戏剧月刊

江苏教育行政月报

区政导报

佛学半月刊

真光杂志

突崛

晨熹

觉讯

金山法海波澜

通问报

威音

震宗报月刊

大生报

圣公会报

浸会通讯

大云

大佛学报

圣教杂志

宗圣学报

中央画刊

圣心报

东南风

农业周报

长城

大亚画报

尖兵

国语周刊

现代新闻

联益之友

战时妇女

后 记

六年前,《扬州通史》工程正式启动,作为一名扬州土著,成为《扬州通史(中华民国卷)》的撰写者之一,诚惶诚恐之中,亦兴奋不已。白云苍狗,回忆六年时光,没有周新国、王永平、李广春、曾学文等老师前辈的鼓励与引导,没有冯春龙、陆和健、王蒙等道同志合的战友们的协作与支持,我想,中华民国卷的工作很难坚持下来。这六年,我们这个团队获得了太多领导、朋友的助力,收获了太多的感动,限于篇幅,不方便一一列举所有给予《扬州通史(中华民国卷)》以支持的领导、朋友们的姓名,但这些都将铭刻在我们所有团队成员的心田之中。在承担这项任务前,冯春龙老师注重扬州地方文人、出版等领域的研究,陆和健老师在扬州经济史方面术业有专攻,青年才俊王蒙老师对扬州历史研究也充满自己的见识。这三位同志的付出,是《扬州通史(中华民国卷)》能够完成的主要原因。我曾经参与过《苏州通史》《江苏教育史》等团队合作项目,但相比较这些任务,《扬州通史(中华民国卷)》显然更有挑战。

学界的不少人对于民国时期的扬州历史有自己的理解,著述并不缺乏,但从通史角度展开摸索后,我们发现民国扬州历史的研究积累中存在着三个问题,一是大部分的讲述是陈陈相因的;二是大体以口述传闻为主;三是很少系统论述。当然,这也是《扬州通史(中华民国卷)》编纂的意义所在。在编纂的过程中,我们尽可能地爬梳资料,无论是现成的前人成果,还是体量庞大的断烂朝报,都消耗了我们巨大的时间成本。尽管这样,我们也远不能做到察察为明,疏忽遗漏者不知凡几。发凡起例后,为了不告朔饩羊,虚应故事,对于一些孤证史料,或存在争论的观点,我们秉持宁缺毋滥的立场,进行了艰难的取舍。这些仰屋著书的辛劳,沦肌浃髓的感受,是分内之责。

扬州老照片馆为本卷所遴选的具有历史价值的老照片,使读者们更加直观的看见民国扬州。对于今天一些含哺鼓腹的民众来说,民国时期的扬州历史是难以想象的,但它并不遥远,也许不同的读者群体从不同的角度去读完这本书,会有不同的想法,但这些尽可能真实的记录,有它自己的述说。

能和广陵书社金晶编辑及书社其他同仁一起共事,是我的荣幸,也是本卷的幸运。本卷的第一章、第二章、第六章、第七章、第九章由朱季康撰写及统稿;第三章、第四章由王蒙撰写;第五章由陆和健撰写;第八章由冯春龙撰写。一定要声明的是,冯春龙、陆和健、王蒙老师,在整卷的工作中展示了学者的严肃、认真与钻研的职业水准,但因为我的管见,在统稿及自己所负责的章节上,远不能取精用宏,只是过屠门而大嚼。本卷中所有的错误,都绝对归咎于本人学力、见识与思考的鄙陋,而与他人无关。

朱季康

2023 年 2 月 17 日于邗上

跋

扬州已有 2500 多年的建城史,以其积淀深厚、光彩夺目的历史文化传统闻名于世,是国家首批公布的历史文化名城,近年来又获得联合国教科文组织等国际机构颁发的"'联合国人居奖'城市""世界美食之都"与中日韩三国文化部长会议共同命名的"东亚文化之都"等荣誉称号,成为世人向往的"淮左名都""竹西佳处"。

扬州市委、市政府高度重视扬州历史文化的深度挖掘和系统研究,2017年 9 月,正式启动《扬州通史》编纂工作,将其纳入市校合作的总体框架,委托扬州大学中国史学科开展研究与著述。同时组建了以市委、市政府、学校主要领导牵头的编纂委员会,聘任本人担任主编,明确市委宣传部负责项目的实施与管理,设立通史编纂工作办公室,以协调、处理相关具体事务。

项目启动后,我们拟定了《扬州通史》的基本构架与著述体例。在编纂起止时间上,明确自先秦至中华人民共和国成立前;各分卷的时段安排,主要根据各阶段地域社会历史演进的实际状况,确定全书分为六卷、共八册,即《先秦秦汉魏晋南北朝卷》《隋唐五代卷(两册)》《宋代卷》《元明卷》《清代卷(两册)》和《中华民国卷》。按照编委会有关编撰工作"专业化""规范化"的要求,我们组建了编纂团队,聘请了扬州大学中国史学科相应专业方向的诸位教授主持各分卷编著,其成员则以本学科专任教师为主体,他们在相关专业方向或领域浸淫多年,具有较为丰厚、扎实的专业素养与学识。

编委会对通史编纂质量与进度有明确的预期与要求。为确保编纂工作的规范化及其质量要求,通史编纂工作办公室确定了主编负责、统筹的审理、鉴定等管理程序与把关环节：一是对各卷所拟纲目与各位作者提供的章节样稿进行审查；对整体语言表述、引文注释、各卷内部及各卷之间衔接的相关内容归属，作出明确指导与规范要求；对相关争议性、敏感性问题的表述，提出原则性指导意见。为此，市、校领导多次召集编纂工作推进会与交流会，进行专题研讨，解决编纂过程中的各类疑难问题。二是各分卷统稿和主编审稿，这是编纂团队内部的质量把关程序，经过这两个层次的审理与修改，基本达到规范与合格的要求。三是聘请校外具有地方通史编纂经历的著名学者进行审阅鉴定。

在编纂时间与出版方面，编委会明确《扬州通史》的编纂为期四年，2021年交稿，以整体出版方式刊布。我们深知时间紧迫，压力甚大。就研究内容而言，通史编纂与个人的专题研究不同，它既是历时性的贯通研究，又是整体性的全面著述，不论编纂者的个人学术兴趣如何，也不论不同时段传世文献的留存多寡，必须遵循通史的体例要求，尽可能挖掘相关资料，撰述相关内容，揭示相关历史信息。几年来，有赖编纂团队齐心协力，克服困难，如期完成了编纂工作。

《扬州通史》作为市、校合作的重大学术文化工程，得到了扬州市委、市政府与扬州大学的高度重视和大力支持，历任扬州市委、市政府、扬州大学党政领导，对编纂工作给予关心、指导和帮助；扬州市委宣传部、扬州大学人文社科处，对项目的具体实施与推进付出了诸多辛劳。在此，我代表编纂团队，表示由衷的敬意与诚挚的感谢！

作为主编，我要真诚地感谢编纂团队的全体成员，尤其是一些青年后进，他们是生力军，承担了各卷相当篇幅的撰著任务，表现出乐于奉献的精神——他们教学、研究的压力非常大，要接受学校、学院的各种量化考核，评职晋级需要主持省部级以上项目和发表权威期刊论文，而参与通史编纂对此并无直接帮助。几年间，每次见面，我必催促他们加快撰写进度，保证编纂质量，感谢诸位的理解与支持。

　　我要真诚地感谢参与各审核鉴定环节并给予我们指导的市内外诸位方家学者。学术顾问赵昌智先生携同扬州文化研究会的田汉云、顾风、徐向明、朱福烓、王虎华、韦明铧、张连生、曹永森、吴献中、强学民、华德荣、束家平、薛炳宽、方晓伟、曾学文、孙叶锋、王冰、王争琪、王章涛、王资鑫、李保华、魏怡勤、伍野春、陈文和、顾寅森、蒋少华等诸位先生，参与各卷纲目与样稿的审阅与研讨。扬州市考古文博、档案、党史办、图书馆等部门，给我们提供了诸多帮助，特别是广陵书社承担该书出版，申请获得国家出版项目，配备专业精干的编辑队伍，细心审校，颇多助益！

　　编纂过程中，我们邀请了一些著名学者担任学术指导，中国社会科学院历史研究院的卜宪群，南京大学的陈谦平、范金民、李良玉、张学锋，南京师范大学的李天石、张进，苏州大学的王国平、臧知非等，他们或为编纂团队作辅导报告，或参与各卷的纲目审查与终审鉴定，或推荐申请国家出版项目。诸位先生有的担任国务院学位委员会历史学科评议组成员，有的担任全国性学会的领导，皆以学识渊博著称，且多有主持全国与地方通史编纂的经历，他们严谨的学风与热诚的情谊，给编撰者以极大的鞭策与激励。

　　就扬州学术史而言，这部地方通史的编纂与出版，是对既往扬州历史文化研究的阶段性总结，期望由此不断推动相关研究的深化与拓展，但愿我们的努力及其成果不负领导的要求与社会的期望。然而兹事体大，在这部多卷本通史即将出版之际，作为主编，我内心里虽曾有过"交卷"后片刻的轻松愉悦，但更多的则是忐忑不安。由于各种主客观因素的限制，其中一定存在着诸多不足甚至讹误。客观上，由于时间相对较紧，我们的撰述与审查难免有所疏忽；主观上，由于水平所限，在资料挖掘利用、论点阐述等方面，都可能存在遗漏与错讹。因此，我们真诚地希望得到方家同仁的批评指正，以利于今后不断修订完善。

　　孔子登高临河有浩叹，"逝者如斯夫，不舍昼夜"，这既有对人生的感悟，也有对社会历史的沉思。扬州的文明历史，生生不息，已历数千年，古代史上曾有过三个高峰期,或称之为"辉煌时代",即汉代的"初盛期"、隋唐时代的"鼎盛期"和清代的"繁盛期"。当今的扬州,正处于现代化建设的快速发展时期,取得了诸多前所未有的业绩与成就;未来的扬州,必将在中华民族伟大复兴的历史征程中谱写出独具特色的扬州篇章!

王永平

2023 年 3 月